비즈니스 분석론

강금식

박영사

머 리 말

그동안 기업에서는 품질이나 가격 같은 경쟁력을 활용해서 경영성과를 향상시키고자 하였다. 그러나 빅 데이터가 폭증하는 디지털 환경에서는 이를 분석하여 가치 있는 정보와 지식을 경영 의사결정에 반영하여 빠르고 더 좋은 결과를 가져오는 방향으로 패러다임이 변화하고 있다.

이제는 빅 데이터를 활용하는 의사결정의 품질에 의한 경쟁력이 기업의 경영성과를 좌우하는 시대가 되었다. 이는 Apple, Amazon, Google 등이 증명하고 있는 것이다.

빅 데이터를 활용하기 위하여 탄생한 분야가 비즈니스 분석론이라든가 데이터 마이닝 등이다. 데이터 마이닝은 인공지능이나 기계학습 등을 통해 우리 인간사회를 빠르게 변화시키고 있다. 따라서 이들 분야들을 전문적으로 가르칠 학과 또는 학교가 국내·외적으로 개설되고 있는 형편이다. 비즈니스 분석론은 통계학, 경영과학, 정보시스템, 컴퓨터 공학 등 여러 분야에서 적용되어오던 원리들을 통합하여 탄생한 학문이다. 따라서 비즈니스 분석론에 관한 저서는 해외에서는 다수 출간되었지만 국내에서는 아직 출간되지 않은 것 같다. 필자는 이에 한 번 도전하기로 마음을 먹고 미국 또는 한국에서 발간된 관련 도서들을 구입하여 공부하면서 집필하여 나갔다. 참고로 하였던 저서들의 많은 저자들에게 고마운 마음을 전하고 싶다.

본서에서는 통계학, 경영과학, 데이터 마이닝이 주를 이룬다. 그런데 데이터 마이닝은 생소한 분야로서 공부하는 데도 한계가 있어 애를 먹어야만 했다. 따라서 본서의 이 분야에서는 많은 부족함이 발견되리라 믿는데 이를 지적해 주면 다음 개정판을 만들 때 참고로 할 것이다.

데이터 마이닝 기법은 수없이 많이 존재하지만 본서에서는 대표적인 예측분석, 분류분석, 군집분석, 연관분석 등만을 취급하고 있다. 그리고 이들 분야의 예제를 풀기위해서는 R언어를 이용하는 것이 편리하지만 본서에서는 Excel만을 사용함으로써 R을 사용해야 하는 데이터 마이닝 기법의 설명을 제외하게 되었다.

통계학과 경영과학의 주요 부문을 모두 수록하기에는 지면의 한계에 부딪혀 분산분석, 마아코브 분석, Six Sigma 등은 부록으로 싣게 되었으니 필요하면 「도서출판 박영사」의 homepage에 접속하여 구하기를 바란다.

데이터 마이닝이나 인공지능 분야는 앞으로 끝이 보이지 않을 정도로 발전하여 우리의 삶의 질을 향상시키고 생활양식을 확 바꾸어 놓을 것으로 예측된다. 노동이 필요한 일자리는 모두 사라지고 데이터 관련 일자리는 빛을 볼 것이다. 따라서 데이터 사이언티스트가 되고자 하는 젊은이들은 폭증할 것으로 전망되는데 이러한 젊은 학생들에게 본서가 조금이나마 도움이 되기를 빌어마지 않는다.

독자들은 「도서출판 박영사」의 homepage에서 「연습문제」의 「Excel활용 문제풀이」와 「손 사용 문제풀이」를 다운로드받아 사용할 수 있다. 한편 강사님들께는 이들 외에 PowerPoint를 사용하여 만든 강의안을 박영사 homepage를 통해 제공하도록 하겠다.

그동안 짧은 기간에 책이 나올 수 있도록 여러 가지 점에서 아낌 없는 성원과 협조를 해주신 박영사의 안종만 회장님께 감사의 말씀을 드리고 편집 노력을 성실하게 수행하여 보기 좋은 책이 나올 수 있도록 도와주신 전채린 과장님에게도 심심한 감사의 뜻을 전하고자 한다.

2020. 6. 23.

青壕 강금식

문제풀이 download 받는 방법

① www.pybook.co.kr에 접속한다.

② 자료실을 클릭한다.

③ 「비즈니스 분석론」을 클릭한다.

④ 「손 사용 문제풀이」와 「Excel 활용 문제풀이」를 download 받는다.

목 차

제 1 편 비즈니스 분석론의 기초

제 1 장 비즈니스 분석론의 개념

제 2 장 데이터베이스 분석론

제 2 편 기술적 분석론

제 3 장 데이터 시각화

제 4 장 기술통계학

제 5 장 기술적 데이터 마이닝

제 6 장 확률과 확률분포

제 7 장 표본분포와 추정

제 8 장 가설검정

제 3 편 예측적 분석론

제 9 장 회귀분석과 상관분석

제10장 예측 기법

제 11 장 예측적 데이터 마이닝

제 12 장 시뮬레이션 모델

제 4 편 규범적 분석론

제 13 장 선형 최적화 모델

제 14 장 정수계획 및 비선형 최적화 모델

제 15 장 의사결정 분석

제 16 장 Six Sigma

제 17 장 분산분석

제 18 장 마아코브 분석

제16장, 제17장, 제18장은 박영사 homepage 자료실에 업로드되어 있습니다.

비즈니스 분석론의 기초

제 1 장 비즈니스 분석론의 개념

1.1 의사결정

우리 개인도 하루에 수많은 의사결정을 수행하지만 모든 기업의 매니저(manager)들은 기업의 번영과 성공을 위해서 크고 작은 의사결정(decision making)을 계속해서 수행한다. 기업의 성공을 드라이브하는 것은 결정의 품질이고 그의 실행이다. 좋은 결정은 좋은 비즈니스를 의미한다.

기업에서 경영성과를 높이기 위해서 계획을 수립하고, 조정하고, 조직하고, 지휘하는 것은 매니저들의 책임이다.

기업에서 최고경영층은 제품/서비스 결정, 프로세스 선정, 생산능력 계획, 시설입지 등 기업이 나아가야 할 방향과 경영전략 및 장기적 목표달성을 위한 전략적 결정(strategic decision)을 수행한다.

중간관리층은 고객으로부터의 제품수요를 만족시킬 생산계획과 재고관리, 노동력관리 등 중기적인 전술적 결정(tactical decision)을 수행한다. 하위관리층은 매일매일의 운영과 활동을 담당하는데 품질관리, 작업자 스케줄, 비용관리, 장비보수 등 단기적인 운영적 결정(operational decision)과 통제적 결정(control decision)을 수행한다.

기업에서 매니저들은 여러 가지 의사결정과 문제해결(problem solving)을 수행함에 있어서 보통 [그림 1-1]에서 보는 바와 같은 과정을 거친다.

• **문제의 규명 및 정의** : 기업에서 현재 진행되고 있는 상황을 면밀하게 관

찰하여 원하던 상태와의 사이에 갭이 있게 되면 문제가 있음을 우선 인지하고, 문제의 핵심과 진짜 원인을 규명하고, 해결해야 할 문제를 간명하게 정의한다. 이때 문제 외에도 가치창출을 위한 기회(opportunity)도 인지하면 이러한 과정을 거칠 수 있다.

- **대안의 결정** : 필요한 데이터와 정보를 수집하고 가능한 결정들, 즉 대안들(alternatives)에 대한 제약조건 등을 규명한다. 이 단계에서 필요한 모델을 개발하게 된다.
- **기준의 결정** : 모든 가능한 대안들이 규명되면 이들을 평가할 기준(criteria)을 결정해야 한다. 예를 들면 직장을 구하는 사람에게 기준은 초봉, 승진, 직장의 위치 등이 될 수 있다.
- **대안들의 평가** : 가능한 대안들에 따르는 위험을 고려하면서 대안들을 분석한다. 이러한 과정에서 매니저들의 과거 경험이나 판단력이 크게 작용할 수도 있는 경우가 있겠지만 우리는 앞으로 데이터 기반 의사결정에 한정한다. 따라서 뒤에 설명할 비즈니스 분석론이 이 단계에서 중요한 역할을 담당한다.

그림 1-1 의사결정과 문제해결의 관계

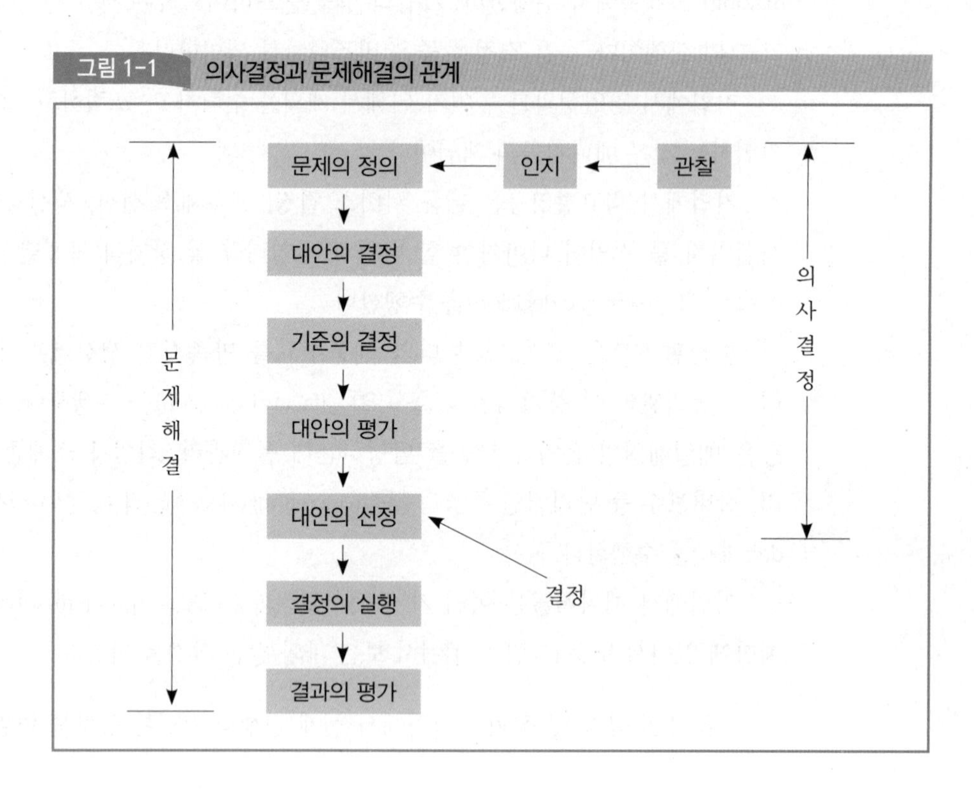

- **대안의 선정** : 평가기준에 가장 알맞은 대안을 선정한다. 이에 의사결정이 이루어진 것이다.
- **결정의 실행** : 기업에서 정한 의사결정이 작동되기 위해서는 충분한 필요 자원을 확보하고, 근로자들을 모티베이트하고, 변화에 대한 저항을 잘 무마하고, 정책을 수정하고, 신뢰를 쌓도록 해야 한다. 의사결정은 고객, 공급업자, 근로자들에 영향을 미친다.
- **결과의 평가** : 의사결정이 만족스러운지 그의 효과성을 결정해야 한다. 이렇게 하여 문제해결이 이루어진 것이다.

그런데 의사결정은 말처럼 쉬운 것이 아니다. 의사결정을 어렵고 복잡하게 만드는 요인들은 불확실성(uncertainty), 너무 많은 대안의 수, 대안에 대한 불충분한 정보, 넘쳐나는 데이터의 양, 파라미터(parameter) 사이의 원인과 결과에 관한 지식의 결여, 의사결정에 필요한 제한된 시간 등이다.

1.2 비즈니스 분석론의 개념과 목적

우리는 앞절에서 기업에서 거치는 의사결정 과정과 그의 어려움을 공부하였다. 과거에는 통계적 방법이나 경영과학(management science: MS) 기법이 주로 사용되어 왔다. 그러나 경영문제의 점증하는 복잡성, 수많은 대안해(alternative solutions)의 존재, 의사결정의 시간제약 등으로 효율적 기업경영을 위하여 과거 또는 현재의 넘치는 데이터를 정보와 지식으로 변형시키는 매우 정교한 의사결정 과정이 필요하게 되었다. 이에 2000년대 이후에는 경영문제 해결에 비즈니스 분석론을 활용하는 기업들이 기하급수적으로 증가하게 되었다.

비즈니스 분석론(business analytics: BA), 데이터 분석론(data analytics) 또는 단순히 분석론이란 빅 데이터의 사용, 정보기술(information technology), 통계분석, 경영과학(MS는 operations research: OR이라고도 함) 기법, 수리적 또는 컴퓨터 기반 모델을 사용하여 데이터로부터 정보와 지식을 추출함으로써 매니저들로 하여금 기업경영에 관해 향상된 통찰력(insights)을 얻게 하고 사실(근거)기반 의사결정을 내릴 수 있도록 돕는 과학적 과정이라고 정의할 수 있다.

이와 같이 비즈니스 분석론은 폭넓은 데이터 분석방법들을 모두 포함한다. 오늘날 비즈니스 분석론은 다양하고 엄청난 데이터가 속도감 있게 쏟아져 나오는 디지털 환경에서 매니저들에게 필요한 정보를 신속하게 제공하기 위해서 다양한 분야에서 개발된 방법론, 도구, 기술, 알고리즘을 활용할 수밖에 없게 되었다. 이와 같이 비즈니스 분석론은 시스템적 접근법(systems approach)을 적용하여 복잡한 문제와 상황을 총체적인 관점에서 다학제적으로 접근하여 문제를 해결하고 매니저들로 하여금 더 낫고 더 빠른 의사결정을 내릴 수 있도록 새로운 지식이나 통찰력을 제공하는 것을 목적으로 한다.

그동안 기업에서는 경영성과를 향상시키기 위하여 품질이나 가격 같은 경쟁력을 활용하는 데 초점을 맞추어 왔으나 이제부터는 빠르고 효율적인 의사결정에 의한 경쟁력 강화라는 패러다임의 변화가 진행되고 있다.

비즈니스 분석론도 통계학과 경영과학 등 전통적 수리적 방법을 사용한다. 다만 이들 사이의 차이란 비즈니스 분석론은 빅 데이터를 사용해서 통찰력을 제공함으로써 경영문제를 해결하고 경영성과를 향상시킨다는 것이다. 전통적인 분석방법이나 기법으로는 빅 데이터의 수집·저장·분석이 어려웠지만 이젠 정보기술이 발달해서 빅 데이터에 접속해서 이들을 수집·저장·처리하고 나아가 수리분석에 사용함으로써 기업에서 더 좋은 의사결정을 할 수 있도록 돕고 있는 것이다. 이와 같이 비즈니스 분석론은 빅 데이터가 폭증하는 시대환경에 맞추어 탄생한 것이다. 인류는 이제 빅 데이터라는 발자취를 추적해 미래를 예측하고 대비하는 시대에 살고 있다.

비즈니스 분석론은 기업에서 의사결정과 문제해결 시 분석과 통찰력을 통해 데이터를 행동으로 변형시키는 과학이라고 할 수 있다. 즉 간단히 말하면 분석론이란 데이터 기반 의사결정의 과학(the science of data-driven decision making)이다. 여기서 말하는 데이터란 수리적 데이터를 의미한다. 수리적 데이터를 사용하여 시의적절한 의사결정을 돕는 새로운 분야가 비즈니스 분석론이다. 비즈니스 분석론은 비즈니스 모델화와 의사결정을 위해 수리적 방법과 근거 기반 데이터를 필요로 한다.

오늘날 극심한 경쟁의 글로벌 시장에서 기업 매니저들로 하여금 더 빠르고 더 좋은 의사결정을 내릴 수 있도록 지원하는 가장 유망한 방법이 비즈니스 분석론의 활용이라는 사실이 실증적으로 증명되고 있다. 미국의 MIT와 펜실배니아 대학교의 연구결과 비즈니스 분석론을 사용하여 데이터(사실) 기반 의사결정을 수행하는 기업들의 경우 생산성이 향상되고, 시장점유율이 확대되고, 수익성이 증가되어 전반적으로 기업 성과와 기업 경쟁력이 향상되었음이 밝혀졌다.

비즈니스 분석론의 혜택은 이 외에도 비용감소, 좋은 위험관리, 고객만족 등을 들 수 있다. 사실 그동안 기업들은 수익을 증가시키고 비용을 감축하여 경영성과를 올리기 위해서는 품질, 비용, 시간, 유연성 등에 의존해 왔지만 지금은 의사결정에 정보와 지식을 제공하여 경영성과와 기업경쟁력을 향상시키려는 노력을 경주하고 있다. 빅 데이터와 인공지능을 활용하는 기업들이 산업계를 이끌고 있는 상황이다. [그림 1-2]는 세계 시가총액 상위 10대 기업 중 빅 데이터 활용 기업은 7군데임을 보여주고 있다.

그림 1-2 세계 시가총액 상위 10개 기업 중 빅 데이터 활용 기업

순위	1	2	3	4	5
기업	아마존	마이크로소프트	애플	구글	버크셔해서웨이
분야	ICT	ICT	ICT	ICT	금융

순위	6	7	8	9	10
기업	페이스북	알리바바	텐센트	존슨앤존슨	JP모건체이스
분야	ICT	ICT	ICT	ICT	금융

주: 2019년 2월 기준
출처: 미스터캡, 전 세계 기업 시가총액 순위(www.mrktcap.com)

1.3 비즈니스 분석론의 분류

비즈니스 분석론은 간단한 보고서로부터 가장 고급의 최적화 기법에 이르는 사이에 있는 어떤 것도 포함할 수 있다. 이와 같이 비즈니스 분석론이 커버하는 모든 내용을 [그림 1-3]에서 보는 바와 같이 기술적 분석론, 예측적 분석론, 규범적 분석론의 세 부분으로 분류할 수 있다.

그림 1-3 세 분석론 사이의 연결

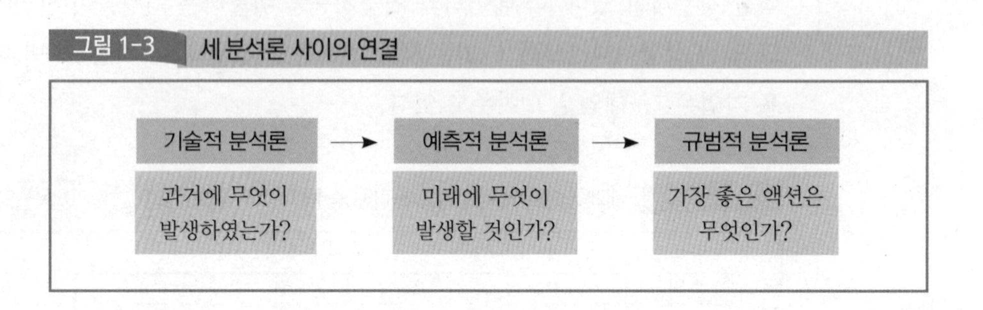

기업에서 비즈니스 분석론을 시작할 때는 보편적으로 기(서)술적 분석론으로부터 시작해서 예측적 분석론으로, 마지막으로 규범적 분석론으로 진화해 간다. 이와 동시에 복잡성과 성숙도도 함께 발전해 간다.

기술적 분석론은 기업에서 과거의 데이터를 이용해서 "무엇이 발생하였으며 무슨 일이 벌어지고 있는가?"에 대답하기 위하여 보고서 형태로 작성하며 예측적 분석론은 "앞으로 무슨 일이 발생할 것인가?"에 대한 대답을 구하는 단계로서 예를 들면 새로운 시장에의 진입은 성공할 것인가, 앞으로 일년 내 제품수요는 10% 성장할 것인가? 등을 취급한다. 규범적 분석론은 서술적, 예측적 분석론에서 생성한 여러 대안들 중에서 최선의 대안을 선정한다. 따라서 여기서는 "무엇을 어떻게 해야만 하는가?"에 대한 질문에 대답하는 것을 목표로 한다.

기술적 분석론

대부분의 기업에서는 과거와 현재의 기업성과를 이해하고 더 좋은 결정을 내릴 수 있도록 데이터를 사용하는 기술적 분석론(descriptive analytics)으로부터 시작한다. 기술적 분석론은 가장 널리 사용되고 가장 잘 이해되는 분석론이다.

이러한 분석론에서는 기업의 경영성과를 이해하고 분석할 목적으로 데이터를 유용한 정보로 변형시킨다. 기술적 분석론은 과거에 발생하였던 것을 서술(기술)하는 여러 기법들을 포함한다.

이러한 기법들의 예를 들면 데이터 쿼리, 보고서, 기술통계학, 데이터 대쉬보드와 일부 데이터 마이닝 기법 및 기본적인 가정 · 결과(what-if) 스프레드시드 모델을 포함하는 데이터 시각화(visualization) 등이다.

비즈니스 분석론의 한 분야가 비즈니스 인텔리전스(business intelligence: BI)인데 기술적 분석론과 같은 의미이다. 이는 "무엇이 발생하였으며 무엇이 발생하고 있는가?"를 이해하기 위하여 조작하는 데이터 시각화와 보도(reporting)를 말한다. 이를 위해서 데이터를 나열하고, 검토하고, 탐색하기 위하여 차트, 표, 대쉬보드를 사용한다. 비즈니스 인텔리전스는 초기에는 주로 정적인 리포트를 작성하는 것을 의미하였지만 지금은 실시간 데이터에 접속하게 하는 상호작용하는 대쉬보드를 생성하는 효과적인 도구로 발전하였다.

비즈니스 분석론은 오늘날 비즈니스 인텔리전스와 함께 정교한 데이터 분석 방법들을 포함한다.

데이터 쿼리(data query)란 데이터베이스로부터 어떤 특성을 가진 정보에 대한 요구를 말한다. 예를 들면 제조공장의 데이터베이스에 대한 쿼리는 지난 달 특정 유통센터에 대한 모든 출하 기록일 수도 있다. 단순 기술통계학과 데이터 시각화 기법은 거대한 데이터베이스에 내재된 어떤 패턴(pattern), 추세(trend), 관계(relationship)를 찾는 데 이용될 수 있다. 이때 패턴은 왜 존재하는가를 밝히기보다 무엇을 의미하는지를 밝히려 한다.

데이터 대쉬보드(dashboards)란 표, 차트, 지도, 새로운 데이터가 추가되면 갱신되는 요약통계량(summary statistics) 등의 집합을 말한다. 이는 기업에서 경영성과의 어떤 측면, 예컨대 재고수준을 감시하는 데 사용된다.

데이터 마이닝(data mining)이란 거대한 데이터 집합(data sets)에 숨은 패턴과 관계를 찾을 분석적 기법을 사용하는 것을 말한다. 이에 대해서는 다음 절에서 다시 설명이 있을 것이다.

기술적 분석론이 대답하도록 돕는 전형적인 질문의 예를 들면 다음과 같다.

- 각 지역에 얼마씩 판매하였는가?
- 지난 분기 수입과 이익은 얼마이었는가?

• 어떤 공장이 가장 높은 생산성을 달성하였는가?
• 공장에서 어떤 일이 발생하였는가?
• 공장에서 왜 이런 일이 발생하고 있는가?

기술적 분석론은 기업에서 고객들을 여러 구획으로 분리시켜 구획에 맞는 마케팅 캠페인과 광고전략을 수립할 수 있도록 돕는다.

예측적 분석론

예측적 분석론(predictive analytics)은 서술적 분석론의 다음 단계로서 보통 서술적 분석론을 수행하고 이에 어느 정도 성숙해진 기업들은 이미 발생한 일들에 대한 관심을 넘어 이젠 앞으로 무슨 일이 발생할 것인가에 더욱 관심을 갖게 된다.

예측적 분석론은 역사적 데이터, 머신러닝(machine learning), 인공지능(artificial intelligence)을 사용하여 미래에 무엇이 발생할 것인가를 예측하는 가장 중요한 분석론이다. 역사적 데이터는 수학적 모델을 사용하여 데이터 속의 추세와 패턴을 찾아낸다. 이 모델은 현재의 데이터에 적용하여 미래에 무엇이 일어날지를 예측하게 된다. 다시 말하면 역사적 데이터에 통계방법과 머신러닝 기법을 사용하여 수학적 예측모델을 형성하고 이를 이용하여 미래를 예측하거나 어떤 변수의 변화가 다른 변수에 미치는 영향을 예측하게 된다. 예를 들면 제품 판매에 관한 과거의 데이터는 수학적 모델을 형성하는 데 이용되고 이는 미래 수요에 대한 예측을 가능케 한다. 이는 [그림 1-4]에서 보는 바와 같다.

예측적 분석론은 빅 데이터 속의 패턴, 추세, 관계 등을 찾아내어 위험(risks)

그림 1-4 미래 예측 과정

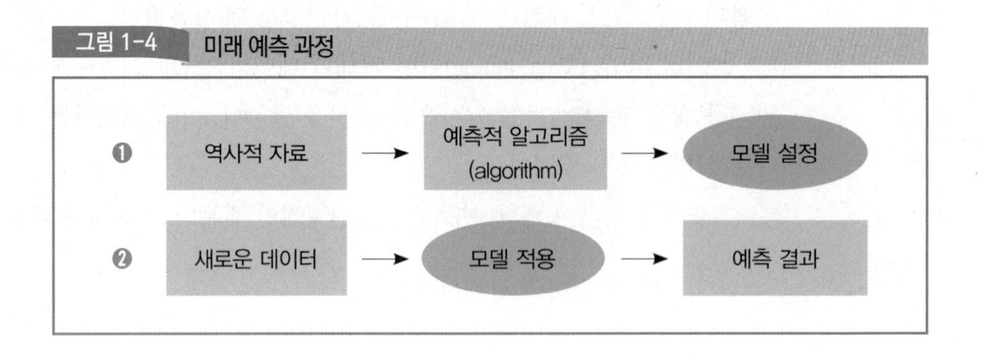

이나 어떤 행위를 예측할 수 있게 만든다. 예를 들면 기업은 그의 제품이나 서비스의 수요예측, 고객의 흔들림, 종업원 감소, 대출 불이행, 가짜 거래, 보험 클레임, 자본시장 동요, 환자의 병원 체류기간, 경제침체 등을 예측하는 데 예측적 분석론을 사용한다. 나아가서 기업은 예측적 분석론을 사용해서 어떤 조치가 위험을 감소시키고, 기업경영 성과를 향상시키고, 수입을 증가시킬 수 있는지 미리 예측할 수 있다. 예측적 분석론이 대답하도록 돕는 전형적인 질문의 예를 들면 다음과 같다.

- 언제까지 계속 발생할 것인가?
- 어떤 다른 일이 발생할 것인가?
- 제품수요가 앞으로 10% 감소한다면 어떻게 될 것인가?
- 새로운 벤처기업에 투자할 때 손해를 볼 위험은 얼마인가?

규범적 분석론

규범적 분석론(prescriptive analytics)은 분석론 계층의 최상위 단계에 해당한다. 이 단계에서는 서술적, 예측적 분석론을 통해 확인되고 생성된 여러 가지 대안들 중에서 정교한 수학적 모델을 통해 최선의 대안을 선정한다. 주로 경영과학 기법을 사용하는 규범적 모델의 산출물은 바로 값진 결정이다.

규범적 분석론은 문제에 대한 최적해(optimal solution)를 찾거나 여러 가지 대안 중에서 옳은 선택을 하도록 돕는다. 규범적 분석론은 최적화(optimization) 기법을 사용해서 어떤 목적(objective)을 최대화 또는 최소화하는 최선의 대안을 규명토록 한다. 이 외에도 시뮬레이션(simulation), 머신러닝 알고리즘, 휴리스틱 기반 의사결정 모델들을 사용한다.

규범적 분석론은 생산관리, 재무관리, 마케팅관리 등 비즈니스의 많은 분야에서 사용된다. 예를 들면 이익을 최대로 하는 생산할 제품믹스, 수입을 최대로 하는 가격 및 광고전략, 위험을 최소로 하는 투자안의 최적믹스 등은 규범적 분석론을 이용하여 결정할 수 있다.

규범적 분석론은 예컨대 다음과 같은 질문에 대답하는 것을 목표로 한다.

- 무엇을 해야만 하는가?

- 어떻게 최적으로 이 문제를 해결할 수 있는가?
- 이익을 최대로 하기 위해서는 얼마를 생산해야 하는가?
- 비용을 최소로 하기 위해서는 각 공장에서 각 유통센터로 얼마를 공급해야 하는가?
- 자연재해로 공급업자의 공장이 문을 닫게되면 우리의 계획은 변경해야 하는가?

예측적 분석론의 수학적 및 통계적 기법에 규범적 분석론을 결합하여 데이터 속의 불확실성을 고려하는 결정을 내릴 수 있다.

1.4 빅 데이터의 폭발

개념

데이터(data)란 사실을 표현한 것이다. 이 표현방법에는 숫자, 문자, 오디오, 이미지, 동영상 등 다양한 형식이 포함된다. 데이터를 가공한 결과를 정보(information)라고 한다.

오늘날에는 디지털 혁명으로 5G시대 진입하며 스마트폰이나 태블릿, 컴퓨터 등 다양한 정보기술(IT) 기기의 사용으로 정형화된 데이터(structured data)는 물론 과거에는 데이터로 취급하지 않았던 구조화되지 않은 형태의 비정형 데이터(unstructured data)가 폭증하고 있는 것이다.

빅 데이터(big data)란 기존에 사용되었던 Excel의 데이터 처리·저장·관리 및 분석 기법으로는 감당할 수 없을 정도로 어마어마하게 쏟아져 나오는 정형, 비정형, 반정형 데이터를 모두 포함한 것이다. 다시 말하면 빅 데이터란 과거엔 상상조차 할 수 없이 규모가 방대하고, 더욱 복잡하고, 생성주기도 짧을 뿐만 아니라 정형의 수치 데이터는 물론이고 문자, 녹취, 동영상, 음성 등 비정형 형태의 데이터 집합을 일컫는다.

빅 데이터는 지금까지 처리하던 데이터와 크기, 형태, 생성 속도 면에서 비교가 되지 않는다. 과거 데이터 처리에 사용되었던 전통적인 분석방법이나 도구로는 빅 데이터의 수집·저장·분석이 어렵다는 것이다. 과거에는 다량의 데이터를 저장하는 데 기술적으로나 비용상으로 어려움이 많았다. 그러나 오늘날 눈부신 발전을 거듭하고 있는 정보통신기술의 향상으로 저장 및 처리 비용은 이제 별 문제가 되지 않고 있다. 이러한 엄청난 빅 데이터에 비즈니스 분석론을 적용할 때 엄청난 가치 창출이 가능하고 좀 더 나은 의사결정을 위한 통찰력을 얻을 수 있는 것이다. 빅 데이터의 가공과 분석에 따라 상황인식, 문제해결, 미래전망이 가능해져서 이제 빅 데이터가 기업 경쟁력의 척도로 인정받고 있는 것이다.

[그림 1-5]는 팽창하는 빅 데이터에 가공·분석 기법을 적용하여 가치 창출하는 과정을 보여주고 있다.

그러면 빅 데이터의 소스(source)는 어디인가? 모든 곳이 소스이다. 블로그, RFID 태그, GPS, 센서 네트워크, 사회관계망, Internet 기반 텍스트 문서, Internet 검색 찾아보기, 전화통화 기록, 천문학, 대기과학, 생물학, 유전학, 핵물리학, 생체화학 실험, 의료기록, 과학연구, 군사 감시, 사진 기록물, 비디오 기록물, 전자거래 등 수많은 소스로부터 빅 데이터가 생성된다.

이러한 데이터 소스는 세 수준으로 구분하고 있다.

- **비즈니스 거래** : 기존의 데이터 소스로서 분량, 다양성, 속도 면에서 가장 낮다.
- **인간이 만들어 내는 데이터** : Internet과 사회매체로부터 발생한다. 이는

그림 1-5 빅 데이터의 출현과 가치창출의 과정

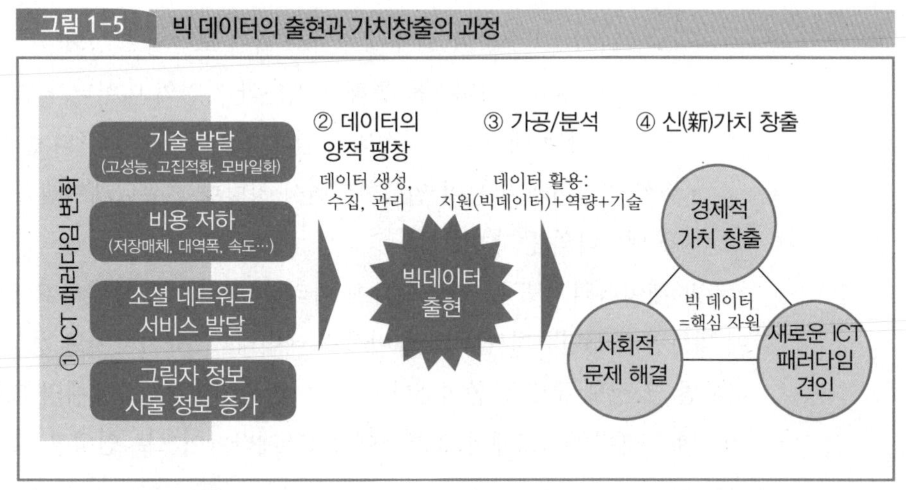

출처: 노규성, 빅데이터 개론(광문각, 2019), p.25.

인간의 집합적 아이디어와 지각을 이해하는 데 가치가 있지만 매우 복잡하다. 분량, 다양성, 속도는 보통이다.

- **기계가 만들어 내는 데이터** : 모든 것들이 서로 연결되는 사물인터넷(internet of things: IoT)에 의해 자동적으로 수집되는 데이터로서 분량, 다양성, 속도 면에서 아주 높다.

전 세계 빅 데이터 시장의 매출은 2018년 420억 달러로부터 2027년 1,030억 달러로의 연간 10.48%의 성장률을 보일 것으로 전망된다. 우리나라의 빅 데이터 시장은 2022년에 2조 2천억 원에 이를 것으로 전망된다.1

특징

우리는 이제 빅 데이터의 시대에 살고 있다. 앞으로는 스마트 기기의 확산, SNS(social network service)의 활성화, 사물인터넷(IoT)의 확산 등으로 빅 데이터 기반이 더욱 확대되고 이에 따라 분석기술은 더욱 진보할 것으로 예상된다(그림 1-6 참조).

IBM은 빅 데이터의 특징을 다음과 같은 4V로 기술하고 있다.

규모(volume)

빅 데이터는 순간순간 폭증하고 있는데 그 원인을 요약하면 다음과 같다.

- 스마트폰을 비롯하여 모바일 스마트 기기 보급의 활성화
- 클라우드(cloud) 서비스를 통해서 개인과 기업의 데이터가 한 곳으로 축적되고, 저장된 데이터를 분석하여 활용하고자 하는 요구의 증가
- 소셜 미디어의 활용이 일상화되면서 쌍방향 커뮤니케이션을 통한 상호작용 데이터의 증가

빅 데이터의 규모는 기술발달에 따라 지속적으로 증가하고 있다. Google에 의하면 2003년까지 인류가 쌓아올린 데이터가 5엑사바이트 정도인데 이제는 하루면 그 정도 분량을 쏟아낸다고 한다. 한편 IDC는 전 세계의 데이터 규모는 2018년 33제타바이트에서 2025년에는 175제타바이트로 연평균 61% 증가할 것

1 International Data Corporation, 2018

그림 1-6 ICT 발전에 따른 빅 데이터의 폭증

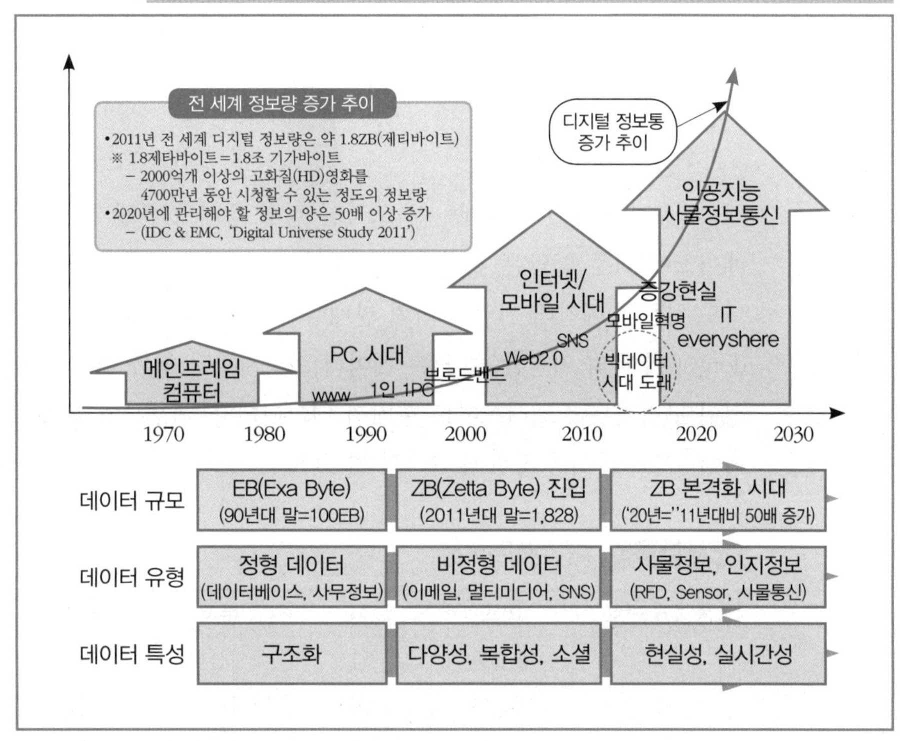

출처: 노규성, 전게서(광문각, 2019), p.16.

으로 전망하고 있다. 매일 영화 10억편 분량의 데이터가 쏟아져 나온다. 빅 데이터 기업도 우후죽순처럼 폭증하고 있다. 미국에는 이미 5,000여 개의 기업이 성업 중이고 한국에는 겨우 100여 개 기업이 있을 뿐이다.

속도(velocity)

속도란 빅 데이터가 생성되어 사용될 때까지 소요되는 시간의 빠른 비율을 말한다. 즉 속도는 데이터가 생성되는 스피드와 의사결정의 필요에 따라 데이터가 분석·처리되는 스피드를 말하는데 오늘날에는 이러한 일들이 실시간(real time)으로 이루어진다. 예를 들면 뉴욕 증권거래소는 하루 영업시간에 1테라바이트의 데이터를 수집하고, AT&T 고객들은 하루 82페타바이트의 데이터를 생성한다고 알려져 있다.

다양성(variety)

다양성이란 사용가능한 데이터의 여러 가지 형태를 말한다. 데이터는 형태에 따라 정형 데이터, 비정형 데이터, 반정형 데이터로 구분할 수 있다.

• 정형 데이터

전통적인 데이터 형태는 구조적인 정형 형태로서 관계형(relational) 데이터베이스에 아주 알맞은 것이었다. 정형 데이터(structured data)는 구조 데이터라고도 하는데 예컨대 기업의 과거 판매량이나 광고비처럼 테이블의 고정된 형식(format)에 따라 저장할 수 있는 데이터로서 지정된 행과 열에 의해 데이터의 속성이 구별되는 스프레드시트 형태의 데이터이다. 대부분의 통계표는 정형 데이터이다. [표 1-1]은 정형 데이터의 예이다.

표 1-1 정형 데이터의 예

종업원 번호	이름	성	부서	직위	연봉
1	홍길동	남	생산부	부장	5천만 원
2	박순자	여	비서실	대리	3천만 원
3	문국	남	판매부	과장	4천만 원

• 비정형 데이터

비정형 데이터(unstructured data)는 비구조 데이터라고도 하는데 형식이나 구조가 전혀 알려져 있지 않은 데이터를 말한다. 즉 비정형 데이터는 가변된 필드(field)로 정리되어 있기 때문에 기존의 데이터베이스에 알맞지 않은 형태이다. 비정형 데이터는 형태도 없고 연산이 불가능한 반면 정형 데이터는 형태가 있고 연산이 가능하다. 비정형 데이터의 예를 들면 블로그의 댓글, 트윗, 텍스트 파일과 이미지, 음성, 동영상 같은 멀티미디어 데이터이다. [그림 1-7]은 비정형 데이터의 예이다.

• 반정형 데이터

반정형 데이터(semi-structured data)는 형식에 있어서는 정형 데이터 같이 보이지만 관계형 데이터베이스에 기록할 수 없는 데이터로서 파일 형태로 저장된다. 그러나 조금만 처리를 하면 정형화된 정보를 추출할 수 있다.

그림 1-7 비정형 데이터의 예

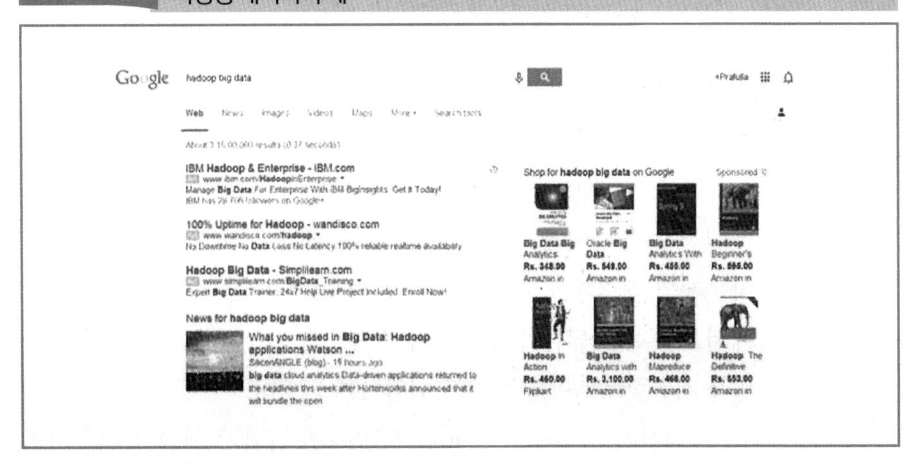

그림 1-8 반정형 데이터의 예

<rec><name>Prashant Rao</name><sex>Male</sex><age>35</age></rec>

<rec><name>Seema R.</name><sec>Female</sex><age>41</age></rec>

<rec><name>Satish Mane</name><sec>Male</sec><age>29</age></rec>

<rec><name>Subrato Roy</name><sex>Male</sec><age>26</age></rec>

<rec><name>Jeremiah J.</name><sex>Male</sec><age>35</age></rec>

반정형 데이터에는 HTML 파일, 오픈 API 형태로 제공되는 XML, JSON, 로그(log) 형태의 웹로그, 사물인터넷(IoT)에서 제공하는 센서 데이터 등이 포함된다. [그림 1-8]은 XML 파일에 저장된 개인용 데이터로서 반정형 데이터의 예이다. 특히 사물인터넷이 보급되면 센서 데이터의 범위가 급격히 확장될 것이다.

정확성

정확성(veracity)이란 데이터의 품질을 말한다. 정확성은 데이터 속의 불확실성으로 측정한다. 데이터가 누락이 되었다든지, 측정단위에 일관성이 없다든지, 신뢰성이 없는 데이터는 옳은 의사결정에 도움이 되지 않는다.

이상에서 설명한 빅 데이터의 특징 외에도 변동성(variability)과 가치 제안(value proposition)을 포함하기도 한다.

1.5 비즈니스 분석론의 진화과정

비즈니스 분석론을 구성하는 3대 분야는 통계학, 경영과학(모델화 및 최적화), 정보시스템이다. 통계학은 오래전부터 사용되어 왔고 경영과학은 제2차 세계대전 중 영국에서 수학자, 통계학자, 경제학자, 심리학자 등이 팀을 이루어 군사문제를 해결하기 위하여 여러 가지 모델을 사용하여 성공하였고 전후 산업계에서 이러한 방법론을 수용하여 복잡한 경영문제를 수학적 또는 컴퓨터 기반 모델을 사용함으로써 분석하고 해결하게 되었다.

분석론은 아무래도 1940년대 말에 도입되기 시작한 컴퓨터의 등장으로 시작되었다고 할 수 있다. 1960년대 후반부터 컴퓨터가 의사결정 보조시스템으로 사용되면서 분석론은 진화하기 시작하였다. 초기 컴퓨터의 사용은 비즈니스 인텔리전스(business intelligence)라고 하는 데이터의 수집, 분석, 관리, 보고 등의 과정을 촉진하였다.

1980년대에 들어서 기업들이 비즈니스 관련 데이터를 수집하는 방식에 변화가 발생하였다. 그동안 기업의 기능부서들이 따로따로 업무 데이터를 수집하여 왔지만 전사적 자원관리(ERP) 시스템이 도입되면서 데이터 수집과 저장방법이 향상되었고 관계형 데이터베이스 관리시스템이 정착하게 되었다. 1990년대에는 기업의 중역이나 간부들이 필요로 하는 업무보고와 의사결정을 위한 매니저 정보시스템이 개발되었다. 매니저에게 고도의 다용도 업무보고와 의사결정 지원을 위해 정보의 저장소인 데이터 웨어하우스(data warehouse)를 도입하게 되었다. 특히 비약적인 정보기술의 발전으로 데이터 수집, 저장, 분석을 위해 다양한 형태의 데이터베이스 시스템이 출현하였고 정보 저장소가 새롭게 나타나게 되었다.

2000년대에 들어 데이터 웨어하우스에 저장된 데이터들은 주기적으로 갱신되기 때문에 최신의 정보에 의해 신속한 의사결정을 하고자 하는 매니저들의 요구에 따라 데이터를 즉시 갱신하는 적시 데이터 웨어하우징이 개발되었다. 이 당시 넘치는 데이터 중에서 유용한 데이터만을 발굴하여 유익한 지식들을 발견하고자 하는 데이터 마이닝이라든가 텍스트 마이닝(text mining)이라는 용어가 탄생하게 되었다.

2000년대 들어오면서 이동 통신망 기술이 발전함에 따라 휴대폰이 일반화되고 모바일 환경이 조성되었다.

2010년대에 들어오면서 Internet과 PC 사용이 일반화하면서 정형, 비정형, 반정형 데이터가 폭발하기 시작하였다. 2010년대를 스맥(social, mobile, analysis, cloud computing: SMAC) 시대라고도 하는데 이는 빅 데이터 시대의 도래를 의미하기도 한다.

기업에서 폭발하는 빅 데이터를 분석해서 값진 가치와 통찰력을 창출하고, 보다 나은 의사결정을 내릴 수 있고, 결국 수익 증가와 비용 감소를 초래하도록 비즈니스 분석론이 각광을 받으며 탄생하게 되었다. 앞으로는 빅 데이터가 기업과 국가의 자산으로 활용되는 경제환경이 도래할 것이다.

1.6 데이터 마이닝

개념

데이터 마이닝 기법은 1990년대에 들어서면서 기업들이 기존에 사용해 왔던 통계분석 기법과 함께 활용하기 시작하였다.

데이터 마이닝(data mining)이란 범람하는 데이터를 수집하여 데이터베이스, 데이터 웨어하우스, 데이터 마트(data mart)라는 저장소에 저장된 빅 데이터로부터 유용한 데이터만, 금광에서 여러 단계를 거쳐 금만을 채굴하듯, 선별해서 발굴하고 분석해서 기업경영에 필요한 의미 있고 가치 있는 정보를 도출하는 과정을 말한다. 데이터 마이닝은 풍부한 데이터 베이스 속에 숨겨진 의미 있고 논리적인 패턴, 상관관계, 추세, 변화, 예외, 규칙 등을 탐색하여 모델화함으로써 숨겨진 가치를 추출하여 미래에 실현 가능한 정보와 지식으로 만들어 실제 비즈니스 의사결정에 활용하려고 한다. 이러한 관점에서 데이터 마이닝은 지식발견(knowledge discovery in database: KDD) 기법이라고 할 수 있다. 이와 같이 데이터 마이닝은 빅 데이터 시대의 도래로 각광을 받기 시작하였다. 데이터 마이닝은 강력한 힘으로 대용량의 데이터로부터 가치를 추출할 능력을 갖고 있다.

데이터 마이닝은 빅 데이터 시대의 도래와 함께 성장 발전하게 되었지만 근본적으로는 빅 데이터의 저장소인 데이터 웨어하우스(data warehouse)의 발전 덕택이다. 데이터 마이닝의 출발점은 데이터 웨어하우스이다. 데이터 웨어하우스는 데이터 속에 숨은 불분명하고 기대하지 않은 패턴을 연구하기 위하여 특별히 설계된 거대한 데이터베이스이다. 따라서 기업에서 일상업무용으로 사용하는 데이터베이스와는 아주 다르다. 데이터 웨어하우스는 데이터 마이닝용 특수 구조된 일종의 데이터베이스이다.

비슷한 용어 중에 데이터 마트(data mart)가 있는데 이는 데이터 웨어하우스의 축소판이거나 그의 일부에 해당한다. 데이터 마트는 특정 목적의 사용자 그룹을 위해 만들어지는 일시적이고 보조적인 데이터 저장소이다.

일단 데이터 웨어하우스가 준비가 되면 여러 가지 방법론과 소프트웨어를 사용해서 데이터를 발굴할 수 있다. 데이터 마이닝에서 사용되는 방법론은 다음 절에서 공부할 것이다.

데이터 마이닝의 기법

데이터 마이닝은 사용하는 목적에 따라 수많은 기법이 사용된다. 데이터 마이닝의 일부는 기술적 분석론에 해당하고 일부는 예측적 분석론에 해당한다. 따라서 본서에서도 제5장에서 기술적 데이터 마이닝을 공부하고 제11장에서 예측적 데이터 마이닝을 공부할 것이다.

기술적 분석론에서 데이터 마이닝은 데이터 속에 숨은 패턴을 규명하도록 한다. 예를 들면 Excel 차트나 피벗테이블은 패턴을 기술하고 데이터 집합을 분석하는 유용한 도구이다.

예측적 분석론에서는 회귀분석과 예측모델처럼 관심 있는 변수들의 관계나 미래 값을 예측하려 한다. 사실 서술과 예측 사이의 경계선이 분명한 것도 아니기 때문에 어떤 예측모델은 서술적인 반면 그 반대인 경우도 있다. 기술적 분석론의 목적은 매니저들로 하여금 미래를 예측하고 미래 기업성과에 영향을 미칠 더 좋은 결정을 내리도록 돕는 것이다. 따라서 데이터 마이닝은 예측적 분석방법에 속한다고 할 수도 있다.

데이터 마이닝 기법은 수없이 많지만 본서에서는 대표적인 몇 가지만 설명하고자 한다.

데이터 탐색과 시각화

데이터 집합(data set)을 취급하는 첫 단계는 데이터 탐색(data exploration)이다. 데이터 탐색은 수집한 데이터가 분석하는 데 사용하기 적절한가를 알아보는 과정으로서 데이터 전체를 조망하고 혹시 이상한 값이 있나 발견하려는 것이다. 탐색은 데이터 정제(cleansing)와 조작은 물론 눈에 보이는 발견을 목적으로 한다. 데이터 탐색을 위한 방법으로서는 데이터 통합이나 요약특성치를 구하는 것이다. 변수 사이의 관계나 데이터 속의 패턴이나 예외적인 것을 발견하는 것이다.

차트나 대쉬보드(dashboards)를 작성하는 탐색을 데이터 시각화(data visualization)라고 한다. 데이터 시각화는 제3장에서 공부할 것이다.

군집분석

범람하는 빅 데이터 속에서 변수의 수를 제한하거나 수많은 수의 레코드(개체)를 동질적인 그룹으로 분류하면 데이터 마이닝 알고리즘의 성능이 향상될 수 있다. 예를 들면 마케팅에서는 고객들을 구매행태에 따라 동질적인 고객들로 그룹화하여 그룹별로 다른 전략을 적용하게 된다.

수많은 레코드(사례)를 작은 집합으로 통합하는 과정을 데이터 축소(data reduction)라고 하는데 레코드의 수를 축소하는 방법을 군집방법(clustering method)이라고 한다. 즉 군집방법이란 유사한 속성들을 갖는 개체들을 그룹핑하여 전체의 개체들을 몇 개의 그룹 또는 군집으로 할당하는 것을 말한다. 여기서는 몇 개의 그룹으로 개체들을 나눌지는 미리 정해지지 않는다. 그러나 분류(classification)에 있어서는 나눌 그룹의 개수와 명칭이 미리 정해진다.

군집분석의 목적은 전체적으로 성격이 비슷한 개체들의 유형이 몇 종류인지 각 성격이 무엇인지 파악한 후 각 종류에 알맞은 제품이나 서비스를 제공하고 차별화 전략을 수립하고자 하는 것이다. 이는 제5장에서 다시 공부할 것이다. 한편 변수의 수를 줄이는 과정을 차원 축소(dimension reduction)라고 한다. 군집분석을 위해서는 k-평균 방법이 널리 사용된다.

연관규칙과 추천시스템

고객들이 거래한 내역을 저장한 큰 데이터베이스를 관찰하면 함께 구매한 품목들의 연관관계, 즉 "무엇이 무엇과 함께 가는지(what goes with what)?"를 밝힐 수 있다. 연관규칙(association rule)은 친화분석(affinity analysis)이라고도 하는데 큰 데이터베이스 속에서 품목 사이의 연관 패턴을 발견하도록 고안되었다. 시장바구니 분석(market basket analysis)은 여기에 해당된다. 연관분석을 하려면 자주 함께 구매하는 패턴을 찾아야 한다.

이러한 연관규칙은 매장에서 품목간 진열에 이용할 수 있고 할인행사의 경우 연관품목을 묶음으로 내놓을 수도 있다.

Amazon.com이나 Netflix.com과 같은 온라인 소매업자들은 개인의 과거 구매 데이터를 분석하여 그의 선호도나 취미에 맞는 새로운 제품을 권장하는 추천시스템(recommendation system)을 활용하고 있다.

분류분석

분류분석(classification analysis)은 데이터 분석의 가장 기본적인 형태이다. 분류분석은 범주형 변수(가끔 이진변수)에 관련된 범주를 예측하려고 한다. 즉 데이터를 분석해서 새로운 데이터 레코드를 어떤 범주에 분류할 것인가를 예측하게 된다. 이때 분류할 범주의 개수와 명칭은 미리 정해져 있다. 예를 들면 e-mail의 경우 정상적인 메일과 스팸메일로 구분한다든지, 신용카드 거래가 사기인지, 대출신청의 경우 채무불이행의 위험이 아주 높은지 등을 예측하는데 분류방법을 사용할 수 있다.

분류를 위한 기법으로는 로지스틱 회귀분석, 의사결정 나무분석, 판별분석 등이 있다.

예측

예측(prediction)은 분류와 비슷하지만 범주(예: 구매 또는 비구매)가 아닌 수치변수(예컨대 구매량)의 값을 예측한다는 점에서 범주형 변수에 대한 범주 예측을 하는 분류와 차이가 있다. 예를 들면 일년 후의 시장 점유율 예측은 여기에 해당된다. 과거는 미래의 거울이라는 전제하에서 과거에 있었던 거래와 사건에 입각해서 특정 변수의 미래 값을 예측하고자 한다. 회귀분석과 시계열 분석은 가장 일반적인 예측도구이다.

데이터 마이닝은 주로 정형 데이터 중심이면서 과거 사실을 분석하는 기법인데 반하여 빅 데이터 분석론은 텍스트 마이닝(text mining), 회귀분석, 머신러닝 등 보다 다양한 예측기법을 사용하면서 미래 사실을 예측하려고 한다.

데이터 마이닝은 통계학, 인공지능, 머신러닝, 정보시스템, 데이터베이스 시스템, 패턴인식(pattern recognition) 등을 포함하는 여러 원리들의 능력들을 체계적이고 협력적인 방법으로 활용한다. 이는 비즈니스 분석론이 출현하고 각광을 받게 되는 데에 동력이 되어 왔다.

지도학습과 자율학습

과거 데이터로부터 패턴을 추출하는 방식에 따라 데이터 마이닝의 학습 알고리즘은 지도학습과 자율학습으로 구분할 수 있다. 알고리즘이 관심 있는 결과변수(outcome variable)를 분류하거나 예측하는 방법을 학습할 수 있는 경우는 지도학습이라 하고 그렇지 못한 경우에는 자율학습이라고 한다. 지도학습방법은 예측하고자 하는 결과변수가 존재하는 경우에 사용되지만 자율학습방법은 예측할 결과변수를 갖지 않고 다만 모든 입력변수들 사이의 패턴과 구조를 찾으려는 데 사용된다.

지도학습(supervised learning) 알고리즘을 이용하기 위해서는 훈련용 데이터가 입력변수(예측변수, 설명변수, 독립변수)는 물론 출력변수(결과변수, 목표변수, 종속변수)도 포함해야 한다. 여기서 훈련용 데이터는 입력변수로부터 목표값을 예측하는 모델(규칙)을 개발하기 위하여 사용된다.

지도예측의 문제는 목표변수가 범주형일 수도 있고 연속형인 경우도 있다. 목표변수가 범주형(예: 신용불량 여부)인 경우에는 입력변수를 통해 목표변수의 각 범주에 대한 확률을 예측하는 모델을 만들게 되는데 이 예측모델을 통해 새로운 개채(레코드)를 분류하게 된다. 그러나 목표변수가 연속형(예: 판매액)인 경우에는 입력변수를 통해 목표변수의 값을 예측하는 모델을 만들게 된다. 데이터 마이닝의 예측형 모델과 분류분석은 지도학습 과정의 결과물이다. 즉 분류분석, 회귀분석, 로지스틱 회귀모델, 의사결정나무 분석, 신경망 분석, 판별분석, 시계열 분석 등은 지도학습 과정의 결과물이다.

그러나 자율학습(unsupervised learning) 알고리즘을 이용하기 위해서는 훈련용 데이터가 입력변수로서 서술적 속성들만 포함해야 한다. 자율학습에서는 모집단과 범주에 대한 사전 정보가 없고 예측하거나 분류하고자 하는 결과변수가 명확하게 규정되지 않기 때문에 입력변수와의 인과관계를 결정하는 규칙을 규명하려 하지 않고 다만 데이터에 존재하는 여러 가지 형태의 속성이나 특징을 파악하려고 노력한다. 즉 결과변수의 값을 예측하려는 것이 아니고 데이터 속에 있는 패턴을 찾으려는 분석을 하게 된다. 이러한 서술형 모델에서는 결과변수의 결과치(정답)가 없기 때문에 자율학습이라고 한다. 연관분석과 군집모델은 자율학습 과정의 결과물이라고 할 수 있다.

전통적 통계학과의 관계

데이터 마이닝의 근간을 이루는 핵심적 역할을 수행하는 분야는 인공지능과 통계학이다. 사실 통계학자들은 데이터 마이닝이라는 용어를 오랫동안 부정적 관점에서 취급하여 왔다. 그렇지만 두 분야는 매우 비슷하며 보통 같은 기법을 사용하고 있다. 사실 모든 데이터 마이닝 기법들의 뼈대는 확률이론과 통계이론이다.

통계학자들과 데이터 마이너들은 서로 비슷한 문제들을 해결한다. 통계학과 데이터 마이닝은 모두 데이터에서 패턴이나 관계를 규명하려는 공통점을 갖는다. 그러나 역사적인 배경과 취급하는 문제의 본질적인 차이가 있어 접근방식에 차이를 초래한다.

통계학과 데이터 마이닝의 차이는 분석대상으로 삼는 데이터의 규모이다. 전통적인 통계학에서는 데이터가 너무 많아서 문제가 된 것이 아니라 데이터의 부족이 문제가 되었다. 통계학에서는 사용하는 데이터의 범위가 좁고 사전에 정해진 계획에 따라 데이터를 수집한다. 예를 들면 관심 있는 모집단의 어떤 모수를 추정하기 위하여 극히 일부인 표본(sample) 추출을 한다든가 실험설계(experiment design)할 때 미리 정해진 계획에 따른다. 이와 같이 통계학에서는 매우 적은 양의 데이터를 기반으로 만들어진 기법들이 지금도 유용성을 발휘하고 있다. 전통적인 통계학의 목표는 적은 양의 데이터에서 최대한의 정보를 추출하는 것이었다. 전통적인 통계학에서는 기본적으로 추론(inference)을 통해 극히 적은 샘플 데이터를 이용해서 전체 데이터(모집단)를 설명한다. 이는 표본의 추출과 저장에 따르는 비용부담 때문이었다. 이제 빅 데이터 시대에는 샘플 데이터가 아니라 전체 데이터를 가지고 분석하는 일도 가능해졌다.

이와 같이 데이터 마이닝의 분석 대상은 대용량의 관측 가능한 데이터(observational data)인 경우가 허다하다. 비록 Excel이 데이터 분석의 강력한 도구이지만 대용량을 감당하기에는 한계가 있다. 데이터 마이닝 기법은 Excel과 같이 단순한 컴퓨터 도구들이 해낼 수 없는 문제들을 해결해 준다. 적은 데이터에서 최대한의 정보를 추출하려는 것은 더 이상 목표가 되지 않는다. 방대한 데이터에서 의미를 찾아내는 것이 새로운 목표가 되고 있다. 이제는 표본을 사용해 적은 데이터를 쓰는 것보다 더 많은 양의 데이터를 사용하는 편이 더욱 유리한 세상이 되었다.

다음에는 통계학에서는 모수의 추정량이나 가설검정 등에서는 불확실성을 감안하기 위하여 확률개념을 많이 사용하지만 데이터 마이닝에서는 탐색적인 데이터 분석이 중요시된다. 따라서 컴퓨터 중심의 기법과 경험적 방법이 원용된다.

데이터 마이닝은 통계학에서처럼 미래에 대한 예측을 중시하지만 현재의 데이터가 아닌 미래의 데이터를 잘 설명할 수 있는 모델을 추구한다. 사실 많은 경우에 데이터 마이닝은 모델을 만드는 데 사용된다. 모델은 새로이 데이터를 사용하여 어떤 것을 분류하거나 예측하고, 추정하여 유용한 결과를 유도한다.

데이터 마이닝의 과정

빅 데이터 속에 숨은 의미 있는 가치와 정보를 채굴할 데이터 마이닝 알고리즘의 효율적인 과정은 몇 단계로 진행한다.

- 데이터 마이닝 프로젝트의 목적을 분명히 이해한다. 결과를 이용할 사람은 누구인가? 결과로 영향을 받을 사람은 누구인가? 이 프로젝트는 일회용인가 아니면 계속사업인가? 등 프로젝트의 정의와 목적을 정한다.
- 분석에 사용할 데이터 집합을 획득한다. 기업이 보유하고 있는 큰 데이터베이스에서 분석에 사용할 레코드들을 표본으로 추출한다. 그렇지 않은 경우에는 실험을 한다든지 외부에서 데이터를 구입해야 한다. 전체 레코드(모집단)들을 대표할 수 있는 표본을 추출해야 데이터 마이닝 결과를 이

표본 밖에 있는 레코드들에 일반화시킬 수 있다. 표본크기에 대한 룰은 없지만 상당히 크면 데이터 마이닝 알고리즘은 더욱 효과적이다.

• 데이터의 탐색, 정제, 사전처리를 실시한다. 데이터를 탐색하고 변환을 통해 데이터의 정제(cleansing) 과정을 거친다. 데이터는 기업 내·외로부터 수집한다. 기업 내에서 발생하는 거래데이터는 정형화된 형식으로 데이터베이스에 저장되므로 큰 노력이 소요되지는 않는다. 그러나 기업 외부에 존재하는 무진장한 데이터 중에서 기업이 필요로 하는 데이터를 골라 수집하고 이를 분석을 위한 특정 데이터 형식으로 변환하는 정제과정을 거쳐야 한다. 오류를 바로 잡고 결측치와 이상치(outlier)를 처리하고 잡음(noise) 데이터와 중복 데이터를 제거하기도 하고 여러 곳에 흩어져 있는 데이터를 통합하기도 한다. 변수 사이의 측정척도가 다른 경우에는 평균과 분산을 사용하여 정규화(normalization) 함으로써 공통단위로 데이터를 변형시켜야 한다. 이러한 사전처리(preprocessing) 작업을 해야 유용한 정보를 얻을 수 있다.
• 필요하면 데이터 차원을 축소한다. 각 변수가 모델에 꼭 필요한지 밝혀 불필요한 변수는 제거토록 한다.
• 데이터 마이닝 과업과 기법을 결정한다. 프로젝트의 목적을 달성할 기법으로서 분류, 예측, 군집화, 연관분석 등에서 적절한 기법을 선정한다.
• 지도학습의 경우 데이터를 분리(partitioning)한다. 분류나 예측 같은 지도학습의 경우에는 데이터 집합을 훈련용(training), 평가용(validation), 시험용(test)으로 3분한다. 모델 과적합(model overfitting)은 표본 데이터에는 아주 잘 설명하는 모델이지만 그 표본 데이터 밖의 새로운 데이터에 대해서는 정확하게 예측하지 못하는 경우에 발생한다. 이는 방해가 되는 잡음(noise)데이터가 섞여있다든지 전체 데이터 집합의 일부분인 훈련용 데이터가 전체 집합을 충분히 대표하지 못했을 경우에 발생한다. 이러한 과적합의 가능성을 방지하기 위하여 세 가지 데이터로 구분하는 것이다. 이들의 크기에 대해서는 정해진 룰이 없으나 훈련용 데이터가 가장 커야 한다.
• 적절한 데이터 마이닝 기법을 선정한다. 회귀분석, 인공 신경망, 계층적 군집방법 등 수많은 기법에서 선정한다.
• 과업을 수행할 알고리즘을 이용한다. 훈련용 데이터를 이용해서 모델 후

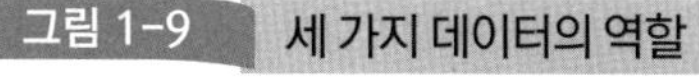
그림 1-9 세 가지 데이터의 역할

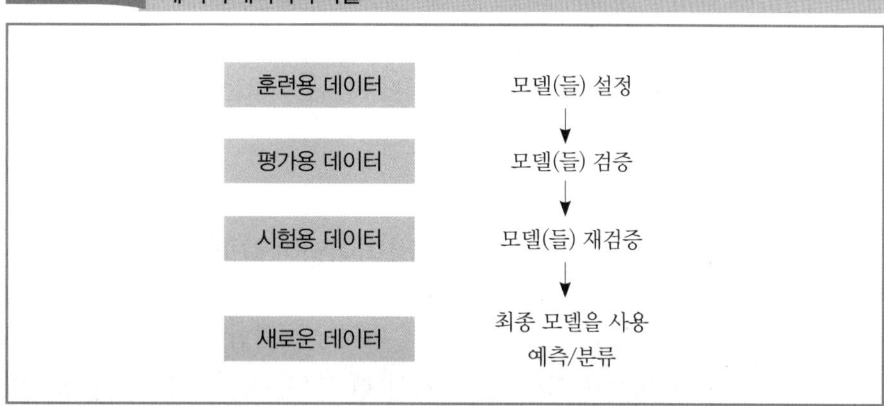

보들을 설정하고 이들을 평가용 데이터를 이용해서 검증한 후 새로운 데이터를 가장 잘 예측하는 모델을 선정한다. 데이터 마이닝에서는 모델을 만드는 과정과 모델을 검증하는 과정 등 두 단계의 절차를 거친다. 모델을 만드는 과정을 훈련이라고 하는데 이때 훈련용 데이터가 사용된다. 모델의 성능을 검증하기 위해서는 평가(검증)용 데이터가 사용된다.

- 알고리즘의 결과를 해석한다. 가장 좋은 모델을 시험용 데이터에 시험함으로써 모델 설정에 사용하지 않은 새로운 데이터에 얼마나 잘 기능을 발휘하는지 확인한다. 이는 선정된 모델이 얼마나 잘 작동하는지 알기 위한 엄격한 검토(acid test)로서 실시된다. [그림1-9]는 데이터 마이닝 과정에서 세 가지 데이터의 역할을 보여주고 있다. 이와 같이 훈련, 평가, 시험을 거쳐 만든 모델은 예측이나 분류에 사용하는 것이다. 모델의 일반화(generalization)란 이렇게 만들어진 모델이 앞으로 들어오는 새로운 입력 데이터(레코드)에 대해서도 정확하게 잘 작동하는 것을 말한다.
- 모델을 전개한다. 모델을 운영시스템으로 통합하고 실제 레코드에 적용하여 결정이나 조치를 생산토록 한다. 예를 들면 이 모델을 고객 리스트에 적용하여 만일 예측된 구매액이 50만 원 이상이면 이 고객을 우편 리스트에 포함하는 조치를 취할 수 있다. 이 단계에서의 핵심은 선정된 가장 좋은 모델을 사용해서 새로운 각 레코드의 결과치를 예측 또는 분류하는 것이다.
- 데이터 마이닝은 통계학 분야와 머신러닝이 합류하는 지점에 위치한다.

데이터를 탐색하고 모델을 설정하는 다양한 기법이 사용되어 왔지만 전통적 통계학 주류는 용량도 많고 계산능력도 엄청난 데이터 마이닝 응용에는 적용할 수 없다. 데이터 마이닝에서는 대용량의 관측 데이터를 대상으로 한다.

비즈니스 분석론과 데이터 마이닝이 각광을 받는 이유

비즈니스 분석론과 데이터 마이닝은 기업에서 매니저들로 하여금 더욱 빠르고 현명하게 의사결정을 하는 데 도움을 준다. 뿐만 아니라 경영문제를 효율적으로 그리고 효과적으로 해결하여 경영성과를 향상시키는 도구로서 많은 기업들에서 도입하고 있는 것이다. 이와 같이 비즈니스 분석론과 데이터 마이닝이 근래에 기업에서 관심과 각광을 받게 된 근거는 다음과 같이 요약할 수 있다.[2]

- 빅 데이터가 폭증하고 있다.
- 데이터 웨어하우스가 구축되고 있다.
- 컴퓨터의 성능이 향상되었다.
- 고객 정보에 대한 관심이 증가하고 있다.
- 상용 소프트웨어를 쉽게 구할 수 있다.

데이터 마이닝은 빅 데이터를 분석할 때 좋은 결과를 만들어 낸다. 폭발적인 빅 데이터의 출현은 데이터 마이닝 기법의 발전과 사용을 견인하여 왔다. 대부분의 데이터 마이닝 알고리즘들은 분류, 예측, 추정 등 다양한 기법들을 활용하기 위한 모델을 구성하고 훈련시키는 데 대량의 데이터를 필요로 한다. 이러한 방대한 양의 데이터는 어디에나 손쉽게 구할 수 있게 되었다.

대용량의 데이터가 생성되고 있을 뿐만 아니라 이의 저장능력이 발전하여 저렴하게 저장할 수 있으며 정보의 저장소인 데이터 웨어하우스가 의사결정을 지원하기 위해서 설계되었기 때문에 데이터 마이닝 프로젝트를 손쉽게 수행할 수 있는 것이다.

데이터 마이닝 알고리즘은 방대한 양의 데이터를 분석할 때 수많은 연산을

---

2 Linoff, G.S. & M.J.A. Berry, 경영을 위한 Date Mining Techniques, 김종우 · 김선태 역, 3rd, ed.(Wiley, U.S.A.), p.22.

수행한다. 컴퓨터 디스크, 메모리, 처리 용량, 그리고 입출력 스피드가 크게 향상되고 있으며 이들 비용이 급격히 하락하고 있다. 이와 같이 컴퓨터의 성능이 획기적으로 발전하여 아무리 큰 데이터도 쉽게 수집·검색·분석이 가능하게 되었다. 사실 과거에는 데이터의 분석은 커녕 저장조차도 소홀히 하였다. 은행, 유통업체, 보험, 백화점, 병원 등에서의 고객관계 데이터는 일정한 기간이 지나면 규정에 따라 처분하는 것이 상례이었다. 그러나 오늘날에는 시간과 공간을 초월해서 수집되는 데이터는 축적되고 보관하는 데 큰 부담을 느끼지 않게 되었다. 이와 같이 데이터 마이닝이 발전할 수 있는 토양은 날로 진보하여 데이터 마이닝 기법의 활용은 더욱 확대해 나갈 것으로 생각된다.

기업에 있어 고객은 왕이고 자산이다. 고객이 무엇을 원하는지 사전에 밝혀 제품이나 서비스의 설계뿐만 아니라 그의 공정설계까지에도 반영하는 전략적 노력을 끊임 없이 기업은 수행한다. 한편 고객에 대한 수많은 다양한 정보를 입수하여 알맞게 대처하면 경쟁기업에 비하여 경쟁우위를 확보하게 된다.

지금도 데이터 마이닝의 새로운 기술들이 계속 개발되고 있다. 연구가 진행되면서 새로운 기법이 개발되면 상용 소프트웨어 상품들이 시장에 나오게 되는데 이들 상품들을 쉽게 구할 수 있는 시대가 도래하였다.

1.7 관련 용어

우리는 지금까지 비즈니스 분석론과 빅 데이터에 관해서 공부하였다. 이제는 그들과 관련된 중요한 몇 가지 용어에 관해서 공부하고자 한다.

인공지능

인간의 지능처럼 생각하고 추론하고 모방하는 기계를 만들어 보겠다는 시도는 오랜 역사를 갖는다.

인공지능(artificial intelligence: AI)이란 인간의 지능으로 할 수 있는 사고, 학습, 자기개발 등을 컴퓨터가 스스로 할 수 있도록 하는 방법을 연구하는 컴퓨터 사이언스 및 정보기술의 한 분야로서 컴퓨터가 인간의 도움 없이 스스로 생각하고 학습하여 인간의 지능적인 행동을 모방할 수 있도록 하는 분야이다.[3]

인공지능은 1970년대 컴퓨터의 발전에 힘입어 갑자기 성장하기 시작하였다. 그러나 전문가 시스템(expert system)이 의사를 대신해 환자의 병을 진찰할 수 있다는 기대가 무산되면서 쇠퇴하였다. 그러다가 1990년대에 들어 Internet의 보급으로 다시 부활하기 시작하였다.

지능은 인간만이 가진 능력으로 생각해왔지만 컴퓨터가 인간의 관여 없이 스스로 학습해 결정하는 인공지능 능력을 만들어 낸 것이다. 인공지능은 그 자체로 존재하는 것이 아니고 정보기술의 여러 분야에서 인공지능적 요소를 도입하여 그 분야의 문제풀이에 활용하게 된다.

인공지능 기법을 활용하여 컴퓨터의 반복학습을 통해 데이터 속의 패턴을 탐구하고 패턴의 인과관계를 통해 미래를 예측하게 되었다. 이는 다음 절에서 공부할 머신러닝의 도움을 받아 가능한 것이다. 기계에 이미지와 소리를 인식하는 방법을 가르치는 심층학습기법이 영상인식, 음성인식, 번역 등 다양한 분야에 적용되고 있다. 콘텐츠와 쇼핑 등 서비스 이용자들의 취향을 읽어서 거기에 알맞은 제품을 추천해 주기도 한다.

빅 데이터가 있는 곳이면 어디든 인공지능과 머신러닝을 적용할 수 있다. 앞으로는 Internet이 그랬던 것처럼 경제·사회·문화 등 다방면에서 변화를 초래할 것으로 믿어 의심치 않는다. 우리들의 생활양식에 큰 변화가 진행될 것이다. 인공지능은 질병의 진단과 치료, 환경오염과 교통 혼잡의 해결, 의료기술 향상, 유전자 분석, 신약개발, 금융거래 등 다방면에 적용되고 있다. 우리 사람들의 삶의 질은 향상될 것이다. 검색·번역은 물론 모바일, 상거래, 물류, 자율주행 자동차까지 모든 제품과 서비스에 인공지능 기술이 침투하지 않은 곳이 없게 된다.

최근 우리나라에서도 소프트웨어 프로그램에 인공지능을 결합하여 기업의 재무, 회계, 제조, 구매, 고객관리 분야에서 데이터를 수집해 입력하고 비교하는 단순 반복업무를 자동화하는 로봇 프로세스 자동차(robot process automation: RPA) 기술이 확산되고 있다. 한편 많은 업계에서 고객센터에 인공지능 자동응답 시스템을 도입하는 추세이다.

---

3 인공지능 및 머신러닝에 대해서는 naver.com에서 참고하였음

머신러닝

머신러닝 알고리즘은 앞절에서 공부한 인간의 학습과정을 모방하는 인공지능의 한 분야로서 데이터 마이닝과 비즈니스 분석론의 핵심적 기능이다. 머신러닝의 분야는 인공지능을 수반하는 기계에 적용할 수 있다. 인간만이 가졌던 지능을 컴퓨터도 갖게 된 것은 머신러닝이라는 방법을 통해서이다.

인간은 어떤 과업을 수행하는 과정에서 수많은 경험을 통해 학습한다. 이와 같이 머신러닝 알고리즘은 수많은 모델을 개발하는데 각 모델이 한 경험에 해당한다. 머신러닝 알고리즘에 있어서는 수백 번 돌릴 수 있는 몇몇 모델을 개발하는데 각 모델이 학습기회로 취급된다.

학습은 두 가지의 그룹으로 분류할 수 있는데 지식획득(knowledge acquisition)과 기능연마이다. 지식획득은 경영학에서 개념을 공부하는 것과 같고 기능연마는 피아노나 테니스를 계속 연습해서 배우는 것과 같다. 머신러닝 알고리즘은 지식획득과 기능연마 과정을 모방하는 것이다. 인간이 계속해서 학습을 통해 발전해 가듯이 컴퓨터 프로그램도 수많은 학습과정을 거쳐 점차 성능을 개선해 간다.

머신러닝 알고리즘은 지도학습 알고리즘과 자율학습 알고리즘으로 구분할 수 있는데 이들에 관해서는 이미 전절에서 공부한 바가 있다.

머신러닝(machine learning, 기계학습)이란 인간이 다양한 경험과 시행착오를 겪으면서 지식을 배우 듯 기계(컴퓨터)에 빅 데이터를 주고 학습을 통해 그 속에서 어떤 패턴을 찾아내게 하는 뛰어난 알고리즘(algorithm)과 기술을 개발하는 분야이다. 인간은 패턴을 인지하는 능력이 있지만 컴퓨터에는 이러한 능력이 있을 수 없다. 따라서 컴퓨터에는 이러한 패턴 인지능력을 심어주기 위해서는 빅 데이터(예컨대 고양이 사진)를 입력하여 컴퓨터 스스로 학습을 통해 원하는 패턴(예컨대 고양이 얼굴의 패턴)을 찾아내도록 해야 한다. 이와 같이 인공지능과 제휴하는 기계는 입력된 데이터를 학습하여 예측, 진단, 인식 등 과업을 수행한다.

머신러닝은 사용된 데이터로부터 유용한 규칙, 지식표현 혹은 판단기준 등을 추출한다는 의미에서 데이터 마이닝과 깊은 관련을 갖는다. 머신러닝에서는 새로 들어오는 데이터를 사용하여 컴퓨터 프로그램이 학습을 통하여 분석 모델의 성능을 개선토록 한다. 학습하는 과정에서 틀리면 인간이 바로 잡아 주면서 컴퓨터의 인식률이 높아지도록 하는 기술이 머신러닝이다. 이와 같이 머신러닝은 훈련을 통해 성능이 나아지는 기능을 수행한다.

머신러닝의 하나의 기술인 인공신경망(artificial neural networks) 분야에서의 괄목할 만한 발전에 힘입어 딥러닝이 탄생하였다. 딥러닝(deep learning: 심층학습)은 머신러닝의 하위 개념으로 인공신경망에 기반을 두고 있다.

딥러닝은 사물이나 데이터를 군집화(clustering)하거나 분류(classification)하는 데 사용하는 기술이다. 인간은 사진만 보아도 개와 고양이를 쉽게 구분할 수 있지만 컴퓨터는 구분할 수 없다. 따라서 컴퓨터가 이들을 구분할 수 있도록 머신러닝이 고안되었다. 빅 데이터를 컴퓨터에 입력하고 비슷한 것끼리 분류하고 저장된 그림(예: 개 사진)과 비슷한 그림이 입력되면 이를 그 그림(예: 개 사진)이라고 컴퓨터가 스스로 분류하도록 하는 기술이다. 딥 러닝의 핵심은 분류를 통한 예측능력이다. 따라서 예측적 분석론의 핵심능력은 딥러닝이다.

머신러닝 및 딥러닝의 응용분야를 요약하면 컴퓨터 시각(문자인식, 물체인식, 얼굴인식), 자연어 처리(자동번역, 대화분석), 음성인식 및 필기인식, 정보검색 및 검색엔진(텍스트 마이닝, 추천시스템, 추출 및 요약), 생물정보학(유전자 분석, 질병진단), 컴퓨터 그래픽 및 게임(애니메이션), 로보틱스(무인 자동차) 등 다양하다.

데이터 사이언스

데이터 사이언스(data science: 데이터 과학)는 데이터 분석보다 넓은 영역으로서 비즈니스 분석론의 가장 중요한 구성요소이다. 데이터 사이언스는 통계분석 기법, 경영과학 기법, 머신러닝, 딥러닝 알고리즘으로 구성되어 있다. 해결해야 할 문제가 있을 때 데이터 사이언스의 목적은 이 문제해결에 가장 적절한 데이터를 수집·처리·분석할 통계모델과 머신러닝 알고리즘을 규명하는 것이다. 한편 목적에 맞는 데이터 분석을 수행하고 분석 결과를 알맞게 활용하는 등 데이터 활용 전반을 취급한다. 이의 결과 얻는 정보와 가치와 통찰력으로 의사결정하고 문제를 해결하는 것이다. 이와 같이 데이터 사이언스는 적용 방법의 관점에서 데이터 가치를 강조하는 개념인 반면 빅 데이터는 적용 대상의 관점에서 데이터 규모를 강조하는 개념이다.

데이터 사이언스는 데이터로부터 지식을 추출하고자 하는 데이터 마이닝과 통계학과 같은 두 가지 다른 과학적 분야를 결합해서 작동한다. 데이터 사이언스의 인기가 상승하는 것은 Havard Business Review가 데이터 사이언티스트(data scientist: 데이터 과학자)야말로 21세기 수요급증으로 인한 가장 유망한 직종이라고 지적한 때문이다. 데이터 사이언티스트와 분석론자 사이의 지식 기반은 많이 중복되는 면이 있다. 그러나 데이터 사이언티스트가 빅 데이터로부터 방법과 통찰력을 추출하여 문제를 해결하려는 데 집중하는 반면 비즈니스 분석론자는 기업 경영성과의 향상에 보다 집중한다.

데이터 사이언티스트는 수집된 대량의 데이터로부터 분석을 통해 어떤 가치를 이끌어내는 방법들을 찾아내려 한다. 방대한 원자료를 한 번 가공하면 정보가 되고 이 정보를 한 번 더 가공하면 지식이 된다. 이 지식을 한 번 더 가공하면 비로소 지혜(wisdom)가 된다. 이러한 과정을 거치면서 얻는 지식이나 통찰력으로 기업은 사업이나 프로세스를 개선하는 데 활용하고자 한다. 데이터 사이언티스트는 데이터로부터 통찰력을 발견하고 데이터 속의 과거 패턴에 입각하여 미래 추이를 예측해내는 일을 담당한다. 데이터 사이언티스트는 데이터 분석에 필요한 모든 일을 담당한다. 데이터를 수집하고 저장하고 처리하고 분석한 후 이의 결과를 활용하는 문제에까지 폭넓은 범위를 관장한다.

데이터 사이언스는 전통적인 과학이 추구하는 목적과 다른 결과를 중시한다. 전통적인 과학에서는 어떤 현상이 발생한 근본 원인을 밝히고 그의 원리와 이론을 정립하려는 것이지만 데이터 사이언스는 원인보다도 문제해결에 필요한 변수 간의 상관관계를 찾아내고 미래를 예측하는 방법을 찾아내려고 한다. 데이터 사이언스에서는 필요한 데이터 분석을 통해 문제해결과 의사결정에 필요한 단서를 찾아내고 방법을 제시하려고 한다.

1.8 비즈니스 분석론의 적용

비즈니스 분석론은 간단한 보고서나 그래프 같은 기술적 분석론으로부터 정교한 최적화, 데이터 마이닝, 시뮬레이션 같은 예측적 및 규범적 분석론에 이르기까지 다양한 도구와 기법을 사용한다. 그런데 실제적으로 기업이 분석론을 도입하고자 할 때는 기술적 분석론으로부터 시작해서 유용성을 인정하면 경쟁우위를 확보하기 위하여 더욱 정교한 고급 분석론으로 확대해 나간다.

비즈니스 분석론의 도구와 기법은 기업과 정부 등 모든 조직의 다양한 분야에서 고객관계 관리, 금융 활동, 마케팅 활동, 인적자원, 공급사슬 관리, 제조, 물류, 의료·보건, 교통, 교육 등 전 산업에 걸쳐 활용되고 있다. 이제 빅 데이터가 세상을 바꾸고 있다. 정치, 경제, 문화, 사회, 예술 등 모든 분야에서 변화의 물결이 몰려오고 있다. 빅 데이터를 지배하는 자는 승리자가 될 것이다.

비즈니스 분석론, 데이터 마이닝, 인공지능이 활용되는 대표적인 분야를 간단히 설명하면 다음과 같다.

금융 분석론

비즈니스 분석론은 금융·보험·카드 회사에서 부정행위를 사전에 예방하거나 적발하는 데 널리 적용될 뿐만 아니라 주가예측, 이자율과 환율변동 예측, 위험관리, 주식과 채권의 포트폴리오 관리, 파산위험 예측 등에도 적용하고 있다.

비즈니스 분석론은 채무 불이행 가능성이 높은 고객들을 정확하게 예측함으로써 대출 신청을 자동으로 처리할 수 있게 되었다. 한편 신용카드나 온라인 뱅킹에서 부정거래를 예방하고 탐지할 수 있다. 의사결정나무 분석과 신경망 분석을 통해 카드 사용 패턴을 분석하고 모델을 구축하여 부정행위로 의심이 되는 경우에는 승인을 거절함으로써 불법적인 카드사용을 미연에 방지할 수 있게 되었다.

보험회사에서도 부당한 보험금 청구와 보험사기 등을 적발하고 최적의 보험요율 계획을 수립하는 데 비즈니스 분석론을 적용하고 있다. 한편 보험회사는 내비게이션 앱을 통해 기록된 운전자의 운행 습관에 따라 보험료를 책정할 수 있다.

마케팅 분석론

비즈니스 분석론의 활발한 응용분야의 하나가 마케팅이다. 판매시점(point of sale: POS)의 스캐너 데이터뿐만 아니라 소셜 미디어를 통해 쏟아지는 데이터를 이용해 소비자 행태(customer behavior)와 장바구니(market basket)를 분석한다.

이를 위해 기술적, 예측적, 규범적 분석론을 폭넓게 이용한다.

예를 들면 소매점에서 고객에 맞춤형 상품의 추천, 광고예산의 효과적 사용, 제품이나 계약의 효과적 가격 책정, 소매·보험·신용카드 회사 등에서의 타깃 고객의 결정, 향상된 수요 예측, 향상된 고객만족과 충성도 등을 위해서 마케팅 분석론이 활용된다.

고객의 과거 구매행태를 분석해서 추가로 구매할 것을 추천하는 마케팅 방법을 이용하는 회사는 Amazon과 같은 온라인 소매점이다. 이 회사는 고객의 과거 도서 구매 데이터를 분석해서 추가로 구매할 것을 추천하면서 할인쿠폰을 지급하는 추천 시스템(recommendation systems)을 개발하였다.

생산·운영 분석론

제조업에서는 분석론을 활용해서 생산계획, 구매, 재고관리, 품질관리 등을 효과적으로 수행한다. 한편 은행 지점, ATM, 유통센터, 공장 등의 입지 결정을 위해서도 분석론을 활용한다.

UPS와 FedEx 같은 물류회사에서는 제품의 효율적 배달을 위해서 오래 전부터 분석론을 사용해 왔다. 한편 분석론은 최적의 소싱(sourcing)과 수송 옵션, 수송 루트를 결정하는 데도 사용된다.

공정에서 쏟아져 나오는 방대한 양의 데이터를 분석하여 양품/불량품을 구분하는 품질관리를 위해서는 비즈니스 분석론 기법을 적용하고 있다.

예를 들면 반도체 제조회사에서는 제조공정에서 불량품을 솎아내기 위하여 군집분석과 연관분석 알고리즘을 이용하여 양품의 군집 모양이나 크기 등 규칙을 정하고 이러한 정상적인 군집의 범위를 벗어나는 불량품을 제거하고 있다.

의료·보건 분석론

의료, 제약, 보건·건강 분야에서의 분석론은 비용 절감이라든가 효과적인 치료행위 제공이라는 압력으로 인하여 급속히 증가일로에 있다. 모든 분석론을 동원하여 환자, 의료인, 시설의 스케줄링은 물론 환자 흐름, 구매, 재고관리 등을 향상시키고자 노력한다. 그러나 진료와 치료를 위한 규범적 분석론의 사용은 비교적 새로운 것이지만 앞으로는 의료·보건 분야에서 가장 중요한 적용분야가 될 것이다. 환자의 의료 기록을 분석하여 종양의 존재 여부를 결정한다. 한편 제약회사에서는 임상시험 등을 생략한 채 신약을 시장에 빠르게 내놓는 데 분석론을 활용하고 있다.

스포츠 분석론

스포츠 팀들은 분석론을 사용하여 게임 전략과 티켓의 최적가격을 결정할 수 있다. 운동장에서의 전략수립이나 선수 평가를 위해 분석론 사용은 일반화되었다.

예를 들면 프로 야구단에서 고등학교 졸업 선수를 드래프트(draft)할 때 미리 선수들을 평가하고 연봉계약 협상에서 선수에 얼마를 제의할 것인가를 결정할 수 있다. 심지어 야구의 경우 각 경기에서 출전할 투수를 사전에 결정하는 데 분석론을 활용할 수 있다.

이 외에도 조직의 여러 분야에서 분석론을 활용할 수 있다. 미국의 Google은 회사 종업원들에 관한 데이터를 분석하여 훌륭한 리더의 자질은 무엇인지, 생산성에 기여하는 요인은 무엇인지를 밝혀냈다. 한편 Google은 종업원들의 미래 퇴직과 직장유지 예측을 꾸준히 갱신하기 위하여 분석론을 사용하였다.

한편 항공회사와 호텔에서는 수입을 최대화하는 가격책정을 위해서 분석론을 사용하고 레저·관광회사는 역사적 판매 데이터를 분석하고, 고객 행태를 이해하고, 웹(web) 사이트 설계를 향상시키고, 스케줄과 부킹을 최적화하기 위하여 분석론을 사용한다.

1. 의사결정의 의미와 기업에서의 경영계층에 따른 결정의 형태를 설명하라.

2. 의사결정과 문제해결의 차이점을 설명하라.

3. 의사결정을 위한 절차를 설명하라.

4. 비즈니스 분석론의 의미와 태동하게 된 배경을 설명하라.

5. 비즈니스 분석론을 분류하라.

6. 기술적 분석론, 예측적 분석론, 규범적 분석론의 차이점을 간단히 설명하라.

7. 빅 데이터란 무엇인가?

8. 빅 데이터의 소스는 어디인가?

9. 빅 데이터의 특징을 말하라.

10. 정형, 반정형, 비정형 데이터의 차이점은 무엇인가?

11. 비즈니스 분석론의 진화과정을 간단히 설명하라.

12. 데이터 마이닝의 개념과 기법을 설명하라.

13. 지도학습과 자율학습의 차이점을 설명하라.

14. 전통적 통계학과 데이터 마이닝의 차이점은 무엇인가?

15. 데이터 마이닝의 진행과정을 간단히 설명하라.

16. 인공지능의 개념을 설명하라.

17. 머신러닝과 딥러닝의 개념을 설명하라.

18. 데이터 사이언스의 개념을 설명하라.

19. 비즈니스 분석론과 데이터 사이언스의 차이는 있는가?

20. 비즈니스 분석론이 적용되는 분야는 어디인가?

제 2 장
데이터베이스 분석론

2.1 데이터베이스의 개념과 구조

의미

데이터란 조사 대상으로부터 관찰이나 측정을 통해 얻어진 하나하나의 수치, 언어, 문자, 이미지, 오디오, 기호, 영상 등을 말하고 데이터 집합(data set)이란 이러한 데이터들의 총체를 말한다. 예를 들면 마케팅 서베이 응답이라든가, 제품의 치수, 관측치들의 집합은 여기에 해당된다.

데이터나 데이터 집합은 그 자체로서는 별로 의미가 없다. 이들을 사용자의 목적에 맞도록 가공 또는 처리하고 분석할 때 유용한 정보로서 가치가 있게 되며 그의 의사결정에 도움이 되는 것이다. 예를 들면 어떤 기업에서 한 제품의 분기별 매출실적을 처리하여 구한 매출액 평균을 정보라고 한다.

본서에서는 데이터 처리를 위해 많은 소프트웨어 중 스프레드시트(spreadsheet)를 사용하는 Excel을 활용하기로 한다. 스프레드시트 응용프로그램은 표 형태로 짜여진 워크시트(worksheet)에 데이터를 입력하고 다양한 계산을 통해 정보를 얻으며, 데이터베이스와 그래픽 기능을 통해 데이터를 검색하거나 관리하고 차트나 표를 작성할 수 있다.

물론 스프레드시트 소프트웨어는 정해진 기능만을 사용하여 데이터를 분석할 수 있다는 한계를 가진다. 따라서 데이터 분석 및 통계 프로그래밍 언어로서 R이 널리 사용되지만 본서에서는 Excel을 사용하기로 한다. 특히 데이터 마이닝 기법으로 문제를 해결하기 위해서는 Python이나 R이 널리 이용되지만 본서는 개념 위주의 입문서이므로 이들 언어는 사용하지 않는다.

매니저들이 작업하는 대부분의 데이터는 데이터베이스에 저장되어 있다. 데이터베이스(data base)란 여러 사람이 공유할 목적으로 데이터를 통합관리하기 위하여 만들어지는데 예를 들면 사람, 장소, 사물 등에 관한 레코드(record)를 포함하는 관련 파일의 집합을 말한다. 다시 말하면 데이터베이스란 워크시트에 입력한 방대한 양의 데이터를 사용자의 필요에 맞게 레코드와 필드(field)라는 기준으로 체계적으로 정리해 놓은 데이터의 모임을 말한다. 데이터베이스를 사용하면 파일을 사용할 때보다 더욱 편리하게 데이터 집합을 취급할 수 있다. 데이터 구조를 체계적으로 만들 수 있고 내용을 안전하게 수정하거나 삭제할 수 있을 뿐만 아니라 다양한 조건으로 데이터를 검색할 수 있다.

대부분의 조직에서는 과거와 현재의 기업성과를 이해하고 나아가 대고객 서비스 담당자, 기술적 지원, 제조업 등 지원을 위해서 기술적 분석론 도구를 사용하는 것으로 시작한다. 이는 데이터베이스에 질문을 하고, 데이터 속의 관계를 찾아내고, 요약된 보고서를 작성하고, 데이터를 추출하고, 데이터를 시각화하기 위하여 차트를 그리는 등 데이터베이스 분석론을 포함한다.

이러한 기법들은 데이터를 정보로 변형시키는 수단을 제공한다. 데이터는 원 수치와 사실인데 예컨대 고객, 판매액, 비용, 수입 등에 관한 정보이다. 데이터를 조작하고, 요약하고, 가공함으로써 통찰력, 이해, 정보 결과를 제공하게 되는데 이의 결과로 매니저들은 더 좋은 결정을 내릴 수 있는 것이다. 이러한 과정에서 데이터베이스로부터 정보를 추출하고 조작하게 된다. 예를 들면 데이터베이스 안의 데이터를 쉽게 찾아 볼 수도 있으며 정렬, 수정, 삽입, 삭제, 검색, 부분합 구하기 등과 같은 작업도 수행할 수 있다.

우리는 제1장에서 데이터는 정형 데이터, 비정형 데이터, 반정형 데이터로 구분할 수 있음을 공부하였다. 그런데 데이터베이스에서는 형식에 맞게 열과 행에 정렬 가능한 정형 데이터를 저장하고 관리하고 활용하는 데 관심을 둔다.

우리 주위에는 정형 데이터를 사용하여 만드는 데이터베이스를 자주 접한다. 예를 들면 전화번호부, 회원명부, 주소록, 사원명부 등은 여기에 속한다. 그러나 넘치는 빅 데이터를 수집하고 저장하고 검색하기 위해서는 조직에서 사원 모두가, 모든 부서가 공유할 수 있는 통합적으로 관리되는 대규모 데이터베이스가 필요하다. 이는 조직에서 매일매일의 업무를 수행하는 데에 이용된다.

데이터베이스와 관련된 용어 중에 데이터 웨어하우스(data warehouse)가 있다. 이는 대규모의 데이터베이스이지만 데이터 속의 패턴을 발견토록 특별히 설계된 데이터베이스이다. 이는 데이터 마이닝용 데이터베이스이다. 데이터 웨어하우스는 많은 소스로부터 데이터를 결합하여 관계를 찾을 수 있고, 정확하고 일관성 있는 데이터를 저장하고, 다양한 쿼리에 빠르고 정확하게 대응할 수 있도록 구조화되어야 한다. 그러나 우리는 본장에서 기업에서 일상업무로 사용하는 데이터베이스를 대상으로 한다.

중요성

데이터베이스는 조직의 정보시스템의 핵심 구성요소이다. 따라서 데이터베이스의 기능과 효율성은 정보시스템의 성능에 바로 영향을 미친다. 조직에서는 업무 수행에 필요한 각종 데이터를 데이터베이스에 수집·저장하였다가 가공·분석하는데 이러한 데이터가 적시에 적절하게 사용할 수 없다면 문제가 아닐 수 없다. 이렇게 되면 정보시스템의 효율성과 효과성이 훼손되어 매니저들이 필요할 때 중요한 정보를 제공받지 못하여 중요한 의사결정을 할 수 없게 된다.

1970년대 데이터베이스 기술이 등장하기 전까지 컴퓨터에 의존한 데이터 관리방식은 파일 중심 시스템이었다. 조직의 각 업무부서마다 자기들의 데이터와 응용프로그램을 보유함으로써 데이터 가공속도는 빠르지만 여러 가지 문제점으로 인하여 오늘날에는 데이터베이스 중심으로 데이터를 처리하는 방식으로 전환하였다. 조직의 모든 부서에서 사용하는 데이터들이 중앙집중적으로 관리됨으로써 모든 사용자들이 데이터를 공유하게 되었다. 즉 조직의 수많은 다양한 업무수행을 지원하기 위하여 데이터베이스는 사용자 요구 기능을 통합하는 방향으로 발전하여 왔다.

구조

Excel에서 워크시트에 데이터를 일정한 형식에 맞춰 분류하고 구분해서 입력해야 이를 데이터베이스로 활용할 수 있다. 데이터베이스의 형식에 따라 입력한 데이터를 데이터 목록이라고 부른다.

데이터베이스는 항상 2차원의 표로 조직되는데 열은 데이터의 개별 요소들을 나타내는 필드라 하고 행은 관련 데이터 요소들의 레코드를 나타내게 된다.

다음 데이터베이스는 어느 회사의 사원명부의 일부이다.

	A	B	C	D	E
1					
2		이름	부서	직위	월급
3		김서방	인사부	부장	970
4		이동춘	총무부	부장	870
5		박선생	자재부	과장	780
6		최하사	관리부	과장	750
7		정조준	인사부	과장	740
8		강대장	인사부	사원	500
9		오명균	총무부	과장	700
10		허준	자재부	부장	900
11		황대표	관리부	사원	450
12		우상호	총무부	사원	500
13		차명노	자재부	사원	490
14		홍길동	자재부	사원	520

위의 데이터베이스로부터 다음과 같은 특징을 찾아볼 수 있다.

• 행2에는 열의 이름이 표시되어 있다.

열의 상단에는 열을 대표하는 항목을 나타낸다. 즉 데이터베이스의 최상단 행에 있는 각 열들의 이름을 필드명이라고 한다. 데이터베이스에서는 필드명을 기준으로 데이터가 분석된다. 필드는 데이터를 표현하는 최소 단위이기 때문에 필드명을 더 이상 나눌 수 없다. 따라서 필드는 가급적 세분해서 정해야 한다. 또한 각 필드에는 동일한 정보를 입력해야 한다. 위 사원명부에서 필드명은 이름, 부서, 직위, 월급이다.

• 같은 행에는 동일한 특성을 갖는 데이터가 들어간다.

한 행에는 한 사람에 대한 정보가 기록되어 있다. 즉 한 사람에 대한 속성(특성)이 나열되어 있다. 이렇게 한 행에 기록되어 있는 내용들을 레코드(record) 또는 관측치, 개체라고 한다. 즉 서로 관련 있는 필드들을 함께 모으면 레코드가 된다. 첫 레코드를 입력할 때 셀 서식, 수식, 데이터 유효성 검사 등을 지정하면 나머지 레코드를 입력할 때 자동으로 적용된다. 위 사원명부에서 한 사람의 사원이 추가되면 그 사원의 이름, 부서, 직위, 월급이 기록되어 하나의 레코드가 생성된다. 이와 같이 동일한 형식으로 구성된 레코드들은 하나의 파일(file)로 묶여 저장된다. 위 사원명부에서 모든 사원 레코드들의 집합이 사원 파일을 형성하게 된다. 이와 같이 형성된 여러 가지 파일들이 모여 하나의 데이터베이스를 구성하게 된다. 예를 들면 학교에서 학생명부 파일, 수강신청 파일, 교수 파일, 학과 파일, 교과목 파일 등을 하나의 데이터베이스로 통합하게 되면 학사 행정을 효과적으로 할 수 있다.

- **같은 열에는 동일한 특성을 갖는 데이터가 들어간다.**

이와 같이 동일한 성질을 갖는 워크시트의 각 열을 필드라고 한다.

- **필드와 레코드 구조로 입력된 하나의 데이터 범위(표)를 데이터 목록이라고 한다.**

- **데이터베이스에 기록되어 있는 전체 범위를 데이터베이스 범위라고 한다.**

데이터베이스 범위는 워크시트 상에 데이터가 입력된 범위로써 위 사원명부에서는 B2:E14까지의 범위를 말한다.

수집한 데이터를 컴퓨터에 저장하기 위해서는 데이터베이스에서 사용 가능한 데이터의 형식과 구조로 변환시켜야 한다. 이와 같이 데이터베이스의 저장 형식과 구조를 결정하는 것을 데이터베이스 설계(design)라고 한다. 데이터베이스 설계 방식 중에서 가장 일반적인 모델은 관계형 모델인데 이는 데이터 개체와 개체들 간의 관계를 모두 테이블 형태로 표현하고 저장하게 된다. 이 관계형 모델을 사용하는 데이터베이스를 관계형 데이터베이스(relational database: RDB)라고 한다. 관계형 데이터베이스는 1970년대에 개발되었는데 가장 일반적으로 사용된다. 데이터베이스를 관리하는 소프트웨어를 데이터베이스 관리시스템(database management system: DBMS)이라고 한다. 이는 데이터의 생성, 삭제, 수정 등에서 오류가 발생하지 않도록 동작한다.

관계형 데이터베이스는 테이블(표), 필드, 레코드, 도메인, 키(key) 등의 요소로 구성된다. 테이블이란 일종의 행렬(matrix)로서 각 행은 여러 개의 열로 구성된다. 테이블은 릴레이션, 행은 레코드, 열은 필드(속성)라고 부른다. 이때 하나의 릴레이션은 여러 개의 레코드로 구성되며 각 레코드는 여러 개의 필드로 구성된다. 데이터베이스에서 행과 열은 서로 연관성을 가진 관계가 된다. 도메인(domain)이란 각 필드가 가질 수 있는 값들의 집합으로서 필드값의 범위를 나타낸다.

한편 키란 테이블 속의 레코드들을 서로 구별할 수 있는 필드가 존재할 때 이 필드의 집합을 말한다. 예를 들면 사원명부에서 만일 사번이라는 필드가 있다면 사원들의 사번의 집합이 키가 된다. 또 다른 예를 들면 학생 테이블과 성적 테이블이 함께 학번 필드를 가지고 있다면 학번이라는 기본 키를 통해 두 테이블은 서로 연결된다. 이러한 기본 키는 주어진 관계에서 모든 필드 가운데 유일성을 가져야 한다. 이 기본 키를 통하여 데이터의 중복성을 피하고 테이블들이 서로 관계를 맺게 된다.

범위 이름

범위 이름(range name)이란 한 셀이나 셀들의 범위(셀 영역)에 부여하는 기술적 레이블(label)을 말한다. 범위 이름은 스프레드시트 상에서 모델을 설정한다든가 모델 속에 있는 수식을 이해하는데 효과적이다. 한편 행, 열, 셀 영역과 같은 데이터 배열(array) 대신에 범위 이름을 사용하면 데이터베이스 계산을 더욱 단순화시킨다는 이점이 있다.

Excel에서 범위 이름을 생성하는 방법에는 몇 가지가 있지만 여기서는 이름 박스(name box)를 이용하는 방법을 설명하고자 한다. 이름 박스는 스프레드시트 상에서 메뉴와 열 이름표 사이 위 왼쪽에 위치한다. 이는 항상 선정되는 셀 참조(cell reference)를 나타낸다.

범위 이름을 생성하기 위해서는 셀 또는 범위를 선택한 후 이름 박스에 범위 이름을 입력한다. 범위 이름은 단어 사이에 공간을 둘 수 없으므로 필요하면 회사_사원명부처럼 두 단어 사이에 밑줄을 긋는다.

예를 들어 절차를 따라 가도록 하자.

❶ 다음과 같이 데이터를 시트에 입력한다.

	A	B	C	D	E	F
1						
2	이름	4월	8월	12월	합계	평균
3						

❷ 셀 영역 A2:F3을 블록으로 지정한다.

❸ 이름 박스에 '회원'이라고 입력하고 「Enter」를 친다.

❹ 데이터를 셀 영역 A3:F3에 입력한다.

	A	B	C	D	E	F
1						
2	이름	4월	8월	12월	합계	평균
3	김미경	89	90	95	274	91.33

❺ 이름 박스 목록에서 「회원」을 선택한다.

❻ 지정한 대로 다음과 같이 나타난다.

	A	B	C	D	E	F
1						
2	이름	4월	8월	12월	합계	평균
3	김미경	89	90	95	274	91.33

2.2 데이터 쿼리 : 테이블, 정렬, 필터

테이블

매니저는 데이터베이스 속의 데이터에 관해 많은 질문(question)을 가질 수 있다. 예를 들면 대출을 신청하는 사람들의 데이터베이스는 대출의 목적, 은행 예금의 잔액, 거래기간, 고용기간, 신용평가 등을 포함할 수 있다. 이때 매니저는 금융자산의 액수와 고용기간의 비교에 관심을 가질 수 있다. 데이터에 관해 질문에 답을 하기 위해서는 데이터를 정렬(sort)해야 하는 경우도 있고 어떤 특성을 나타내는 레코드를 추출(extract)하는 경우도 있는데 Excel은 이러한 분석을 쉽게 하도록 테이블이라고 하는 데이터베이스를 포맷팅하는 편리한 방법을 제공하고 있다.

Excel 테이블이 작성되면 기본적 계산을 수행할 때 테이블 참조를 사용할 수 있다. 사원명부를 사용해서 Excel 테이블을 생성하는 절차를 따르도록 하자.

❶ 데이터를 시트에 입력한다.

	A	B	C	D	E
1					
2		이름	부서	직위	월급
3		김서방	인사부	부장	970
4		이동춘	총무부	부장	870
5		박선생	자재부	과장	780
6		최하사	관리부	과장	750
7		정조준	인사부	과장	740
8		강대장	인사부	사원	500
9		오명균	총무부	과장	700
10		허준	자재부	부장	900
11		황대표	관리부	사원	450
12		우상호	총무부	사원	500
13		차명노	자재부	사원	490
14		홍길동	자재부	사원	520

❷ 이름표를 포함해서 모든 데이터의 범위를 블록으로 지정한다. 데이터의 규모가 큰 경우에는 데이터의 맨 위쪽, 왼쪽 첫 셀을 선택하고 〈Ctrl〉 + 〈Shift〉를 동시에 누른 채 내림 화살(↓)을 치고 또 오른쪽 화살(→)을 치면 된다.

❸ 「삽입」–「표」–「표」를 클릭한다.

❹ 「표 만들기」 대화상자가 나타나면 「확인」을 클릭한다.

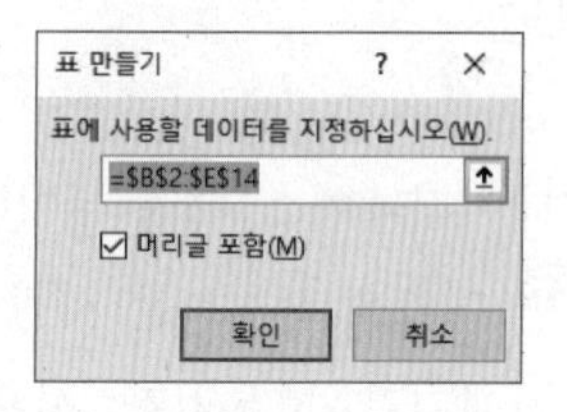

❺ 다음과 같은 결과를 얻는다.

	A	B	C	D	E
1					
2		이름 ▾	부서 ▾	직위 ▾	월급 ▾
3		김서방	인사부	부장	970
4		이동춘	총무부	부장	870
5		박선생	자재부	과장	780
6		최하사	관리부	과장	750
7		정조준	인사부	과장	740
8		강대장	인사부	사원	500
9		오명균	총무부	과장	700
10		허준	자재부	부장	900
11		황대표	관리부	사원	450
12		우상호	총무부	사원	500
13		차명노	자재부	사원	490
14		홍길동	자재부	사원	520

❻ 모든 행은 음영으로 변하고 각 열 이름표 옆에는 내림단추(▾)가 나타난다. 이는 데이터를 필터할 때 사용된다.

❼ 데이터 속에서 좌클릭하면「디자인」탭이 메뉴 바에 나타난다.

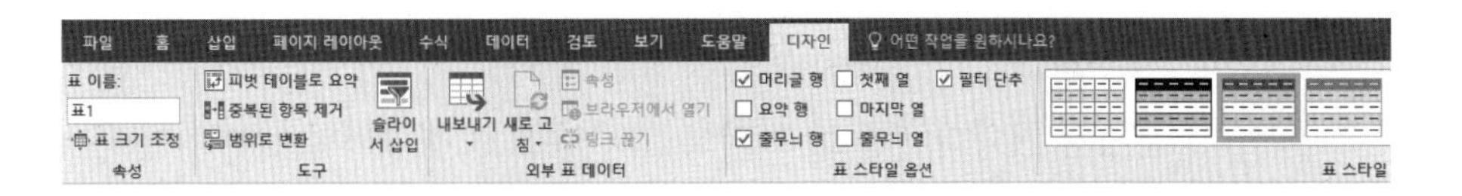

❽「표 스타일 옵션」에서「요약 행」에 체크를 하면 표의 마지막 행(합계 행)이 추가된다. 합계 행의 어떤 셀을 클릭하면 내림단추(▾)가 나타난다. 이를 클릭하여 그 열의 평균, 개수 등을 선택하면 그의 결과를 얻을 수 있다.

사원명부에서 예를 들면 월급의 합계와 과장의 수를 계산하기 위해서는 테이블 기능을 이용할 수 있다.

❶「디자인」탭이 메뉴 바에 나타날 때 맨 왼쪽에 있는「속성」그룹에 있는 표 이름이「표1」(이는 다른 이름으로 바꿀 수 있음)을 이용하여 계산할 수 있다.

❷ 다음과 같이 수식을 입력한다.

셀 주소	수식	비고
G3	=SUM(표1[월급])	월급 합계
G4	=COUNTIF(표1[직위],“과장”)	과장의 수

❸ 다음과 같은 결과를 얻는다.

	A	B	C	D	E	F	G
1							
2		이름	부서	직위	월급		
3		김서방	인사부	부장	970		8170
4		이동춘	총무부	부장	870		4
5		박선생	자재부	과장	780		
6		최하사	관리부	과장	750		
7		정조준	인사부	과장	740		
8		강대장	인사부	사원	500		
9		오명균	총무부	과장	700		
10		허준	자재부	부장	900		
11		황대표	관리부	사원	450		
12		우상호	총무부	사원	500		
13		차명노	자재부	사원	490		
14		홍길동	자재부	사원	520		

데이터 목록의 정렬

데이터베이스의 영역을 일정한 규칙(정렬방식)에 따라 데이터를 정렬(sort)시킬 수 있다. 정렬방식에는 오름차순(ascend)과 내림차순(descend)이 있다.

Excel에서 오름차순으로 정렬을 했을 때 숫자는 0에서 9순으로 정렬되고, 문자는 가나다 순으로 그리고 ABC 순으로 정렬되며 날짜는 빠른 날짜에서 늦은 날짜로 정렬된다. 내림차순은 빈 칸에 대한 순서를 제외하고는 오름차순과 반대로 이루어진다. Excel에서는 기본적으로 오름차순을 제공한다.

사원명부에서 월급을 오름차순으로 정렬시켜보기로 하자.

❶ 데이터를 시트에 입력한다.

	A	B	C	D	E
1					
2		이름	부서	직위	월급
3		김서방	인사부	부장	970
4		이동춘	총무부	부장	870
5		박선생	자재부	과장	780
6		최하사	관리부	과장	750
7		정조준	인사부	과장	740
8		강대장	인사부	사원	500
9		오명균	총무부	과장	700
10		허준	자재부	부장	900
11		황대표	관리부	사원	450
12		우상호	총무부	사원	500
13		차명노	자재부	사원	490
14		홍길동	자재부	사원	520

❷ 셀 영역 B3:E14를 블록으로 지정한다.

❸ 「데이터」-「정렬」을 클릭한다.

❹ 다음과 같이 선택한다.

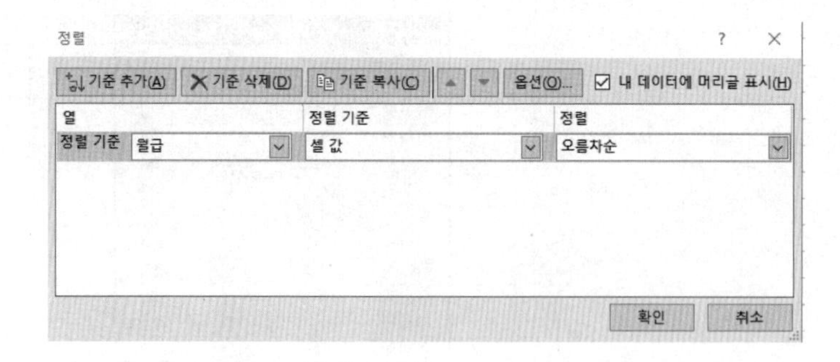

❺ 다음과 같은 결과를 얻는다.

	A	B	C	D	E
1					
2		이름	부서	직위	월급
3		황대표	관리부	사원	450
4		차명노	자재부	사원	490
5		강대장	인사부	사원	500
6		우상호	총무부	사원	500
7		홍길동	자재부	사원	520
8		오명균	총무부	과장	700
9		정조준	인사부	과장	740
10		최하사	관리부	과장	750
11		박선생	자재부	과장	780
12		이동춘	총무부	부장	870
13		허준	자재부	부장	900
14		김서방	인사부	부장	970

필터

데이터베이스의 기능 중 하나가 검색 기능이다. 검색은 작성된 데이터베이스 중에서 사용자가 원하는 조건에 맞는 데이터(레코드)를 찾아내는 것이다. 용량이 큰 데이터에서 조건에 합당한 데이터만 골라서 보거나 따로 저장하고자 할 때는 필터링 기능을 이용하는 것이 편리하다. 예를 들면 사원명부에서 월급 900 이상의 사원만을 검색할 수 있다.

Excel의 필터링 기능은 자동 필터와 고급 필터로 구분할 수 있다. 자동 필터는 현재의 데이터베이스 위치에 필터링 결과를 나타내며 여러 필드의 필터 조건을 논리곱(AND) 연산으로만 지정할 수 있다. 반면 고급 필터는 논리곱(AND) 외에도 논리합(OR) 연산 모두를 사용하는 다양한 필터 조건을 사용할 수 있으며 필터링 결과는 현재의 데이터베이스 위치가 아닌 별도의 위치에 나타낼 수 있다.

자동필터

자동 필터(auto filter)를 사용하면 목록 중에서 필터 조건에 맞는 일부의 레코드만을 볼 수 있다. 자동 필터는 현재 데이터베이스의 위치에 필터링한 결과를 보여준다. 자동필터는 여러 필드에 필터를 적용함으로써 논리곱(AND)과 같은 여러 조건을 모두 만족시키는 레코드를 추출할 수 있다. 사원명부를 가지고 자동 필터를 사용하는 절차를 따르기로 하자.

❶ 데이터를 시트에 입력한다.

	A	B	C	D	E
1					
2		이름	부서	직위	월급
3		황대표	관리부	사원	450
4		차명노	자재부	사원	490
5		강대장	인사부	사원	500
6		우상호	총무부	사원	500
7		홍길동	자재부	사원	520
8		오명균	총무부	과장	700
9		정조준	인사부	과장	740
10		최하사	관리부	과장	750
11		박선생	자재부	과장	780
12		이동춘	총무부	부장	870
13		허준	자재부	부장	900
14		김서방	인사부	부장	970

❷ 셀 포인터로 데이터베이스 영역 내의 임의의 셀을 선택한 후 메뉴에서 「데이터」–「필터」를 클릭한다.

❸ 다음과 같은 결과를 얻는다. 이때 데이터베이스의 각 필드마다 필터단추 ▾가 생성된다.

	A	B	C	D	E
1					
2		이름 ▾	부서 ▾	직위 ▾	월급 ▾
3		황대표	관리부	사원	450
4		차명노	자재부	사원	490
5		강대장	인사부	사원	500
6		우상호	총무부	사원	500
7		홍길동	자재부	사원	520
8		오명균	총무부	과장	700
9		정조준	인사부	과장	740
10		최하사	관리부	과장	750
11		박선생	자재부	과장	780
12		이동춘	총무부	부장	870
13		허준	자재부	부장	900
14		김서방	인사부	부장	970

❹ 필터단추를 클릭하면 몇 가지 다른 옵션들과 그 열 내의 유일한 데이터 입력값들을 보여주는 상자가 나타난다. 예를 들면 부서 필드의 단추를 클릭하면 데이터 입력값을 보여주는 상자가 나타난다.

❺ 나열된 부서 목록 중에서 검색하고자 하는 목록을 선택하면 선택된 행들만 화면에 보이고 나머지는 바로 숨겨진다. 부서의 목록 중에서 「총무부」를 선택하기로 하자. 그러면 「총무부」만 남기고 나머지 부서의 체크를 지운다. 「확인」을 클릭한다.

❻ 다음과 같은 결과를 얻는다.

	A	B	C	D	E
1					
2		이름	부서	직위	월급
12		우상호	총무부	사원	500
13		오명균	총무부	과장	700
14		이동춘	총무부	부장	870

❼ 자동 필터를 사용하여 원하는 기준에 따라 추출한 목록에 다시 다른 기준에 따라 자동 필터를 적용할 수 있다. 「직위」에서 ▾을 클릭하여 「과장」만 남기고 나머지 직위의 체크를 지운다.

❽ 「확인」을 클릭하면 다음과 같이 총무부 소속 과장의 데이터만 얻는다.

	A	B	C	D	E
1					
2		이름	부서	직위	월급
13		오명균	총무부	과장	700

❾ 원래의 상태로 되돌아 가려면 직위 필드의 단추 ▾를 한 번 클릭한 후 「모두 선택」에 체크한 후 「확인」을 클릭한다.

❿ 다음과 같은 결과를 얻는다.

	A	B	C	D	E
1					
2		이름	부서	직위	월급
12		우상호	총무부	사원	500
13		오명균	총무부	과장	700
14		이동춘	총무부	부장	870

⓫ 부서 필드의 단추 ▾를 한 번 클릭한 후 「모두 선택」에 체크를 하고 「확인」을 클릭한다.

⓬ 「데이터」–「필터」를 선택한다.

⓭ 원래의 사원명부가 나타난다.

	A	B	C	D	E
1					
2		이름	부서	직위	월급
3		황대표	관리부	사원	450
4		최하사	관리부	과장	750
5		강대장	인사부	사원	500
6		정조준	인사부	과장	740
7		김서방	인사부	부장	970
8		차명노	자재부	사원	490
9		홍길동	자재부	사원	520
10		박선생	자재부	과장	780
11		허준	자재부	부장	900
12		우상호	총무부	사원	500
13		오명균	총무부	과장	700
14		이동춘	총무부	부장	870

사용자 지정 필터

사용자가 원하는 대로 어떤 한 필드에 적용할 한 개 또는 두 개의 조건을 지정해서 조건에 맞는 데이터들을 추출할 수 있다. 예를 들어 자재부에 속하는 직원으로서 월급이 500 이상 800 이하인 직원의 데이터를 추출하기로 하자.

❶ 원래의 사원명부에서 임의의 셀을 선택하고「데이터」-「필터」를 선택한다.

❷ 부서 열에 있는 단추를 클릭하고 자재부만 남기고 나머지 부서의 체크를 지운다.「확인」을 클릭한다.

❸ 다음과 같은 결과를 얻는다.

	A	B	C	D	E
1					
2		이름	부서	직위	월급
8		차명노	자재부	사원	490
9		홍길동	자재부	사원	520
10		박선생	자재부	과장	780
11		허준	자재부	부장	900

❹ 월급 열에 있는 단추를 누른 후「숫자 필터」를 선택하고「사용자 지정 필터」를 클릭한다.

❺ 다음과 같은 결과를 얻는다.

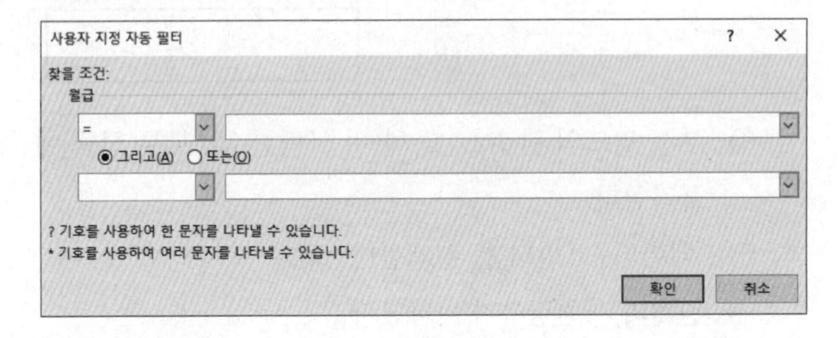

❻ 다음과 같이 입력한다.

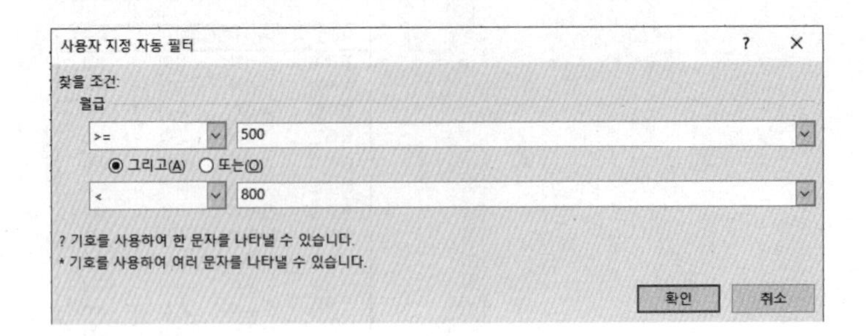

❼ 「확인」을 클릭하면 다음과 같은 결과를 얻는다.

	A	B	C	D	E
1					
2		이름	부서	직위	월급
9		홍길동	자재부	사원	520
10		박선생	자재부	과장	780

❽ 「데이터」–「필터」를 클릭하면 원래의 사원명부가 나타난다.

고급 필터

고급 필터(advanced filter)는 더욱 복잡한 조건을 지원하며 자동 필터와 마찬가지로 지정한 조건에 맞는 레코드만 화면에 표시한다. 고급 필터는 논리곱(AND) 조건은 물론 논리합(OR) 조건 외에도 수식을 조건으로 사용할 수 있으며 필터 조건을 데이터베이스가 아닌 곳에 설정하므로 이를 확인하거나 수정하기 쉽다 또한 필터링 결과를 현재의 데이터베이스 외의 영역에 표시할 수 있다.

고급 필터를 이용하기 위해서는 필터링 조건을 정해진 규칙에 맞춰 테이블 형태로 사전에 만들어 놓아야 한다. 조건표는 다음 규칙에 따라 작성한다.

- 데이터베이스와 가까운 곳에 작성한다.
- 조건표의 첫째 행에는 필드명을 입력하고 그 밑 행부터는 조건을 입력한다.
- 입력하는 조건은 필드명에 적용할 조건으로서 '비교 연산자 값' 형식으로 입력한다.
- 모든 조건을 만족해야 참이 되는 논리곱(AND) 조건의 경우에는 같은 행에 입력하고 조건 중 하나만 만족해도 참이 되는 논리합(OR) 조건의 경우에는 바로 아래 행에 입력한다. 예를 들면

직위
과장
부장

인 경우 두 조건이 다른 행에 있으므로 OR 조건이며

부서	직위
총무부	과장
총무부	부장

의 경우에도 두 조건이 서로 다른 행에 있으므로 OR 조건에 해당한다. 그러나

월급	월급
>=100	< 200

인 경우에는 두 조건이 같은 행에 있으므로 AND 조건에 해당된다.

사원명부에 고급 필터를 적용해서 조건에 맞는 데이터를 추출하기로 하자.

❶ 다음과 같이 조건표를 사원명부 옆에 작성한다.

	A	B	C	D	E	F	G	H	I	J	K
1											
2		이름	부서	직위	월급		이름	부서	직위	월급	월급
3		황대표	관리부	사원	450			자재부	과장	>=450	<900
4		최하사	관리부	과장	750			자재부	부장	<1000	
5		강대장	인사부	사원	500			총무부		>=600	
6		정조준	인사부	과장	740						
7		김서방	인사부	부장	970						
8		차명노	자재부	사원	490						
9		홍길동	자재부	사원	520						
10		박선생	자재부	과장	780						
11		허준	자재부	부장	900						
12		우상호	총무부	사원	500						
13		오명균	총무부	과장	700						
14		이동준	총무부	부장	870						

❷ 데이터베이스 안에 있는 셀 하나를 선택한다.

❸ 「데이터」–「고급 필터」를 클릭한다.

❹ 「고급 필터」 대화상자가 나타나면 다음과 같이 입력한다. 여기서 「현재 위치에 필터」에 체크를 하면 사원명부 자리에 조건에 맞는 데이터들이 추출된다.

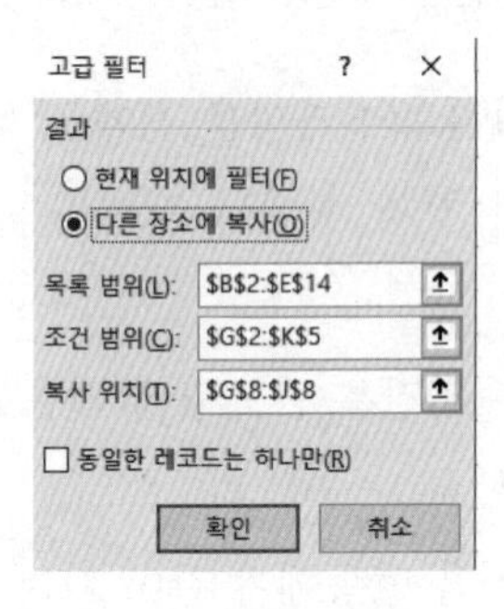

❺ 「확인」을 클릭하면 다음과 같은 결과를 얻는다.

	A	B	C	D	E	F	G	H	I	J	K
1											
2		이름	부서	직위	월급		이름	부서	직위	월급	월급
3		황대표	관리부	사원	450			자재부	과장	>=450	<900
4		최하사	관리부	과장	750			자재부	부장	<1000	
5		강대장	인사부	사원	500			총무부		>=600	
6		정조준	인사부	과장	740						
7		김서방	인사부	부장	970						
8		차명노	자재부	사원	490		이름	부서	직위	월급	
9		홍길동	자재부	사원	520		박선생	자재부	과장	780	
10		박선생	자재부	과장	780		허준	자재부	부장	900	
11		허준	자재부	부장	900		오명균	총무부	과장	700	
12		우상호	총무부	사원	500		이동준	총무부	부장	870	
13		오명균	총무부	과장	700						
14		이동준	총무부	부장	870						

2.3 부분합

목록의 데이터를 분석하거나 검색하기 쉽게 하기 위하여 데이터 메뉴의 부분합(subtotal) 명령을 사용할 수 있다. 부분합은 필드 내의 동일 데이터 그룹의 합계를 계산하여 나타내준다. 즉 필요에 따라 어떤 특정 필드의 값들을 항목별로 묶어 합계를 내는 것이다. 예를 들면 부서별 급여액과 기본급 등의 합계를 구할 때는 부분합 명령을 사용한다.

이 기능을 사용하려면 우선 어떤 값들을 무엇을 기준으로 부분합을 낼 것인지를 결정해야 한다.

사원명부를 이용해서 부서별 월급의 합계를 구하도록 하자.

❶ 부분합을 나타내려는 데이터가 있는 시트에서 셀 영역 B2:E14를 활성화시킨다.

❷ 「데이터」-「부분합」을 선택한다.

❸ 「부분합」 대화상자가 나타나면 다음과 같이 선택한다.

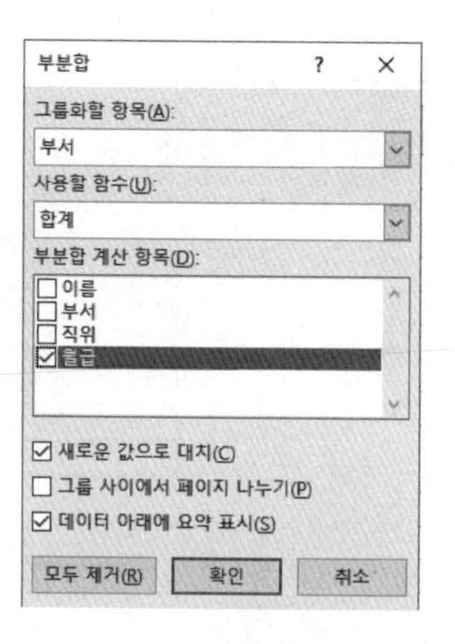

❹ 「확인」을 클릭하면 다음과 같은 결과를 얻는다.

1 2 3	A	B	C	D	E
2		이름	부서	직위	월급
3		황대표	관리부	사원	450
4		최하사	관리부	과장	750
5			**관리부 요약**		1200
6		강대장	인사부	사원	500
7		정조준	인사부	과장	740
8		김서방	인사부	부장	970
9			**인사부 요약**		2,210
10		차명노	자재부	사원	490
11		홍길동	자재부	사원	520
12		박선생	자재부	과장	780
13		허준	자재부	부장	900
14			**자재부 요약**		2690
15		우상호	총무부	사원	500
16		오명균	총무부	과장	700
17		이동춘	총무부	부장	870
18			**총무부 요약**		2,070
19			**총합계**		8,170

❺ 부분합 결과로써 필드명의 왼쪽 시트 밖에 표시되는 윤곽 기호로 화면 표시에 대한 수준을 결정하게 된다. 윤곽기호 [1][2][3] 중에서 [3]은 가장 낮은 수준의 행까지 보여주는 것으로 현재 부분합이 수행된 결과로써 데이터 모두를 나열해 나타내주며, [2]는 소그룹별 표시수준을, [1]은 최상위 수준으로 부분합 계산결과 중 총합계의 수준만을 화면에 표시해 준다. +나 −기호를 누르면 각각 상위 또는 하위 수준의 화면 표시를 보게 된다.

❻ 윤곽 기호 [2]를 클릭한다.

❼ 다음과 같은 결과를 얻는다.

A	B	C	D	E
	이름	부서	직위	월급
		관리부 요약		1200
		인사부 요약		2,210
		자재부 요약		2690
		총무부 요약		2,070
		총합계		8,170

❽ 부분합을 제거하고 원래의 데이터로 환원하고자 하면 부분합 속의 셀 하나를 선택한다.

❾ 「데이터」-「부분합」을 선택하고 「모두 제거」를 클릭한다.

❿ 원래의 사원명부가 나타난다.

데이터베이스 함수

고급 필터를 이용하면 우리가 원하는 조건에 맞는 레코드만 추출할 수 있다. 그러나 추출한 레코드로부터 특정 필드의 합계, 평균, 개수 등과 같은 수치를 구할 수 없기 때문에 이때에는 데이터베이스 함수를 사용하는 것이 편리하다. 데이터베이스 함수를 사용하면 구태여 레코드를 추출함이 없이 이들을 대상으로 직접 수식의 결과값을 구하게 된다.

데이터베이스 함수는 다음과 같다.

- DAVERAGE: 데이터베이스 중 조건에 맞는 필드의 평균을 구한다.
- DCOUNT: 데이터베이스 중 조건에 맞는 필드들의 숫자 데이터베이스가 있는 셀의 수를 계산한다.
- DCOUNTA: 데이터베이스 중 조건에 맞는 데이터를 지정한 필드 중에서 비어있지 않는 셀 수를 구한다.
- DMAX: 데이터베이스 중 조건에 맞는 필드 중에서 최대값을 구한다.
- DMIN: 데이터베이스 중 조건에 맞는 필드 중에서 최소값을 구한다.
- DSUM: 데이터베이스 중 조건에 맞는 필드 내용의 합을 계산한다.
- DGET: 데이터베이스 중 조건에 맞는 레코드 한 개를 찾아 추출필드의 값을 구한다.

데이터베이스 함수의 형식은 다음과 같다.

= 함수명(database, field, criteria)

함수의 인수들을 요약하면 다음과 같다.

데이터베이스 범위

- 레코드(행)가 필드(열)로 이루어진 조건을 검사할 데이터들의 목록이다.
- 셀의 범위나 범위명들을 첫째 행에는 각 열의 레이블(label)이 들어 있다.
- 참조 영역은 셀 범위나 목록을 포함한 범위의 이름으로 입력한다.

추출필드(field)

- 조건을 만족할 추출된 레코드에서 가져올 결과값이 속한 필드명이다.
- 데이터베이스의 첫 열은 필드 레이블이 정의되어 있어야 한다.

추출조건 범위(criteria)

- 찾을 조건 범위에 지정한 조건과 일치하는 정보를 구한다.
- 조건을 만드는 규칙은 고급 필터 규칙과 같다.

사원명부를 이용하여 이름에 해당하는 다른 정보들을 찾아보자. 예를 들면 "강대장"의 직위를 찾도록 하자.

❶ 데이터를 시트에 입력한다.

	A	B	C	D	E	F	G	H
1								
2		이름	부서	직위	월급			
3		김서방	인사부	부장	970		이름	직위
4		이동춘	총무부	부장	870		강대장	
5		박선생	자재부	과장	780			
6		최하사	관리부	과장	750			
7		정조준	인사부	과장	740			
8		강대장	인사부	사원	500			
9		오명균	총무부	과장	700			
10		허준	자재부	부장	900			
11		황대표	관리부	사원	450			
12		우상호	총무부	사원	500			
13		차명노	자재부	사원	490			
14		홍길동	자재부	사원	520			

❷ 다음과 같이 수식을 입력한다.

셀 주소	수식	비고
H4	=DGET(B2:E14, H3, G3:G4)	

❸ 다음과 같은 결과를 얻는다.

	A	B	C	D	E	F	G	H
1								
2		이름	부서	직위	월급			
3		김서방	인사부	부장	970		이름	직위
4		이동춘	총무부	부장	870		강대장	사원
5		박선생	자재부	과장	780			
6		최하사	관리부	과장	750			
7		정조준	인사부	과장	740			
8		강대장	인사부	사원	500			
9		오명균	총무부	과장	700			
10		허준	자재부	부장	900			
11		황대표	관리부	사원	450			
12		우상호	총무부	사원	500			
13		차명노	자재부	사원	490			
14		홍길동	자재부	사원	520			

❹ 만일 직위가 아니라 월급이라면 직위 대신에 월급을 입력하면 자동으로 액수가 나타난다.

	A	B	C	D	E	F	G	H
1								
2		이름	부서	직위	월급			
3		김서방	인사부	부장	970		이름	월급
4		이동춘	총무부	부장	870		강대장	500
5		박선생	자재부	과장	780			
6		최하사	관리부	과장	750			
7		정조준	인사부	과장	740			
8		강대장	인사부	사원	500			
9		오명균	총무부	과장	700			
10		허준	자재부	부장	900			
11		황대표	관리부	사원	450			
12		우상호	총무부	사원	500			
13		차명노	자재부	사원	490			
14		홍길동	자재부	사원	520			

2.4 논리 함수와 검색 함수

논리 함수

논리 함수(logical functions)는 하나 또는 많은 조건(conditions)들이 참이냐 또는 거짓이냐에 달려있다. 조건이란 셀의 값을 수치 또는 텍스트로 나타낸 것이다. 비즈니스 분석론을 응용할 때 자주 쓰이는 논리 함수는 다음과 같다.

함수	의미
=IF(condition, value if true, value if false)	논리식인 조건이 참이면 value if true가, 거짓이면 value if false가 결과값이 된다.
=AND(condition 1, condition 2, ‥‥)	모든 조건이 참이면 true(1)를, 아니면 false(0)를 결과값으로 나타낸다.
=OR(condition 1, condition 2, ‥‧)	논리식 중 어떤 조건이 하나라도 참이면 true(1)를, 아니면 false(0)를 결과값으로 나타낸다.

참일 때의 결과값이나 거짓일 때의 결과값은 수치 또는 텍스트가 될 수 있다. 이때 텍스트를 함수에 포함하고자 할 때는 따옴표(“”)를 사용해야 한다.

논리 함수에 사용되는 조건은 다음과 같다.

=

\>

<

\>=

<=

< >

중첩 $\sum IF$함수를 사용하는 예를 들어보자.

❶ 다음과 같이 데이터를 시트에 입력한다.

	A	B	C	D	E	F
1						
2		이름	부서	직위	월급	등급
3		김서방	인사부	부장	970	
4		이동춘	총무부	부장	870	
5		박선생	자재부	과장	780	
6		최하사	관리부	과장	750	
7		정조준	인사부	과장	740	
8		강대장	인사부	사원	500	
9		오명균	총무부	과장	700	
10		허준	자재부	부장	900	
11		황대표	관리부	사원	450	
12		우상호	총무부	사원	500	
13		차명노	자재부	사원	490	
14		홍길동	자재부	사원	520	

❷ 다음과 같이 함수를 시트에 입력한다.

셀 주소	수식	비고
F3	=IF(E3〉=900, “A”, IF(E3≥700, “B”, “C”))	F14까지 복사

❸ 다음과 같은 결과를 얻는다.

	A	B	C	D	E	F
1						
2		이름	부서	직위	월급	등급
3		김서방	인사부	부장	970	A
4		이동춘	총무부	부장	870	B
5		박선생	자재부	과장	780	B
6		최하사	관리부	과장	750	B
7		정조준	인사부	과장	740	B
8		강대장	인사부	사원	500	C
9		오명균	총무부	과장	700	B
10		허준	자재부	부장	900	A
11		황대표	관리부	사원	450	C
12		우상호	총무부	사원	500	C
13		차명노	자재부	사원	490	C
14		홍길동	자재부	사원	520	C

검색 함수

비즈니스 분석론에서 자주 사용하는 검색, 정보 함수는 다음과 같다.

함수	의미
=INDEX(array, row_num, column_num)	색인을 사용하여 참조 영역이나 배열에서 값을 선택한다.
=CHOOSE(index_num, value1, value2, …)	데이터 중에서 지정한 위치의 데이터를 검색한다.
=LOOKUP(lookup_value, array)	검색 범위 중 지정한 검색 데이터에 해당하는 데이터를 추출하여 이에 상응하는 결과 범위의 값을 나타낸다.
=VLOOKUP(lookup_value, table_array, cell_index_num, range_lookup)	배열의 첫째 열에서 기준값을 검색하고 그 행의 상대 번호를 지정한 열에서 검색한다.
=HLOOKUP(lookup_table, table_array, row_index_num, range_lookup)	배열의 첫째 행을 조회하여 지정한 셀의 값을 구한다.
=MATCH(lookup_table, lookup_array, match_type)	조합행에 따른 비교 데이터 중 기준값의 상태 위치를 검색한다,

LOOKUP, VLOOKUP, HLOOKUP 함수를 이용하여 데이터 값을 검색하는

예를 들기로 하자.

❶ 데이터를 시트에 입력한다.

	A	B	C	D	E	F	G	H	I
1									
2		품명	관리자	1차	2차	합계	등급		
3		A-987	나민순	93	68	161	B		2차
4		C-356	최민선	88	69	157	C		80
5		D-267	오민준	97	84	181	A		
6		A-987	나영진	91	85	176	A		
7		B-456	민수정	89	87	176	A		
8		A-987	최나영	86	89	175	A		
9		C-356	오진연	87	90	177	A		

❷ 함수를 시트에 입력한다.

셀 주소	함수	비고
I6	=LOOKUP(I4, E3:E9)	80보다 바로 작은 값을 나타낸다.
I7	=VLOOKUP("C-356", B2:G9, 4, 1)	
I8	=HLOOKUP("최나영", B2:G9, 7, TRUE)	

❸ 다음과 같은 결과를 얻는다.

	A	B	C	D	E	F	G	H	I
1									
2		품명	관리자	1차	2차	합계	등급		
3		A-987	나민순	93	68	161	B		2차
4		C-356	최민선	88	69	157	C		80
5		D-267	오민준	97	84	181	A		
6		A-987	나영진	91	85	176	A		69
7		B-456	민수정	89	87	176	A		69
8		A-987	최나영	86	89	175	A		89
9		C-356	오진연	87	90	177	A		

또 다른 예를 들어 사원명부의 직위에 따른 직위수당을 VLOOKUP 함수를 이용하여 구하도록 하자.

❶ 다음과 같이 데이터를 시트에 입력한다.

	A	B	C	D	E	F	G	H	I
1									
2		이름	부서	직위	월급	직위수당			
3		김서방	인사부	부장	970				
4		이동춘	총무부	부장	870			사원	25
5		박선생	자재부	과장	780			대리	30
6		최하사	관리부	과장	750			과장	80
7		정조준	인사부	과장	740			부장	100
8		강대장	인사부	사원	500				
9		오명균	총무부	과장	700				
10		허준	자재부	부장	900				
11		황대표	관리부	사원	450				
12		우상호	총무부	사원	500				
13		차명노	자재부	사원	490				
14		홍길동	자재부	사원	520				

❷ 다음과 같이 함수를 입력한다.

셀 주소	함수	비고
F3	=VLOOKUP(D3, $H$4:$I$7, 2, False)	F14까지 복사

❸ 다음과 같은 결과를 얻는다.

	A	B	C	D	E	F	G	H	I
1									
2		이름	부서	직위	월급	직위수당			
3		김서방	인사부	부장	970	100			
4		이동춘	총무부	부장	870	100		사원	25
5		박선생	자재부	과장	780	80		대리	30
6		최하사	관리부	과장	750	80		과장	80
7		정조준	인사부	과장	740	80		부장	100
8		강대장	인사부	사원	500	25			
9		오명균	총무부	과장	700	80			
10		허준	자재부	부장	900	100			
11		황대표	관리부	사원	450	25			
12		우상호	총무부	사원	500	25			
13		차명노	자재부	사원	490	25			
14		홍길동	자재부	사원	520	25			

2.5 유효성 검사

유효성 검사(validation test)란 특정 셀에 데이터 유효성을 지정함으로써 유효하지 않은 데이터를 입력할 때 에러 메시지가 나타나게 하는 방법을 말한다. 이렇게 함으로써 데이터를 잘못 입력하는 경우를 방지할 수 있다.

전화번호부의 예를 들어 보기로 하자.

❶ 데이터를 시트에 입력한다.

	A	B	C	D	E	F
1						
2		이름	부서	직위	월급	전화번호
3		김서방	인사부	부장	970	02-2298-4906
4		이동춘	총무부	부장	870	063-466-5036
5		박선생	자재부	과장	780	041-345-7890
6		최하사	관리부	과장	750	02-3456-1234
7		정조준	인사부	과장	740	051-563-2345
8		강대장	인사부	사원	500	02-734-9876
9		오명균	총무부	과장	700	02-974-1234
10		허준	자재부	부장	900	031-456-3423
11		황대표	관리부	사원	450	064-213-6745
12		우상호	총무부	사원	500	02-678-1234
13		차명노	자재부	사원	490	062-123-4566
14		홍길동	자재부	사원	520	

❷ 데이터 유효성을 지정할 셀을 선택하기 위하여 셀 영역 F3:F14를 지정한다.

❸ 「데이터」–「데이터 유효성 검사」를 클릭한다.

❹ 「데이터 유효성 검사」 대화상자가 나타나면 「설정」 탭을 클릭한다.

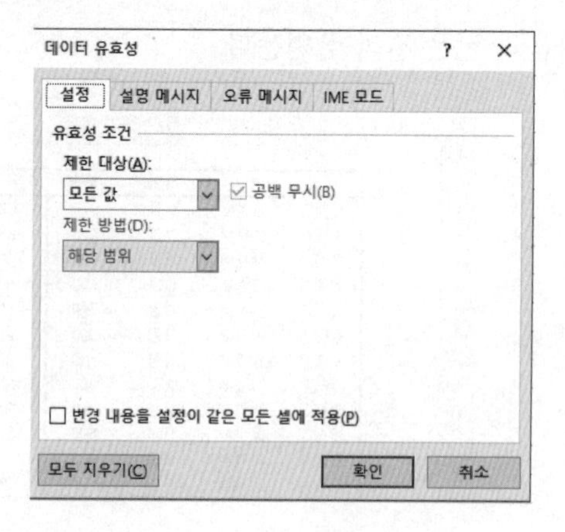

❺ 「제한 대상」을 「텍스트 길이」로 지정한다. 전화번호는 11~12자리이다.

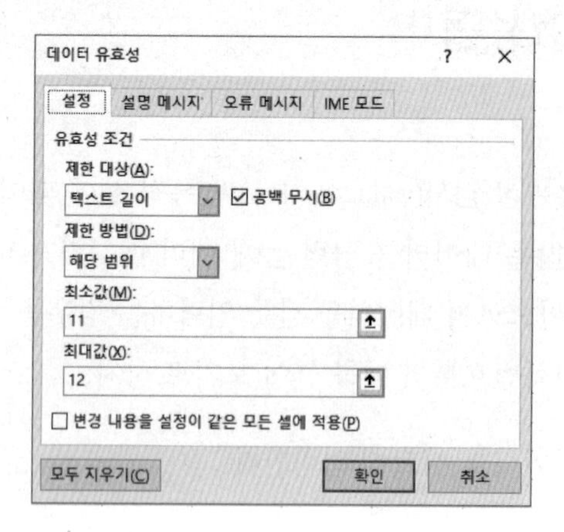

❻ 위에 있는 「오류 메시지」 탭을 선택하고 다음과 같이 입력한 후 「확인」을 클릭한다.

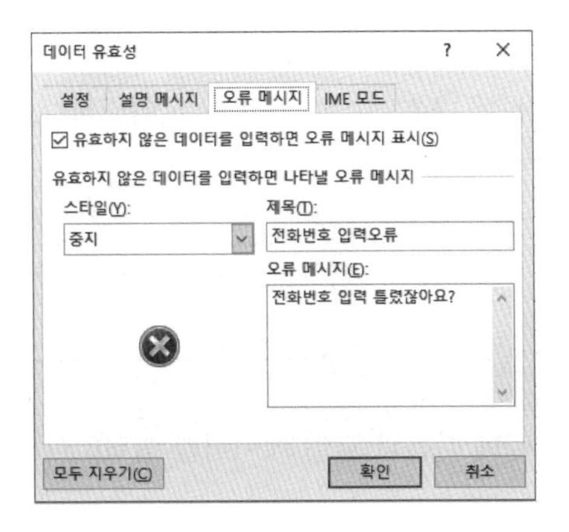

❼ 셀 F14에 전화번호 예컨대 031-2298-4906을 입력하고 「Enter」를 치면 오류 메시지가 나타난다.

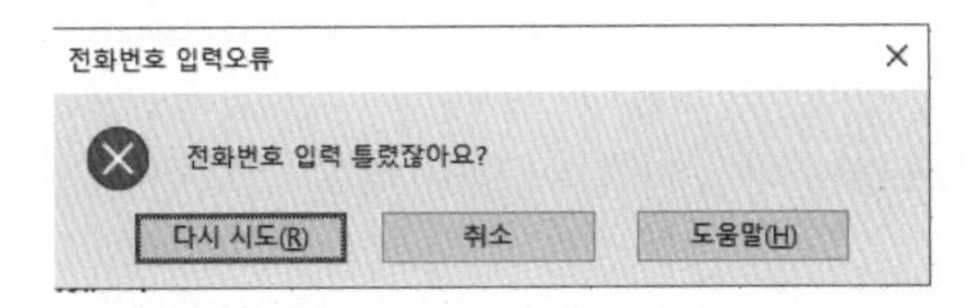

❽ 「취소」를 클릭하고 유효성 검사를 삭제하기 위해서는 대상범위였던 셀 영역 F3:F14를 지정한다.

❾ 「데이터」-「데이터 유효성 검사」를 선택한다.

❿ 「모두 지우기」를 선택하고 「확인」을 클릭한다.

2.6 데이터의 통합

여러 개의 워크시트나 통합문서에 분리된 내용들을 같은 시트탭에서 하나의 목록이나 테이블로 통합하고자 할 때 데이터의 통합 기능을 사용할 수 있다. 예를 들면 연도별, 분기별, 상품별 판매실적을 통합테이블(집계표)로 만들 수 있다.

이때 여러 개의 파일에 데이터가 입력되었을 경우에는 모든 파일이 열려 있어야 한다.

예를 들어 설명하기로 하자.

❶ Sheet1에 다음과 같이 데이터를 입력한다.

	A	B	C	D	E
1					
2		1/4분기	2/4분기	3/4분기	4/4분기
3	카메라		127	217	200
4	PC		235	45	300
5	TV		321	367	400

❷ Sheet2에 다음과 같이 데이터를 입력한다.

	A	B	C	D	E
1					
2		1/4분기	2/4분기	3/4분기	4/4분기
3	카메라	90	127	217	200
4	세탁기	214	345	213	150
5	PC	200	235	45	300
6	TV	275	321	367	400

❸ Sheet3에 다음과 같이 데이터를 입력한다.

	A	B	C	D	E
1			통합테이블		
2					
3					
4					
5					

❹ Sheet3에서 셀 A2를 선택하고 「데이터」-「통합」을 선택한다.

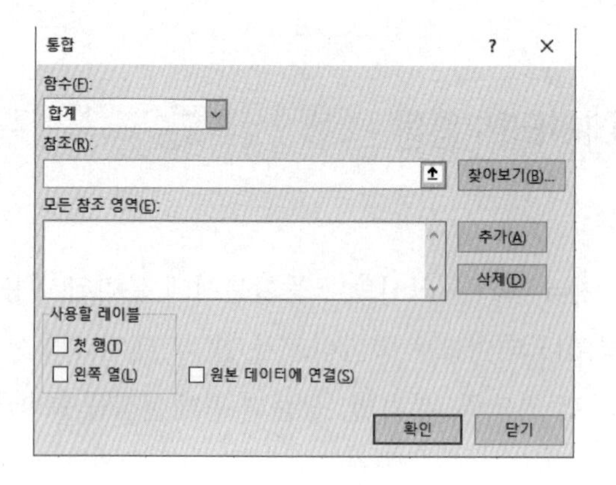

❺ 「통합」 대화상자가 나타나면 「참조」의 [↑] 버튼을 클릭한다.

❻ 「통합」–「참조」 대화상자가 나타나면 Sheet1 탭을 클릭한 후 셀 영역 A2:E5를 선택한다. [↑] 버튼을 클릭한다.

❼ 다시 「통합」 대화상자가 나타나면서 「참조」에 선택한 영역이 입력된다. 「추가」를 클릭하면 「참조」에 입력된 영역이 「모든 참조 영역」 목록에 추가된다.

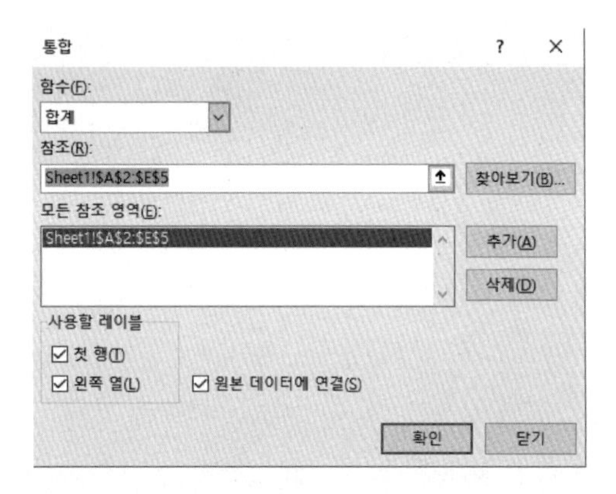

❽ 다시 「참조」의 [↑] 버튼을 클릭하여 Sheet2의 셀 영역 A2:E6을 선택한다. [↑] 버튼을 클릭한다.

❾ 다시 「통합」 대화상자가 나타나면 「추가」를 클릭한다.

❿ 「사용할 테이블」에서 모두 체크를 표시한다.

⓫ 「확인」을 클릭하면 다음과 같은 결과를 얻는다.

	A	B	C	D	E	F	G
1	통합테이블						
2			1/4분기	2/4분기	3/4분기	4/4분기	
5		카메라	90	254	434	400	
7		세탁기	214	345	213	150	
10		PC	200	470	90	600	
13		TV	275	642	734	800	

⓬ 위의 집계표를 더욱 자세히 알고자 할 때는 A의 왼쪽에 있는 [2]를 클릭한다. 다음과 같은 결과를 얻는다.

	A	B	C	D	E	F	G
1	통합테이블						
2			1/4분기	2/4분기	3/4분기	4/4분기	
3		통합 문서1		127	217	200	
4		통합 문서1	90	127	217	200	
5	카메라		90	254	434	400	
6		통합 문서1	214	345	213	150	
7	세탁기		214	345	213	150	
8		통합 문서1		235	45	300	
9		통합 문서1	200	235	45	300	
10	PC		200	470	90	600	
11		통합 문서1		321	367	400	
12		통합 문서1	275	321	367	400	
13	TV		275	642	734	800	

1. 데이터, 파일, 데이터베이스의 관계를 설명하라.

2. 데이터베이스와 데이터 웨어하우스를 비교하라.

3. 데이터베이스의 구조를 설명하라.

4. 관계형 데이터베이스를 정의하라.

5. 자동필터와 고급필터를 비교 설명하라.

6. 다음과 같은 데이터가 주어졌다.

사번	이름	부서	직위	월급
017	박순자	인사부	부장	400
018	김을식	총무부	과장	350
011	이수정	기획부	대리	370
015	강진수	기획부	차장	420
019	최성식	총무부	부장	300
012	오진실	인사부	과장	500
014	권오순	총무부	과장	450
013	정진서	기획부	부장	390
016	조선수	재무부	부장	440
020	길상순	기획부	대리	470

(1) 사번은 내림차순, 부서는 오름차순, 월급은 내림차순으로 데이터를 정렬하라.
(2) 자동필터 기능을 사용해서 기획부 소속 대리의 데이터를 추출하라.
(3) 총무부에 소속하면서 월급이 350 이상인 데이터를 추출하라.
(4) 다음과 같이 조건표가 주어질 때 고급필터 기능을 사용해서 빈 칸을 채워라.

이름	부서	직위	월급	월급
	총무부	과장	>=300	<500
	기획부	대리	>=400	
	인사부		>400	

(5) 부서별, 직위별 월급의 합계를 구하라.

7. 다음은 일곱 명 학생의 성적이다. 함수를 이용하여 평가표에 따라 각 학생의 학점을 결정하라.

이름	성적	학점
김이준	88	
이상수	70	
박조신	65	
조영자	94	
정규진	79	
강예준	90	
오세정	80	

성적	학점
0	F
60	D
70	C
80	B
90	A

8. 다음은 Excel 대학교 통계학반 10명 학생의 성적표이다.

학번	이름	중간고사	기말고사	성적	학점
1001	김국어	80	80		
1002	이영어	90	90		
1003	박수학	70	70		
1004	조과학	85	80		
1005	정사회	60	55		
1006	최역사	95	85		
1007	강지리	100	98		
1008	홍미술	65	70		
1009	문음악	85	85		
1010	오체육	90	75		

평가표	
0	F
60	D
70	C
80	B
90	A

학번	이름	중간고사	기말고사	성적	학점
1007					
	조과학				

(1) 중간고사 40%, 기말고사 60%의 가중치를 사용하여 성적을 구하라.

(2) VLOOKUP 함수를 사용하여 학생들의 학점을 구하라.

(3) 수식에 필요한 범위에 이름 정의를 한 후 INDEX 함수와 MATCH 함수를 사용하여 학번 1007 학생의 정보와 이름 조과학 학생에 관한 정보를 추출하라.

기술적 분석론

제 3 장 데이터 시각화

3.1 기술적 분석론의 개념

제1장에서 공부한 바와 같이 서술적 분석론은 혁신적인 방법을 통해 과거의 데이터를 요약한다든지, 단순한 쿼리를 통해 과거 데이터를 분석한다든지 해서, 과거에 무엇이 발생하였는가를 밝히고자 하는 분석론이다. 과거의 데이터를 분석하면 적절한 결정을 내리는 데 도움을 주는 통찰력을 제공한다.

예를 들면 미국의 Walmart는 허리케인이 몰려오는 계절에는 양딸기 제품에 대한 수요가 평소보다 일곱 배나 많았다는 사실을 발견한 이후에는 허리케인 계절이 도래하면 양딸기 제품을 재고로 충분히 쌓아두는 정책을 고수한다.

서술적 분석론은 본절에서 공부할 피벗 테이블이나 데이터 시각화 외에도 다음 장에서 공부할 기술통계학 같은 기법들을 사용해서 얻는 데이터 요약(summarization)을 포함한다. 이러한 기법들은 역사적 데이터를 분석해서 통찰력이나 숨은 패턴을 찾아내는 데 이용된다. 이와 같이 서술적 분석론의 목적은 데이터 요약, 통계적 측정치, 데이터 시각화를 통한 데이터의 단순한 탐색이라고 할 수 있다.

많은 기업에서는 경영의 주요 성과 지표를 정기적으로 최고경영층, 이해관계자, 외부 세계에 커뮤니케이트 하기 위하여 보고서와 대쉬보드를 작성하여 발표한다. 기업 보고서는 표, 차트, 다이어그램 등 서술적 분석론을 포함하는데 오늘날에는 모바일 기술의 발전으로 실시간으로 작성된다.

3.2 데이터 시각화

의미

우리는 어떤 문제를 해결하고자 할 때 원데이터(raw data)를 수집하게 된다. 그와 관련된 원데이터는 정확한 값을 규명한다든지 개별 수치들을 비교할 때는 그 자체로서 중요성을 갖는다. 그러나 데이터 속에 있는 추세, 패턴, 관계 등을 규명한다든지, 예외를 발견한다든지, 표의 형태로 나타낸 데이터의 그룹을 비교하려고 할 때는 어려움에 봉착하게 된다. 이런 어려움을 피하기 위해서는 원데이터를 시각적 형태로 표현해야 한다.

데이터의 속성을 이해하는 첫 걸음이 이를 어떤 형태로든 시각화하는 것이다. 데이터 시각화(data visualization)란 데이터를 탐색하는 하나의 방법으로서 데이터를 수집하고 분석한 결과를 기업의 매니저 등 사용자가 쉽게 이해할 수 있도록 도표나 이미지 등 시각적 수단을 통해 표현하고 전달하는 과정을 말한다. 데이터를 시각화하는 근본 목적은 데이터를 조직화해서 특정 정보를 사용자에게 전달하려는 것이다. 데이터 시각화는 기업의 매니저들 사이에서 데이터를 커뮤니케이트하는 수단이 되면 그들의 의사결정에 통찰력을 제공하는 큰 실용적인 가치를 갖게 된다.

빅 데이터의 주 목적은 통찰력을 얻고자 하는 것인데 이는 데이터 시각화를 통해 가능하다. 기업에서 데이터를 분석하는 사람과 최종 의사결정을 하는 매니저는 동일인이 아니다. 따라서 그래프 등 적절한 데이터 시각화 기법을 사용하면 매니저의 빠른 분석 이해능력이 크게 향상할 수 있다.

데이터 시각화는 기술적 분석론에서 중요한 역할을 수행한다. 그렇지만 데이터 시각화는 예측적 분석론과 규범적 분석론에서도 중요하게 이용된다.

[그림 3-1]은 신상품의 주별 판매량을 나타내는 그래프이다. 이 그림은 미래 판매량을 예측하는 데 어떤 설명이나 수학적 모델보다 더욱 효과적이다. 패턴을 시각화하면 어떤 현상을 모델화하는 데 가장 적절한 수학적 함수를 선정하도록 도움을 준다. 복잡한 규범적 모델은 가끔 복잡한 결과를 도출하는데 이러한 결과를 시각화하게 되면 모델 산출물과 해결책을 이해하고 통찰력을 얻는 데 도움을 준다.

그림 3-1 신상품 주별 판매량

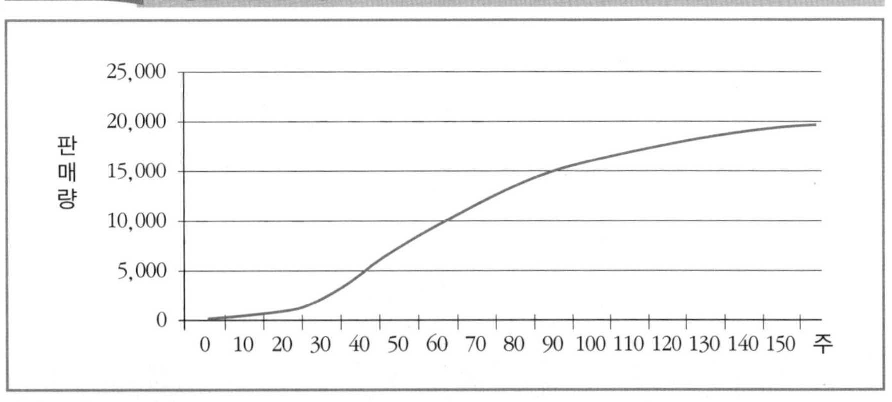

효과적 설계 기법

데이터 시각화를 위해 표와 차트를 작성하는 데 유용한 한 아이디어는 데이터-잉크 비율(data-ink ratio)이다. 이는 표 또는 차트를 작성하는 데 사용된 잉크의 총량에 대한 데이터-잉크 비율을 말한다.

데이터-잉크란 데이터의 의미를 사용자에게 전달하기 위하여 표 또는 차트에 사용된 잉크를 말한다. 한편 비 데이터-잉크란 전달하는데 유용한 목적으로 사용되지 않은 잉크를 말한다.

예를 들어 설명하기로 하자. [표 3-1]은 지난 12개월 동안 어떤 기업의 판매량을 나타내고 [그림 3-2]는 이 표를 그림으로 나타낸 것이다.

[표 3-1]과 [그림 3-2]는 제품 판매량을 나타내는데 사용된 데이터-잉크 비율이 낮음을 보여주고 있다. 이들은 보통 Excel을 사용하여 그리는 결과와 유사

표 3-1 판매량 데이터

월	판매량	월	판매량
1	180	7	280
2	220	8	240
3	190	9	230
4	200	10	260
5	230	11	280
6	250	12	250

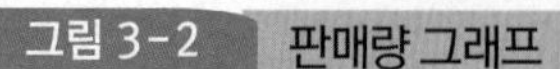
그림 3-2 판매량 그래프

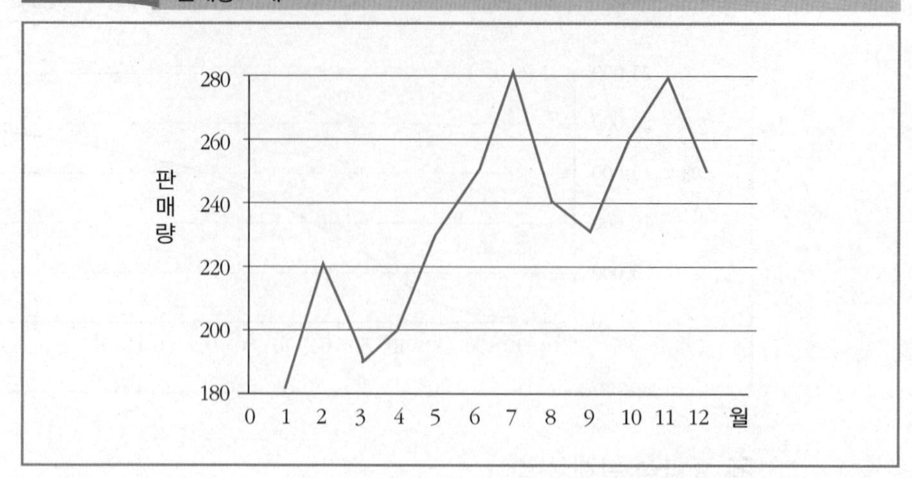

하다. [표 3-1]과 [그림 3-2] 속에 있는 눈금선은 유용한 목적에 도움이 되지 않기 때문에 전달하고자 하는 정보를 손상하지 않고 제거할 수 있다. 다만 [그림 3-2]를 고칠 때는 축에 레이블(label)을 적어 넣어야 한다.

[표 3-2]와 [그림 3-3]은 수정된 결과이다. 수정된 표와 그림은 표 또는 그림에 사용된 잉크의 대부분이 실제 수치를 전달하는 데 사용되었기 때문에 데이터-잉크의 비율은 수정 전보다 증가하였다고 볼 수 있다.

많은 경우에 표 또는 그림에서 흰 공간이 증가할수록 읽기는 더욱 쉬워진다. 여기서 흰 공간이 넓어진다는 것은 데이터-잉크 비율의 증가를 의미한다. 표 또는 그림에서 불필요한 선을 제거하면 흰 공간이 확대되어 읽기도 편하고 비율도 증가하게 된다. 따라서 표 또는 그림을 작성할 때는 정보를 전달하는 데에 가급

표 3-2 수정된 판매량 데이터

월	판매량	월	판매량
1	180	7	280
2	220	8	240
3	190	9	230
4	200	10	260
5	230	11	280
6	250	12	250

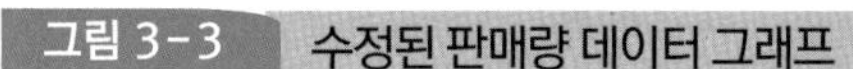

그림 3-3 수정된 판매량 데이터 그래프

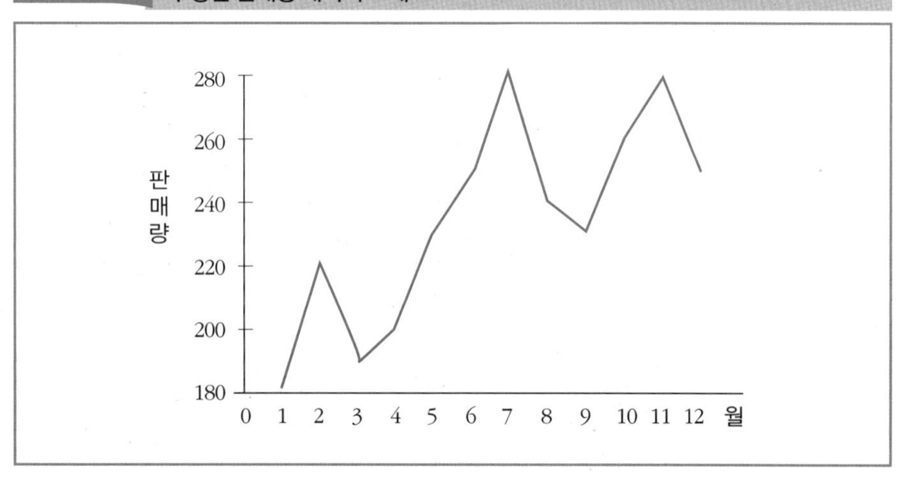

적 단순하도록 해야 한다. 데이터 시각화에서 가장 중요한 설계 기법은 명확성과 미관이라고 할 수 있다.

3.3 표

표의 설계

데이터 시각화를 위해서는 표 또는 차트가 사용되는데 데이터를 보여주고자 할 때는 맨 먼저 이들 중 어느 것이 더욱 효과적일까를 결정해야 한다. 일반적으로는 차트가 빠르고 쉽게 정보를 사용자에게 전달한다. 그렇지만 표 사용이 적절한 경우도 있다.

- 사용자가 특정 수치에 특별한 관심을 갖는다.
- 사용자가 다른 수치들을 정확하게 비교하고자 한다.
- 나타내고자 하는 수치가 매우 다른 크기(단위)를 갖는다.

서울 강남에 있는 산부인과 병원에서 202A년 6개월 동안 분만한 남·여 아기들의 수를 작성하면 [표 3-3]과 같다고 한다.

표 3-3 월별 아기들의 탄생 수

	1	2	3	4	5	6	합계
남	123	132	140	145	130	125	795
여	134	125	145	155	125	130	814

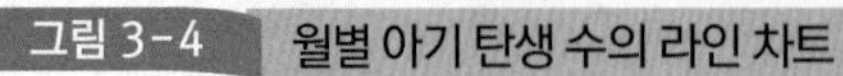
그림 3-4 월별 아기 탄생 수의 라인 차트

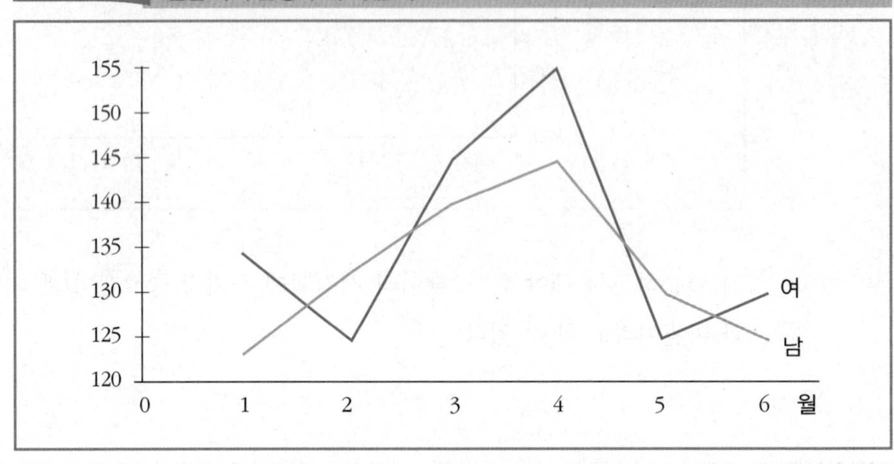

그림 3-5 표와 차트의 결합

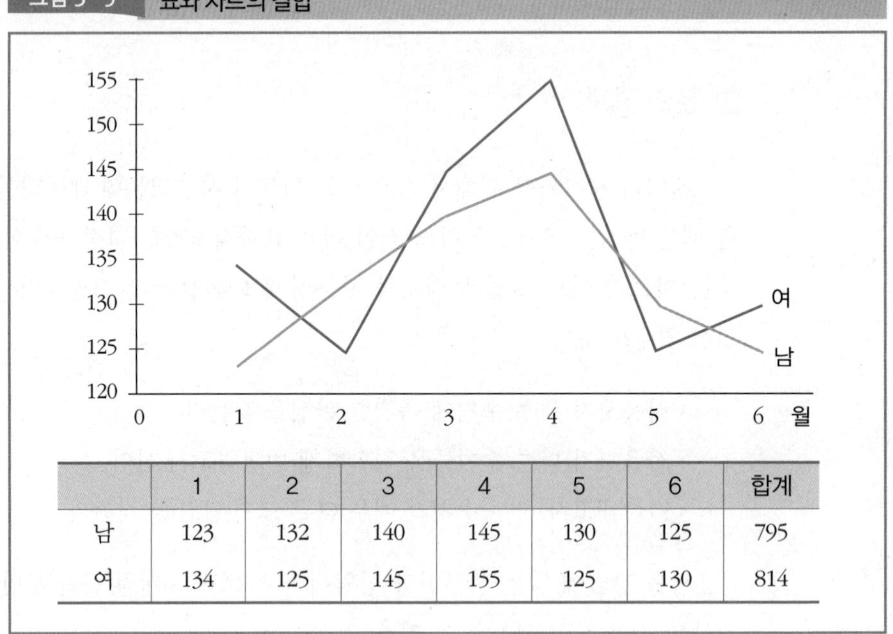

	1	2	3	4	5	6	합계
남	123	132	140	145	130	125	795
여	134	125	145	155	125	130	814

표 3-4 월별 남·여 아기의 수와 수입을 나타내는 표

	1	2	3	4	5	6	합계
남	123	132	140	145	130	125	795
여	134	125	145	155	125	130	814
수입(억원)	20.7	20.8	30.3	33.0	20.6	20.7	146.1

[표 3-3]을 그림으로 나타내면 [그림 3-4]와 같다. [표 3-3]은 월별 남·녀 아기들의 정확한 차이를 알고자 할 때에는 적절한 도구이다. [그림 3-4]는 남·여 아기들 수의 월별 차이와 변동을 쉽게 알기위한 도구이다. 그러나 정확한 수치에 관심이 있고 또한 남·여 아기들의 월별 변화를 쉽게 보이기 위해서는 [그림 3-5]와 같이 한 그림 속에 표와 차트를 결합하는 것이다.

남·여 아기들의 탄생 수 외에도 이들의 출산에 따라 얻는 수입 데이터를 추가하기로 하자. 그러면 아기들은 수로 측정하지만 수입은 원으로 측정하고 한편으로는 크기의 측정단위가 다르기 때문에 이들 데이터를 하나의 차트에 표현할 수 없다. 따라서 [표 3-4]와 같은 표를 사용할 수밖에 없다.

우리는 지금까지 표를 설계하는 방법을 간단히 공부하였다. 효과적인 표를 설계할 때는 데이터-잉크 비율을 크게 하기 위하여 불필요한 잉크의 사용은 피해야 한다. 일반적으로 이는 명확성을 위해 필요하지 않는 한 수직선의 사용은 피해야 하고 수평선의 사용은 데이터 값과 컬럼 타이틀을 분리시킨다든지 합계를 구하는 경우에는 사용할 수 있다.

도수분포표

모집단 또는 표본으로부터 측정이나 관찰을 통하여 수집한 변수의 분포를 파악하기 위하여 데이터를 요약하고 정리하는 데 사용되는 기본적인 통계표(statistical table)가 도수분포표(frequency distribution table)이다.

도수분포와 도수분포표

도수분포란 한 변수에 관해 수집한 데이터(변수 값들)에서 유사한 성질이나 크기의 값들을 몇 개의 계급(범주)으로 그룹핑하고 각 계급에 대응되는 도수(측정치 또는 관찰치의 수)를 정리한 것을 도수분포(frequency distribution) 또는 단순히 분포라고 하고 이때 각 계급에 대응되는 도수(빈도수)를 나열하여 만든 통계표를 도수분포표라고 한다.

이는 데이터를 시각적으로 보이기 위하여 차트(chart)나 그래프(graph)를 작성하는 데 이용되므로 도수분포표는 그래프와 차트 기법과 함께 기술통계학의 핵심이라고 할 수 있다.

도수분포표는 자체보다도 이를 그래프로 표현하면 데이터의 특성을 보다 알기 쉽게 된다.

그래프 방법으로는 범주 데이터를 위한 막대그래프와 파이차트(pie chart)가 있고 양적 데이터를 위한 히스토그램, 꺾은선 그래프, 누적백분율곡선이 있다.

히스토그램(histogram)은 범주 데이터는 물론 양적 데이터에도 많이 이용된다. 범주 데이터에 대한 히스토그램은 막대그래프(bar chart)라고도 한다. 히스토그램은 도수분포표로 정리된 계급(X축)에 속하는 도수(Y축)를 막대의 길이로 표시하여 계급의 상호 비교가 용이하도록 해 준다. 또한 히스토그램은 데이터의 분포모양, 분산정도, 중심위치, 시간에 따른 변동추이 등을 시각적으로 보여 준다는 이점을 갖는다. 히스토그램은 Y축에 도수뿐만 아니라 상대도수와 누적도수도 나타낼 수 있다.

3.4 범주 데이터의 정리

다음은 음료수 구매의 40개 표본 데이터이다.

	A	B	C	D	E
1	펩시	스프라이트	코카콜라	닥터 페퍼	코카콜라
2	펩시	펩시	코카콜라	닥터 페퍼	다이얼 코크
3	닥터 페퍼	다이얼 코크	펩시	코카콜라	다이얼 코크
4	코카콜라	코카콜라	펩시	스프라이트	닥터 페퍼
5	코카콜라	펩시	스프라이트	다이얼 코크	코카콜라
6	펩시	스프라이트	코카콜라	코카콜라	펩시
7	다이얼 코크	코카콜라	펩시	다이얼 코크	코카콜라
8	코카콜라	펩시	코카콜라	다이얼 코크	스프라이트

도수분포표

범주 데이터를 이용하여 도수분포표를 작성하려면 첫째 열에는 데이터의 빈(bin)을 늘어놓고, 둘째 열에는 각 빈에 해당하는 도수(frequency)를 직접 세거나 Excel의 COUNTIF 함수를 사용할 수 있다. 빈은 상호 배타적이라서 각 관측치는 오직 하나의 빈에만 속하게 된다.[1]

Excel을 사용하여 음료수 구매 데이터에 대해 도수분포표를 작성하는 절차는 다음과 같다.

❶ 필요한 데이터를 시트에 입력한다.

	A	B	C	D	E	F	G	H
1	펩시	스프라이트	코카콜라	닥터 페퍼	코카콜라		빈	도수
2	펩시	펩시	코카콜라	닥터 페퍼	다이얼 코크		코카콜라	
3	닥터 페퍼	다이얼 코크	펩시	코카콜라	다이얼 코크		스프라이트	
4	코카콜라	코카콜라	펩시	스프라이트	닥터 페퍼		다이얼 코크	
5	코카콜라	펩시	스프라이트	다이얼 코크	코카콜라		펩시	
6	펩시	스프라이트	코카콜라	코카콜라	펩시		닥터 페퍼	
7	다이얼 코크	코카콜라	펩시	다이얼 코크	코카콜라		합계	
8	코카콜라	펩시	코카콜라	다이얼 코크	스프라이트			

❷ 필요한 수식을 입력한다.

셀 주소	수식	비고
H3	=COUNTIF($A$1:$E$8),G3	H7까지 복사
H8	=SUM(H3:H7)	

❸ 다음과 같은 결과를 얻는다.

	A	B	C	D	E	F	G	H
1	펩시	스프라이트	코카콜라	닥터 페퍼	코카콜라			
2	펩시	펩시	코카콜라	닥터 페퍼	다이얼 코크		빈	도수
3	닥터 페퍼	다이얼 코크	펩시	코카콜라	다이얼 코크		코카콜라	14
4	코카콜라	코카콜라	펩시	스프라이트	닥터 페퍼		스프라이트	5
5	코카콜라	펩시	스프라이트	다이얼 코크	코카콜라		다이얼 코크	7
6	펩시	스프라이트	코카콜라	코카콜라	펩시		펩시	10
7	다이얼 코크	코카콜라	펩시	다이얼 코크	코카콜라		닥터 페퍼	4
8	코카콜라	펩시	코카콜라	다이얼 코크	스프라이트		합계	40

1 Excel에서는 계급(범주)을 빈(bin)이라고 한다.

상대도수

범주 데이터의 경우 도수분포표가 작성되면 각 빈의 상대도수를 계산할 수 있다. 상대도수를 구하는 공식은 다음과 같다.

$$상대도수 = \frac{f_i}{n}$$

$$상대도수(백분율) = \frac{f_i}{n} \times 100$$

f_i: 빈 i의 도수
n: 총 도수

Excel을 사용하여 음료수 구매 데이터에 대한 상대도수 분포표를 작성하는 절차는 다음과 같다.

❶ 데이터를 시트에 입력한다.

❷ 수식을 입력한다.

셀 주소	수식	비고
I3	=H3/$H$8	I7까지 복사
I8	=SUM(I3:I7)	
J3	=I3*100	J8까지 복사

❸ 다음과 같은 결과를 얻는다.

G	H	I	J
빈	도수	상대도수	상대도수(%)
코카콜라	14	0.35	35
스프라이트	5	0.125	12.5
다이얼 코크	7	0.175	17.5
펩시	10	0.25	25
닥터 페퍼	4	0.1	10
합계	40	1	100

기둥 차트

범주 데이터의 경우 도수분포표를 작성하면 이를 이용하여

- 기둥 차트
- 파이차트

를 그릴 수 있다.

도수분포표를 기둥 차트(bar chart)로 표현하기 위해서는 X축에 각 빈을 차례로 나타내고 Y축에는 각 빈의 도수 또는 상대도수를 나타낸다. 이때 주의할 점은 범주 데이터이기 때문에 빈 사이에 약간의 공간을 두는 것이다.

도수 기둥 차트를 그리는 절차는 다음과 같다.

❶ 도수분포표에서 H3:H7을 블록으로 지정한다.

❷ [삽입]–[차트] 그룹에서 세로 막대 우측에 있는 내림단추(▾)를 클릭한다.

❸ [2차원 세로 막대형]을 클릭한다.

❹ 다음과 같은 그래프가 나타난다.

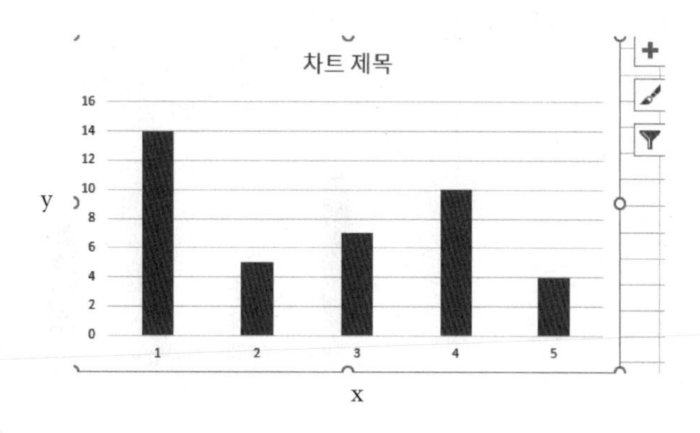

❺ 커서를 그림 영역에 놓고 우클릭한 후 나타나는 [데이터 선택]을 선택한다.

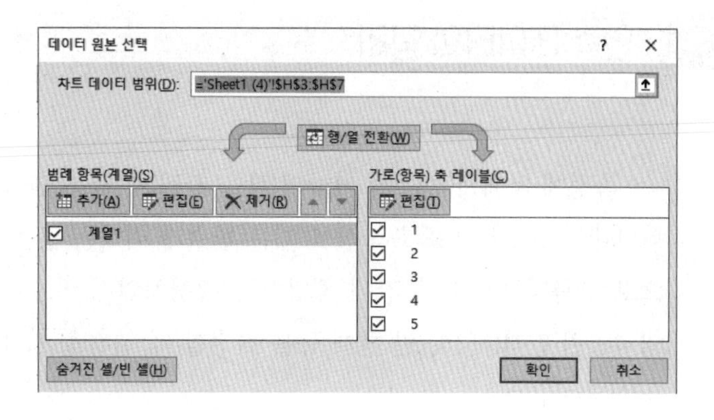

❻ [데이터 원본 선택] 대화상자에서 [편집(T)]을 클릭한다.

❼ [축 레이블 범위]에 도수분포표에 있는 빈의 범위인 셀 영역 G3:G7을 드래그하여 입력한다.

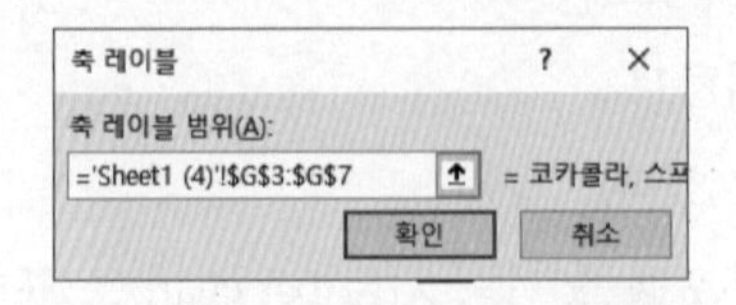

❽ [확인]을 연속 두 번 클릭하면 X축 레이블이 바뀐다.

❾ 차트의 오른쪽 위에 있는 십자형 (+)을 클릭하면 [차트 요소]가 나타나는데 [축 제목]에 체크하고 [눈금선]에 체크를 지운다.

❿ 차트 영역의 Y축 제목 영역에 커서를 대고 클릭하면 편집이 가능하게 바뀐다.

⓫ [축 제목]을 지우고 [도수]를 입력한다. X축 제목은 [빈]으로, 차트 제목은 [도수 기둥 차트]로 바꾼다.

⓬ 다음과 같은 결과를 얻는다.

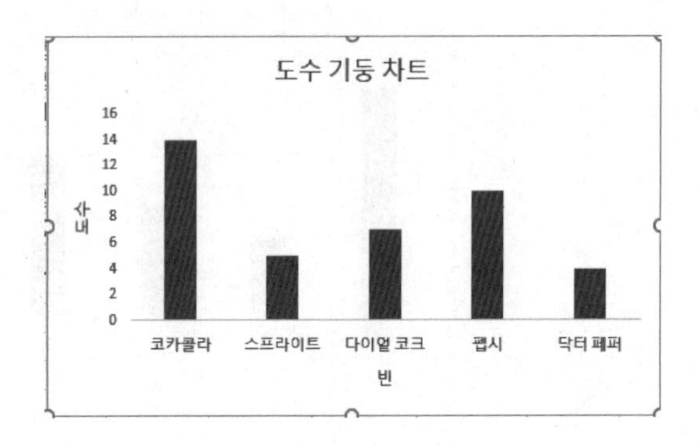

3.5 연속 데이터의 정리

측정에 의해서 소수점 이하의 값을 가질 수 있는 연속 데이터의 분포를 표로 나타내는 도수분포표를 작성할 때는 변수가 취하는 값들의 영역을 몇 개의 구간으로 그룹핑하고 각 구간에 해당하는 측정치의 수(도수)를 세게 되는데 이때 빈의 수, 빈 간격(구간), 빈 한계 등을 결정할 때 신경을 써야 한다.

도수분포표

다음 데이터는 202A년 7월 한 달 동안 랜덤으로 추출한 서울 시내 50가정의 전기료(단위: 천 원) 납부 결과이다. Excel을 사용하여 도수분포표를 작성하기 위해서는 다음의 절차를 따른다.

	A	B	C	D	E
1	42	20	64	66	24
2	64	53	60	61	30
3	16	81	35	79	36
4	31	52	81	73	48
5	62	47	84	40	44
6	85	70	47	55	45
7	75	31	15	43	33
8	40	15	38	35	23
9	38	16	69	38	25
10	31	63	17	36	17

❶ 데이터를 시트에 입력한다.

	A	B	C	D	E	F	G	H	I	J	K	L
1	42	20	64	66	24							
2	64	53	60	61	30		빈 구간		도수	중간점	상대도수	누적상대도수
3	16	81	35	79	36							
4	31	52	81	73	48							
5	62	47	84	40	44							
6	85	70	47	55	45							
7	75	31	15	43	33							
8	40	15	38	35	23							
9	38	16	69	38	25							
10	31	63	17	36	17							

❷ 데이터의 범위를 결정한다.

범위는 데이터의 최대값과 최소값의 차이로 구한다. 데이터에서 최대값은 85이고, 최소값은 15이므로 범위는 85−15=70이다.

❸ 빈의 수를 주관적으로 정한다.

여기서는 빈의 수를 6개로 정한다.

❹ 빈 구간(bin internal), 즉 빈 폭(bin width)을 결정한다.

$$\text{빈 구간} = \frac{\text{범위}}{\text{빈의 수}} = \frac{70}{6} = 11.67$$

빈 구간은 가까운 편리한 정수로 올려 줌으로써 모든 데이터가 각 빈에 포함될 수 있도록 한다.

❺ 빈 한계(bin limit)를 결정한다.

❻ 빈 구간이 결정되면 빈 한계를 설정할 수 있다. 빈 한계는 각 빈이 포함될 데이터 값(data value)들의 절단점을 의미한다. 모든 데이터는 하나의 빈에만 속하도록 해야 하므로 빈의 한계가 중복되지 않도록 해야 한다.

빈 한계는 하한과 상한을 갖는다. 빈 한계는 "~초과 ~이하"로 주관적으로 결정하도록 한다.

데이터의 최소값이 15이므로 이를 포함하기 위하여 14를 하한으로 정하면 빈 구간이 12이므로 첫 빈 구간은 "14 초과 26 이하"가 된다. 나머지 구간도 이와 같은 방식으로 구한다.

❼ 각 빈의 도수를 구한다.

각 빈의 도수는 Excel을 이용하여 구한다.

셀 영역 I3:I8을 블록으로 지정하고 =FREQUENCY(A1:E10, H3:H8)을 타자한 후 〈Shift〉키와 〈Ctrl〉 키를 동시에 누른 채 〈Enter〉키를 친다.

셀 주소	수식	비고
I9	=SUM(I3:I8)	
J3	=(G3+H3)/2	J8까지 복사
K3	=I3/$I$9	K8까지 복사
L3	=K3	
L4	=L3+K4	L8까지 복사

❽ 다음에는 중간점, 상대도수, 누적상대도수를 구한다.

빈 구간의 중간점은 (하한+상한)/2로 구한다.

❾ 다음과 같은 결과를 얻는다.

	A	B	C	D	E	F	G	H	I	J	K	L
1	42	20	64	66	24							
2	64	53	60	61	30		빈 구간		도수	중간점	상대도수	누적상대도수
3	16	81	35	79	36		14	26	10	20	0.2	0.2
4	31	52	81	73	48		26	38	12	32	0.24	0.44
5	62	47	84	40	44		38	50	9	44	0.18	0.62
6	85	70	47	55	45		50	62	6	56	0.12	0.74
7	75	31	15	43	33		62	74	7	68	0.14	0.88
8	40	15	38	35	23		74	86	6	80	0.12	1
9	38	16	69	38	25		합계		50		1	
10	31	63	17	36	17							

히스토그램

연속 데이터를 이용하여 도수분포표를 만들고 이를 다시 그래프로 표현하는 데는

- 히스토그램
- 누적백분율곡선

이 이용된다.

연속 데이터의 히스토그램도 범주 데이터 막대그래프와 같이 직사각형 막대의 높이로써 각 빈의 도수(또는 상대도수, 누적도수, 누적상대도수)를 나타낸다. 범주 데이터의 막대그래프에서 X축은 각 빈을 나타내고 빈의 두께는 아무런 의미가 없다. 그러나 연속 데이터의 히스토그램에서는 각 빈이 빈 구간을 나타내므로 막대의 두께는 빈 구간을 나타내게 된다. 따라서 막대의 높이뿐만 아니라 그의 두께와 위치도 의미를 갖는다. 연속 데이터의 히스토그램에서는 각 빈 구간의 중간점을 중심으로 빈 구간을 막대의 두께로 표시하고 막대 사이의 공간을 없애 서로 붙여서 그리게 된다.

도수분포표가 주어졌을 때 Excel을 이용하여 히스토그램을 그리기 위해서는 다음의 절차를 거친다.

❶ 도수 히스토그램을 그리기 위해서는 [데이터]–[데이터 분석]–[히스토그램]을 선택하고 [확인]을 클릭한다.

❷ [히스토그램] 대화상자가 나타나면 다음과 같이 입력한다.

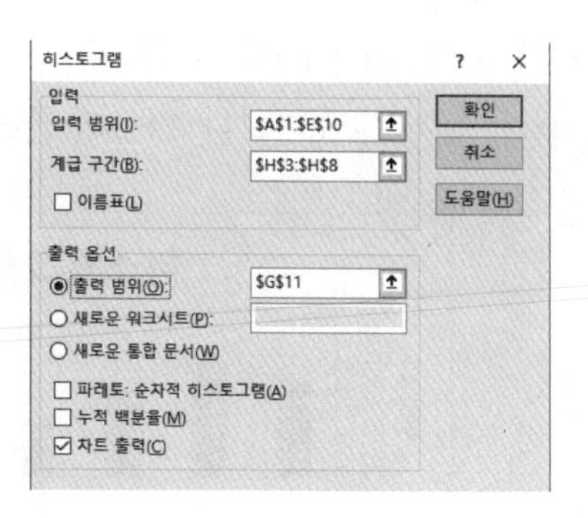

❸ [확인]을 클릭하면 다음과 같은 결과를 얻는다.

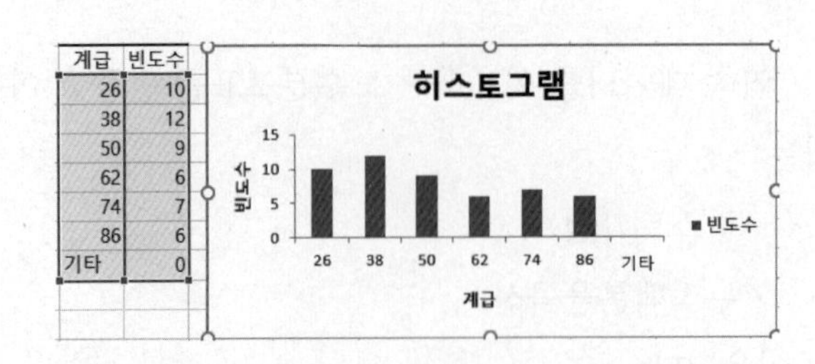

계급	빈도수
26	10
38	12
50	9
62	6
74	7
86	6
기타	0

❹ 그림 영역에 커서를 놓고 오른쪽 버튼을 클릭한다. [데이터 선택]을 클릭하면 다음과 같은 [데이터 원본 선택] 대화상자가 나타난다.

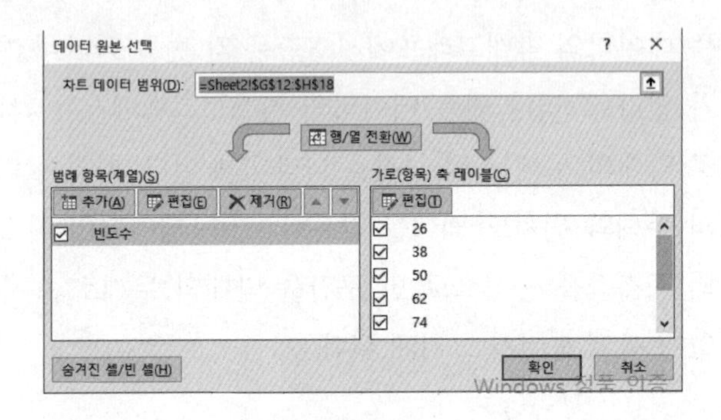

❺ 「편집(T)」을 클릭하고 「축 레이블 범위」에 도수분포표의 「중간점」을 드래그하여 다음과 같이 입력하고 「확인」을 클릭한다.

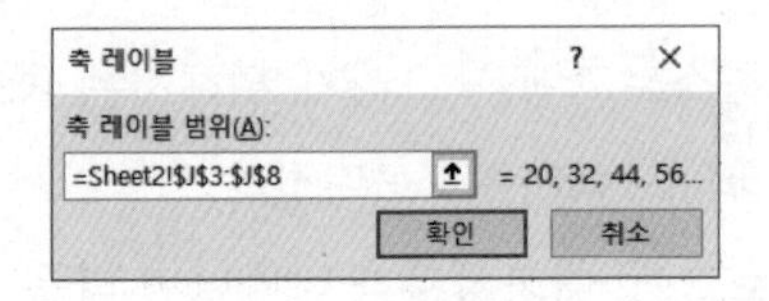

❻ 오른쪽에 있는 「빈도수」에 커서를 놓고 클릭한 후 지우기 한다. 「계급」에 커서를 놓고 「전기료」로 바꾼다. 다음과 같은 결과를 얻는다.

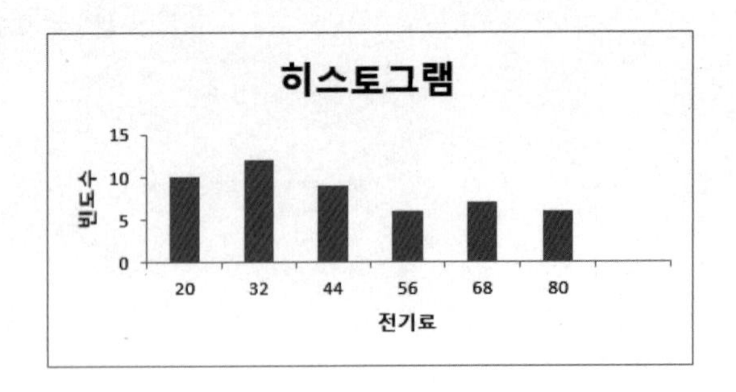

❼ 막대 사이의 간격을 없애기 위해서는 막대 속에 커서를 놓고 우클릭한 후 「데이터 계열 서식」을 선택한다. 「간격 너비」를 150%에서 0%로 줄인다.

❽ 다음과 같은 히스토그램을 얻는다.

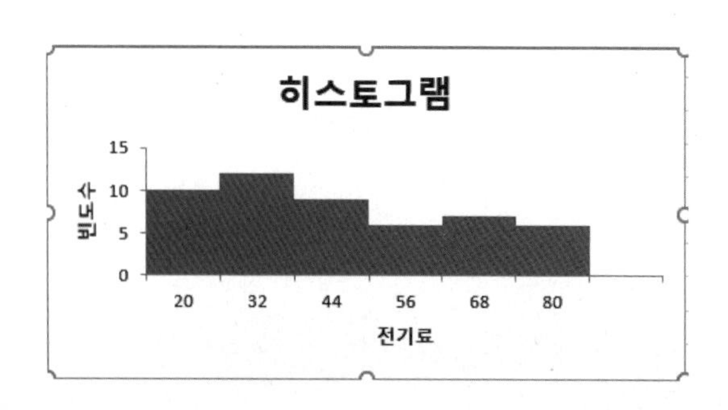

누적백분율 곡선

누적백분율 곡선(cumulative percentage polygon: ogive)은 누적도수 또는 누적상대도수를 그래프로 나타낸 것이다. 수평축은 빈 상한을 나타내고 수직축은 누적상대도수를 나타낸다.

도수분포표가 주어졌을 때 Excel을 이용하여 누적백분율 곡선을 그리기 위해서는 다음과 같은 절차를 따른다.

❶ 도수분포표에서 셀 영역 L3:L8을 블록으로 지정한다.

❷ 「삽입」–「차트에서 꺾은선형」–「표식이 있는 누적 꺾은선형」을 선택한다.

❸ 「차트 제목」을 누적백분율곡선으로 바꾼다.

❹ 그림 영역에 커서를 놓고 우클릭한 후 「데이터 선택」을 선택한다.

❺ 「편집(T)」을 클릭한 후 「축 레이블 범위」에 「계급상한」의 데이터들을 입력한다. 「확인」을 두 번 클릭한다.

❻ 그림 영역에 커서를 놓고 좌클릭한 후 오른쪽 위에 있는 십자형 「차트 요소」를 클릭한다. 「축 제목」에 체크를 한다.

❼ 「축 제목」을 누적도수와 전기료로 각각 바꾸면 다음과 같은 누적백분율곡선을 얻는다.

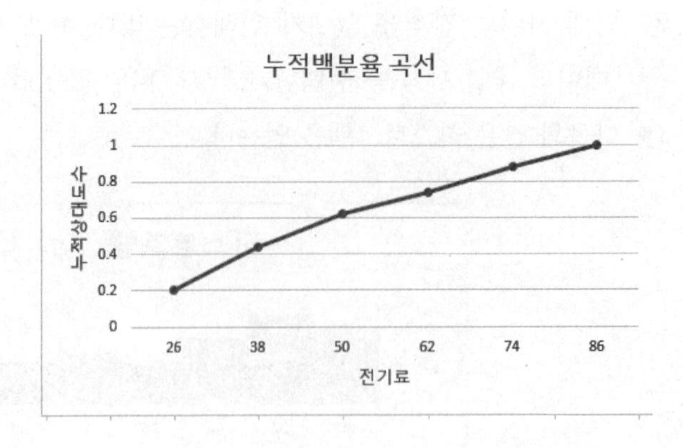

분할표

범주적 데이터를 요약하고 두 범주변수(categorical variable) 사이의 관계를 검토하는 데 사용되는 가장 기본적인 통계적 도구의 하나가 분할표(contingency table) 또는 빈도교차표(cross tabulation)이다. Excel에서는 분할표를 Pivot Table(피벗 테이블)이라고 한다. 분할표란 모집단에서 추출된 표본 데이터(주로 명목 데이터이지만 양적 데이터도 가능함)를 두 가지 기준(범주)에 따라 행과 열로 분류하여 작성한 통계표이다. 피벗 테이블은 방대한 양의 데이터로 구성된 데이터베이스에서 필요한 데이터만 추출하여 원하는 표를 만들고자 할 때 사용한다. 예를 들면 성명, 부서, 직급, 직위, 본봉 등 필드로 구성된 데이터베이스에서 부서별, 직위별 본봉을 알고자 한다면 피벗 테이블을 이용할 수 있다.

모집단의 한 변수의 값을 관찰하여 얻는 데이터를 일변량(univariate) 데이터라 하고 두 변수의 값을 관찰하여 얻는 데이터를 이변량(bivariate) 데이터라 한다. 두 범주변수 간의 관계를 밝히기 위하여 데이터를 정리하여 행과 열에 각각 한 변수의 구간을 정하고 행과 열이 교차하는 칸(cell)에 해당하는 값을 기록한다. 이때 도수로 나타내면 분할표이고 상대도수로 나타내면 결합확률표(joint probability table)가 된다. 분할표는 이변량 데이터를 이용하여 작성한 도수분포표이다. 피벗 테이블은 변수의 도수분포표를 만드는 데도 유용하게 쓰인다.

분할표는 두 사상을 동시에 고려한 표이다. 일반적으로 r개의 행과 c개의 열을 갖는 분할표는 r×c개의 칸을 가지며 r×c 분할표라고 부른다. r×c 분할표의 일반적인 형태는 [표 3-5]와 같다.

표 3-5 r×c 분할표

행 \ 열	1	2	…	c	합계
1	n_{11}	n_{12}	…	n_{1C}	r_1
2	n_{12}	n_{22}	…	n_{2C}	r_2
⋮	⋮	⋮	…	⋮	⋮
r	n_{r1}	n_{r2}	…	n_{cr}	r_r
합계	c_1	c_2	…	c_c	n

예 3-1

다음 데이터는 Excel 대학교의 몇몇 학부에 속한 교수들의 이름, 직위, 직급, 본봉에 관한 것이다. 이 데이터를 이용하여 학부별, 직위별, 본봉 총액을 나타내는 피벗 테이블을 작성하라.

	A	B	C	D	E
1	예 3-1				
2					
3	학부	교수	직위	직급	본봉
4	경영	황철수	교수	1	100
5	경제	강선생	부교수	2	90
6	인문	최박사	조교수	3	70
7	공학	문재수	조교수	4	80
8	경영	고준영	교수	1	110
9	인문	한경영	부교수	2	85
10	경제	오동수	교수	1	85
11	인문	윤석주	교수	1	85
12	경영	김행자	부교수	2	100
13	경영	최수석	조교수	3	90
14	경제	정현대	교수	1	110
15	법학	조국놈	부교수	2	95
16	의학	김은숙	조교수	4	75
17	법학	안성수	조교수	2	90

풀이

❶ 데이터를 시트에 입력한다. 이때 이름표도 꼭 입력해야 한다.

❷ 화면의 윗 부분에 있는 [삽입] 메뉴를 선택한다.

❸ 화면의 서북쪽에 있는 [표] 그룹의 [피벗 테이블]을 클릭한다.

❹ [피벗 테이블 만들기] 대화상자가 나타나면 표/범위에 A3:B17을 드래그하여 입력하고 새 워크시트에 체크한다.

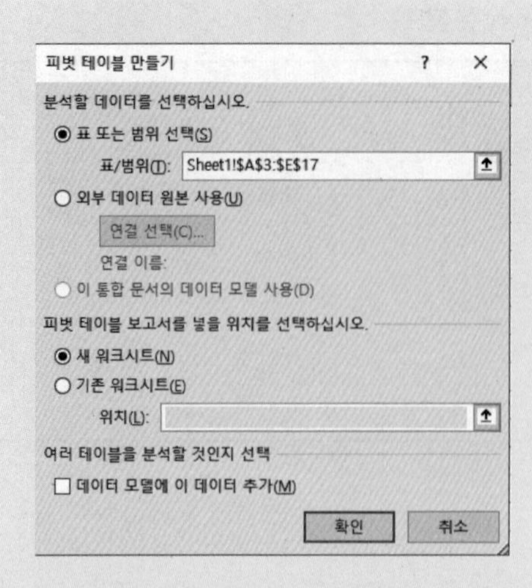

❺ [확인]을 클릭하면 다음과 같은 [피벗 테이블 필드 목록]과 [피벗 테이블 보고서]가 나타난다.

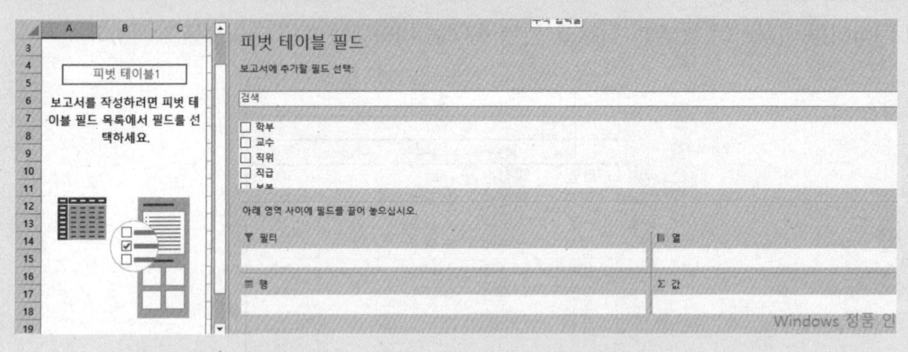

❻ 학부별, 직위별 본봉 합계에 관한 테이블을 원하기 때문에 학부를 [행]에, 직위를 [열]에, 그리고 본봉을 [∑값]에 드래그한다.

❼ 다음과 같은 학부별, 직위별 본봉 총액을 나타내는 피벗 테이블이 나타난다.

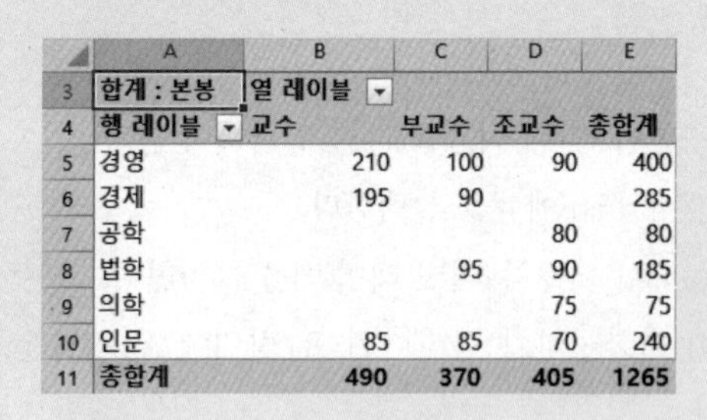

합계 : 본봉	열 레이블			
행 레이블	교수	부교수	조교수	총합계
경영	210	100	90	400
경제	195	90		285
공학			80	80
법학		95	90	185
의학			75	75
인문	85	85	70	240
총합계	490	370	405	1265

3.6 기타 차트

차트(charts)는 그래프라고도 하는데 데이터를 나타내는 시각적 방법이다. 간단한 차트를 작성하는 데는 Excel 소프트웨어 패키지를 사용한다.

산점도

산점도(scatter chart)는 산포도라고도 하는데 두 양적 변수 간의 관계를 나타내는 그래프이다. 회귀분석을 함에 있어서 맨 먼저 해야 할 일은 두 변수 사이에 어떤 관계가 있는지를 결정하기 위하여 관찰한 짝지은 데이터를 그래프로 나타내는 것이다.

예 3-2

어떤 회사의 지난 10개월간 광고비와 판매액의 데이터가 다음과 같다고 할 때 산점도를 Excel을 사용하여 구하도록 하자.

표 3-6 광고비와 판매액

광고비(x)	판매액(y)
2	16
2	8
3	20
4	14
5	22
5	30
6	38
7	32
7	46
8	40

풀이

❶ 데이터를 시트에 입력한다.

	A	B
1	예 3-2	
2		
3	광고비	판매액
4	2	16
5	2	8
6	3	20
7	4	14
8	5	22
9	5	30
10	6	38
11	7	32
12	7	46
13	8	40

❷ A4:B13을 블록으로 지정한다.

❸ [삽입]을 클릭한 후 「차트」 그룹에서 [분산형]을 클릭한다. 첫 번째 그림을 클릭한다.

❹ 다음과 같은 그림이 나타난다.

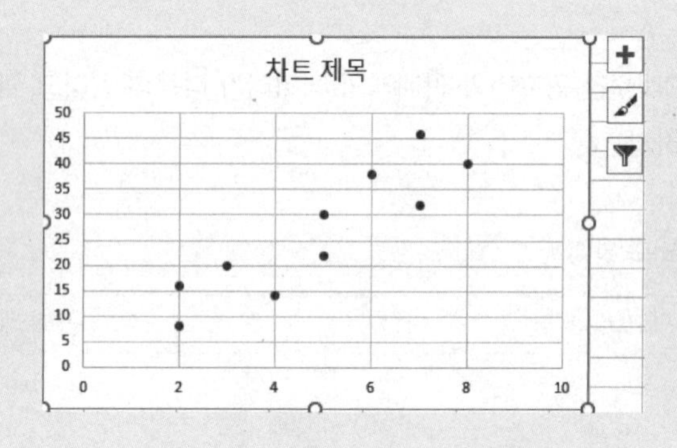

❺ 그림의 오른편에 있는 차트 요소(+) 중 [축 제목]에 체크한다.

❻ 차트 제목을 [산점도], Y축 제목을 [판매액], X축 제목을 [광고비]로 바꾼다.

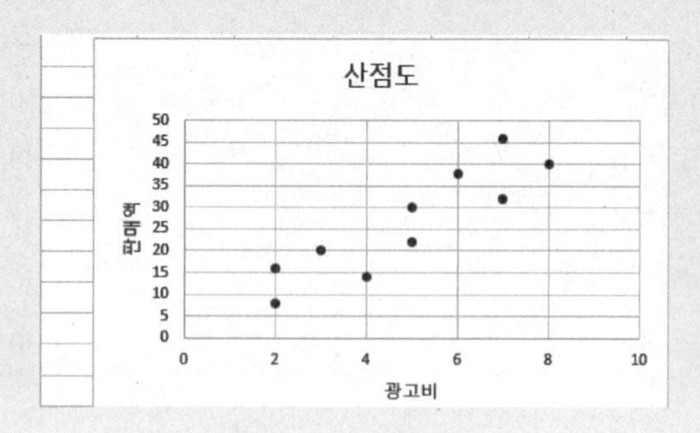

❼ 위 그림에 추세선(trendline)을 추가하려면 차트 요소(+)를 클릭하고 [추세선]을 클릭한다.

❽ 다음과 같은 결과를 얻는다.

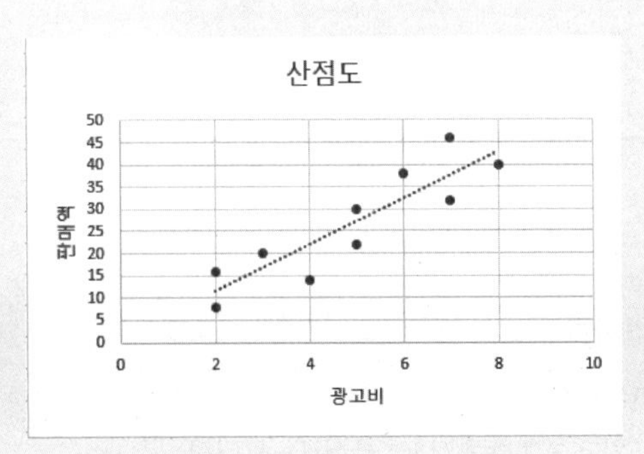

라인 차트

라인 차트(line chart : 선차트)는 산점도와 비슷하지만 차트 내에 있는 점들을 연결하여 구한다. 라인 차트는 오랜 기간 동안 수집한 시계열(time series) 데이터를 나타내는 데 아주 유용하다.

예 3-3

다음 데이터는 Excel 전자(주)의 202A년 1년간 월별 매출액을 보여주고 있다. 산점도와 라인 차트를 그려라.

월	매출액(억 원)
1	125
2	150
3	145
4	175
5	180
6	165
7	185

8	200
9	185
10	170
11	190
12	210

풀이

❶ 자료를 시트에 입력한다.

❷ A4:B15를 블록으로 지정한다.

❸ [삽입]을 클릭하고 「차트」 그룹에서 [분산형]을 선택한다.

❹ [직선 및 표식이 있는 분산형]을 선택한다.

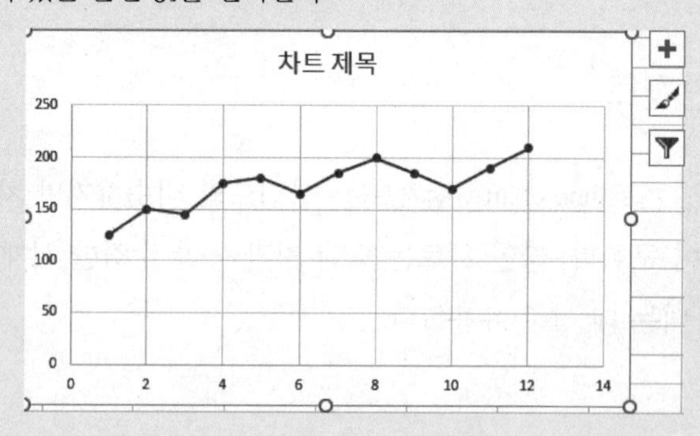

❺ 차트 요소(+)를 클릭하고 [축 제목]에 체크를 하고 [눈금선]에 체크를 지운다.

❻ 차트 제목은 [라인 차트]로, X축 제목은 [월]로, Y축 제목은 [매출액]으로 고친다.

❼ 다음과 같은 라인 차트를 얻는다.

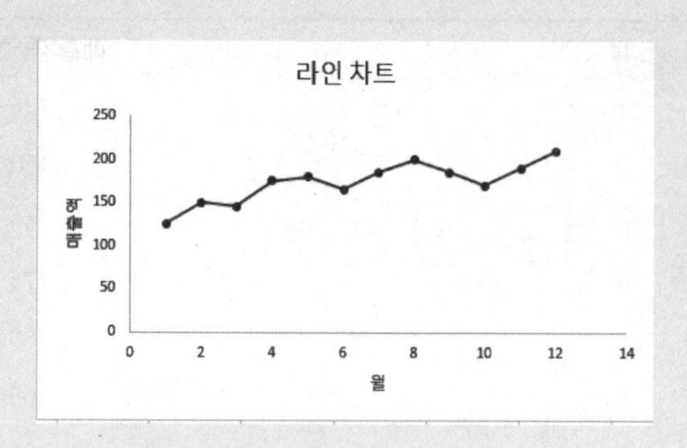

❶ 똑같은 데이터를 이용하여 구한 산점도는 다음과 같다.

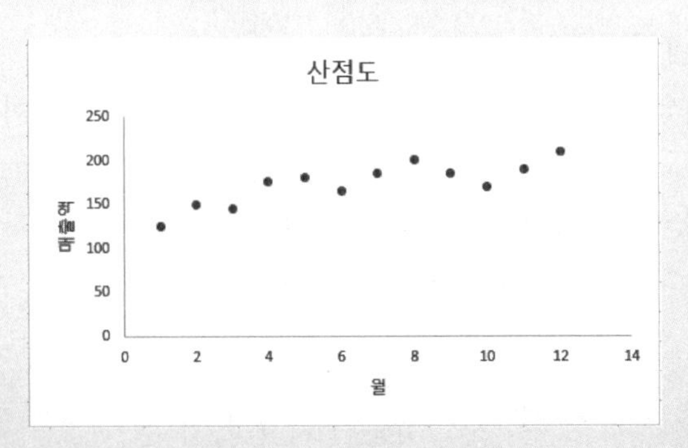

라인 차트는 몇 개의 선을 한 그림 속에 그릴 때에도 사용할 수 있다. 이 경우 데이터의 범위를 블록으로 지정하는 방법이 다르다.

예 3-4

다음 데이터는 Excel 전자(주)의 202A년 1년간 월별 매출액을 동과 서 두 지역으로 구분한 것이다. 두 지역 매출액 자료에 대해 라인 차트를 그려라.

월	동	서	합계
1	67	58	125
2	80	70	150
3	75	70	145
4	90	85	175
5	95	85	180
6	85	80	165
7	100	85	185
8	120	80	200
9	100	85	185
10	80	90	170
11	90	100	190
12	95	115	210

풀이

❶ 데이터를 시트에 입력한다.

❷ A3:C15를 블록으로 지정한다. 그림에 두 차트의 범례를 나타나게 하기 위해서는 이름표를 포함해야 한다.

❸ [삽입]을 클릭하고 [분산형]-[직선 및 표식이 있는 분산형]을 선택한다.

❹ 차트 제목 등을 고치면 다음과 같은 결과를 얻는다.

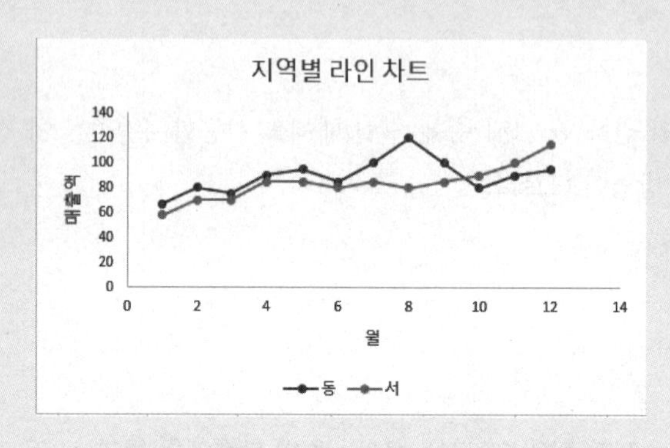

막대 차트와 기둥 차트

막대 차트(bar chart)와 기둥 차트(column chart)는 범주 데이터를 요약해서 그래프로 나타낼 때 사용된다. 막대 차트는 양적 변수의 크기를 나타낼 때 수평적 막대를 사용한다. 반면 기둥 차트는 양적 변수의 크기를 나타낼 때 수직적 막대를 사용한다.

이들 두 차트는 범주변수들 사이 비교를 하는데 사용할 수 있는 유용한 도구이다. 이들 차트는 사각형의 상대적인 길이에 따라 도수(frequency)를 나타낸다. 질적 데이터의 경우에는 범주 마다의 도수와 비율의 계산이 가능한데 도수의 집계 결과는 막대 차트를 사용하고 비율은 파이차트를 사용하여 시각화할 수 있다. 막대 차트는 히스토그램과 달리 막대 사이에 간격이 있다.

지금까지 설명한 막대 차트와 기둥 차트는 변수가 하나인 경우이었다. 이들 차트는 변수가 여러 개인 경우에도 적용할 수 있다. 이때의 그래프를 띠 차트

(stacked chart)라고 한다. 따라서 막대 차트의 경우에는 띠 막대 차트라고 하고 기둥 차트의 경우에는 띠 기둥 차트라고 한다.

예 3-5

다음 데이터는 [예 3-4]에서 사용한 Excel전자(주)의 202A년 1년간 월별, 지역별 매출액 데이터이다. 이 데이터를 이용하여

월	동	서	합계
1	67	58	125
2	80	70	150
3	75	70	145
4	90	85	175
5	95	85	180
6	85	80	165
7	100	85	185
8	120	80	200
9	100	85	185
10	80	90	170
11	90	100	190
12	95	115	210

❶ 월별 매출액 합계를 나타내는 막대 차트를 구하라.
❷ 월별 매출액 합계를 나타내는 기둥 차트를 구하라.
❸ 월별 지역별 구성비율을 나타내는 띠 기둥 차트를 구하라.
❹ 월별 지역별 구성비율을 나타내는 묶음 기둥 차트를 구하라.

풀이

❶ 데이터를 시트에 입력한다.
❷ D4:D12를 블록으로 지정한다.
❸ [삽입]을 클릭한 후「차트」그룹 속에 있는 [세로 또는 막대형 차트 삽입]을 클릭한다.
❹ [2차원 가로 막대형]을 선택하면 다음과 같은 막대 차트가 나타난다.

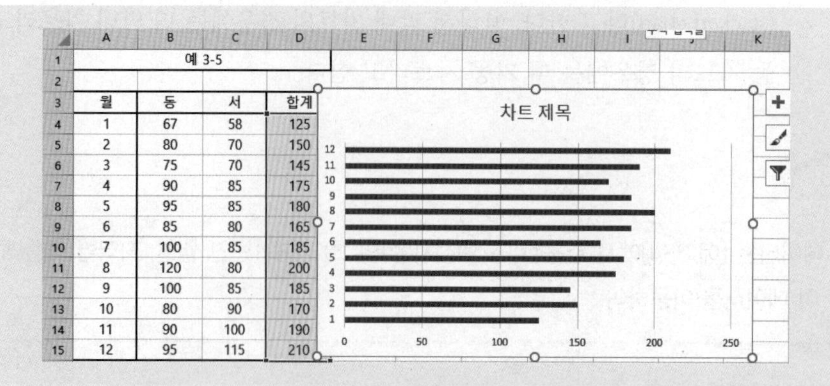

예 3-5			
월	동	서	합계
1	67	58	125
2	80	70	150
3	75	70	145
4	90	85	175
5	95	85	180
6	85	80	165
7	100	85	185
8	120	80	200
9	100	85	185
10	80	90	170
11	90	100	190
12	95	115	210

❺ 차트 요소(+)를 클릭한 후 [축 제목]에 체크마크를 하고 [눈금선]에는 체크마크를 지운다.

❻ 차트 제목은 [막대 차트]로, X축 제목은 [판매액]으로, Y축 제목은 [월]로 바꾼다.

❼ 다음과 같은 결과를 얻는다.

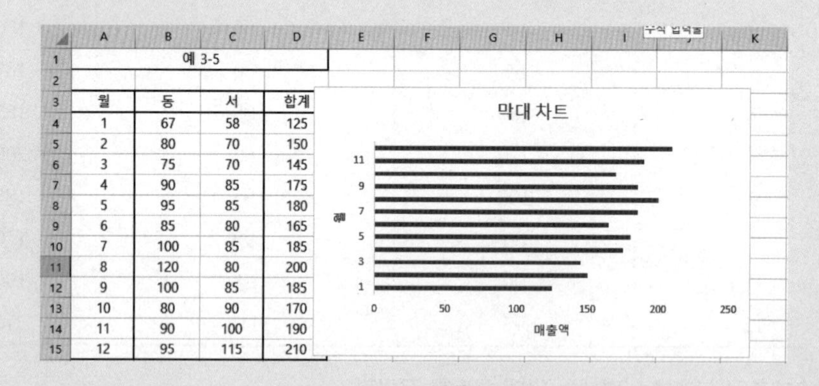

예 3-5			
월	동	서	합계
1	67	58	125
2	80	70	150
3	75	70	145
4	90	85	175
5	95	85	180
6	85	80	165
7	100	85	185
8	120	80	200
9	100	85	185
10	80	90	170
11	90	100	190
12	95	115	210

❽ 기둥 차트를 구하기 위해서는 D4:D15를 블록으로 지정한다.

❾ [삽입]–[세로 또는 가로 막대형 차트 삽입]–[2차원 세로 막대형]을 클릭한다.

❿ 차트 요소를 클릭한 후 [축 제목]에는 체크를 하고 [눈금선]에는 체크를 지운다.

⓫ 차트 제목은 [기둥 차트]로, X축 제목은 [월]로, Y축 제목은 [매출액]으로 고친다.

⓬ 다음과 같은 결과를 얻는다.

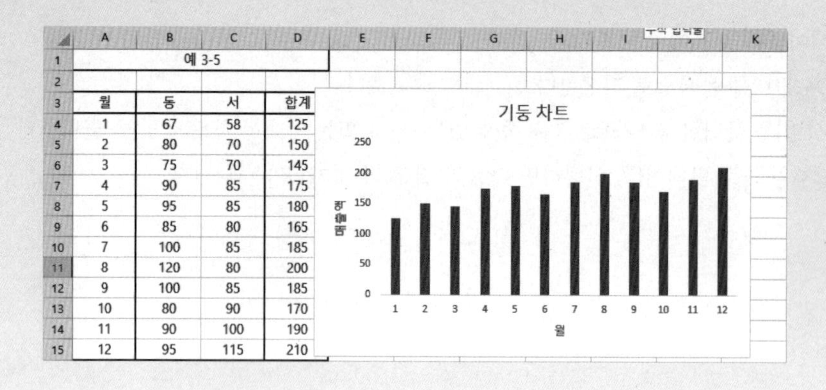

예 3-5			
월	동	서	합계
1	67	58	125
2	80	70	150
3	75	70	145
4	90	85	175
5	95	85	180
6	85	80	165
7	100	85	185
8	120	80	200
9	100	85	185
10	80	90	170
11	90	100	190
12	95	115	210

⑬ 띠 그래프를 그리기 위해서는 B3:C15를 블록으로 지정한다.

⑭ [삽입]-[세로 또는 가로 막대형 삽입]-[2차원 누적 세로 막대형]을 클릭한다.

⑮ 차트 요소를 클릭한 후 [축 제목]에는 체크를 하고 [눈금선]에는 체크를 지운다.

⑯ 차트 제목은 [띠 기둥 차트]로, X축은 [월]로, Y축은 [매출액]으로 고친다.

⑰ 다음과 같은 결과를 얻는다.

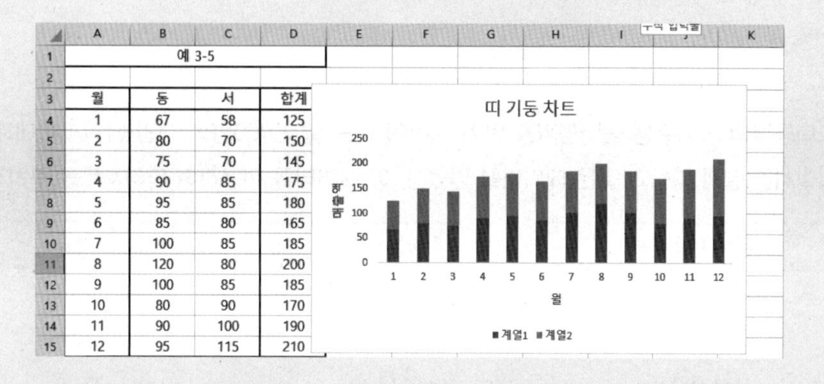

예 3-5

월	동	서	합계
1	67	58	125
2	80	70	150
3	75	70	145
4	90	85	175
5	95	85	180
6	85	80	165
7	100	85	185
8	120	80	200
9	100	85	185
10	80	90	170
11	90	100	190
12	95	115	210

⑱ 묶음 기둥 차트(clustered-column chart)를 그리기 위해서는 B4:C15를 블록으로 지정한다.

⑲ [삽입]-[세로 또는 가로 막대형 삽입]-[2차원 묶은 세로 막대형]을 클릭한다.

⑳ 제목 등을 고치면 다음과 같은 결과를 얻는다.

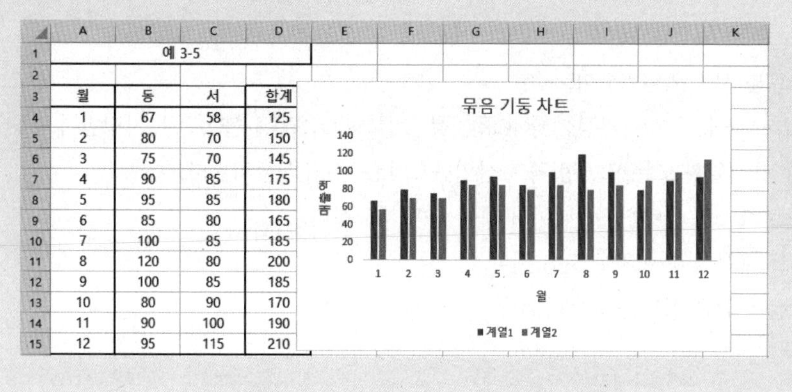

예 3-5

월	동	서	합계
1	67	58	125
2	80	70	150
3	75	70	145
4	90	85	175
5	95	85	180
6	85	80	165
7	100	85	185
8	120	80	200
9	100	85	185
10	80	90	170
11	90	100	190
12	95	115	210

파이차트

질적 자료의 경우 각 범주에 대하여 상대도수(비율)를 구하면 이를 파이차트(pie chart : 원 그래프)로 표현할 수 있다. 파이차트를 작성하기 위해서는 각 범주에 해당하는 상대도수에 360°를 곱한 다음 각 범주가 차지하는 넓이를 쪼개면 된다.

파이차트는 범주 데이터를 서로 비교하기 위하여 작성하지만 데이터를 비교하는 데는 막대 차트만 못하다고 알려져 있다. 왜냐 하면 쪼개진 넓이의 상대적 크기를 비교하기가 쉽지 않기 때문이다. 파이차트는 범주의 수가 적어야 하며 이를 사용할 때는 범주에 테이블과 실제 퍼센트를 나타내도록 해야 한다.

예 3-6

어느 대통령의 국정수행 능력평가를 알기 위하여 어느 날 1,000명의 성인 남·녀에 대해 여론조사를 실시한 결과 다음과 같은 데이터를 얻었다. 이 데이터를 이용하여 파이차트를 구하라.

질문 항목	응답자 수	비율
잘 한다	326	32.6%
못 한다	560	56.0%
모르겠다	114	11.4%
합계	1,000	100%

풀이

❶ 자료를 시트에 입력한다.
❷ A4:A6을 블록으로 지정한 후 [Ctrl]키를 누른 채 C4:C6을 블록으로 지정한다.
❸ [삽입]-[원형 또는 도넛형 차트 삽입]-[2차원 원형]을 클릭한다.
❹ 차트 요소를 클릭한 후 [데이터 레이블]에 체크한다.
❺ 차트 제목을 [파이차트]로 고친다.
❻ 다음과 같은 결과를 얻는다.

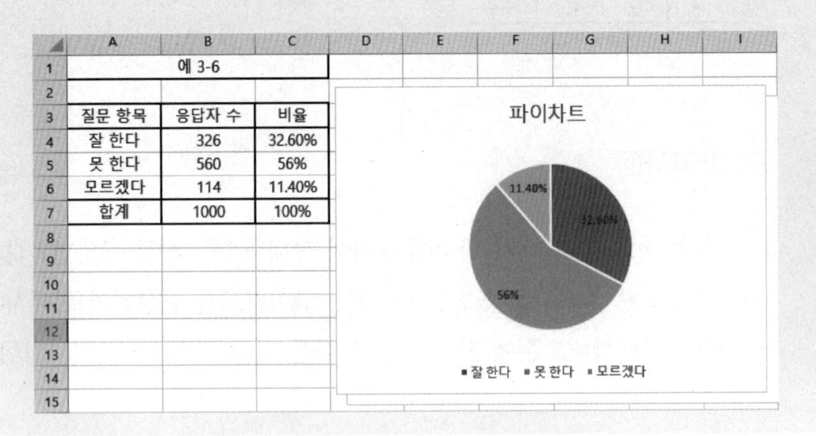

거품 차트

거품 차트(bubble chart)는 2차원의 평면에 세 개의 변수값을 그리는 일종의 산점도이다. 거품의 상대적 크기는 세 번째 변수의 값에 해당한다.

예 3-7

Excel 전자는 현재 다섯 개의 프로젝트를 관리하고 있는데 그들의 예상수익률(%), 위험측정치(높을수록 위험함), 자본투자액(억 원)은 다음과 같다.
예상수익률을 X축, 위험측정치를 Y축으로 하고 거품의 크기는 자본투자액으로 나타내는 거품 차트를 그려라.

프로젝트	예상수익률	위험측정치	자본투자액
1	9.5	6.9	72
2	13.5	6.4	50.8
3	12.6	4.5	9.5
4	7.5	7.4	20.1
5	20.4	8.5	39.5

❶ 자료를 시트에 입력한다.
❷ B4:D8을 블록으로 지정한다.
❸ [삽입]-[분산형 (x,y) 또는 거품 차트 삽입]-[거품형]을 클릭한다.
❹ 거품 안에 커서를 놓고 왼쪽 단추를 두 번 클릭한 후 ~이 나타나면 그 안에 해당 프로젝트 번호를 타자한다.
❺ 다음과 같은 결과를 얻는다.

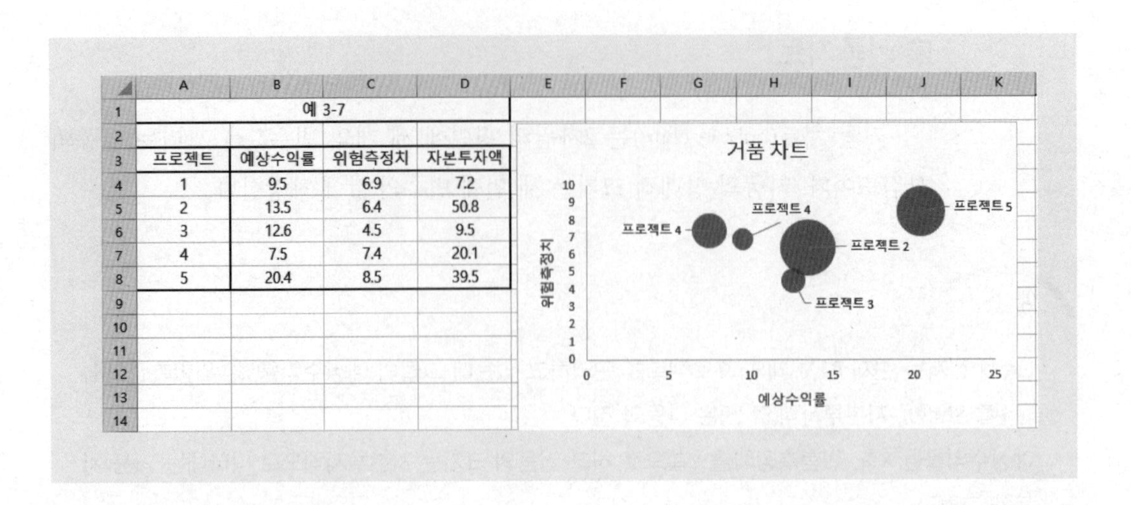

예 3-7

프로젝트	예상수익률	위험측정치	자본투자액
1	9.5	6.9	7.2
2	13.5	6.4	50.8
3	12.6	4.5	9.5
4	7.5	7.4	20.1
5	20.4	8.5	39.5

피벗 차트

피벗 테이블은 피벗 차트를 작성하는데 이용된다.

예 3-8

우리가 [예 3-1]에서 공부한 학부별, 직위별 본봉 총액을 나타내는 피벗 테이블은 다음과 같다. 이 테이블을 이용하여 피벗 차트를 작성하라.

직위 / 학부	교수	부교수	조교수	합계
경영	210	100	90	400
경제	195	90		285
공학			80	80
법학		95	90	185
의학			75	75
인문	85	85	70	240
합계	490	370	405	

풀이

❶ 데이터를 시트에 입력한다.

❷ A5:D10을 블록으로 지정한다.

❸ [삽입]-[피벗 차트]-[묶은 세로 막대형]을 클릭한다.

❹ [확인]을 클릭하면 다음과 같은 차트가 나타난다.

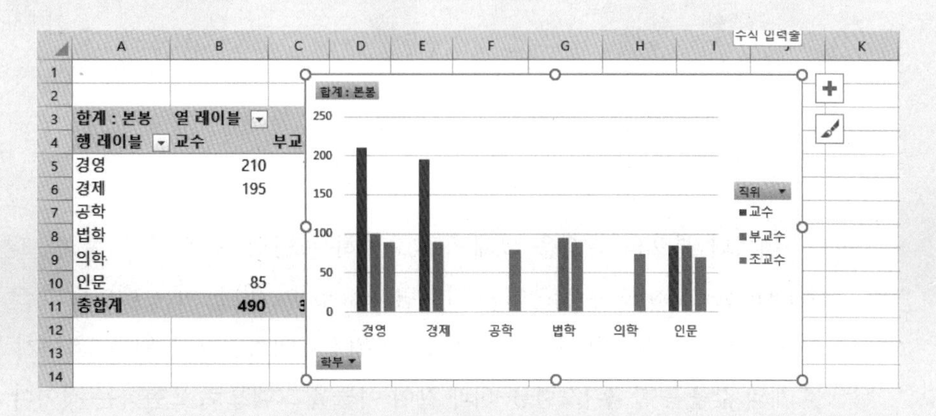

❺ 차트 요소를 클릭한 후 차트 제목에 체크하고 눈금선에는 체크를 지운다.

❻ [차트 제목]에 피벗 차트를 입력하면 다음과 같은 결과를 얻는다.

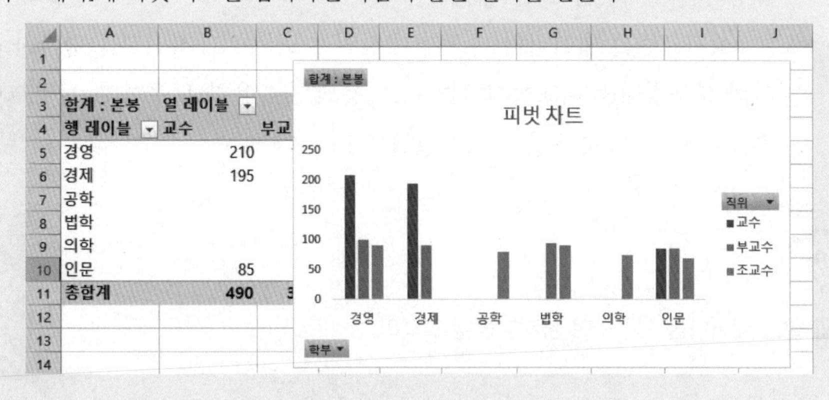

❼ 차트 요소를 클릭한 후 데이터 테이블에 체크를 하면 다음과 같은 결과를 얻는다.

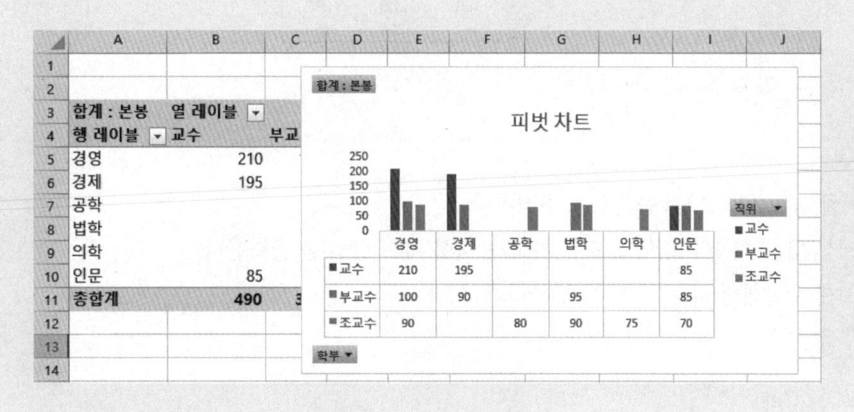

그림 3-6 상자그림

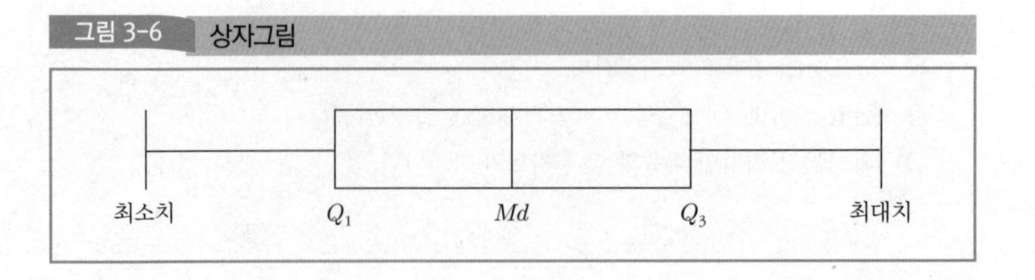

상자그림

데이터 분포의 특성을 그래프로 요약하는 방법 중에 상자-수염 그림(box and whisker plot) 또는 간단히 상자그림(boxplot)이 있다. 이는 데이터의 크기 순서를 나타내는 최소치, 1사분위수, 2사분위수(중앙치), 3사분위수, 최대치 등 다섯 개의 값을 구한 후 [그림 3-6]과 같이 이들을 그래프로 표현하는 것이다.

상자그림에는 다섯 개의 값을 나타내는 수직선이 있다. 최소치와 최대치에 해당하는 수직선을 수염이라고 한다.

상자그림은 데이터의 분포가 대칭인지 또는 비대칭인지를 평가하고 두 데이터의 분포형태를 비교하기 위하여 이용되는 유용한 도구이다. 상자그림은 횡축으로 그릴 수 있지만 종축으로 그릴 수도 있다.

예 3-9

다음과 같은 데이터를 사용하여 상자그림을 그려라.

	A	B	C
1	108	186	254
2	138	199	257
3	138	208	298
4	142	254	456

❶ 셀 영역 A1:A12를 블록으로 지정한다.
❷ [삽입]을 클릭하고 [세로 또는 가로 막대형 차트 삽입]을 클릭한다.
❸ [세로 막대형 차트 더 보기]를 클릭한다.

❹ [상자 수염 그림]을 클릭하고 [확인]을 클릭한다.

❺ 차트 요소를 클릭하고 [데이터 레이블]을 클릭한다.

❻ 차트 제목을「상자그림」으로 고친다.

❼ 다음과 같은 결과를 얻는다. 여기서 456은 이상치(outlier)임.

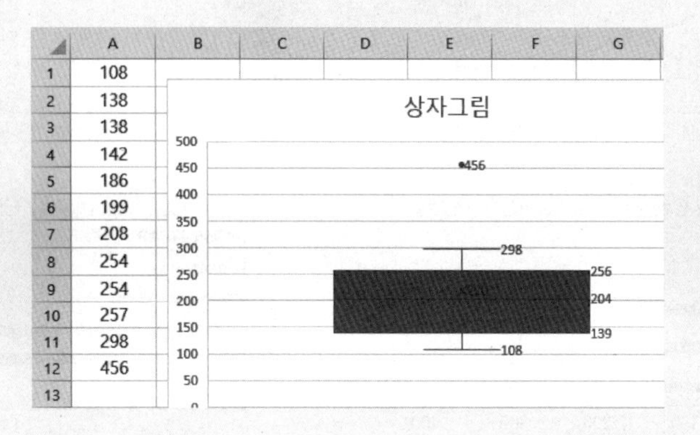

3.7 대쉬 보드

데이터를 시각화하고 기업의 모든 종업원들이 접근할 수 있는 것은 현대 조직에서는 꼭 있어야 하는 일이다. 대쉬보드(dashboard)란 기업의 주요 측정치들을 한 눈에 볼 수 있도록 한 스크린에 표현한 것이다. 이는 모든 승용차에서 볼 수 있는 현재의 스피드, 연료 수준, 엔진 온도 등을 나타내어 드라이버로 하여금 자동차의 현재 상태를 이해하고 필요하면 조치를 취할 수 있도록 하는 콘트롤 패널(control panel)에서 유래한 것이다.

기업의 주요 측정치란 핵심 성과 척도(key performance indicators:KPI)를 말한다. 대쉬보드는 매니저들로 하여금 중요한 결정을 내릴 수 있도록 요약된 핵심 경영정보를 실시간으로 제공한다. 사용자가 전체 대쉬보드를 수직으로 또는 수평으로 끄는 것이 아니라 여러 개의 대쉬보드를 한 스크린에 표시하여 각 대쉬보드를 조그만 개별 스크린 위에서 볼 수 있는 것이다. 예를 들면 마케팅 매니저를 위한 대쉬보드는 현재의 판매액이라든가 지역별 판매액같은 KPI를 포함할

그림 3-7 대쉬보드의 예

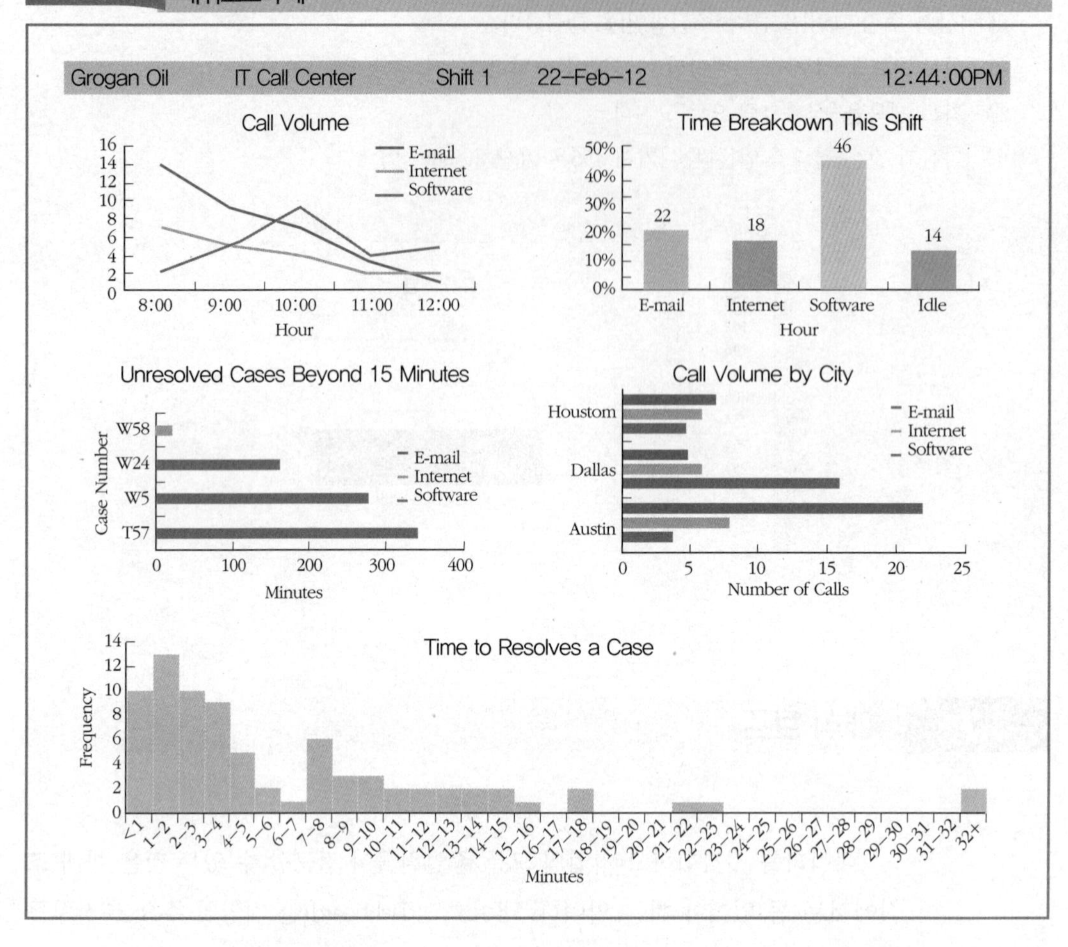

수 있고 재무담당 매니저를 위한 대쉬보드는 현재의 재무상태, 현금흐름, 채무액 등 KPI를 포함할 수 있다.

[그림 3-7]은 미국 텍사스 주에 있는 석유회사의 콜센터에 관한 대쉬보드의 한 예이다.

1. 기술적 분석론의 내용을 설명하라.

2. 데이터 시각화의 의미를 설명하라.

3. 데이터-잉크 비율이란 무슨 의미인가?

4. 데이터 시각화를 위해 사용되는 도구는 무엇인가?

5. 분할표의 의미를 설명하라.

6. 산점도는 왜 중요한가?

7. 막대 차트와 기둥 차트의 그리는 방법을 간단히 설명하라.

8. 거품 차트는 어느 경우에 그리게 되는가?

9. 피벗 차트에 이용되는 테이블은 무엇인가?

10. 대쉬보드의 의미를 설명하라.

11. 다음은 Excel 대학교 50명 학생을 랜덤으로 추출하여 한 달 동안 사용한 용돈(단위: 천 원)을 조사한 데이터이다.

150	239	187	247	157	111	178	136	158	201
148	165	222	221	119	225	148	117	119	113
115	228	224	178	209	204	108	112	148	127
145	157	168	125	191	197	205	217	148	152
268	245	235	209	205	179	136	148	125	165

(1) 첫 계급구간을 110 초과 130 이하로 하여 도수, 중간점, 상대도수, 누적도수, 누적상대도수를 구하라.

(2) 도수 히스토그램을 그려라.

12. 다음과 같은 연속 데이터가 주어졌다.

1.6	2.9	8.3	9.1	11.8	12.4	9.6	7.6	2.8	1.6
1.2	2.9	6.5	10.3	12.5	11.8	10.8	6.1	2.8	1.6
1.4	2.5	5.4	10.6	12.3	11.8	10.5	5.2	2.3	1.2
1.5	2.7	4.6	10	10.4	9.6	8.6	4.2	2.1	1.6

(1) 첫 계급구간은 1.0 초과~3.0 이하로 하고 계급의 수는 여섯 개로 하는 도수분포표를 작성하라.

(2) 중간점, 상대도수, 누적도수, 누적상대도수를 구하라.

(3) 누적도수 히스토그램을 그려라.

(4) 누적백분율곡선을 그려라.

13. 강남에 있는 어떤 고급 음식점에서 어느 날 저녁 식사 후 대금을 지불하는 방식에 남·녀간, 연령대별 사이에 차이가 있는지 조사한 결과 다음과 같은 데이터를 얻었다.

성별	연령대	지불방식	횟수
남	50	카드	1
남	40	현금	1
여	30	현금	1
남	60	카드	1
남	50	카드	1
여	40	현금	1
여	30	현금	1
남	30	카드	1
여	50	카드	1
남	40	카드	1
여	30	현금	1
남	60	카드	1
남	60	카드	1
여	50	현금	1
여	60	카드	1

(1) 성별 지불방식을 나타내는 피벗 테이블과 피벗차트를 작성하라.

(2) 연령대별 지불방식을 나타내는 피벗 테이블과 피벗차트를 작성하라.

제 4 장

기술통계학

4.1 데이터의 형태

질적 데이터와 양적 데이터

기본단위(elementary unit)란 데이터가 수집되는 관찰대상(항목)을 말하는데 예를 들면 사람, 회사, 제품, 고객, 판매액 등이다. 기본단위는 여러 개의 특성을 가질 수 있는데 데이터를 수집한다고 할 때는 이러한 특성에 관한 것이다.

연구하는 표본이나 모집단의 문제에서 우리가 관심을 갖는 대상이 되는 기본단위의 어떤 특성(characteristic)이나 현상을 변수(variable)라고 한다. 예를 들면 키, 나이, 소득, 성별, 불량품 수 등은 사람에 따라 또는 측정할 때마다 시간의 경과에 따라 다른 수치를 나타내므로 변수라고 한다.

변수는

- 질적 변수
- 양적 변수

로 구분할 수 있다.

질적 변수(qualitative variable)는 성별, 직업, 종교 등과 같이 그 특성(속성)을 측정할 수 없는 변수를 말하는데 질적 변수의 값들을 관찰하여 얻는 데이터를 질적 데이터(qualitative data)라고 한다. 질적 데이터에는 명목 데이터와 서열 데이터가 포함되는데 언제나 이산 데이터의 형태를 취한다.

한편 양적 변수(quantitative variable)는 판매량, 타율 등과 같이 그 특성을 수

그림 4-1 데이터의 형태

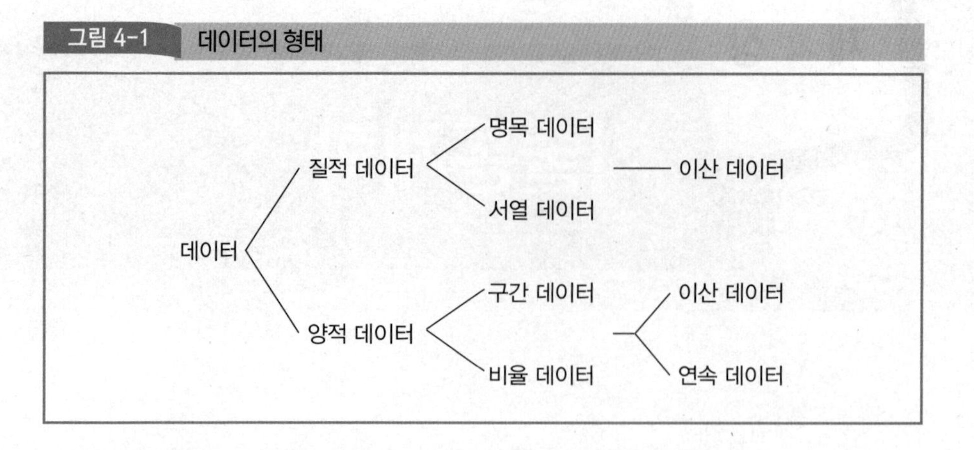

치척도로 측정할 수 있는 변수를 말하는데 양적 변수의 값들을 측정하여 얻는 데이터를 양적 데이터(quantitative data)라고 한다. 여기에는 구간 데이터와 비율 데이터가 포함된다.

이산 데이터와 연속 데이터

양적 변수는

- 이산변수
- 연속변수

로 구분할 수 있다.

이산 데이터는 학점 수 , 과목 수 등과 같이 하나하나 셀 수 있는 정수값(integer)을 취하는 이산변수의 값들을 관찰하여 얻는 데이터를 말한다.

이에 반해 연속 데이터는 키., 몸무게 등과 같이 측정이 가능하여 연속적인 모든 실수값들을 측정하여 얻는 데이터를 말한다. 이산 데이터 사이에는 갭이 존재하지만 연속 데이터 사이에는 갭이 존재하지 않는다. 질적 데이터는 이산 데이터이지만 양적 데이터는 이산 데이터와 연속 데이터를 포함한다.

[그림 4-1]은 지금까지 설명한 데이터의 형태를 보여주고 있다.

측정 척도의 형태

데이터의 형태는 그가 제공하는 정보의 수준에 따라

- 명목 데이터
- 서열 데이터
- 구간 데이터
- 비율 데이터

등 네 가지로 나눌 수 있다. 일반적으로 체중계와 줄자 외에 설문지 분석의 규칙과 같은 도구를 사용하여 관심 대상의 특성을 관찰하고 일정한 규칙에 따라 수치로 기록하는 행위를 측정(measurement)이라 하고 이들을 이용하여 얻은 값들의 특성에 따라 도구나 규칙을 구분할 수 있는데 이러한 데이터 형태의 구분 기준을 측정척도(measurement scale)라고 한다. 따라서 사용하는 측정척도에 따라 얻는 데이터의 형태도 다르게 되고 요약하고 분석하는 통계방법도 다르게 된다.

명목척도

명목척도란 측정대상을 상호 배타적인 범주(예: 종교, 성별)나 종류에 따라 분류할 수 있도록 그 측정 대상에 부호 또는 수치를 부여하는 방법을 말한다. 명목척도로 측정한 데이터를 명목 데이터라 한다.

서열척도

서열척도는 명목척도와 같이 측정 대상을 서로 구분할 수 있도록 상호 배타적인 범주로 분류하지만 각 범주에 크기나 중요성에 따라 측정 결과의 서열(순위) 순서를 매겨주는 척도인데 서열척도로 측정한 데이터를 서열 데이터라 한다. 예를 들면 학년, 등급, 석차, 계급 등이다.

구간척도

구간척도는 측정 대상을 범주에 따라 분류하고 여기에 서열 순서를 매겨준다는 점에서는 서열척도와 같지만 서열을 나타내는 숫자 간의 간격이 산술적 의미를 갖는다는 점에서 서열척도와 다르다. 구간척도로 측정한 데이터를 구간(등간) 데이터라 하는데 예를 들면 온도 ,지능지수, 시각(time) 등은 여기에 속한다.

비율척도

비율척도는 이상의 척도들이 갖는 특성을 모두 포함하고 절대적 원점을 갖기 때문에 상대적 및 절대적 크기의 비율을 반영한다. 비율척도로 측정한 데이터를 비율 데이터라고 한다. 예를 들면 시간, 봉급 등은 여기에 속한다.

예 4-1

다음은 어떤 품목의 구매에 관한 데이터이다. 각 항목을 데이터 형태별로 구분하라.

공급업자	주문번호	아이템 번호	아이템 내용	아이템 비용	수량	1회 주문 비용	지불 어음 기간(월)	주문 일자	주문 도착일
홍길동	1001	347	o-ring	1,200	500	60,000	30	10/11	10/15
브라운	1002	235	cahle	1,050	600	63,000	30	10/25	10/29

풀이

공급업자 : 명목 데이터
주문번호 : 서열 데이터
아이템 번호 : 명목 데이터
아이템 내용 : 명목 데이터
아이템 비용 : 비율 데이터
수량 : 비율 데이터
1회 주문비용 : 비율 데이터
공급업자의 지불어음 기간 : 비율 데이터
주문일자 : 구간 데이터
주문 도착일 : 구간 데이터

정형 데이터와 비정형 데이터

데이터는 그의 구조에 따라 정형(구조) 데이터와 비정형(비구조 데이터)로 구분할 수 있다. 정형 데이터(structured data)는 행과 열에 레이블(이름표)을 붙이는 매트릭스 형태로 나타낼 수 있는 데이터이다. [예 4-1]의 데이터는 정형이다.

이에 반하여 비정형 데이터(unstructured data)는 열과 행을 갖는 매트릭스 형태로 나타낼 수 없는 데이터를 말한다. 예를 들면 e-mail, 텍스트, 비데오, 로그 데이터, 사물인터넷(IoT) 등이다. 비정형 데이터는 Facebook과 Youtube와 같은 소셜 미디어 플랫폼(platform) 덕택으로 증가일로에 있다. 비정형 데이터는 빅 데이터의 높은 비중을 차지한다. 비정형 데이터는 모델을 사용해서 분석하기 위해서는 정형 데이터로 변형시켜야 한다.

4.2 모집단과 표본

우리는 의사결정을 할 때 관련된 데이터를 수집하거나 관찰하여 얻는다. 그렇다면 관련된 데이터를 수집할 때 모집단 전체를 대상으로 할 것인가, 아니면 그의 일부인 표본을 대상으로 할 것인가를 결정해야 한다.

모집단(population)이란 우리가 통계분석을 하고 결론을 내리고자 하는 어떤 기본단위(elementary unit)의 특정 변수에 관해 수집한 모든 관측치들의 집합이라고 할 수 있다. 예를 들면 Excel 대학교 50,000명 학생의 한 달 평균 용돈을 조사한다면 기본단위는 50,000명 학생의 이름이고 용돈은 그의 변수(특성)인데 이때 모집단은 50,000명일 수도 있고 또는 50,000개의 용돈으로 구성된다. 이와 같이 모집단은 연구자의 관심 있는 특성의 전체 관측치(observation)들로 구성된다.

모집단은 조사의 목적과 내용에 따라서 그 규모와 범위가 달라진다. 따라서 모집단에 대한 정확한 정보를 얻기 위해서는 모집단에 대한 명확한 정의가 매우 중요하다.

모집단의 크기는 연구자가 정하는 연구 대상의 범위에 따라 결정되는데 모집단이 크건 작건 상관 없이 모집단의 구성요소의 수에 따라 유한모집단(finite population)과 무한모집단(infinite population)으로 구분할 수 있다. 예를 들면 우리 식구의 평균 연령을 조사한다면 이는 구성요소가 유한개이므로 유한모집단이라고 하겠지만, 전국 가정의 평균 연령을 조사한다면 이는 구성요소가 무한개이므로 무한모집단이라고 할 수 있다. 또한 한라산의 등산객 수와 생산라인에서 생산하는 제품의 수 등은 무한모집단에 속한다.

어떤 모집단에 대해서 추론을 한다는 것은 그 모집단의 어떤 특성에 대해서 결론을 내린다는 것을 의미한다. 이러한 모집단의 특성을 모수(parameter)라고 한다. 이때 모수의 특정한 값(value)은 모수치라고 한다.

모수에는 모평균 μ, 모분산 σ^2, 모표준편차 σ, 모비율 p 등이 포함된다.

일반적으로 모집단에 대한 전수조사의 결과는 그 모집단에 대해 가장 정확한 정보를 제공하여 좀 더 합리적인 의사결정을 할 수 있게 한다. 따라서 가능하면 전수조사가 바람직하다.

그러나 대부분의 경우 모집단의 규모가 크기 때문에 전수조사 대신 표본(sample)으로부터 데이터를 수집한다.

모집단의 부분집합(일부분)인 표본 데이터를 분석하는 것은 모집단이 큰 경우 모집단 전체를 분석하는 것보다 비용과 시간이 훨씬 적게 소요되기 때문이다. 표본조사를 사용함으로써 위험을 감소시킬 수도 있다. 모집단의 특성을 가장 정확하고 고르게 대표할 수 있는(representative) 표본을 추출한다면 모집단의 전수조사 과정에서 발생하는 여러 오류를 줄임으로써 오히려 정확도를 향상시킬 수도 있다.

이러한 이유로 표본조사를 통해 얻는 제한된 정보 또는 불완전한 정보에 입각하여 그의 모집단의 여러 특성에 대해 통계적 추론(statistical inference)을 하게 된다.

모집단의 모수를 통계적으로 추정하거나 모수를 가설검정하는 데 사용되는 것이 표본통계량(sample statistic)이다.

표본통계량에는 표본평균 $\overline{X}$, 표본분산 S^2, 표본표준편차 S, 표본비율 $\hat{p}$ 등의 특성이 포함된다. 예를 들면 앞에서 예로 든 Excel 대학교 학생들의 평균 용돈 문제에서 50,000명의 학생 중 1,100명의 학생을 랜덤으로 추출하여 구한 그들의 평균 용돈이 300,000원이라면 이는 50,000명의 한 달 용돈 평균인 모평균을 추정하는 데 이용된다. 여기서 300,000원과 같이 통계량(표본평균)의 구체적인 값을 통계치(statistics)라 한다. 이때 통계치는 모수치의 추정치로 사용된다. 즉 통계치 300,000원은 모수치가 300,000원이라든지 250,000원에서 350,000원 사이일 것이라고 추정할 수 있다.

[그림 4-2]는 모집단과 표본과의 관계를 보여 주고 있다. 우리가 어떤 모집단에 대해서 의사결정을 하려면 우선 그로부터 대표적인 표본을 추출하고 데이터를 수집해야 한다. 이 표본 데이터를 의사결정에 도움이 되도록 표, 그래프, 차트, 요약특성치 등 기술통계학의 기법으로 요약하고 정리하면 정보로 전환

그림 4-2 모집단과 표본의 관계

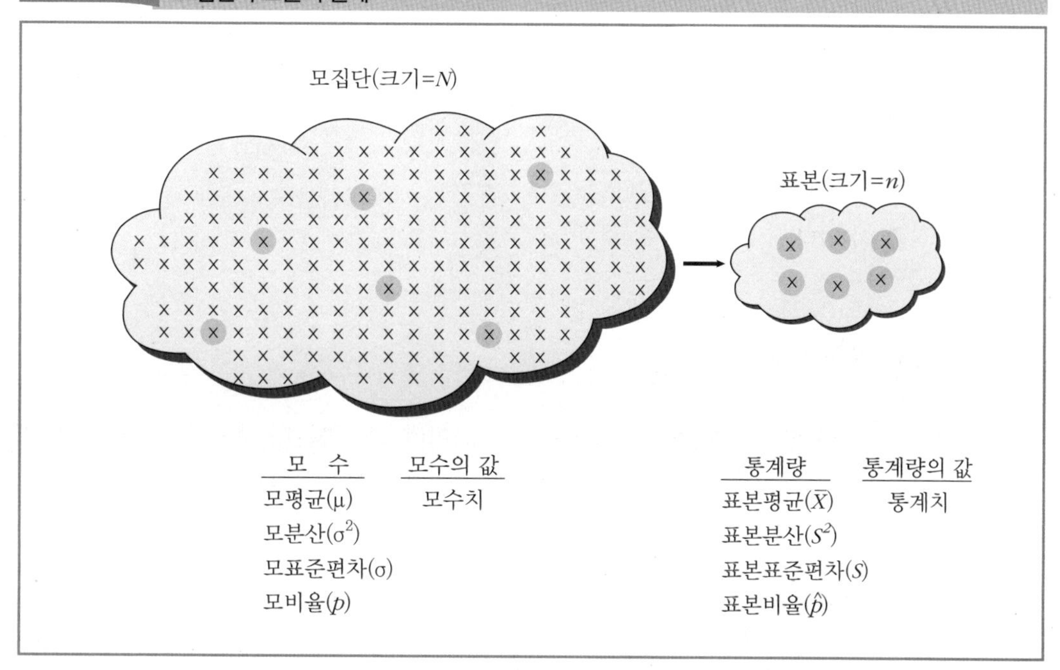

된다.

예를 들면 $\overline{X}$, S^2, S, $\hat{p}$과 같은 통계량으로 전환된다. 이러한 통계량을 이용하여 μ, σ^2, σ, p와 같은 모수에 대하여 추정과 가설검정을 실시한 후 의사결정을 할 수 있는 것이다.

4.3 중심경향치

수집된 데이터를 표나 그래프로 정리하면 데이터가 어떤 빈(bin) 또는 어떤 값을 중심으로 분포되어 있는지 그의 모양이나 특성을 시각적으로 알 수 있다. 그러나 조사 대상인 데이터의 분포가 내포하는 여러 가지 기본적인 특성들을 하나의 요약통계량(summary statistics)으로 나타낼 때 데이터에 대한 통계분석이 정확하고 의미 있는 결과를 가져온다고 할 수 있다.

연구 대상이 되는 전체 데이터의 특성을 가장 효과적으로 대표할 수 있는 하나의 수치를 중심경향치(measure of central tendency)라고 한다. 한 변수의 중심경향을 측정하는 특성치에는

- 산술평균
- 중앙치
- 최빈치

등이 있다.

산술평균

산술평균은 보통 평균(mean, average)이라고도 하는데 주어진 데이터가 표본인가 또는 모집단인가에 따라 부호가 다를 뿐 그의 값은 동일하다.

모평균

$$u = \frac{X_1 + X_2 + \cdots + X_N}{N} = \frac{\sum_{i=1}^{N} X_i}{N}$$

X_i : 개별 관측치
N : 모집단 크기

표본평균

$$\overline{X} = \frac{X_1 + X_2 + \cdots + X_n}{n} = \frac{\sum_{i=1}^{n} X_i}{n}$$

X_i : 개별 관측치
n : 표본크기

평균은 통계분석의 대표치로서 모집단의 평균을 추정하는 데 이용된다. 평균은 데이터 전체에 대해서 계산하기 때문에 한 데이터가 변하면 평균 또한 변한다.

Excel을 사용하여 데이터의 평균을 구하기 위해서는
=AVERAGE(데이터의 범위)
함수를 사용한다.

중앙치

중앙치(median)란 변수의 값들이 크기의 순서로 배열되었을 때 정확히 한 가운데에 위치하는 관측치를 말한다. 따라서 중앙치를 중심으로 위와 아래로 데이터의 50%씩 갖게 된다. 데이터에 새로운 하나의 관측치가 추가되면 평균은 바뀌지만 중앙치는 크게 바뀌지는 않는다. 중앙치는 평균처럼 전체 데이터를 사용하여 계산하지 않는다는 결점을 갖는다. 그러나 중앙치는 데이터 속에 매우 큰(또는 작은) 수치가 있을 때에는 그 데이터의 대표치로서 사용된다.

중앙치를 구하기 위해서는 다음의 절차를 거친다.

- 자료를 크기의 순서로 정리한다.
- 자료의 수가 n개일 때 n이 홀수이면 한 가운데 있는 $\frac{(n+1)}{2}$번째 관측치가 중앙치이고, n이 짝수이면 한 가운데 있는 두 개의 데이터, 즉 $\frac{n}{2}$번째와 $(\frac{n+1}{2})$번째 데이터를 평균하여 중앙치를 구한다.

Excel을 사용하여 데이터의 중앙치를 구하기 위해서는
=MEDIAN(데이터의 범위)
함수를 사용한다.

최빈치

최빈치(mode)란 데이터 중에서 발생하는 도수가 제일 많은 관측치를 말한다. 최빈치는 양적 데이터에도 사용할 수 있지만 평균과 중앙치를 계산 할 수 없

는 명목척도나 서열척도를 이용하여 측정한 질적 데이터의 대표값을 구하는 경우에 사용된다. 최빈치는 데이터에 따라 존재하지 않을 수도 있으며 동시에 두 개 이상 존재할 수도 있다. 동시에 두 개가 존재하면 이를 쌍봉(bimodal)이라 하고 세 개 이상 존재하면 이를 다봉(multimodal)이라고 한다.

최빈치는 기성복을 만들 때, 색상을 결정할 때, 책상 등 가구를 만들 때, 상용한자를 결정할 때 사용된다.

Excel을 사용해서 최빈치를 구할 때는 최빈치가 하나일 때와 다봉일 때
=MODE.SNGL(데이터의 범위)
=MODE.MULT(데이터의 범위)
함수를 사용한다.

예 4-2

다음과 같은 표본 데이터가 주어졌을 때 물음에 답하라.

	A	B	C	D	E
1	3	4	5	9	21
2	22	24	24	26	31
3	32	33	34	37	39
4	39	44	45	45	46
5	46	46	47	55	56
6	56	66	67	67	75
7	76	77	77	78	78
8	79	79	86	86	87
9	88	89	89	89	90
10	93	99	99	99	103

❶ 평균을 구하라.
❷ 중앙치를 구하라.
❸ 최빈치를 구하라.

풀이

❶ $\overline{X} = \dfrac{3+4+\cdots+103}{50} = 57.7$

❷ n=50으로서 짝수이므로 $\frac{50}{2}$=25번째인 56과 ($\frac{50}{2}$+1)번째인 56의 평균인 56이 중앙치이다.

❸ 46, 89, 99 (다봉)

셀 주소	수식	비고
G2	=AVERAGE(A1:E10)	평균
G3	=MEDIAN(A1:E10)	중앙치
셀 영역 G4:G6을 블록으로 지정하고 =MODE.MULT(A1:E10)을 타자한 후 〈Ctrl〉키와 〈Shift〉키를 동시에 누른 채 〈Enter〉키를 친다.		최빈치

다음과 같은 결과를 얻는다.

	A	B	C	D	E	F	G
1	3	4	5	9	21		
2	22	24	24	26	31		57.7
3	32	33	34	37	39		56
4	39	44	45	45	46		46
5	46	46	47	55	56		89
6	56	66	67	67	75		99
7	76	77	77	78	78		
8	79	79	86	86	87		
9	88	89	89	89	90		
10	93	99	99	99	103		

4.4 변동의 측정치

데이터의 특성을 정리하고 요약하기 위해서는 데이터의 중심 위치뿐만 아니라 데이터의 변동(variation)도 함께 고려해야 한다. 변동은 데이터들이 서로 차이가 나는 정도(spread), 즉 산포(dispersion)를 측정한다. 산포도는 분산도라고도 하는데 개별 관측치들이 그들의 평균을 중심으로 흩어진 정도를 측정한다.

비록 두 데이터의 평균, 중앙치, 최빈치가 동일하다고 해도 데이터가 흩어진 정도에 있어서는 차이가 있을 수 있다. [그림 4-3]은 Excel 대학교와 Word 대학교의 남자 농구팀의 스타팅 멤버 5명씩의 키를 보여주고 있다. 두 팀 선수들의

그림 4-3 두 팀 선수들의 키

키의 평균은 189.4cm, 중앙치는 192cm, 최빈치는 192cm로 서로 같다. 그러나 두 팀 선수들 사이의 변동 즉, 흩어짐의 정도는 차이가 있다. Excel 팀 선수들의 키의 변동은 Word 팀 선수들의 변동에 비하여 적은 게 사실이다.

이와 같이 변수 값 분포의 특성을 분석할 때에는 중심경향과 동시에 평균을 중심으로 흩어진 산포도를 고려할 필요가 있다.

산포도의 요약특성치로는

- 범위
- 중간범위
- 분산
- 표준편차
- 변동계수

등이 있다.

범위

범위(range)란 주어진 데이터 중에서 가장 큰 값과 가장 작은 값의 절대적인 차이를 말한다.

[그림 4-4]는 [그림 4-3]에서 보여주고 있는 두 팀 선수들 중 가장 큰 선수와 가장 작은 선수의 키를 비교하고 있다.

[그림 4-4]에서 두 팀 선수들의 키의 범위는 다음과 같이 계산한다.

그림 4-4 두 팀의 가장 큰 선수와 작은 선수의 비교

Excel 대학교 범위 = 197 − 182 = 15cm

Word 대학교 범위 = 211 − 170 = 41cm

산포도의 측정치로서 사용되는 범위는 계산하기 쉽고 이해하기 쉽다는 장점도 갖지만 데이터 속에 있는 두 개의 극단적인 값만을 고려하기 때문에 무시해 버리는 다른 값들에 대해서는 분포의 모양 등 아무것도 말해 주지 않는다는 단점도 갖는다.

Excel을 사용해서 데이터의 범위를 구하기 위해서는
=MAX(데이터의 범위) − MIN(데이터의 범위)
함수를 사용한다.

중간범위

범위의 문제점을 극복하기 위하여 고안된 것이 중간범위(mid-range)인데 이는 데이터의 중간 부분만을 대상으로 범위를 구하게 된다. 중간범위로서는 1사분위수와 3사분위수의 차이로 구하는 경우가 일반적이다. 이는 후술할 사분위수 범위라고도 한다.

분산과 표준편차

개별 데이터와 평균의 차이를 편차(deviation)라고 하는데 편차를 모두 합치면 항상 0이 된다. 이는 아무런 정보를 제공할 수 없다. 따라서 모든 편차를 제곱하고 이들을 합친 후 평균을 구하게 된다. 이와 같은 편차제곱(squared deviation)의 평균을 분산(variance)이라고 한다.

모집단을 대상으로 할 때는 모분산(population variance: σ^2)이라 하고 표본을 대상으로 할 때는 표본분산(sample variance: S^2)이라고 하는데 그들을 구하는 공식은 다음과 같다.

모집단 : $\sigma^2 = \dfrac{\sum_{i=1}^{N}(X_i - u)^2}{N}$

표본 : $S^2 = \dfrac{\sum_{i=1}^{n}(X_i - \overline{X})^2}{n-1}$

분산은 주어진 데이터들이 그들의 평균 주위로 얼마나 떨어져 있는가를 나타낸다. 따라서 작은 값의 분산은 데이터들이 평균 주위에 집중되어 있음을 의

그림 4-5 평균은 같지만 분산(표준편차)이 다른 분포

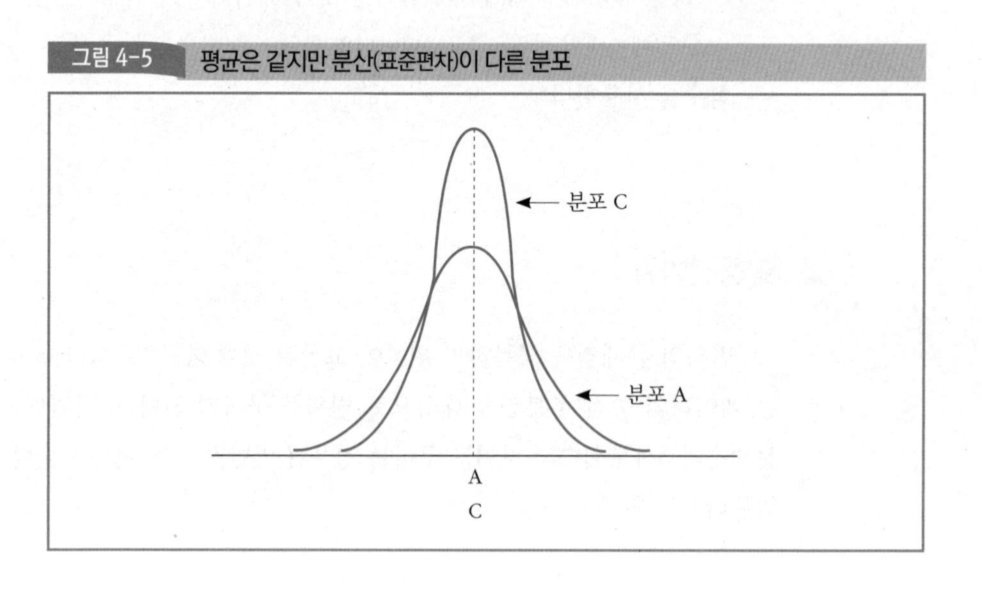

그림 4-6 평균은 다르지만 분산(표준편차)이 같은 분포

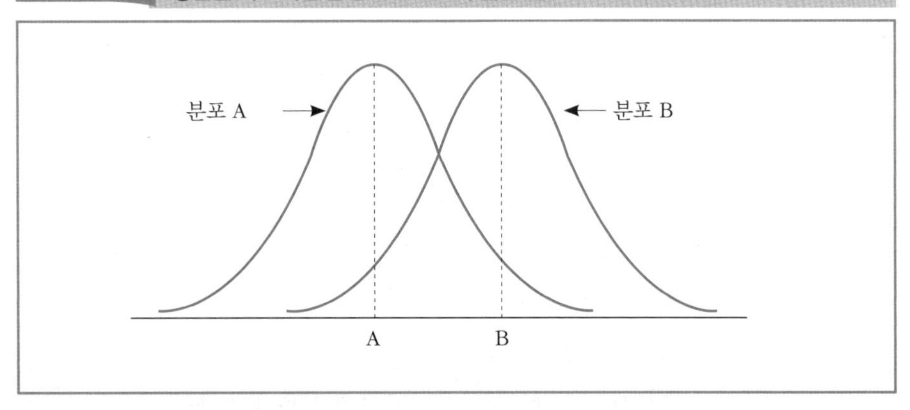

미하고 큰 값의 분산은 데이터들이 평균을 중심으로 멀리 흩어져 있음을 의미한다. 예컨대 [그림 4-5]는 평균은 같지만 그의 분산이 서로 다른 두 집단의 분포를 나타내고 있고 [그림 4-6]은 평균은 다르지만 분산이 같은 경우이다.

표본분산은 모분산의 추정치로서 사용된다. 그런데 표본분산의 공식에서 $(n-1)$ 대신에 n을 사용하여 편차제곱의 평균을 구하게 되면 모분산을 과소평가(underestimate)하게 되어 편의추정치(biased estimate)를 제공하게 된다. 즉 $(n-1)$을 사용하여 구한 표본분산은 모분산의 불편추정치가 된다.

한편 $(n-1)$을 사용함으로써 표본이 작은 경우 모분산보다 표본분산이 약간 크게 되는데 이는 모집단 대신 표본 사용에 따른 추가적인 불확실성을 반영하기 위함이다.

여기서 $(n-1)$을 자유도(degree of freedom)라고 한다.

자유도란 특성치를 계산할 때 데이터 가운데서 자유롭게 값을 취할 수 있는 관측치의 수를 말한다. 예를 들면 1, 2, 9의 데이터에서 평균은 4이다. 따라서 우리가 평균을 알고 있으면 세 숫자 가운데 자유롭게 어떤 두 숫자$(n-1=3-1=2)$만 알게 되면 나머지 한 숫자는 자동적으로 알게 된다. 예를 들면 두 숫자가 3과 7이라면 나머지 숫자는 언제나 $\sum_{i=1}^{n}(X_i-\overline{X})=0$이 성립해야 하므로 2가 된다.

이때 $n-1=2$가 자유도이다. 즉 두 숫자는 자유롭게 가질 수 있는 자유가 있으나 마지막으로 남은 한 숫자는 자유가 상실되어 지정된 특정한 값만을 자동적으로 취하게 된다.

그러므로 분산을 계산할 때는 $(n-1)$개의 데이터 값들과 표본평균 $\overline{X}$와의 편

차만을 대상으로 하게 된다. 그러나 알고 있는 모평균 μ를 사용하여 편차를 구하는 모분산의 경우 반드시 $\sum_{i=1}^{n}(X_i - \mu) = 0$일 필요는 없다. 따라서 개별 데이터 값들은 어떤 값이라도 취할 수 있기 때문에 이 경우 자유도는 n이 된다.

분산과 표준편차를 구하는 절차는 다음과 같다.

- 데이터의 평균을 구한다.
- 편차(개별 데이터와 평균의 차이)를 구한다.
- 편차를 제곱한다.
- 편차의 제곱을 모두 합친다(편차의 제곱합).
- 모분산 또는 표본분산을 공식을 이용하여 구한다.
- 모표준편차 또는 표본표준편차를 공식을 이용하여 구한다.

분산은 각 데이터에 대한 편차제곱으로 구하기 때문에 원데이터의 단위보다 큰 단위로 표시하게 된다. 예를 들면 cm로 측정한 키 데이터에 대해 평균을 구하면 cm단위로 표현할 수 있지만 분산은 제곱단위로서 cm^2을 사용하게 된다. 그런데 cm^2는 면적의 단위이고 키 단위는 cm이다. 이와 같이 대부분의 경우 분산은 논리적 의미를 갖지 않는 단위로 표현된다. 따라서 원데이터의 단위로 환원하여 평균과 동일한 단위를 사용하기 위해서 분산의 정의 제곱근을 구하는데 이것이 표준편차이다.

표준편차(standard deviation)는 평균이나 다른 통계량과 동일한 단위로 쉽게 비교할 수 있어 산포도를 측정하는 데 많이 이용된다. 표준편차는 각 관측치들이 평균으로부터 평균적으로 얼마나 떨어져 있는가를 나타냄으로써 변동을 측정한다. 관측치들이 평균적으로 평균에 근접해 있으면 변동의 수준도 낮고 표준편차도 작은 값을 갖는다. 극단적으로 모든 관측치들이 동일하여 변동이 없는 경우에는 분산과 표준편차의 값은 0이 된다. 그런데 표준편차는 아주 큰 관측치에 영향을 받는 결점을 갖는다.

표준편차는 뒤에서 설명할 변동계수와 함께 위험(risk)수준을 측정하는 데 사용된다. 예를 들면 가격의 변동이 심한 주식보다 변동이 덜한 주식이 덜 위험하다. 또한 다른 조건이 같다고 할 때 납기의 변동이 심한 업체보다 변동이 덜한 업체를 선정하는 것은 일반적이다.

표준편차도 분산과 같이 모집단이냐 또는 표본이냐에 따라 모표준편차

(population standard deviation)와 표본표준편차(sample standard deviation)로 구분한다.

Excel을 사용해서 데이터의 분산과 표준편차를 구하기 위해서는
= VAR.P(데이터의 범위)　　모분산
= VAR.S(데이터의 범위)　　표본분산
= STDEV.P(데이터의 범위)　　모표준편차
= STDEV.S(데이터의 범위)　　표본표준편차
함수를 이용한다.

Chebyshev의 정리

표준편차는 분산과 같이 데이터들이 그의 평균으로부터 흩어진 정도를 측정한다. 그런데 데이터의 분포가 평균을 중심으로 좌우 대칭을 이루어 종모양(bell-shaped)을 이루면 다음과 같이 경험법칙(empirical rule)이 성립한다.

- 모든 관측치들의 약 68%는 평균±1표준편차 내에 존재한다.
- 모든 관측치들의 약 95%는 평균±2표준편차 내에 존재한다.

그림 4-7 경험법칙의 예

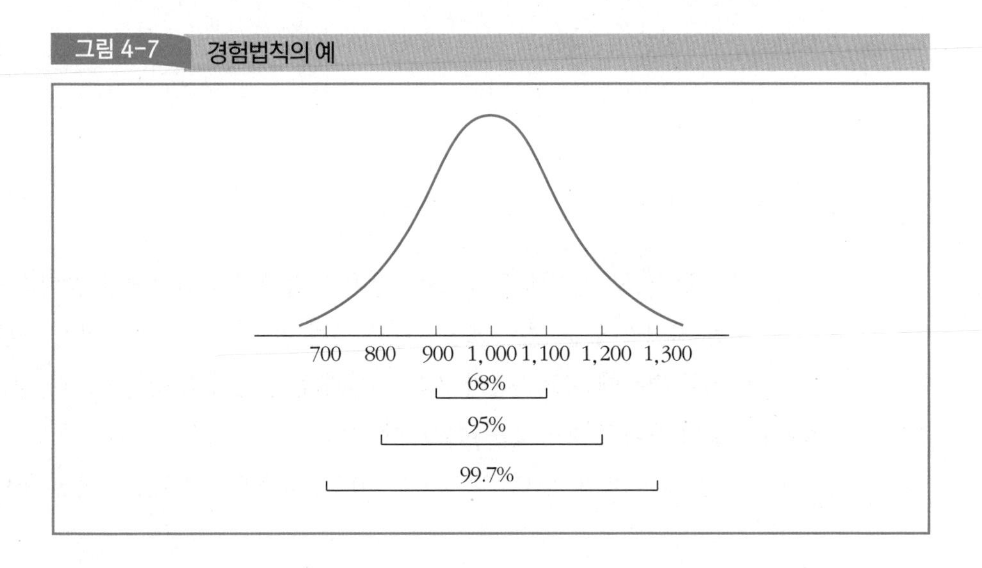

• 모든 관측치들의 약 99.7%는 평균±3표준편차 내에 존재한다.

[그림 4-7]은 평균이 1,000이고 표준편차가 100일 때의 경험법칙을 나타내고 있다.

그러나 만일 데이터의 분포가 정규분포가 아니거나 또는 이를 모르는 경우에는 체비셰프의 정리(Chebyshev's theorem)가 적용된다.

체비셰프의 정리란 표본이든 모집단이든 어떤 데이터에 있어서 평균 $\pm k$표준편차 내에 존재할 데이터의 비율은 적어도 전체 데이터의 $1-\frac{1}{k^2}$이라는 정리이다. 단 $k>1$

예 4-3

Excel 대학교 부설 수영교실에 등록한 일반인들의 평균 연령은 30세이고 표준편차는 5세라고 한다.

❶ 연령이 20세부터 40세 사이에 속할 사람은 전체의 몇 %인가?

❷ 문제에서 연령의 분포가 종모양의 좌우 대칭을 이룬다면 연령이 20세부터 40세 사이에 속할 사람은 전체의 몇 %인가?

풀이

❶ 체비셰프의 정리를 적용하면 $40-30=10$이므로 $k=10\div5=2$이다.
따라서 $1-\frac{1}{2^2}=75\%$이다.

❷ 경험법칙을 적용하면 표준편차의 수는 2이므로 95%이다.

변동계수

두 데이터군 예컨대 돈과 연령 같이 측정단위가 다르거나 같더라도 평균에 있어 큰 차이가 있을 경우 표준편차를 직접 비교하는 데는 무리가 따른다. 따라서 이러한 경우에는 표준편차 또는 분산과 같은 절대적 측정치보다 평균을 감안한 변동의 상대적 측정치를 비교해야 한다.

예를 들어 통계학 A반의 평균은 70점, 표준편차는 7점인 반면, B반의 평균은 50점, 표준편차는 6점이라고 할 때 표준편차의 단순 비교로는 두 반 성적의 상대적 변동을 알 수 없다. 이와 같이 평균이 서로 다른 두 데이터군의 상대적 변동을 측정하는 데 이용되는 기법이 변동계수(coefficient of variation : CV)이다. 변동계수는 상대적 표준편차라고도 하는데 다음 공식을 이용하여 구한다.

$$\text{모집단} : CV = \frac{\text{표준편차}(\sigma)}{\text{평균}(u)} \times 100\%$$

$$\text{표본} : CV = \frac{\text{표준편차}(S)}{\text{평균}(\overline{X})} \times 100\%$$

예 4-4

Excel 제약(주)에서는 두 가지 멀미약을 개발 중이다. 두 약의 약효의 지속시간(분)을 10회 표본 측정한 결과 다음과 같은 데이터를 얻었다.

1	2
258	219
214	283
243	291
227	277
235	258
222	273
240	289
245	260
245	286
211	284

❶ 두 약 데이터의 범위를 구하라.
❷ 두 약 데이터의 평균을 구하라.
❸ 두 약 데이터의 표본표준편차를 구하라.
❹ 두 약 데이터의 변동계수를 구하라.

풀이

❶ 범위1 = 258 − 211 = 47

범위2 = 291 − 219 = 72

❷ $\overline{X}_1 = (258 + \cdots 211)/10 = 234$

$\overline{X}_2 = (219 + \cdots 284)/10 = 272$

❸ $S_1 = 15.12$ (컴퓨터 사용)

$S_2 = 21.82$

X_i	$\overline{X}$	$X_i - \overline{X}$	$(X_i - \overline{X})^2$
258	234	24	576
214	234	−20	400
243	234	9	81
227	234	−7	49
235	234	1	1
222	234	−12	144
240	234	6	36
245	234	11	121
245	234	11	121
211	234	−23	529
합계			2,058

$S_1^2 = \frac{2,058}{9} = 228.67$

$S_1 = 15.12$

❹ 변동계수 1 $= \frac{15.12}{234} \times 100\% = 6.46\%$

변동계수 2 $= \frac{21.82}{272} \times 100\% = 8.02\%$

Excel 활용

❶ 데이터를 시트에 입력하고 수식을 입력한다.

셀 주소	수식	비고
D3	=MAX(A2:A11)−MIN(A2:A11)	E3까지 복사
D4	=AVERAGE(A2:A11)	E4까지 복사
D5	=STDEV.S(A2:A11)	E5까지 복사
D6	=(D5/D4)*100	E6까지 복사

❷ 다음과 같은 결과를 갖는다.

	A	B	C	D	E	F
1	1	2				
2	258	219		1	2	
3	214	283		47	72	범위
4	243	291		234	272	평균
5	227	277		15.12173	21.82252	표준편차
6	235	258		6.462277	8.022984	변동계수
7	222	273				
8	240	289				
9	245	260				
10	245	286				
11	211	284				

4.5 상대위치의 측정치

우리는 데이터를 분석할 때 특정 데이터의 상대적 위치(relative position, relative standing)를 알고자 하는 경우가 있다. 예를 들면 TOEFL이나 TOEIC 시험을 보면 점수와 함께 전체 응시생 중에서 차지하는 특정 응시생의 위치도 함께 알려 준다.

이 점수는 백분위수라고 한다.

전체 데이터에서 차지하는 특정 데이터의 상대위치의 측정치로서는

- 중앙치
- 백분위수
- 사분위수
- Z값

등이 있다.

백분위수

주어진 데이터를 크기 순서로 배열하였을 때 한 가운데가 아닌 다른 상대적 위치에 있는 데이터를 알고자 하는 경우가 있는데 이때 사용되는 개념이 사분위수와 백분위수이다.

백분위수(percentile)란 데이터를 크기 순서로 정리하여 백등분하였을 때 각 등분점에 위치하는 데이터를 말한다. 백분위수를 말할 때는 보통 10번째 백분위수라든가 50번째 백분위수 등으로 표현하는데 10번째 백분위수란 순서대로 배열된 데이터를 100등분한 후 앞에서 10번째 위치에 있는 데이터를 말한다. 예를 들어 강 군의 TOEFL 점수는 680점이고 98백분위수라고 한다면 [그림 4-8]에서 보는 바와 같이 전체 시험 응시자 중에서 680점 이하인 비율이 98%이고 680점 이상인 비율은 2%라는 것을 의미한다.

P번째 백분위수는 데이터를 두 그룹으로 나누는 값을 말하는데 이렇게 하면 데이터들의 약 P%는 P번째 백분위수보다 작거나 같은 값들을 나타내고 데이터들의 $(100-P)$%는 크거나 같은 값들을 나타낸다.

P번째 백분위수를 계산하는 절차는 다음과 같다.

- 데이터를 작은 것부터 큰 순서로 배열한다.
- 지수 i를 계산한다.

$$i=\frac{P}{100}(n+1)$$

P : 관심 있는 백분위수

n : 데이터의 수

그림 4-8 98백분위수

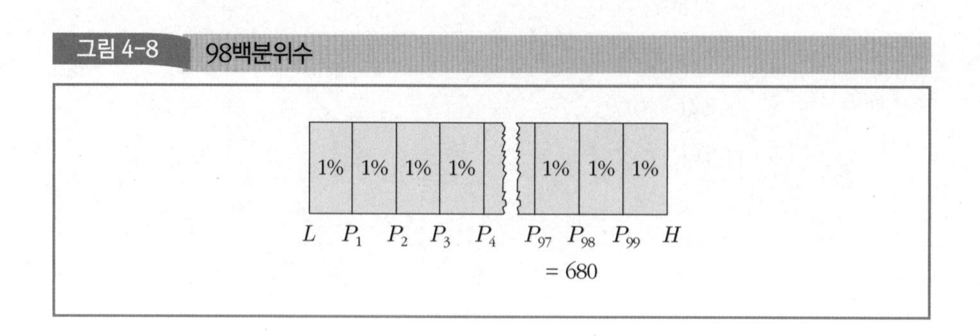

- 만일 i가 정수가 아닌 소수인 경우에는 i와 $(i+1)$의 위치에 있는 데이터에 보간법을 사용한다.

Excel을 사용해서 데이터의 백분위수를 구하기 위해서는
=PERCENTILE.EXC(데이터의 범위, 백분위수)
함수를 이용한다.

사분위수

사분위수(quartile)는 크기 순으로 정렬된 데이터들을 네 개의 동일한 부분으로 분리하여 구한 수치이다. 백분위수 중에서 25번째 백분위수, 즉 데이터들의 하위 25%를 1사분위수 Q_1, 50번째 백분위수를 2사분위수 또는 중앙치 Q_2, 75번째 백분위수를 3사분위수 Q_3라고 한다. 이때에도 필요하면 보간법을 사용한다.

특히 3사분위수와 1사분위수의 차이를 사분위수 범위(interquartile range : IQR)라고 한다. 이는 정렬된 데이터 가운데 위치한 중간 50%가 흩어진 정도를 측정한다.

Excel을 사용해서 데이터의 사분위수를 구하기 위해서는
=QUARTILE.EXC(데이터의 범위, 사분위수)
함수를 사용한다.

예 4-5

다음의 데이터를 사용하여 물음에 답하라.

2.6	2.7	3.4	3.6	3.7	3.9	4.0	4.4	4.8	4.8
4.8	5.0	5.1	5.6	5.6	5.6	5.8	6.8	7.0	7.0

❶ 15번째 백분위수를 구하라.

❷ 1사분위수를 구하라.

❸ 88번째 백분위수를 구하라.

❹ 3사분위수를 구하라.

❺ 사분위수 범위를 구하라.

풀이

❶ $i=\frac{15}{100}(20)=3$

i가 정수이므로 15번째 백분위수는 세 번째 위치에 있는 3.4와 네 번째 위치에 있는 3.6의 평균인 3.5이다.

❷ $i=\frac{25}{100}(20)=5$

i가 정수이므로 1사분위수는 자료의 다섯 번째 위치에 있는 3.7과 여섯 번째 위치에 있는 3.9의 평균인 3.8이다.

❸ $i=\frac{88}{100}(20)=17.6$

i가 정수가 아니므로 88번째 백분위수는 데이터의 18번째 위치에 있는 6.8이다.

❹ $i=\frac{75}{100}(20)=15$

i가 정수이므로 3사분위수는 데이터의 15번째 위치에 있는 5.6과 16번째 위치에 있는 5.6의 평균인 5.6이다.

❺ $5.6-3.8=1.8$

Z값

구간 데이터와 비율 데이터와 같은 양적 데이터의 평균과 표준편차를 이용하여 특정 데이터의 상대적 위치를 측정하는 또 하나의 척도가 관측치의 Z값이다.

예를 들면 용 군의 경영학 점수는 95점이고 또한 회계학 점수도 95점으로 같지만 각 반에서 용 군의 상대적 위치는 평균이나 표준편차 때문에 아주 다를 수가 있다. 따라서 용 군의 각 반에서의 상대적 위치를 알기 위해서는 평균과 표준편차를 감안해야 한다.

Z값(Z score, Z value)이란 백분위수처럼 특정 관측치가 평균의 위 또는 아래로부터 몇 개의 표준편차만큼 떨어져 있는가를 나타내는 상대적 위치를 결정한다.

데이터에서 특정 관측치의 Z값을 구하는 공식은 다음과 같다.

$$Z_i = \frac{X_i - \overline{X}}{S}$$

Excel을 사용해서 Z값을 구하기 위해서는
=STANDARDIZE(특정치, 평균, 표준편차)
함수를 이용한다.

예 4-6

다음과 같은 데이터가 주어졌을 때

	A	B	C
1	108	186	254
2	138	199	257
3	138	208	298
4	142	254	456

❶ 30번째 백분위수와 85번째 백분위수를 구하라.
❷ 1사분위수, 2사분위수, 3사분위수를 구하라.
❸ 사분위수 범위를 구하라.
❹ 254의 Z값을 구하라.

풀이

❶ $P_{30} = \frac{P}{100}(n+1) = \frac{30}{100}(12+1) = 3.9$

30번째 백분위수 $= 138 + 0.9(142-138) = 141.6$

$P_{85} = \frac{85}{100}(12+1) = 11.05$

85번째 백분위수 $= 298 + 0.05(456 - 298) = 305.9$

❷ $P_{25} = \frac{25}{100}(12+1) = 3.25$

$Q_1 = 138 + 0.25(142 - 138) = 139$

$P_{50} = \frac{50}{100}(12+1) = 6.5$

$Q_2 = 199 + 0.5(208 - 199) = 203.5$

$P_{75} = \frac{75}{100}(12+1) = 9.75$

$Q_3 = 254 + 0.75(257 - 254) = 256.25$

❸ $Q_3 - Q_1 = 256.25 - 139 = 117.25$

❹ $\frac{254 - 220}{95} = 0.358$

Excel 활용

❶ 입력된 데이터에 수식을 입력한다.

셀 주소	수식	비고
E2	=PERCENTILE.EXC(A1:C4,0.3)	
E3	=PERCENTILE.EXC(A1:C4,0.85)	
E4	=QUARTILE.EXC(A1:C4,1)	
E5	=QUARTILE.EXC(A1:C4,2)	
E6	=QUARTILE.EXC(A1:C4,3)	
E7	=E6−E4	
E8	=STANDARDIZE(B4, AVERAGE(A1:C4), STDEV.S(A1:C4))	

❷ 다음과 같은 결과를 얻는다.

	A	B	C	D	E
1	108	186	254		
2	138	199	257		141.6
3	138	208	298		305.9
4	142	254	456		139
5					203.5
6					256.25
7					117.25
8					0.359644

4.6 형태의 측정치

데이터들이 대표치 중심으로 좌우대칭으로 분포되어 있는가 또는 어느 한 쪽으로 치우쳐 있는가의 형태(shape)의 측정치를 밝히기 위해서는

- 비대칭도
- 첨도

를 구해야 한다.

비대칭도

수집된 데이터의 분포가 좌우대칭인가 또는 비대칭이면 오른쪽으로 꼬리를 가진 분포인지, 왼쪽으로 꼬리를 가진 분포인지 알고 싶은 경우에는 비대칭도(왜도;degree of skewness)를 측정해야 한다. 이와 같이 비대칭도는 데이터 분포의 형태를 결정하는 중요한 특성을 갖고 있다.

변수의 분포형태에 따라 중심경향을 나타내는 대표치들의 상대적 위치는 그림으로 나타낼 수 있다.

[그림 4-9]의 히스토그램은 완전한 대칭분포를 보여 주고 있다. 이와 같이 데이터가 대칭을 이루면 평균=중앙치=최빈치가 성립한다. 데이터가 비대칭분포를 이루면 이 분포가 오른쪽 꼬리분포(skewed right)이냐 또는 왼쪽 꼬리분포(skewed left)이냐에 따라서 평균, 중앙치, 최빈치의 크기가 다르게 된다.

[그림 4-10]은 데이터가 오른쪽 꼬리분포를 나타내고 있다. 이 경우에는 최빈치≤중앙치≤평균의 관계가 성립한다. [그림 4-11]은 데이터가 왼쪽 꼬리분포를 보여주고 있는데 이 경우에는 평균≤중앙치≤최빈치의 관계가 성립한다.

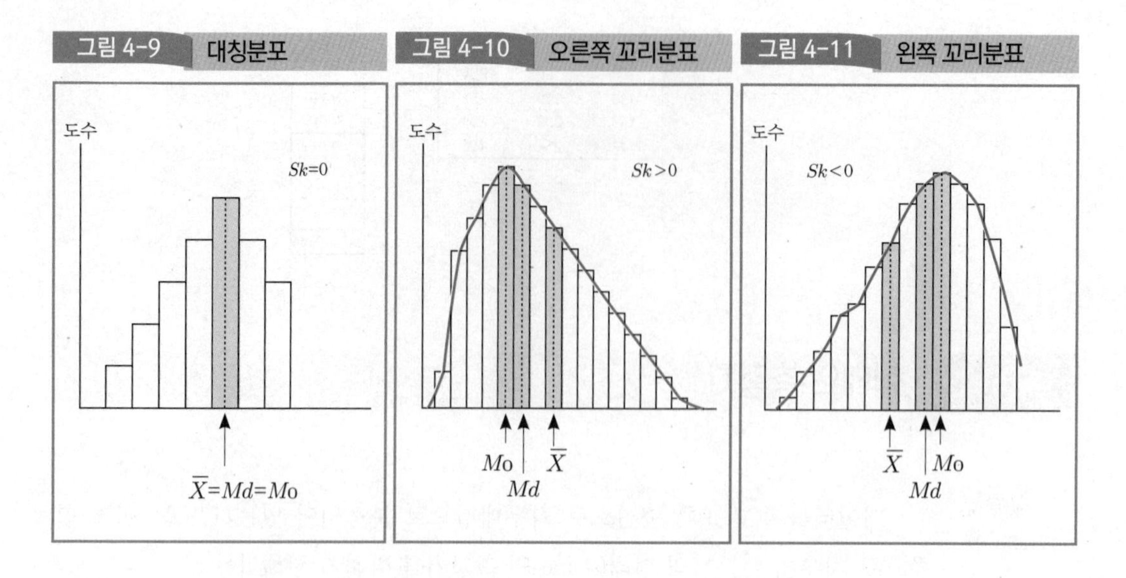

비대칭도를 결정하는 한 방법은 Pearson의 비대칭도 계수(Pearson's coefficient of skewness)가 있다. 이는 산술평균과 중앙치의 간격이 표준편차에 비하여 어느정도인가를 측정한다.

모집단 : $Sk = \dfrac{3(\mu - Md)}{\sigma}$

표본 : $Sk = \dfrac{3(\overline{X} - Md)}{S}$

Sk의 값은 −3부터 3까지의 값을 갖는다. Sk의 값에 따라 분포는 다음과 같이 세 가지 형태를 취한다.

- $Sk=0$**인 경우** : 분포의 중심에서 $\overline{X} = Md = Mo$이므로 데이터의 분포는 좌우대칭이다(그림 4-9).
- $Sk > 0$**인 경우** : $\overline{X} \geq Md \geq Mo$이므로 데이터의 분포는 오른쪽으로 치우쳐 있어 오른쪽으로 긴 꼬리를 갖는다(그림 4-10).
- $Sk < 0$**인 경우** : $Mo \geq Md \geq \overline{X}$이므로 자료의 분포는 왼쪽으로 치우쳐 있어 왼쪽으로 긴 꼬리를 갖는다(그림 4-11).

예 4-7

다음과 같은 표본 데이터를 사용하여 Pearson의 비대칭도 계수를 구하여라.

70	83	94	102	108

풀이

$\overline{X} = 91.4$

$Md = 94$

$S = 15.19$

$$Sk = \frac{3(\overline{X} - Md)}{S} = \frac{3(91.4 - 94)}{15.19} = -0.51$$

첨도

비대칭도는 분포의 모양이 좌우대칭인지, 오른쪽 꼬리분포인지, 또는 왼쪽 꼬리분포인지 등과 같이 늘어진 꼬리의 방향을 나타내는 데 반하여 첨도(kurtosis)는 데이터 분포의 뾰족함(peakedness)의 정도를 측정한다.

첨도는 계산하기 매우 복잡하고 통계학에서 별로 사용하지 않는다. 첨도가 큰 값을 가지면 분포는 뾰족한 봉우리를 가지며 작은 값을 가지면 평평한 봉우리를 갖는다.

4.7 요약통계량

Excel은 방대한 원데이터에 대한 요약특성치를 자동적으로 계산해 주는 프로그램화된 루틴(routine)을 제공하고 있다. 수집된 데이터에 대한 요약통계량(summary statistics)을 얻는 방법에는

- 수식
- 데이터 분석도구

• 함수

등이 있다.

수식과 함수를 이용하여 각 요약특성치를 구하는 요령은 지금까지 설명하여 왔기 때문에 본절에서는 데이터 분석도구를 사용하는 방법을 설명할 것이다. 데이터 분석도구는 어떤 하나의 함수보다 더욱 복잡한 계산을 수행한다. 이 도구를 사용하면 많은 셀에 동시에 계산 결과를 가져오게 된다. 그런데 이 분석도구의 결과는 수치이고 입력된 셀과 계산된 셀 사이에는 아무런 연관이 없기 때문에 사후에 입력된 데이터를 변경할 때 계산된 결과는 변경하지 않고 그대로 남는다. 따라서 입력된 데이터를 변경하면 분석도구를 다시 처음부터 반복해야 새로운 결과를 얻는다. 이에 반하여 수식과 함수를 사용하는 경우에는 입력된 데이터의 변경에 따라 계산된 결과도 자동으로 변경된다.

Excel 활용

❶ 다음과 같이 데이터를 시트에 입력한다.

	A
1	108
2	138
3	138
4	142
5	186
6	199
7	208
8	254
9	257
10	298
11	456

❷ [데이터]–[데이터 분석]을 선택한다.

❸ [통계 데이터 분석] 대화상자가 나타나면 [기술 통계법]을 선택하고 [확인]을 클릭한다.

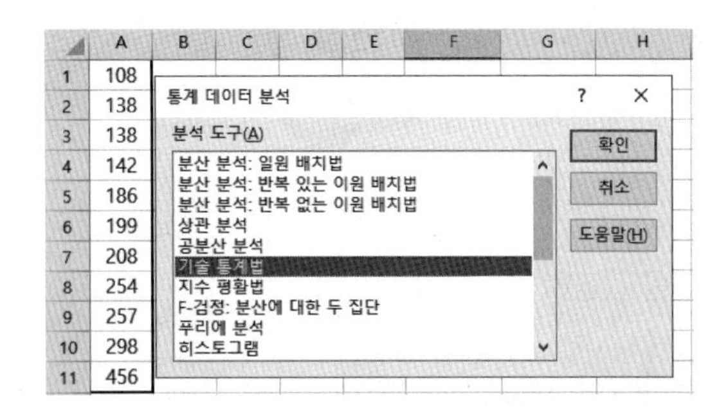

❹ [기술 통계법] 대화상자가 나타나면 다음과 같이 입력한다.

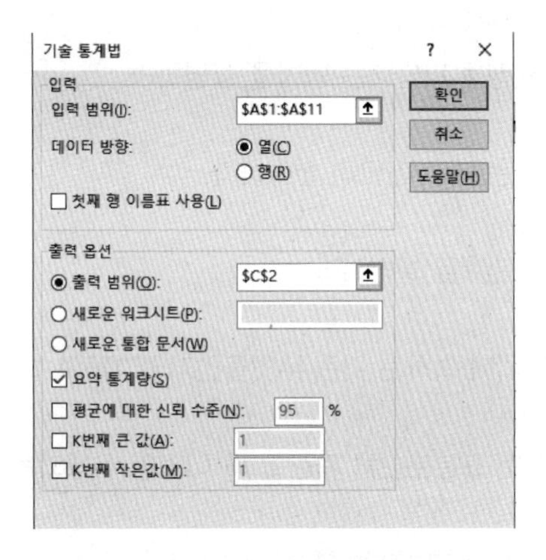

❺ [확인]을 클릭하면 다음과 같은 결과를 얻는다.

	A	B	C	D	E
2	138		Column1		
3	138				
4	142		평균	216.7	
5	186		표준 오차	29.85	
6	199		중앙값	199	
7	208		최빈값	138	
8	254		표준 편차	99	
9	257		분산	9800	
10	298		첨도	2.657	
11	456		왜도	1.466	
12			범위	348	
13			최소값	108	
14			최대값	456	
15			합	2384	
16			관측수	11	

1. 데이터의 형태를 간단히 설명하라.

2. 데이터를 측정하는 데 사용되는 척도에는 어느 것이 있는가?

3. 정형 데이터와 비정형 데이터의 차이점을 설명하라.

4. 데이터 분포의 특성을 나타내는 방법을 설명하라.

5. 차트의 종류를 아는 대로 간단히 설명하라.

6. 모집단과 표본의 관계를 설명하라.

7. 중심경향의 측정치에 속하는 것은 무엇들인가? 그들의 특성을 간단히 기술하라.

8. 자유도란 무엇이며 표본분산을 계산할 때 이것이 사용되는 이유는 무엇인가?

9. 체비셰프의 정리와 경험법칙을 설명하라.

10. 다음 표본 데이터를 사용하여 물음에 답하라.

1	2	3	4	4	5	6	7	8	9

(1) 평균을 구하라.
(2) 중앙치를 구하라.
(3) 최빈치를 구하라.
(4) 범위를 구하라.
(5) 사분위수 범위를 구하라.
(6) 표본분산을 구하라.
(7) 표본표준편차를 구하라.
(8) 40번째 백분위수를 구하라.
(9) 변동계수를 구하라.

(10) Pearson의 비대칭도계수를 구하라.

(11) 7에 해당하는 Z값을 구하라.

(12) Excel을 사용하여 요약통계량을 구하라.

11. 다음 데이터는 오븐을 생산하는 세 개의 조립라인에 관한 것이다. 오븐은 4분 동안 화씨 240°까지 미리 가열토록 설계되었지만 실제로는 이 온도를 넘나드는 경우가 일반적이다. 다음과 같이 각 라인에서 큰 표본을 추출하여 구한 데이터를 이용하여 물음에 답하라.

	온도		
통계적 측정치	라인 1	라인 2	라인 3
평균	238.1	240.0	242.9
중앙치	240.0	240.0	240.0
최빈치	241.5	240.0	239.1
표준편차	3.0	0.4	3.9
사분위수 범위	2.0	0.2	3.4

(1) 종모양의 분포를 나타내는 라인은 어느 것인가?

(2) 온도의 변동이 가장 심한 라인은 어느 것인가?

(3) 어떤 라인의 온도 분포가 오른쪽 꼬리분포를 나타내고 있는가?

(4) 라인 2에 대해 1사분위수와 3사분위수를 구하라.

(5) 라인 3에 대해 변동계수를 구하라.

(6) 라인 1에 대해 비대칭도 계수를 구하고 비대칭의 방향을 말하라.

(7) 라인 1에 대해 분산을 구하라.

12. 다음과 같은 데이터에 Excel 함수와 수식을 사용하여 물음에 답하라.

3	5	6	7	8	8
9	10	11	12	13	14

(1) 평균을 구하라.

(2) 중앙치를 구하라.

(3) 최빈치를 구하라.

(4) 범위를 구하라.

(5) 모집단 자료라고 할 때 모분산을 구하라.

(6) 모집단 자료라고 할 때 모표준편차를 구하라.

(7) 표본자료라고 할 때 표본분산을 구하라.

(8) 표본자료라고 할 때 표본표준편차를 구하라.

(9) 표본자료라고 할 때 변동계수를 구하라.

(10) 40번째 백분위수를 구하라.

(11) 3사분위수를 구하라.

(12) 모집단 자료라고 할 때 11에 해당하는 Z값을 구하라.

(13) 비대칭도 계수를 구하라.

(14) Excel을 사용하여 요약통계량을 구하라.

13. 100명이 거주하는 콘도미니엄에서 랜덤으로 80명을 골라 다음과 같은 질문을 하였다. 얻은 자료의 형태는 무엇인가?

(1) 귀하의 연령은?

(2) 몇 층에 거주하십니까?

(3) 소유하십니까? 또는 임대하셨습니까?

(4) 평수는 얼마입니까?

(5) 강아지를 기르십니까?

(6) 소유하는 자동차는 몇 대나 됩니까?

(7) 가족의 수는 얼마입니까?

(8) 하루에 얼마나 자주 외출하십니까?

(9) 귀하의 직업은 무엇입니까?

(10) 일 년에 가는 음악회의 수는 얼마입니까?

(11) 콘도미니엄 안에 있는 가게들에서 하루 평균 얼마나 구입하십니까?

(12) 사용하는 컴퓨터의 모델은 무엇입니까?

(13) 골프 회원권을 가지고 계십니까?

(14) 이 문제에서 모집단은 몇 명입니까? 표본은 몇 명입니까?

제 5 장 기술적 데이터 마이닝

5.1 서론

우리는 비즈니스 분석론을 기술적 분석론, 예측적 분석론, 규범적 분석론으로 분류할 수 있음을 이미 공부하였다. 이에 따라 데이터 마이닝도 기술적 데이터 마이닝과 예측적 데이터 마이닝으로 분류할 수 있다. 이렇게 구분하는 것은 사용하는 기법들이 자율학습 알고리즘이냐 또는 지도학습 알고리즘이냐로 확연히 구분할 수 있기 때문이다. 제11장에서는 예측적 데이터 마이닝 기법으로서 대표적인 예측모델과 분류모델을 공부할 것이다.

본장에서는 군집분석과 연관규칙분석으로 대표되는 기술적 데이터 마이닝을 공부할 것이다.

우리는 제1장에서 데이터 마이닝의 과정을 공부하면서 데이터의 수집과 데이터의 탐색, 정제, 사전처리의 과정이 철저하고 정확하게 이루어져야 데이터의 원하는 결과를 얻을 수 있음을 알게 되었다. 데이터의 수집을 위해서는 기업 내의 데이터베이스에 있는 데이터를 이용할 수도 있지만 여러 소스에서 상이한 목적을 가지고 수집된 상이한 유형의 데이터들을 분석 대상으로 삼는 경우가 허다하다. 이러한 경우 데이터의 품질이 문제가 될 수 있다. 따라서 데이터의 청소작업이 사전에 이루어져야 한다.

본장에서는 데이터의 탐색과 자율학습 기법인 기술적 데이터 마이닝 방법에 대해서 공부할 것이다. 기술적 데이터 마이닝은 자율학습 기법으로서 예측할 결과변수(outcome variable)가 없고 입력변수의 값들을 사용해서 관측치들 사이의 관계를 규명하려는 문제에 응용된다. 기술적 데이터 마이닝은 기술적 분석론에서 중요한 기능을 수행한다. 데이터 마이닝은 수많은 변수와 레코드를 갖는 대용량 데이터 집합 속에 있는 패턴과 관계를 규명하는 데 이용된다. 예를 들면 Twitter같은 사회적 네트워크 플랫폼에 있는 텍스트를 분석함으로써 군집분석 등 데이터 마이닝 기법을 사용하여 고객을 더욱 잘 이해할 수 있는 것이다. 어떤 언어들을 긍정적이냐 또는 부정적이냐 구별하고, 이러한 언어가 Tweet에 얼마나 자주 등장하는가 추적함으로써 Apple같은 회사들은 고객들이 그 회사 제품에 대해 어떻게 느끼고 있는지를 이해할 수 있는 것이다.

5.2 데이터 전처리

데이터 마이닝의 모델설정을 위해서 데이터가 수집되면 분석을 위한 준비를 해야 한다. 데이터 준비를 위해서는 데이터 전처리와 데이터 탐색이 이루어져야 한다. 데이터 탐색(data exploration)이란 본격적으로 분석에 들어가기 전에 데이터가 분석에 적절한지 그의 전체적인 특성을 검토하는 것을 말한다. 데이터 탐색을 위해서는 기본적인 통계 특성을 살펴보는 것인데 이는 제4장 기술통계학의 내용이고 한편으로는 데이터의 특성을 그래프로 파악하는 것인데 이는 제3장 데이터 시각화의 내용이다.

데이터 전처리(preprocessing)는 데이터 정제(cleaning)라고도 하는데 모델의 품질을 향상시키는 과정이다. 데이터 마이닝 기법을 통해서 만들어진 모델의 품질과 유용성은 그를 만드는 데 사용된 데이터의 품질에 크게 영향을 받는다. 모델의 품질이 좋을수록 예측능력이 뛰어나게 된다. 데이터 품질을 측정하는 척도는 정확성(accuracy)과 적시성(timeliness)이다.

데이터 마이닝 방법으로 모델들을 만들 때 자동화된 소프트웨어를 사용하기 때문에 상대적으로 적은 시간이 소요된다. 그러나 데이터의 수집과 전처리 하는 데 전체 시간의 80%정도가 소요된다고 한다. 데이터 전처리 과정을 그림으로 나타내면 [그림 5-1]과 같다.

데이터 전처리의 내용을 요약하면 다음과 같다.

그림 5-1 데이터 전처리 과정

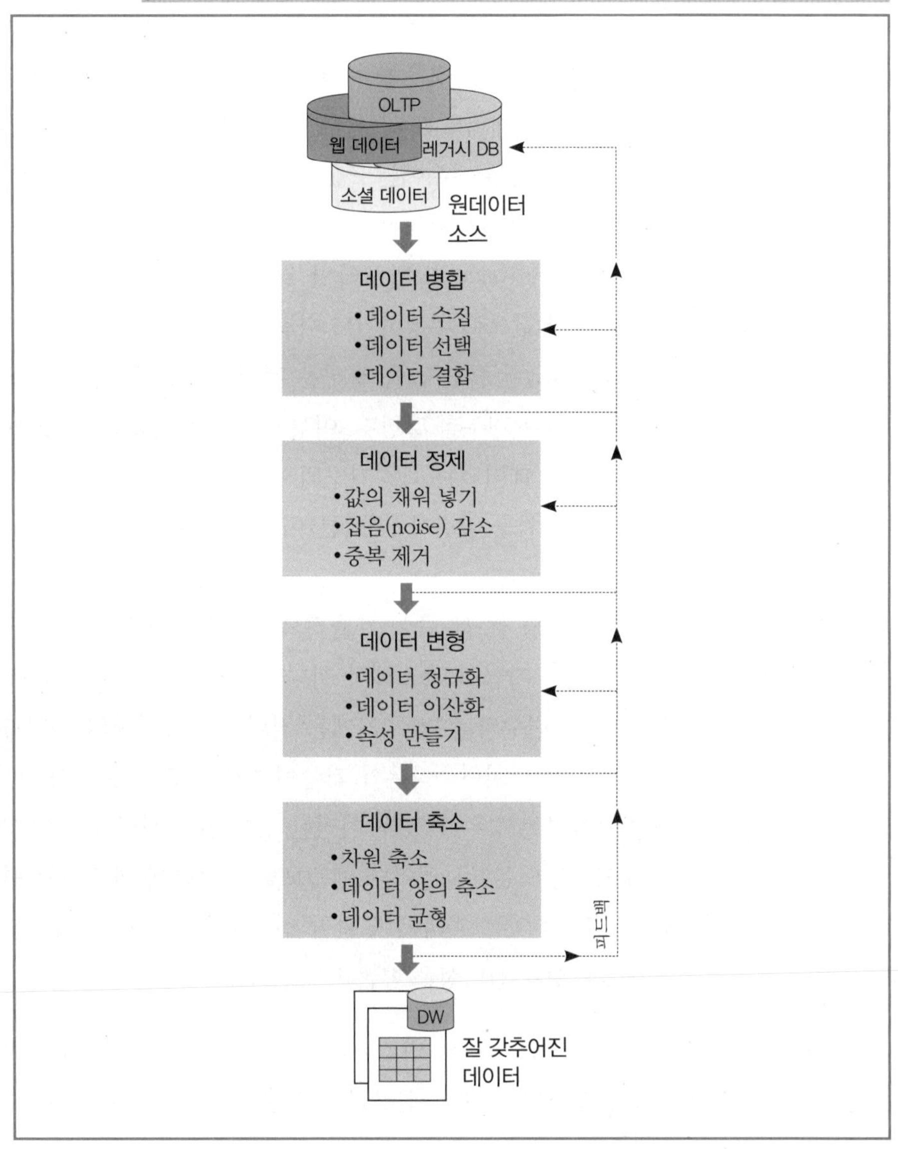

출처: Dursun Delen지음, 허선 · 신동민 역, 전게서(시그마프레스, 2016), p.101.

- 변수에 맞지 않는 값, 일관성 없는 코드 값, 잘못된 코드 값, 비정상적인 데이터 값 등 여러 가지 오류(error)가 있는지 탐색하여 그의 원인을 밝히고 데이터를 적절한 값으로 수정한다. 음수여야 하는데 양수인 경우, 수치가 있어야 할 곳에 문자열이 있는 경우처럼 잘못된 값이 들어있는 것은 적절한 값으로 대체하거나 틀린 값이 포함된 레코드를 아예 제거할 수도 있다.

- 데이터를 분석하기 좋은 형태로 바꾸는 데이터 변형(transformation)을 실시한다. 연관분석과 분류분석 모델 중에는 데이터가 범주형 변수인 경우에만 가능한데 이러한 경우에는 연속형 변수를 범주형으로 변환하여 사용할 수 있다. 이를 데이터의 이산형화(discretization)라고 한다. 데이터의 각 수치의 범위가 다른 경우에는 Z값을 이용하는 등 정규화(normalization)를 통해서 같은 범위를 통일해야 한다.
- 결측치(missing value)가 발생하면 결측치가 포함된 레코드를 제거하거나 이를 적절한 값으로 추정하거나 다음 단계로 이의 처리를 넘길 수도 있다.
- 이상치(outlier)란 틀린 값을 말하는 것이 아니고 값의 크기가 일반적인 크기를 벗어나는 경우를 말한다. 이상치는 잡음 데이터(noise data)와 다른 개념인데 잡음 데이터는 측정기구의 잘못이라든가, 인위적 실수 등에 의해 나타난 이상치를 말한다. 여하튼 이상치는 제거하든 적절한 조치를 취해야 한다.
- 데이터 마이닝 알고리즘이 효율적으로 작동하기 위해서는 변수의 수와 데이터의 수를 가급적 축소해야 한다. 이를 차원축소(dimensional reduction)라고 한다. 변수의 수가 초기에는 적더라도 데이터의 준비과정에서 범주변수에 대한 더미변수라든가 기존변수의 새로운 형태 등 변수의 수가 급격히 증가하는 경우가 있다. 이러한 경우 변수 사이에 높은 상관관계를 가질 수가 있다. 분류모델이나 예측모델에 높은 상관관계의 변수들이 포함되거나 관심 있는 결과에 무관한 변수들을 포함하면 과적합이 발생하게 되고 정확성과 신뢰성은 훼손되게 된다.

데이터의 모집단이 워낙 크기 때문에 데이터 처리의 시간과 비용을 줄이기 위하여 전체 데이터 중에서 일부를 표본추출(sampling)하여 분석하는 경우가 있다.

5.3 군집분석

개념

우리가 어떤 사물을 측정하거나 관찰하게 되면 측정치(observation)를 얻는다. 이 측정치는 레코드, 개체, 고객, 항목, 또는 데이터라고도 부른다. 그런데 측정치는 여러 개의 변수를 갖는데 예를 들면 테니스 회원명부를 보면 회원의 이름, 주소, 나이, 전화번호 등 변수가 기록되어 있다. 표에서 측정치는 행에 나열되지만 변수는 열에 나열된다.

군집화(clustering)는 자주 사용되는 분석론 적용의 하나이다. 군집화는 고객관리를 잘 하기 위해서 고객이나 개체들을 동질적인(homogeneous) 그룹으로 분류하는 것이다. 일반적으로 데이터 준비가 끝나면 다른 분석적 방법을 사용하기 전에 군집화 내지 군집분석이 이루어진다. 사실 군집화는 기술통계학(descriptive statistics)과 데이터에 대한 시각화(visualization)가 수행되면 바로 이루어진다.

군집분석(clustering method)이란 소속 집단을 모르는 관측치(데이터)들을 군집이라고 하는 서로 공통된, 동질적 집단들로 분류하는 탐구적 데이터 분석도구이다. 같은 군집 내의 개체들은 강한 연관성이나 동질성을 나타내고 다른 군집들 사이에서는 유사성이 아주 약하도록 군집을 형성해야 한다.

군집분석의 목적은 같은 군집 내에 있는 개체들의 변동은 최소로 하고 떨어져있는 군집 사이의 변동은 최대로 하도록 군집을 형성하여 군집의 수를 파악하고 한편 각 군집의 특성에 맞는 차별적 마케팅 전략을 수립하고자 하는 것이다. 군집분석은 데이터의 내용을 전혀 모르는 상황에서 데이터의 구조를 이해할 수 있고 형성된 군집의 특성과 군집들 간의 관계를 파악함으로써 다른 분석의 출발점이 될 수 있다.

군집방법은 자율적 방법(unsupervised method)이라고 하는데 자율적 방법은 예측할 종속변수(결과변수)를 취급하지 않기 때문에 따라서 군집방법은 기술적 비즈니스 분석론에 속하며 수많은 변수의 수많은 관측치를 갖는 빅 데이터 내의 변수들 사이의 패턴이나 관계 및 구조를 기술하도록 설계되어 있다. 특히 군집방법에서는 정해진 그룹이 없기 때문에 그룹의 수를 발견하려고 한다.

군집은 다음과 같이 네 가지로 구분할 수 있다.

- **중복 군집** : 관측치는 여러 개의 군집에 속할 수 있다.
- **비중복 군집** : 관측치는 하나의 군집에만 속할 수 있다.
- **확률 군집** : 관측치는 확률분포를 따르는 군집에 속할 수 있다.
- **계층적 군집** : 계층적 군집은 나무와 비슷한 구조로 그룹을 포함한다.

군집분석은 경영학, 정보과학, 천문학, 인문학, 생물학, 유전학, 사회관계망 분석, 문자인식, 고고학, 의료, 화학, 교육, 심리학, 언어학, 사회학 등 많은 분야에서 폭넓게 이용되고 있다. 특히 마케팅 분야에서는 시장 세분화(market segmentation)를 위해서 적용되는데 고객들은 인구통계학적 변수(예컨대 성별, 나이, 거주지, 직업, 소득, 교육, 종교), 거래 정보(예컨대 상품, 주기, 거래액), 생활패턴 변수(예컨대 라이프 스타일, 성격, 취미)에 따라 세분화되고 세분 시장에는 알맞은 마케팅 전략을 적용할 수 있다.

거리 측정

대부분의 군집분석 방법은 두 개체 간의 근접도를 계산할 때 거리(distance) 척도를 사용한다. 군집기법은 데이터 속의 부분집합(그룹) 사이에는 차이점이 있다는 것을 전제로 한다. 이러한 비유사성을 측정하는 방법으로는 거리를 이용하는 것인데 공간에서의 두 점 X와 Y의 거리를 하나의 수치로 표현하는 거리 측도가 되기 위한 전제는 다음과 같다.

- $D(X, Y)=0 \leftrightarrow X=Y$
- $D(X, Y) \geq 0$
- $D(X, Y)=D(Y, X)$
- $D(X, Y) \leq D(X, Z)+D(Z, Y)$

한편 거리를 측정하는 방법은 다음과 같다.

유클리드 거리

유클리드 거리(Euclidean distance)는 군집분석에서 주로 사용되는데 보통 자로 재는 두 점 간의 거리로서 변수가 구간 또는 비율 척도로 측정가능한 경우에 적용된다. 데이터가 n개의 속성(변수)을 가진다고 가정할 때 두 측정치 $X_1(x_{11}, x_{12}, \cdots, x_{1n})$과 $X_2(x_{21}, x_{22}, \cdots, x_{2n})$ 사이의 유클리드 거리는 다음과 같이 구한다.

$$D(X_1, X_2)=\sqrt{(x_{11}-x_{21})^2+(x_{12}-x_{22})^2+\cdots+(x_{1n}-x_{2n})^2}$$

이는 두 점 X_1과 X_2 사이의 직선거리에 해당한다. 유클리드 거리가 작을수록 두 관측치 X_1과 X_2는 유사하고 동일한 군집에 속한다는 것을 의미한다.

다음은 어느 가게에서 판매하는 20종류 와인의 알콜과 알칼리도를 나타내는 데이터이다.

와인	알콜	알칼리도	와인	알콜	알칼리도
1	14.8	28	11	10.7	12.2
2	11.05	12	12	14.3	27
3	12.2	24	13	12.4	19.5
4	12	20	14	14.85	29.2
5	14.5	29.5	15	10.9	13.6
6	11.2	13	16	13.9	29.7
7	11.5	12	17	10.4	12.2
8	12.8	19	18	10.8	13.6
9	14.75	28.8	19	14	28.8
10	10.5	14	20	12.47	22.8

출처: D. Kumar, Buisiness Analytics(Wiley, 2017), p.491.

이 20와인을 알콜과 알칼리도에 따라 산점도를 그리면 다음과 같다.

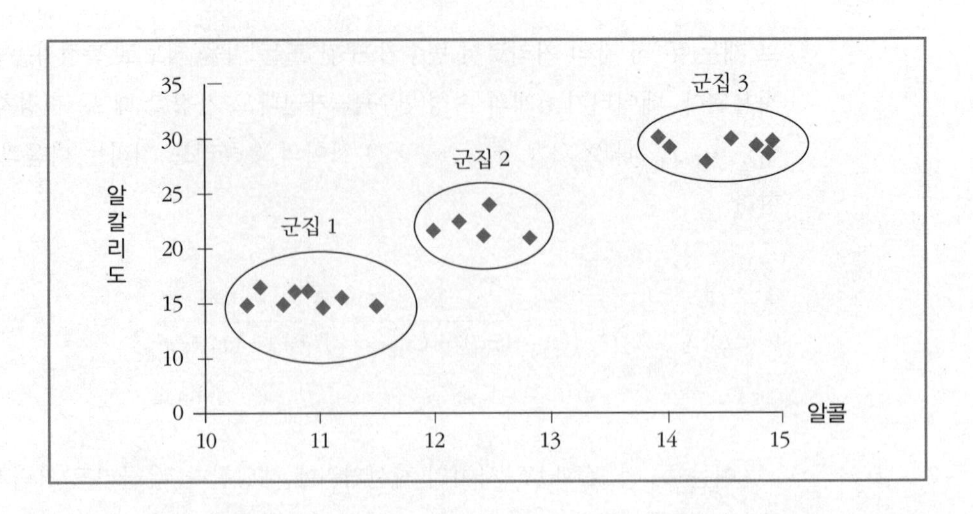

이 그림으로부터 군집의 수는 세 개이고 각 군집에 속하는 와인은 다음과 같다.

군집 1={2, 6, 7, 10, 11, 15, 17, 18}

군집 2={3, 4, 8, 13, 20}

군집 3={1, 5, 9, 12, 14, 16, 19}

같은 군집 내에 있는 어떤 두 측정치 사이의 유클리드 거리는 군집 사이의 두 측정치의 거리보다 짧다. 예를 들어 와인 2와 6, 와인 1과 2 사이의 유클리드 거리는 다음과 같다.

$$D(\text{와인 2, 와인 6})=\sqrt{(11.05-11.20)^2+(12-13)^2}=1.011$$

$$D(\text{와인 1, 와인 2})=\sqrt{(14.80-11.05)^2+(28-12)^2}=16.433$$

각 군집의 중심(상이한 파라미터 값의 평균)은 다음과 같다.

$$\text{군집 1의 중심}=\left(\frac{11.05+11.2+11.5+10.5+10.7+10.9+10.4+10.8}{8},\ \frac{12+13+12+14+12.2+13.6+12.2+13.6}{8}\right)$$

$$=(10.88,\ 12.83)$$

$$\text{군집 2의 중심}=\left(\begin{array}{c}\dfrac{12.2+12+12.8+12.4+12.47}{5},\\ \dfrac{21+20+19+19.5+22.8}{5}\end{array}\right)=(12.37,\ 20.46)$$

$$\text{군집 3의 중심}=\left(\begin{array}{c}\dfrac{14.80+14.5+14.75+14.3+14.85+13.9+14}{7},\\ \dfrac{28+29.5+28.8+27+29.2+29.7+28.8}{7}\end{array}\right)$$

$$=(14.44,\ 28.71)$$

각 군집의 중심 사이의 거리는 다음 표와 같다.

유클리드 거리	군집 1의 중심	군집 2의 중심	군집 3의 중심
군집 1의 중심	0	7.774	16.278
군집 2의 중심	7.774	0	8.506
군집 3의 중심	16.278	8.506	0

※ $\sqrt{(12.37-10.88)^2+(20.46-12.83)^2}=7.774$

이제 각 군집의 중심과 새로운 와인 사이의 거리를 구하여 그 와인이 어느 군집으로 분류되어야 할지 결정할 수 있다. 예를 들면 알콜과 알칼리도가 각각 12인 새로운 와인 21과 각 군집의 중심 사이의 거리는 다음과 같이 구할 수 있다.

$$D(\text{군집 1의 중심, 와인 21})=\sqrt{(10.88-12)^2+(12.83-12)^2}=1.38$$

$$D(\text{군집 2의 중심, 와인 21})=\sqrt{(12.37-12)^2+(20.46-12)^2}=8.47$$

$$D(\text{군집 3의 중심, 와인 21})=\sqrt{(14.44-12)^2+(28.71-12)^2}=16.89$$

군집 1과 와인 21 사이의 거리가 세 군집 사이에서 가장 짧으므로 새로운 와인 21은 군집 1에 분류되어야 한다.

유클리드 거리의 큰 단점은 비율과 구간 측도로 측정되는 수치적 데이터에서만 사용가능하다는 점이다.

표준 유클리드 거리

유클리드 거리는 데이터 속의 속성을 측정하는 단위가 다를 경우에는 문제가 있을 수 있다. 만일 데이터의 두 속성을 X_{1k}와 X_{2k}(k는 데이터 집단의 k번째 관측치임)라고 할 때 X_{ik}의 범위가 X_{2k}에 비해 너무 차이가 나면(예: X_1은 봉급, X_2는 가족 수) 유클리드 거리 값은 한 쪽으로 치우치게 된다. 이러한 편의(bias)를 제거하기 위해서는 다음의 공식을 사용하여 데이터를 표준화시켜야 한다.

$$\text{속성의 표준치} = \left[\frac{X_{ik} - \overline{X}_i}{\sigma_{X_i}} \right]$$

여기서,

$\overline{X}_i$ = i번째 속성의 평균

σ_{X_i} = i번째 속성의 표준편차

민코우스키 거리

민코우스키(Minkowski) 거리는 다음 공식을 이용하여 측정한다.

$$D(X_1,\ X_2) = \left[\sum_{i=1}^{n} | X_{1i} - X_{2i} |^P \right]^{\frac{1}{P}}$$

여기서,

p = 변수의 수

만일 $p=1$이면 민코우스키 거리는 맨하탄 거리와 같고 $p=2$이면 민코우스키 거리는 유클리드 거리와 같게 된다.

맨하탄 거리

맨하탄 거리는 예컨대 시내에 있는 두 상점 사이의 거리처럼 직선거리로 나타낼 수 없는 경우에 사용하는데 다음과 같은 공식을 이용하여 측정한다.

$$DM(X_1,\ X_2) = \sum_{i=1}^{n} | X_{1i} - X_{2i} |$$

5.4 계층적 군집분석

개념

개체들의 군집을 나누는 방법은 크게 계층적 방법과 비계층적 방법으로 구분할 수 있다. 계층적 방법(hierarchical method)이란 유사한 개체끼리 순차적으로 합병하거나 멀리 떨어진 개체를 차례로 분리해 나가는 방법인데 한 번 합병된 개체는 다시 분리되지 않는다.

비계층적 방법(non-hierarchical method)이란 한 번 분리된 개체도 반복적으로 시행되는 과정에서 다시 분류될 수 있는 방법으로서 군집을 나눌 때 다변량 데이터의 산포를 나타내는 측도들을 판정 기준으로 삼는다. 대표적인 비계층 방법은 k-평균 방법인데 다음 절에서 공부할 것이다.

n개의 개체로부터 얻는 거리 행렬을 가지고 시작하는 계층적 방법은 가까운(유사한) 개체들끼리 합병하여 군집을 순차적으로 만들어가는 병합방법(agglomeration method)과 먼(비유사한) 개체들을 나누어가는 분할방법(division method)으로 구분할 수 있다. 분할방법은 처음에 모든 개체를 하나의 군집으로 간주한 후 이를 N개의 군집으로 차례로 분리해서 최종 군집이 하나의 데이터가 되도록 하는 방법이다. 이 방법의 첫 단계는 N개의 개체들을 두 개의 군집으로 나누는 것이다. 그런데 두 개의 군집으로 나누는 방법이 $2^{(N-1)}-1$이나 되어 계산하는 데 시간이 소요되지만 컴퓨터를 사용하면 큰 문제는 되지 않는다. 계층적 방법에서는 병합방법이 많이 사용된다. 따라서 병합방법에 한해서 설명하려고 한다.

군집이 병합되거나 분리되는 과정은 나무구조 모양의 덴드로그램(dendrogram)으로 표현할 수 있는데 이는 전체 군집들 간의 구조관계를 파악하는데 이용된다.

계층적 군집 결과를 나타내는 덴드로그램과 부분집합(subset) 그림의 예를 들면 다음과 같다.

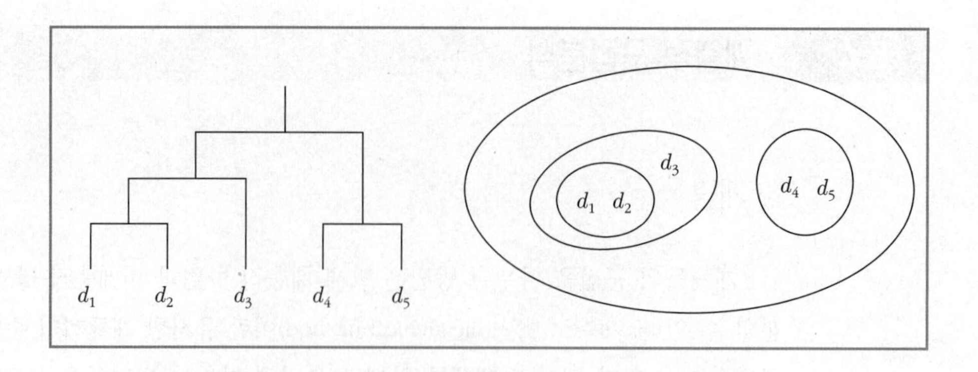

병합형 계층적 군집 알고리즘은 다음과 같다.

- 각 데이터를 하나의 군집으로 간주하고 전체 n개의 데이터의 유사성 행렬을 구한다. 알고리즘은 n개의 데이터 간의 $(n \times n)$ 거리 행렬 또는 유사성 행렬 $D=\{d_{ij}\}$로부터 시작한다(d_{ij}는 데이터 x_i와 x_j 의 거리).

$$D=\begin{bmatrix} d_{11},\ d_{12},\ \cdots,\ d_{1n} \\ d_{21},\ d_{22},\ \cdots,\ d_{2n} \\ \cdots \\ d_{n1},\ d_{n2},\ \cdots,\ d_{nn} \end{bmatrix}$$

- 가장 가까운 두 개체를 하나의 군집으로 합병한다. 그러면 군집 수는 1이고 개체의 수는 $n-2$가 된다.
- 새롭게 형성된 군집과 나머지 개체들 간의 새로운 유사성 행렬을 구한다.
- $n-1$개의 군집들 중에서 가장 가까운 두 개의 군집을 합병시켜 $n-2$개의 군집을 만든다.
- n개의 모든 개체들이 군집의 수가 1이 될 때까지 반복한다.

두 군집을 합병할 때 사용하는 거리를 측정하는 방법은 여러 가지가 있으나 이 중에서 많이 사용되는 최단거리, 최장거리, 중심거리를 나타내면 다음 그림과 같다.

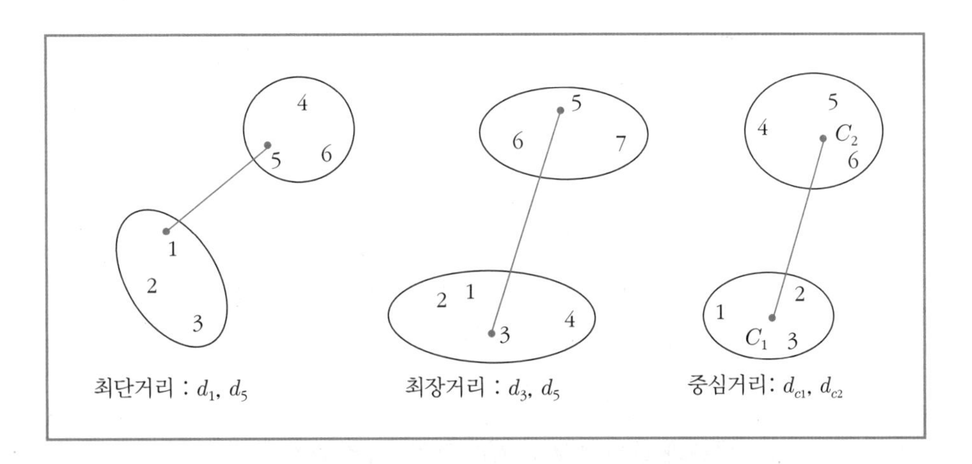

최단연결법(single linkage method)

군집을 하나 또는 그 이상의 레코드(관측치)의 집합이라고 정의하면 레코드 사이의 거리 측정을 군집 사이의 거리로 확대할 수 있다. 만일 군집 A가 A_1, A_2, $\cdots$, A_m 등 m개의 레코드를 포함하고 군집 B가 B_1, B_2, $\cdots$, B_n 등 n개의 레코드를 포함한다고 가정하자. 가장 가까운 두 개의 개체(레코드)가 A_i와 B_j라고 할 때 그들의 최단거리는 최소($d(A_i,\ B_j)\ i=1,\ 2,\ \cdots,\ m \quad j=1,\ 2,\ \cdots,\ n$이다. 두 군집에 있는 개체들 사이의 거리 중 최단거리를 두 군집 간의 거리로 본다. 최단연결법에서는 두 군집간 객체 쌍의 가장 짧은 거리가 작을수록 두 군집이 더 유사하다고 인정한다.

예를 들어 설명하기로 하자. 다섯 개 개체에 대한 거리 행렬(비유사성 행렬)이 다음과 같다고 할 때 최단연결법으로 군집을 형성해 나가고 최종 결과를 덴드로그램으로 나타내보도록 하자.

$$D = \begin{array}{c} \\ 1 \\ 2 \\ 3 \\ 4 \\ 5 \end{array} \begin{array}{c} \begin{array}{ccccc} 1 & 2 & 3 & 4 & 5 \end{array} \\ \begin{bmatrix} 0 & 8 & 2 & 10 & 9 \\ 8 & 0 & 7 & 4 & 6 \\ 2 & 7 & 0 & 9 & 9 \\ 10 & 4 & 9 & 0 & 6 \\ 9 & 6 & 9 & 6 & 0 \end{bmatrix} \end{array}$$

단계 1

D에서 $d(1, 3)=2$로서 최소이므로 개체 1과 3을 합병하여 군집 (1, 3)을 만든다. 그러면 군집의 수는 네 개로 줄어든다. 군집 (1, 3)과 개체 2, 4, 5와의 거리는 다음과 같이 계산한다.

D[군집 (1, 3), 2] = 최소[$d(1, 2)$, $d(3, 2)$] = 최소(8, 7) = 7
D[군집 (1, 3), 4] = 최소[$d(1, 4)$, $d(3, 4)$] = 최소(10, 9) = 9
D[군집 (1, 3), 5] = 최소[$d(1, 5)$, $d(3, 5)$] = 최소(9, 9) = 9

다음과 같은 새로운 거리 행렬 D_1을 얻는다.

$$D_1 = \begin{array}{c} \\ (1,3) \\ 2 \\ 4 \\ 5 \end{array} \begin{array}{c} \begin{array}{cccc} (1,3) & 2 & 4 & 5 \end{array} \\ \begin{bmatrix} 0 & 7 & 9 & 9 \\ 7 & 0 & 4 & 6 \\ 9 & 4 & 0 & 6 \\ 9 & 6 & 6 & 0 \end{bmatrix} \end{array}$$

단계 2

D_1에서 $d(2, 4)=4$로서 최소이므로 개체 2와 4를 합병하여 군집 (2, 4)를 만든다. 이제 군집의 수는 세 개로 줄어든다. 군집 (2, 4)와 군집 (1, 3) 및 개체 5와의 거리는 다음과 같이 계산한다.

D[군집 (1, 3), 군집 (2, 4)] = 최소[(군집(1, 3), 2), (군집 (1, 3), 4)]
= 최소(7, 9) = 7
D[군집(2, 4), 5] = 최소[$d(2, 5)$, d(4, 5)] = 최소(6, 6) = 6

다음과 같은 새로운 거리 행렬 D_2를 얻는다.

$$D_2 = \begin{array}{c} \\ (1,3) \\ (2,4) \\ 5 \end{array} \begin{array}{c} \begin{array}{ccc} (1,3) & (2,4) & 5 \end{array} \\ \begin{bmatrix} 0 & 7 & 9 \\ 7 & 0 & 6 \\ 9 & 6 & 0 \end{bmatrix} \end{array}$$

단계 3

D_2에서 d(군집(2, 4), 5) = 6으로서 최소이므로 군집 (2, 4)와 개체 5를 합병

하여 군집 (2, 4, 5)를 만든다. 이제 군집의 수는 두 개로 줄어든다. 군집 (1, 3)과 군집 (2, 4, 5)의 거리는 다음과 같이 계산한다.

D[군집(1, 3), 군집(2, 4, 5)] = D[(군집(1, 3), 군집(2, 4)), (군집(1, 3), 5)]
= 최소(7, 9) = 7

다음과 같은 새로운 거리 행렬 D_3을 얻는다.

$$D_3 = \begin{array}{c} \\ (1,\ 3) \\ (2,\ 4,\ 5) \end{array} \begin{array}{c} (1,\ 3)\ \ (2,\ 4,\ 5) \\ \begin{bmatrix} 0 & 7 \\ 7 & 0 \end{bmatrix} \end{array}$$

단계 4

군집의 수는 한 개로 줄어들었고 더 이상 합병을 할 수 없어 최종해는 구해졌다.

이상 단계 4까지의 과정을 덴드로그램으로 나타내면 다음과 같다.

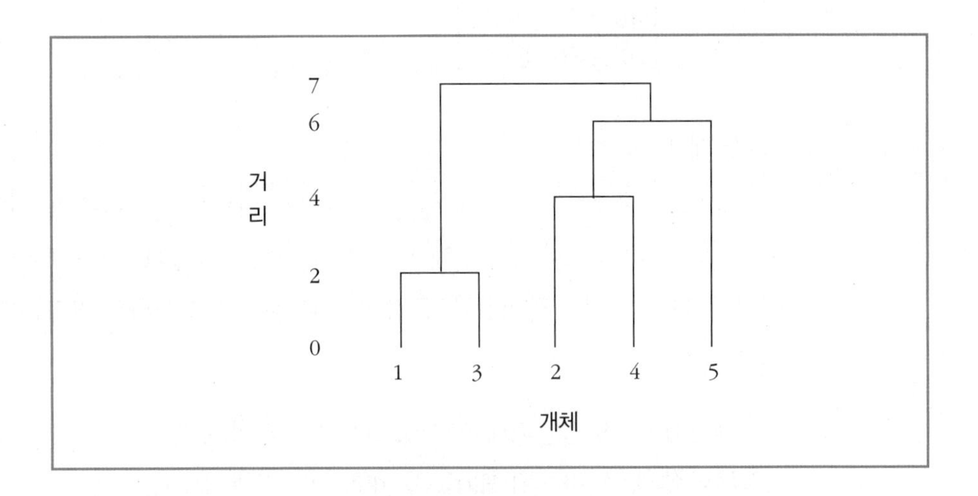

그림에서 X축은 개체를 나타내고 Y축은 거리를 나타낸다. 맨 먼저 개체 1과 3이 합병하고(거리는 2), 개체 2와 4가 합병하고(거리는 4), 다음에는 군집(2, 4)와 개체 5가 합병한 후(거리는 6), 마지막으로 군집(1, 3)과 군집(2, 4, 5)가 합병한다(거리는 7). 이렇게 하여 군집(1, 3, 2, 4, 5)로 하나의 군집으로 응집된다.

최장연결법(complete linkage method)

가장 가까운 두 개의 개체(레코드)가 A_i와 A_j라고 할 때 그들의 최장거리는

최대$(d(A_i, B_j)$ $i=1, 2, \cdots, m \quad j=1, 2, \cdots, n$

이다.

최장연결법은 최단연결법에 대립되는 방법으로서 두 군집에 있는 개체들 사이의 거리 중 최장거리를 두 군집 간의 거리로 간주하고 가장 유사성이 큰 군집을 합병해 나간다.

앞절에서 사용한 다섯 개체에 대한 거리 행렬을 가지고 최장연결법에 따라 개체들을 합병해 나가는 방법을 설명하기로 하자.

$$D = \begin{array}{c} \\ 1 \\ 2 \\ 3 \\ 4 \\ 5 \end{array} \begin{array}{c} \begin{array}{ccccc} 1 & 2 & 3 & 4 & 5 \end{array} \\ \begin{bmatrix} 0 & 8 & 2 & 10 & 9 \\ 8 & 0 & 7 & 4 & 6 \\ 2 & 7 & 0 & 9 & 9 \\ 10 & 4 & 9 & 0 & 6 \\ 9 & 6 & 9 & 6 & 0 \end{bmatrix} \end{array}$$

단계 1

최소연결법에서와 같이 두 군집을 합병할 때는 최단거리를 찾는다. D에서 $d(1, 3)=2$로서 최소이므로 개체 1과 3을 합병하여 군집(1, 3)을 만든다. 그러면 군집의 수는 네 개로 줄어든다. 군집(1, 3)과 개체 2, 4, 5와의 거리는 다음과 같이 계산한다.

D[군집 (1, 3), 2] = 최대[$d(1, 2)$, $d(3, 2)$] = 최대(8, 7) = 8
D[군집 (1, 3), 4] = 최대[$d(1, 4)$, $d(3, 4)$] = 최대(10, 9) = 10
D[군집 (1, 3), 5] = 최대[$d(1, 5)$, $d(3, 5)$] = 최대(9, 9) = 9

다음과 같은 새로운 거리 행렬 D_1을 얻는다.

$$D_1 = \begin{array}{c} \\ (1,\ 3) \\ 2 \\ 4 \\ 5 \end{array} \begin{array}{c} \begin{array}{cccc} (1,\ 3) & 2 & 4 & 5 \end{array} \\ \begin{bmatrix} 0 & 8 & 10 & 9 \\ 8 & 0 & 4 & 6 \\ 10 & 4 & 0 & 6 \\ 9 & 6 & 6 & 0 \end{bmatrix} \end{array}$$

단계 2

D_1에서 $d(2,\ 4)=4$에서 최소이므로 개체 2와 4를 합병하여 군집 (2, 4)를 만든다. 이제 군집의 수는 세 개로 줄어든다. 군집 (2, 4)와 군집 (1, 3) 및 개체 5와의 거리는 다음과 같이 계산한다.

D[군집 (1, 3), 군집 (2, 4)] = 최대[(군집(1, 3), 2), (군집 (1, 3), 4)]
= 최대(8, 10) = 10

D[군집(2, 4), 5] = 최대[d(2, 5), d(4, 5)] = 최대(6, 6) = 6

다음과 같은 새로운 거리 행렬 D_2를 얻는다.

$$D_2 = \begin{array}{c} \\ (1,\ 3) \\ (2,\ 4) \\ 5 \end{array} \begin{array}{c} \begin{array}{ccc} (1,\ 3) & (2,\ 4) & 5 \end{array} \\ \begin{bmatrix} 0 & 10 & 9 \\ 10 & 0 & 6 \\ 9 & 6 & 0 \end{bmatrix} \end{array}$$

단계 3

D_2에서 d[군집(2, 4), 5] = 6으로서 최소이므로 군집(2, 4)와 개체 5를 합병하여 군집(2, 4, 5)를 만든다. 이제 군집의 수는 두 개로 줄어든다. 군집(1, 3)과 군집(2, 4, 5)의 거리는 다음과 같이 계산한다.

D[군집(1, 3), 군집(2, 4, 5)] = D[(군집(1, 3), 군집(2, 4)), (군집(1, 3), 5)]
= 최대(10, 9) = 10

다음과 같은 새로운 거리 행렬 D_3을 얻는다.

$$D_3 = \begin{array}{c} \\ (1,\ 3) \\ (2,\ 4,\ 5) \end{array} \begin{array}{c} \begin{array}{cc} (1,\ 3) & (2,\ 4,\ 5) \end{array} \\ \begin{bmatrix} 0 & 10 \\ 10 & 0 \end{bmatrix} \end{array}$$

단계 4

군집의 수는 한 개로 줄어들었고 더 이상 합병을 할 수 없어 최종해는 구해졌다.

이상 단계 4까지의 군집 합병 과정을 덴드로그램으로 나타내면 다음과 같다.

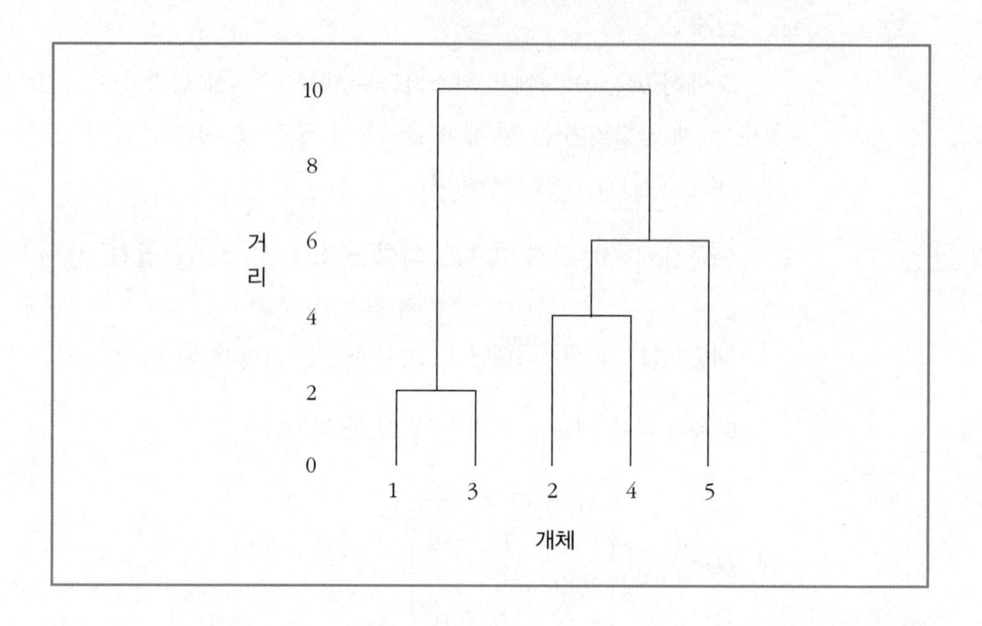

그림에서 개체 1과 3이 맨 먼저 합병하고(거리=2) 개체 2와 4가 합병한 후(거리=4) 여기에 개체 5가 합병하여(거리=6) 군집(2, 4, 5)가 이룩되고 마지막으로 군집(1, 3)과 군집(2, 4, 5)가 합병하여(거리=10) 군집(1, 3, 2, 4, 5)가 하나로 응집된다.

평균연결법(average linkage method)

가장 가까운 두 개의 개체(레코드)가 A_i와 B_j라고 할 때 그들의 평균은

평균[거리(A_i, B_j)] $i=1, 2, \cdots, m \quad j=1, 2, \cdots, n$

이다.

평균연결법은 두 군집에 있는 개체들 사이의 거리의 평균을 두 군집 간의 거

리로 간주하고 가장 유사성이 큰 군집을 합병해 나간다.

앞절에서 사용한 다섯 개체에 대한 거리 행렬을 가지고 평균연결법에 따라 개체들을 합병해 나가는 절차를 설명하기로 하자.

$$D = \begin{array}{c} \\ 1 \\ 2 \\ 3 \\ 4 \\ 5 \end{array} \begin{array}{c} \begin{array}{ccccc} 1 & 2 & 3 & 4 & 5 \end{array} \\ \begin{bmatrix} 0 & 8 & 2 & 10 & 9 \\ 8 & 0 & 7 & 4 & 6 \\ 2 & 7 & 0 & 9 & 9 \\ 10 & 4 & 9 & 0 & 6 \\ 9 & 6 & 9 & 6 & 0 \end{bmatrix} \end{array}$$

단계 1

D에서 $d(1,\ 3)=2$로서 최소이므로 개체 1과 3을 합병하여 군집(1, 3)을 만든다. 그러면 군집의 수는 네 개로 줄어든다. 군집(1, 3)과 개체 2, 4, 5와의 평균거리는 다음과 같이 계산한다.

$$D[\text{군집 } (1,\ 3),\ 2] = \left[\frac{\text{군집}(1,\ 2) + \text{군집}(3,\ 2)}{2} \right] = \frac{8+7}{2} = 7.5$$

$$D[\text{군집 } (1,\ 3),\ 4] = \left[\frac{\text{군집}(1,\ 4) + \text{군집}(3,\ 4)}{2} \right] = \frac{10+9}{2} = 9.5$$

$$D[\text{군집 } (1,\ 3),\ 5] = \left[\frac{\text{군집}(1,\ 5) + \text{군집}(3,\ 5)}{2} \right] = \frac{9+9}{2} = 9$$

다음과 같은 새로운 거리행렬 D_1을 얻는다.

$$D_1 = \begin{array}{c} \\ (1,\ 3) \\ 2 \\ 4 \\ 5 \end{array} \begin{array}{c} \begin{array}{cccc} (1,\ 3) & 2 & 4 & 5 \end{array} \\ \begin{bmatrix} 0 & 7.5 & 9.5 & 9 \\ 7.5 & 0 & 4 & 6 \\ 9.5 & 4 & 0 & 6 \\ 9 & 6 & 6 & 0 \end{bmatrix} \end{array}$$

단계 2

D_1에서 $d(2,\ 4)=4$로서 최소이므로 개체 2와 4를 합병하여 군집 (2, 4)를 만든다. 이제 군집의 수는 세 개로 줄어든다. 군집 (2, 4)와 군집 (1, 3) 및 개체 5와의 거리는 다음과 같이 계산한다.

$$D[\text{군집 }(1,\ 3),\ \text{군집 }(2,\ 4)] = \left[\frac{(\text{군집}(1,\ 3),\ 2) + (\text{군집}(1,\ 3),\ 4)}{2}\right]$$

$$= \frac{7.5+9.5}{2} = 8.5$$

$$D[\text{군집 }(2,\ 4),\ 5] = [(d(2,\ 5) + (d(4,\ 5))/2] = \frac{6+6}{2} = 6$$

다음과 같은 새로운 거리 행렬 D_2를 얻는다.

$$D_2 = \begin{array}{c} \\ (1,\ 3) \\ (2,\ 4) \\ 5 \end{array} \begin{array}{c} \begin{array}{ccc} (1,\ 3) & (2,\ 4) & 5 \end{array} \\ \begin{bmatrix} 0 & 8.5 & 9 \\ 10 & 0 & 6 \\ 9 & 6 & 0 \end{bmatrix} \end{array}$$

단계 3

D_2에서 d[군집(2, 4), 5]=6으로서 최소이므로 군집(2, 4)와 개체 5를 합병하여 군집(2, 4, 5)를 만든다. 이제 군집의 수는 두 개로 줄어든다. 군집(1, 3)과 군집(2, 4, 5)의 거리는 다음과 같이 계산한다.

$$D[\text{군집}(1,\ 3),\ \text{군집}(2,\ 4,\ 5)] = D\left[\frac{(\text{군집}(1,\ 3),\ \text{군집}(2,\ 4)) + (\text{군집}(1,\ 3),\ 5)}{2}\right]$$

$$= \frac{8.5+9}{2} = 8.75$$

다음과 같은 새로운 거리 행렬 D_3을 얻는다.

$$D_3 = \begin{array}{c} \\ (1,\ 3) \\ (2,\ 4,\ 5) \end{array} \begin{array}{c} \begin{array}{cc} (1,\ 3) & (2,\ 4,\ 5) \end{array} \\ \begin{bmatrix} 0 & 8.75 \\ 8.75 & 0 \end{bmatrix} \end{array}$$

단계 4

군집의 수는 군집(1, 3, 2, 4, 5)로 한 개로 줄어들어 최종해는 구해졌다.

이상 단계 4까지의 군집 합병 과정을 덴드로그램으로 나타내면 다음과 같다.

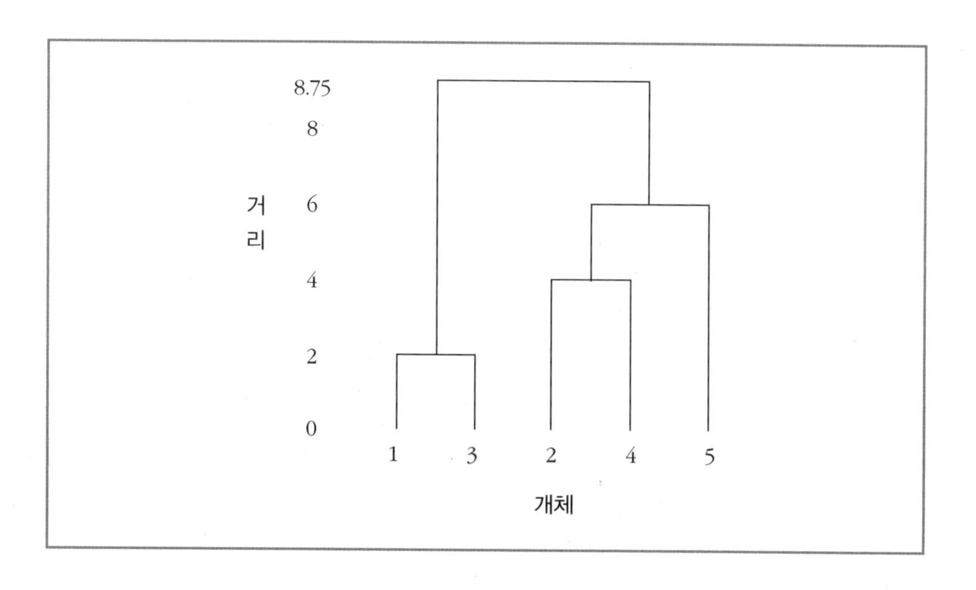

우리는 지금까지 동일한 거리 행렬을 사용하여 최단연결법, 최장연결법, 평균연결법에 따라 개체들을 군집으로 합병하여 가는 과정을 설명하고 그들의 결과를 덴드로그램으로 나타내었다. 세 군집법은 각 개체들이 군집화되어 가는 거리에 차이가 있을 뿐 동일한 군집 형태를 보여주고 있다. 그러나 다른 대부분의 데이터에 있어서는 덴드로그램의 형태에 차이가 나타난다.

5.5 비계층적 군집방법

비계층적 군집방법에서는 계층적 군집방법과 달리 개체들을 몇 개의 군집으로 나눌 때 주어진 판정 기준을 최적화하려 하기 때문에 최적분리 군집방법이라고도 한다. 본절에서는 최적분리 방법의 대표적인 k-평균 방법에 관해서 설명하고자 한다.

k-평균 방법(k-means clustering)에서는 좋은 군집을 형성하기 위하여 적절한 k개의 군집 수를 사전에 명시하고 각 군집 내에서의 개체들 간의 거리를 최소화하고 서로 다른 군집에 들어있는 개체들 간의 거리는 멀도록 각 개체를 k개 군집의 하나로 할당한다.

이와 같이 k-평균 방법의 목적은 각 군집이 거리에 있어 동질적이 되도록 사전에 결정된 k개의 겹치지 않는 군집으로 개체들을 분할하는 것이다. 가장 일반적으로 군집 내에서의 거리는 개체와 군집 중심(centroid) 사이 거리의 합 또는 유클리드 거리 제곱합으로 구한다.

문제는 원래 정수계획법으로 표현하는 최적화 문제로 구성하지만 변수의 수가 많아 정수계획 모델로 해를 구하는데 시간이 많이 소요되므로 최적해는 아니더라도 아주 좋은 해를 구하기 위해 빠른 휴리스틱 방법을 사용하여 군집을 계산하게 된다.

k–평균방법은 중심점 기반 분할적 군집화 방법의 하나인데 사전에 결정된 군집 수 k에 기초하여 각 개체를 군집의 중심들 중에서 가장 가까운 군집에 할당하는 방법이다.

k–평균 군집화 알고리즘은 다음 단계를 거친다.

- 군집의 수 k를 정한다.
- 주어진 k개의 군집 수만큼 개체를 선택하여 초기값(cluster seed)으로 정한다. 초기값은 초기 군집의 중심(평균 벡터)이 된다. 그런데 k개의 개체를 선택할 때 나열된 처음부터 k개를 선택할 수도 있고 전체 개체에서 랜덤하게 k개를 추출할 수도 있다. 각 군집은 아직 초기값만을 갖는 불완전한 군집이다.

다음 그림은 변수가 두 개인 2차원이고 $k=3$인 경우 초기 군집의 중심을 나타내는 예이다.

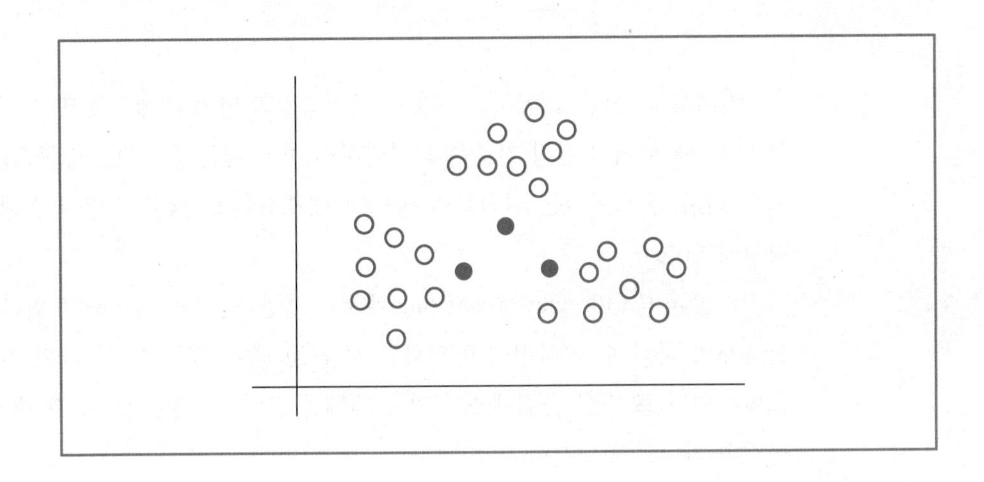

- 모든 개체와 군집의 중심(초기값)들과의 거리를 계산하고 가장 가까운 중심의 군집에 개체를 할당한다. 이때 각 개체가 할당될 때마다 해당 군집의 중심을 그 군집에 속하는 개체들의 평균 벡터(vector)로 하고 다시 계산한다.

다음 그림은 초기 군집의 중심이 새로운 군집의 중심으로 이동하는 모습을 보여주고 있다.

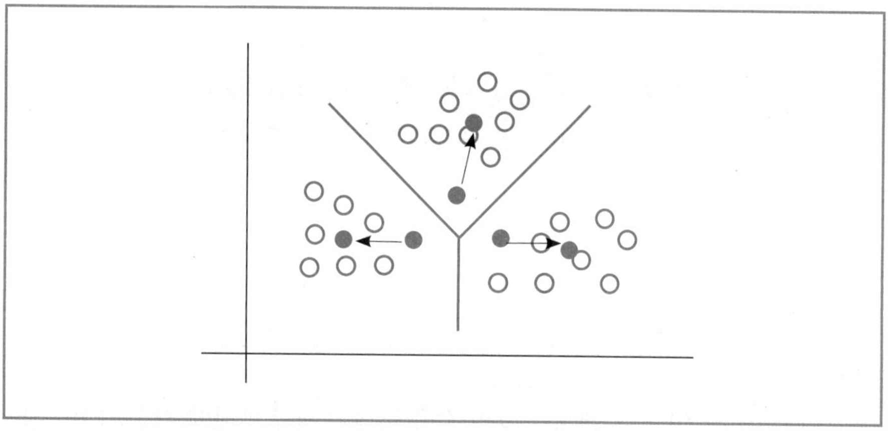

- 새로운 군집이 얻어지면 각 개체들은 가장 가까운 군집 중심에 재할당하고 군집의 중심을 다시 계산한다.
- 군집의 중심에 변화가 없을 때까지 또는 군집의 경계가 변하지 않을 때까지 과정을 반복하여 최종 군집을 얻는다.

예를 들어 변수 두 개에 대해 측정된 개체 여섯 개의 관측치들이 다음과 같을 때 $k=2$개의 군집으로 분리시키는 경우를 공부하기로 하자.

$$
X = \begin{matrix} \\ 1 \\ 2 \\ 3 \\ 4 \\ 5 \\ 6 \end{matrix}
\begin{matrix} \begin{matrix} x_1 & x_2 \end{matrix} \\ \begin{bmatrix} (1.0 & 1.2) \\ (1.7 & 2.1) \\ (3.5 & 4.2) \\ (5.0 & 7.5) \\ (4.4 & 5.0) \\ (3.7 & 4.6) \end{bmatrix} \end{matrix}
$$

두 개 군집의 초기값으로 유클리드 거리가 가장 먼 개체 1과 개체 4의 좌표를 선택하기로 하자.

각 개체들은 가장 가까운 초기값에 대응되는 군집에 할당하고 평균 벡터를 다시 계산한다. 군집 1=(1, 2, 3), 군집 2=(4, 5, 6)이 할당된다. 이터레이션 1(iteration)의 결과는 다음과 같다.

개체	가까운 군집	군집 1		군집 2	
		구성 개체	군집 중심	구성 개체	군집 중심
1	1	(1)	(1.0, 1.2)		
2	1	(1, 2)	(1.35, 1.65)		
3	1	(1, 2, 3)	(2.07, 2.50)		
4	2			(4)	(5.0, 7.5)
5	2			(4, 5)	(4.7, 6.25)
6	2			(4, 5, 6)	(4.37, 5.7)
이터레이션 1의 결과		(1, 2, 3)	(2.07, 2.50)	(4, 5, 6)	(4.37, 5.7)

이제 각 개체가 그의 소속 군집의 평균 벡터에 가장 가까운지 검토하여 다른 군집에 재할당하여야 한다. 개체 3은 이터레이션 1에서 군집 1에 할당되었지만 이터레이션 2에서 군집 2로 재할당할 때 유클리드 거리가 단축된다. 개체 3을 재할당한 후 군집의 중심을 다시 계산하면 다음과 같다.

개체	가까운 군집	군집 1		군집 2	
		구성 개체	군집 중심	구성 개체	군집 중심
1	1	(1, 2)	(1.35, 1.65)		
2	1	(1, 2)	(1.35, 1.65)		
3	2			(3, 4, 5, 6)	(4.15, 5.33)
4	2			(3, 4, 5, 6)	(4.15, 5.33)
5	2			(3, 4, 5, 6)	(4.15, 5.33)
6	2			(3, 4, 5, 6)	(4.15, 5.33)
이터레이션 2 결과		(1, 2)	(1.35, 1.65)	(3, 4, 5, 6)	(4.15, 5.33)

재할당 과정을 더 이상 반복하여도 결과는 바뀌지 않으므로 이터레이션 3에

서 최종 군집이 결정된다. 즉 개체1과 2는 군집 1에 할당하고 개체 3, 4, 5, 6은 군집 2에 할당한다. 이렇게 할 때 각 군집 내 개체들 사이의 거리는 좁혀지고 군집간 개체들 사이의 거리는 멀게 된다.

계층적 군집방법과 k-평균 군집방법

만일 데이터 집합이 작아 관측치의 수가 500개 미만이고 군집의 수를 증가시키는데 따르는 해를 쉽게 검토하고자 한다면 계층적 군집방법을 사용하는 것이 좋을 것이다. 계층적 군집방법은 $n \times n$ 거리 행렬을 요하므로 저장과 계산하는 데 시간소요적이다. 그렇지만 계층적 방법은 군집이 어떻게 형성되었는가를 관찰하고자 한다면 편리한 방법이다.

그러나 계층적 방법은 이상치(outliers)에 매우 예민하고 관측치가 데이터 집합에 추가된다든지 제거된다면 군집들이 급격하게 변동하게 된다. 한편 계층적 알고리즘은 데이터를 한 번만 통과한다. 따라서 초기단계에서 관측치들이 잘못 배분이 되면 다시 재배분할 수 없다. 얼마나 많은 군집을 원하는지 알고 있고 관측치가 500개 이상 되는 빅 데이터의 경우에는 k-평균 방법을 사용하는 것이 적절하다. 하지만 k-평균 방법은 평균이란 의미가 없는 서열 데이터의 경우에는 적절한 방법이 될 수 없는 단점을 갖는다.

5.6 군집분석의 장·단점

군집분석의 장점

첫째 군집분석은 빅 데이터에 대한 탐색적인 기법이다. 주어진 데이터베이스의 내부구조에 대한 아무런 사전 지식이 없을 때에도 의미 있는 데이터 구조를 찾아낼 수 있다. 따라서 군집분석의 결과는 추후에 회귀분석, 의사결정 나무분석, 신경망 분석 등 모델화에 사용될 수 있다.

둘째 다양한 형태의 데이터에 적용가능하다. 범주형, 수치형, 문자형 데이터에 대해서도 잘 적용할 수 있다. 군집분석을 위해서 다양한 거리 측도를 사용함으로써 개체들 간의 거리를 데이터의 형태에 맞게 정의할 수 있다.

셋째 분석방법의 응용이 쉽다. 분석 데이터에 대한 사전 정보가 필요 없고 특정한 변수들을 입력과 출력으로 분류할 필요가 없다.

군집분석의 단점

첫째 거리 측정과 가중치의 선택이 어렵다는 것이다. 분석방법에 있어서는 개체들 사이의 거리를 어떻게 정의하느냐에 그의 결과가 영향을 받는다. 그런데 범주변수와 연속변수가 포함된 데이터의 경우 관찰치들 사이의 거리를 정의하고 각 변수에 대한 가중치를 부여하는 데 어려움이 있게 된다.

둘째 초기 군집 수의 결정이 쉽지 않다. k-평균 방법에서 k값의 선택이 데이터 구조에 일치하지 않으면 좋은 결과를 가져올 수 없다. 따라서 k값 결정을 위해 여러 값의 탐색적인 분석과정이 필요하게 된다.

셋째 사전에 정해진 목적이 없어 결과 해석에 어려움이 있다. 따라서 주어진 변수에 따라 잘 형성된 군집이라 하더라도 이해하고 활용하는 데 어려움이 따를 수 있다.

5.7 연관성 분석

개념

우리는 장을 보기 위하여 마트에 간다. 카트 또는 바구니에 사고 싶은 물건들을 담는다. 우리는 병원에 치료를 받기 위하여 비뇨기과에 갔다가 당뇨병 관계 조사를 받은 후 집에 돌아오기도 한다. 장을 볼 때 서로 관련 있는 항목들을 동시에 함께 구매하는 경우가 많다. 예를 들면 빵을 구매하면 버터나 베이컨을 함께 구매하게 된다. 병원에서는 합병증 환자들이 관련 부서들에 가서 치료를 받는다.

연관성 분석(association analysis)이란 빅 데이터에서 항목(변수) 간에 관계성(친화성)을 발견하려는 데이터 마이닝 기법인데 자율학습법의 일종이다. 연관성 분석은 품목 간에 존재하는 연관규칙(association rule)을 발견하려는 것을 목적으로 한다. 연관규칙은 장바구니 속의 품목간 연관성이나 서비스에 있어서의 사건들의 연관성에 관한 규칙이다.

연관성 분석은 특히 마케팅 분야에서 활용하는데 고객의 장바구니에 들어있는 품목 간의 친밀성을 조사한다는 의미에서 장바구니 분석(mart basket analysis)이라고도 하고 친화분석(affinity analysis)이라고도 한다.

장바구니 분석의 주된 아이디어는 서로 다른 품목들(혹은 서비스들) 간에 함께 구매되는(purchase together) 긴밀한 상관관계를 밝히려는 것이다. 다시 말하면 고객이 함께 사려고 하는 품목이 무엇인지 예측하려는 것이다. 장바구니 분석의 목적은 두 품목을 함께 사려는 확률을 찾으려는 것이다. 예를 들면 자동차 종합보험에 가입하는 사람들의 65%가 건강보험도 구매한다거나, 온라인에서 책을 사는 사람들의 80%는 온라인에서 음악도 구입하고, 고혈압이면서 과체중인 사람들의 60%는 고지혈증을 가지고 있다. 또한 노트북 컴퓨터와 바이러스 방지용 소프트웨어를 사는 고객의 70%는 추가적인 서비스 플랜도 구매한다는 것으로 밝혀졌다.1

연관규칙이란 예를 들면 빵과 우유를 사는 고객은 베이컨을 함께 살 확률이 60%라고 하는 것처럼 조건-결과(if-then)의 형태로 표현되는 규칙을 말한다. 빵과 우유를 산다는 것이 조건이고 베이컨을 산다는 것이 결과이다. 이와 같이 규칙의 조건과 결과에 여러 품목을 포함할 수 있다. 여기서 조건과 결과의 관계는 원인과 결과의 직접적인 인과관계(cause and effect relation)로 볼 수는 없고 품목들 간의 상호 관련성으로 해석해야 한다.

연관규칙은 유용한 규칙, 자명한 규칙, 설명이 불가능한 규칙 등으로 구분할 수 있다. 예를 들면 목요일 오후에 식료품 가게에서 아기 기저귀를 사는 남자는 주말에 TV를 보면서 마실 맥주를 함께 사는 경향이 있는데 이는 실천 가능한 정보를 담고 있기 때문에 유용한 규칙이라고 할 수 있다. A회사의 컬러 TV를 산 사람은 추후에 A회사의 컴퓨터를 살 가능성이 높은데 이는 상식적인 규칙으로서 큰 의미는 없는 자명한 규칙이다. 한편 최근 개업한 건축 자재점에서는 변기

1 Dursun Delen 저, 허선, 신동민 역, 전게서(시그마프레스, 2016), p.126.

덮개가 잘 팔린다라는 규칙은 타당한 근거를 갖지 못하기 때문에 설명할 수 없는 규칙이다.

사실 빅 데이터를 가지고 연관규칙을 찾으려 하기 때문에 의미 있는 관련성을 찾기 위해서는 사전에 연관성의 내용이 일반화할 수 있는 내용인지 판단할 수 있도록 연관규칙의 비교 기준이 필요한 것이다.

연관규칙의 활용

장바구니 분석의 입력은 소매점에서 거래시점(point of sale: POS)에서의 거래 데이터인데 이들의 구매행태를 잘 분석하면 친밀한 품목들을 발견할 수 있다. 이러한 정보를 이용해서 두 제품을 서로 가까이 진열함으로써 매출을 증가시킬 수 있다. 하나가 세일하면 다른 상품은 묶음상품으로 하여 판매를 촉진할 수 있다. 또한 어떤 상품들을 교차판매(cross selling)할지, 어떤 상품을 기획상품으로 내놓을지 결정할 수 있다.

장바구니 분석의 결과는 교차 마케팅, 점포 디자인. 카탈로그 디자인, 판매가격 책정, 판매촉진 기획 등에 사용된다. 이 외에도 신용카드 거래, 은행 서비스, 보험 서비스 상품, 통신 서비스, 증상과 질병의 발견(합병증), Internet 쇼핑몰에서 책, 영화 등 상품의 추천(recommendation) 등 다방면에서 활용되고 있다.

연관규칙의 측도

연관규칙은 "If X, then Y" 또는 $X \Rightarrow Y$와 같은 형식으로 표현된다. 여기서 X는 선행조건(antecedent)을 나타내는 상품 또는 서비스를 의미하고 Y는 후행결과(consequent)를 나타내는 상품 또는 서비스를 의미한다. 이 연관규칙은 "상품 X를 구입하면 상품 Y도 함께 구입한다."라는 뜻이다. 수많은 품목들(빅 데이터)의 관계 속에서 구해지는 연관규칙이 의미 있는 유용한 규칙인가의 필요조건을 충족하고 있는가를 판단할 수 있는 측도가 필요한데 지지도, 신뢰도, 향상도 등이 사용된다. 즉 이들은 상호 배타적인 두 부분집합 사이의 연관성의 강도를 추정한다.

지지도

지지도(support)란 전체 거래 수에서 조건(X)과 결과(Y)를 나타내는 품목들이 동시에 구매되는 거래 수가 차지하는 비율로 나타낸다.

$$\text{지지도}(X \Rightarrow Y) = \frac{\text{품목 } X\text{와 } Y\text{를 동시에 구매하는 거래 수}}{\text{전체 거래 수}} = \frac{n(X \cap Y)}{N}$$

다시 말하면 지지도란 두 품목 X와 Y가 동시에 구매될 결합확률(joint probability: 두 사상 X와 Y의 교사상의 확률)을 의미한다.

지지도를 그림으로 나타내면 다음과 같다.

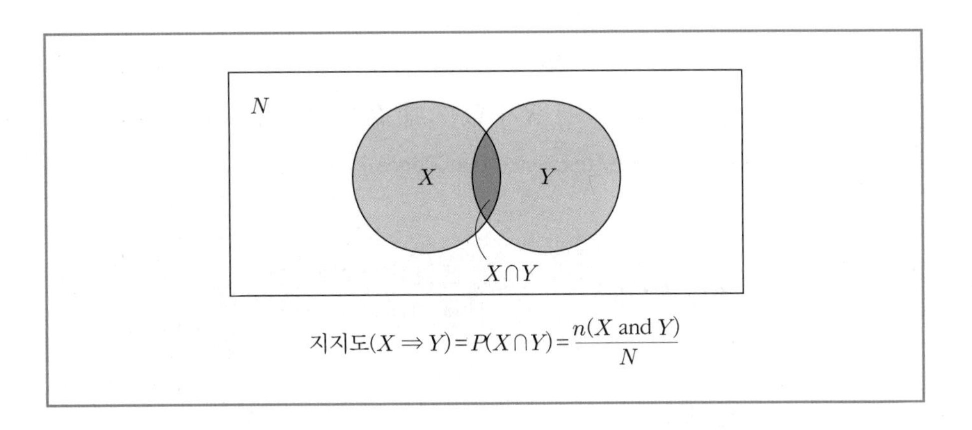

$$\text{지지도}(X \Rightarrow Y) = P(X \cap Y) = \frac{n(X \text{ and } Y)}{N}$$

연관성 측도는 얼마나 자주 구매되었는가하는 도수(frequency)를 기본으로 설정한다. 따라서 동시에 구매되는 품목들의 지지도가 높다는 것은 이들 품목의 동시 구매가 자주 발생한다는 것을 의미한다.

그런데 품목 X나 Y 가운데 어느 하나 또는 두 품목 모두가 포함률(구매비율)이 낮은 경우에는 지지도 또한 낮게 된다. 따라서 지지도는 포함률이 높으면서 연관성도 높은 품목들을 찾아내는 데 유용하게 사용될 수 있다. 반면에 포함률이 낮은 품목에 대해서는 연관성을 제대로 측정하지 못하게 된다. 이러한 관점에서 지지도에 대한 보완적인 측도로서 신뢰도가 사용된다.

신뢰도

신뢰도(confidence)란 고객이 이미 품목 X를 구입하였을 때 품목 Y를 구매할 조건확률(conditional probability)을 의미한다. 즉 조건의 구매가 일어난 경우에 결과의 구매가 일어난 비율이다.

$$\text{신뢰도}(X \Rightarrow Y) = \frac{\text{품목 } X\text{와 } Y\text{를 동시에 구매하는 거래 수}}{\text{품목 } X\text{를 포함하는 거래 수}}$$

$$= \frac{n(X \cap Y)}{n(X)}$$

신뢰도가 높다는 것은 조건의 구매가 일어난 경우에 결과의 구매가 많이 일어난다는 것을 의미하기 때문에 신뢰도가 높을수록 두 품목 간의 연관성은 높게 된다. 그런데 지지도와 신뢰도가 높은 규칙이라고 하더라고 실제로 의미 있는 규칙이 아닌 경우가 발생할 수 있기 때문에 향상도라고 하는 측도를 감안해야 한다.

신뢰도에서 조건 X가 없을 때 결과 Y의 거래 수의 전체 거래 수에 대한 비율을 기대 신뢰도(expected confidence)라 한다.

$$\text{기대 신뢰도} = \frac{\text{품목 } Y\text{를 포함하는 거래 수}}{\text{전체 거래 수}} = P(Y)$$

향상도

규칙의 향상도(lift, improvement)는 어떤 규칙에 대하여 조건이 없을 때 기대되는 결과보다 조건이 있을 때의 결과가 얼마나 더 향상이 되는지를 측정하는 측도로서 결과에 대한 조건의 기여도를 나타낸다.

$$\text{향상도}(X \Rightarrow Y)$$

$$= \frac{\text{품목 } X\text{와 } Y\text{를 동시에 구매하는 거래 수}}{(\text{품목 } X\text{를 포함하는 거래 수}) \times (\text{품목 } Y\text{를 포함하는 거래 수})}$$

$$= \frac{P(X \cap Y)}{P(X)P(Y)} = \frac{P(Y \mid X)}{P(Y)} = \frac{\text{신뢰도}}{P(Y)} = \frac{(X \Rightarrow Y)}{P(Y)}$$

고려하는 품목의 수가 증가할수록 연관성 규칙의 수는 기하급수적으로 증가한다. 따라서 지지도와 신뢰도가 높은 연관성 규칙을 대상으로 하되 우연(random)에 의해서 연관성이 높은 연관성 규칙을 배제하기 위해서 향상도 측도를 사용해야 한다.

일반적으로 향상도가 1이면 두 품목(사건)이 독립적인 경우(예: 빵과 상추)이고, 1보다 크면 두 품목이 양의 상관관계(예: 빵과 버터)를 갖는 경우이고, 1보다 작으면 두 품목이 음의 상관관계(예: 변비약과 지사제)를 갖는 것으로 해석할 수 있다.

따라서 의미 있는 유용한 연관성 규칙의 필요조건은 향상도가 1보다 커야 한다는 것이다. 이럴 경우 우연한 관계가 아닌 필연적 관계를 나타낸다고 할 수 있기 때문이다.

예 5-1

다음 표는 거래 내역인데 거래하면 1, 거래하지 않으면 0으로 표시한 데이터이다.

거래	사과	오렌지	포도	딸기	자두	감	바나나
1	1	1	1	0	1	1	1
2	0	1	0	0	0	1	1
3	0	0	0	0	0	1	1
4	1	0	0	0	1	0	0
5	1	0	0	0	1	1	1
6	0	1	1	0	0	0	1
7	0	1	1	0	0	0	1

사과 ⇒ 바나나 두 품목의

❶ 지지도를 구하라.

❷ 신뢰도를 구하라.

❸ 향상도를 구하라.

사과, 감 ⇒ 바나나의

❹ 지지도를 구하라.

❺ 신뢰도를 구하라.

❻ 향상도를 구하라.

풀이

❶ 지지도(사과 ⇒ 바나나) $= \dfrac{n(\text{사과} \cap \text{바나나})}{N} = \dfrac{2}{7} = 0.285$

❷ 신뢰도(사과 ⇒ 바나나) $= \dfrac{n(\text{사과} \cap \text{바나나})}{n(\text{사과})} = \dfrac{2}{3} = 0.667$

❸ 향상도(사과 ⇒ 바나나) $= \dfrac{\text{신뢰도(사과} \Rightarrow \text{바나나)}}{\text{기대 신뢰도(바나나)}} = \dfrac{\frac{2}{3}}{\frac{6}{7}} = 0.778$

❹ 지지도(사과, 감 ⇒ 바나나) $= \dfrac{n(\text{사과, 감} \cap \text{바나나})}{N} = \dfrac{2}{7}$

❺ 신뢰도(사과, 감 ⇒ 바나나) $= \dfrac{n(\text{사과, 감} \cap \text{바나나})}{n(\text{사과} \cap \text{감})} = \dfrac{2}{2} = 1$

❻ 향상도(사과, 감 ⇒ 바나나) $= \dfrac{\text{신뢰도(사과, 감} \Rightarrow \text{바나나)}}{\text{기대 신뢰도(바나나)}} = \dfrac{1}{\frac{6}{7}} = 1.167$

1. 기술적 데이터 마이닝의 내용을 설명하라.

2. 데이터 전처리는 왜 하는가?

3. 군집분석의 개념을 설명하라.

4. 연관분석의 개념을 설명하라.

5. 데이터 마이닝이 마케팅 분야에서 어떻게 사용되는가?

6. 군집분석 시 사용하는 거리 측정 방법을 설명하라.

7. 계층적 군집방법과 비계층적 군집방법을 비교하라.

8. k-평균 군집방법의 개념을 설명하라.

9. 연관규칙에 대하여 설명하라.

10. 연관규칙의 측도에 대하여 간단히 설명하라.

11. 두 변수 x_1과 x_2에 대하여 관찰된 다섯 개의 관측치가 다음과 같다. 각 관측치 사이의 유클리드 제곱거리를 사용하여

관측치	(x_1, x_2)
A	(2, 5)
B	(3, 4)
C	(6, 6)
D	(5, 3)
E	(6, 3)

(1) 최단연결법을 이용하여 계층적 군집을 만들고 덴드로그램으로 표현하라.
(2) 최장연결법을 이용하여 계층적 군집을 만들고 덴드로그램으로 표현하라.
(3) 평균연결법을 이용하여 계층적 군집을 만들고 덴드로그램으로 표현하라.

12. 다섯 개의 관측치에 대한 거리 행렬이 다음 표와 같다.

	A	B	C	D	E
A	0	15	40	52	35
B	15	0	65	50	95
C	40	65	0	30	85
D	52	50	45	0	77
E	35	95	85	77	0

(1) 최단연결법을 사용하여 계층적 군집을 만들고 덴드로그램으로 표현하라.
(2) 최장연결법을 사용하여 계층적 군집을 만들고 덴드로그램으로 표현하라.
(3) 평균연결법을 사용하여 계층적 군집을 만들고 덴드로그램으로 표현하라.

13. 두 변수 x_1과 x_2에 대하여 다섯 개의 관측치가 관찰되었다. 관측치 간의 거리는 유클리드 제곱거리를 사용한다.

관측치	(x_1, x_2)
A	(3, 4)
B	(−2, 1)
C	(−3, −2)
D	(2, −3)
E	(1, 3)

(1) 최단연결법을 사용하여 계층적 군집을 만들고 덴드로그램으로 표현하라.
(2) 최장연결법을 사용하여 계층적 군집을 만들고 덴드로그램으로 표현하라.
(3) 평균연결법을 사용하여 계층적 군집을 만들고 덴드로그램으로 표현하라.

14. 두 변수 x_1과 x_2에 대하여 다섯 개의 관측치가 다음과 같이 관찰되었다. 이들을 두 개의 군집으로 분리시켜라.

$$X = \begin{matrix} \\ A \\ B \\ C \\ D \\ E \end{matrix} \begin{matrix} x_1 & x_2 \\ \end{matrix} \begin{bmatrix} 2 & 5 \\ -1 & -4 \\ -2 & -3 \\ 1 & 0 \\ 0 & 1 \end{bmatrix}$$

15. 다음과 같이 다섯 개의 개체에 대한 거리 행렬 D가 주어졌다.

$$D = \begin{array}{c} \\ 1 \\ 2 \\ 3 \\ 4 \\ 5 \end{array} \begin{array}{c} \begin{matrix} 1 & 2 & 3 & 4 & 5 \end{matrix} \\ \begin{bmatrix} 0 & 8 & 2 & 9 & 7 \\ 8 & 0 & 6 & 3 & 5 \\ 2 & 6 & 0 & 9 & 7 \\ 9 & 3 & 9 & 0 & 5 \\ 7 & 5 & 7 & 5 & 0 \end{bmatrix} \end{array}$$

(1) 최단연결법을 사용하여 군집을 만들고 덴드로그램으로 표현하라.

(2) 최장연결법을 사용하여 군집을 만들고 덴드로그램으로 표현하라.

(3) 평균연결법을 사용하여 군집을 만들고 덴드로그램으로 표현하라.

16. 다음 데이터는 어느 마트에서 열 번 거래하는 동안 구입한 품목(1=구매, 0=비구매)을 나열한 것이다.

거래	빵	사과	상추	주스	베이컨	콜라
1	1	1	0	0	1	0
2	0	1	0	1	0	0
3	0	1	1	0	0	0
4	1	1	0	1	0	0
5	1	0	1	0	0	0
6	0	1	1	0	0	0
7	1	0	1	0	0	0
8	1	1	1	0	1	0
9	1	1	1	0	0	0
10	0	0	0	0	0	1
합계	6	7	6	2	2	1

(1) (빵, 사과) ⇒ (베이컨)의 신뢰도와 향상도를 구하라.
(2) (베이컨) ⇒ (빵)의 신뢰도와 향상도를 구하라.
(3) (사과, 베이컨) ⇒ (빵)의 신뢰도와 향상도를 구하라.
(4) (빵 ⇒ 사과)의 지지도를 구하라.
(5) (빵, 사과 ⇒ 상추)의 지지도를 구하라.

17. 다음과 같이 여덟 개의 데이터 포인트와 이들 포인트 사이의 거리가 주어졌다.

	A	B	C	D	E	F	G	H
A	0	0.45	0.36	0.71	1.00	0.27	0.38	0.21
B	0.45	0	0.19	0.36	0.54	0.30	0.91	0.76
C	0.36	0.19	0	0.87	0.54	0.72	0.28	0.64
D	0.71	0.36	0.87	0	0.34	0.51	0.43	0.72
E	1.00	0.54	0.54	0.34	0	0.65	0.57	0.41
F	0.27	0.30	0.72	0.51	0.65	0	0.33	0.68
G	0.38	0.91	0.28	0.43	0.57	0.33	0	0.44
H	0.21	0.76	0.64	0.72	0.41	0.68	0.44	0

계층적 군집방법을 사용하여 두 번째 군집이 형성될 때까지의 과정을 계산하라.

18. 다섯 번 거래시 구매한 품목은 다음과 같다.

거래	품목
1	b, c, g, h
2	a, b, c, d, e
3	a, c, d, h
4	b, c, e, f, g, h
5	d, f, g, h

(1) (b ⇒ g)의 지지도를 구하라.
(2) (b, c) ⇒ (g)의 경우 신뢰도를 구하라.
(c) (c, e) ⇒ (h)의 경우 향상도를 구하라.

제 6 장

확률과 확률분포

6.1 확률의 정의

우리는 불확실성의 시대에 살고 있다. 우리 일반 시민은 물론 조직의 매니저들도 불확실한 환경에서 의사결정을 내린다. 앞으로 경제 상황이 어떻게 될지, 집값이 오를 것인지 불분명한 상황에서 아파트를 구매하게 된다.

그런데 우리는 불확실성(uncertainty)을 계량화하여 의사결정을 하게 되는데 이러한 불확실한 상황을 표현하는 언어가 확률이다.

확률은 불확실한 상황을 수량화하는 도구인데 불확실한 상황에서 실험의 결과 나타나는 각 사상 또는 결과가 미래에 발생할 가능성을 0부터 1까지의 숫자로 측정하기 위하여 확률(probability)의 개념을 사용한다.

기업의 매니저들은 의사결정할 때 확률에 기반을 둔다. 예를 들면 마케팅 관리자는 고객들이 자신의 제품을 구매할 가능성을 평가하기 위하여 확률을 사용하여 미래 판매량을 예측하게 된다.

6.2 실험과 표본공간

우리가 원하는 대부분의 데이터는 어떤 실험에 의해서 생성된다. 실험(experiment)이란 어떤 변수의 관찰(시행) 또는 측정 시 두 개 이상의 결과

(outcome) 중 어떤 것이 나올지 전혀 모르는 상황에서 하나의 결과를 유발하는 행위 또는 과정을 말한다. 여기서 실험은 그의 결과를 사전에 정확하게 예측할 수 없는 확률실험(random experiment)을 의미하는데 실험을 한 번 시행할 때 꼭 하나의 실현가능한 결과가 우연히 발생하게 된다. [표 6-1]은 실험과 그의 결과의 예이다.

표 6-1 실험과 결과

실험	결과
동전 한 개 던지기	앞면, 뒷면
주사위 한 개 던지기	1,2,3,4,5,6
구매하러 백화점 가기	구매, 구매안함
제품가격 인하	수요량 증가, 수요량 감소, 수요량 변화 없음

각 확률실험의 결과 얻을 수 있는 실현가능한 모든 기본 결과(표본점, 원소)의 집합을 표본공간(sample space)이라고 하고 보통 S로 표현한다.

예컨대 동전 던지기 실험에서 윗면을 관찰하는 실험의 표본공간은

S={앞면, 뒷면}

이다.

표본공간을 이루는 표본점은 동시에 발생할 수 없는 상호 배타적(mutually exclucive)이고 포괄적인 사상이다. 표본공간이 이루어지면 이를 구성하는 특정 표본점(결과)을 얻을 수 있는 확률은 1/(전체 표본점들의 수)이다.

사상(event)이란 표본공간을 이루는 기본 결과들의 집합이라고 정의할 수 있지만 특정 기본 결과를 말하기도 한다. 즉 표본공간은 단일사상의 집합이므로 사상은 표본공간의 부분집합이라고 할 수 있다. 확률은 항상 사상에 관해서 계산하게 된다.

예를 들면 주사위 던지기 실험에서 짝수를 관찰하는 사상을 A라 하면 A는 복합사상으로서 $A=\{2,4,6\}$이 된다. 이때 사상의 확률(probabilty of an event)이란 사상을 이루는 각 결과의 확률을 합친 것이다.

따라서 사상 A의 확률 $P(A)$는 다음과 같이 구한다.

$$P(A) = P(2) + P(4) + P(6) = \frac{1}{6} + \frac{1}{6} + \frac{1}{6} = \frac{1}{2}$$

6.3 확률 부여방법

실험의 사상에 확률을 부여하는 방법으로 다음 세 가지가 있다.

- 객관적 방법
  - 고전적 방법
  - 상대도수 방법
- 주관적 방법

고전적 방법

결과를 유발하는 과정을 알고 있을 때 고전적 방법(classical method)이 사용된다. 즉 실험의 결과로 나타나는 각 사상이 발생할 가능성이 모두 동일하고 상호 배타적인 경우에 사용된다. 이때 사용되는 공식은 다음과 같다.

$$P(A) = \frac{\text{사상}A\text{와 관련된 관찰 수}}{\text{표본공간에 속하는 전체 사상의 수}} = \frac{n(X)}{N}$$

상대도수 방법

수많은 실험이나 경험을 통해 얻는 데이터에 적용되는 개념이 상대도수 방법(relative frequency method)이다. 사상 X의 확률 $P(X)$는 다음과 같이 구한다.

$$P(X) = \frac{\text{사상}X\text{와 관련된 사상의 수}}{\text{모든 관찰 수}} = \frac{n(X)}{N}$$

주관적 방법

객관적 방법에 의한 확률 결정이 불가능한 경우에 의사결정자의 주관적 경험, 지식, 정보에 의해 사상의 발생확률을 결정하는 방법이다.

6.4 확률의 공리

어떤 방법으로 사상에 확률을 부여하든 확률의 공리(pastulate)는 만족되어야 한다.

$S=\{A, B\}$라고 할 때

공리 1 : $0 \le P(A) \le 1$
공리 2 : $P(S)=1$
공리 3 : $P(A$ 또는 $B)=P(A)+P(B)$

공리 1은 표본공간을 이루는 한 사상이 발생할 확률은 0부터 1까지의 값을 갖는다는 법칙이다.

공리 2는 상호 배타적인 모든 사상들이 발생할 확률은 1이라는 법칙이다.

공리 3은 상호 배타적인 사상들이 발생할 확률은 그들 개개의 확률을 합한 것과 같다는 법칙이다.

사상 A와 그의 여사상 A^c는 상호 배타적이기 때문에 다음 식이 성립한다.

$P(A$ 또는 $A^c)=P(A)+P(A^c)=1$
$P(A^c)=1-P(A)$

6.5 확률의 연산법칙

사상을 결합시키는 기본적인 확률법칙은 다음과 같이 구분할 수 있다.

- 덧셈법칙
  - 일반법칙 : 상호 배타적이 아닌 사상의 경우
  - 특별법칙 : 상호 배타적인 사상의 경우
- 곱셈법칙
  - 일반법칙 : 종속사상의 경우
  - 특별법칙 : 독립사상의 경우

덧셈법칙

확률의 덧셈법칙은 두 사상 A와 B의 합사상이 발생할 확률, 즉 합확률(union probability) $P(A \cup B)$을 계산하는 데 이용된다. 그런데 덧셈법칙은 사상들이 배타적이 아닌 경우와 배타적인 경우 서로 다르다.

일반법칙 : 상호 배타적이 아닌 사상의 경우

한 학생이 축구, 야구, 테니스 등등 여러 가지 운동을 동시에 할 수 있는 것처럼 사상 A와 사상 B가 동시에 발생할 수 있으면 이들 사상은 배타적이 아니다. 이러한 경우 덧셈의 일반법칙(general rule of addition)은 다음과 같다.

$$P(A \cup B) = P(A) + P(B) - P(A \cap B)$$

두 사상 A와 B가 있을 때 A와 B의 합사상(union of A and B)은 사상 A 또는 사상 B 또는 양쪽에 속하는 모든 결과들을 포함하는 사상이다. 이는 $A \cup$로 표현한다. 상호 배타적이 아닌 사상 A 또는 사상 B의 합사상을 Venn 다이어그램으로 나타내면 [그림 6-1]과 같다. 그림에서 중복되는 부분을 빼주어야 한다. 즉 $P(A \cap B)$를 빼주어야 하는데 이는 사상 A와 B의 교사상 $A \cap B$이다. 사상 A와

그림 6-1 사상 A와 사상 B의 합사상($A \cup B$)

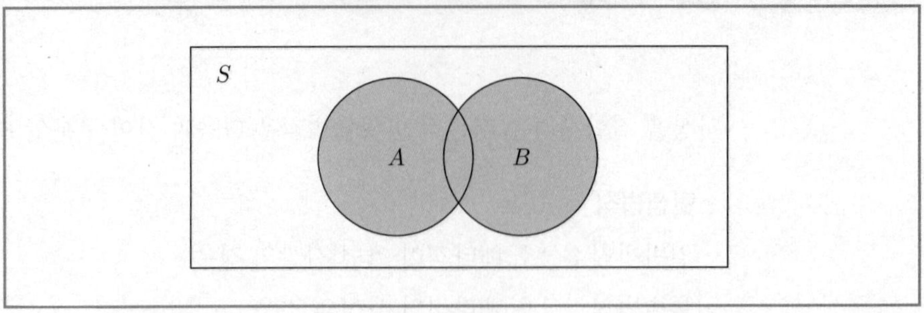

그림 6-2 사상 A와 사상 B의 교사상

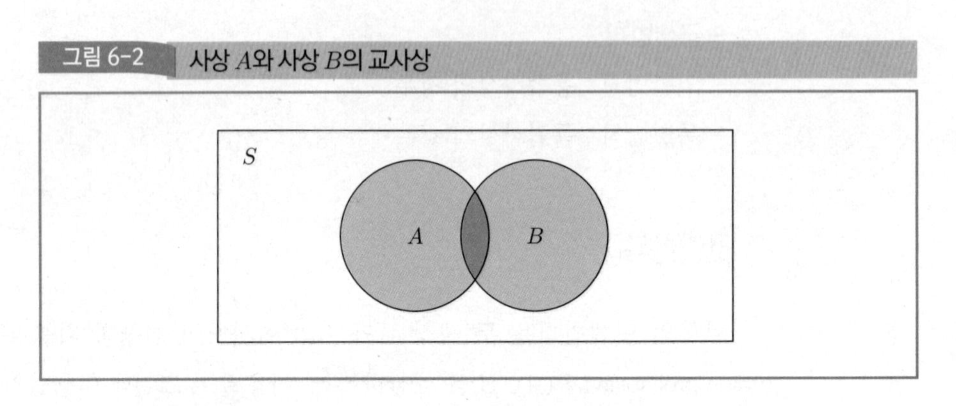

B의 교사상이란 사상 A와 B에 속하는 결과들을 포함하는 사상을 말한다. 사상 A와 B의 교사상을 Venn 다이어그램으로 나타내면 [그림 6-2]와 같다.

특별법칙 : 상호 배타적인 사상의 경우

한 학생의 성이 남성 아니면 여성인 것처럼 사상 A와 사상 B가 동시에 발생할 수 없으면 이들은 상호 배타적인 사상이라고 할 수 있다. 이 경우 사상 A와 사상 B는 공통되는 단일사상을 포함하지 않기 때문에 $P(A \cap B)$는 0이 된다. 덧셈의 특별법칙(special rule of addition)은 다음과 같다.

$$P(A \cup B) = P(A) + P(B)$$

예 6-1

Excel 대학교 1학년 A반 150명 학생들을 조사한 결과 산을 좋아하는 학생은 50명이었고, 바다를 좋아하는 학생은 100명이었다. 산과 바다를 모두 좋아하는 학생은 30명이었다. 랜덤으로 한 학생을 뽑을 때 이 학생이 최소한 산 또는 바다를 좋아할 확률은 얼마인가?

풀이

$$P(\text{산})=\frac{50}{50+100}=\frac{1}{3}$$

$$P(\text{바다})=\frac{100}{50+100}=\frac{3}{3}$$

$$P(\text{산}\cap\text{바다})=\frac{30}{150}=\frac{1}{5}$$

$$P(\text{산}\cup\text{바다})=P(\text{산})+P(\text{바다})-P(\text{산}\cap\text{바다})=\frac{1}{3}+\frac{2}{3}-\frac{1}{5}=\frac{4}{5}$$

상호 배타적인 사상 A 또는 B의 합사상을 Venn 다이어그램으로 나타내면 [그림 6-3]과 같다.

그림 6-3 상호 배타적 사상

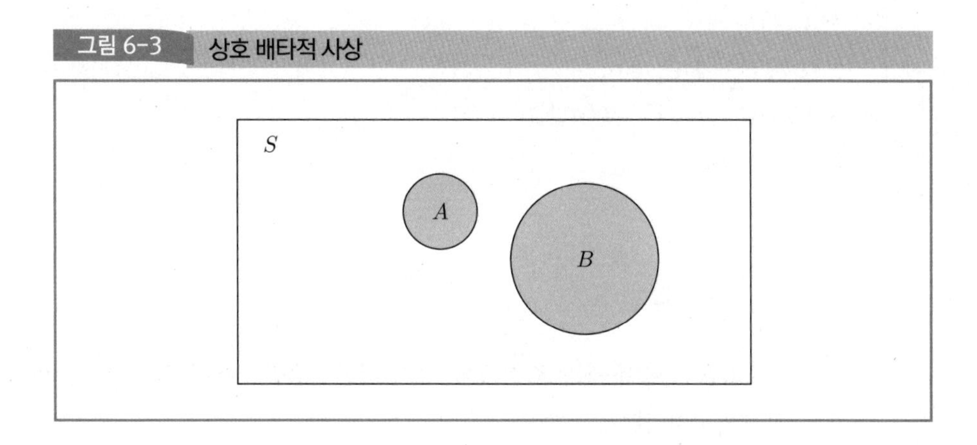

예 6-2

동등발생 가능성을 갖는 실험결과의 $S=\{O_1, O_2, O_3, O_4, O_5\}$이고

$A=\{O_1, O_2\}$

$B=\{O_3, O_4\}$

$C=\{O_2, O_3, O_5\}$일 때

❶ $P(A)$, $P(B)$, $P(C)$를 구하라.

❷ $P(A \cup B)$를 구하라.

❸ 두 사상 A와 B는 상호 배타적인가?

❹ A^c, C^c, $P(A^c)$, $P(C^c)$를 구하라.

❺ $A \cup B^c$, $P(A \cup B^c)$를 구하라.

❻ $P(B \cup C)$를 구하라.

풀이

❶ 0.4, 0.4, 0.6

❷ $\frac{4}{5}=0.8$

❸ 공통되는 요소를 갖지 않기 때문에 상호 배타적이다.

❹ $A^c=\{O_3, O_4, O_5\}$

$P(A^c)=0.6$

$C^c=\{O_1, O_4\}$ $P(C^c)=0.4$

❺ $A \cup B^c=\{O_1, O_2, O_5\}$ $P(A \cup B^c)=0.6$

❻ $P(B \cup C)=0.8$

조건확률

확률의 종류에는 조건확률, 결합확률, 주변확률이 있는데 본절에서 차례로 공부하고자 한다.

우리는 지금까지 어떤 한 특정 사상이 발생할 가능성을 측정하는 수단으로서 확률을 공부하여 왔다. 즉 이 특정 사상의 발생확률은 다른 사상의 발생여부와 전혀 관련이 없었다. 따라서 우리는 지금까지 아무런 조건 없는 무조건 확률(unconditional probability)을 공부하여 왔다고 할 수 있다. 본절에서는 두 사상이

발생하는 경우를 공부하기로 하자.

▦ 종속사상의 경우

두 사상 사이에 밀접한 관계가 있어서 한 사상의 발생이 다른 사상의 발생에 따라 영향을 받게 되면 두 사상은 통계적 종속성(statistical dependence)의 관계에 있다고 한다. 이와 같이 A 사상의 확률이 B 사상의 발생에 의존하거나 영향을 받는 경우에는 B 사상의 발생에 따른 추가적 정보를 갖기 때문에 A 사상의 확률은 영향을 받게 된다.

랜덤 추출로 실시하는 많은 실험은 종속적인 사상을 결과한다. 예를 들면 만일 비복원추출로한다면 첫 번째 결과의 확률은 다음 결과의 확률에 영향을 미치기 때문에 두 사상은 종속적이라 할 수 있다.

종속 관계에 있는 두 사상을 A와 B라고 하자. 첫 번째 사상 A가 이미 발생하였다는 추가적인 정보를 알고 있을 때 두 번째 사상 B의 조건확률(conditional probability)은 $P(B|A)$로 나타내며 "사상 A가 발생했을 때 사상 B의 발생가능 확률"이라고 읽는다. 그의 공식은 다음과 같다.

$$P(B|A)=\frac{P(B\cap A)}{P(A)} \text{ 또는 } P(A|B)=\frac{P(A\cap B)}{P(B)}$$

조건확률 $P(B|A)$는 사상 A와 사상 B가 동시에 발생할 가능성을 나타내는 결합확률 $P(A\cap B)$를 사상 A가 발생할 주변확률 $P(A)$로 나눈 값이 된다.

분할표

종속사상과 조건확률을 설명하는 데 분할표를 이용할 수 있다. 분할표(contingency table)란 모집단에서 추출된 표본 데이터(주로 명목 데이터)를 두 가지 기준(범주)에 따라 행과 열로 분류하여 작성한 통계표를 말한다. 두 사상(범주변수) 간의 관계를 밝히기 위해 데이터를 정리하여 행과 열에 각각 한 사상의 구간을 정하고 행과 열이 교차하는 칸(cell)에 해당하는 값을 기록한다. 이때 수치(도수)로 나타내면 분할표이고 상대도수로 나타내면 결합확률표(joint probability table)가 된다.

결합확률(joint probability)은 행과 열의 두 사상이 결합적으로 발생할 확률, 즉 A와 B의 교사상의 확률 $P(A\cap B)$를 말한다.

결합확률은 분할표로부터 다음과 같은 공식을 이용하여 구한다.

$$결합확률=\frac{두\ 조건을\ 동시에\ 만족시키는\ 사상의\ 수}{전체\ 사상의\ 수}$$

이러한 공식을 이용하여 두 사상 A와 B의 관계를 나타내는 분할표에서 결합확률을 구해 표로 정리하면 [표 6−2]와 같다.

[표 6−2]에서 결합확률은 네 개로서 다음과 같다.

$P(A\cap B)\quad P(\overline{A}\cap B)\quad P(A\cap \overline{B})\quad P(\overline{A}\cap \overline{B})$

주변확률(marginal probability)은 한계확률 또는 무조건 확률(unconditional probability)이라고도 하는데 어떤 단일사상 A가 아무런 조건 없이 발생할 확률, 즉 $P(A)$를 말한다. 어떤 사상에 대한 주변확률은 분할표를 이용하여 그의 합계를 총 합계로 나누어 구할 수 있지만 결합확률표를 이용할 때는 그 사상에 해당되는 모든 결합확률을 합하여 구할 수 있다. 즉 주변확률은 각각의 해당 열 또는 행에 대해 결합확률들을 합하여 구한다.

[표 6−2]에서 주변확률은 네 개로서 다음과 같이 구할 수 있다.

$P(A)=P(A\cap B)+P(A\cap \overline{B})$
$P(\overline{A})=P(\overline{A}\cap B)+P(\overline{A}\cap \overline{B})$
$P(A)=P(A\cap B)+P(\overline{A}\cap B)$

표 6−2 결합확률표

	A	$\overline{A}$	합계
B	$P(A\cap B)$	$P(\overline{A}\cap B)$	$P(B)$
$\overline{B}$	$P(A\cap \overline{B})$	$P(\overline{A}\cap \overline{B})$	$P(\overline{B})$
합계	$P(A)$	$P(\overline{A})$	1.0

$$P(\overline{B}) = P(A \cap \overline{B}) + P(\overline{A} \cap \overline{B})$$

앞절에서 설명한 두 종속사상의 경우 조건확률은 결합확률표를 사용하여 설명할 수 있다. 예컨대 $P(B|A)$는 결합확률 $P(A \cap B)$를 주변확률 $P(A)$로 나누어 구한다.

[표 6-2]에서 조건확률은 다음과 같이 구할 수 있다.

$$P(B|A) = \frac{P(B \cap A)}{P(A)}$$

$$P(\overline{B}|A) = \frac{P(\overline{B} \cap A)}{P(A)}$$

$$P(B|\overline{A}) = \frac{P(B \cap \overline{A})}{P(A)}$$

$$P(\overline{B}|\overline{A}) = \frac{P(\overline{B} \cap \overline{A})}{P(\overline{A})}$$

$$P(A|B) = \frac{P(A \cap B)}{P(A)}$$

$$P(\overline{A}|B) = \frac{P(\overline{A} \cap B)}{P(A)}$$

$$P(A|\overline{B}) = \frac{P(A \cap \overline{B})}{P(\overline{B})}$$

$$P(\overline{A}|\overline{B}) = \frac{P(\overline{A} \cap \overline{B})}{P(\overline{A})}$$

예 6-3

Excel 대학교 통계학 A반에 등록한 100명 학생 가운데 등록금 인상에 찬성하는 남자는 15명이고 전체 여자 40명 가운데 반대하는 여자는 36명이다.

❶ 분할표를 작성하라.

❷ 결합확률표를 작성하라.

❸ 주변확률을 구하라.

❹ 조건확률을 구하라.

풀이

❶

성별 \ 찬반	찬성(찬)	반대(반)	합계
남자(M)	15	45	60
여자(F)	4	36	40
합계	19	81	100

❷ 네 개의 결합확률은 다음과 같다.

$P(\text{찬} \cap M) = \frac{15}{100} = 0.15 \qquad P(\text{찬} \cap F) = \frac{4}{100} = 0.04$

$P(\text{반} \cap M) = \frac{45}{100} = 0.45 \qquad P(\text{반} \cap F) = \frac{36}{100} = 0.36$

결합확률표는 다음과 같다.

성별 \ 찬반	찬성(찬)	반대(반)
남자(M)	0.15	0.45
여자(F)	0.04	0.36

❸ 네 개의 주변확률은 다음과 같다.

$P(\text{찬}) = \frac{19}{100} = 0.19$ 또는 $P(\text{찬}) = 0.15 + 0.04 = 0.19$

$P(\text{반}) = \frac{81}{100} = 0.81$ 또는 $P(\text{반}) = 0.45 + 0.36 = 0.81$

$P(M) = \frac{60}{100} = 0.6$ 또는 $P(M) = 0.15 + 0.45 = 0.6$

$P(F) = \frac{40}{100} = 0.4$ 또는 $P(F) = 0.04 + 0.36 = 0.4$

주변확률표는 다음과 같다.

성별 \ 찬반	찬성(찬)	반대(반)	합계
남자(M)			0.6
여자(F)			0.4
합계	0.19	0.81	1.00

④ 조건확률은 다음과 같이 여덟 개가 된다.

$$P(M|\text{찬})=\frac{P(M\cap\text{찬})}{P(\text{찬})}=\frac{0.15}{0.19}=0.79 \qquad P(F|\text{찬})=\frac{P(F\cap\text{찬})}{P(\text{찬})}=\frac{0.04}{0.19}=0.21$$

$$P(M|\text{반})=\frac{P(M\cap\text{반})}{P(\text{반})}=\frac{0.45}{0.81}=0.56 \qquad P(F|\text{반})=\frac{P(F\cap\text{반})}{P(\text{반})}=\frac{0.36}{0.81}=0.44$$

$$P(\text{찬}|M)=\frac{P(\text{찬}\cap M)}{P(M)}=\frac{0.15}{0.6}=0.25 \qquad P(\text{반}|M)=\frac{P(\text{반}\cap M)}{P(M)}=\frac{0.45}{0.6}=0.75$$

$$P(\text{찬}|F)=\frac{P(\text{찬}\cap F)}{P(F)}=\frac{0.04}{0.4}=0.1 \qquad P(\text{반}|F)=\frac{P(\text{반}\cap F)}{P(F)}=\frac{0.36}{0.4}=0.9$$

독립사상의 경우

100원 짜리와 500원 짜리 두 개의 동전을 던져서 모두 앞면이 나올 확률을 구하고자 할 때처럼 두 사상 A와 B가 있을 때 사상 B의 확률이 사상 A의 발생에 영향을 받지 않는다면, 즉 $P(B)=P(B|A)$이면 두 사상 A와 B는 통계적 독립성(statistical independence)을 갖는다고 한다. $P(A)=P(A|B)$인 경우에도 두 사상 A와 B는 독립적이다.

랜덤 추출로 실시하는 많은 실험은 종속적인 사상을 결과할 뿐만 아니라 독립적인 사상을 결과한다. 만일 복원추출(sampling with replacement)로 한다면 모집단의 크기에는 변화가 없기 때문에 두 사상은 독립적이라 할 수 있다.

두 사상 A와 B가 독립적일 때 사상 A(또는 사상 B)가 이미 발생하였다는 조건하에서 사상 B(또는 사상 A)가 발생할 조건확률은 다음과 같다.

$P(B|A)=P(B)$ 또는 $P(A|B)=P(A)$

곱셈법칙

확률의 덧셈법칙은 두 사상의 합사상의 확률을 계산하는 데 이용되지만 곱셈법칙은 두 사상의 교사상이 발생할 결합확률을 구하는 데 이용된다. 확률의 곱셈법칙은 조건확률의 개념에 기초하고 있다. 그런데 곱셈법칙은 두 사상이 종속적이냐 또는 독립적이냐에 따라 일반법칙과 특별법칙으로 구분된다.

일반법칙 : 종속사상의 경우

앞절에서 두 사상 A와 B가 종속적인 경우 조건확률 $P(B|A)$는 다음 공식을 이용하여 구함을 우리는 공부하였다.

$$P(B|A)=\frac{P(A\cap B)}{P(A)}$$

이 공식의 양변에 $P(A)$를 곱하면 곱셈의 일반법칙(general rule of multiplication)이 구해진다.

$$P(A\cap B)=P(A)P(B|A) \text{ 또는 } P(A\cap B)=P(B)P(A|B)$$

특별법칙 : 독립사상의 경우

우리는 앞에서 두 사상의 독립성에 관해서 공부하였다. 이와 같이 두 사상이 독립적일 때에는 곱셈의 특별법칙(special rule of multiplicaion)이 적용된다.

두 사상 A와 B가 동시에 발생하거나 연속적으로 발생할 때 두 사상의 결합확률은 각 사상의 주변확률의 곱으로 구한다.

$$P(A\cap B)=P(A)P(B)$$

예 6-4

여섯 개의 흰 돌과 네 개의 검은 돌이 들어 있는 바둑통에서 돌을 하나씩 두 번 꺼내는 실험을 실시하려고 한다.

❶ 복원추출하는 경우, 두 돌이 모두 흰 돌일 확률을 구하라.

❷ 비복원추출하는 경우, 두 돌이 모두 흰 돌일 확률을 구하라.

풀이

❶ 흰 돌을 두 번 뽑는 사상을 차례로 A, B라 하면 이들은 서로 독립적이다.

$$P(A \cap B) = P(A)P(B) = \frac{6}{10} \times \frac{6}{10} = 0.36$$

❷ 사상 A와 B는 종속적이다.

$$P(A \cap B) = P(A)P(A|B) = \frac{6}{10} \times \frac{5}{9} = \frac{1}{3}$$

6.6 Bayes 정리

개념

새로운 정보가 알려지면 확률을 수정하는 것은 현명한 의사결정을 하는 데 도움이 된다. 의사결정자가 특정 사상 A에 대해 최초로 부여한 확률을 사전확률(prior probability, 무조건 확률) $P(A)$라고 한다.

추가적인 새로운 표본정보가 주어지면 사전확률을 수정하여 사후확률(posterior probability, 조건확률) $P(A|B)$를 계산할 수 있다. Bayes 정리(Bayes' theorem)는 이러한 조건확률 계산에 사용되는 수단이 된다. [그림 6-4]는 확률의 수정 과정을 나타내고 있다.

Bayes 정리가 어떻게 적용되는지 간단한 예를 들어 설명하기로 하자. 어떤 제조회사가 두 납품업자 가운데 납품업자 1로부터는 전체의 60%를, 그리고 납품업자 2로부터는 40%를 공급받는다고 한다. 납품업자 1로부터 부품을 공급받는 사상을 A_1, 납품업자 2로부터 공급받는 사상을 A_2라고 하면 상호 배타적인

그림 6-4 확률의 수정 과정

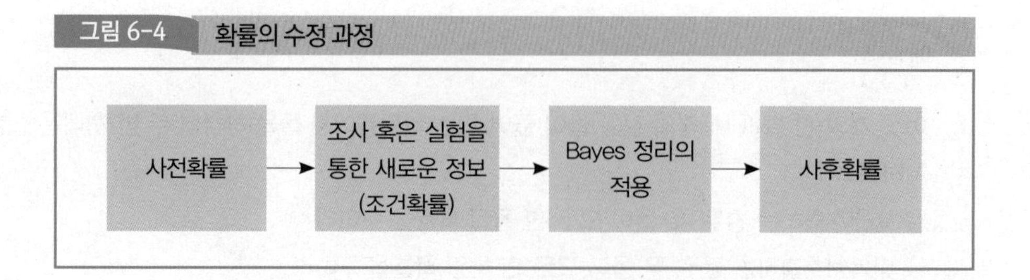

두 사상의 사전확률은 $P(A_1)=0.6$, $P(A_2)=0.4$가 된다.

역사적 자료에 의하면 납품업자 1로부터 공급되는 부품 가운데 양품의 비율은 97%, 불량품의 비율은 3%이었고 납품업자 2로부터 공급되는 부품 가운데 양품의 비율은 95%, 불량품의 비율은 5%이었다. 양품인 사상을 G, 불량품인 사상을 B라 하면 조건확률은 다음과 같다.

$$P(G|A_1)=0.97 \quad P(B|A_1)=0.03$$
$$P(G|A_2)=0.95 \quad P(B|A_2)=0.05$$

회사가 부품을 사용하는 도중 한 불량품을 발견하였을 때 우리가 알고자 하는 것은 그 불량품이 납품업자 1로부터 또는 납품업자 2로부터 공급받았을 확률이 얼마인가? 즉 조건확률 $P(A_1|B)$와 $P(A_2|B)$를 구하고자 하는 것이다.

이와 같이 Bayes 정리는 어떤 결과를 놓고 이를 유발한 원인에 대한 확률을 역으로 구하는 것이라고 할 수 있다. 불량품 발견이라는 사상이 발생한 후에 두 납품업자의 공급비율과 불량률에 관한 사전 정보를 이용하여 각 납품업자가 불량품을 공급하였으리라고 추정하는 사후확률을 구하려는 것이다.

조건확률의 정의에 따라 우리가 구하고자 하는 사후확률은 다음과 같이 표현할 수 있다.

$$P(A_1|B)=\frac{P(A_1\cap B)}{P(B)}=\frac{P(A_1)P(B|A_1)}{P(B)}$$
$$P(A_2|B)=\frac{P(A_2\cap B)}{P(B)}=\frac{P(A_2)P(B|A_2)}{P(B)}$$

두 사상 A_1과 A_2가 있을 때 Bayes 정리는 다음과 같이 정리할 수 있다.

$$P(A_1|B)=\frac{P(A_1)P(B|A_1)}{P(A_1)P(B|A_1)+P(A_2)P(B|A_2)}$$

$$P(A_2 | B) = \frac{P(A_2)P(B | A_2)}{P(A_1)P(B | A_1) + P(A_2)P(B | A_2)}$$

표의 이용

사후확률 계산은 표를 이용할 때 더욱 쉽게 할 수 있다. [표 6-3]에서 보는 바와 같이 우선 다섯 개의 열을 만든다.

- **단계 1** : 열①에 문제에서 발생하는 상호 배반적인 사상을 모두 나열한다.
- **단계 2** : 열②에 각 사상의 사전확률을 적는다.
- **단계 3** : 열③에 각 사상이 주어졌을 때 얻는 새로운 정보의 조건확률을 적는다.
- **단계 4** : 열②와 열③을 곱하여 열④에 적는다. 이는 각 사상과 새로운 정보의 결합확률이다. 열④의 합을 구하면 이것이 새로운 정보의 확률이다.
- **단계 5** : 열④에 적은 값을 열④의 합으로 각각 나눈 값을 열⑤에 적는데 이것이 사후확률이다.

표 6-3 사후확률의 계산

	A	B	C	D	E	F
1	사상	사전확률	조건확률	결합확률	사후확률	
2	A1	0.6	0.03	0.018	0.473684	
3	A2	0.4	0.05	0.02	0.526316	
4	합계	1		0.038	1	
5						

예 6-5

올림픽에 출전하는 선수들의 6%는 약물을 복용하고 94%는 복용하지 않는다고 한다. 선수가 약물을 복용하는지를 밝히기 위하여 테스트가 실시된다. 테스트의 결과는 양성 아니면 음성이다. 그러나 이러한 테스트는 결코 믿을 만한 것이 못 된다. 약물을 복용해도 음성반응을 나타내고 복용을 하지 않아도 양성반응을 나타내는 경우가 있기 때문이다. 약물 복용자의 7%는 음성반응을 나타내고 비복용자의 3%는 양성반응을 나타내는 것으로 추정된다.

한 선수를 랜덤으로 추출하여 테스트한 결과 양성반응을 나타낼 때 이 선수가 실제로 약물을 복용했을 확률은 얼마인가?

풀이

다음과 같이 사상을 정의한다.

사상 D : 약물을 복용한다.

사상 N : 약물을 복용하지 않는다.

사상 T^+ : 양성반응

사상 T^- : 음성반응

$P(D)=0.06 \quad P(N)=0.94$

$P(T^- | D)=0.07 \quad P(T^+ | D)=0.93$

$P(T^- | N)=0.97 \quad P(T^+ | N)=0.03$

$$P(D | T^+)=\frac{P(D)P(T^+ | D)}{P(D)P(T^+ | D)+P(N)P(T^+ | N)}=\frac{0.06(0.93)}{0.06(0.93)+0.94(0.03)}=0.6643$$

양성반응을 나타낸 선수가 실제로 약물을 복용했을 확률은 겨우 66.43%이고 약물을 비복용했을 확률은 33.57%임을 의미한다.

6.7 확률변수

확률변수(random variable)란 그의 수치가 확률실험(우연)에 의하여 결정되는 양적 변수를 말한다. 즉 확률변수란 확률실험의 결과에 의하여 결정되는 수치를 취하는 변수를 말한다. 예를 들어 냉장고 대리점이 하루에 판매하는 냉장고를 조사하는 확률실험에서 그의 결과를 판매한 냉장고의 수라고 할 수 있는데 이때 판매한 냉장고의 수가 확률변수이다. 이와 같이 확률변수란 확률실험의 모든 가능한 결과에 대하여 수치를 부여하는 함수 또는 규칙을 말한다.

확률변수는 대문자 X, Y로 표시하지만 그가 취하는 가능한 값은 소문자 x, y로 표시한다.

확률변수에는 이산확률변수와 연속확률변수가 있다. 이산확률변수(discrete

random variable)란 표본공간의 결과(확률변수가 취하는 값)가 셀 수 있을 정도로 한정되어 있고, 확률변수가 취할 수 있는 모든 가능한 값이 정수와 같이 하나하나 셀 수 있어 나열할 수 있는 확률변수를 말한다. 예를 들면 가족 가운데 남자의 수, 어떤 병원에서 하루에 출생하는 여자의 수, 한 시간 동안 어떤 은행에 도착하는 고객의 수, 올림픽 한·일 축구경기에서의 골의 수 등이다.

이에 반하여 연속확률변수(continuous random variable)는 일정한 구간 내에서 무한정한 실수의 연속적인 값을 취하는 확률변수를 말한다. 예를 들면 가족의 연간 소득, 건전지의 수명, 체중, 키, 온도, 미사일의 사정거리 등이다.

6.8 확률분포

확률변수가 취할 수 있는 모든 값과 이러한 모든 값에 대응하는 확률을 알고 있으면 확률분포(probability distribution)를 작성할 수 있다.

확률분포란 확률실험의 가능한 모든 결과를 수치로 나타내고 각 결과에 대응하는 확률을 나열한 도수분포표, 그래프, 또는 함수를 말한다.

예를 들어보자. 다음 표는 어느 도시에 거주하는 101,505의 각 가구가 소유하는 컬러 TV의 수를 조사한 결과이다. 이 데이터를 이용하여 각 TV 수에 대해 (TV 수/가구 수)로 하여 확률분포표를 구하면 [표 6-4]와 같고 이를 그래프로 나타낸 것이 [그림 6-5]이다.

표 6-4 확률분포표

	A	B	C
1	TV 수(X)	P(X)	
2	0	0.012	
3	1	0.319	
4	2	0.374	
5	3	0.191	
6	4	0.076	
7	5	0.028	
8	합계	1	
9			

그림 6-5 확률분포표의 그래프

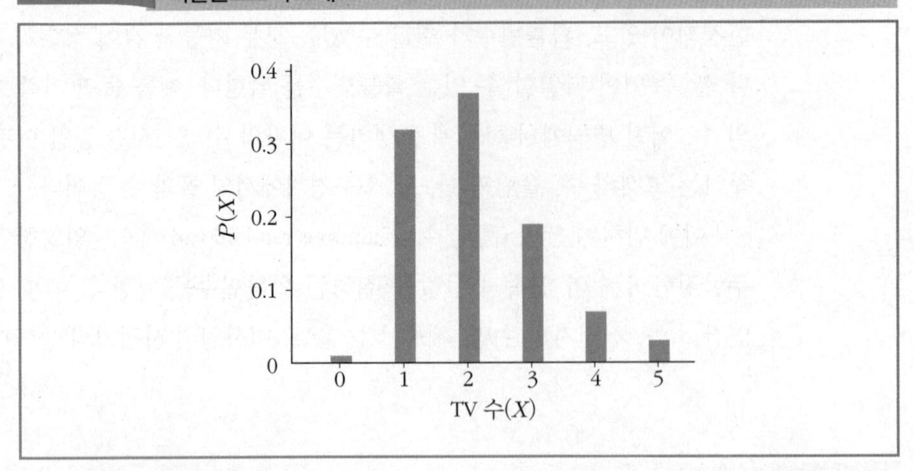

이산확률분포

확률분포는 관심의 대상이 되는 변수가 이산확률변수이냐 또는 연속확률변수이냐에 따라 이산확률분포와 연속확률분포로 구분할 수 있다.

이산확률변수를 X라 하고 그가 취할 수 있는 하나의 가능한 값을 x라 하면 X가 특정한 값 x를 취할 수 있는 확률은 $P(X=x)$ 또는 $P(X)$로 표현할 수 있다.

이산확률변수 X에 대해 확률분포는 $f(X)$로 표현하는 확률질량함수(probability mass function)로 구한다. 확률질량함수는 확률변수의 각 값에 대한 확률을 제공한다. 이와 같이 확률질량함수란 이산확률변수 X가 취할 수 있는 각 실수값 x에 확률을 대응시키는 함수이다.

[그림 6-5]는 이산확률분포를 그래프로 나타낸 것이다. 이 확률분포는 관찰을 통해 작성한 것이므로 경험적 확률분포(empirical probability distribution)라고도 한다. 이 특정 경험적 확률분포는 사용자 이산분포(custom discrete distribution)라고 하는데 확률변수의 가능한 값들이 이산 값들을 갖기 때문이다.

사용자 이산확률분포는 다른 발생확률을 갖는 다른 가능한 시나리오를 기술하는 데 유용한 기법이다. 각 시나리오가 발생할 확률은 상대도수법을 이용한다.

확률질량함수의 특성은 다음과 같다.

$0 \leq P(X_i) \leq 1$ 모든 i에 대해

$\sum_i P(X_i) = 1$

6.9 확률변수의 기대값과 분산

기대값

확률변수의 확률분포가 작성되면 확률변수가 취할 수 있는 모든 값들의 평균(mean), 즉 기대값(expected value : 기대치)을 구할 수 있다. 기대값은 확률분포에서 분포의 무게중심을 말하며 확률변수가 취할 수 있는 값에 대응되는 확률을 가중치로 하는 확률변수의 가능한 모든 값들의 가중평균(weighted mean)이라고 할 수 있다.

확률변수 X의 확률함수가 $f(X)$일 때 변수 X의 기대값 $E(X)$ 또는 μ는 다음과 같다.

$E(X) = \mu = \sum XP(X)$ X가 이산변수인 경우

$E(X) = \mu = \int Xf(X)dX$ X가 연속변수인 경우

확률변수의 기대값이란 실험을 수없이 반복할 때 그 확률변수가 갖는 장기적 평균이라고 해석할 수 있다.

예 6-6

앞절에서 예로 든 어느 도시의 가구 수와 컬러 TV 수의 확률분포를 이용하여 확률변수(TV 수) X의 평균을 구하라.

풀이

	A	B	C	D
1	TV 수(X)	P(X)	XP(X)	
2	0	0.012	0	
3	1	0.319	0.319	
4	2	0.374	0.748	
5	3	0.191	0.573	
6	4	0.076	0.304	
7	5	0.028	0.14	
8	합계	1	2.084	=SUMPRODUCT(A2:A7, B2:B7)
9				

Excel을 사용하여 기대값을 구하기 위해서는
=SUMPRODUCT(데이터의 범위1, 데이터의 범위2)
함수를 이용한다.

분산

기대값은 확률실험이 반복되는 경우에 확률변수가 취하는 값들의 평균을 제공해 주는 데 반하여 분산(variance) 또는 표준편차(standard deviation)는 확률변수의 값들이 기대값을 중심으로 얼마나 흩어져 있는가를 나타내는 산포도(degree of dispersion)의 측정치이다.

분산 또는 표준편차는 분포의 모양을 결정한다. 분산이 크다는 것은 확률변수의 값들이 기대값에서 더 많이 흩어져 있음을 의미한다.

분산과 표준편차의 공식은 다음과 같다.

- **분산** : $Var(X)=\sigma^2=\sum[X-E(X)]^2P(X)$
- **표준편차** : $\sigma=\sqrt{Var(X)}=\sqrt{\sum[X-E(X)]^2P(X)}$

예 6-7

[표 6-4]에 대하여 표준편차를 구하라.

풀이

	A	B	C	D	E	F
1	예제 6-7					
2						
3						
4	X	P(X)	XP(X)	X-E(X)	[X-E(X)]^2	[X-E(X)]^2P(X)
5	0	0.012	0	-2.084	4.343056	0.052116672
6	1	0.319	0.319	-1.084	1.175056	0.374842864
7	2	0.374	0.748	-0.084	0.007056	0.002638944
8	3	0.191	0.573	0.916	0.839056	0.160259696
9	4	0.076	0.304	1.916	3.671056	0.279000256
10	5	0.028	0.14	2.916	8.503056	0.238085568
11	합계	1	2.084			1.106944
12						
13		Var(X)	1.106944	= SUMPRDUCT(E5:E10, B5:B10)		
14		표준편차	1.052114	= SQRT(C13)		

6.10 이산확률분포

이산확률변수의 각 값에 확률을 부여하는 방법에는 확률분포와 그래프를 이용하는 방법 외에도 확률질량함수(probability mass function)를 이용하는 방법이 있다. 확률질량함수 $P(X=x)$는 이산확률변수 X가 실수값 x를 취할 확률을 말한다.

이산확률분포는

① $P(X=x) \geq 0$
② $\sum P(X=x)=1$

이라는 조건을 만족시켜야 한다.

이항분포

표본공간이 두 개의 원소로 구성된 실험을 하거나 표본을 추출할 때 확률변수의 결과는 두 개의 상호 배타적인 범주로 나눌 수 있는 경우가 있다(예:시험의 합격, 불합격).

두 개의 결과 가운데 어떤 하나를 성공이라 하고 다른 하나는 실패라고 할 때 동일한 시행을 n번 반복할 때 나타나는 성공횟수 x를 이항확률변수라고 한다. 이항확률변수가 취하는 값들과 이에 대응하는 확률을 나타내는 분포를 이항확률분포(binomial probability distribution)라고 한다.

이항분포의 확률질량함수는 다음과 같다.

$$P(X=x)=\binom{n}{x}p^x q^{n-x}$$
$$=\frac{n!}{x!(n-x)!}p^x(1-p)^{n-x} \qquad (x=0,1,\cdots,n)$$

예 6-8

허 사장은 온라인으로 데스크탑(desktop) PC와 랩탑(laptop) PC를 판매하는데 판매량의 75%는 데스크탑이고 25%는 랩탑이라고 한다. 수많은 구매자 가운데서 네 사람을 랜덤으로 추출한다고 하자. 이 중에서 데스크탑을 구매한 사람의 수를 이항변수 X라고 할 때 변수 X의 이항확률분포를 작성하고 이를 막대그래프로 나타내라.

풀이

$X=0$일 때, $\binom{4}{0}(0.75)^0(0.25)^4=\frac{4!}{4!0!}(1)(0.0039)=0.0039$

$X=1$일 때, $\binom{4}{1}(0.75)^1(0.25)^3=\frac{4!}{3!1!}(0.75)(0.0156)=0.0469$

$X=2$일 때, $\binom{4}{2}(0.75)^2(0.25)^2=\frac{4!}{2!2!}(0.5625)(0.0625)=0.2109$

$X=3$일 때, $\binom{4}{3}(0.75)^3(0.25)^1=\frac{4!}{1!3!}(0.4219)(0.25)=0.4219$

$X=4$일 때, $\binom{4}{4}(0.75)^4(0.25)^0=\frac{4!}{0!4!}(0.3164)(0.1)=0.3164$

X	P(X)
0	0.003906
1	0.046875
2	0.210938
3	0.421875
4	0.316406
합계	1.000000

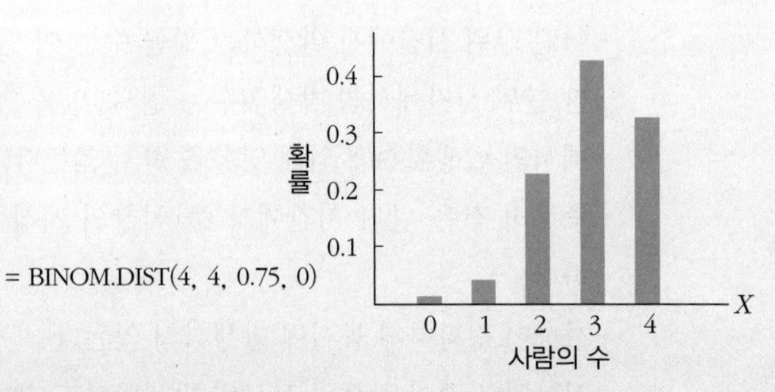

확률변수 X가 모수 n, p인 이항분포를 따를 때 $X \sim B(n, p)$로 표기한다. 이항확률변수 X의 기대값과 분산은 다음과 같다.

- 기대값 : $\mu=E(X)=np$
- 분산 : $\sigma^2=Var(X)=npq$
- 표준편차 : $\sigma=\sqrt{npq}$

Excel을 사용해서 이항확률변수의 발생확률을 구하기 위해서는
=BINOM.DIST(성공횟수 x, n, p, *False*)
함수를 사용한다. 누적확률을 원하면 True를 사용한다.

포아송분포

포아송 확률변수 X는 일정한 단위 시간(예: 은행창구에 도착하는 시간당 고객의 수), 단위 구간(예: 모직 한 필에서 발견되는 결점의 수) 또는 단위 공간(면적)에서 특정 사상이 발생할 횟수를 의미하고 포아송분포(Poisson distribution)란 포아송 확률변수 X가 취할 수 있는 무한한 값들과 이들의 각 값에 대응하는 확률을 나타내는 분포이다.

어떤 확률변수가 포아송분포를 하기 위해서는 다음과 같은 조건을 만족시켜야 한다.

- 어떤 단위 시간에서 발생하는 평균 수는 이 단위 시간의 크기에 비례한다.
- 한 단위 시간에서의 발생횟수는 셀 수 있을 정도의 수이며 다른 단위 시간에서의 발생횟수에 의해 영향을 받지 않는다(독립적이다).
- 충분히 작은 단위 시간에서 둘 이상의 사상이 발생할 확률은 무시할 만하다.
- 사상이 정확하게 동시에 발생하지 않는다.
- 시간의 간격이 같으면 사상의 발생확률도 같다.

포아송 확률질량함수는 다음과 같이 정의한다.

$$P(X=x)=\frac{e^{-\mu}\mu^{x}}{x!}$$

$e=2.71828$
μ=한 구간에서의 평균 발생 수
$P(X)$=한 구간에서 발생횟수가 x일 확률
기대값$=E(X)=\mu$
분산$=Var(X)=\sigma^{2}$

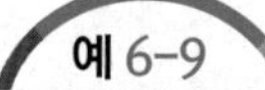
예 6-9

어떤 자동차 판매원은 하루에 평균 0.9대의 자동차를 판매한다. 어느 날 그가 판매한 자동차 수를 확률변수 X라고 하자. 이는 포아송분포를 따른다고 한다. 확률분포를 작성하고 이를 그래프로 나타내라.

풀이

X	P(X)
0	0.4066
1	0.3659
2	0.1647
3	0.0494
4	0.0111
5	0.002
6	0.0003

= POISSON.DIST(0, 0.9, 0)

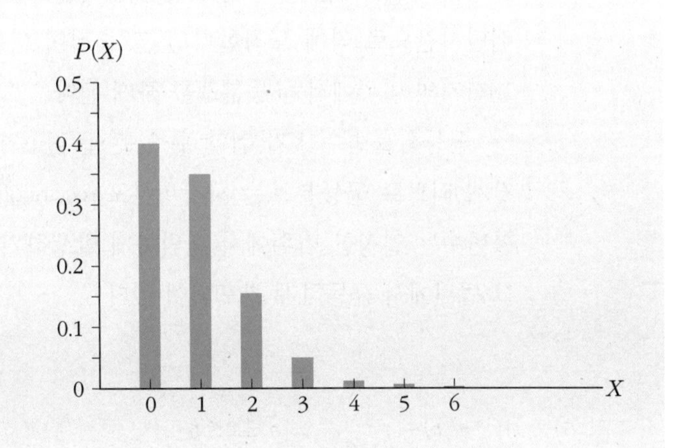

Excel을 사용해서 포아송 확률분포의 발생확률을 구하기 위해서는
=POISSON.DIST(발생횟수 x, μ, *False* 또는 *True*)
함수를 사용한다.

6.11 연속확률분포

연속확률변수 X가 취할 수 있는 어떤 실수구간 속의 실수값 x에 확률을 대응시키기 위해서는 확률밀도함수(probability density function)를 사용한다.

연속확률분포에서의 확률은 확률밀도함수 $f(X)$와 X축 사이에 있는 어느 구간의 넓이로 구한다. 즉 연속확률변수 X가 실수구간 a와 b 사이에 속할 확률 $P(a \leq X \leq b)$는 확률밀도함수를 이용하여 구한다.

균등확률분포

균등분포(uniform probability distribution)는 직선 위에 있는 두 점 a와 $b(a<b)$

사이에 있는 어떤 값을 랜덤으로 취할 수 있는 연속확률변수의 형태를 기술하는 데 이용된다. 예를 들면 공항버스가 서울역에 매 10분마다 도착하고 한 손님이 랜덤시간으로 역에 도착한다면 그 손님이 다음 버스를 기다리는 시간은 0부터 10까지의 범위에서 균등분포를 하게 된다.

균등확률변수 X가 취할 수 있는 두 점 a와 b의 간격에서 균등한 확률밀도를 갖게 되므로 균등분포는 사각형분포(rectangular distribution)라고도 한다. 균등확률변수는 일정한 범위에서 랜덤하게 발생하기 때문에 이 변수가 취하는 값들은 그 범위에서 균등하게 분포되어 있다.

$$f(x)=\frac{1}{b-a} \qquad a \leq x \leq b$$

- 기대값 : $E(X)=\mu=\frac{a+b}{2}$
- 분산 : $Var(X)=\sigma^2=\frac{(b-a)^2}{12}$

[그림 6-6]은 균등분포를 보여 주고 있다. 분포의 형태는 직사각형인데 밑변은 $(b-a)$이고 높이는 $\frac{1}{b-a}$이므로 그의 넓이는 1이 된다.

그림 6-6 균등분포

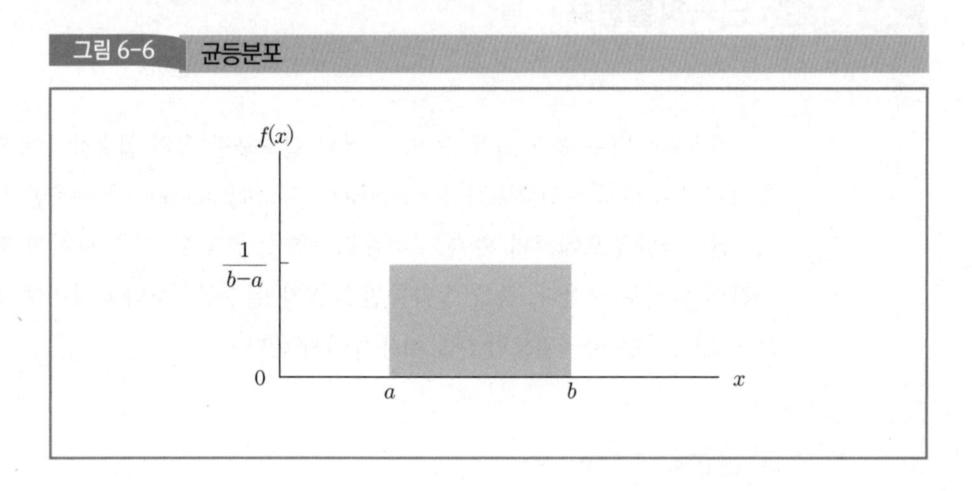

지수확률분포

지수확률분포(exponential probability distribution)는 포아송분포와 역의 관계에 있다. 단위시간에 발생하는 사상의 수가 평균 μ의 포아송분포를 따를 때 이들 사상 사이의 시간간격은 평균 $\frac{1}{\mu}$인 지수분포를 따르게 된다. 예컨대 병원 응급실에 도착하는 환자의 수가 시간당 평균 5사람의 포아송분포를 따른다면 도착 사이의 시간간격은 12분의 지수분포를 따르게 된다.

지수확률분포는 다음과 같다.

$$f(x)=\frac{1}{\mu}e^{-\frac{x}{\mu}} \qquad x \geq 0$$

- **기대값** : $E(x)=\mu$
- **표준편차** : σ

다른 연속확률분포에서처럼 지수확률변수 X가 어떤 간격에서 특정한 값 x_0를 취할 확률은 지수분포 곡선 밑의 넓이로 결정된다.

지수분포의 누적확률은 공식을 이용하여 구한다.

$$P(x \leq x_0)=1-e^{-\frac{x_0}{\mu}}$$

$$P(x \geq x_0)=e^{-\frac{x_0}{\mu}}$$

이 공식을 그림으로 나타내면 [그림 6-7]과 같다.

Excel을 사용해서 지수확률변수가 특정 값을 취할 누적확률을 구하기 위해서는

$=\text{EXPON.DIST}(x, \frac{1}{\mu}, True)$

함수를 사용한다.

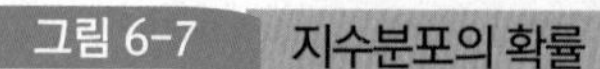
그림 6-7 지수분포의 확률

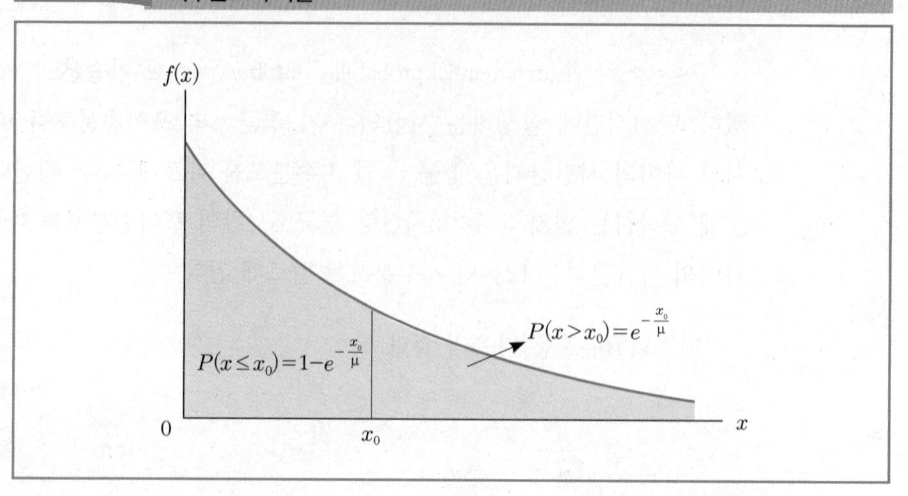

예 6-10

혜화 교차로에 도착하는 두 자동차 사이의 시간간격은 평균 12초로 지수분포를 따른다고 한다.

❶ 이 지수분포를 그림으로 나타내라.

❷ 두 도착 사이의 시간이 12초 이하일 확률을 구하라.

❸ 두 도착 사이의 시간이 30초 이상일 확률을 구하라.

❹ 두 도착 사이의 시간이 6초에서 18초 사이일 확률을 구하라.

❺ 이 문제를 포아송 분포로 표현하라.

풀이

❶

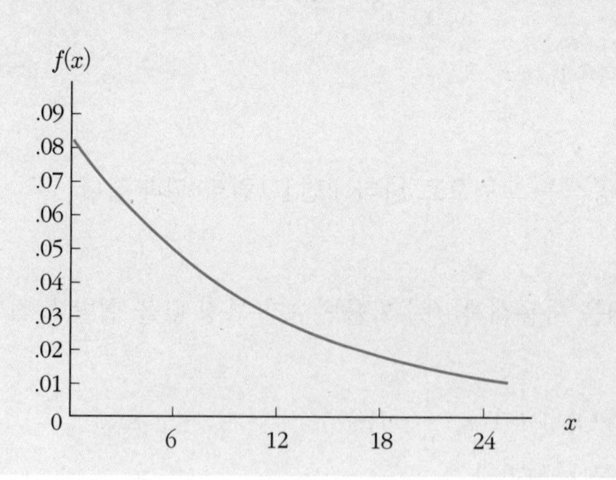

$f(x)=\frac{6}{12}e^{-\frac{x}{12}}$에서 x값에 해당하는 $f(x)$를 구한다.

❷ $P(x\leq 12)=1-e^{-12/12}=1-0.3679=0.6321=$ EXPON.DIST(12, $\frac{1}{12}$,1)

❸ $P(x\geq 30)=e^{-30/12}=0.0821=1-$EXPON.DIST(30, $\frac{1}{12}$, 1)

❹ $P(6\leq x\leq 18)=$ EXPON.DIST(18, $\frac{1}{12}$, 1)−EXPON.DIST(6, $\frac{1}{12}$,1)

❺ 혜화 교차로에 도착하는 자동차가 초당 평균 $\frac{1}{12}$로 포아송분포를 따른다고 할 수 있다.

정규분포

연속확률변수를 기술하는 가장 중요한 확률분포는 정규분포(normal distribution)이다. 정규분포는 사회현상이나 자연현상의 실제 응용에 있어 폭넓게 사용되고 있다.

정규분포는 통계학에서 가장 중요한 부문인데 그의 원인은 다음과 같다.

- 비즈니스 세계에 공통적인 수많은 연속변수는 정규분포에 근사한 분포를 따른다.
- 정규분포는 이항분포 같은 이산확률분포를 근사하는 데 이용된다.
- 정규분포는 표본을 통한 통계적 추론의 근거를 제공한다.

표본정보에 입각하여 모집단의 어떤 특성에 대해 결론을 내릴 때는 모집단이 정규분포를 따른다는 전제가 필요하다. 이와 같이 정규분포는 통계적 추정이나 가설검정 같은 추리통계학에서 기본이 되는 분포이다.

정규분포의 파라미터는 평균 μ와 표준편차 σ이다. [그림 6-8]은 전형적인 정규분포를 나타내는 곡선이다. 그런데 평균과 표준편차의 조합에 따라 다양한 정규곡선을 그릴 수 있다.

정규분포의 종모양의 곡선을 나타내는 확률밀도함수는 다음과 같다.

그림 6-8 정규곡선

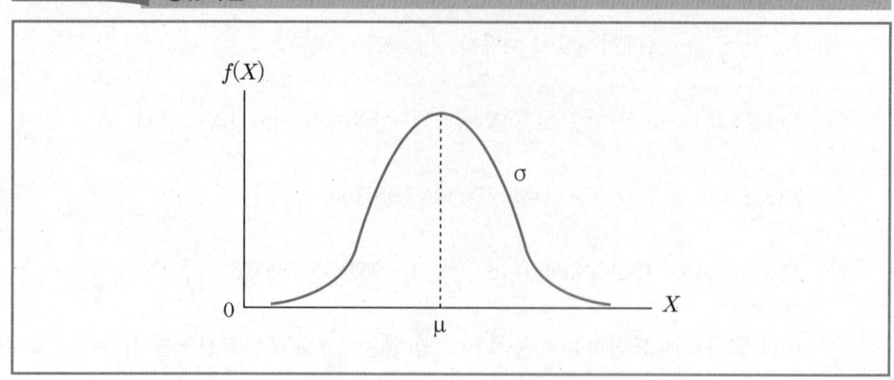

$$f(X) = \frac{1}{\sqrt{2\pi\sigma^2}} e^{-(x-\mu)2/2\sigma^2}$$

π=3.1416(상수)

e=2.7183(상수)

μ : 분포의 평균

σ : 분포의 표준편차

[그림 6-8]과 같은 정규곡선을 볼 때 다음과 같은 특성을 발견할 수 있다.

- 정규곡선은 종 모양이다.
- 정규곡선은 분포의 평균을 중심으로 대칭을 이룬다. 따라서 평균, 중앙치, 최빈치가 모두 동일하다.
- 정규곡선은 X축에 닿지 않으므로 확률변수 X의 범위는 $-\infty < X < +\infty$이다.
- 정규분포의 위치와 모양은 각각 평균과 표준편차에 의해서 결정된다.
- 정규곡선은 측정단위에 따라 달라진다.
- 정규곡선 밑의 총면적은 1이다.
- 정규곡선 밑의 두 점 사이 면적은 정규확률변수가 이들 두 점 사이의 어떤 값을 취할 확률이다.
- $-\infty$와 $+\infty$의 범위 사이에는 무수한 값이 있기 때문에 정규확률변수가 어떤 특정한 값을 취할 확률은 0이다.
- 평균과 다른 어떤 점 사이 정규곡선 밑의 면적은 그 점이 평균으로부터 떨어져 있는 표준편차의 수의 함수이다.

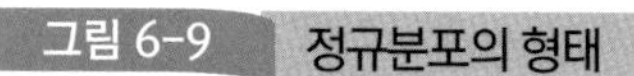
그림 6-9 정규분포의 형태

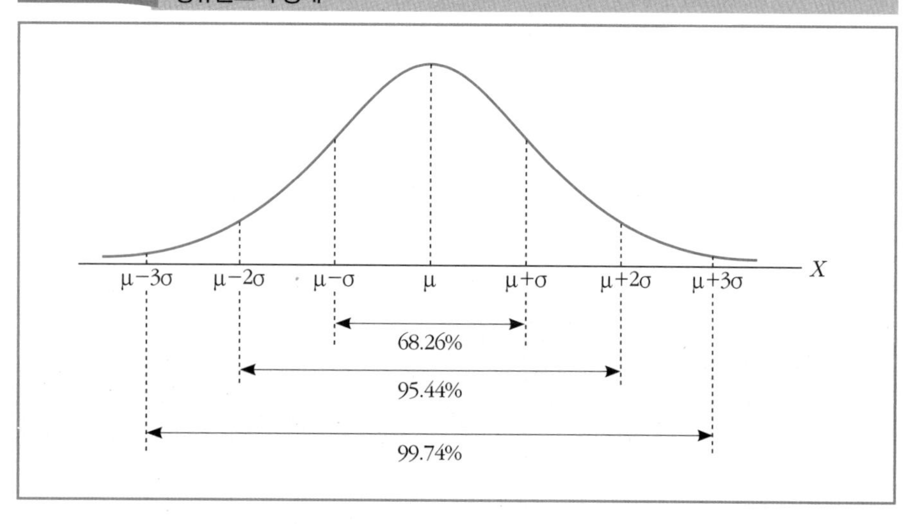

확률변수 X가 취할 수 있는 값의 범위는 $-\infty < X < +\infty$이지만 관측치(데이터 값)들의 68.26%는 $\mu \pm 1\sigma$, 95.44%는 $\mu \pm 2\sigma$, 99.74%는 $\mu \pm 3\sigma$ 안에 속해 있다. 밀도곡선의 기울기는 급격히 하락하기 때문에 평균 μ로부터 멀리 떨어진 구간의 확률은 무시할 정도로 작은 것이다. 이는 [그림 6-9]가 보여 주고 있다.

정규확률변수 X가 두 점 a와 b 사이에 있을 확률은 이들 두 점 사이 정규곡선 밑의 면적과 같다. 이는 [그림 6-10]에서 보는 바와 같다.

평균과 분산에 따라 결정되는 정규분포의 모양에 구애받지 않고 특정 구간 사이의 확률을 구하기 위해서는 정규분포를 표준정규분포로 전환하여 분포의

그림 6-10 $P(a < X < b)$

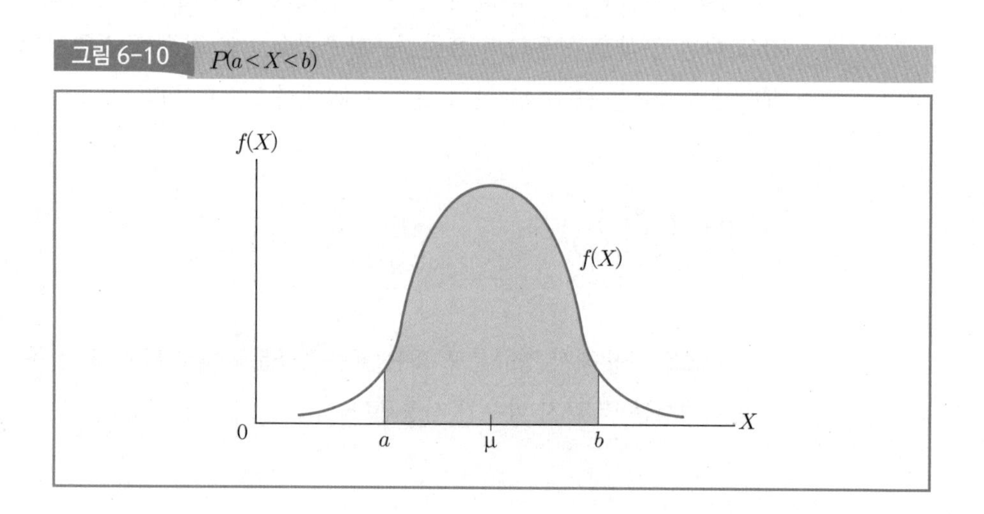

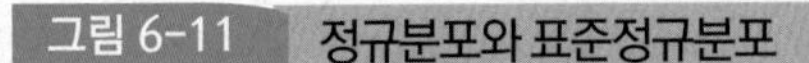
그림 6-11 정규분포와 표준정규분포

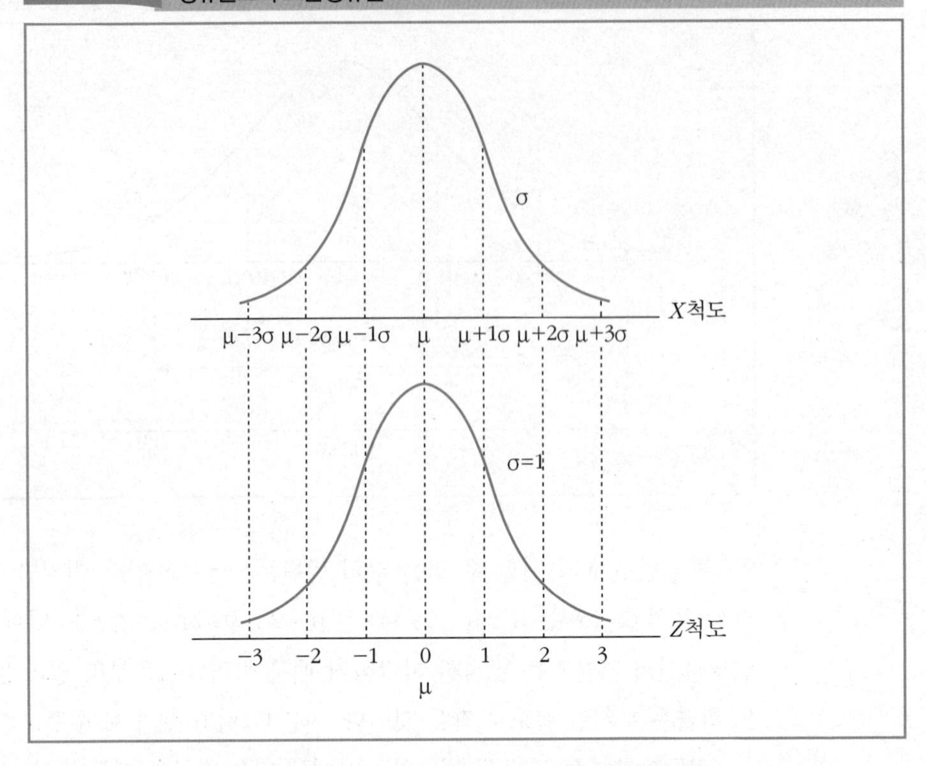

모양을 통일해야 한다. 표준정규분포(standard normal distribution)란 모든 정규분포의 평균을 0이 되고 표준편차를 1이 되도록 표준화시킨 정규분포를 말한다.

정규분포를 표준정규분포로 전환시킨 그림이 [그림 6-11]이다.

정규확률변수 X가 특정 구간 사이의 값을 가질 확률은 정규확률변수 X의 값을 다른 공식을 이용하여 표준정규확률변수 Z의 값으로 전환시킨 후 Z값에 해당하는 확률을 표준정규분포표(Z-table)에서 읽으면 된다.

$$Z = \frac{X - \mu}{\sigma}$$

Excel을 사용해서 정규분포 또는 표준정규분포에서 확률 또는 특정 값을 구하기 위해서는 몇 가지 함수가 사용된다.

- 정규분포에서 확률변수 X값이 주어졌을 때 이에 해당하는 Z값 구하기 :

  =STANDARDIZE(x, μ, σ)

- 정규분포에서 확률변수 X의 값이 얼마 이하 $P(X \leq x)$일 확률 구하기 :

  =NORM.DIST(x, μ, σ, 누적확률 여부 0 또는 1)

- 정규분포에서 누적확률이 주어졌을 때 확률변수 X값 구하기 :

  =NORM.INV(누적확률, μ, σ)

- 표준정규분포에서 주어진 Z값이 얼마 이하의 누적확률에 해당하는 $P(Z \leq z)$ 구하기 :

  =NORM.S.DIST(Z, 1)

- 표준정규분포에서 누적확률이 주어졌을 때 그에 해당하는 Z값 구하기

  =NORM.S.INN(누적확률)

예 6-11

Excel 전자(주)는 최고급 전기 면도기를 생산한다. 이 회사가 생산하는 면도기의 수명은 평균 70개월, 표준편차 8개월의 정규분포를 따른다고 한다. 면도기의 수명을 확률변수 X라고 할 때

❶ 확률변수 X=66에 해당하는 Z값을 구하라.

❷ 면도기의 수명이 62개월도 되지 못할 확률은 얼마인가?

❸ 면도기의 몇 %가 82개월 이상 작동할 것인가?

❹ 회사는 판매한 전체 면도기의 5% 이하가 어떤 기간을 넘지 못하고 버려야 하는 경우에는 무료로 보상해 주려는 정책을 사용하고자 한다. 보증기간은 몇 개월인가?

❺ $P(X \leq x)$=0.05일 때 확률변수 X의 값을 구하라.

	A	B	C	D	E	
1	예제 6-11					
2						
3	평균	70		X	Z	
4	표준편차	8		66	-0.5	= STANDARDIZE(D4, B3, B4)
5						
6	X		확률			
7	62		0.1587	= NORM.DIST(A7, B3, B4, 1)		
8		82	0.0668	= 1−NORM.DIST(B8, B3, B4, 1)		
9	56.84117		0.05	= NORM.INV(C9, B3, B4)		

1. 확률변수와 확률분포의 관계를 설명하라.

2. 확률질량함수와 확률밀도함수를 비교하라.

3. 이항분포의 특성을 설명하라.

4. 포아송분포와 지수분포의 특성을 설명하라.

5. 정규분포의 특성을 설명하라.

6. 표준정규분포에 관하여 간단히 설명하라.

7. 용인에 있는 한 외국자동차 대리점의 한 판매원은 다음 주에 판매할 예상 자동차 수와 그의 확률을 다음과 같이 발표하였다.

자동차 수 (X)	0	1	2	3	4	5
확률 P(X)	0.10	0.20	0.35	0.25	0.08	0.02

(1) 다음 주에 판매할 평균 자동차 수를 구하라.
(2) 다음 주에 판매할 자동차 수의 표준편차를 구하라.
(3) $P(2 \leq X \leq 4)$를 구하라.
(4) 판매원은 주급 25만 원 외에 별도로 판매하는 자동차 한 대당 35만 원을 받는다. 다음 주에 그는 평균 모두 얼마를 받을 수 있는가?
(5) 다음 주에 판매원이 모두 100만 원 이상을 받을 확률을 구하라.

8. 성 범죄자에 전자팔찌를 채우는 문제에 대해 전국 성인남녀 1,000명을 대상으로 찬성여부를 조사한 결과 다음과 같은 분할표를 얻었다.

성별(Y) / 의견(X)	남자	여자	합계
찬성	240	300	540
반대	260	200	460
합계	500	500	1,000

(1) 결합확률분포를 구하라.

(2) 주변확률분포를 구하라.

9. 이항분포에서

(1) $n=10,\ p=0.6$일 때 $P(x \leq 5)$를 구하라.

(2) $n=80,\ p=0.35$일 때 기대값 μ와 표준편차 σ를 구하라.

(3) $\mu=54,\ \sigma=6$일 때 n과 p를 구하라.

(4) $n=5,\ p=0.3$일 때 이항분포표를 만들고 그의 평균과 분산을 구하라.

10. 어떤 나라의 경우 종업원 2,000명 이상의 기업에서 일년 동안 발생하는 파업의 수는 평균 $\lambda=0.4$의 포아송분포를 이룬다고 한다. 일년 동안 발생하는 파업의 수를 확률변수 X라고 할 때

(1) 확률변수 X의 확률분포를 구하라.

(2) 일년에 한 번 이상 파업이 발생할 확률을 구하라.

11 부품 열 개가 들어 있는 한 상자가 도착하였다. 이 가운데 양품은 여덟 개이고 불량품은 두 개이다. 표본조사를 실시하여 불량품이 발견되면 상자를 반품하려고 한다.

(1) 표본크기 $n=3$일 때 상자를 반품할 확률은 얼마인가?

(2) 이 상자를 90%의 확률로 반품하고자 한다면 표본크기 n은 얼마이어야 하는가?

12. 평화은행의 영업부에는 창구가 네 개 있다. 고객이 기다리는 시간을 조사한 결과 평균은 5분이고 표준편차는 2분으로 정규분포를 따르는 것으로 밝혀졌다. 과거의 경험에 의하면 고객이 7분 이상을 기다리게 되면 짜증을 내기 시작하였다.

(1) 현행 시스템에서 고객의 몇 %가 짜증을 내게 되는가?

(2) 창구 하나를 늘리면 표준편차는 불변이지만 평균 기다리는 시간은 4분으로 줄어든다고 한다. 고객의 몇 %가 짜증을 내게 되는가?

(3) 비용을 들여 수표발행 기계 등을 도입하면 평균은 4분으로, 그리고 표준편차는 1.2분으로 급감한다고 한다. 이 경우 고객의 몇 %가 짜증을 내게 되는가?

13. 에너자이저 배터리의 수명(시간으로 측정)은 $\lambda=0.05$로 지수분포를 따른다고 한다.

(1) 배터리의 수명이 20시간을 초과할 확률을 구하라.

(2) 배터리의 수명이 16~24시간일 확률을 구하라.

(3) 배터리의 평균수명과 표준편차를 구하라.

14. X를 $\mu=20$, $\sigma=5$인 정규분포의 확률변수라고 할 때 다음을 구하라.

(1) $P(X \le 12)$
(2) $P(15 \le X \le 25)$
(3) $P(X \ge 18)$
(4) $P(X \le 22)$

15. 확률변수 X가 정규분포 N(15,9)를 따를 때 다음 각 X값에 대한 Z값을 구하라.

(1) $X=18$
(2) $X=9$

16. 확률변수 Z가 표준정규분포 N(0,1)을 따를 때 다음 확률을 구하라.

(1) $P(Z \ge 0.57)$
(2) $P(Z \le 1.57)$
(3) $P(-0.57 \le Z \le 0.57)$
(4) $P(Z \le -1.57)$

17. 확률변수 Z가 표준정규분포 N(0, 1)을 따를 때 다음 확률조건을 만족하는 α의 값을 구하라.

(1) $P(0 \le Z \le a) = 0.4545$
(2) $P(Z \ge a) = 0.0094$
(3) $P(Z \ge -a) = 0.7019$
(4) $P(|Z| \le a) = 0.95$
(5) $P(-a \le Z \le a) = 0.6$
(6) $P(Z \le \alpha) = 0.1$

18. 확률변수 X가 정규분포 N(30, 36)을 따를 때 다음 확률조건을 만족하는 C를 구하라.

(1) $P(X \ge C) = 0.05$
(2) $P(X \le C) = 0.025$
(3) $P(X \ge C) = 0.95$
(4) $P(30 \le X \le C) = 0.4750$

19. Excel 골프코스의 출발점에 시간당 10명의 골퍼들이 도착한다. 한 골퍼가 방금 도착하였다고 할 때

(1) 다음 골퍼가 15분 안에 도착할 확률은 얼마인가?
(2) 다음 골퍼가 12분을 지나 도착할 확률은 얼마인가?

20. 금년에 실시한 외무고시에 응시한 사람은 모두 3,000명이었다. 그런데 각 응시생이 합격할 확률은 60%라고 한다.

(1) 적어도 응시생 1,850명이 합격할 확률은 얼마인가?
(2) 응시생 1,750명부터 1,860명 사이에서 합격할 확률은 얼마인가?

21. 종이 컵에 커피를 채운다. 과거의 데이터에 의하면 채우는 커피의 무게는 평균 20온스, 표준편차 0.5온스로 정규분포를 따르는 것으로 밝혀졌다.

(1) 종이 컵들의 2%만이 20온스 미만을 채우도록 하면 종이 컵들의 평균 무게는 몇 온스인가?
(2) 종이 컵을 가득 채우면 22온스라고 한다. 종이 컵이 넘칠 확률을 구하라.

제 7 장

표본분포와 추정

7.1 표본추출

표본조사의 필요성

데이터를 수집하는 방법으로는 센서스와 표본조사가 있다.

센서스(census)는 어떤 항목으로 구성된 집단 속에 있는 그들 항목 모두를 조사하는 전수조사를 의미하고, 표본조사(sampling)란 그들 항목의 일부에 대해 조사하는 것을 말한다. 센서스는 모집단의 규모가 작을 때 모집단에 관한 가장 정확한 정보를 얻기 위하여 실시한다.

표본추출을 할 때는 모집단의 특성을 대표할 수 있는(representative) 요소들로 표본을 구성해야 한다. 예를 들면 소득, 교육정도, 연령, 성별, 출신지 등을 고려해서 모집단의 특성을 잘 대표할 수 있도록 표본을 추출해야 한다. 그러나 모집단을 구성하는 모든 요소들을 조사하여 얻은 결과가 전체 모집단의 일부를 조사하여 얻은 결과와 똑같을 수는 없기 때문에 표본오차(sampling error)가 발생한다. 그럼에도 불구하고 표본조사를 하는 것이 유리한 경우도 있다.

- 무한모집단의 경우 모든 구성요소를 조사하는 것 자체가 불가능하다.
- 표본조사는 센서스보다 시간절약적이다.
- 전구, 타이어 등 파괴검사의 경우에는 표본조사를 할 수밖에 없다.
- 표본조사는 비용절약적이다. 품목당 조사비용이 많고 조사 항목이 많은

경우에는 막대한 비용이 소요된다.

- 정확성에 있어서 표본조사가 효과적인 경우가 있다. 표본조사는 관찰의 수가 적어 조사자를 덜 필요로 하고 좀 더 세밀하게 조사할 수 있다.

표본조사는 통계분석의 기초로서 비즈니스 분석론의 응용을 위해서 등 여러 가지 목적으로 실시된다. 예를 들면 매우 큰 모집단의 평균, 분산, 비율을 추정하거나, 결정 모델의 투입변수 값을 예측하거나, 고객 만족도와 종업원 만족도를 알기 위해서, 어떤 과정의 변화가 향상을 초래하였는지 알기 위해서, 생산되는 제품의 품질관리를 위해서 등 여러 분야에서 표본 데이터가 이용된다.

표본오차와 비표본오차

모집단의 특성과 그 모집단으로부터 표본을 추출하여 얻은 표본 특성 사이에는 여러 가지 오차 발생의 원인으로 인하여 차이가 있을 수 있다.

오차에는 표본오차(sampling error)와 비표본오차(nonsampling error)가 있는데 표본오차는 표본크기가 너무 적다든가 모집단을 대표할 수 있는 전형적인 구성요소를 추출하지 못하는 등 표본추출과 관련된 오차이며, 비표본오차는 부적절한 표본의 선정, 부정확한 데이터의 수집, 측정 또는 관찰 기록, 또는 비합리적 모집단의 설정과 관련하여 발생하는 오차이다.

표본오차는 표본의 크기가 커질수록 감소하여 전수조사의 경우에는 발생하지 않을 뿐만 아니라 그의 객관적 분석이 가능한 반면 비표본오차는 객관적 규명과 분석이 불가능하고 전수조사에서 크게 발생하지만 표본추출의 경우에는 이를 크게 줄일 수 있다.

7.2 표본추출 방법

표본을 추출하는 방법에는 크게 확률 추출방법과 비확률 추출방법이 있다.

확률 추출방법(probability sampling)은 각 요소가 표본으로 추출될 가능성이 일정하게 사전에 알려진 방법이다. 예를 들면 로또 복권의 당첨번호를 추출할 때 숫자공 모두에게 선정될 기회는 동일하게 주어진다. 이는 랜덤표본추출 방법(random sampling)이라고도 한다.

비확률 추출방법(nonprobability sampling)은 모집단을 구성하는 각 요소가 표본으로 선택될 확률을 모르기 때문에 조사자의 판단과 주관에 의하여 표본을 임의로 추출하는 방법이다.

확률 추출방법

단순랜덤추출

여러 가지 방법 중에서 단순랜덤 추출방법(simple random sampling)이 가장 중요한데 이것은 많은 통계적 기법이 이에 기초하기 때문이다. N개의 요소로 구성된 모집단으로부터 표본크기 n개의 요소를 선정한다고 할 때 단순랜덤방법은 n개의 가능한 각 표본이 똑같이 $\frac{1}{n}$의 확률로 선정될 수 있도록 설계된 방법이다. 예컨대 복권 추첨이나 아파트 추첨은 여기에 해당한다.

이 방법에서는 랜덤을 확보하기 위하여 난수(random number)를 이용한다. 난수는 각 숫자가 발생할 확률은 같게 되어 있다.

> Excel에서는 난수를 생성하기 위하여
> =RAND()
> 함수를 이용한다.

층별추출

층별추출(stratified sampling)은 모집단을 부, 직업, 소득수준, 지역, 연령, 성별 등으로 구분한 후 각 그룹(층)으로부터 표본을 단순랜덤으로 추출하여 전체 표본을 구성하는 방법이다.

군집추출

군집추출(cluster sampling)이란 자연적 또는 인위적 기준에 따라 모집단을 군이라 불리는 여러 개의 집단으로 나누고 이 중에서 단순랜덤방식으로 군을 추출하는 방식이다. 표본으로 선정된 군 내의 일부 요소는 전체 표본으로 취급된다.

체계적 추출

모집단이 큰 경우 단순랜덤 추출방식을 사용하게 되면 긴 시간이 소요되므로 대신 체계적 추출(systematic sampling)방법을 사용할 수 있다. 모집단 크기가 N이고 표본크기가 n이면 표본 간격을 $a=\frac{N}{n}$으로 정하고 모집단을 순서대로 1부터 N까지 번호를 부여한 후 첫 간격에서 표본 하나를 랜덤으로 추출한다. 그 번호가 b이면 표본은 b, $b+a$, $b+2a$, $b+3a$, ⋯ 등 모두 n개가 되는 것이다.

비확률 추출방법

편의추출

편의추출은 표본이 추출될 때 미리 선정될 확률을 모르고 모집단의 특성을 잘 알고 있는 사람의 전문적 지식과 편의에 의해서 표본을 자의로 추출하는 기법이다.

판단추출

판단추출방법은 모집단의 특성을 잘 아는 전문가가 모집단을 가장 잘 대표하리라고 믿는 요소들을 표본으로 추출하는 방법이다.

무한모집단의 표본조사

앞에서 설명한 표본추출 방법은 유한모집단의 경우이다. 그런데 계속적인 제조 공정에서 생산되는 제품과 같은 무한모집단의 경우에는 모집단을 이루는 요소의 수가 무한이다. 따라서 단순랜덤 추출방식은 사용할 수 없다.

따라서 무한모집단의 경우에는 크기 n의 랜덤 표본(random sample)을 다음 조건이 만족되도록 추출한다.

❶ 선정되는 각 요소는 동일한 모집단으로부터 추출된다.

❷ 각 요소는 상호 독립적이다.

7.3 표본분포

실제로 모집단의 평균과 표준편차의 참 값은 알 수 없기 때문에 표본정보에 입각하여 추정해야 한다.

표본조사의 목적은 표본을 추출하여 얻는 표본통계량(sample statistic)에 입각하여 알지 못하는 모집단의 모수(parameter)를 추정하려는 것이다. 이와 같이 표본평균 $\overline{X}$는 모평균 μ를, 표본표준편차 S는 모표준편차 σ를, 표본비율 $\hat{p}$은 모비율 p를 추정하는 데 이용된다.

동일한 모집단으로부터 같은 크기 n의 표본을 수없이 반복하여 추출할 때 각 표본에 포함되는 구성요소가 달라지기 때문에 표본통계량은 표본마다 다르고 모수의 참 값과도 차이가 있게 된다. 이때 모평균과 이를 추정하기 위하여 사용되는 표본평균의 차이 $(\overline{X}-\mu)$를 표본오차(sampling error)라고 한다. 그런데 모평균은 모르기 때문에 표본오차의 크기를 계산하기는 실제로 불가능하다. 한편 하나의 표본평균으로 모평균을 추정하는 데는 위험이 따르게 된다. 따라서 여기에 표본분포의 이론이 필요하게 된다.

표본크기 n의 표본을 수없이 반복 추출하여 얻은 표본평균 $\overline{X}$들은 평균(기대값), 분산, 확률분포 등을 가질 수 있다. 표본평균 $\overline{X}$들의 확률분포를 평균 X의 표본분포라고 한다.

표본분포(sampling distribution)란 특정한 모집단에서 추출한 같은 크기 n의 가능한 모든 표본들에서 얻은 표본통계량(평균, 분산, 비율)의 확률분포를 말한다.

표본분포 이론을 이용하면 실제로 크기 n의 표본을 수없이 추출하지 않아도 가능한 모든 표본통계량들의 분포를 알 수 있다.

표본평균 $\overline{X}$의 확률분포를 알고 있으면 우리가 추출한 표본평균 $\overline{X}$가 모수 μ로부터 어느 정도([그림 7-1]에서 C 이상) 떨어질 확률을 구할 수 있기 때문에 표본평균 $\overline{X}$를 모평균 μ의 추정치로 사용하는 데 따른 위험을 분석할 수 있는 것이다.

본장에서 공부할 표본통계량의 확률분포는

- 원래의 모집단이 정규분포를 따르고 있는가.

그림 7-1 표본평균들의 확률분포

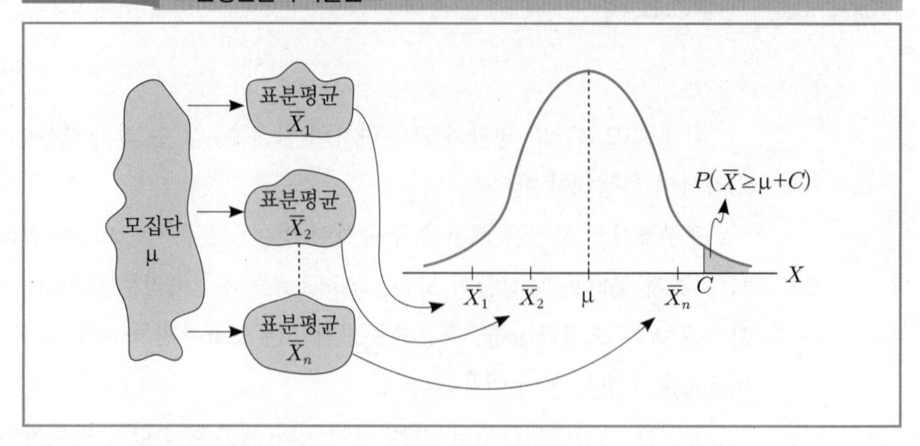

- 모분산(모표준편차)이 이미 알려져 있는가.
- 표본크기는 얼마인가.

에 따라 결정된다.

7.4 평균의 표본분포

개념

표본평균 $\overline{X}$는 확률변수이다. 평균의 표본분포(sampling distribution of means)란 평균 μ와 표준편차 σ를 갖는 정규 모집단으로부터 동일한 크기 n의 표본을 수없이 추출하여 그들의 평균을 계산하였을 때 평균 $\overline{X}$들의 확률분포를 말한다. 즉 표본평균 $\overline{X}$들의 표본분포란 평균 $\overline{X}$의 모든 가능한 값들의 확률분포이다.

예 7-1

1, 2, 3의 숫자가 쓰인 카드 세 장이 주머니 속에 들어 있다. n=2의 카드를 표본으로 복원추출한다고 할 때 평균의 표본분포를 작성하라.

풀이

모집단의 확률분포는 다음과 같다.

X	$P(X)$
1	1/3
2	1/3
3	1/3

모집단에서 2개의 표본을 추출하므로 가능한 모든 표본의 수는 3×3=9개이다. 이들이 발생할 확률은 각각 $\frac{1}{9}$로서 모두 같다. 각 표본과 그의 표본평균은 다음과 같다.

표본	표본평균($\overline{X}$)	표본	표본평균($\overline{X}$)
1, 1	1.0	2, 3	2.5
1, 2	1.5	3, 1	2.0
1, 3	2.0	3, 2	2.5
2, 1	1.5	3, 3	3.0
2, 2	2.0		

평균의 표본분포와 그의 그림은 다음과 같이 정리할 수 있다.

$\overline{X}$	$P(\overline{X})$
1.0	1/9
1.5	2/9
2.0	3/9
2.5	2/9
3.0	1/9

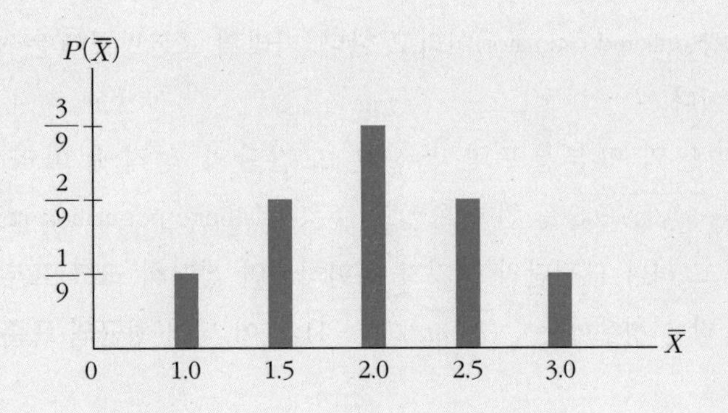

▦ 평균의 표본분포의 기대값과 분산

평균 $\overline{X}$의 표본분포의 기대값 $\mu_{\overline{X}}$와 분산 $\sigma_{\overline{X}}^2$을 계산하는 공식은 다음과 같다.

- 기대값 : $\mu_{\overline{X}} = E(\overline{X}) = \sum \overline{X}P(\overline{X})$
- 분산 : $\sigma_{\overline{X}}^2 = \sum(\overline{X} - \mu_{\overline{X}})^2 P(\overline{X})$ (7.1)
- 표준편차 : $\sigma_{\overline{X}} = \sqrt{\sum(\overline{X} - \mu_{\overline{X}})^2 P(\overline{X})}$

만일 모집단 분포의 평균 및 분산을 사전에 알고 있다면 다음과 같은 모집단 분포와 평균의 표본분포의 관계식을 이용하여 모든 표본들을 추출하지 않아도 표본분포의 평균 및 분산은 쉽게 구할 수 있다.

$$E(\overline{X}) = \mu_{\overline{X}} = \mu$$

$$Var(\overline{X}) = \sigma_{\overline{X}}^2 = \frac{\sigma^2}{n}$$

$$\sigma_{\overline{X}} = \frac{\sigma}{\sqrt{n}} \text{ : 무한모집단}$$

$$= \sqrt{\frac{N-n}{N-1}}\left(\frac{\sigma^2}{n}\right) \text{ : 유한모집단}$$

$\sigma_{\overline{X}}$: 표본평균의 표준편차(평균의 표준오차)

점추정량(point estimator)의 기대값이 모평균과 같을 때 그 점추정량은 불편추정량(unliared estimator)이라고 한다. 따라서 표본평균 $\overline{X}$는 모평균 μ의 불편추정량이다.

평균의 표본분포의 분산은 모집단의 성격에 따라 다르다. 여기서 $\sqrt{(N-n)/(N-1)}$을 위한 모집단 수정계수(finite population correction factor)라고 한다. 그러나 모집단의 크기가 유한하지만 상당히 크고 표본이 모집단에 비해 아주 작은 경우에는 $\sqrt{(N-n)/(N-1)} \approx 1$이 되어 평균의 표준오차 $\sigma_{\overline{X}}$는 실제적으로 $\sigma/\sqrt{n}$와 같게 된다.

평균의 표준오차

평균이 μ인 모집단으로부터 크기 n의 표본을 수없이 추출하여 그들의 평균 $\overline{X}_1$, $\overline{X}_2$, ⋯, $\overline{X}_k$를 구하면 이들은 평균의 표본분포의 기대값 $\mu_{\overline{X}}$(또는 모평균 μ)와 차이가 있게 된다. 이 차이를 표본오차(sampling error : e)라고 한다.

평균의 표준편차란 각 표본평균들이 그들의 기대값(모평균 μ) 주위에 흩어진 정도를 측정한다. 그런데 모평균 μ와 평균의 표본분포의 기대값 $\mu_{\overline{X}}$는 서로 같으며 일정하므로 평균의 표본분포의 분산은 오차들의 확률분포의 분산과 일치한다. 따라서 표본평균의 표준편차 $\sigma_{\overline{X}}$는 평균의 표준오차(standard error of the mean)라고도 한다.

평균의 표준오차는 표본크기 n이 커질수록 작아진다. 즉 표본크기 n이 증가할수록 표본평균 $\overline{X}$의 표본분포는 더욱 좁아져 좌우대칭의 종모양이 되고 평균 주위로 표본평균 $\overline{X}$들이 집중하게 된다. 이때 $n \geq 30$이면 표본분포는 종모양의 정규분포가 된다.

평균의 표준오차는 표본평균 $\overline{X}$를 모평균 μ의 추정치로 사용할 때 예상되는 오류(부정확성)의 크기를 나타내는 기준이 된다. 표준오차가 크면 표본평균을 가지고 의사결정할 때 오류가 커지고 반대로 표준오차가 작으면 오류가 작아진다.

7.5 중심극한정리

평균의 표본분포의 모양(shape)에 영향을 미치는 요인은

- 표본크기
- 모집단의 분포

이다.

표본크기의 영향

표본크기(sample size)가 작으면 모집단이 정규분포를 따르지 않는 한 표본분포의 모양을 규명하기가 곤란하다. 그러나 표본이 클수록 표본분포에서 가능한 표본평균들이 모평균 주위에 집중하게 된다. [그림 7-2] (a)는 이를 보여 주고 있다.

왜냐하면 표준오차는 표본크기 n이 증가할수록 감소하기 때문이다. $\sigma_{\overline{X}} = \sigma/\sqrt{n}$에서 표본크기 n이 증가할수록 평균의 표준오차 $\sigma_{\overline{X}}$는 감소하는 것이다. [그림 7-2] (b)는 표본크기를 증가시킬수록 표본분포에 내포되어 있는 분산이 감소하는 사실을 보여 주고 있다. 만일 표본크기 n이 모집단 크기 N과 같은 전수조사의 경우에는 평균의 표준오차는 0이 되고 표본평균들과 모평균은 일치하게 된다.

이와 같이 표본크기 n이 증가할수록 표본평균들과 모평균 사이의 오차가 감소하여 표본분포에서 표본평균이 모평균을 추정하는 정확성은 높아지기 때문에 좋은 점이 있지만 한편으로는 표본조사의 비용을 부담해야 하는 제약을 고려해야한다.

평균의 표본분포의 모양은 표본크기에 따라 영향을 받지만 그 표본이 추출되는 모집단이 정규분포를 하느냐 또는 하지 않느냐에 따라서도 영향을 받는다.

그림 7-2 표본크기와 표본분포의 형태와의 관계

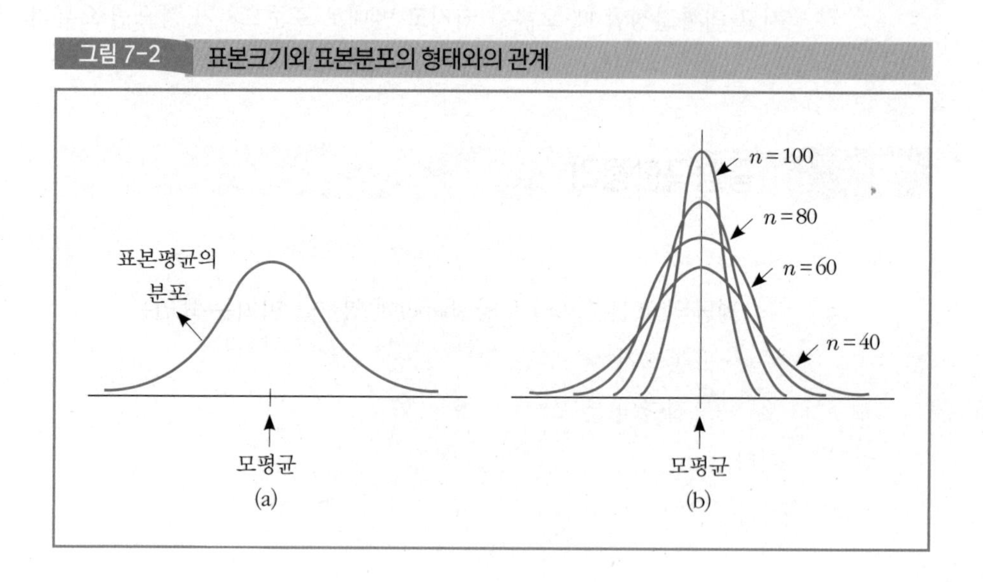

모집단이 정규분포를 따를 때

확률변수 X가 평균 μ, 분산 σ^2인 정규분포를 따르는 모집단으로부터 표본크기 n을 랜덤으로 수없이 추출할 때 표본평균 $\overline{X}$의 표본분포는 그의 표본크기가 작더라도 상관 없이 언제나 평균 $\mu_{\overline{X}}$, 분산 $\sigma_{\overline{X}}^2 = \frac{\sigma^2}{n}$인 정규분포를 따른다. 이는 정규 표본분포(normal sampling distribution)라고 한다.

평균의 표본분포가 정규분포를 따르므로 표본평균 $\overline{X}$를 Z값으로 전환시키면 표본분포에서 표본평균 $\overline{X}$가 어떤 값을 가질 확률을 구할 수 있다. 정규확률변수 X를 표준정규확률변수 Z로 전환시키기 위해서는 다음 공식을 이용한다.

$$Z = \frac{\overline{X} - \mu_{\overline{X}}}{\sigma_{\overline{X}}} = \frac{\overline{X} - \mu_{\overline{X}}}{\frac{\sigma}{\sqrt{n}}}$$

표본평균 $\overline{X}$를 표준화한 확률변수 Z는 표준정규분포를 따르게 된다.

예 7-2

봄빛매실(주)는 캔에 매실 음료를 넣는데 음료의 양은 실제로 평균 6.05온스, 표준편차 0.15온스로 정규분포를 따른다고 한다.

❶ 고객이 캔 하나를 샀을 때 그 캔의 무게가 5.97온스 이상일 확률을 구하라.

❷ 캔 36개씩 랜덤으로 표본을 추출할 때 평균무게 $\overline{X}$의 표본분포는 어떤 모양일까?

❸ 고객이 캔 36개짜리 한 꾸러미를 샀을 때 그의 평균무게 $\overline{X}$가 5.97온스 이하일 확률을 구하라.

❹ 위 문제에서 모집단 분포와 평균무게 $\overline{X}$의 표본분포를 그림으로 나타내라.

❺ 캔 4개와 16개씩 랜덤으로 표본을 추출할 때 평균무게 $\overline{X}$의 표본분포에서 발견할 수 있는 사실은 무엇인가?

풀이

❶ $P(X \geq 5.97) = P(Z \geq \frac{X-\mu}{\sigma}) = P(Z \geq \frac{5.97-6.05}{0.15})$

$= P(Z \geq -0.53) = 0.5 + 0.2019 = 0.7019$

❷ $\mu_{\overline{X}}=6.05 \quad \sigma_{\overline{X}}=\dfrac{\sigma}{\sqrt{n}}=\dfrac{0.15}{\sqrt{36}}=0.025$

평균 6.05온스, 표준오차 0.025온스인 정규분포를 따른다.

❸ $P(\overline{X}\le 5.97)=P(Z\le \dfrac{\overline{X}-\mu_{\overline{X}}}{\dfrac{\sigma}{\sqrt{n}}})=P(Z\le \dfrac{5.97-6.05}{\dfrac{0.15}{\sqrt{36}}})$

$=P(Z\le -3.2)=0.5-0.4993=0.0007$

❹

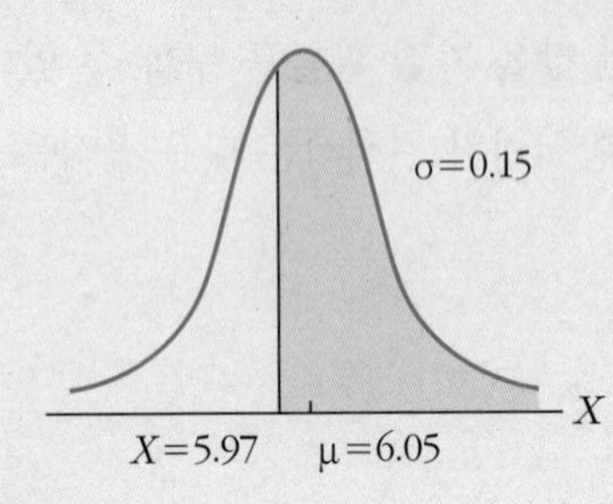

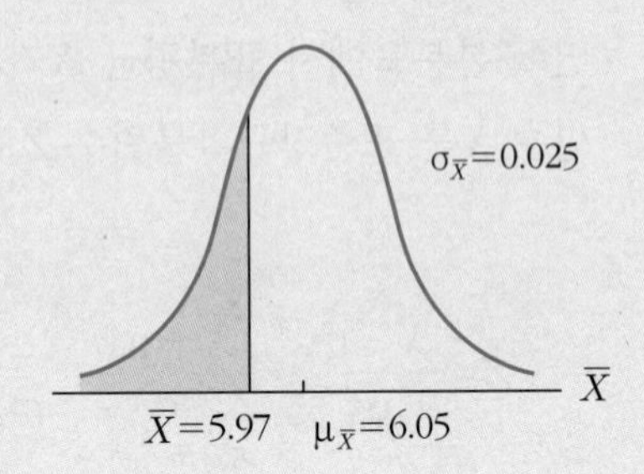

❺ $n=4$일 때

$\mu_{\overline{X}}=6.05 \quad \sigma_{\overline{X}}=\dfrac{\sigma}{\sqrt{n}}=\dfrac{0.15}{\sqrt{4}}=0.075$

$n=16$일 때

$\mu_{\overline{X}}=6.05 \quad \sigma_{\overline{X}}=\dfrac{\sigma}{\sqrt{n}}=\dfrac{0.15}{\sqrt{16}}=0.375$

두 분포의 평균은 같지만 표본크기가 클수록 표준오차는 작아진다. 표본크기가 클수록 표본평균들은 모평균 주위에 더욱 가까이 밀집하기 때문에 표본평균으로 모평균을 추정할 때 표본크기가 클수록 표준오차는 줄어든다.

모집단이 정규분포를 따르지 않을 때

확률변수 X의 모집단 분포가 정규분포가 아닌 경우에 그로부터 추출한 표본평균의 표본분포는 표본크기 n에 따라서 그의 모양이 결정된다.

- 표본크기가 작을 때 평균의 표본분포의 모양은 모집단의 형태에 달려 있다. 일반적으로 표본크기가 작을 때 모집단이 정규분포를 따르지 않을 경우에는 평균의 표본분포의 모양은 쉽게 규명할 수 없다. 그러나 표본이 정규 모집단으로부터 추출되면 평균의 표본분포는 표본크기에 상관 없이 정

규분포를 따른다.

- 표본크기가 $n \geq 30$이면 모집단의 분포가 무엇이든 간에 상관 없이 표본평균이나 표본비율의 표본분포의 모양은 좌우대칭인 종모양의 정규분포에 근접한다. 이는 통계학에서 가장 중요한 정리 중의 하나인 중심극한정리(central limit theorem)라고 한다.

중심극한정리란 확률변수 X의 모집단 분포가 정규분포가 아니더라도 표본크기가 $n \geq 30$으로 증가함에 따라 평균의 표본분포 $\overline{X}$는 평균 $\mu_{\overline{X}}$, 분산 $\sigma_{\overline{X}}^2 = \frac{\sigma^2}{n}$으로 정규분포를 따른다는 정리이다.

이 중심극한정리로 말미암아 모집단 분포가 균등분포, 이항분포, 지수분포를 따르더라도 표본크기가 $n \geq 30$이면 모집단의 특성을 추정하는 데 정규분포의 이점을 활용할 수 있다.

우리가 표본평균의 표본분포를 공부하는 목적의 하나는 표본평균이 어떤 범위 내에 있을 확률을 계산하려는 것이다. 이를 위해서는 평균의 표본분포가 정규분포를 따른다는 가정이 필요하다. 이는 다음과 같은 두 조건이 만족되면 가능하다.

- 표본이 정규 모집단으로부터 추출된다. 이때 표본크기는 고려 대상이 아니다.
- 모집단 분포를 모르거나 비정규분포라 하더라도 표본크기가 $n \geq 30$ 이상이다.

다시 말하면 중심극한정리로 인하여 표본평균 $\overline{X}$를 이용하여 모평균 μ에 대한 추정이나 가설검정을 실시할 수 있다.

예 7-3

Excel 고등학교 학생들은 하루에 평균 100 문자 메시지, 모표준편차 21 문자 메시지를 발송한다고 한다. 49명의 학생을 랜덤으로 추출할 때

❶ 표본평균이 105 문자 메시지 이상일 확률을 구하라.

❷ 표본평균이 95에서 103 사이일 확률을 구하라.

❸ 모표준편차는 모른다고 가정하자. $n=49$의 모든 표본평균의 71%가 98 문자 메시지 이상이고 모평균이 아직도 100 문자 메시지라고 할 때 모표준편차의 값은 얼마인가?

풀이

❶ $n \geq 30$ 이상이므로 중심극한정리에 의하여 표본평균은 정규분포를 따른다.

$$P(\overline{X} \geq 105) = P(Z \geq \frac{\overline{X} - \mu}{\frac{\sigma}{\sqrt{n}}}) = P(Z \geq \frac{105-100}{\frac{21}{\sqrt{49}}})$$

$$= P(Z \geq 1.67) = 0.0475$$

❷ $$P(95 \leq \overline{X} \leq 103) = P(\frac{95-100}{\frac{21}{\sqrt{49}}} \leq Z \leq \frac{103-100}{\frac{21}{\sqrt{49}}})$$

$$= P(-1.67 \leq Z \leq 1.00) = 0.7938$$

❸ 21%에 가장 가까운 Z값은 0.55이다.

$$-0.55 = \frac{98-100}{\sigma/\sqrt{49}}$$

$$\sigma = 25.45$$

7.6 비율의 표본분포

개념

우리는 p를 성공확률로 정의하였다. 이는 모집단 비율과 같은 의미로 해석할 수 있다. 왜냐하면

$$p(\text{성공}) = \frac{n}{N} = \frac{\text{모집단에서 발생하는 성공횟수}}{\text{모집단을 구성하는 요소의 총수}}$$

이기 때문이다. 크기 N의 모집단으로부터 확률표본을 추출하게 되면 성공횟수 X는 확률변수인데 이는 그의 값이 표본마다 다르기 때문이다. 따라서 표본비율

(proportion of sample)도 표본에 따라 서로 상이한 값을 갖는 확률변수이다. 이때 표본비율−모비율의 차이를 표본오차라 한다. 표본비율 $\hat{p}$는 다음과 같이 정의한다.

$$\hat{p} = \frac{X}{n} = \frac{\text{표본에서의 성공횟수}}{\text{표본크기}}$$

앞절에서 평균의 표본분포를 정의한 것처럼 비율의 표본분포도 다음과 같이 정의할 수 있다.

비율의 표본분포(sampling distribution of proportion)란 성공 비율이 p인 모집단으로부터 동일한 크기 n의 표본을 수없이 추출하여 그들의 비율을 계산하였을 때 이 표본비율 $\hat{p}$들의 확률분포를 말한다.

예를 들면 동전을 네 번 던졌을 때 앞면이 나오는 비율의 표본분포를 구해보자. 동전을 네 번 던졌을 때 앞면이 나올 성공횟수 X는 0, 1, 2, 3, 4가 될 수 있으며 표본비율은 각각 0/4, 1/4, 2/4, 3/4, 4/4가 된다. 각 표본비율에 대응하는 확률을 구하여 [표 7−1]로 나타내면 이것이 우리가 구하고자 하는 비율의 표본분포이다. 이를 그림으로 나타내면 [그림 7−3]과 같다.

표 7−1 비율의 표본분포

성공횟수(X)	표본비율($\hat{p}$)	확률 $P(X)$
0	0.00	0.0625
1	0.25	0.2500
2	0.50	0.3750
3	0.75	0.2500
4	1.00	0.0625

확률은 ${}_nC_x(p)^x(1-p)^{n-x}$로 계산하였다. 예: $0.0625 = {}_4C_0\left(\frac{1}{2}\right)^0\left(\frac{1}{2}\right)^4$

그림 7-3 비율의 표본분포의 그래프

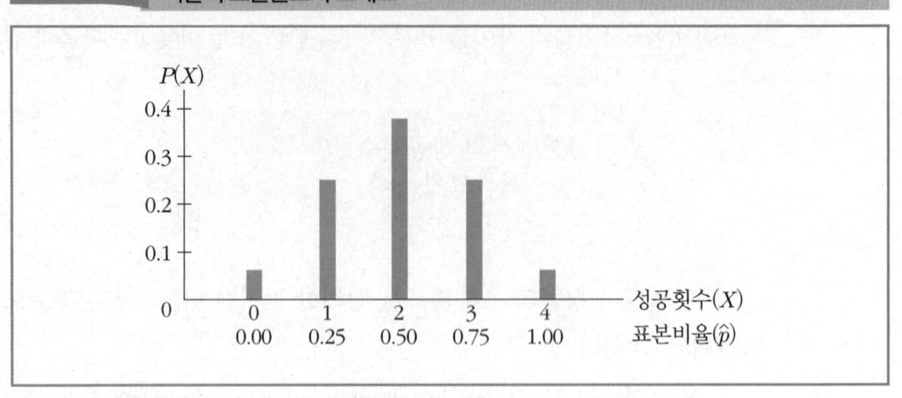

예 7-4

빨간 공 네 개와 흰 공 여섯 개가 들어 있는 상자에서 다섯 개의 표본을 복원추출할 때 빨간 공이 나타나는 비율의 표본분포를 구하라.

풀이

성공횟수(X)	표본비율($\hat{p}$)	확률 $P(X)$
0	0.0	0.07776
1	0.2	0.25920
2	0.4	0.34560
3	0.6	0.23040
4	0.8	0.07680
5	1.0	0.01024

예 : $0.25920 = {}_5C_1(0.4)^1(0.6)^4$

7.7 점추정과 구간추정

알지 못하는 모수의 값(모수치)을 추정한다는 것은 그 모집단에서 랜덤으로 추출하여 얻는 표본통계량으로 모수를 예측함을 의미한다. 그런데 이러한 추정을 함에 있어서 우선 알아야 할 개념은 추정량과 추정치이다.

모수의 추정량(estimator)이란 표본정보에 의존하는 확률변수로서 모수를 추정하는 데 사용되는 표본통계량(표본평균, 표본분산, 표본비율)을 말하며 추정치(estimate)란 추정량으로부터 결정되는 특정한 값을 말한다.

예를 들어 모집단의 월 평균소득을 알기 위하여 모집단으로부터 일정한 크기의 표본을 추출하여 평균을 구한 결과, 평균소득이 500만 원이라고 할 때 표본평균 $\overline{X}$는 모평균 μ의 추정량이며 실수인 500만 원은 모평균의 추정치라고 할 수 있다.

이때 추정량은 점추정량(point estimator)과 같고 추정치는 점추정치(point estimate)와 같은 개념이다. 추정량과 추정치의 관계는 확률변수 X와 그의 실수 값 x와의 관계와 아주 비슷하다.

미지의 모수를 추정하는 데 있어서는 두 가지의 가능한 방법을 고려해야 한다. 첫째는 점추정(point estimation)으로서 표본으로부터 하나의 수치를 계산하여 모수를 추정하는 것이다. 위에서 예로 든 모평균은 500만 원이라고 추정하는 경우이다. 둘째는 구간추정(interval estimation)인데 표본정보를 통해 미지의 모수의 참 값이 포함되리라 기대되는 어느 정도 신뢰할 수 있는 구간으로 추정하는 것이다.

예를 들면 표본평균이 500만 원이므로 "모평균은 400만 원에서 600만 원 사이에 있을 것으로 몇 % 신뢰한다"는 식으로 추정하게 된다. 이러한 구간은 점추정치를 중심으로 설정된다.

표본평균은 확률변수로서 표본마다 그의 값이 서로 다르며 모평균과 근접한 것도 있지만 이와 떨어진 것이 더욱 일반적이라고 할 수 있다. 이와 같이 점추정치는 표본오차 때문에 모수와 일치한다는 보장이 없다. 이는 표본오차 때문에 발생하는데 추정에 있어서 불확실성의 정도를 측정할 방도가 없다. 따라서 어느 정도 오차를 포함하는 구간추정 방법이 일반적으로 널리 사용된다. 신뢰구간 추정이란 모수의 참(진정한) 값이 포함되리라고 기대하는 추정치를 신뢰수준과 함께 일정한 범위로 나타내는 것을 말한다.

예를 들면 여론조사 결과 K 후보의 지지율은 49%이고 오차범위는 신뢰수준 95%에서 ±3%라고 할 때 이는 K 후보의 참 지지율은 46%에서 52%일 것으로 95% 신뢰할 수 있음을 의미한다.

7.8 신뢰구간 추정

개념

점추정치는 표본에 따라 계속 달라지고 표본오차 때문에 모수와 일치하기가 어렵다. 또한 점추정은 추정치에 대한 표본오차의 불확실성 정도를 표현할 길이 없다. 그래서 구간추정의 필요성이 제기되는데 이는 모수가 포함되리라고 보는 범위(구간)를 원하는 만큼의 정확도를 가지고 제시함으로써 추정치에 대한 불확실성을 표현한다.

신뢰구간은 다음과 같이 구한다.

신뢰구간 추정치 = 점추정치 ± 오차범위
= 점추정치 ± (Z × 추정의 표준오차)
신뢰구간 추정치 : 하한 ≤ 점추정치 ≤ 상한

점추정치를 중심으로 하한부터 상한까지의 구간은 신뢰구간(confidence interval)이라고 하는데 하한은 신뢰하한, 상한은 신뢰상한이라고 한다. 이때 하한과 상한을 포함하여 신뢰한계(confidence limits)라고 한다.

신뢰구간을 설정한다는 것은 결국 오차범위(한계)(margin of error)를 얼마로 정할 것인가를 의미한다. 오차범위란 신뢰구간의 중심이 되는 점추정치로부터 신뢰상한(또는 신뢰하한) 사이의 거리(폭)를 말한다.

위 식에서 추정의 표준오차(standard error of estimator)란 표본평균 또는 표본비율 같은 추정량의 표준편차를 의미한다.

모집단으로부터 크기 n의 표본을 반복하여 수없이 추출하면 각 표본의 평균과 분산은 서로 다르기 때문에 이들을 이용하여 구하는 신뢰구간도 서로 다르게 된다. 이때 어떤 신뢰구간은 모수를 포함할 수 있고 어떤 신뢰구간은 이를 포함할 수 없다. 따라서 실제로는 하나의 표본추출에 의한 하나의 신뢰구간을 설정하는 경우 이 구간이 모수를 실제로 포함할지, 또는 포함하지 않을지 전혀 알 수가 없다.

여기서 신뢰도의 개념이 필요하다. 모수의 참 값이 두 신뢰한계 내에 포함될 것이라고 주장할 때 확률을 사용하는데 이 확률을 신뢰수준(confidence level) 또는 신뢰도(degree of confidence)라고 한다. 신뢰수준은 이와 같이 신뢰구간 속에 모집단의 모수가 포함될 가능성을 말한다.

우리는 실제로 하나의 표본을 추출하고 하나의 신뢰구간을 설정하기 때문에 이 구간이 실제로 모수 μ를 포함할지 전혀 모른다. 이때 95% 신뢰수준이란 모수가 신뢰구간 속에 있으리라고 95% 신뢰할 수 있음을 의미한다. 즉 모수의 참 값이 이 신뢰구간 속에 포함하지 않을 가능성은 5%라는 것이다.

이와 같이 신뢰구간을 결정할 오차범위는 다음과 같이 두 요인에 의존한다.

- 표준오차
- 신뢰수준

표준오차가 클수록 신뢰구간은 넓어진다. 또한 신뢰수준이 높을수록 신뢰구간도 넓어진다. 신뢰구간이 넓을수록 모수가 포함될 확률은 높게 된다. 그러나 정보로서의 가치는 상실된다.

따라서 신뢰수준을 낮게 하더라도 오차범위를 줄여 신뢰구간을 좁게 해야 한다. 신뢰구간 설정의 목적은 신뢰수준은 높게 하고 신뢰구간은 좁게 하려는 것이다.

오차율

α는 100%에서 신뢰수준을 뺀 값이다. 따라서 신뢰수준 $(1-\alpha)$는 신뢰구간 속에 모수를 포함할 확률을 말하고 α는 모수의 참 값이 신뢰구간 밖에 존재

할 확률을 말한다. α는 구간추정의 부정확도를 나타내므로 오차율(probability of error)이라고도 한다. 따라서 $(1-\alpha)$는 모집단의 모수가 신뢰구간 속에 포함될 확률을 의미한다. 이를 신뢰도 또는 신뢰수준이라고 한다.

오차율 α의 값과 신뢰구간 사이에는 반비례 관계가 있다. 표본크기 n이 일정한 경우 α의 값이 작을수록(신뢰수준이 높을수록) 신뢰구간의 폭은 넓어진다. 즉 모수가 신뢰구간 안에 있을 확률은 신뢰수준 $(1-\alpha)$이며 신뢰구간 밖에 있을 확률은 α이다.

α의 값은 보통 0.1(90% 신뢰구간), 0.05(95% 신뢰구간), 0.02(98% 신뢰구간), 0.01(99% 신뢰구간)을 갖는다.

신뢰구간은 보통 $100(1-\alpha)\%$로 표현한다. 따라서 예컨대 $\alpha=0.05$이면 이는 95% 신뢰구간을 의미한다.

7.9 모평균의 신뢰구간

모평균을 추론하는 경우에는 단일 모집단과 두 모집단의 경우로 나누어서 설명할 수 있는데 후자는 생략하고자 한다.

표본평균 $\overline{X}$를 이용하여 모평균 μ의 신뢰구간을 설정하기 위해서는

- 모표준편차 σ를 알고 있는지의 여부
- 표본크기
- 정규 모집단의 여부

등으로 나누어서 설명할 필요가 있다.

모표준편차 σ를 아는 경우 세 가지 사례를 살펴볼 수 있는데 이를 그림으로 나타내면 다음과 같다.

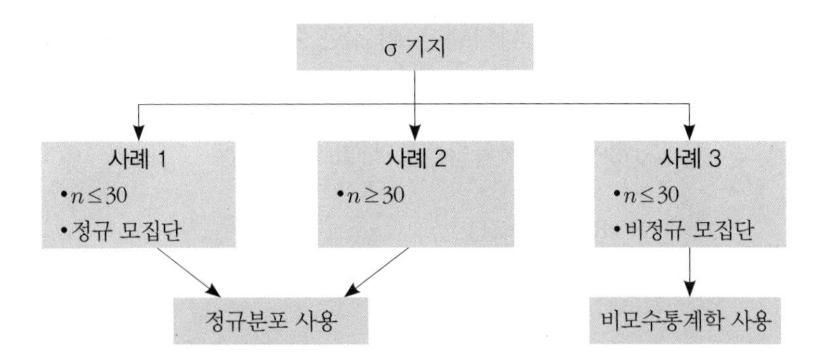

모표준편차를 아는 경우

모수 μ를 모르는 상태에서 표준편차 σ를 알고 있다는 것은 드문 일이지만 과거 경험에 의해서 알고 있다고 가정하자.

신뢰구간을 설정할 때는 모수가 신뢰구간의 상한 또는 하한을 벗어나는 실수를 저지를 확률을 우선 결정해야 한다. 일반적으로 $\frac{\alpha}{2}$씩으로 한다.

구간으로 모수를 추정함에 있어서는 평균의 표본분포의 각 꼬리부분에서 $\frac{\alpha}{2}$씩을 잘라내는 Z값을 찾아야 한다. 즉

$$P(Z > Z_{\frac{\alpha}{2}}) = \frac{\alpha}{2}$$

$$P(Z < -Z_{\frac{\alpha}{2}}) = \frac{\alpha}{2}$$

가 되도록 $Z_{\frac{\alpha}{2}}$와 $-Z_{\frac{\alpha}{2}}$를 찾아야 한다. 이는 [그림 7-4]에서 보는 바와 같다.

$Z_{\frac{\alpha}{2}}$는 $\frac{\alpha}{2}$의 오른쪽 꼬리 확률 또는 $(1-\frac{\alpha}{2})$의 누적확률을 갖는 표준정규

그림 7-4 $Z_{\frac{\alpha}{2}}$와 $-Z_{\frac{\alpha}{2}}$

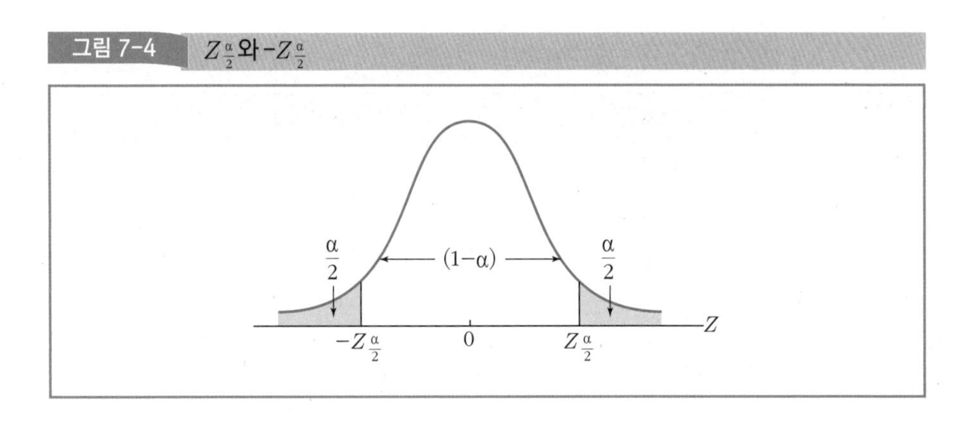

확률변수의 값을 나타낸다. 이 값은 Z-table을 보고 구할 수 있지만

Excel에서 누적확률을 구하기 위해서는

=NORM.S.INV($1-\frac{\alpha}{2}$)

함수를 이용한다.

따라서 표준확률변수 Z에 대한 $100(1-\alpha)\%$ 신뢰구간은 다음과 같다.

$$P(-Z_{\frac{\alpha}{2}} \le Z \le Z_{\frac{\alpha}{2}}) = 1-\alpha$$

위 식에 Z통계량인 $Z=\frac{\overline{X}-\mu}{\sigma/\sqrt{n}}$를 대입하고 μ에 대해 정리하면 모평균 μ에 대한 $100(1-\alpha)\%$ 신뢰구간을 구하는 식을 얻는다.

$$P(\overline{X}-Z_{\frac{\alpha}{2}}\frac{\sigma}{\sqrt{n}} \le \mu \le \overline{X}+Z_{\frac{\alpha}{2}}\frac{\sigma}{\sqrt{n}})=1-\alpha$$

위 식은

- 모집단이 정규분포를 따른다.
- 모표준편차 σ를 알고 있다.

는 가정을 전제로 한다. 이럴 경우 이 식은 표본크기에 상관 없이 언제나 성립한다.

표 7-2 신뢰도에 따른 $\pm Z_{\frac{\alpha}{2}}$ 값

오차율(α)	신뢰수준($1-\alpha$)	$\pm Z_{\frac{\alpha}{2}}$
1%	99%	±2.575
2%	98%	±2.33
5%	95%	±1.96
10%	90%	±1.645
20%	80%	±1.28

신뢰구간을 설정할 때 필요한 $Z_{\frac{\alpha}{2}}$값은 오차율 α 또는 신뢰수준 $(1-\alpha)$에 따라서 결정되는데 이때 자주 사용되는 신뢰도와 $Z_{\frac{\alpha}{2}}$값은 [표 7-5]와 같다

모집단이 정규분포를 따르지 않더라도 표본크기 $n \geq 30$이면 중심극한정리에 따라 표본분포에서 $Z=(\overline{X}-\mu_{\overline{X}})/\sigma_{\overline{X}}$가 정규분포에 근사하기 때문에 위의 식를 이용하여 신뢰구간을 설정할 수 있다.

모평균 μ에 대한 신뢰구간을 설정할 때 오차한계항 $Z_{\frac{\alpha}{2}}\frac{\sigma}{\sqrt{n}}$는

> Excel을 사용하여 구할 때
> =CONFIDENCE.NORM(α, σ, n)
> 함수를 이용한다.

예 7-5

다음 관측치들은 어느 날 지리산을 등산하는 남자들 중 랜덤하게 8명을 선정하여 조사한 나이이다. 그런데 나이는 표준편차 10으로 정규분포를 따르는 것으로 밝혀졌다.

48	39	56	30	35	22	68	52

❶ 전체 남자 등산객의 평균 나이에 대한 90%, 95%, 98%, 99%의 신뢰구간을 설정하라.
❷ 신뢰수준과 신뢰구간의 폭의 관계를 간단히 설명하라.
❸ 위에서 구한 95% 신뢰구간을 그림으로 나타내라.

풀이

❶

	A	B	C	D	E	F	G
1	예제 7-5						
2							
3	48		표본크기	8			
4	39		표본평균	43.75			
5	56		모표준편차	10			
6	30						
7	35		신뢰수준	0.9	0.95	0.98	0.99
8	22		오차율	0.1	0.05	0.02	0.01
9	68		Z값	1.645	1.960	2.326	2.576
10	52						
11			표준오차	3.535534			
12			오차한계	5.815436	6.929519	8.224882	9.106932
13							
14							
15				90%	95%	98%	99%
16			신뢰하한	37.9346	36.8205	35.5251	34.6431
17			신뢰상한	49.5654	50.6795	51.9749	52.8569

❷ 표본크기 n이 일정할 때 신뢰수준이 높을수록 신뢰구간의 폭은 증가한다.

❸

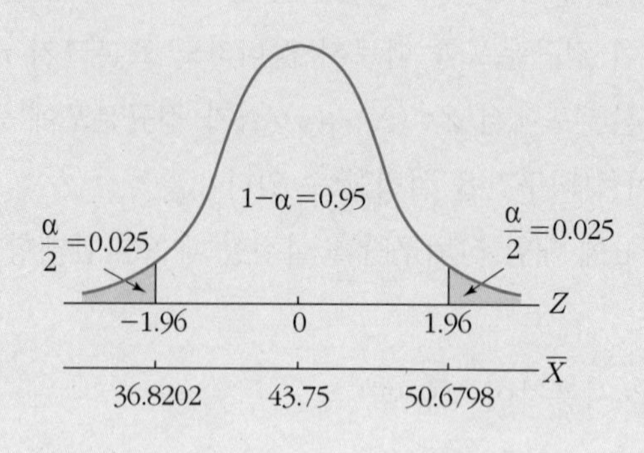

모평균 μ의 신뢰구간에 영향을 미치는 요소는

- 신뢰수준 $(1-\alpha)$
- 모표준편차 σ
- 표본크기 n

을 들 수 있다.

여기서 σ와 n이 일정하다고 할 때 $(1-\alpha)$를 낮추면 신뢰구간을 좁힐 수 있다.

신뢰구간이 좁아지면 모평균 μ의 추정치로서의 표본평균 $\overline{X}$의 신뢰성이 높아짐을 의미한다. 따라서 신뢰구간을 좁히기 위해서는 모표준편차 σ를 줄이든지, 신뢰수준 $(1-\alpha)$를 낮추든지, 표본크기 n을 증가시켜야 한다.

▦ 모표준편차를 모르는 경우 : 소표본

우리는 모집단의 표준편차 σ를 알고 있다는 전제하에서 모평균 μ를 추정하였다. 그러나 실제로는 모평균을 모르는 상황에서 모집단의 표준편차를 안다는 것은 흔한 일이 아니다.

모집단의 평균과 표준편차를 모르는 경우에는 소표본이냐, 또는 대표본이냐에 따라 신뢰구간을 구하는 방식이 다르다. 본절에서는 소표본인 경우를 공부할 것이다. 예를 들면 고급 승용차의 파괴검사 시 또는 인체에 약물 실험하는 경우에는 소표본에 의존한다. 이 경우 중심극한정리에 의해 표본분포가 정규분포를 따른다는 보장을 할 수 없다.

소표본인 경우(n<30)에는 σ 대신에 표본에서 구한 불편추정량인 표본표준편차 $S=\sqrt{\frac{\sum(X-\overline{X})^2}{n-1}}$ 을 사용해야 한다. 즉 $\sigma_{\overline{X}}=\frac{\sigma}{\sqrt{n}}$ 대신에 평균의 추정표준오차(estimated standard error of the mean) $S_{\overline{X}}=\frac{S}{\sqrt{n}}$ 를 사용해야 하는데 표본통계량 $(\overline{X}-\mu_{\overline{X}})/S_{\overline{X}}$는 표준정규분포를 따르지 않고 자유도 $(n-1)$의 t분포를 따른다. 이 표본통계량은 t통계량(t statistic)이라고 부른다.

7.10 t분포

모집단이 정규분포를 따르지만 그의 평균과 표준편차를 모르고 또한 표본크기가 작은 경우에 모평균 μ에 대한 신뢰구간의 설정은 t통계량을 이용해야 한다.

평균 μ인 정규 모집단으로부터 크기 n의 표본을 랜덤으로 추출하는 경우 그의 평균이 $\overline{X}$이고 표준편차가 S일 때 확률변수 t는

$$t=\frac{\overline{X}-\mu_{\overline{X}}}{S/\sqrt{n}}$$

으로 자유도 $(n-1)$인 t분포를 따른다.

t분포의 특성

t분포(t distribution)는 [그림 7-5]에서 보는 바와 같이 표준정규분포와 유사하다. 즉 두 분포는 평균 0을 가지며 확률밀도함수는 평균을 중심으로 종모양의 좌우대칭을 이루며 범위는 $-\infty \sim +\infty$이다. 그러나 t분포의 밀도함수는 표준정규분포보다 큰 분산을 갖게 된다.

이와 같이 같은 수준의 α에 대하여 큰 분산을 갖게 되는 이유는 모집단 표준편차 대신 표본표준편차를 사용하는 데서 오는 추가적인 불확실성 때문이다. 이와 같이 t통계량이 Z통계량보다 크기 때문에 t통계량을 이용하는 경우 신뢰구

 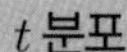

그림 7-5 t 분포

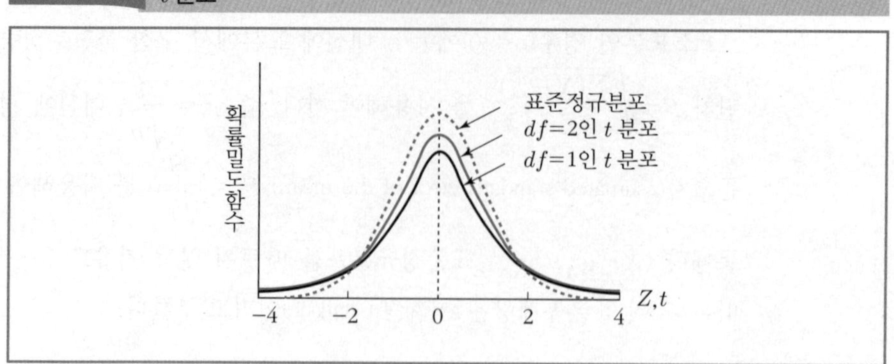

간의 폭이 커지는데 이는 모집단의 표준편차 σ를 모르는 데서 오는 추정상의 오류를 보상해 주기 위함이다.

t분포의 모양은 자유도, 즉 표본크기가 결정한다. [그림 7-5]에서 보는 바와 같이 표본크기가 클수록(자유도가 클수록) t분포는 표준정규분포에 근접한다. 이는 표본크기가 클수록 표본표준편차 S가 모집단 표준편차 σ의 좋은 추정량이 되기 때문이다. 또한 표본크기가 커질수록 t값은 Z값에 근접한다.

자유도(degree of freedom)는 보통 v 또는 df로 표시하는데 표본크기 n에서 1을 뺀 값이다. 자유도는 데이터 그룹의 관측치 중에서 우리가 자유스럽게 선택할 수 있는 값의 수라고 정의할 수 있다.

t분포를 이용한 신뢰구간 설정

모평균 μ와 미지의 표준편차로 정규분포를 따르는 모집단에서 크기 n의 표본을 랜덤으로 추출하여 계산한 결과 표본평균이 $\overline{X}$, 표본표준편차가 S일 때 모평균 μ에 대한 100(1−α)% 신뢰구간은 t통계량을 이용하여 구한다.

$$P(\overline{X}-t_{n-1,\frac{\alpha}{2}}\frac{S}{\sqrt{n}} \leq \mu \leq \overline{X}+t_{n-1,\frac{\alpha}{2}}\frac{S}{\sqrt{n}})=1-\alpha$$

위 식에서 $t_{n-1,\frac{\alpha}{2}}$는 자유도 (n−1)일 때 t분포의 값으로서 $\frac{\alpha}{2}$의 오른쪽 꼬리 확률을 나타낸다. t값은 t분포표에서 찾을 수 있다.

Excel을 사용해서 t값을 찾기 위해서는

$= \text{T.INV}(1-\frac{\alpha}{2},\ n-1)$ 또는

$= \text{T.INV.2T}(\alpha,\ n-1)$

함수를 이용한다.

한편 신뢰구간에서 오차한계항 $t_{n-1,\frac{\alpha}{2}}\frac{S}{\sqrt{n}}$를

Excel을 사용해서 구하기 위해서는

$=\text{CONFIDENCE.T}(\alpha,\ S,\ n)$

함수를 이용한다.

예 7-6

정규분포를 따르는 모집단에서 다음과 같이 표본자료를 추출하였다.

6	5	15	13	11	8	10	12

❶ 모평균의 점추정치는 얼마인가?

❷ 모표준편차의 점추정치는 얼마인가?

❸ 95% 신뢰수준에서 모평균의 추정을 위한 오차한계는 얼마인가?

❹ 모평균의 95% 신뢰구간을 구하라.

풀이

	A	B	C	D	E
1	예제 7–6				
2					
3				신뢰수준	0.95
4					
5	6	11		표본크기	8
6	5	8		자유도	7
7	15	10		표본평균	10.0000
8	13	12		표본표준오차	3.4641
9				t값	2.3646
10				오차한계	2.8961
11				신뢰하한	7.1039
12				신뢰상한	12.8961

7.11 모비율의 신뢰구간

모비율을 알고자 하는 경우 모집단 전체를 조사하지 않고 모비율을 추정하기 위하여 일부의 표본을 추출하여 구하는 표본비율을 사용하게 된다. 모비율 p의 불편추정량은 표본비율 $\hat{p}$이다. 표본크기가 크면, 즉 $n\hat{p} \geq 5$, $n(1-\hat{p}) \geq 5$이면 표본비율 $\hat{p}$들은 중심극한정리에 의하여 정규 표본분포에 근접한다.

표본비율 $\hat{p}$들의 표본분포의 평균과 표준편차는 다음과 같다.

- **평균** : $E(\hat{p})=p$
- **표준편차** : $\sigma_{\hat{p}}=\sqrt{\dfrac{p(1-p)}{n}}$

그러나 모비율 p를 모르는 경우에는 p대신에 표본비율 $\hat{p}$를 사용하여 $\sigma_{\hat{p}}$의 추정량으로 $S_{\hat{p}}$를 다음과 같이 구한다.

$$S_{\hat{p}}=\sqrt{\frac{\hat{p}(1-\hat{p})}{n}}$$

그러므로 표본크기가 큰 경우($n \geq 30$)에 확률변수 Z의 분포는

$$Z=\frac{\hat{p}-p}{\sqrt{\dfrac{\hat{p}(1-\hat{p})}{n}}}$$

으로 표준정규분포 $N(0,\ 1)$에 근접한다.

Z통계량은 모비율 p의 $100(1-\alpha)\%$ 신뢰구간을 구하는 데 이용된다.

$$P(\hat{p}-Z_{\frac{\alpha}{2}}\sqrt{\frac{\hat{p}(1-\hat{p})}{n}} \le p \le \hat{p}+Z_{\frac{\alpha}{2}}\sqrt{\frac{\hat{p}(1-\hat{p})}{n}})=1-\alpha$$

이 공식을 볼 때 모비율 p에 대한 신뢰구간의 폭은

- 신뢰수준 $(1-\alpha)$
- 표본크기 n
- 표본비율 $\hat{p}$

에 의존한다. 여기서 신뢰구간의 폭을 줄이기 위해서는 신뢰수준을 95%로 일정하게 유지한다면 표본크기 n을 증가시킬 수밖에 없는 것이다.

위 공식에서 $\sqrt{\frac{\hat{p}(1-\hat{p})}{n}}$은 비율의 표본분포의 표준오차이다. Excel은 오차한계를 계산할 함수를 제공하지 않지만 스프레드시트에서 계산은 할 수 있다.

Excel을 사용해서 $Z_{\frac{\alpha}{2}}$ 값을 구하기 위해서는

$=\text{NORM.S.INN}(1-\frac{\alpha}{2})$

함수를 이용한다.

예 7-7

어떤 여론조사 기관에서는 A정당의 지지도를 조사하기 위하여 36명의 유권자를 추출하여 설문을 한 결과 다음과 같은 결과를 얻었다. 여기서 Y는 지지, N은 반대를 뜻한다. 전국 유권자의 A정당 지지도에 대한 95% 신뢰구간을 구하라.

Y	Y	N	N	Y	Y	Y	N	Y	N	Y	N
Y	Y	N	N	N	Y	Y	N	N	Y	N	Y
N	Y	Y	Y	N	N	N	N	Y	Y	Y	Y

풀이

	A	B	C	D	E	F
1				예 7-7		
2						
3	Y	Y	N		신뢰수준	0.95
4	Y	Y	N		관심있는 답변	Y
5	N	Y	Y			
6	N	Y	Y		표본크기	36
7	N	N	Y		성공횟수	20
8	Y	N	N		표본비율	0.5556
9	Y	N	Y		표준오차	0.0828
10	Y	N	N		Z	1.9600
11	N	N	Y		오차한계	0.1623
12	N	Y	N		신뢰하한	0.3932
13	Y	N	Y		신뢰상한	0.7179
14	Y	Y	Y			

7.12 표본크기 결정

모평균 추정

지금까지 우리는 모평균과 모비율에 대한 신뢰구간을 구함에 있어서 표본크기는 신뢰구간의 폭을 고려하지 않고 자의로 결정하였다. 신뢰구간의 폭을 결정하는 것은

- 신뢰수준 $(1-\alpha)$
- 표본크기 n
- 모표준편차 σ

이다.

신뢰수준만을 생각한다면 신뢰구간이 넓으면 좋지만 정보로서의 가치는 없게 된다. 따라서 신뢰수준을 높게 하면서 신뢰구간은 좁게 설정하기 위해서는 표본크기(sample size)를 크게 하는 것이다. 즉 추정의 정확도를 높이려면 표본크기를 늘려야 한다.

표본크기를 결정하기 위해서는 우선

- 원하는 신뢰수준, 즉 $100(1-\alpha)\%$의 값

• 모표준편차 σ

• 최대허용 표본오차(오차범위), 즉 모수의 추정치와 참 값의 차이 $(\overline{X}-\mu)$ 등을 결정하여야 한다.

모집단이 정규분포를 따르고 그의 표준편차를 알고 있는 경우 모평균 μ에 대한 100(1−α)% 신뢰구간을 원할 때 표본크기는 얼마로 결정해야 할 것인가?

모평균을 추정하는 데 필요한 표본크기의 공식은 모표준편차를 아는 경우 다음과 같다.

$$n=\frac{(Z_{\frac{\alpha}{2}})^2\sigma^2}{e^2}=\left(\frac{Z_{\frac{\alpha}{2}}\sigma}{e}\right)^2$$

그러나 모표준편차 σ를 모를 경우에는 위 공식을 사용할 수 없기 때문에 t값과 표본표준편차 S를 이용해야 한다.

$$n=\frac{(t_{n-1,\ \frac{\alpha}{2}})^2S^2}{e^2}=\left(\frac{t_{n-1,\ \frac{\alpha}{2}}S}{e}\right)^2$$

예 7-8

희망 보험회사에서는 회사가 지불하는 자동차보험 평균 청구액을 알기 위해서 n=20의 청구서를 조사한 결과 다음과 같은 데이터를 얻었다. 신뢰도 95%와 50만 원 이내의 표본오차로 모집단 평균 청구액을 추정하기 위해서는 얼마나 더 표본을 추출해야 하는가?

500	260	450	500	380	950	1,080	530	400	1,750
1,200	330	2,100	700	550	700	1,350	1,250	850	2,500

풀이

	A	B	C	D	E
1	예 7-8				
2					
3	500	260		신뢰수준	0.95
4	1,200	330		표본오차	50
5	450	500			
6	2,100	700		표본크기	20
7	380	950		표본표준오차	619.2634
8	550	700		t값	2.0930
9	1,080	530		계산한 표본크기	671.9844
10	1,350	1,250		수정한 표본크기	672
11	400	1,750		추가할 표본크기	652
12	850	2,500			

모비율 추정

표본비율을 아는 경우 모비율을 추정하는데 필요한 표본크기 결정의 공식은 다음과 같다.

$$n = \frac{(Z_{\frac{\alpha}{2}})^2 \hat{p}(1-\hat{p})}{e^2}$$

예 7-9

한국 여론조사 연구소는 특정 후보에 대한 지지율을 알아보기 위하여 유권자를 상대로 여론조사를 실시하기로 하였다. 표본오차는 ±4%이고, 이 한계를 벗어날 위험을 5%로 설정하였다. 표본비율을 얻기 위하여 30명의 예비조사를 하여 다음과 같은 데이터를 얻었다. 이러한 조건을 충족시킬 추가로 필요한 표본크기를 결정하라.

Y	N	Y	N	Y	N	Y	Y	N	N
Y	N	Y	N	Y	Y	Y	Y	Y	N
N	N	Y	N	N	Y	Y	Y	Y	N

풀이

	A	B	C	D	E	F
1	예 7-9					
2						
3	Y	N	Y		신뢰수준	0.95
4	Y	N	Y		표본오차	0.04
5	N	N	Y		관심있는 대답	Y
6	N	Y	N			
7	N	Y	Y		표본크기	30
8	N	N	Y		표본비율	0.566667
9	Y	Y	N		Z값	1.9600
10	Y	Y	Y		계산한 표본크기	589.5572
11	Y	Y	Y		수정한 표본크기	590
12	N	N	N		추가할 표본크기	560

만일 과거 경험도 없고 예비조사도 하지 않아 표본비율 $\hat{p}$을 모르는 경우에는 가장 불리하게 표본크기가 크도록 결정해야 한다. $\hat{p}=0.5$일 때 $\hat{p}(1-\hat{p})=0.25$로서 최대이므로 이를 이용하면 다음과 같이 된다.

$$n=\frac{0.25(Z_{\frac{\alpha}{2}})^2}{e^2}$$

7.13 모분산의 신뢰구간

χ^2 분포

모분산을 추정하기 위해서는 표본분산이 사용된다. 모분산에 대한 표본분산의 관계는 χ^2 분포로 설명할 수 있다.

평균 μ, 분산 σ^2인 정규분포를 따르는 모집단으로부터 동일한 크기 n의 표본을 랜덤으로 반복하여 추출한 후 각 표본에 대하여 분산 S^2을 계산하면 표본분산 S^2들은 확률분포를 따르게 된다. 이와 같은 표본분산 S^2들의 표본분포를 χ^2분포(chi-square distribution)라고 한다. χ^2분포는 한 모집단 분산의 추정과 검정

표 7-3 표본분산의 계산

표본	확률	분산(S^2)*	표본	확률	분산(S^2)
1, 1	1/16	0.0	5, 1	1/16	8.0
1, 3	1/16	2.0	5, 3	1/16	2.0
1, 5	1/16	8.0	5, 5	1/16	0.0
1, 7	1/16	18.0	5, 7	1/16	2.0
3, 1	1/16	2.0	7, 1	1/16	18.0
3, 3	1/16	0.0	7, 3	1/16	8.0
3, 5	1/16	2.0	7, 5	1/16	2.0
3, 7	1/16	8.0	7, 7	1/16	0.0

* $S^2 = \frac{\sum(X-\overline{X})}{n-1}$. 예를 들어 (1, 7)의 경우 $\overline{X}-4$이므로 확률은 $S^2 = \frac{(1-4)^2+(7-4)^2}{n-1} = 18$이다.

표 7-4 분산의 표본분포

분산	확률
0.0	1/4
2.0	3/8
8.0	1/4
18.0	1/8

을 위해서 사용되고 F분포는 두 모집단 분산의 동일성에 대한 추정과 검정을 위해 사용된다.

예를 들어 보자. 1, 3, 5, 7로 구성된 모집단에서 $n=2$의 가능한 모든 표본을 복원추출하여 분산을 계산하면 [표 7-3] 및 [표 7-4]와 같고 이를 그림으로 나타내면 [그림 7-6]과 같다.

χ^2 곡선 밑의 면적은 정규분포 그리고 t분포와 같이 1이지만 이들 분포와 달리 좌우 대칭이 아니며 오른쪽으로 긴 꼬리를 갖는다. χ^2분포는 0 이상 무한대의 값을 가지며 자유도에 따라 서로 다른 모양을 취하는데 표본크기가 클수록 정규분포에 근접하는 특징을 갖는다. χ^2분포의 평균은 $1df$ 이고 분산은 $2df$이다. [그림 7-7]은 자유도에 따라 결정되는 χ^2분포를 보여 주고 있다.

평균 μ, 분산 σ^2인 정규분포를 따르는 모집단으로부터 크기 n의 표본을 반복하여 추출하고 각 표본에 대하여 분산 S^2을 계산하였을 때 확률변수 χ^2은

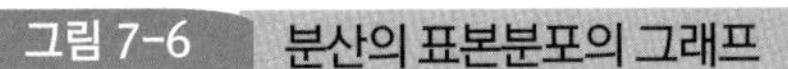

그림 7-6 분산의 표본분포의 그래프

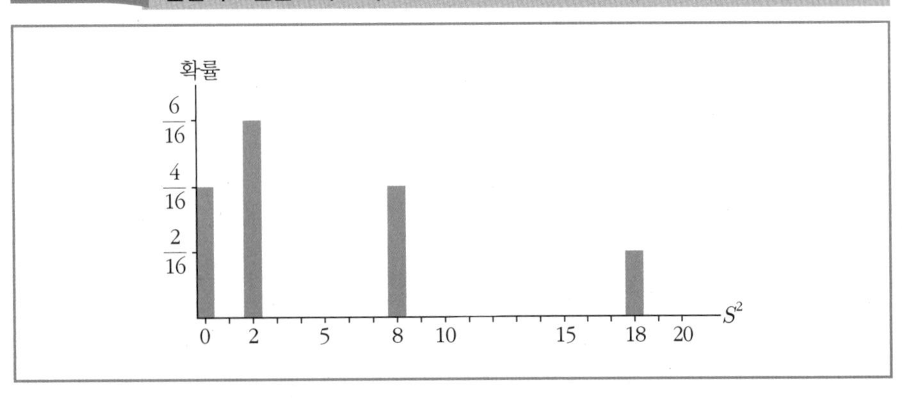

그림 7-7 자유도에 따른 χ^2 분포의 모양

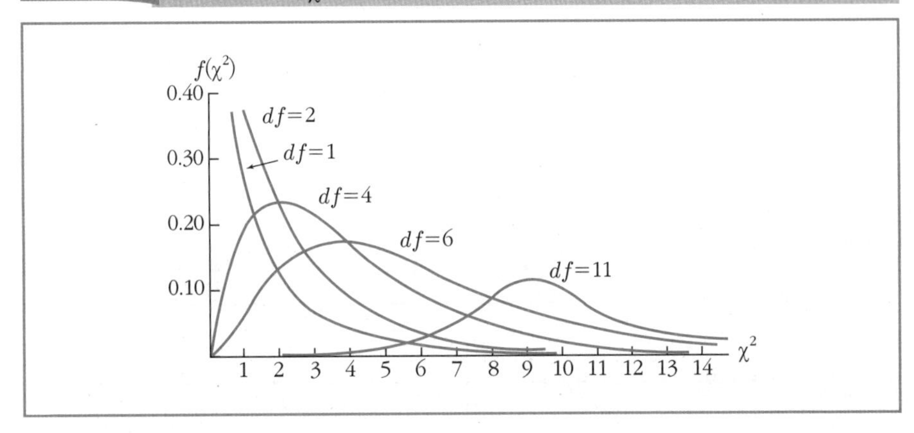

$$\chi^2_{n-1} = \frac{(n-1)S^2}{\sigma^2}$$

으로 자유도 $(n-1)$인 χ^2분포를 따른다.

확률변수 χ^2의 확률을 구하기 위해서는 χ^2분포표를 이용해야 한다. χ^2의 값은 자유도와 오차율 α에 의해서 결정된다. [그림 7-8]에서 보는 바와 같이 오른쪽 꼬리의 면적이 α가 되도록 χ^2의 값을 $\chi^2_{df,\alpha}$라 하면 α와 df에 따라 χ^2의 값은 표를 읽어 구할 수 있다.

모분산 σ^2의 신뢰구간을 설정할 때 χ^2의 값이 필요한데

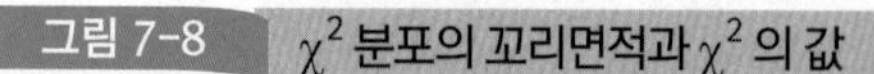

그림 7-8 χ^2 분포의 꼬리면적과 χ^2의 값

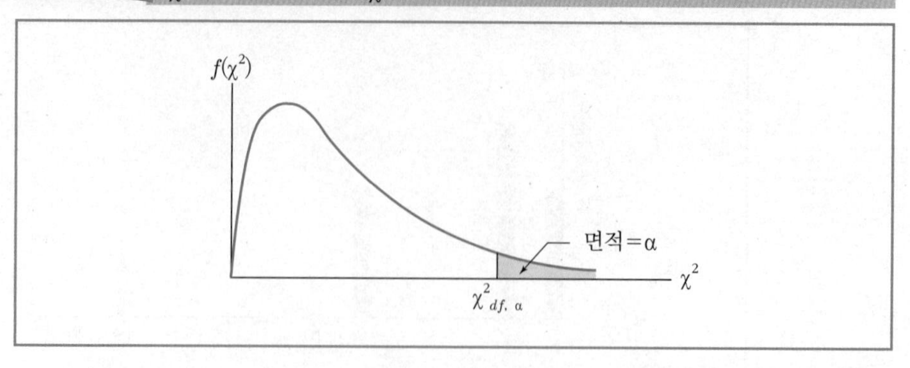

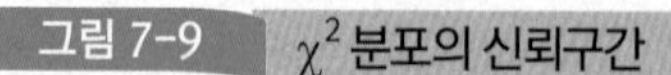

그림 7-9 χ^2 분포의 신뢰구간

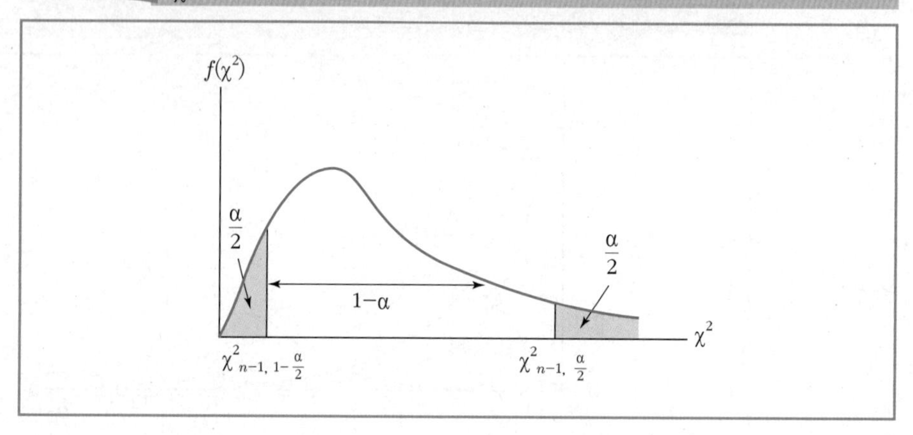

Excel을 사용하여 χ^2값을 구하기 위해서는
=CHISQ.INV.RT(확률, 자유도)
함수를 이용한다.

카이제곱 값이 주어졌을 때 α를 구하기 위해서는
=1−CHISQ.DIST(카이제곱 값, 자유도, 1)
함수를 이용한다.

모분산의 신뢰구간

표본분산, 표본크기, 신뢰도 등이 결정되면 모분산 σ^2에 대한 신뢰구간은 다음 공식을 이용하여 구할 수 있다.

$$P\left[\frac{(n-1)S^2}{\chi^2_{n-1,\ \frac{\alpha}{2}}} \le \sigma^2 \le \frac{(n-1)S^2}{\chi^2_{n-1,\ 1-\frac{\alpha}{2}}}\right] = 1-\alpha$$

예 7-10

캔에 커피를 넣는 기계가 평균을 넘는 분산을 보일 때는 기계를 조정해야 하므로 정기적으로 관리를 해야 한다. 아홉 개의 캔을 표본으로 추출하여 무게를 측정한 결과 다음과 같은 데이터를 얻었다. 모분산 σ^2에 대한 95% 신뢰구간을 구하라. 캔의 무게는 정규분포를 따른다.

19.8	21.2	18.6	20.4	21.6	19.8	19.9	20.3	20.8

풀이

$$S^2 = \frac{\sum(X-\overline{X})^2}{n-1} = 0.7875$$

$$\chi^2_{n-1,\ \frac{\alpha}{2}} = \chi^2_{9-1,\ \frac{0.05}{2}} = \chi^2_{8,\ 0.025} = 17.535 \quad \chi^2_{n-1,\ 1-\frac{\alpha}{2}} = \chi^2_{9-1,\ 1-\frac{0.05}{2}} = \chi^2_{8,\ 0.975} = 2.180$$

$$\frac{(n-1)S^2}{\chi^2_{n-1,\ \frac{\alpha}{2}}} \le \sigma^2 \le \frac{(n-1)S^2}{\chi^2_{n-1,\ 1-\frac{\alpha}{2}}}$$

$$0.3593 \le \sigma^2 \le 2.8899$$

	A	B	C	D
1	예제 7-10			
2				
3	19.8		신뢰수준	0.95
4	21.2			
5	18.6		표본크기	9
6	20.4		표본평균	20.2667
7	21.6		표본분산	0.7875
8	19.8		카이제곱, 0.025	17.53455
9	19.9		카이제곱, 0.975	2.179731
10	20.3		신뢰하한	0.3593
11	20.8		신뢰상한	2.8903

1. 표본조사를 실시하는 이유를 설명하라.

2. 표본추출 방법을 간단히 설명하라.

3. 표본분포를 설명하라.

4. 중심극한정리를 설명하라.

5. 통계적 추정에 대하여 설명하라.

6. 점추정과 구간추정을 비교 설명하라.

7. 독도대학교 1학년 통계학 교실 학생 100명이 여름방학 동안 아르바이트해서 번 소득은 평균 100만 원, 표준편차는 20만 원인 정규분포를 따른다고 한다.

(1) 소득(X)이 90만 원 이상일 확률을 계산하라.

(2) $n=4$의 표본을 모두 추출할 때 평균소득(X)의 분포는 어떤 모양을 갖는가?

(3) 평균소득(X)이 80만 원에서 110만 원까지일 확률을 구하라.

(4) 모집단 분포와 평균의 표본분포를 그림으로 나타내라.

8. 음료수 기계가 컵을 채우는 양은 평균 7온스, 표준편차 0.5온스인 정규분포를 따른다고 한다.

(1) 표본으로 아홉 컵을 추출할 경우 표본평균의 95%가 몇 온스 이상에 속할 것인가?

(2) 표본평균의 95%가 6.7944온스 이상이 되도록 하기 위해서는 표본크기가 얼마이어야 하는가?

(3) 표본으로 아홉 컵을 추출할 경우 표본평균이 얼마 이하일 확률이 95%이겠는가?

9. 202A년에 우리나라에서는 신헌법에 대한 국민투표가 실시되었다. 서울시에서는 투표자의 50.5%가 신헌법을 지지하였다. 서울시에 사는 투표자 가운데 100명을 랜덤으로 추출하였다.

(1) 신헌법을 지지하는 표본비율의 평균은 얼마인가?

(2) 표본비율의 표본분포의 표준오차는 얼마인가?

(3) 100명 가운데 55명 이상이 지지할 확률은 얼마인가?

(4) 표본비율의 표본분포를 그림으로 나타내라.

10. 지난 국회의원 선거에서 서울 종로구에 출마한 K 씨는 유효투표율 60%로 당선되었다. 1년 후 1,000명의 유권자를 랜덤으로 추출하여 다음 총선에서도 K 씨에 투표할 것인가를 묻는 여론조사를 실시하였다. 그에 대한 지지율은 여전하였다. 표본의 58% 이상이 그에게 투표할 확률은 얼마인가?

11. 다음 데이터는 Excel 대학교 통계학 1반에서 실시한 전체 35명 학생이 퀴즈 시험에서 받은 50점 만점의 성적이다. 그런데 성적은 표준편차 2.35점이라고 한다.

42	51	42	31	28	36	45
24	46	37	32	29	33	41
47	41	28	46	34	39	48
26	30	37	38	46	48	39
29	31	44	41	37	38	46

(1) 모평균 μ의 점추정치는 얼마인가?
(2) 모평균 μ에 대한 95% 신뢰구간을 구하라.
(3) (2)를 위한 추정의 표준오차를 구하라.
(4) 모평균 μ에 대한 95% 신뢰구간을 그림으로 나타내라.

12. 다음을 만족시키는 Z_α의 값을 구하라.
(1) $P(Z>Z_\alpha)=0.02$
(2) $P(Z<-Z_\alpha)=0.025$
(3) $P(-Z_\alpha \le Z \le Z_\alpha)=0.90$

13. 다음 각 문제에 대해 t_α의 값을 구하라.
(1) $P(-t_\alpha \le t \le t_\alpha)=0.95,\ df=10$
(2) $P(t<t_\alpha)=0.05,\ df=10$
(3) $P(t<-t_\alpha$ 혹은 $t>t_\alpha)=0.05,\ df=10$
(4) $P(t>t_\alpha)=0.025,\ df=11$

14. 전화회사는 주말 장거리 전화의 평균 통화시간을 추정하려고 한다. 40통화를 랜덤으로 추출하여 조사한 결과 다음과 같은 데이터를 얻었다. (S=4.4503) Z분포와 t분포를 사용하여 주말 장거리 전화의 평균 통화시간 μ에 대한 95% 신뢰구간을 구하라.

7	10	4	12	4	8	5	12	3	5
7	4	13	9	6	7	14	20	8	18
6	8	8	6	8	15	9	19	6	16
6	7	5	7	3	9	10	15	9	4

15. 남산식품(주)는 최근에 새로운 스낵용 먹거리를 개발하고 소비자들로 하여금 시식토록 하였다. 50명의 소비자들로 하여금 시식 후 반응을 0 : 좋아하지 않음, 1 : 좋아함, 2 : 그저 그러함 등으로 코드화하도록 하여 다음과 같은 데이터를 얻었다. 스낵용 먹거리를 좋아하는 소비자들의 비율을 추정하기 위한 95% 신뢰구간을 구하라.

0	0	1	0	0	0	1	1	0	2
0	0	0	1	0	0	0	1	1	1
1	2	2	0	1	0	0	0	0	1
1	2	0	0	0	1	0	0	2	0
2	2	0	2	0	0	1	0	0	0

16. Excel 보험회사에서는 회사가 지불하는 자동차보험 평균 청구액을 알기 위하여 $n=16$의 청구서를 조사한 결과 다음과 같은 데이터를 얻었다. 신뢰도 95%와 200만 원 이내의 표본오차로 모집단 평균 청구액을 추정하기 위해서는 얼마나 더 표본을 추출해야 하는가?

500	450	380	1080	400	330	700	700
1200	2100	550	1350	260	500	950	530

17. 설탕 50파운드를 담는 백의 무게의 분산에 대한 추정을 위하여 15개 백의 무게를 측정한 결과 다음과 같은 데이터를 얻었다. 모분산 σ^2에 대한 95% 신뢰구간을 구하라.

51.2	50.8	49.5	51.3	46.7	52.1	51.6	51.5
47.5	51.5	51.1	50.7	49.2	48.3	49.2	

제 8 장 가설검정

8.1 가설의 의미와 종류

가설(hypothesis)이란 검정할 목적으로 설정하는 모수에 대한 잠정적인 주장 또는 가정을 말한다.

통계분석에 있어서도 미지의 모수에 대해 가설을 설정하고 모집단으로부터 표본을 추출하여 조사한 표본통계량에 따라 그 가설의 진위여부를 결정한다.

이러한 가설검정(hypothesis testing)을 위해서는 우선 상호 배타적인 가설, 즉 귀무가설과 대립가설을 설정해야 한다.

귀무가설(null hypothesis)이란 모집단의 특성에 대해 옳다고 제안하는 잠정적인 주장 또는 명제를 말하고 대립가설(alternative hypothesis)이란 귀무가설의 주장이 틀렸다고 제안하는 가설로서 귀무가설이 기각되면 채택하게 되는 가설을 말한다.

일반적으로 귀무가설은 H_0로 표시하고 대립가설은 H_1 또는 H_A로 표시한다. 귀무가설은 과거의 경험, 지식 또는 연구의 결과 등 현재까지 인정되어 온 것을 나타내고 대립가설은 연구자가 기존상태로부터 새로운 변화 또는 효과가 존재한다는 자신의 주장을 나타내므로 연구가설이라고도 하는데 연구자는 자신의 주장에 반대되는 귀무가설을 부정하고 대립가설을 지지할 만한 충분한 통계적 증거(표본조사 결과)를 확인하고자 한다.

가설의 형태

우리가 관심을 갖는 모수를 θ라 하고 이 모수가 하나의 특정한 가정된 값(hypothesized value) θ_0를 갖는다고 하면 가설의 기본적인 형태는 [그림 8-1]과 같이 나타낼 수 있다.

귀무가설은 등호를 포함해야 하지만 대립가설은 절대로 등호를 포함할 수 없다. 그것은 귀무가설은 검정할 가설이고 우리가 계산할 때 포함해야 할 특정한 값을 필요로 하기 때문이다.

가설검정은 양측검정(two-tail test)과 (1)과 단측검정(one-tail test)으로 구분된다. 단측검정은 좌측검정 아니면 우측검정이다.

귀무가설 H_0을 기각(reject)할 수 없는 것인지 또는 기각해야 할 것인지를 나타내는 영역은 대립가설의 형태에 따라 결정된다. [그림 8-1]은 대립가설의 형태에 따른 기각역(rejection region)과 비기각역(nonrejection region)을 나타내고 있다. 이와 같이 표본(검정)통계량의 표본분포는 기각역과 비기각역으로 나뉜다. 만일 검정통계량이 기각역에 들어오면 귀무가설 H_0을 기각하고 비기각역에 들어오면 기각하지 말아야 한다.

양측검정의 경우에는 귀무가설을 거부하고 대립가설을 채택할 수 있는 영역이 양쪽에 있다. 즉 기각역이 [그림 8-1]에서 보는 바와 같이 표본분포의 양쪽 꼬리부분에 있게 된다. 따라서 표본통계량이 귀무가설 $\theta=\theta_0$와 매우 근접하여 있으면 귀무가설을 기각할 수 없지만 표본통계량이 특정한 값 θ_0보다 현저하게 크

그림 8-1 가설의 형태

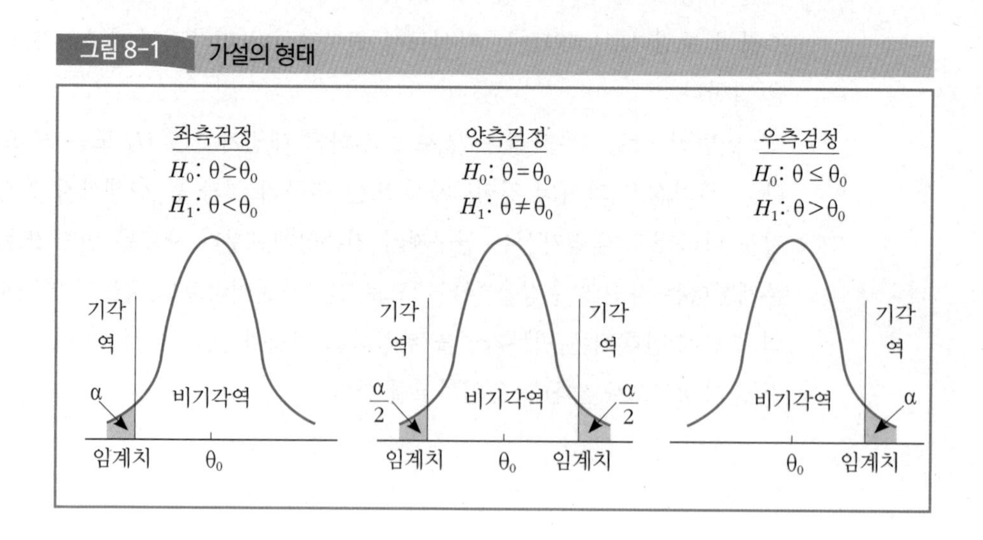

거나 작으면 귀무가설을 기각하게 된다.

좌측검정(left-tailed test)의 경우에는 기각역이 좌측 꼬리부분에 있기 때문에 표본통계량이 θ_0보다 현저하게 작으면(<) 귀무가설을 기각하게 된다. 한편 우측검정(right-tailed test)의 경우에는 기각역이 우측 꼬리부분에 있게 된다. 따라서 표본통계량이 θ_0보다 현저하게 크면(>) 귀무가설을 기각하게 된다. 이때 단측검정의 경우 기각역의 위치는 대립가설의 부등호 방향과 언제나 일치해야 한다.

가설검정의 오류

가설검정을 한다는 것은 귀무가설 H_0을 기각하느냐 또는 기각할 수 없느냐를 결정해야 함을 의미한다. 표본을 추출하여 얻은 표본 결과와 귀무가설 H_0가 사실이라고 가정할 때 기대할 수 있는 결과를 서로 비교하여 결정하게 된다. 귀무가설 H_0가 사실이면 이를 기각할 수 없고 대립가설 H_1이 사실이면 귀무가설 H_0을 기각해야 하는 것이 당연하지만 표본이 어떻게 선택되느냐에 따른 표본오차(sampling error)로 인해 실제로 참인 가설을 기각하거나 실제로 거짓인 가설을 참으로 받아들이는 오류를 범하게 된다.

가설검정과 관련된 오류는 두 가지가 있다. 귀무가설 H_0가 실제로는 사실임에도 불구하고 허위라고 결론을 내릴 오류를 제 I 종 오류(Type I error)라고 하고 α로 표시한다. 이러한 오류를 범할 확률을 통계적 검정의 유의수준(level of significance)이라고도 한다.

한편 귀무가설 H_0가 허위임에도 불구하고 이것을 기각하지 못하는 오류를 제 II종 오류(Type II error)라고 하고 β로 표시한다. 따라서 귀무가설을 기각하면 제 II 종 오류는 발생할 수 없게 된다.

표 8-1 제 I 종 오류와 제 II 종 오류

통계적 결정 \ 실제상황	H_0가 사실	H_0가 허위 (H_1이 사실)
H_0 비기각	옳은 결정 확률$=1-\alpha$	제 II 종 오류 확률$=\beta$
H_0 기각	제 I 종 오류 확률$=\alpha$	옳은 결정 확률$=1-\beta$

[표 8-1]은 제 I 종 오류와 제 II 종 오류의 차이를 보여 주고 있다.

제 I 종 오류와 제 II 종 오류는 가급적 작을수록 좋지만 일정한 표본크기에 대해서 이들을 동시에 감소시킬 수는 없다. 다만 표본크기를 증가시키면 이들을 동시에 감소시킬 수는 있다. 표본크기가 일정할 때 제 I 종 오류를 범할 확률을 감소시키면 제 II 종 오류를 범할 확률은 증가한다. 이와 같이 α와 β는 부의 관계이다.

α위험은 귀무가설 H_0가 옳음에도(아무런 조치가 필요하지 않음에도) 불구하고 어떤 시정조치를 취하는 데 따르는 위험이고, β위험은 귀무가설이 거짓임에도(어떤 조치가 필요함에도) 불구하고 아무런 조치를 취하지 않는 데 따르는 위험이다. 따라서 α와 β는 각 오류를 범하는 데 수반하는 손실을 고려해서 결정해야 한다. 그런데 일반적으로는 제 I 종 오류가 제 II 종 오류보다 피해가 더욱 심각하기 때문에 α오류를 통제하는 것이 일반적이다.

α의 값은 보통 1%, 2%, 5%, 10% 등으로 의사결정자가 결정한다. α의 값이 결정되면 $(1-\alpha)$의 값도 결정된다. $(1-\alpha)$는 신뢰계수(confidence coefficient)라고 하는데 귀무가설 H_0가 사실일 때 이를 기각하지 말아야 할 확률을 나타낸다.

이때 $((1-\alpha)\times 100\%$는 신뢰수준(confidence level)이 된다.

결정규칙

검정통계량

모수에 대해 설정한 가설을 검정하기 위해서는 그 모집단으로부터 표본을 추출하여 필요한 검정통계량(test statistic)을 구해야 한다. 검정통계량은 귀무가설을 기각할 것인가 또는 기각하지 말아야 하는가를 결정할 기초가 되는 표본통계량이다.

예를 들면 모평균에 관한 검정일 경우에는 표본평균이, 모분산일 경우에는 표본분산이, 모비율일 경우에는 표본비율이 검정통계량이 된다.

대부분의 가설검정에 있어서 검정통계량은 검정하고자 하는 모수의 점추정량으로부터 도출된다. 예컨대 모평균에 대한 가설검정에 있어서는 모평균 μ의 점추정량인 표본평균 $\overline{X}$가, 모분산인 경우에는 표본분산이, 모비율인 경우에는 표본비율이 검정통계량의 기초로서 이용된다.

유의수준과 임계치

표본평균 $\overline{X}$가 모평균 μ보다 크지만 얼마 미만일 때 현저한 차이가 없다고 인정하여 귀무가설 H_0을 기각할 수 없고, 얼마 이상일 때 귀무가설 H_0을 기각할 수 있는가?

귀무가설 H_0을 기각할 수 없거나 또는 기각할 기준점(cutoff point)을 검정통계량의 임계치라고 한다.

임계치(critical value)란 주어진 유의수준에 따른 통계량의 값으로서 귀무가설을 기각하거나 또는 기각하지 말아야 하는 기준점(경계)을 말한다.

가설검정을 실시할 때는 의사결정자가 미리 유의수준 α를 결정한다. 그러면 이에 해당하는 임계치를 결정하고 이에 따라 기각역과 비기각역이 구분된다. 통계적 검정의 유의수준이란 제 I 종 오류를 범할 최대허용확률 α를 말한다.

유의수준(level of significance)이란 귀무가설 H_0가 사실임에도 불구하고 잘못하여 이를 기각함으로써 제 I 종 오류를 범하는 최대 확률 α를 말한다.

유의수준이 낮을수록 사실인 귀무가설을 기각할 가능성은 낮아진다. 따라서 유의수준이 낮다는 것은 보다 엄격한 기준으로 대립가설을 채택하겠다는 것을 의미한다. 양측검정의 경우 임계치는 분포의 양쪽 꼬리부분에 있게 되지만 단측검정의 경우에는 좌측검정이냐 또는 우측검정이냐에 따라 한 쪽 꼬리부분에 있게 된다.

모평균 μ에 대하여 가설검정을 실시할 때 귀무가설 H_0의 기각여부를 결정하는 임계치는

- 표본평균 $\overline{X}$
- 표본평균 $\overline{X}$에 해당하는 Z값 또는 t값
- p값

등 세 가지 방법으로 나타낼 수 있다.

유의수준 α에 해당하는 표준정규확률변수 Z의 임계치와 표본평균 $\overline{X}$를 $Z=\dfrac{\overline{X}-\mu_0}{\sigma/\sqrt{n}}$의 공식으로 표준화하여 얻는 Z값을 직접 비교하여 검정하는 방법이 오랫동안 사용되어 온 고전적 방법이다.

하지만 오늘날 EXCEL 또는 Minitab 등 컴퓨터 프로그램은 p값(p value)을 제공하기 때문에 p값을 유의수준 α와 직접 비교하여 귀무가설 H_0의 기각여부를

결정하는 현대적 방법이 보편화되고 있다.

결정규칙

가설검정을 실시할 때 유의수준 α를 미리 결정하고 이에 해당하는 임계치를 계산함으로써 결정규칙을 정한다.

결정규칙이란 표본으로부터 계산한 검정통계량의 가능한 모든 값에 따라 귀무가설 H_0의 기각여부를 미리 규명하는 가설검정 규칙을 말한다.

예를 들면 양측검정의 결정규칙은 다음과 같다.

만일 $\dfrac{\overline{X}-\mu_0}{\sigma/\sqrt{n}} > Z_{\frac{\alpha}{2}}$ 또는 $\dfrac{\overline{X}-\mu_0}{\sigma/\sqrt{n}} < -Z_{\frac{\alpha}{2}}$ 이면 H_0을 기각

만일 p값 $< \alpha$ 이면 H_0을 기각

검정하려고 하는 모집단에서 추출한 표본으로부터 계산한 검정통계량의 값이 유의수준 α에 따라 결정되는 비기각역에 들어오면 그 귀무가설 H_0을 기각할 수 없게 된다. 이때 그 값은 검정하려는 모수와 현저하지 않은(not significant) 차이를 보이기 때문이다. 한편 검정통계량의 값이 기각역에 들어오면 귀무가설 H_0을 기각하게 된다. 이는 그 값이 검정하려는 모수와 현저한 차이를 보이기 때문

그림 8-2 α=0.05일 때 양측검정의 비기각역/기각역

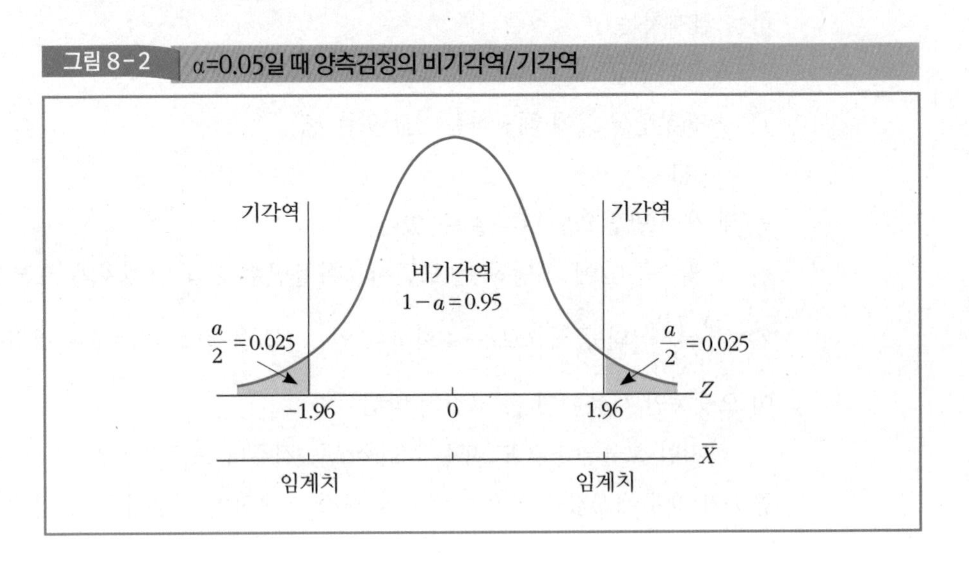

표 8-2 유의수준 α에 따른 Z의 임계치

검정 \ 유의수준		0.01	0.02	0.05	0.10
양측검정	$Z_{\frac{\alpha}{2}}$	2.575	2.33	1.96	1.645
	$-Z_{\frac{\alpha}{2}}$	−2.575	−2.33	−1.96	−1.645
단측검정	Z_{α}	2.33	2.05	1.645	1.28
	$-Z_{\alpha}$	−2.33	−2.05	−1.645	−1.28

이다. [그림 8-2]는 유의수준 $\alpha=0.05$일 때 양측검정의 기각역과 비기각역을 보여 주고 있다.

[표 8-2]는 자주 사용되는 유의수준 α에 대응하는 Z의 임계치를 보여주고 있다.

가설검정의 일반적 순서

가설검정의 일반적 순서를 정리하면 다음과 같다.

❶ 가설의 설정

검정통계량을 사용할 때

❷ 유의수준 α에 해당하는 임계치 및 기각역 결정

❸ 검정통계량 계산

❹ 의사결정 : 귀무가설의 비기각 여부 결정

p값을 사용할 때

❷ 검정통계량 계산

❸ p값 계산

❹ 의사결정 : 귀무가설의 비기각 여부 결정

8.2 모평균의 가설검정

모표준편차를 아는 경우

평균 μ, 분산 σ^2인 정규분포를 따르는 단일 모집단으로부터 크기 n의 표본을 추출하여 미지의 모평균에 대한 가설을 검정하는 방법을 공부하기로 하자.

이때 모분산을 알고 있는 경우에는 표본크기에 상관 없이 표준정규확률변수 Z통계량을 사용한다.

이 경우 모평균 μ에 대한 가설검정의 형태 및 결정규칙은 다음과 같다.

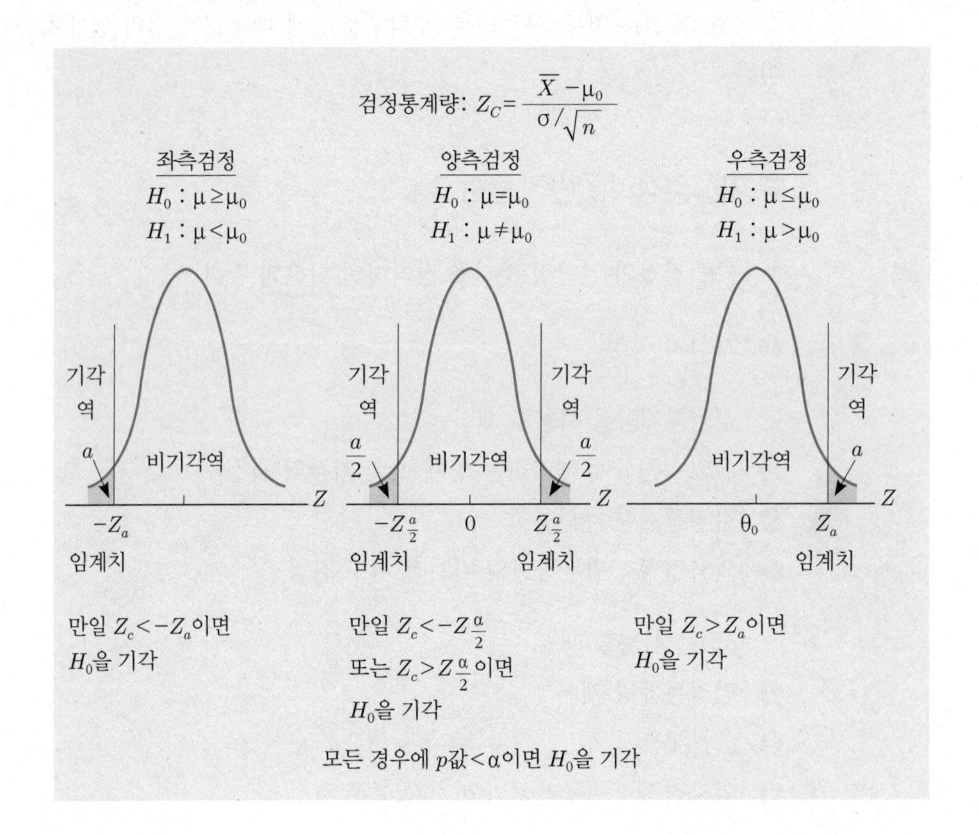

양측검정

귀무가설이 사실이고 $\mu = \mu_0$이라면 확률변수 Z는 다음과 같이 표준정규분포를 따른다.

$$Z_C = \frac{\overline{X} - \mu_0}{\sigma / \sqrt{n}}$$

이와 같이 구한 Z값을 계산된 Z값(computed Z value) 또는 Z통계량(Z statistic)이라고 한다. 이 경우 Z분포를 이용하여 모수에 대해 설정된 가설을 검정하기 때문에 Z검정(Z test)이라고 한다.

양측검정에서 유의수준이 α일 때 다음 식이 성립한다.

$$P(Z > Z_{\frac{\alpha}{2}}) = \frac{\alpha}{2}$$

$$P(Z < -Z_{\frac{\alpha}{2}}) = \frac{\alpha}{2}$$

이와 같이 양측검정의 경우에는 Z의 임계치가 $Z_{\frac{\alpha}{2}}$와 $-Z_{\frac{\alpha}{2}}$ 등 두 개이기 때문에 기각역이 양쪽 꼬리부분에 존재한다.

검정을 위해서는 계산된 Z값과 유의수준 α에 따라 표준정규분포표에서 구한 두 개의 임계치를 비교한 후 귀무가설 H_0의 기각여부를 결정한다. 만일 유의수준에 따라 결정하는 임계치로 구분하는 비기각역에 계산된 Z값이 포함되면 귀무가설 H_0을 기각할 수 없고, 기각역에 Z값이 포함되면 귀무가설 H_0을 기각하게 된다.

모표준편차를 아는 경우 모평균에 관해 가설검정을 할 때 가설의 형태에 따라

Excel을 사용해서 Z임계치를 구하기 위해서는

좌측검정($-Z_\alpha$) : = −NORM.S.INV($1-\alpha$)

우측검정(Z_α) : = NORM.S.INV($1-\alpha$)

양측검정($-Z_{\frac{\alpha}{2}}$, $Z_{\frac{\alpha}{2}}$) : = NORM.S.INV($1-\frac{\alpha}{2}$)

함수를 사용한다.

예 8-1

종로 식품(주)는 시리얼을 생산하는데 박스에 12온스를 담는 기계의 성능을 테스트하고자 한다. 품질관리 기사는 과·부족이 발생하면 기계를 조정해야 한다. 박스의 무게는 표준편차 0.5온스의 정규분포를 따른다고 한다. 랜덤 표본으로 36개의 박스를 추출하여 무게를 측정한 결과 다음과 같은 데이터를 얻었다. 유의수준 5%로 기계를 조정해야 할지 검정하라.

11.5	10.9	11.2	12.1	11.3	12.3	11.8	11.9	12
12.7	11.6	10.8	11.9	11.1	12.1	11.1	12.3	11
12.5	12.2	12	11.8	13.2	11.3	11.7	12	11.5
11.6	12.9	12.4	12.2	12.1	12.5	13.2	12.1	12.2

풀이

❶ 가설의 설정

$H_0 : \mu=12$

$H_1 : \mu \neq 12$

❷ 유의 수준 $\alpha=0.05$에 해당하는 임계치 및 기각역 결정

$Z_{\frac{\alpha}{2}} = Z_{0.025} = 1.96 \qquad -Z_{\frac{\alpha}{2}} = -Z_{0.025} = -1.96$

비기각역 : $-1.96 < Z_c < 1.96$

기각역 : $Z_c < 1.96$ 또는 $Z_c > 1.96$

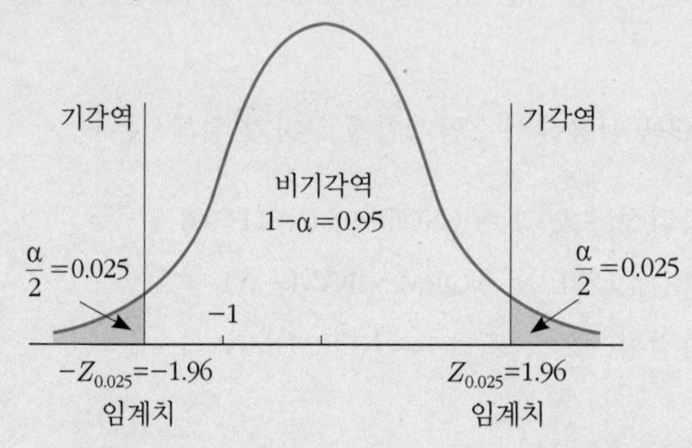

❸ 검정통계량 계산

$\overline{X} = 11.9167$

$$Z = \frac{\overline{X} - \mu_0}{\sigma/\sqrt{n}} = \frac{11.9167-12}{0.5/\sqrt{36}} = -1$$

④ 의사결정

$Z_c = -1 > -Z_{0.025} -1.96$이므로 귀무가설 H_0을 기각할 수 없다.

따라서 기계를 조정할 필요는 없다.

	A	B	C	D	E	F	G	
1	예 8-1							
2								
3	11.5	10.9	11.2	12.1		모표준편차	0.5	
4	12.7	11.6	10.8	11.9		유의수준	0.05	
5	12.5	12.2	12	11.8		가정된 모평균	12	
6	11.6	12.9	12.4	12.2				
7	11.3	12.3	11.8	11.9		표본크기	36	
8	11.1	12.1	11.1	12.3		표본평균	11.9167	
9	13.2	11.3	11.7	12		평균의 표준오차	0.0833	
10	12.1	12.5	13.2	12.1		Z통계량	-1	
11	12	11	11.5	12.2		좌측Z임계치	-1.9600	=−NORM.S.INV(G4/2)
12						우측Z임계치	1.9600	=NORM.S.INV(G4/2)
13						p값	0.3173	=2*(1−NORM.S.DIST(ABS(G10), 1))
14								
15						귀무가설을 기각할 수 없음		

p값을 이용한 가설검정

앞절에서 모평균 μ에 대한 가설검정을 할 때 표본평균 $\overline{X}$에 해당하는 Z통계량을 계산한 후 이를 유의수준 α에 해당하는 Z의 임계치와 직접 비교하여 귀무가설의 채택여부를 결정하였다.

그런데 p값(p value)이라고 하는 통계치를 계산함으로써 의사결정자로 하여금 참인 귀무가설을 기각할 최소 수준의 α값으로 사용할 수 있게 하는 방법이 효과적이라고 할 수 있다. p값은 관찰된 표본통계량에 입각하여 귀무가설을 기각할 수 있는 유의수준 α의 최소 수준을 의미하기 때문에 관찰된 유의수준(observed significance level)이라고도 한다. 따라서 의사결정자가 자의로 결정하는 유의수준 α와 이를 직접 비교함으로써 귀무가설 H_0의 기각여부를 결정할 수 있다.

p값에 의한 결정규칙은 다음과 같다.

만일 p값 $< \alpha$이면 H_0을 기각

p값 $\geq \alpha$이면 H_0을 기각할 수 없음

이 귀무가설 검정기준은 정규분포를 이용한 검정은 물론 t분포, χ^2분포, F분포 등 다른 분포를 이용한 검정에도 동일하게 적용되므로 기억해 둘 필요가 있는 것이다. p값은 통계프로그램을 이용하면 출력된다.

일반적으로 p값이 작으면 작을수록 귀무가설을 기각할 충분한 근거를 갖게 되고 반대로 p값이 크면 클수록 귀무가설을 기각하지 못할 가능성은 높게 된다.

p값은 가설검정의 형태에 따라 구하는 공식이 다르다. 만일 표본으로부터 계산한 검정통계량을 Z_c라고 하면 p값은 다음과 같이 계산한다.

만일 $H_1 : \mu \neq \mu_0$이면 p값$= 2P(Z > |Z_c|)$

$H_1 : \mu < \mu_0$이면 p값$= P(Z < Z_c)$

$H_1 : \mu > \mu_0$이면 p값$= P(Z > Z_c)$

$$Z_c = \frac{\overline{X} - \mu_0}{\sigma / \sqrt{n}}$$

모표준편차를 아는 경우 모평균에 관해 가설검정을 할 때 가설의 형태에 따라 p값을 구할 수 있다.

Excel을 사용해서 p값을 구하기 위해서는

좌측검정 : =NORM.S.DIST(Z통계량, TRUE)

우측검정 : =1−NORM.S.DIST(Z통계량, TRUE)

양측검정 : =2*(1−NORM.S.DIST(ABS(Z통계량), TRUE))

함수를 사용한다.

예 8-2

평화 땅콩(주)는 16온스가 든 땅콩 캔을 생산 판매한다. 16온스보다 많으면 손실을 가져오고 적으면 고객을 상실하기 때문에 검사자는 매일 36개의 캔을 랜덤으로 추출하여 무게를 측정함으로써 필요하면 공정을 조정하려고 한다. 모표준편차는 0.8온스라고 알려져 있다. 어느 날 다음과 같이 36개 캔의 무게를 측정한 결과 평균은 16.38온스였다. 회사의 주장대로 16온스인지 유의수준 5%로 검정하라.

16	16.46	16.08	16.5	16.12	16.53	16.18	16.54	16.35	16.56	16.38	16.59
16.08	16.48	16.1	16.52	16.14	16.54	16.2	16.55	16.35	16.57	16.39	16.62
16.08	16.5	16.12	16.53	16.16	16.54	16.3	16.55	16.35	16.58	16.42	16.72

풀이

H_0 : $\mu=16$

H_1 : $\mu \neq 16$

	A	B	C	D	E	F	G	H
1					예 8-2			
2								
3	16	16.46					표본크기	36
4	16.08	16.48					표본평균	16.38
5	16.08	16.5					모표준편차	0.8
6	16.08	16.5					유의수준	0.05
7	16.1	16.52					가정된 모평균	16
8	16.12	16.53						
9	16.12	16.53		Z통계량	2.85	=(H4-H7)/(H5/SQRT(H3))		
10	16.14	16.54		우측Z임계치	1.645	=ABS(NORM.S.INV(H6))		
11	16.16	16.54		좌측Z임계치	-1.645	=-ABS(NORM.S.INV(H6))		
12	16.18	16.54		양측확률(p값)	0.004	=2*MIN(NORM.S.DIST(E9), 1-NORM.S.DIST(E9))		
13	16.2	16.55		귀무가설을 기각함		=IF(E12<H6, "귀무가설을 기각함", "귀무가설을 기각할 수 없음")		
14	16.3	16.55						
15	16.35	16.56						
16	16.35	16.57						
17	16.35	16.58						
18	16.38	16.59						
19	16.39	16.62						
20	16.42	16.72						

모표준편차를 모르는 경우(소표본)

표본크기가 30 이하이면 가설검정을 할 때 t분포를 이용한다. 따라서 이를 t검정(t test)이라고도 한다.

표본평균이 $\overline{X}$, 표본분산이 S^2일 때 확률변수 t는

$$t=\frac{\overline{X}-\mu_0}{S_{\overline{X}}}=\frac{\overline{X}-\mu_0}{S/\sqrt{n}}$$

으로 자유도 $(n-1)$의 t분포를 따른다.

모분산을 모르고 소표본인 경우 모평균 μ에 대한 가설검정의 형태 및 결정 규칙은 다음과 같다.

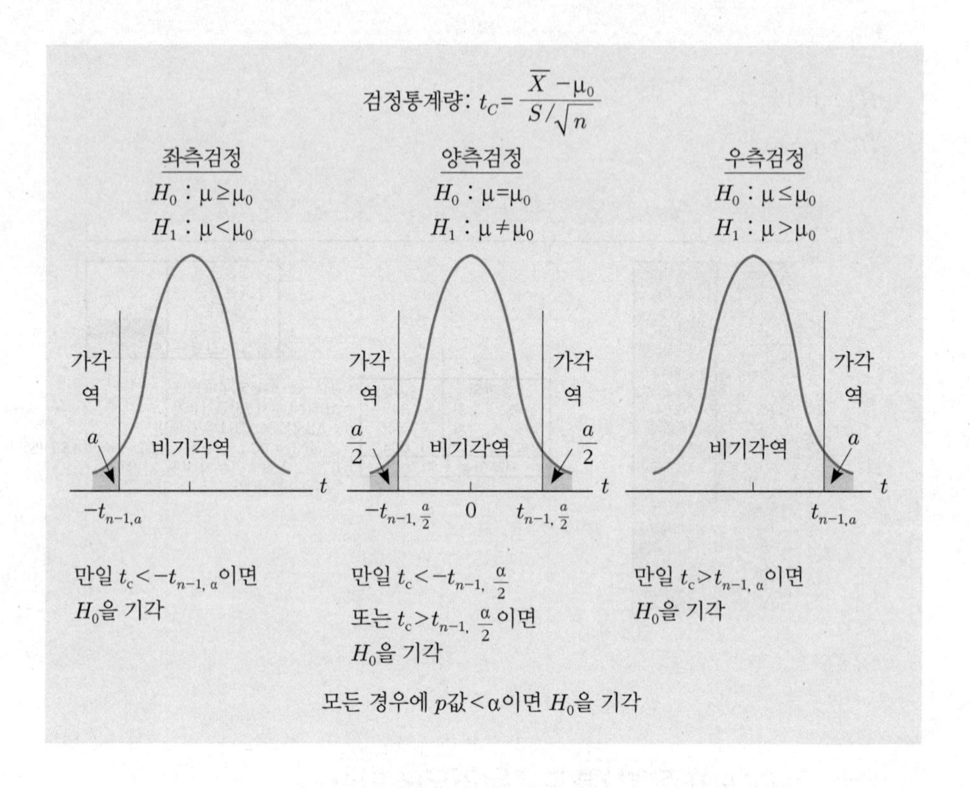

한편 모표준편차를 모르는 경우 모평균에 관해 가설검정을 할 때 가설의 형태에 따라 t임계치를 구할 수 있다.

Excel을 사용해서 t임계치를 구하기 위해서는

좌측검정$(-t_{n-1,\alpha})$: =−T.INV(1−α, n−1)

우측검정$(t_{n-1,\alpha})$: =T.INV(1−α, n−1)

양측검정$(-t_{n-1,\frac{\alpha}{2}}, t_{n-1,\frac{\alpha}{2}})$:

$$=\text{T.INV}(1-\frac{\alpha}{2},\ n-1) \text{ 또는 } =\text{T.INV.2T}(\alpha,\ n-1)$$

함수를 이용한다.

Excel을 사용해서 p값을 구하기 위해서는

좌측검정 : =T.DIST(t통계량, 자유도, True)

우측검정 : =1−T.DIST(t통계량, 자유도, True)

양측검정 : =2*MIN(T.DIST(t통계량, 자유도, True)), 1−T.DIST(t통계량, 자유도, True) 또는 =T.DIST.2T(ABS(t통계량), n−1)

함수를 이용한다.

예 8-3

어떤 연구소 보고에 의하면 성동구에 사는 남자 실버들이 하루에 TV를 시청하는 시간은 평균 6시간 이상이라고 한다. 이것이 사실인지 확인하기 위하여 15명을 랜덤으로 추출하여 조사한 결과 다음과 같은 데이터를 얻었다. 연구보고서가 옳은지 유의수준 5%로 검정하라.

5.5	5.8	6.3	6.5	6.7	6.9	7.3	7.9
5.7	6.1	6.3	6.6	6.9	7.2	7.3	

풀이

$H_0 : \mu \leq 6$

$H_1 : \mu > 6$

	A	B	C	D	
1	예 8-3				
2					
3	5.5		유의수준	0.05	
4	5.7		가정된 모평균	6	
5	5.8				
6	6.1		표본크기	15	
7	6.3		표본평균	6.6	
8	6.3		표본표준오차	0.6719	
9	6.5		평균의 표준오차	0.1735	
10	6.6		t통계량	3.4586	= (D7−D4)/D9
11	6.7		우측t임계치	1.7613	= T.INV(1−D3, D6−1)
12	6.9		p값	0.0019	= 1−T.DIST(D10, D6−1, TRUE)
13	6.9				
14	7.2		귀무가설을 기각함		
15	7.3				
16	7.3				

8.3 모비율의 가설설정

모집단에서 발생하는 비율에 관한 가설검정은 특히 기업의 시장점유율, 정당에 대한 지지율, 선거후보의 득표율, 로트 속의 불량품의 비율 등에 대해서 설정한 가정을 검정할 때 사용된다.

모비율에 대한 추론은 표본비율에 입각하여 실시된다. 그런데 비율에 관한 분포는 이항분포이다. 이항분포는 표본크기가 증가하여 $np>5$이고 $n(1-p)>5$이면 정규분포에 근접한다. 따라서 비율의 표본분포를 근사하기 위하여 정규분포를 이용할 수 있다.

모비율을 p, 표본비율을 $\hat{p}$이라 하면 비율 $\hat{p}$의 표본분포의 평균과 표준편차는

$$E(\hat{p})=p$$

$$\sigma_{\hat{p}}=\sqrt{\frac{p(1-p)}{n}}$$

으로 정규분포에 근사한다.

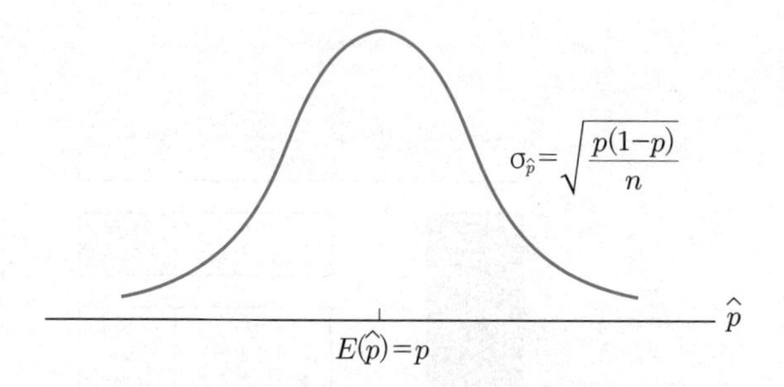

만일 표본크기 $n\geq30$이면 근사치로서의 확률변수 Z는

$$Z=\frac{\hat{p}-p}{\sqrt{\frac{p(1-p)}{n}}}$$

로 표준정규분포를 따른다.

모비율 p에 대한 가설검정도 모표준편차를 모르는 경우 세 가지 형태를 취하는데 그들의 결정규칙은 다음과 같다.

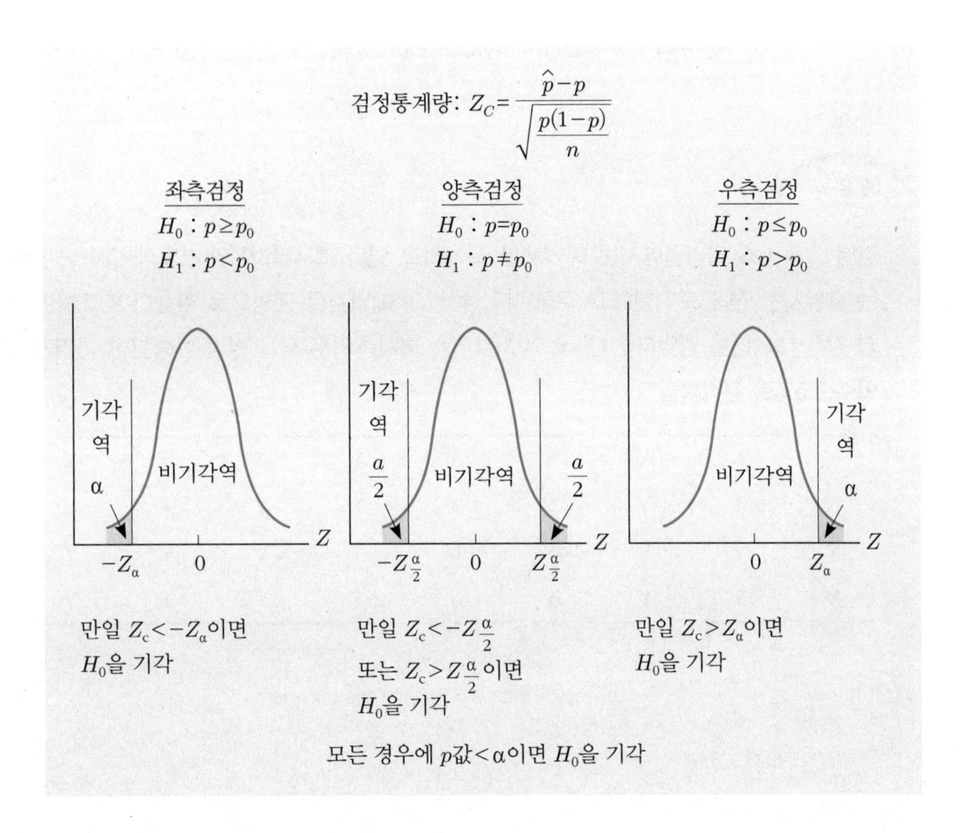

모표준편차를 모르는 경우 모비율에 관해 가설검정을 할 때 가설의 형태에 따라 Z임계치를 구하는 Excel 함수는 다음과 같다.

> Excel을 사용해서 Z임계치를 구하기 위해서는
>
> 좌측검정 : =NORM.S.INV($\frac{\alpha}{2}$)
>
> 우측검정 : =NORM.S.INV(1−$\frac{\alpha}{2}$)
>
> 함수를 사용한다.

한편 p값을 구하는 Excel 함수는 다음과 같다.

좌측검정 : =NORM.S.DIST(Z통계량, TRUE)

우측검정 : =1－NORM.S.DIST(Z통계량, TRUE)

양측검정 : =2*(1－NORM.S.DIST(ABS(Z통계량), TRUE))

예 8-4

강남 고속버스 터미널에서는 예약제를 실시하고 있다. 회사측에 의하면 예약자 중 적어도 95%는 출발시간 전에 도착한다고 주장한다. 40명의 예약자를 랜덤으로 추출하여 조사한 결과 다음과 같은 데이터를 얻었다(지킴 : Y, 안 지킴 : N). 회사측의 주장을 반박할 충분한 근거가 있는지 유의수준 5%로 검정하라.

Y	N	Y	Y	Y	Y	N	Y	Y	Y
N	Y	Y	Y	Y	Y	Y	Y	Y	Y
Y	Y	Y	Y	N	Y	Y	Y	Y	Y
Y	Y	Y	Y	Y	Y	Y	Y	Y	N

풀이

$H_0 : p \leq 0.95$

$H_1 : p > 0.95$

	A	B	C	D	E	F	G	
1	예 8-4							
2								
3						유의수준	0.05	
4	Y	N	Y	Y		가정된 모비율	0.95	
5	N	Y	Y	Y				
6	Y	Y	Y	Y		표본크기	40	
7	Y	Y	Y	Y		성공횟수	35	
8	Y	Y	N	Y		표본비율	0.8750	
9	Y	Y	Y	Y		표준오차	0.0345	
10	N	Y	Y	Y		Z통계량	-2.1764	= (G8−G4)/G9
11	Y	Y	Y	Y		우측Z임계치	-1.6449	= NORM.S.INV(G3)
12	Y	Y	Y	Y		p값	0.0148	= NORM.S.DIST(G10, 1)
13	Y	Y	Y	N				
14						귀무가설을 기각함		

8.4 모분산의 가설설정

모분산에 대한 검정은 한 모집단의 분산에 대한 χ^2검정과 두 모집단 분산의 비율에 대한 F검정으로 분류할 수 있다.

한 모분산 σ^2에 대한 가설검정은 정규 모집단으로부터 n개의 단순 확률표본 $X_1, X_2, \cdots, X_n$을 추출하여 구하는 표본분산 S^2에 입각하여 실시한다. 우리는 확률변수 χ^2_{n-1}은

$$\chi^2_{n-1} = \frac{(n-1)S^2}{\sigma^2}$$

으로 자유도 $(n-1)$의 χ^2분포를 따른다는 것을 배웠다.

만일 귀무가설이 모분산과 어떤 특정한 값이 같다라는 H_0 : $\sigma^2 = \sigma_0^2$이고 이 귀무가설이 사실이라고 하면 확률변수 χ^2_{n-1}은

$$\chi^2_{n-1} = \frac{(n-1)S^2}{\sigma_0^2}$$

으로 자유도 $(n-1)$의 χ^2분포(chi-square distribution)를 따르게 된다. 이 χ^2_{n-1}이 검정통계량이다. 그러므로 모분산에 대한 가설검정은 이 검정통계량에 표본자료를 대입하여 얻는 계산된 값과 유의수준에 따라 χ^2분포로부터 구하는 임계치의 비교에 의해서 결정된다. 따라서 이를 χ^2검정(χ^2 test)이라 한다.

모분산에 대한 가설도 세 가지 형태로 설정할 수 있는데 이를 정리하면 다음과 같다.

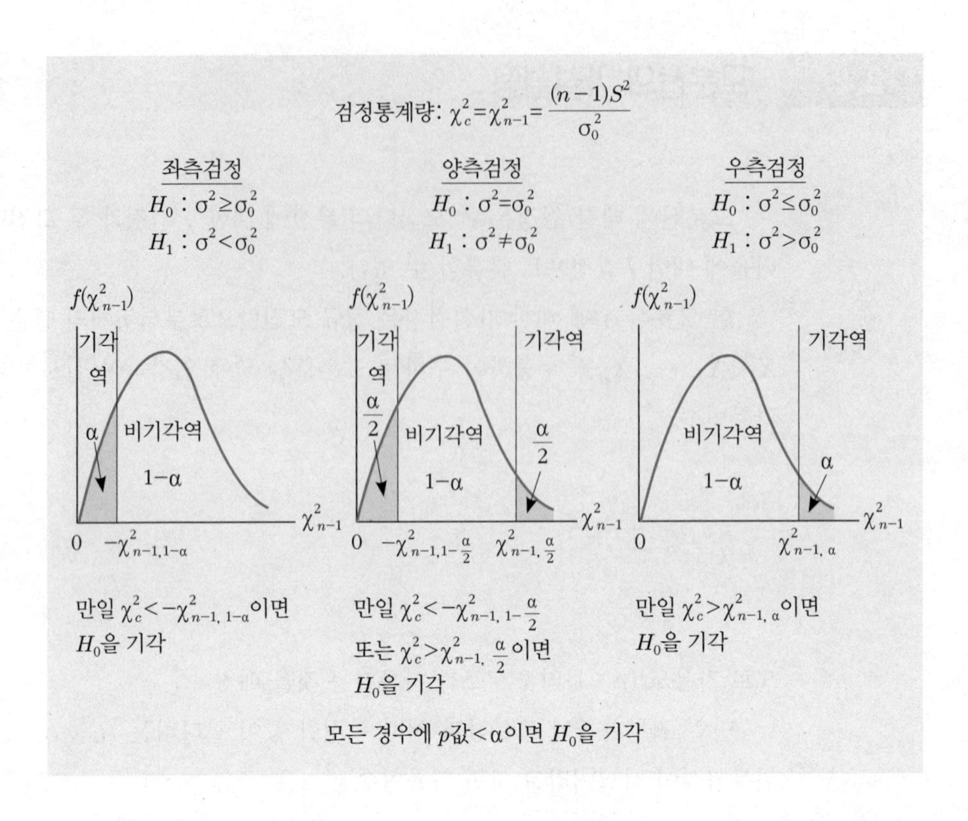

모분산에 대해 가설검정을 할 때 가설의 형태에 따라 카이제곱 임계치를 구할 수 있다.

Excel을 사용해서 χ^2임계치를 구하기 위해서는

좌측검정 : =CHISQ.INV.RT($1-\alpha$, $n-1$)

우측검정 : =CHISQ.INV.RT(α, $n-1$)

양측검정 : =CHISQ.INV.RT($1-\dfrac{\alpha}{2}$, $n-1$)

함수를 이용한다.

Excel을 사용해서 p값을 구하기 위해서는

좌측검정 : =CHISQ.DIST(카이제곱통계량, $n-1$, 1)

우측검정 : =CHISQ.DIST.RT(카이제곱통계량, $n-1$)

양측검정 : =2*MIN(CHISQ.DIST.RT(카이제곱통계량, $n-1$),

CHISQ.DIST(카이제곱통계량, $n-1$, 1))

함수를 이용한다.

예 8-5

평화은행의 혜화지점장은 고객이 기다리는 시간의 변동을 줄이기 위하여 고객이 도착하는 순서대로 한 줄로 서있다가 창구가 비는 대로 고객을 순서대로 서비스하는 정책을 고려한다. 왜냐하면 이러한 정책은 고객이 기다리는 평균시간에는 변화를 주지 않지만 기다리는 시간의 변동은 줄인다고 생각하기 때문이다.

그러나 이를 반대하는 사람은 과거 창구 수에 따른 여러 개의 독립적인 줄에서 기다리는 시간의 표준편차 6분/고객보다 효과가 별로 없을 것이라고 주장한다. 누구의 주장이 맞는지 유의수준 5%로 검정하기 위하여 한 줄에서 기다리는 사람 가운데서 다음과 같이 표본으로 20명을 추출하여 시간을 측정한 결과 표준편차는 6.2287분(Excel 사용 결과)이었다.

3.7	9.5	4.8	10.5	6.8	11.6	8	14.7	9	20.4
3.8	10	5.9	11	7.5	13	8.5	16.2	9.4	30.5

풀이

H_0 : $\sigma \geq 6$

H_1 : $\sigma < 6$

	A	B	C	D	E	
1	예 8-5					
2						
3	3.7	9.5		가정된 모표준편차	6	
4	3.8	10		표본크기	20	
5	4.8	10.5		표본표준편차	6.22866	
6	5.9	11		유의수준	0.05	
7	6.8	11.6				
8	7.5	13		카이제곱통계량	20.47578	= ((E4−1)*E5^2)/E3^2
9	8	14.7		좌측카이제곱임계치	10.11701	= CHISQ.INV.RT((1−E6), (E4−1))
10	8.5	16.2		좌측확률(p값)	0.633525	= CHISQ.DIST(E8, (E4−1), 1)
11	9	20.4		귀무가설을 기각할 수 없음		
12	9.4	30.5				

8.5 두 모집단 가설검정

두 모평균 차이에 대한 가설검정

우리는 지금까지 한 모집단에 대해서 모평균, 모비율, 모분산에 대한 가설검정을 공부하였다. 그런데 현실적으로 평균, 비율, 분산에 있어 차이가 있는지 두 모집단을 비교하는 경우가 많다. 예를 들면 작업방법에 있어 과거와 현재의 성과에 차이가 있는지 알고자 하는 경우에는 두 모집단의 가설검정 방법을 따라야 한다.

두 정규 모집단의 표준편차를 아는 경우

평균 μ_1, 분산 σ_1^2인 정규 모집단 1로부터는 크기 n_1의 확률표본을 추출하고 평균 μ_2, 분산 σ_2^2인 정규 모집단 2로부터는 크기 n_2의 확률표본을 독립적으로 추출할 때 두 분산이 알려져 있는 경우 두 모집단 평균 차이 $(\mu_1-\mu_2)$에 대한 가설검정은 다음과 같이 실시한다.

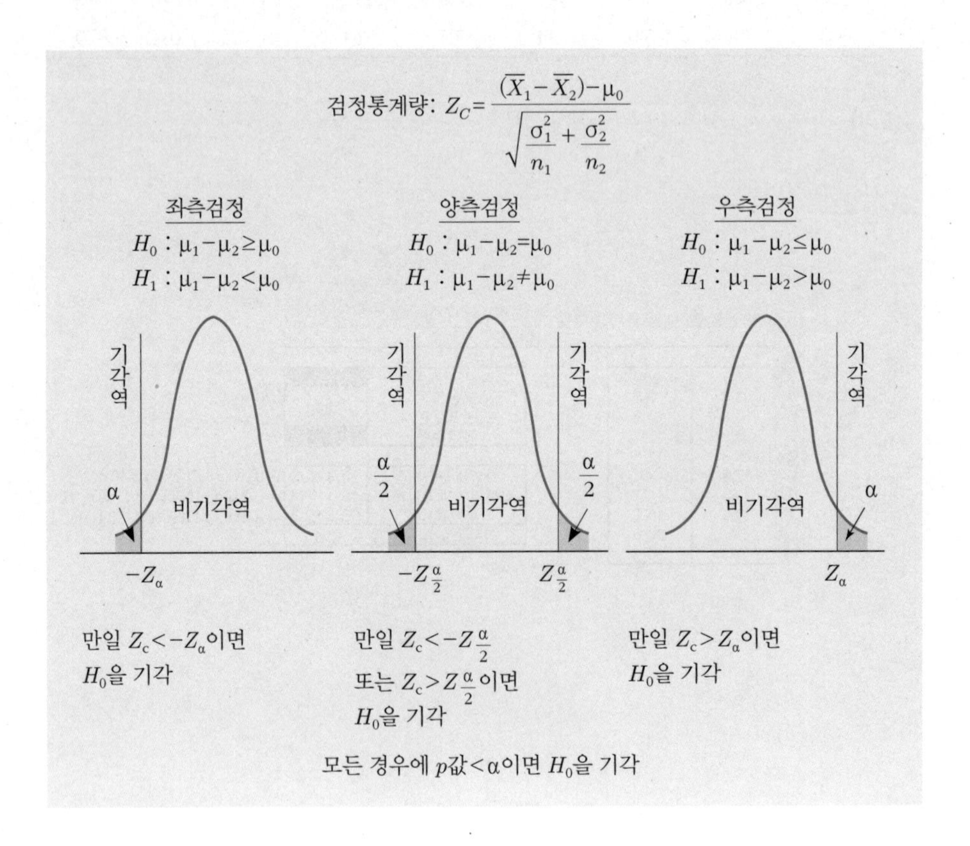

예 8-6

A사와 B사에서 생산하는 비슷한 타이어의 평균 수명거리에 차이가 있는지 알아보기 위하여 표본을 랜덤으로 추출하여 측정한 결과 다음과 같은 데이터를 얻었다. 두 회사 제품의 수명거리의 표준편차는 4,000km로 정규분포를 따른다고 한다.

A사	39	42	43	43	47	49	50	50	51	52	53	57	
B사	35	37	38	38	40	42	42	44	45	48	48	55	60

A사 제품의 수명거리가 B사 제품의 수명거리보다 길다고 말할 수 있는지 유의수준 5%로 검정하라.

풀이

$H_0 : \mu_A \leq \mu_B$

$H_1 : \mu_A > \mu_B$

	A	B	C	D	E	F	G	H	I	J
1	예 8-6									
2										
3					A사	B사				
4	A사	B사		모표준편차	4					
5	39	35		신뢰수준	0.95					
6	42	37		유의수준	0.05			z-검정: 평균에 대한 두 집단		
7	43	38								
8	43	38		표본크기	12	13			변수 1	변수 2
9	47	40		표본평균	48	44		평균	48	44
10	49	42		표본평균 차	4			기지의 분산	16	16
11	50	42		표준오차	1.6013			관측수	12	13
12	50	44		Z통계량	2.4980			가설 평균차	0	
13	51	45		우측Z임계치	1.6449			z 통계량	2.497999	
14	52	48		p값	0.0062			P(Z<=z) 단측	0.006245	
15	53	48						z 기각치 단측	1.644854	
16	57	55		귀무가설을 기각함				P(Z<=z) 양측	0.01249	
17		60						z 기각치 양측	1.959964	

두 정규 모집단의 표준편차를 모르는 경우($\sigma_1^1=\sigma_2^2$, 소표본)

두 모평균 차이 $(\mu_1-\mu_2)$에 대한 가설검정($\sigma_1^1=\sigma_2^2$, 소표본)은 다음과 같이 실시한다.

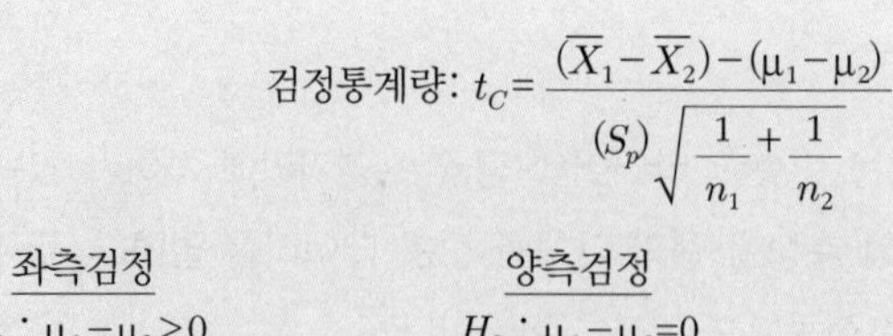

$$\text{검정통계량: } t_C = \frac{(\overline{X}_1 - \overline{X}_2) - (\mu_1 - \mu_2)}{(S_p)\sqrt{\frac{1}{n_1} + \frac{1}{n_2}}}$$

좌측검정

$H_0 : \mu_1 - \mu_2 \geq 0$

$H_1 : \mu_1 - \mu_2 < 0$

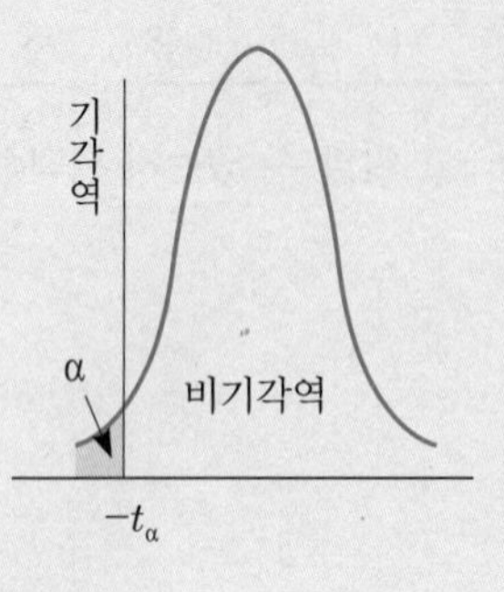

만일 $t_c < -t_{n_1+n_2-2,\ \alpha}$이면 H_0을 기각

양측검정

$H_0 : \mu_1 - \mu_2 = 0$

$H_1 : \mu_1 - \mu_2 \neq 0$

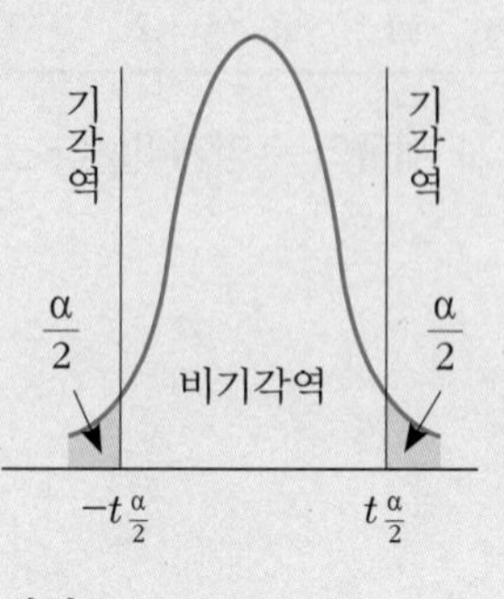

만일 $t_c < -t_{n_1+n_2-2,\ \frac{\alpha}{2}}$ 또는 $t_c > t_{n_1+n_2-2,\ \frac{\alpha}{2}}$이면 H_0을 기각

우측검정

$H_0 : \mu_1 - \mu_2 \leq 0$

$H_1 : \mu_1 - \mu_2 > 0$

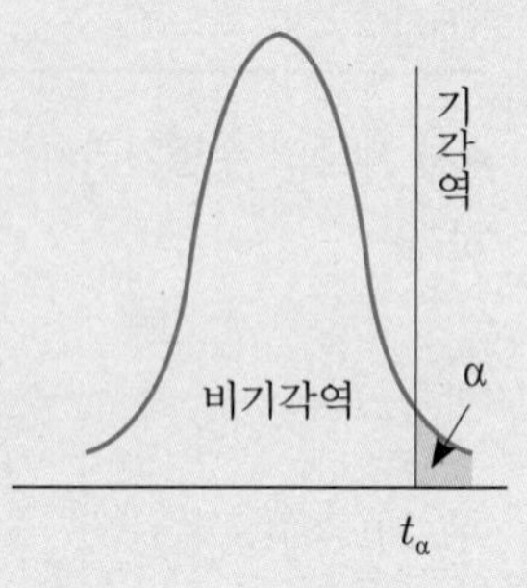

만일 $t_c > t_{n_1+n_2-2,\ \alpha}$이면 H_0을 기각

모든 경우에 p값$<\alpha$이면 H_0을 기각

예 8-7

Excel 전자는 근무하는 남자 직원과 여자 직원의 하루 평균임금을 비교하려고 한다. 각각 직원 9명을 랜덤으로 독립적으로 추출하여 그들의 임금을 조사한 결과 다음과 같은 데이터를 얻었다. 직원들의 임금은 대체로 정규분포를 따르며 남·녀 직원 간의 임금의 표준편차는 동일하다고 한다. (단위 : 만 원)

남	28	32	35	37	41	44	31	35	32
여	25	29	31	35	31	34	27	32	35

남자 직원의 평균임금이 여자 직원보다 높은지 유의수준 5%로 검정하라.

풀이

$H_0 : \mu_{남} \leq \mu_{여}$

$H_1 : \mu_{남} > \mu_{여}$

	A	B	C	D	E	F	G	H	I	J
1				예 8-7						
2										
3				신뢰수준	0.95					
4				유의수준	0.05					
5								t-검정: 등분산 가정 두 집단		
6	남	여			남	여				
7	28	25		표본크기	9	9			변수 1	변수 2
8	32	29		표본평균	35	31		평균	35	31
9	35	31		편차제곱합(S)	204	98		분산	25.5	12.25
10	37	35		평균 차	4			관측수	9	9
11	41	31		통합분산	18.875			공동(Pooled) 분산	18.875	
12	44	34		t통계량	1.9531			가설 평균차	0	
13	31	27		우측t임계치	1.7459			자유도	16	
14	35	32		p값	0.0343			t 통계량	1.953092	
15	32	35						P(T<=t) 단측 검정	0.034263	
16								t 기각치 단측 검정	1.745884	
17								P(T<=t) 양측 검정	0.068527	
18				귀무가설을 기각함				t 기각치 양측 검정	2.119905	

대응표본

짝을 이룬 n개의 표본들의 차이 D_i의 표본평균과 표준편차는 다음과 같이 구한다.

$$\overline{D} = \frac{\sum_{i=1}^{n}(X_{i1}-X_{i2})}{n} = \frac{\sum_{i=1}^{n} D_i}{n}$$

$$S_D = \sqrt{\frac{\sum_{i=1}^{n}(D_i-\overline{D})^2}{n-1}}$$

대응표본(종속표본)을 추출하여 두 정규 모집단의 평균차이 $(\mu_1-\mu_2=\mu_0)$에 대해 검정을 할 때에는 다음과 같이 실시한다.

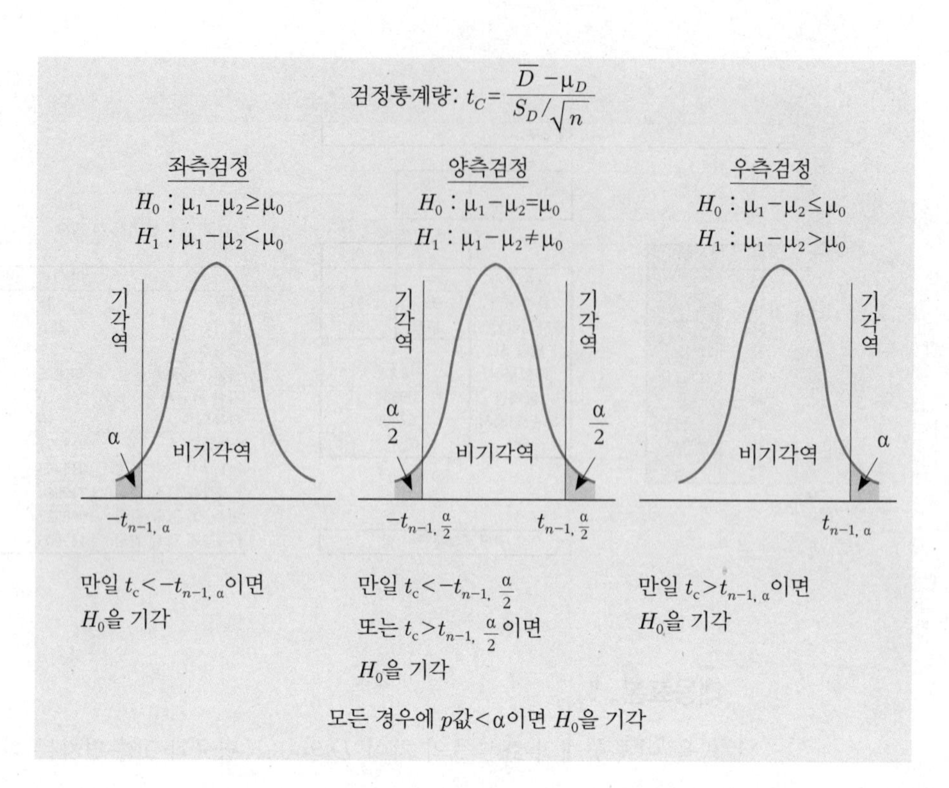

예 8-8

서울대학교 정문 앞에는 발렌티노 핏자집과 존스 핏자집이 있는데 학교 기숙사에 배달시간 경쟁을 벌이고 있다. 발렌티노 핏자집에서는 존스 핏자집보다 빨리 배달한다고 광고하고 있다. 이 주장이 타당한지 검정하기 위하여 기숙사에 사는 A군과 그의 친구들이 핏자를 주문하여 소요된 시간 데이터를 다음과 같이 얻었다. 두 집의 배달시간은 분산이 같은 정규분포를 따른다고 한다.

발렌티노(1)	16.5	11.9	15.6	16.7	18.5	18.2	14.1	21.8	13.8	20.9
존스(2)	22.2	15.4	18.7	15.6	20.8	19.8	16.8	19.5	16.5	24.5

A군과 그의 친구들이 10회에 걸쳐 두 집으로부터 동시에 주문하였다고 할 때(대응표본) 유의수준 5%로 발렌티노 핏자집의 주장을 검정하라.

풀이

$H_0 : \mu_1 \leq \mu_2$

$H_1 : \mu_1 > \mu_2$

	A	B	C	D	E	F	G	H	I	J
1	예 8-8									
2										
3					신뢰수준	0.95				
4					유의수준	0.05				
5										
6	발렌티노	존스	차이					t-검정: 쌍체 비교		
7	16.5	22.2	-5.7		표본크기	10				
8	11.9	15.4	-3.5		차이의 평균	-2.18			변수 1	변수 2
9	15.6	18.7	-3.1		차이의 분산	5.412889		평균	16.8	18.98
10	16.7	15.6	1.1		t통계량	-2.96307		분산	9.8333333	8.924
11	18.5	20.8	-2.3		좌측t임계치	-1.83311		관측수	10	10
12	18.2	19.8	-1.6		p값	0.00794		피어슨 상관 계수	0.7122629	
13	14.1	16.8	-2.7					가설 평균차	0	
14	21.8	19.5	2.3		귀무가설을 기각함			자유도	9	
15	13.8	16.5	-2.7					t 통계량	-2.96307	
16	20.9	24.5	-3.6					P(T<=t) 단측 검정	0.0079401	
17								t 기각치 단측 검정	1.8331129	
18								P(T<=t) 양측 검정	0.0158801	
19								t 기각치 양측 검정	2.2621572	
20										

두 모분산에 대한 가설검정

*F*분포

두 모분산 σ_1^2과 σ_2^2의 동일성을 검정하기 위해서는 모집단 1로부터 크기 n_1의 표본을 랜덤으로 추출하고 모집단 2로부터 크기 n_2의 표본을 독립적으로 추출한 후 이들의 좋은 추정량인 표본분산 S_1^2과 S_2^2를 비교해야 한다.

두 표본분산 차이 $(S_1^2 - S_2^2)$의 분포는 수학적으로 규명하기가 어렵기 때문에 표본분산의 비율 $\frac{S_1^2}{S_2^2}$을 사용하여 가설검정을 실시한다.

분산이 같은$(\sigma_1^2 = \sigma_2^2)$ 두 정규 모집단으로부터 크기 n_1과 크기 n_2 확률표본을 반복하여 독립적으로 추출한 후 두 표본분산의 비율 $\frac{S_1^2}{S_2^2}$을 계산하여 히스토그램을 그리면 비율 $\frac{S_1^2}{S_2^2}$들의 표본분포는 분자의 자유도 $(n_1 - 1)$과 분모의 자유도 $(n_2 - 1)$인 *F*분포(*F* distribution)를 따른다.

$$F_{n_1-1,\, n_2-1} = \frac{\dfrac{(n_1-1)S_1^2/\sigma_1^2}{n_1-1}}{\dfrac{(n_2-1)S_2^2/\sigma_2^2}{n_2-1}} = \frac{\dfrac{S_1^2}{\sigma_1^2}}{\dfrac{S_2^2}{\sigma_2^2}} = \frac{S_1^2}{S_2^2}$$

그림 8-3 F분포의 모양

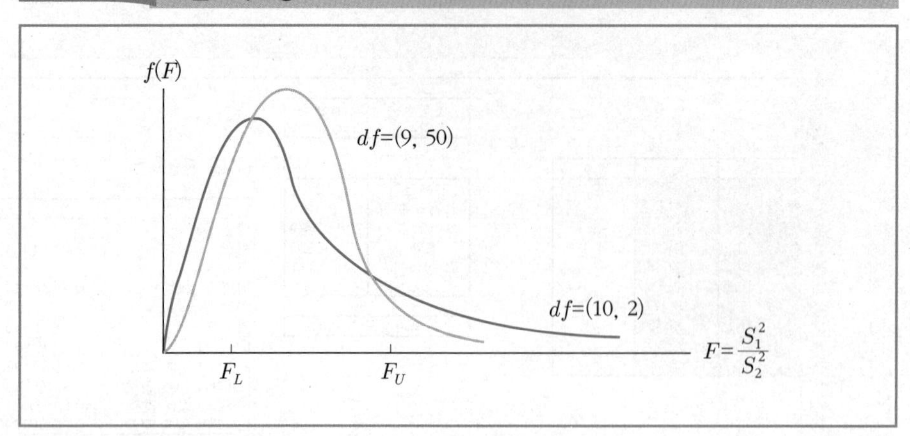

[그림 8-3]은 F분포 모양의 예를 보여 주고 있다.

그림에서

$$F_U = F_{df_1,\ df_2,\ \frac{\alpha}{2}}$$

$$F_L = F_{df_1,\ df_2,\ 1-\frac{\alpha}{2}} = \frac{1}{F_{df_2,\ df_1,\ \frac{\alpha}{2}}}$$

로 구한다.

정규분포를 하는 두 모집단으로부터 각각 표본크기 n_1과 n_2를 독립적으로 추출한다고 할 때 두 모분산 동일성에 대한 가설검정은 다음과 같이 실시한다.

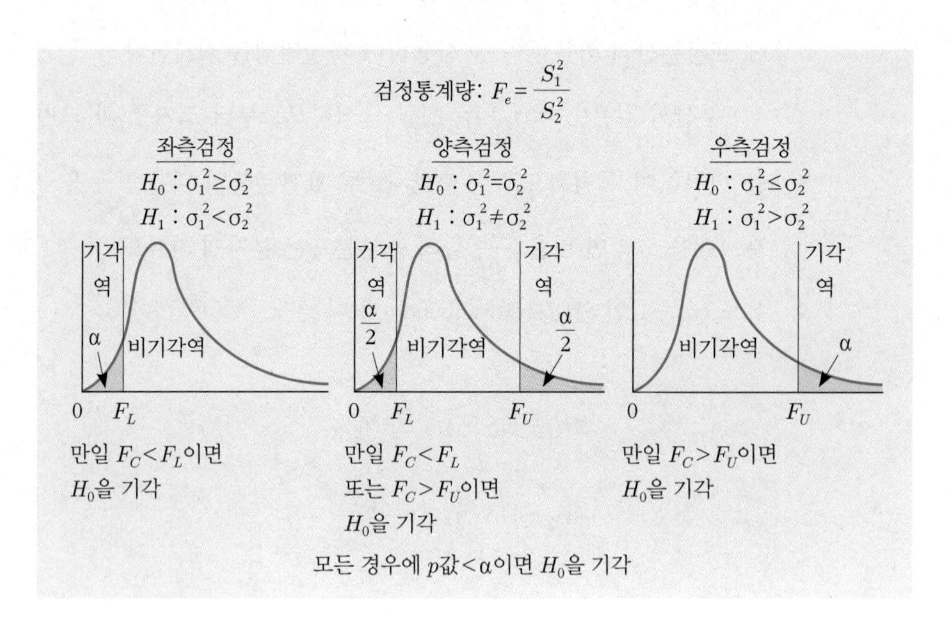

예 8-9

다음 자료는 Excel 중학교 1학년 남학생 7명, 여학생 8명을 표본으로 추출하여 조사한 영어 성적이다.

남학생	52	67	56	45	70	54	64	
여학생	59	60	61	51	56	63	57	65

남학생과 여학생의 성적에 있어 변동의 차이가 있는지 유의수준 5%로 검정하라.

풀이

$H_0 : \sigma_1^2 = \sigma_2^2$

$H_1 : \sigma_1^2 \neq \sigma_2^2$

	A	B	C	D	E	F
1				예 8-9		
2						
3	남학생	여학생		F-검정: 분산에 대한 두 집단		
4	52	59				
5	67	60			변수 1	변수 2
6	56	61		평균	58.28571	59
7	45	51		분산	80.90476	19.14286
8	70	56		관측수	7	8
9	54	63		자유도	6	7
10	64	57		F 비	4.226368	
11		65		P(F<=f) 단측 검정	0.040397	
12				F 기각치: 단측 검정	3.865969	
13						
14				귀무가설을 기각함		

8.6 χ^2검정: 비모수 검정

개념

우리는 지금까지 모수에 관해 가설검정을 하면서 모집단 분포에 대해 분명한 가정을 전제로 하였다. 검정통계량이 정규분포, t분포 또는 F분포를 따른다고 가정하였다. 이러한 검정들의 목적은 단일 모집단의 경우 평균이나 비율과 같은 모수를 추론하거나 두 모집단의 경우 모수들을 비교하기 때문에 모수검정

(parametric test)이라고 한다.

본절에서는 모집단에 대한 어떠한 가정도 필요 없는 비모수 검정을 공부할 것이다. 비모수 검정(nonparametric test)이란 평균, 비율, 표준편차와 같은 모수를 통해 정의되는 확률분포로부터 데이터가 추출되었다는 전제가 필요 없는 검정 방법이다. 비모수 검정은 모수에 관한 검정이 아니라 예컨대 데이터가 정규분포를 따르느냐, 아니냐와 같이 전체 분포의 특성에 관해 검정하는 것이다.

비모수통계학(nonparametic statistics)이란 모수에 대한 측정치가 가설로 설정하지 않는다는 의미이며 이는 분포에 구애받지 않기 때문에 분포에 구애받지 않는 통계학(distribution-free statistics)이라고도 한다.

비모수통계학은 모집단의 분포와 모양에 대한 가정이 필요 없고 엄격한 기준을 요하지 않는 자료를 사용하고, 특히 표본크기가 작을 경우에는 계산절차가 복잡하지 않기 때문에 사용하기 편리하다. 그러나 이러한 장점에도 불구하고 모수의 값을 추정함에 있어 모수통계학보다 더욱 신뢰할 수 없기 때문에 비모수통계학은 널리 사용되지 못하는 한계를 갖고 있다.

비모수통계학에서 주로 사용되는 검정은 χ^2검정이다. 검정은 명목자료를 가지고 만든 도수분포표나 분할표의 도수를 이용하여 모집단 분포를 추론할 때 이용된다. 대표적인 것으로는 모집단 분포의 적합도 검정과 변수 간의 독립성 검정이 있다.

모비율의 검정

χ^2분포는 모분산의 신뢰구간과 가설검정을 위해 사용될 뿐만 아니라 모집단 분포에 대한 가설의 적절성을 검정하는 데 이용된다. 적합도 검정(goodness-of-fit test)은 모집단의 특정 분포가 주어졌을 때 표본을 추출한 모집단 분포가 그의 표본분포와 동일한가를 검정하는 방법과 표본을 추출한 모집단 분포가 정규분포, 균등분포, 포아송분포, 이항분포, 다항분포 같은 이론적 분포인가를 검정하는 방법으로 나누어 생각할 수 있다.

본절에서는 모집단이 어떤 특정 형태의 다항분포인가를 검정하는 문제를 공부할 것이다. 이항분포에서 각 시행의 모든 결과는 두 범주(성공 또는 실패) 중의 하나에 분류된다. 그러나 다항분포(multinomial distribution)에 있어서 각 시행은 세 개 이상의 범주 가운데 하나에 속하는 결과들을 갖는다. 몇 개의 모비율을 갖는 다항실험에 대해 설정하는 가설을 검정하기 위해서는 사상이 발생하는 도수를 따지게 된다.

표본크기 n개의 관측치를 c개의 범주로 분류할 때 각 범주에 분류되는 관측치의 수를 O_1, O_2, ⋯, O_c라고 하자. 이들 각각은 표본의 관측도수(observed frequency)라고 한다. 또한 관측치가 각 범주에 분류될 범주확률, 즉 p_1, p_2, ⋯, p_c가 모두 같다고 하는 귀무가설을 검정하고자 한다면 이는 다음과 같이 표현할 수 있다.

H_0: $p_1=p_2=\cdots=p_c$
H_1: 적어도 하나의 비율은 나머지와 같지 않다.

n개의 관측치가 c개의 범주 중의 하나에 포함되어야 하므로 귀무가설이 옳다고 볼 때 각 범주별 기대도수(expected frequency)는 다음과 같다.

$p_1+p_2+\cdots+p_c=1$
기대도수$_i$: H_0가 옳을 때의 범주$_i$ 확률×관측치 수(표본크기)
$E_i=np_i \quad (i=1,\ 2,\ \cdots,\ c)$

각 범주별 관측도수와 기대도수를 표로 나타낸 것이 [표 8-3]이다.

우리가 여기서 하려는 것은 표본을 추출한 모집단의 분포가 주어진 특정 분포에 따른 비율대로 분포되어 있는가를 검정하려는 것이다.

다시 말하면 단일 기준에 의해 분류된 실제 표본에서 얻어진 관측도수와 귀

표 8-3 관측도수와 기대도수

범주	1	2	⋯	c	합계
관측도수	O_1	O_2	⋯	O_c	n
확률(H_0에 따르는)	p_1	p_2	⋯	p_c	1
기대도수	$E_1=np_1$	$E_2=np_2$	⋯	$E_c=np_c$	n

무가설에서 기대하고 있는 이론적인 모집단의 기대도수 사이에 현저한 차이가 있는지 유의성을 검정하려는 것이다.

이와 같이 귀무가설에 따른 기대도수 분포에 표본의 관측도수 분포가 적합한지에(fit) 따라 귀무가설의 채택여부를 결정하게 된다. 따라서 이를 적합도 검정이라고 한다.

예를 들면 Excel 대학교에서 경영통계학을 수강하는 학생은 남학생 21명, 여학생 23명이다. 어느 날 결강한 학생은 남학생 7명과 여학생 4명이었다. 이때 결강한 학생들이 남·녀별로 골고루 포함되어 있다고 할 수 있는가?

결강한 남·녀 학생이 골고루 포함되어 있다면 남·녀 학생들에 대한 기대도수는 다음과 같다.

$$남학생의\ 기대도수 = 11 \times \frac{21}{44} = 5.25$$

$$여학생의\ 기대도수 = 11 \times \frac{23}{44} = 5.75$$

따라서 이 문제의 관측도수와 기대도수는 [표 8-4]와 같다.

만일 모든 범주별 기대도수 E_i가 적어도 $np_i \geq 5$ 이상이면 확률변수 χ^2은

$$\chi^2 = \sum_{i=1}^{c} \frac{(O_i - E_i)^2}{E_i}$$

으로 자유도 $(c-1)$을 갖는 χ^2분포를 따른다. 따라서 세 개 이상의 모비율에 대한 검정은 다음과 같이 정리할 수 있다.

표 8-4 관측도수와 기대도수의 예

	남학생	여학생	합계
관측도수	$O_1=7$	$O_2=4$	11
확률	$p_1=\frac{21}{44}$	$p_2=\frac{23}{44}$	1
기대도수	$E_1=11\times\frac{21}{44}=5.25$	$E_2=11\times\frac{23}{44}=5.75$	11

그림 8-4 모델의 가해영역

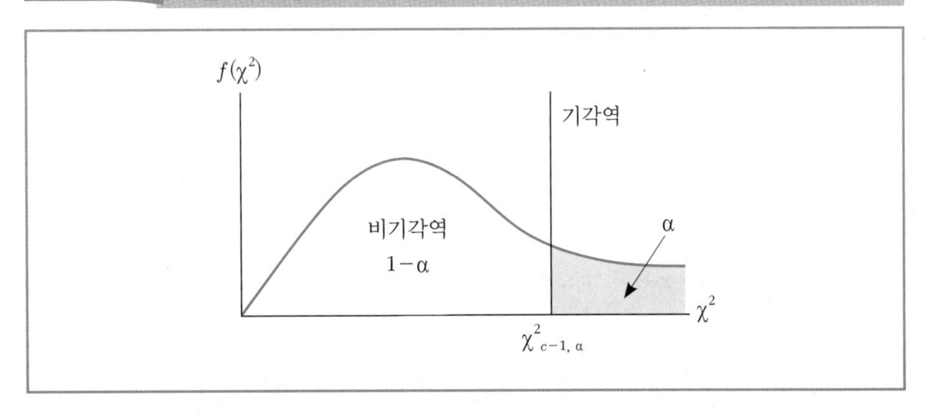

H_0: $p_1=p_2=\cdots=p_c$

H_1: 적어도 하나는 나머지와 같지 않다.

만일 $\sum_{i=1}^{c}\frac{(O_i-E_i)^2}{E_i}>\chi^2_{c-1,\ \alpha}$이면 H_0을 기각

만일 p값$<\alpha$이면 H_0을 기각

관측도수와 기대도수가 근접하면 χ^2의 값은 작아지고 차이가 크면 χ^2값 역시 커진다. 따라서 χ^2의 값이 커져 임계치보다 크면 이들 값들에 차이가 없다고 하는 귀무가설을 기각하게 된다. 검정하는 데 필요한 임계치와 기각역이 χ^2 분포의 오른쪽에 있으므로 여기서의 검정은 우측 임계치에 대한 우측검정에 한한다.

이를 그림으로 나타내면 [그림 8-4]와 같다.

예 8-10

어느 대학교에서는 등록한 학생의 일부를 표본으로 추출하여 등록금 수준에 대한 설문조사를 실시하였다. 각 지역별 등록한 학생 수와 등록금에 관해 조사한 학생 수가 다음 표와 같을 때 조사한 학생 수가 모집단을 잘 대표한다고 할 수 있는지 유의수준 5%로 검정하라.

지역	등록한 학생 수	조사한 학생 수
수도권	6,500	150
중부권	4,000	140

호남권	5,000	100
영남권	4,500	110
합계	20,000	500

풀이

지역	학생 수	구성비율	관측도수(O_i)	기대도수(E_i)	O_i-E_i	$(O_i-E_i)^2/E_i$
수도권	6,500	0.325	150	162.5	−12.5	0.9615
중부권	4,000	0.2	140	100	40	16
호남권	5,000	0.25	100	125	−25	5
영남권	4,500	0.225	110	112.5	−2.5	0.0556
합계	20,000	1.000	500	500.0		22.0171

H_0 : 지역별 관측도수=기대도수

H_1 : 지역별 관측도수≠기대도수

$\chi^2_{c-1,\ \alpha}=\chi^2_{3,\ 0.05}=7.81473$

$$\chi^2=\sum\frac{(O_i-E_i)^2}{E_i}=22.0171$$

$\chi^2=22.0171>\chi^2_{3,\ 0.05}=7.81473$이므로 귀무가설 H_0를 기각한다. 즉 지역별 관측도수와 기대도수는 같지 않다고 결론을 내릴 수 있다.

독립성 검정

앞절에서 적합도 검정을 함에 있어서 하나의 분류기준(변수)을 고려하는 문제를 공부하였다. 본절에서는 두 개 이상의 표본이 서로 다른 모집단에서 추출된 것인지를 검정하기 위하여 χ^2검정을 공부하고자 한다.

수많은 양적 자료는 두 개 이상의 범주변수(categorical variable) 또는 분류기준에 따라 분류할 수 있는데 이때 우리는 이러한 변수들이 서로 독립적인가 또는 서로 연관성을 갖는가에 관심을 갖게 된다. 예를 들면 동일한 제품의 상표 선호가 성별과 독립적인가를 알고자 할 경우에는 표본으로 고객을 추출하고 그들의 성별에 따른 상표 선호를 분류한다.

분석하고자 하는 변수가 명목 척도나 서열 척도로 측정되는 질적 자료의 경우 두 변수 간의 독립성 여부를 파악하는 교차분석(crosstabulation)은 상관분석과 함께 연관성 분석에 속한다.

두 변수의 독립성에 대한 검정을 하기 위해서는 분할표(contingency table)를 이용한다.

이러한 분할표에 나타난 두 명목변수가 상호 독립적일 때의 기대도수와 실제 표본에서 얻은 관측도수가 일치하는지 χ^2검정을 통해 두 변수 간의 독립성 여부를 추론하게 된다.

두 변수 간의 독립성 여부를 검정하는 절차는 다음과 같다.

- 귀무가설과 대립가설을 설정한다.
- 확률표본을 추출하여 분할표의 각 셀에 관측도수를 기록한다.
- 다음 공식을 이용하여 각 셀에 대해 기대도수를 계산한다.

$$E_{ij} = \frac{(\text{행 } i \text{의 합계})(\text{열 } j \text{의 합계})}{\text{표본크기}}$$

- 다음 공식을 이용하여 검정통계량의 값을 계산한다.

$$\chi^2 = \sum_i \sum_j \frac{(O_{ij} - E_{ij})^2}{E_{ij}}$$

- 결정규칙

만일 $\chi^2 \geq \chi^2_{(r-1)(c-1)},\ \alpha$이면 H_0을 기각

만일 p값$<\alpha$이면 H_0을 기각

간단한 예를 들어 설명하기로 하자. [표 8-5]는 3×4 분할표인데 통계학 과

표 8-5 분할표

전공 \ 학점	A	B	C	D	합계
심리학	36	16	14	34	100
사회학	64	34	20	82	200
경영학	50	50	16	84	200
합계	150	100	50	200	500

목을 수강하는 500명 학생의 표본을 전공과 학점으로 분류한 결과이다.

우리가 하려고 하는 것은 [표 8-5]에 입각하여 전공(행)과 학점(열)이라는 두 변수가 서로 독립적인가를 χ^2분포를 이용하여 검정하려는 것이다.

H_0: 전공과 학점은 서로 독립적이다.

H_1: 전공과 학점은 서로 독립적이 아니다.

이를 위해서는 관측도수와 기대도수를 비교하여야 한다. 만일 기대도수가 관측도수와 상당한 차이를 보이면 검정통계량 χ^2이 큰 값을 갖게 되고 임계치를 벗어나게 되어 두 변수가 독립적이라는 귀무가설을 기각하게 된다.

기대도수를 구하는 방법은 위의 공식을 이용한다. 500명 학생 가운데 심리학을 전공하는 학생의 비율은 100/500=0.2, 사회학을 전공하는 학생의 비율은 200/500=0.4, 경영학의 비율은 200/500=0.4이다. 만일 전공과 학점이 독립적이라면 이 비율은 어떤 학점을 받더라도 적용되어야 한다. 예를 들면 A학점을 받은 학생 150명 가운데 심리학을 전공하는 학생은 150×0.2=30명이다. A학점을 받은 학생 150명 가운데 사회학을 전공하는 학생은 150×0.4=60명이고 경영학을 전공하는 학생은 150×0.4=60명이다. 같은 요령으로 나머지 학점에 대해서도 계산할 수 있는데 [표 8-6]은 이와 같이 계산한 기대도수를 나타내는 표이다.

[표 8-5]와 [표 8-6]을 이용하여 χ^2통계량을 계산할 수 있는데 이의 결과가 [표 8-7]이다.

분할표를 사용하는 경우 분포의 자유도는 다음과 같이 결정한다.

$$df=(r-1)(c-1)$$

표 8-6 기대도수

학점 / 전공	A	B	C	D	합계
심리학	30	20	10	40	100
사회학	60	40	20	80	200
경영학	60	40	20	80	200
합계	150	100	50	200	500

표 8-7 χ^2의 계산

관측도수(O_i)	기대도수(E_i)	$(O_i-E_i)^2/E_i$
36	30	1.2000
64	60	0.2667
50	60	1.6667
16	20	0.8000
34	40	0.9000
50	40	2.5000
14	10	1.6000
20	20	0.0000
16	20	0.8000
34	40	0.9000
82	80	0.0500
84	80	0.2000
합계	500	10.8833

[표 8-5]에서 자유도는 $df=(3-1)(4-1)=6$이 된다. 만일 유의수준 $\alpha=0.05$로 가설을 검정한다면 $\chi^2_{6,\ 0.05}=12.59$인데 이는 계산한 $\chi^2=10.8833$보다 크기 때문에 전공과 학점은 연관성이 없다는 귀무가설 H_0를 기각할 수 없게 된다.

1. 가설검정에 대하여 설명하라.

2. 가설검정의 오류에 대하여 설명하라.

3. 가설검정의 절차를 설명하라.

4. F분포는 어느 경우에 사용하는가?

5. 다음 용어를 간단히 설명하라.

(1) 귀무가설과 대립가설

(2) 임계치

(3) 유의수준

(4) p값

6. 전국에 대리점을 갖고 있는 한 전자회사는 6월보다 7월의 평균 매상고가 20%는 높다는 것을 알고 있다. 이것이 사실인지 확인하기 위하여 여섯 개의 대리점을 표본으로 추출하여 조사한 결과 7월의 판매 증가율은 다음과 같았다. 모집단이 정규분포를 한다고 가정할 때 유의수준 5%로 평균 판매 증가율이 20% 이상이라는 주장을 검정하라.

21.2	19.4	19.8	20.2	20.4	20.5

7. Excel 대학병원에서는 새로운 심장수술법을 개발하여 환자의 회복시간이 상당히 단축되었다고 주장한다. 과거의 데이터에 의하면 표준수술법을 사용하였을 때의 평균 회복시간은 42일이고 표준편차는 4일이었다. 과연 새로운 방법이 회복시간을 단축시켰는지 밝히기 위하여 다음과 같이 36명의 환자를 추출하여 조사한 결과 평균 회복시간은 40.5일이었다. 유의수준 5%로 병원측의 주장을 검정하라.

32	39.7	33.59	40	36.78	40.3	38	44	39.2	47	39.5	48.8
32.74	39.8	34.65	40	37.81	42	38.1	45	39.4	47	39.5	50
33.58	39.8	35	40.2	37.85	44	38.2	46	39.4	47	39.6	52.5

8. 남산 식품(주)는 최근에 새로운 스낵용 먹거리를 개발하고 소비자들로 하여금 시식토록 하였다. 50명의 소비자들로 하여금 시식 후 반응을 0 : 좋아하지 않음, 1 : 좋아함, 2 : 그저 그러함 등으로 코드화하도록 하여 다음과 같은 자료를 얻었다. 회사는 스낵용 먹거리를 좋아하지 않는 소비자의 비율이 절반을 넘지않나 걱정하고 있다. 유의수준 5%로 검정하라.

0	0	1	0	0	0	1	1	0	2
0	0	0	1	0	0	0	1	1	1
1	2	2	0	1	0	0	0	0	1
1	2	0	0	0	1	0	0	2	0
2	2	0	2	0	0	1	0	0	0

9. 한국비료는 50kg 백의 비료를 생산한다. 회사는 최근 새로운 기계를 도입하였기 때문에 무게에 변동이 있는지 관심을 갖고 있다. 15개의 백을 추출하여 무게를 측정한 결과 다음과 같은 데이터를 얻었다. 백의 무게는 정규분포를 따르는 것으로 알려졌다.

46.7	48.3	49.2	50.7	51.1	51.3	51.5	52.1
47.5	49.2	49.5	50.8	51.2	51.5	51.6	

백의 무게의 표준편차 σ는 0.5kg을 넘지 않는다고 회사는 주장하는데 이를 반박할 충분한 근거는 있는지 유의수준 5%로 검정하라.

10. K 제약회사는 알약에 포함되는 이물질 농도가 3%를 넘지 않도록 신경을 쓰고 있다. 회사는 공정에서 생산되는 알약의 이물질 농도는 표준편차 0.5%인 정규분포를 따르는 것으로 알고 있다. 회사는 농도를 검정하기 위하여 다음과 같이 공정에서 생산되는 알약 36개를 랜덤으로 추출하여 농도를 측정한 결과 평균은 3.06%이었다. 유의수준 5%로 가설을 검정하라.

3.00	3.06	3.01	3.07	3.02	3.08	3.04	3.09	3.05	3.10	3.05	3.11
3.00	3.07	3.01	3.08	3.02	3.09	3.04	3.09	3.05	3.10	3.06	3.11
3.00	3.07	3.02	3.08	3.03	3.09	3.04	3.10	3.05	3.10	3.06	3.12

11. Excel 자동차의 연비는 갤런당 평균 35마일이다. 그런데 제품개발 그룹이 최근에 새로운 연료주입 시스템을 개발하여 갤런당 평균 마일리지를 향상시킨다고 주장하여 이를 검정하기 위하여 Excel 자동차의 표본실험을 실시하고자 한다.

(1) 연구를 위한 가설을 설정하라.

(2) 이러한 상황에서 제 I 종 오류는 무엇인가? 이러한 오류를 범한 후의 결과는 무엇인가?

(3) 이러한 상황에서 제Ⅱ종 오류는 무엇인가? 이러한 오류를 범한 후의 결과는 무엇인가?

12. 종로 제조(주)는 동일작업을 수행하는 남자 근로자와 여자 근로자 사이에 시간당 임금격차가 있는지 밝히기 위하여 근로자들을 독립적으로 추출하여 조사한 결과 다음과 같은 데이터를 얻었다. 임금은 정규분포를 따르며 두 모집단의 표준편차는 같다고 한다.

남자(1)	58	60	60	50	64	62	52	52
	50	55	53	56	48	43	53	48
여자(2)	44	42	37	44	35	43	45	53
	54	40	46	50	50	44	42	

남자 근로자의 평균임금이 여자 근로자의 평균임금보다 10만큼 많은지 유의수준 5%로 검정하라.

13. 수퍼마켓에서 판매하는 품목의 형태와 성별이 관련을 맺고 있는지 검정하기 위하여 600명의 고객을 대상으로 조사한 결과 다음과 같은 데이터를 얻었다. 유의수준 5%로 품목의 형태와 성별은 독립적인지 검정하라.

성별 \ 품목	냉동식품	세제	수프	합계
여	203	73	142	418
남	97	27	58	182
합계	300	100	200	600

14. 어떤 회사에서 생산하는 제품이 전국에서 고르게 판매되는지를 알기 위하여 전국을 동서남북으로 구분하고 각 지역에서 100명씩 소비자를 추출하여 조사한 결과 다음 표와 같은 데이터를 얻었다.

지역	동	서	남	북	합계
구매	40	55	45	50	190
불매	60	45	55	50	210
합계	100	100	100	100	400

(1) 귀무가설과 대립가설을 설정하라.

(2) 유의수준 0.05일 때 귀무가설을 기각해야 하는가?

제 3 편 예측적 분석론

제 9 장

회귀분석과 상관분석

9.1 개념

두 변수란 하나의 독립변수(independent variable) X와 하나의 종속변수(dependent variable) Y를 말하고 세 변수란 둘의 독립변수와 하나의 종속변수를 말한다. 독립변수란 모델에서 다른 변수에 영향을 주고 그 다른 변수를 예측하는 데 사용되는 변수로서 설명변수(explanatory variable) 또는 예측변수(predictor variable)라고도 한다. 한편 종속변수는 독립변수로부터 영향을 받기 때문에 수학적 방정식을 이용하여 독립변수의 특정한 값에 따른 그의 값을 예측하고자 하는 변수를 말하며 반응변수(response variable)라고도 한다.

회귀분석(regression analysis)이란 둘 또는 셋 이상 변수 사이의 함수적 관계를 나타내는 수학적 회귀방정식(regression equation)을 구하고 독립변수의 특정한 값에 따른 종속변수의 값을 예측하는 기법이다. 회귀분석은 서로 영향을 주고 받으면서 변화하는 인과관계(cause and effect relationship)를 갖는 변수들 사이의 관계를 분석하게 된다.

본장에서는 두 변수 사이의 관계를 선형으로 나타낼 수 있는 단순선형회귀분석(simple linear regression analysis)은 물론 둘 이상의 독립변수와 종속변수의 관계를 다루는 중회귀분석도 공부할 것이다.

상관분석(correlation analysis)이란 둘 또는 셋 이상 변수 사이의 밀접성(선형관계)의 강도(strength)와 방향(direction)을 요약하는 수치를 구하는 기법이다. 특히 상관분석은 분석하고자 하는 변수가 구간척도와 비율척도로 측정된 양적 자료의 경우 두 변수의 연관성을 분석하는 연관성분석(association test)에 속한다.

상관분석도 하나의 종속변수와 하나의 독립변수 사이의 연관성을 분석하는 단순 상관분석과 하나의 종속변수와 두 개 이상의 독립변수 사이의 연관성을 분석하는 중상관분석으로 분류할 수 있다.

9.2 단순선형 회귀모델

모집단 단순선형 회귀모델

확정적 모델(deterministic model)에 있어서는 독립변수의 값을 지정하면 종속변수의 값은 함수관계에 따라 정확하게 계산할 수 있다.

$$Y=\alpha+\beta X$$

이 모델에서 α는 종속변수 Y의 절편(intercept)인데 독립변수 X가 0일 때 Y의 평균치를 나타낸다. 한편 β는 직선의 기울기(slope)로서 독립변수 X의 한 단위 증가함에 따라 변화하는 종속변수 Y가 변동하는 평균치를 의미하는데 X의 값이 지정되면 Y의 값은 정확하게 계산할 수 있다.

그러나 이 확정적 모델은 예측오차(error of prediction)를 평가할 방법을 제공하지 못한다. 예컨대 판매액은 광고비 외에 경제상태, 재고, 경쟁제품의 가격 등 예상할 수 없는(설명할 수 없는) 일정치 않은 확률적 요인들의 영향으로 광고비가 계속 일정하게 지불되더라도 판매액은 일정하지 않고 항상 변동하게 된다.

따라서 모집단의 경우 독립변수 X와 종속변수 Y의 1차 함수관계를 가정할 때 모집단 단순선형 회귀모델은 다음과 같이 확정적 함수관계를 나타내는 부분과 확률적 오차부분을 포함한다.

Y=확정적 부분+확률적 오차부분

$$Y_i=\alpha+\beta X_i+\varepsilon_i \quad i=1, \cdots, n$$

모집단의 단순회귀모델에서 확정적 부분을 평균선(line of means) 또는 모집단 회귀선(population regression line)이라고 하는데 이는 독립변수 X의 주어진 값에 따른 종속변수 Y의 조건부 기대값인 $E(Y_i | X_i)$ 또는 $E(Y_i)$는 모델의 직선 부분과 같기 때문이다. 즉 X의 특정한 값에 따른 Y의 분포의 기대값은 회귀선 위에서 구해진다. 우리는 주어진 독립변수와 이에 대응되는 종속변수의 평균값과의 관계식 즉, 다음과 같은 모집단 회귀식을 얻을 수 있다.

$$E(Y_i) = E(Y_i | X_i) = \alpha + \beta X_i$$

모집단 회귀식에서 α와 β를 모집단 회귀계수(population regression coefficient)라고 한다.

독립변수 X의 특정한 값이 주어지면 종속변수 Y의 값은 평균 $E(Y|X)$를 중심으로 랜덤하게 오차를 가지고 확률적으로 변동하게 된다. 오차(error)란 독립변수 X의 값이 주어질 때 종속변수 Y의 실제 관측치와 종속변수 Y의 평균값의 차이 $(Y_i - E(Y_i))$를 말한다.

[그림 9-1]은 모집단 회귀모델과 모집단 회귀식의 차이를 보여주고 있다. 오차는 다음과 같이 구한다.

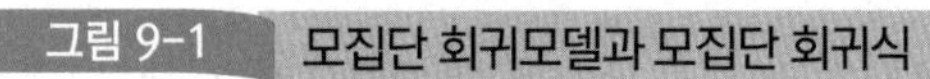
그림 9-1 모집단 회귀모델과 모집단 회귀식

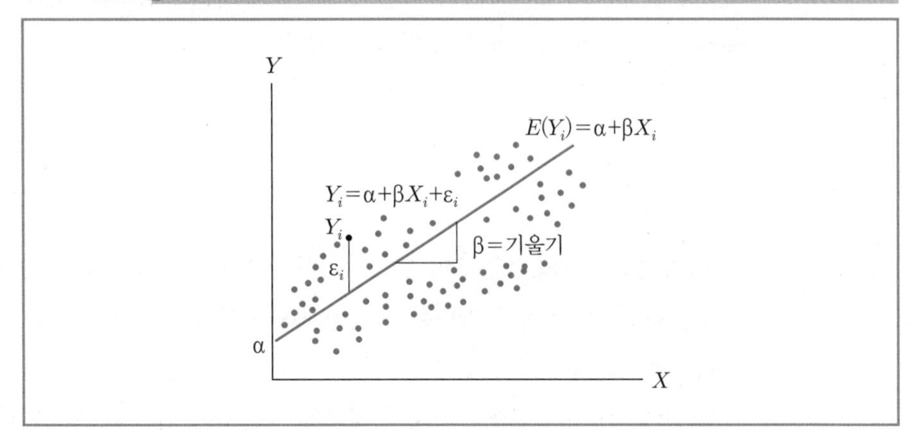

$$\varepsilon_i = Y_i - E(Y_i \mid X_i) = Y_i - E(Y_i)$$

이와 같이 독립변수 X의 값이 주어지면 종속변수 Y의 값은 여러 값을 가지면서 변동하고 평균 $E(Y_i \mid X_i)$를 갖는 정규분포를 따른다고 가정할 수 있다.

오차항에 대한 가정

- ε_i는 정규분포를 따른다.
- ε_i의 평균은 0이다. 즉 $E(\varepsilon_i) = 0$
- 확률변수 ε_i의 분산은 독립변수 X의 값에 상관 없이 일정하다.
- 독립변수 X는 고정된 값(fixed value)을 갖는다.
- 서로 다른 관측치의 오차는 독립적이다.

표본 회귀모델

모집단 회귀선에서 두 변수 X와 Y의 관계는 알 수 없으므로 추정해야 한다. 즉 추출된 표본자료를 이용하여 모집단 회귀선의 모수 α와 β에 대한 추정치를 도출하고 이를 이용하여 $E(Y_i \mid X_i)$에 대한 추정치를 구할 수 있다. 이러한 과정이 우리가 연구목적으로 하는 회귀분석의 내용이다. 최소자승법을 사용하여 추정치인 모집단 회귀선의 표본 회귀선(sample regression line) 또는 예측선(prediction line)을 다음과 같이 얻을 수 있다.

$$\hat{Y}_i = a + bX_i$$

여기서 a는 α의, b는 β의 추정치이다. a와 b의 값을 표본 회귀계수라고 한다. a는 회귀선이 Y축과 만나는 절편에 해당하고 b는 독립변수 X가 한 단위 증가하는 데 따른 종속변수 Y의 증가분을 의미하는 기울기이다.

표본에 따라 a와 b가 달라지기 때문에 표본 회귀선도 표본에 따라 여러 가지가 될 수 있다.

독립변수 X의 값이 주어질 때 표본 회귀선의 추정치 $\hat{Y}$와 실제치 Y 사이에

그림 9-2 오차 ε_i와 잔차 e_i의 관계

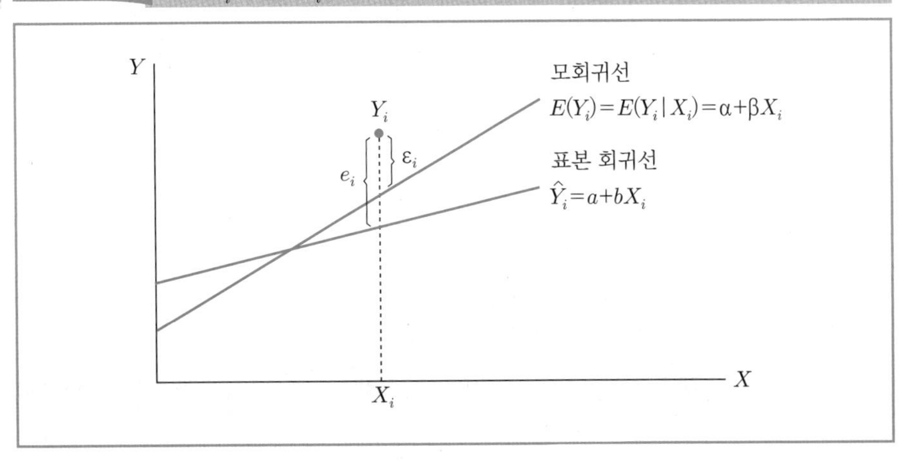

는 표본오차 때문에 차이가 발생하는데 이를 잔차(residual)라고 하고 e로 표시한다. 잔차 e는 모집단 오차 ε의 추정치이다. 이는 [그림 9-2]에서 보는 바와 같다.

$$e_i=Y_i-\hat{Y}_i$$

9.3 최소자승법

표본자료가 준비되면 산포도를 작성하여 두 변수의 관계가 선형이면 독립변수 X와 종속변수 Y의 관계를 가장 잘 설명해 줄 수 있는, 즉 개별 관측치와 회귀선과의 차이인 잔차의 전체 크기를 최소화하는 표본 회귀방정식(표본 회귀선)을 구해야 한다.

$$\text{최소 } \sum e_i^2=\text{최소 } \sum(Y_i-\hat{Y}_i)^2$$

을 만족시키는 표본 회귀선 $\hat{Y}_i=a+bX_i$의 계수 a와 b를 다음과 같이 결정하는 것이다.

$$b = \frac{n\sum X_i Y_i - \sum X_i Y_i}{n\sum X_i^{\,2} - (\sum X_i)^2} = \frac{\sum X_i Y_i - n\overline{X}\,\overline{Y}}{\sum X_i^{\,2} - n\overline{X}^2}$$

$$a = \overline{Y} - bX$$

다음은 어느 회사 제품을 위한 광고비와 판매액 데이터이다.

회	광고비(X)	판매액(Y)
1	2	16
2	2	8
3	3	20
4	4	14
5	5	22
6	5	30
7	6	38
8	7	32
9	7	46
10	8	40

❶ 최소자승법에 의한 표본 회귀선을 구하라.
❷ 산포도와 함께 표본 회귀선을 나타내라.
❸ 각 광고비에 대한 판매 예측치를 구하라.
❹ 각 광고비에 대한 잔차를 구하라.
❺ 광고비가 5.5억 원일 때의 판매 예측치를 구하라.

풀이

❶ 데이터를 입력한 후 다음과 같이 수식을 입력한다.

셀 주소	수식	비고
C4	=$G$3+A4*$G$4	C13까지 복사
D4	=B4−C4	D13까지 복사

G3	=INTERCEPT(B4:B13, A4:A13)
G4	=SLOPE(B4:B13, A4:A13)
G5	=FORECAST.LINEAR(F5, B4:B13, A4:A13)
H5	=TREND(B4:B13, A4:A13, F5, 1)

❷ 산포도를 그리기 위해서는 A4:B13을 블록으로 지정하고 [삽입]-[차트 그룹]에서 세로 막대 우측에 있는 내림단추(▾)를 클릭한다.

❸ [세로 막대형 차트 더 보기]를 클릭한다.

❹ [분산형]을 클릭한다.

❺ [확인]을 클릭한다.

❻ [차트 제목]에 커서를 놓고 좌클릭한 후 차트 제목을 [산포도]로 고친다.

❼ 차트의 오른쪽 위에 있는 십자형 [차트 요소]를 클릭하고 [축 제목]에 체크를 하고 [눈금선]에 체크를 지운다.

❽ 차트 영역의 *X*축 제목에 커서를 놓고 클릭하면 편집이 가능하게 되는데 [광고비]로 바꾼다. *Y*축 제목은 [판매액]으로 바꾼다.

❾ 산포도에 추세선을 넣기 위해서는 그림 영역의 한 점에 커서를 놓고 우클릭한다.

❿ [추세선 추가]를 선택한다.

⓫ [추세선 서식] 대화상자가 나타나면 [수식을 차트에 표시]와 [R-제곱 값을 차트에 표시]를 선택한다.

⓬ 다음과 같은 결과를 얻는다.

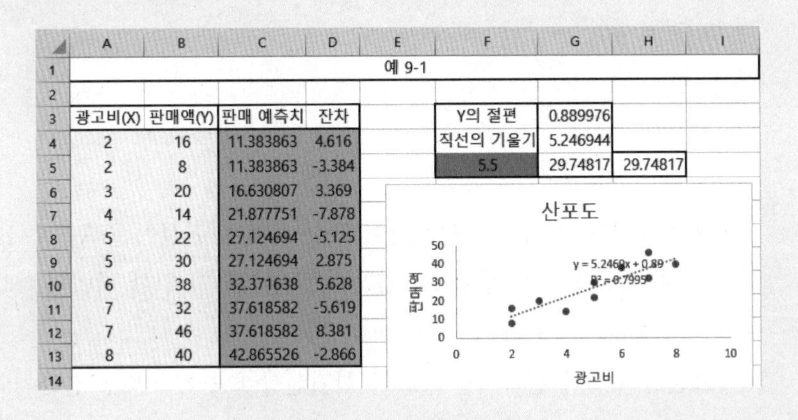

예 9-1

광고비(X)	판매액(Y)	판매 예측치	잔차
2	16	11.383863	4.616
2	8	11.383863	-3.384
3	20	16.630807	3.369
4	14	21.877751	-7.878
5	22	27.124694	-5.125
5	30	27.124694	2.875
6	38	32.371638	5.628
7	32	37.618582	-5.619
7	46	37.618582	8.381
8	40	42.865526	-2.866

F	G	H
Y의 절편	0.889976	
직선의 기울기	5.246944	
5.5	29.74817	29.74817

9.4 표본 회귀선의 적합도 검정

회귀분석에서 회귀방정식을 추정하는 목적은 독립변수 X의 값이 주어지면 종속변수 Y의 값을 예측하려는 것이다. 두 변수에 관한 표본 데이터가 수집되면 이에 가장 적합한 선(best fitting line)인 표본 회귀방정식은 최소자승법에 의하여 구할 수 있다. 그러나 이렇게 구한 표본 회귀선이 항상 바람직한 결과를 나타내는가 평가할 필요가 있다.

따라서 표본 회귀선이 구해지면 다음과 같은 평가방법을 적용해야 한다.

- 적합도 검정
- 유의성 검정

표본 회귀선을 구하게 되면 이 회귀선이 모든 관측치들을 얼마나 적합하도록(잘 나타내도록) 도출되었는지, 두 변수 간의 선형관계를 잘 나타내고 있는지, 즉 종속변수를 얼마나 잘 설명해 주는지 회귀모델 자체에 대한 적합도 검정(goodness-of-fit test)을 실시하고 한편으로는 각 독립변수와 종속변수의 관련도가 통계적으로 유의한지 또는 각 독립변수가 종속변수에 대한 설명력을 가지고 있는가를 밝히는 유의성 검정(significance test)을 실시해야 한다.

적합도 검정방법으로는

- 추정의 표준오차
- 결정계수

를 들 수 있다.

추정의 표준오차

우리가 표본 데이터를 이용하여 구한 표본 회귀선이 종속변수 Y의 값을 예측하는데 어느 정도의 정확성을 갖느냐를 평가하기 위한 기법의 하나가 추정의 표준오차(standard error of the estimate)이다.

표본들의 실제 관측치들이 표본 회귀선상에 놓이게 되면 관측치와 예측치가 같게 되어 X에 따른 Y의 예측에는 전혀 오차가 발생하지 않는다.

종속변수 Y의 값을 예측하는 데 오차를 발생시키는 것은 오차항 ε_i이다. 따라서 오차항들을 검토함으로써 회귀선에 의한 예측의 정확성을 추정할 수 있다.

오차들의 평균은 $E(\varepsilon_i)=0$이고 분산은 $\sigma_e^{\ 2}$인데 오차들의 분산 $\sigma_e^{\ 2}$ 대신에 추정의 표준오차 S_e를 사용하게 된다.

$$S_e=\sqrt{\frac{\sum(Y_i-\hat{Y}_i)^2}{n-2}}=\sqrt{\frac{SSE}{n-2}}=\sqrt{\frac{\sum Y_i^2-a\sum Y_i-b\sum X_iY_i}{n-2}}$$

SSE : 오차제곱합(sum of squares due to error)

여기서 분모로 $(n-2)$를 사용하는 이유는 회귀분석 과정에서 사용된 추정량 a와 b의 두 개만큼 자유도가 줄어야만 S_e가 σ_e의 불편추정량이 되기 때문이다.

추정의 표준오차는 표본 회귀선(또는 종속변수의 예측치) 주위로 표본들의 실제 관측치들이 흩어진 변동을 측정한다. 추정의 표준오차가 작을수록 표본 회귀선이 독립변수와 종속변수의 통계적 관계를 적절하게 설명할 수 있는 것이다.

예 9-2

[예 9-1]의 데이터를 이용하여 추정의 표준오차를 구하라.

풀이

❶ 데이터를 입력한다.

❷ [데이터] – [데이터 분석] – [회귀분석]을 선택한다.

❸ [회귀분석] 대화상자가 나타나면 다음과 같이 입력한다.

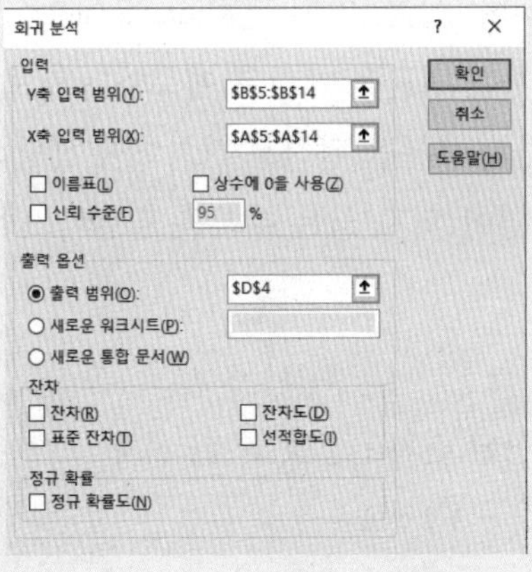

회귀 분석 ? ×
입력
Y축 입력 범위(Y): $B$5:$B$14
X축 입력 범위(X): $A$5:$A$14
☐ 이름표(L) ☐ 상수에 0을 사용(Z)
☐ 신뢰 수준(F) 95 %
출력 옵션
◉ 출력 범위(O): $D$4
○ 새로운 워크시트(P):
○ 새로운 통합 문서(W)
잔차
☐ 잔차(R) ☐ 잔차도(D)
☐ 표준 잔차(T) ☐ 선적합도(I)
정규 확률
☐ 정규 확률도(N)
확인
취소
도움말(H)

❹ [확인]을 클릭하면 다음과 같은 결과를 얻는다.

	A	B	C	D	E	F	G	H	I	J	K	L
1						예 9-2						
2												
3												
4	광고비(X)	판매액(Y)		요약 출력								
5	2	16										
6	2	8		회귀분석 통계량								
7	3	20		다중 상관계수	0.894139036							
8	4	14		결정계수	0.799484615							
9	5	22		조정된 결정계수	0.774420192							
10	5	30		표준 오차	5.941442038							
11	6	38		관측수	10							
12	7	32										
13	7	46		분산 분석								
14	8	40			자유도	제곱합	제곱 평균	F 비	유의한 F			
15				회귀	1	1125.994	1125.994	31.89719	0.000483			
16				잔차	8	282.4059	35.30073					
17				계	9	1408.4						
18												
19					계수	표준 오차	t 통계량	P-값	하위 95%	상위 95%	하위 95.0%	상위 95.0%
20				Y 절편	0.88997555	4.924741	0.180715	0.861085	-10.4665	12.24645	-10.4665	12.24645
21				X 1	5.246943765	0.929031	5.64776	0.000483	3.104594	7.389293	3.104594	7.389293

결정계수

표본 데이터를 사용하여 최소자승법에 의하여 추정한 회귀방정식이 그 표본들을 얼마나 잘 설명하고 있는가를 평가하는 또 하나의 기법이 결정계수(coefficient of determination)이다. 이는 별도로 분석된 여러 개의 적합도의 상호 비교가 가능한 상대평가방법이다.

회귀분석에서 종속변수의 실제 관측치 Y_i값과 Y값들의 표본평균 $\overline{Y}$ 사이의 차이, 즉 $(Y_i - \overline{Y})$를 Y의 총편차(total deviation)라고 하는데 이는 $(\hat{Y}_i - \overline{Y})$로 나타내는 (회귀식에 의하여) 설명된 편차(explained deviation)와 $(Y_i - \hat{Y}_i)$으로 나타내는 (회귀식에 의하여) 설명 안 된 편차(unexplained deviation)로 구분할 수 있다. 여기서 설명된 편차란 평균을 가지고 예측하는 것보다 회귀선에 의해 예측할 경우 설명력이 증가하는 부분을 말하고 잔차 e_i에 해당하는 설명 안 된 편차란 회귀선에 의해서도 설명이 되지 않는 부분을 말한다. 이들의 관계를 식으로 나타내면 다음과 같다.

총편차 = 설명된 편차 + 설명 안 된 편차

$$(Y_i - \overline{Y}) = (\hat{Y}_i - \overline{Y}) + (Y_i - \hat{Y}_i)$$

그림 9-3 총편차의 구성

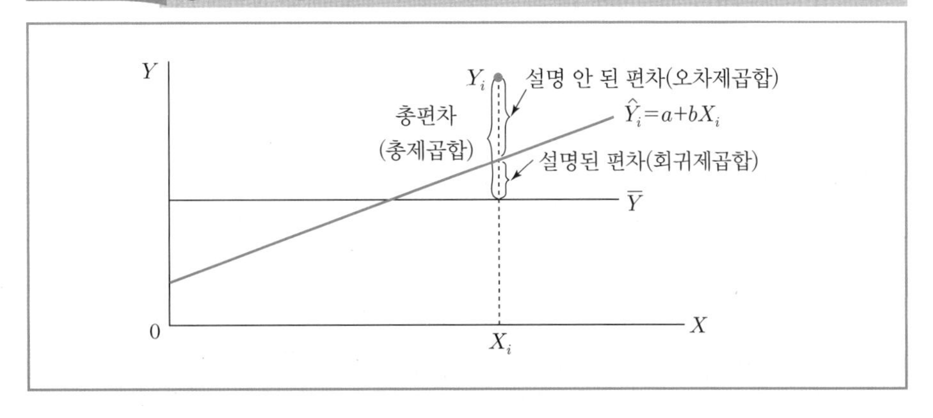

이를 그림으로 나타내면 [그림 9-3]과 같다.

편차의 제곱을 변동(variation)이라고 한다. 위 식의 양변을 각각 제곱한 후 모든 관측치에 대하여 합한 값으로 전환시키면 총제곱합의 구성은 다음과 같다.

$$\sum(Y_i - \overline{Y})^2 = \sum(\hat{Y}_i - \overline{Y})^2 + \sum(Y_i - \hat{Y}_i)^2$$

총제곱합 = 회귀제곱합 + 오차제곱합

총변동 = 설명된 변동 + 설명 안 된 변동

$SST = SSR + SSE$

총제곱합(sum of squares total : SST)은 총변동(total variation)이라고도 하는데 독립변수를 고려하지 않았을 경우 실제 관측치 Y_i들이 이들의 평균 $\overline{Y}$로부터 흩어진 정도를 나타낸다. 회귀제곱합(sum of squares regression : SSR)은 독립변수를 고려함으로써 회귀식으로 설명되는 제곱합을 의미한다. 오차제곱합(sum of squares error : SSE)은 회귀식으로 설명되지 않는 잔차의 제곱합으로서 $\sum e_i^2$을 의미한다.

총변동을 이와 같이 분해함으로써 SSE의 크기로 표본 회귀식의 적합도를 측정할 수 있다. 결정계수 R^2은 종속변수 Y의 총제곱합 중에서 회귀식으로 설명되는 제곱합이 차지하는 상대적 비율로 측정한다.

$$R^2 = \frac{\text{설명된 변동}}{\text{총 변동}} = \frac{SSR}{SST} = 1 - \frac{SSE}{SST} = \frac{a\sum Y_i + b\sum X_i Y_i - n\overline{Y}^2}{\sum Y_i^2 - n\overline{Y}^2}$$

결정계수는 0부터 1까지의 값을 갖는데 1에 가까울수록 회귀선은 표본 데이터를 잘 설명하는 정확성이 높다고 할 수 있다.

[예 9–1]의 데이터를 이용하여 결정계수를 구하면 [예 9–2]에서 $R^2 = 0.7995$임을 알 수 있다. 이는 광고비가 판매액 변동의 79.95%를 결정하므로 나머지 약 20%는 다른 요인들에 의해서 결정된다는 것을 뜻한다.

상관분석

우리가 공부한 회귀식은 두 확률변수 X와 Y의 선형적 관계를 밝혀낼 뿐 두 변수 사이의 밀접한 관계의 강도와 방향은 나타내지 못한다.

상관분석은 두 확률변수 사이의 연관성 정도와 방향을 측정하는데 우리는 두 변수 간의 관계가 1차식으로 나타낼 수 있는 선형관계인 경우에 한하기로 한다.

두 확률변수 X와 Y의 선형관계의 유무와 밀접성의 강도를 측정하는 척도로서는 공분산과 상관계수가 있다.

공분산

공분산(covariance)은 통계적으로 종속적인 두 확률변수 X와 Y 사이의 선형관계(linear relationship)의 방향(direction)만을 측정하는 척도로서 다음과 같은 공식을 이용하여 구한다.

• 모집단 : $Cov(X, Y) = \sigma_{XY} = E[X_i - E(X)][Y_i - E(Y)]$

$= E(XY) - E(X)E(Y)$: 결합확률분포의 기대값 이용

$$Cov(X, Y) = \frac{\sum (X_i - \mu_X)(Y_i - \mu_Y)}{N} \text{ : 평균 이용}$$

• **표본** : $S_{XY}=\dfrac{\sum(X_i-\overline{X})(Y_i-\overline{Y})}{n-1}=\dfrac{1}{n-1}\left[\sum X_iY_i-\dfrac{\sum X_iY_i}{n}\right]$

공분산은 두 변수의 값이 각각의 평균으로부터 떨어져 있는 두 편차, $(X_i-\overline{X})$와 $(Y_i-\overline{Y})$를 구한 다음 이들을 서로 곱하는 편차곱의 평균이다.

공분산은 분산 σ^2과 달리 음수의 값을 가질 수 있다. 공분산이 양수이면 두 변수가 같은 방향으로 함께 움직이고(정의 선형관계) 음수이면 두 변수가 반대 방향으로 움직이는(음의 선형관계) 것을 의미한다. 공분산은 또 두 변수가 선형으로 움직이지 않을 때는 0의 값을 갖는다.

이와 같이 공분산은 두 확률변수 X와 Y 사이에 선형관계가 있는지, 있을 때 정의 관계인지 또는 음의 관계인지는 밝혀주지만 그의 크기는 두 변수의 선형관계의 밀접성 정도를 나타내는 지표는 될 수 없다. 왜냐하면 공분산의 크기는 두 변수의 측정단위에 의존하기 때문이다.

상관계수

공분산은 두 확률변수 X와 Y의 선형관계의 여부를 밝혀내지만 두 변수의 측정단위를 함께 가지고 있어 두 변수의 측정단위에 따라 그의 값이 달라지므로 두 변수 사이의 연관성의 강도(strength)를 나타내 주지는 못한다. 따라서 단위에 관계 없이 두 변수 X와 Y 사이의 밀접한 정도와 방향을 측정하기 위해서는 공분산의 측정단위를 표준화한 상관계수(correlation coefficient)를 계산해야 한다.

상관계수는 모집단에 대해서 구하지만 표본에 대해서도 구한다.

• **모집단** : $\rho=\dfrac{Cov(X,\ Y)}{\sigma_X\sigma_Y}\qquad(-1\leq\rho\leq1)$

σ_X(변수 X의 표준편차)$=\sqrt{E(X^2)-(\sum X)^2}$

σ_Y(변수 Y의 표준편차) $=\sqrt{E(Y^2)-(\sum Y)^2}$

• 표본 : $r = \frac{S_{XY}}{S_X S_Y}$

$$= \frac{\sum(X_i - \overline{X})(Y_i - \overline{Y})}{\sqrt{\sum(X_i - \overline{X})^2}\ \sqrt{\sum(Y_i - \overline{Y})^2}}$$

$$S_X(\text{변수 } X\text{의 표본표준편차}) = \sqrt{\frac{\sum(X_i^{\ 2} - \frac{\sum(X_i^2)}{n}}{n-1}}$$

$$S_Y(\text{변수 } Y\text{의 표본표준편차}) = \sqrt{\frac{\sum(Y_i^2 - \frac{\sum(Y_i^2)}{n}}{n-1}}$$

상관계수는 공분산을 계산할 때 사용한 각 변수의 편차를 그 변수의 표준편차로 나누어 편차를 표준편차와 같은 단위로 바꾼 다음 이들을 서로 곱한 후 평균을 구하면 된다.

공분산이 클수록 상관계수도 커진다. 이의 반대도 성립한다. 그러나 공분산과 달리 상관계수는 −1과 +1 사이의 값을 갖고 부호는 언제나 서로 일치한다. 표본 상관계수는 회귀분석과 관련된 문제에 있어서는 결정계수의 제곱근으로 구한다.

$$r = \sqrt{R^2} = \sqrt{\frac{SSR}{SST}}$$

예 9-3

[예 9-1]의 데이터를 이용하여 두 변수 X와 Y의 표본 상관계수와 공분산을 구하라.

풀이

❶ 다음과 같이 데이터를 입력한 후 수식을 입력한다.

셀 주소	수식	비고
E5	=CORREL(A5:A14, B5:B14)	
E6	=COVARIANCE.S(A5:A14, B5:B14)	

❷ 다음과 같은 결과를 얻는다.

	A	B	C	D	E
1	예 9-3				
2					
3					
4	광고비(X)	판매액(Y)			
5	2	16		표본상관계수	0.894
6	2	8		공분산	23.84
7	3	20			
8	4	14			
9	5	22			
10	5	30			
11	6	38			
12	7	32			
13	7	46			
14	8	40			

9.5 표본 회귀선의 유의성 검정

우리는 표본 회귀선의 적합도를 판정하는 방법으로 추정의 표준오차와 결정계수를 공부하였다. 그런데 회귀선의 적합도가 높더라도(표본 회귀계수 $b \neq 0$이더라도) 모집단 회귀선의 기울기가 $\beta = 0$이면 회귀모델 $Y_i = \alpha + \beta X_i + \varepsilon_i$는 $Y_i = \alpha + \varepsilon_i$가 되어 독립변수 X의 값들이 종속변수 Y의 값들을 예측하는 데 아무 소용이 없게 된다.

따라서 우리는 통계량 b를 근거로 모수 β가 0이 아니라는 것을 검정함으로써, 즉 회귀모델의 두 변수 사이에 선형관계가 성립하는지(회귀선이 유의한지)를 검정함으로써 종속변수 Y값들을 추정하는 데 표본 회귀선을 사용할 수 있는지를 결정하기 위해서는 표본 회귀선에 대한 유의성 검정(significance test)이 우선 필요하다. 유의성 검정은

- t검정

• F검정

을 통해서 실시할 수 있다.

모집단 회귀선의 기울기 β에 대한 t검정

모수 β에 대한 t검정(t test)은 표본 회귀식의 기울기 b를 이용해야 한다. b는 모집단으로부터 표본크기 n인 가능한 모든 표본을 추출하여 계산한다. 그리고 검정통계량은 b의 확률분포를 알아야 결정할 수 있다.

오차항 ε에 대한 모든 가정이 만족되면 b의 확률분포는 평균이 β이고 다음과 같은 표준편차를 갖는 정규분포를 따른다.

$$\sigma_b = \frac{\sigma_e}{\sqrt{\sum(X_i - \overline{X})^2}}$$

위 식에서 σ_e는 알 수 없으므로 그의 추정량인 추정의 표준오차 S_b를 사용하면 검정통계량 t값은 t분포를 따른다.

$$t = \frac{b-0}{S_b} = \frac{b}{S_e / \sqrt{\sum(X_i - \overline{X})^2}} = \frac{b}{S_e / \sqrt{\sum X_i^{\,2} - n\overline{X}^2}}$$

S_b : 회귀계수의 b의 표준오차

이때의 자유도는 $(n-2)$이다. 이는 통계량 t는 a와 b를 추정할 때 각각 자유도를 하나씩 잃기 때문이다. 기울기 β에 대한 t검정은 다음과 같이 실시한다.

좌측검정	양측검정	우측검정
$H_0 : \beta \geq 0$	$H_0 : \beta = 0$	$H_0 : \beta \leq 0$
$H_1 : \beta < 0$	$H_1 : \beta \neq 0$	$H_1 : \beta > 0$
만일 $\frac{b}{S_b} < -t_{n-2,\, \alpha}$이면	만일 $\frac{b}{S_b} > t_{n-2,\, \frac{\alpha}{2}}$	만일 $\frac{b}{S_b} > t_{n-2,\, \alpha}$이면
H_0을 기각	또는 $\frac{b}{S_b} < -t_{n-2,\, \frac{\alpha}{2}}$이면	H_0을 기각
	H_0을 기각	

모든 경우에 p값 $< \alpha$이면 H_0을 기각

예 9-4

[예 9-1]의 데이터를 이용하여 다음과 같은 가설을 설정하였다.

$H_0 : \beta = 0$

$H_1 : \beta \neq 0$

유의수준 5%로 모집단 회귀선의 기울기 β에 대해 t검정하라.

풀이

	계수	표준 오차	t 통계량	P-값	하위 95%	상위 95%	하위 95.0%	상위 95.0%
Y 절편	0.88997555	4.924741	0.180715	0.861085	-10.4665	12.24645	-10.4665	12.24645
X 1	5.246943765	0.929031	5.64776	0.000483	3.104594	7.389293	3.104594	7.389293

모집단 회귀선의 기울기 β에 대한 F검정

설명된 변동과 설명 안 된 변동의 측정을 이용해서 귀무가설 $H_0 : \beta = 0$을 검정하는 방법이 F검정(F test)이다. 즉 설명된 제곱합 SSR(회귀제곱합)이 설명 안 된 제곱합 SSE(오차제곱합)에 비해 크면 회귀식이 표본 데이터를 잘 설명하기 때문에 귀무가설을 기각하는 것이다.

SSR의 자유도는 독립변수의 수와 같기 때문에 1이고 SSE의 자유도는 표본 회귀선에 의한 Y의 추정치 $\hat{Y}_i$을 추정하기 위하여 a와 b를 사용하였으므로 $(n-2)$이며 SST의 자유도는 두 자유도의 합 $1+(n-2)=n-1$과 같다. 제곱합을

그의 자유도로 나누면 평균제곱이 된다. 우리가 필요로 하는 평균제곱은 설명된 평균제곱, 즉 회귀 평균제곱(mean square regression : MSR)과 설명 안 된 평균제곱, 즉 오차 평균제곱(mean square error : MSE)이다.

$$MSR = \frac{SSR}{1} = \sum(\hat{Y}_i - \overline{Y}_i)^2$$

$$MSE = \frac{SSE}{n-2} = S_e^{\ 2}$$

$$F\text{비} = \frac{MSR}{MSE}$$

기울기 β에 대한 F검정은 다음과 같이 실시한다.

H_0 : β=0

H_1 : β≠0

만일 $\frac{MSR}{MSE} > F_{1,\ n-2,\ \alpha}$이면 H_0을 기각

만일 p값<α이면 H_0을 기각

따라서 다음과 같은 분산분석표를 작성할 수 있다.

변동의 원천	제곱합	자유도	평균제곱	F비
회귀	SSR	1	MSR	$\frac{MSR}{MSE}$
잔차	SSE	$n-2$	MSE	
총변동	SST	$n-1$		

F검정의 결과는 t검정의 결과와 같은데 t검정은 두 변수 사이의 선형관계의 단측검정도 할 수 있으나 F검정은 양측검정만 할 수 있다.

예 9-5

[예 9-1]의 데이터를 이용하여 다음과 같은 가설을 설정하였다.

H_0 : β=0

H_1 : β≠0

❶ 유의수준 5%로 모집단 회귀선의 기울기 β에 대해 F검정하라.

❷ 분산분석표를 작성하라.

분산 분석								
	자유도	제곱합	제곱 평균	F 비	유의한 F			
회귀	1	1125.994	1125.994	31.89719	0.000483			
잔차	8	282.4059	35.30073					
계	9	1408.4						
	계수	표준 오차	t 통계량	P-값	하위 95%	상위 95%	하위 95.0%	상위 95.0%
Y 절편	0.88997555	4.924741	0.180715	0.861085	-10.4665	12.24645	-10.4665	12.24645
X 1	5.246943765	0.929031	5.64776	0.000483	3.104594	7.389293	3.104594	7.389293

9.6 종속변수 Y의 추정과 예측

회귀분석을 하는 중요한 이유는 독립변수의 값이 주어졌을 때 이에 대응하는 종속변수의 값을 추정하려는 것이다. 주어진 표본에 대해 최소자승법을 이용하여 구한 표본 회귀선의 적합도 검정과 유의성 검정이 만족하도록 평가가 끝나면 그 표본 회귀선을 이용하여 추정(estimation)이나 예측(prediction)을 수행하는 것이다.

우리가 확률적 모델을 사용하려는 목적은 두 가지이다.

첫째는 독립변수 X의 특정한 값 X_0에 대응하는 종속변수 Y의 모든 값들의 평균(기대값) $E(Y_0)=E(Y_0 \mid X_0)$를 추정하는 신뢰구간(confidence interval)을 구하려는 것이다.

둘째는 독립변수 X의 특정한 값 X_0에 대응하는 종속변수 Y의 개별 관측치 Y_0의 범위를 추정하는 예측구간(prediction interval)을 구하려는 것이다.

점추정치

독립변수 X의 값이 주어지면 종속변수 Y의 값은 많은데 이 모집단 분포의 기대값(평균)은

$$E(Y_0 | X_0) = \alpha + \beta X_0$$

를 이용하여 구할 수 있다. 그러나 실제로는 표본 회귀선

$$\hat{Y}_0 = a + bX_0$$

을 이용하여 α와 β를 추정한다. 이와 같이 종속변수 Y의 추정치 $\hat{Y}_0$은 종속변수 Y의 기대값을 추정하기 위해서는 물론 미래에 관측될 Y의 개별 관측치의 범위를 예측하기 위해서 사용된다.

종속변수 Y의 기대값의 추정치와 종속변수 Y의 예측치를 구하기 위한 점추정치(point estimation)는 독립변수 X의 주어진 값 X_0를 표본 회귀식에 대입하여 구하는 Y_0가 된다.

종속변수 Y의 기대값 $E(Y_0)$에 대한 신뢰구간

모집단 회귀선상의 값인 종속변수 Y의 기대값을 추정하기 위해서는 신뢰구간을 구하게 된다. [그림 9-4]에서 독립변수 $X = X_0$일 때 종속변수 Y의 기대값 $E(Y_0)$을 추정하는 데 따르는 추정오차(error of estimation)는 X_0에서의 모집단 회귀선과 표본 회귀선 사이의 편차, 즉 $(\hat{Y}_0 - E(Y_0))$이다.

만일 종속변수 Y가 독립변수 X의 주어진 값 X_0에 대응하여 결정되는 Y_0가 일정한 분산 σ_e^2으로 정규분포를 한다고 가정하면 종속변수 Y의 모평균의 추정치 Y_0 또한 표본분포의 표준오차로 정규분포를 따른다.

$X = X_0$일 때 $\hat{Y}_0$의 표본분포의 표준오차는 다음과 같다.

그림 9-4 추정오차

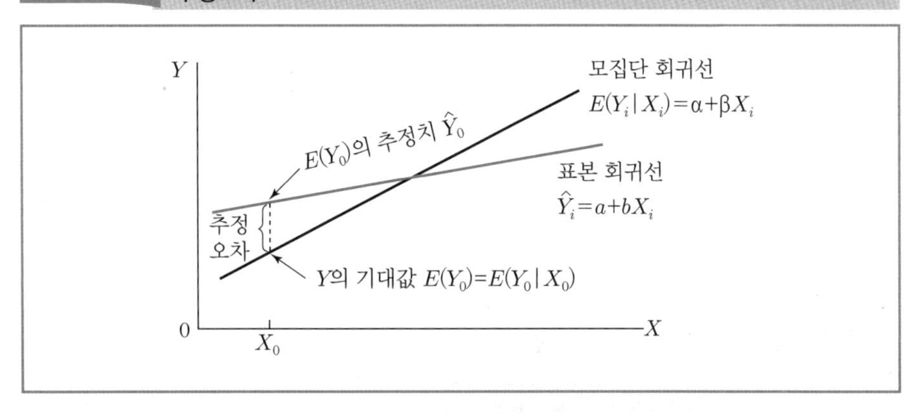

$$\sigma_0=\sigma_e\sqrt{\frac{1}{n}+\frac{(X_0-\overline{X})^2}{\sum X_i^2-n\overline{X}^2}}$$

σ_e: 모집단 전체에 대한 오차의 표준편차

표본 데이터를 사용하기 때문에 위 식에서 σ_e 대신에 그의 불편추정량인 추정의 표준오차 S_e를 사용함으로써 종속변수 Y의 표준오차 σ_0 대신에 종속변수 Y의 추정치 $\hat{Y}$의 추정표준오차 S_0로 대치하여야 한다.

$$S_0=S_e\sqrt{\frac{1}{n}+\frac{(X_0-\overline{X})^2}{\sum X_i^2-n\overline{X}^2}}$$

독립변수 $X=X_0$일 때 종속변수 Y의 기대값인 $E(Y_0)=E(Y_0 | X_0)$에 대한 신뢰구간은 $n \leq 30$일 때 다음과 같이 구할 수 있다.

$$P\left[\hat{Y}_0-t_{n-2,\frac{\alpha}{2}}(S_e)\sqrt{\frac{1}{n}+\frac{(X_0-\overline{X})^2}{\sum X_i^2-n\overline{X}^2}} \leq E(Y_0 | X_0) \leq \hat{Y}_0+t_{n-2,\frac{\alpha}{2}}(S_e)\sqrt{\frac{1}{n}+\frac{(X_0-\overline{X})^2}{\sum X_i^2-n\overline{X}^2}}\right]=1-\alpha$$

예 9-6

[예 9-1]을 사용하여 광고비 X_0=6억 원인 수많은 달들의 평균 판매액에 대한 95% 신뢰구간을 구하라.

풀이

$\hat{Y}_0 = 0.89 + 5.247X_0 = 0.89 + 5.247(6) = 32.372$

$\hat{Y}_0 \pm t_{n-2,\ \frac{\alpha}{2}}\ S_e \sqrt{\frac{1}{n} + \frac{(X_0 - \overline{X})^2}{\sum X_i^{\ 2} - n\overline{X}^2}}$

$32.372 \pm t_{8,\ 0.025}(5.94)\left(\sqrt{\frac{1}{10} + \frac{(6-4.9)^2}{40.9}}\right.$

$32.372 \pm 2.306(5.94)(0.36)$

$27.441 \leq E(Y_0) \leq 37.303$

이는 X_0=6억 원일 때 판매액이 신뢰구간 내에 들어올 확률이 95%라는 것을 의미한다.

종속변수 Y의 개별 관측치 Y_0에 대한 예측구간

종속변수 Y의 분포에 있어서 오차의 분산은 다음과 같다.

$$\sigma_e \sqrt{1 + \frac{1}{n} + \frac{(X_0 - \overline{X})^2}{\sum X_i^{\ 2} - n\overline{X}^2}}$$

표본 데이터를 사용하므로 σ_e 대신에 S_e를 사용하면 독립변수 $X = X_0$일 때 종속변수 Y의 예측치 Y_0에 대한 예측구간은 다음과 같이 구한다.

$$P\left[\hat{Y}_0 - t_{n-2,\ \frac{\alpha}{2}}(S_e)\sqrt{1 + \frac{1}{n} + \frac{(X_0 - \overline{X})^2}{\sum X_i^{\ 2} - n\overline{X}^2}} \leq Y_0 \leq \hat{Y}_0 + t_{n-2,\ \frac{\alpha}{2}}(S_e)\sqrt{1 + \frac{1}{n} + \frac{(X_0 - \overline{X})^2}{\sum X_i^{\ 2} - n\overline{X}^2}}\right] = 1 - \alpha$$

예 9-7

[예 9-1]의 데이터를 이용하여 다음 달 광고비가 X_0=6억 원일 때 예측되는 판매액에 대한 95% 예측구간을 구하라.

풀이

$$\hat{Y}_0 \pm t_{n-2,\ \frac{\alpha}{2}}\,(S_e)\sqrt{1+\frac{1}{n}+\frac{(X_0-\overline{X})^2}{\sum X_i^{\,2}-n\overline{X}^2}}$$

$32.372 \pm 2.306(5.94)(1.063)$

$17.814 \le Y_0 \le 46.930$

9.7 중회귀분석

종속변수 Y와 두 개 독립변수 X_1, X_2와의 관계를 검토하기 위하여 중회귀모델(multiple regression model)이 이용된다.

모집단 중회귀모델은 다음과 같다.

$$Y_i = \alpha + \beta_1 X_{1i} + \beta_2 X_{2i} + \varepsilon_i$$

중회귀모델에서 α, β_1, β_2는 모수이고 ε는 확률변수이다. 특히 α는 Y축의 절편을 나타내고 β_i는 종속변수 Y와 독립변수 X_i 사이의 선형관계의 기울기를 나타낸다. 이 모델에서 종속변수 Y는 독립변수 X_1, X_2와 오차항 ε의 선형함수이다. 한편 오차항은 k개의 독립변수의 선형효과로 설명할 수 없는 종속변수 Y의 변동을 나타낸다.

독립변수가 두 개일 때의 중회귀방정식(multiple regression equation)은 다음과 같다.

$$E(Y|X_1,\ X_2) = \mu_{Y}|X_1,\ X_2 = \alpha + \beta_1 X_{1i} + \beta_2 X_{2i}$$

모수 α, β_1, β_2 등은 알 수 없기 때문에 표본 데이터를 이용하여 예측하여야 한다. 즉 표본통계량 a, b_1, b_2 등은 모수 α, β_1, β_2 등의 점추정치로서 이용된다.

이러한 표본통계량은 다음과 같은 표본(추정) 중회귀방정식(sample 또는 estimated multiple regression equation)을 제공한다.

$$\hat{Y}_i = a + b_1 X_{1i} + b_2 X_{2i}$$

$\hat{Y}$값은 독립변수 X_1, X_2가 주어질 때 종속변수 Y의 평균치의 추정치를 의미한다. 표본 중회귀방정식은 다음과 같다.

$$\hat{Y}_i = a + b_1 X_{1i} + b_2 X_{2i}$$

최소자승법

모집단 중회귀방정식의 모수를 추정하기 위해서는 표본 데이터에 가장 잘 적합하는 표본 회귀방정식을 찾기 위하여 최소자승법(least squares moethod)을 적용한다. 최소자승법은 앞에서 공부한 바와 같이 잔차의 자승합 $\sum(Y_i - \hat{Y}_i)^2$을 최소로 하는 표본 회귀방정식의 a, b_1, b_2를 구하는 방법이다.

$$b_1 = \frac{\sum X_{2i}{}^2 \sum Y_i X_{1i} - \sum X_{1i} X_{2i} \sum Y_i X_{2i}}{\sum X_{1i}{}^2 \sum X_{2i}{}^2 - (\sum X_{1i} X_{2i})^2}$$

$$b_2 = \frac{\sum X_{1i}{}^2 \sum Y_i X_{2i} - \sum X_{1i} X_{2i} \sum Y_i X_{1i}}{\sum X_{1i}{}^2 \sum X_{2i}{}^2 - (\sum X_{1i} X_{2i})^2}$$

$$a = \overline{Y} - b_1 \overline{X}_1 - b_2 \overline{X}_2$$

다음은 어느 직장에서 선정된 5명의 연봉(단위: 천만 원), 교육기간(단위: 연), 경력(단위: 연)에 관하여 수집한 데이터이다. 표본 회귀방정식(표본 회귀선)을 구하라.

연봉(Y)	교육기간(X_1)	경력(X_2)
15	5	7
17	10	5
26	9	14
24	13	8
27	15	6

	A	B	C	D	E	F	G	H	I	J	K	L	M
1	예 9-8												
2													
3	연봉(Y)	교육기간(X1)	경력(X2)		요약 출력								
4	15	5	7										
5	17	10	5		회귀분석 통계량								
6	26	9	14		다중 상관	0.975322							
7	24	13	8		결정계수	0.951253							
8	27	15	6		조정된 결	0.902505							
9					표준 오차	1.701645							
10					관측수	5							
11													
12					분산 분석								
13						자유도	제곱합	제곱 평균	F 비	유의한 F			
14					회귀	2	113.0088	56.5044	19.5139	0.048747			
15					잔차	2	5.791194	2.895597					
16					계	4	118.8						
17													
18						계수	표준 오차	t 통계량	P-값	하위 95%	상위 95%	하위 95.0%	상위 95.0%
19					Y 절편	0.980275	3.438917	0.285053	0.802411	-13.8162	15.77674	-13.8162	15.77674
20					X 1	1.238464	0.225825	5.484185	0.031677	0.266819	2.210109	0.266819	2.210109
21					X 2	0.992462	0.245724	4.038934	0.056184	-0.0648	2.049726	-0.0648	2.049726

표본 중회귀식의 적합도 검정

독립변수가 두 개인 표본 데이터를 가지고 최소자승법으로 도출한 표본 회귀선이 그 표본 데이터를 얼마나 잘 적합하고 있는가를 검정하는 기법으로 추정치의 표준오차와 결정계수를 공부하고자 한다. 추정치의 표준오차(standard error of the estimate)는 표본 데이터에 대한 표본 회귀선의 적합도를 절대적 지수로 측정하는 반면 결정계수(coefficient of determination)는 상대적 지수로 측정한다.

추정치의 표준오차

추정치의 표준오차는 표본 회귀선의 예측의 정확도를 평가하는 데 이용된다. 이는 단순 회귀선 $\hat{Y}_i = a + bX$의 주위로 종속변수 Y_i 값들이 흩어진 정도(dispersion)를 측정하는 것처럼 중회귀선 $\hat{Y}_i = a + b_1X_1 + b_2X_2$ 주위로 종속변수 Y_i 값들이 흩어진 정도를 측정한다.

단순 회귀분석에서처럼 중회귀분석에서도 종속변수 Y_i의 총변동을 설명된 변동과 설명 안 된 변동으로 분해할 수 있다.

총변동 = 설명된 변동 + 설명 안 된 변동

총제곱합 = 회귀제곱합 + 오차제곱합

(SST) (SSR) (SSE)

$$\sum_{i=1}^{n}(Y_i - \overline{Y})^2 = \sum_{i=1}^{n}(\hat{Y}_i - \overline{Y})^2 + \sum_{i=1}^{n}(Y_i - \hat{Y}_i)^2$$

오차제곱합의 정의를 이용하면 추정치의 표준오차는 다음과 같이 구한다.

$$S_e = \sqrt{\frac{SSE}{n-(k+1)}} = \sqrt{\frac{\sum_{i=1}^{n}(Y_i - \hat{Y}_i)^2}{n-(k+1)}}$$

위 식에서 $n-(k+1)$은 자유도를 말한다. 여기서 k는 독립변수의 수를 의미한다. 따라서 단순 회귀분석에서는 자유도가 $(n-2)$이었지만 독립변수가 두 개인 중회귀분석에서는 자유도가 $n-(k+1) = n-3$이 된다.

[예 9-8]에 대한 추정치의 표준오차는 Excel을 사용할 때 1.7016임을 알 수 있다.

결정계수

중회귀선에 대한 적합성의 상대적 측정치인 결정계수는 종속변수 Y의 총변동 가운데 종속변수 Y와 결정변수 X들의 관계에 의해 설명되는 변동이 차지하는 비율로 구한다.

$$R^2 = \frac{Y_i\text{의 설명된 변동}(SSR)}{Y_i\text{의 총변동}(SST)} = \frac{\sum_{i=1}^{n}(\hat{Y}_i - \overline{Y})^2}{\sum_{i=1}^{n}(Y_i - \overline{Y})^2} = 1 - \frac{SSE}{SST}$$

일반적으로 모델에 포함되는 독립변수의 수가 증가할수록 $\sum e_i^2$이 감소하여 결국 결정계수 R^2은 증가하게 된다. 독립변수가 증가함에 따라 증가하는 결정계수 R^2을 표본크기를 감안한 자유도로 조정할 때 결정계수 R^2은 적합도 판정기준으로 사용될 수 있다. 이를 조정 결정계수(adjusted coefficient of determination)라고 한다.

$$R_a^2 = 1 - (1 - R^2)\left(\frac{n-1}{n-k-1}\right)$$

[예 9-8]에서 구한 R_a^2과 R^2은 연봉의 변동의 95.13%와 90.26%는 각각 교육기관과 경력에 의하여 결정된다는 것을 의미한다.

표본 중회귀식의 유의성 검정

표본 데이터를 사용하여 회귀모델을 예측한 후에는 종속변수 Y가 독립변수들 X_1과 X_2에 유의한 관련이 있는지를 밝힐 필요가 있다. 이러한 유의성 검정(significance test)을 위해서는 개별 회귀계수가 또는 모든 회귀계수들이 0으로부터 현저하게 떨어져 있는가를 검토할 필요가 있다.

단순 선형회귀모델에 있어서는 t검정과 F검정은 동일한 결론을 제공하였다. 즉 귀무가설 $\beta = 0$이 기각되면 대립가설 $\beta \neq 0$을 채택하였다. 그러나 중회귀모델에 있어서는 t검정과 F검정의 목적이 서로 다르다. 즉 개별 회귀계수를 검정하기 위해서는 t통계량이 이용되고 모델 전체의 회귀계수들을 한 번에 검정하기 위해서는 F통계량이 이용된다.

논리적으로 볼 때 F검정이 먼저 실시된다. 만일 F검정의 결과 종속변수 Y와 독립변수 X_1과 X_2의 사이가 유의한 관계가 아니라면 개별 검정을 할 필요가 없게 된다. 이러한 경우에는 이 모델을 버리든지 아니면 수정해야 한다.

만일 회귀모델에서 독립변수들이 종속변수에 미치는 영향의 유의성을 밝혀내면 어떤 회귀계수가 유의한지는 t검정을 해 봐야 알게 된다. t검정은 모델의 각각의 독립변수에 대하여 실시한다.

*F*검정

모집단의 모든 참 회귀계수(기울기)들이 0인지 밝히는 F검정(F test)의 귀무가설과 대립가설은 다음과 같이 설정된다.

H_0 : $\beta_1=\beta_2=0$

H_1 : 적어도 하나는 0이 아니다.

만일 귀무가설 H_0이 기각되면 하나 또는 두 개의 모수가 0이 아니기 때문에 종속변수 Y와 독립변수 X_1과 X_2 사이의 전반적 관계는 유의한 관계라는 통계적 증거를 갖게 된다.

만일 귀무가설이 기각되면 SSR은 SSE에 비하여 상대적으로 크다고 할 수 있다. 중회귀모델에서 SST는 $(n-1)$의 자유도를 갖고 SSR은 독립변수의 수인 k의 자유도를 갖는 반면에 SSE는 $n-(k+1)$의 자유도를 갖는다. 따라서 설명된 평균제곱(MSR)과 설명 안 된 평균제곱(MSE)은 다음과 같이 구한다.

$$MSR=\frac{SSR}{k}$$

$$MSE=\frac{SSE}{n-(k+1)}$$

중회귀모델의 F검정을 위한 분산분석표는 다음과 같이 정리할 수 있다.

변동의 원천	제곱합	자유도	평균제곱	F비
회귀	$SSR=\sum_{i=1}^{n}(\hat{Y}_i-\overline{Y})^2$	k	MSR	$F비=\dfrac{MSR}{MSE}$
오차	$SSR=\sum_{i=1}^{n}(Y_i-\hat{Y}_i)^2$	$n-(k+1)$	MSE	
합계	$SSR=\sum_{i=1}^{n}(Y_i-\overline{Y})^2$	$(n-1)$		

귀무가설을 검정할 F통계량은 k(분자)와 $n-(k+1)$(분모)의 자유도로 F분포를 따르는 $F비=\dfrac{MSR}{MSE}$의 비율로 결정된다.

따라서 중회귀모델의 모든 모수에 대한 F검정은 다음과 같이 실시한다.

H_0 : $\beta_1=\beta_2=0$
H_1 : 적어도 하나는 0이 아니다.
만일 $\dfrac{MSR}{MSE}>F_{k,\,n-k-1,\,\alpha}$이면 H_0을 기각

예 9-9

[예 9-8]의 데이터를 사용하여 유의수준 5%로 다음 가설을 F검정하라.
H_0 : $\beta_1=\beta_2=0$
H_1 : 적어도 하나는 0이 아니다.

풀이

$F_{k,\,n-k-1,\,\alpha}=F_{2,\,2,\,0.05}=19.00$

$F비=\dfrac{SSR/k}{SSE/(n-k-1)}=\dfrac{113.0091/2}{5.7912/2}=19.5140$

$F비=19.5140>F_{2,\,2,\,0.05}=19.00$이므로 귀무가설 H_0을 기각한다. 한편
p값$=0.048747<\alpha=0.05$이므로 귀무가설 H_0을 기각한다. 따라서 적어도 하나의 회귀계수는 0이 아니다. 즉 모집단 속에 종속변수(연봉)에 독립변수들(교육기간과 경력)이 기여한다고 할 수 있다.

t검정

종속변수와 독립변수들 사이에 유의한 관계가 있음이 F검정 결과 밝혀지면 각각의 중회귀계수가 0보다 현저히 다른지는 t검정(t test)을 통하여 밝힐 수 있다. 이는 단순 회귀분석에서 기울기 β를 검정한 것과 같다.

개별 모수 β_i에 대한 t검정은 단측검정도 가능하지만 여기서는 양측검정의 경우만 공부하고자 한다. 이때 귀무가설은 $H_0 : \beta_i = 0$ ($i=1, 2, \cdots, k$)이 되는데 이는 다른 독립변수의 영향이 일정하다고 전제하고 독립변수 X_i가 종속변수 Y와 선형관계를 갖지 않음을 의미한다.

중회귀모델의 개별 모수 β_i에 대한 t검정은 다음과 같이 실시한다.

$H_0 : \beta_i = 0$

$H_1 : \beta_i \neq 0$

만일 $\dfrac{b_j}{S_{bj}} > t_{n-k-1,\ \frac{\alpha}{2}}$ 또는 $\dfrac{b_j}{S_{bj}} < -t_{n-k-1,\ \frac{\alpha}{2}}$ 이면 H_0을 기각

만일 p값$<\alpha$이면 H_0을 기각

예 9-10

[예 9-8]의 데이터를 사용하여 유의수준 5%로 β_1과 β_2에 대해 t검정을 실시하라.

❶ β_1에 대한 t검정

$H_0 : \beta_1 = 0$

$H_1 : \beta_1 \neq 0$

컴퓨터 출력결과 얻은 p값$=0.031677 < \alpha = 0.05$이므로 귀무가설 H_0을 기각한다.

따라서 독립변수 X_1(교육기간)이 종속변수 Y(연봉)의 변동에 기여한다.

❷ β_2에 대한 t검정

$H_0 : \beta_2 = 0$

$H_1 : \beta_2 \neq 0$

p값$=0.056184 > \alpha = 0.05$이므로 귀무가설 H_0을 기각할 수 없다. 즉 독립변수 X_2(경력)는 Y(연봉)의 변동에 기여하지 않는다.

9.8 범주적 독립변수

회귀모델에 성별, 지불방법, 학력 등 범주적 독립변수(categorical independent variable)를 포함해야 하는 경우에는 이러한 범주변수를 더미변수로 표현해야 한다.

더미변수(dummy variable)란 0 또는 1의 값만 갖는 변수를 말한다. 예컨대 남자의 경우에는 0이라 하면 여자의 경우에는 1이 된다. 더미변수가 종속변수에 미치는 영향을 분석하는 것이 목적이다.

다음은 어느 회사의 남·녀 직원 각 다섯 명씩의 경력기간(단위: 연)에 따른 연봉(단위: 억 원)을 조사한 데이터이다.

연봉	경력기간	남자=0 여자=1
2.8	2	1
3	6	0
4.8	7	1
1.8	3	0
2.9	2	1
4.9	7	1
4.2	9	0
4.8	8	0
4.4	5	1
4.5	6	0

연봉은 종속변수로서 경력기간과 성별에 영향을 받고 있다.

연봉을 Y라 하고 경력기간을 X_1이라고 하면 X_1 만을 사용해서 Y를 예측하려는 회귀모델은 다음과 같다.

$$Y = \alpha + \beta_1 X_1 + \varepsilon$$

Excel을 사용해서 구한 추정 회귀식은 다음과 같다.

$$\hat{Y} = 1.9582 + 0.3367X_1$$

유의수준 5%일 때 F검정과 관련한 p값 $= 0.0106$이므로 경력기간은 연봉에 상당히 관련되어 있으며 $R^2 = 0.5791$로서 경력기간이 연봉 변동의 57.91%를 설명하고 있다.

	A	B	C	D	E	F	G	H	I	J	K	L	M
1							9.8 본문-1						
2													
3	연봉	경력기간	남=0, 여=1										
4	2.8	2	1		요약 출력								
5	3	6	0										
6	4.8	7	1		회귀분석 통계량								
7	1.8	3	0		다중 상관	0.760985							
8	2.9	2	1		결정계수	0.579098							
9	4.9	7	1		조정된 결	0.526485							
10	4.2	9	0		표준 오차	0.749217							
11	4.8	8	0		관측수	10							
12	4.4	5	1										
13	4.5	6	0		분산 분석								
14						자유도	제곱합	제곱 평균	F 비	유의한 F			
15					회귀	1	6.178394	6.178394	11.00679	0.010577			
16					잔차	8	4.490606	0.561326					
17					계	9	10.669						
18													
19						계수	표준 오차	t 통계량	P-값	하위 95%	상위 95%	하위 95.0%	상위 95.0%
20					Y 절편	1.958165	0.606378	3.229282	0.01207	0.559855	3.356475	0.559855	3.356475
21					X 1	0.336697	0.101487	3.317648	0.010577	0.102668	0.570726	0.102668	0.570726

회귀모델에 성별을 도입하기 위하여 더미변수를 다음과 같이 정의한다.

$$X_2 = \begin{cases} 0 & \text{남자 직원의 경우} \\ 1 & \text{여자 직원의 경우} \end{cases}$$

더미변수를 사용할 때 중회귀모델은 다음과 같다.

$$Y = \alpha + \beta_1 X_1 + \beta_2 X_2 + \varepsilon$$

더미변수를 포함하는 표에 Excel을 활용하면 다음과 같은 중회귀식을 얻는다.

$$\hat{Y}=0.9428+0.4246X_1+1.0642X_2$$

유의수준 5%일 때 F검정(F비=14.4527)과 관련된 p값은 0.0033으로서 회귀식은 유의하다는 것을 알 수 있다. 한편 t검정의 결과 경력기간(p값=0.0011)도, 그리고 성별(p값=0.0247)도 통계적으로 유의함을 나타내고 있다. 그리고 $R^2=0.8050$, $R_a{}^2=0.7493$으로서 추정 회귀식이 연봉의 변동을 잘 설명하고 있다.

	A	B	C	D	E	F	G	H	I
1	9.8 본문-2								
2									
3	요약 출력								
4									
5	회귀분석 통계량								
6	다중 상관:	0.897242							
7	결정계수	0.805043							
8	조정된 결:	0.749342							
9	표준 오차	0.545107							
10	관측수	10							
11									
12	분산 분석								
13		자유도	제곱합	제곱 평균	F 비	유의한 F			
14	회귀	2	8.589009	4.294504	14.45272	0.003272			
15	잔차	7	2.079991	0.297142					
16	계	9	10.669						
17									
18		계수	표준 오차	t 통계량	P-값	하위 95%	상위 95%	하위 95.0%	상위 95.0%
19	Y 절편	0.942759	0.567215	1.662084	0.140449	-0.39849	2.284009	-0.39849	2.284009
20	X 1	0.424569	0.080024	5.30549	0.001117	0.235341	0.613797	0.235341	0.613797
21	X 2	1.064224	0.373638	2.848276	0.024749	0.180711	1.947738	0.180711	1.947738

위의 연봉문제에서 중회귀식은 다음과 같다.

$$E(Y)=\alpha+\beta_1X_1+\beta_2X_2$$

만일 $X_2=0$이라고 하면 다음과 같다.

$$E(Y|\text{남자})=\alpha+\beta_1X_1 \qquad (9.1)$$

만일 $X_2=1$이라고 하면 다음과 같다.

$$E(Y|\text{여자}) = \alpha + \beta_1 X_1 + \beta_2 = (\alpha + \beta_2) + \beta_1 X_1 \quad (9.2)$$

위 식 (9.1)과 (9.2)를 비교하면 평균 연봉은 남자 직원이든 여자 직원이든 X_1(경력기간)에 선형함수임을 알 수 있다. 두 식에서 기울기는 β_1로서 같지만 Y의 절편은 다르다. β_2는 남자 직원의 평균 연봉과 여자 직원의 평균 연봉 사이의 차이를 말한다.

추정 중회귀식 $\hat{Y}=0.9428+0.4246X_1+1.0642X_2$에서 $X_2=0$이면 다음과 같다.

$$\hat{Y}=0.9428+0.4246X_1$$

$X_2=1$이면 다음과 같다.

$$\hat{Y}=2.007+0.4246X_1$$

이와 같이 남자 직원과 여자 직원의 연봉을 예측하는 데 사용되는 추정 회귀식을 얻을 수 있다. 두 추정 회귀식의 기울기는 같지만 Y절편은 다르다.

1. 회귀분석과 상관분석의 관련성을 설명하라.

2. 모집단 회귀선과 표본 회귀선의 관계를 설명하라.

3. 오차와 잔차의 차이점을 설명하라.

4. 표본 회귀선의 적합도를 측정하는 기법을 설명하라.

5. 공분산과 상관계수의 차이점을 설명하라.

6. 표본 회귀선의 유의성 검정은 왜 하는가?

7. 종속변수 Y의 신뢰구간과 예측구간에 왜 차이가 있는가?

8. 중회귀분석에서 범주적 독립변수는 어떻게 사용되는가?

9. 다음은 우리나라 여덟 개 지역에서 가격(단위 : 십만 원)을 달리 책정하고 판매한 특정 핸드폰의 판매량의 표본 데이터이다.

지역	가격(단위 : 십만 원)	월 판매량
1	4.5	450
2	5.0	420
3	5.0	440
4	5.5	420
5	6.0	380
6	6.0	400
7	6.5	350
8	6.5	380

(1) 산포도를 그려라.

(2) 최소자승법에 의한 표본 회귀선을 구하라.

(3) a값과 b값의 의미는 무엇인가?

(4) 잔차들을 구하라.

(5) 추정의 표준오차를 계산하라.

(6) 결정계수를 구하라.

(7) 표본 공분산을 구하라.

(8) 표본 상관계수를 구하라.

(9) 유의수준 5%로 다음 가설을 t검정하라.

$H_0 : \beta=0$

$H_1 : \beta \neq 0$

(10) 유의수준 5%로 위 가설을 F검정하라.

(11) 검정을 위한 분산분석표를 작성하라.

(12) 어떤 지역에서 고정된 가격=6.2로 판매할 때 예상되는 월 평균 판매량의 95% 신뢰구간을 구하라.

(13) 어떤 지역에서 다음 달 가격=6.2로 판매할 때 예상되는 다음 달 판매량의 95% 예측구간을 구하라.

10. 다음은 표본으로 선정된 1개의 가게의 넓이(단위: 1,000제곱피트)와 연간 판매액(단위: 백만원)의 관계를 나타내는 자료이다.

넓이	1.7	1.6	2.8	5.6	1.3	2.2	1.3	1.1	3.2	1.5	5.2	4.6	5.8	3.0
연간 판매액	3.7	3.9	6.7	9.5	3.4	5.6	3.7	2.7	5.5	2.9	10.7	7.6	11.8	4.1

(1) 최소자승법을 사용하여 표본 회귀방정식을 구하라.

(2) 추정의 표준오차를 구하라.

(3) 결정계수를 구하라.

(4) 4,000제곱피트의 가게가 달성하는 평균 연간 판매액을 예측하라.

(5) SST, SSR, SSE 구하라.

(6) MSR, MSE를 구하라.

(7) $H_0 : \beta=0$, $H_1 : \beta \neq 0$을 유의수준 5%로 t검정하라.

(8) $H_0 : \beta=0$, $H_1 : \beta \neq 0$을 유의수준 5%로 F검정하라.

(9) 4,000제곱피트의 가게들이 달성하는 모집단 평균 연간 판매액의 95% 신뢰구간을 구하라.

(10) 4,000제곱피트의 한 개별 가게가 달성하는 연간 판매액의 95% 예측구간을 구하라.

11. 다음은 아이스크림 가게에서 10일간 판매한 금액과 이에 영향을 미친 그의 가격과 온도에 대한 자료이다.

판매액(Y)	가격(X_1)	온도(X_2)
374	35	74
386	35	82
472	35	94
429	50	93
391	50	82
475	50	96
428	50	91
412	65	93
405	65	88
341	65	78

(1) 최소자승법을 이용하여 표본 회귀방정식을 구하라.

(2) 추정치의 표준오차를 구하라.

(3) 결정계수를 구하라.

(4) 조정 결정계수를 구하라.

(5) 분산분석표를 작성하라.

(6) 가설 H_0 : $\beta_1=\beta_2=0$, H_1 : 적어도 하나는 0이 아니다를 유의수준 5%로 F검정을 실시하라.

(7) 개별 모수 β_1과 β_2에 대한 t검검정을 실시하라.

12. 다음과 같은 데이터가 주어졌을 때 물음에 답하라.

X_1	29	48	28	22	28	42	33	26	48	44
X_2	15	37	24	32	47	13	43	12	58	19
Y	16	46	34	26	49	11	41	13	47	16

(1) 추정 회귀식을 구하라.

(2) 유의수준 5%일 때 전체 모델이 유의한지 검정하라.

(3) X_2가 증가할 때 종속변수가 증가하는지 유의수준 5%로 검정하라.

13. 어느 회사 임원의 연령과 MBA 학위 여부(소지=1)에 따른 연봉 데이터가 다음과 같다.

연봉	연령	MBA	연봉	연령	MBA
65,000	26	0	85,000	45	0
85,000	28	1	120,000	46	1
74,000	36	0	105,000	50	0
83,000	35	0	135,000	51	1
110,000	35	1	125,000	55	0
160,000	40	1	175,000	50	1
100,000	41	0	156,000	61	1
122,000	42	1	140,000	63	0

(1) 추정 회귀식을 구하라.

(2) $X_2=0$일 때의 회귀식을 구하라.

(3) $X_2=1$일 때의 회귀식을 구하라.

(4) 두 회귀식을 그래프로 나타내라.

(5) MBA 학위를 소지하는 임원은 그렇지 않은 임원보다 연평균 얼마나 많은 봉급을 받는가?

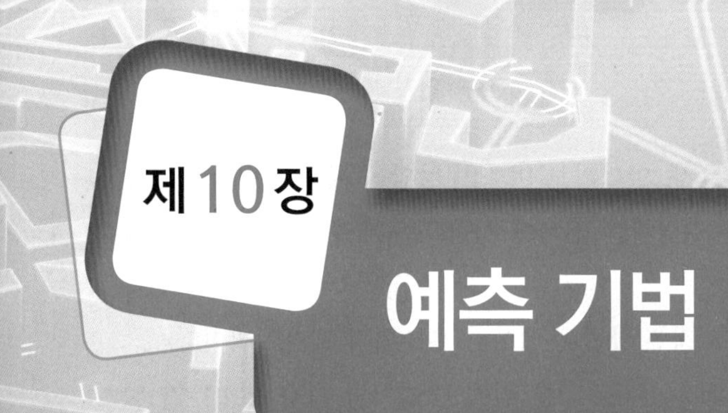

예측 기법

10.1 예측의 중요성과 기법의 종류

매니저들은 좋은 결정을 내리기 위하여 미래 사상에 대해 좋은 예측을 하고자 한다. 미래 사상의 예를 들면 이자율, 유가, 경제상황, 경제지표, 판매량 등이다. 이러한 변수들의 값은 재무계획을 수립한다든지 생산계획을 수립하는 데 필수적이다.

한편 인구추세, 소비자 행동, 기술혁신같은 변화의 예측은 기업에서 장기적 전략계획 수립에 이용된다. 정부는 여러 가지 경제지표를 예측하기 위하여 자원을 지출한다.

예측이란 불확실한 과정이다. 미래가 어떻게 변화할지 꾸준히 예측하는 것은 사실 불가능한 일이다. 그럼에도 불구하고 다양한 예측 기법이 개발되어 여러 변수들의 값을 좀더 정확하게 예측하려는 노력이 진행되고 있다. 미래가 예측된대로 진행하지는 않더라도 예측 노력을 소홀히 해서도 안되며 예측에 의하지 않고 어떤 의사결정을 해서도 안 된다.

예측 방법은 크게 세 가지 방법으로 구분할 수 있다.

- 질적 방법
- 양적 방법
  - 시계열 분석방법
  - 인과형 분석 방법

질적 방법(qualitative method)은 조직 내·외의 전문가들의 경험이나 판단과 같은 주관적인 요소로 예측이 이루어진다. 이러한 방법은 예측코자 하는 변수의 역사적 데이터가 없는 경우라든지, 있더라도 미래의 상황을 예측하는 데 적용할 수 없다든지, 생산능력계획을 수립하는 경우에 사용되는데 주로 전략적 중·장기 예측에 쓰인다.

질적 방법 중에서 좀더 구조적인 방법은 데이터 유추법과 델파이법이다.

데이터 유추법(historical analogy)이란 다른 질적 방법처럼 특정 데이터가 없을 때 사용하는 기법으로서, 예컨대 기존제품과 아주 유사한 새로운 제품을 시판하고자 할 때 그 제품의 성공 여부를 예측하기 위하여 기존제품과 관련된 데이터를 사용하는 기법이다.

델파이법(Delphi method)은 원래 기술예측을 위해 사용되었는데, 근래에는 신제품개발, 신시장 개척, 새로운 설비의 취득 등 장기 예측을 하는 데에도 사용되고 있다. 이는 조직 내·외의 전문가들로 하여금 일치된 예측치를 얻기 위하여 실시하는 순환적인 집단질문 과정이다. 각 전문가들은 한 자리에 모이지 않고 비공개적으로, 익명으로 미래수요에 대한 질문지에 답을 하도록 요구받는다. 관리자는 이 질문지들을 회수하여 그들의 의견을 종합하고 요약하여(평균, 중앙치, 표준편차, 사분위간 범위) 이를 기초로 새로운 질문지를 만들어 전문가들로 하여금 그에 대한 의견을 재차 묻는다. 이러한 피드백 과정은 참석자들의 의견이 완전히 일치하여 하나의 예측치를 얻어 낼 때까지 계속된다.

양적 방법(quantitative method)은

- 예측코자 하는 변수에 관한 과거의 데이터가 존재한다.
- 정보를 수량화할 수 있다.
- 과거 데이터의 패턴이 미래에도 그대로 계속된다.

라는 전제가 성립하는 경우에 사용된다.

10.2 시계열 패턴

시계열 변동

시계열(time series)이란 일별, 주별, 월별, 분기별, 연별처럼 일정한 시간 간격으로 과거에 발생한 실제치를 순서대로 나열한 것이다. 시계열 분석은 역사적 데이터에 의존하기 때문에 미래 시계열 변수의 값들은 과거에 발생하였던 패턴(pattern)대로 결정된다는 것이다. 데이터의 패턴은 과거의 시계열이 어떻게 움직였는지 이해하는 데 중요한 요인이다. 이러한 움직임이 미래에도 계속할 것으로 예상되면 이에 알맞은 예측방법을 선정할 수 있다.

데이터 속에 어떤 패턴이 있는지 알아 보기 위해서는 시계열 그림(time series plot)을 그려야 한다. 이러한 패턴은 시계열 데이터를 구성하고 있는 요소들에 따

그림 10-1 시계열의 구성요소

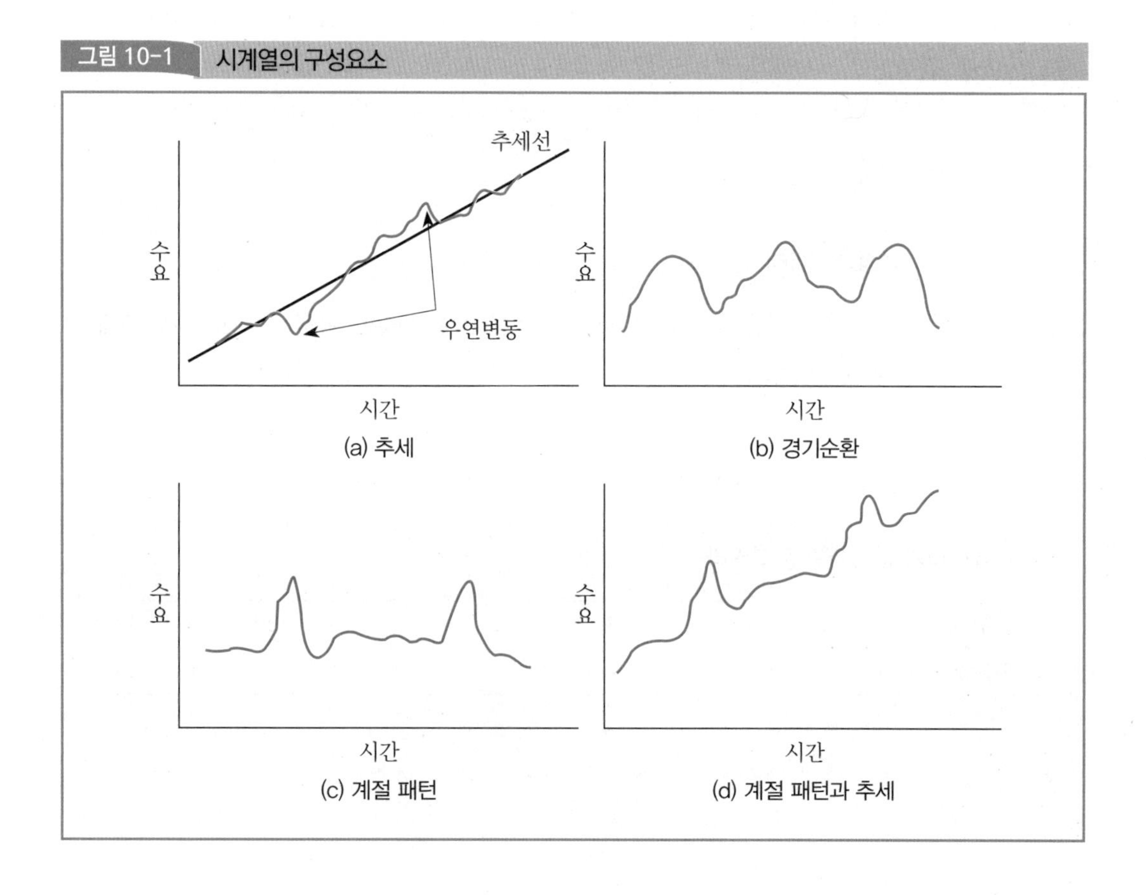

(a) 추세 (b) 경기순환 (c) 계절 패턴 (d) 계절 패턴과 추세

라 다르다. 시계열 데이터의 구성요소는 다음과 같다.

- **추세변동**(trend variation : T): 데이터의 장기적인 꾸준한 점진적 변동을 말한다.
- **순환변동**(cyclical variation : C): 경제적, 정치적, 사회적, 기술적 요인의 결합에 의해 1년 이상의 기간마다 추세선으로부터 떨어져서 물결같은 변동을 하는 요소이다. 순환변동(경기변동)의 주기는 일정하지 않다.
- **계절변동**(seasonal variation : S): 기후, 명절, 휴가 등의 요인으로 매년 반복적이고 주기가 일정하도록 데이터가 증감하는 패턴을 보이는 요인을 말한다.
- **우연변동**(random varriation : R): 매우 복잡한 불규칙적인 요인, 예컨대 데모, 유류파동, 전쟁과 같은 사태에 의하여 발생하는데 예측도 통제도 불가능하다.

이상에서 설명한 시계열의 네 가지 구성요소는 [그림 10-1]에 그려진 바와 같다.

시계열 패턴

수평적 패턴

수평적 패턴은 데이터가 시간이 흐를수록 일정한 평균 주위로 랜덤하게 변동할 때 발생한다.

예 10-1

다음 데이터의 선 그래프를 그려라.

주	1	2	3	4	5	6	7	8	9	10	11	12
판매량	23	26	24	28	34	21	25	23	27	25	20	28

풀이

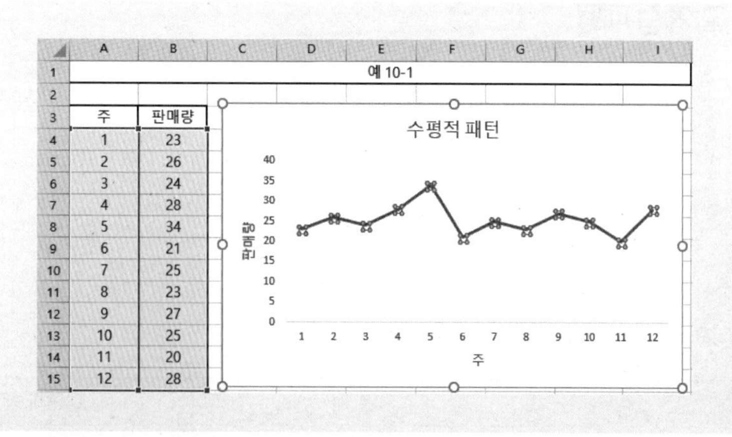

추세 패턴

시계열 데이터의 불규칙 변동이 존재하지만 시계열이 장기적으로 볼 때 점진적으로 증감하게 되면 추세 패턴이 존재한다고 한다.

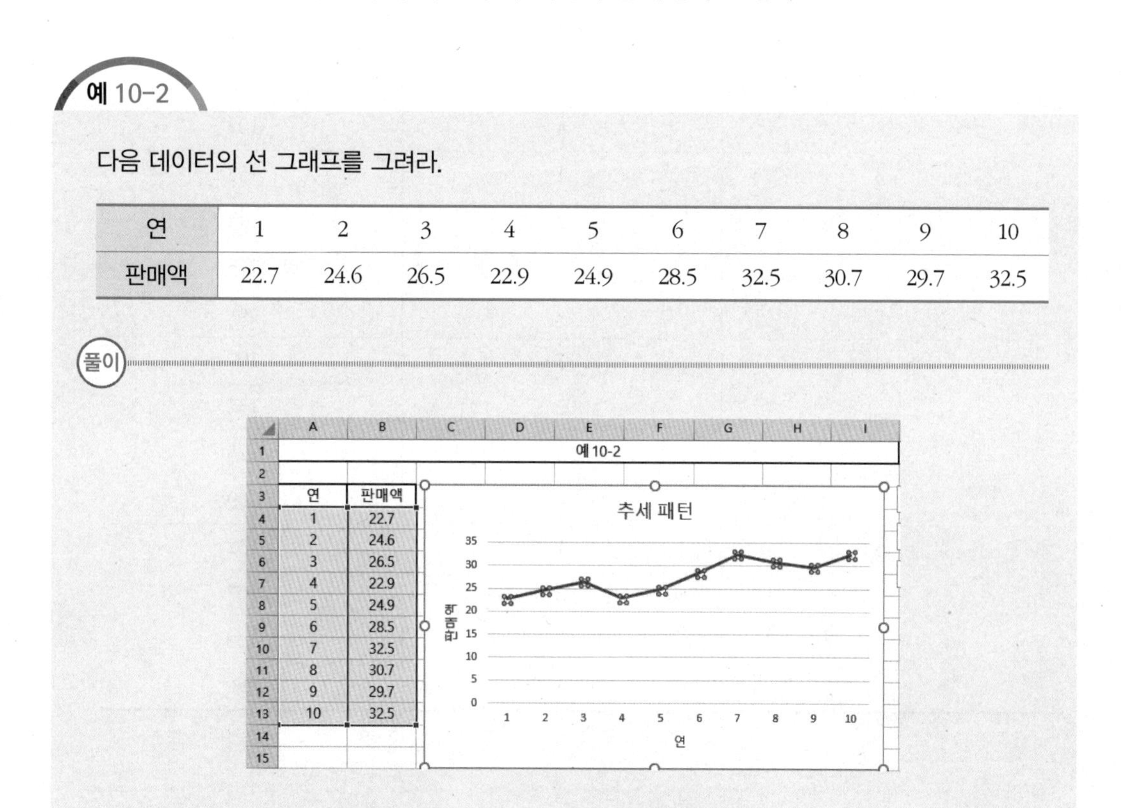

예 10-2

다음 데이터의 선 그래프를 그려라.

연	1	2	3	4	5	6	7	8	9	10
판매액	22.7	24.6	26.5	22.9	24.9	28.5	32.5	30.7	29.7	32.5

풀이

판매액은 시간의 경과에 따라 선형이면서 증가 추세를 보이고 있다.

계절 패턴

계절적 영향으로 매년 똑같은 계절에 제품이 잘 팔리는 반복적 패턴을 나타내는 경우 계절 패턴이 존재한다고 말한다.

예 10-3

다음 데이터의 선 그래프를 그려라.

연	분기	판매량
1	1	126
	2	152
	3	107
	4	89
2	1	118
	2	161
	3	133
	4	102
3	1	138
	2	144
	3	113
	4	80
4	1	109
	2	137
	3	125
	4	109
5	1	132
	2	167
	3	128
	4	98

풀이

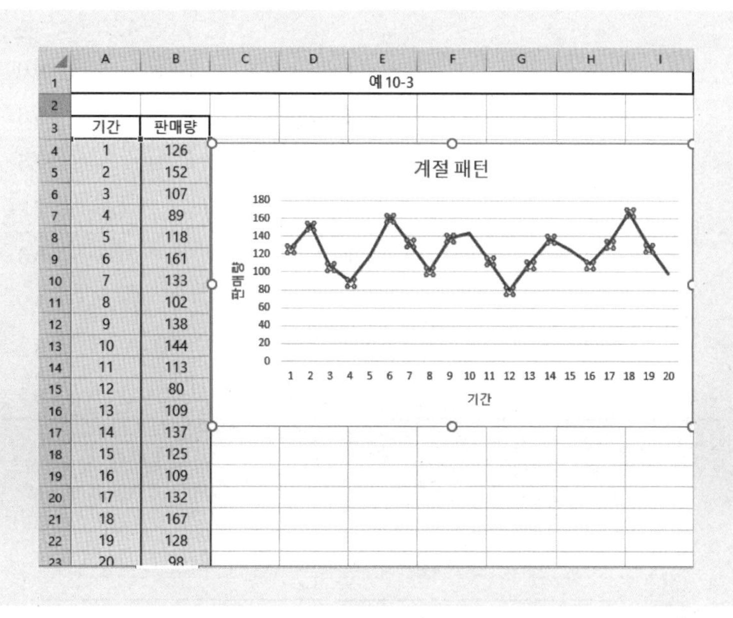

예 10-3

기간	판매량
1	126
2	152
3	107
4	89
5	118
6	161
7	133
8	102
9	138
10	144
11	113
12	80
13	109
14	137
15	125
16	109
17	132
18	167
19	128
20	98

추세와 계절 패턴

시계열은 추세 패턴과 계절 패턴을 동시에 포함하는 경우가 있다. 이러한 경우에는 시계열이 점진적 증감 추세를 보이면서 계절에 따라 판매량이 증감하게 된다.

예 10-4

다음 데이터의 선 그래프를 그려라.

연	분기	판매량
1	1	5.0
	2	4.2
	3	6.1
	4	6.6
2	1	5.8
	2	5.2
	3	6.8
	4	7.5

3	1	6.0
	2	5.8
	3	7.5
	4	7.8
4	1	6.3
	2	5.9
	3	8.2
	4	8.5

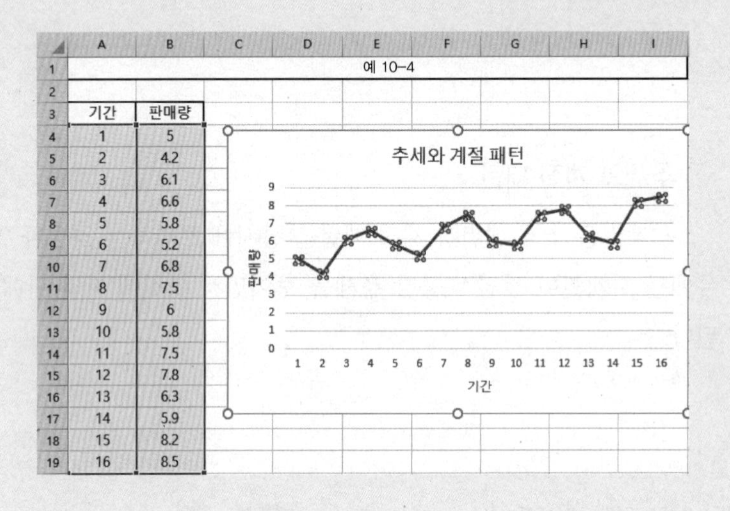
예 10-4

기간	판매량
1	5
2	4.2
3	6.1
4	6.6
5	5.8
6	5.2
7	6.8
8	7.5
9	6
10	5.8
11	7.5
12	7.8
13	6.3
14	5.9
15	8.2
16	8.5

10.3 예측의 정확성

아무리 좋은 기법을 사용하더라도 예측오차(forecast error)는 있기 마련이다. 왜냐하면 제품수요는 모델에 포함할 수 없는 여러 요인의 복합작용에 의하여 결정되기 때문이다. 또한 대부분의 예측모델들은 과거의 수요패턴이 미래에도 지속될 것이라고 가정하는데 미래의 수요변화가 과거와 다른 패턴으로 전개되면 예측오차는 당연히 발생하게 된다.

오차는 다음과 같이 계산한다.

예측오차 = 실제치 − 예측치
$e_t = A_t - F_t$

예측오차는 여러 가지 예측기법 중에서 하나를 선정하는 데 영향을 미칠뿐더러 현재 사용하고 있는 기법의 성공 여부를 평가하는 데 영향을 미친다.

시간의 경과에 따른 예측오차를 측정하는 기법으로서는 다음의 네 가지 방법이 있다.

- 평균 예측오차(mean forecast error : MFE)

$$MFE = \frac{1}{n}\sum_{t=1}^{n}(A_t - F_t)$$

- 평균 절대편차(mean absolute deviation : MAD)

$$MAD = \frac{1}{n}\sum_{t=1}^{n}|A_t - F_t|$$

- 평균 자승오차(mean squared error : MSE)

$$MSE = \frac{1}{n}\sum_{t=1}^{n}|A_t - F_t|^2$$

- 평균 절대비율오차(mean absolute percentage error : $MAPE$)

$$MAPE = \frac{100}{n}\sum_{t=1}^{n}\left|\frac{A_t - F_t}{A_t}\right|$$

예 10-5

다음 데이터를 이용하여 예측오차, 평균 예측오차, 평균 절대편차, 평균 자승오차, 평균 절대비율 오차를 구하라. 단 어느 주의 예측차는 바로 전월의 실제치로 정한다.

주	1	2	3	4	5	6	7	8	9	10	11	12
실제치	17	21	19	23	18	16	20	18	22	20	15	22

풀이

❶ 다음과 같이 데이터와 수식을 입력한다.

셀 주소	수식	비고
C5	=B4	C15까지 복사
D5	=B5−C5	D15까지 복사
D16	=SUM(D5:D15)	G16까지 복사
D17	=D16/COUNT(D5:D15)	G17까지 복사
E5	=ABS(D5	E15까지 복사
F5	=D5^2	F15까지 복사
G5	=100*ABS((B5−C5)/B5)	G15까지 복사

❷ 다음과 같은 결과를 얻는다.

	A	B	C	D	E	F	G
1	예 10-5						
2							
3	주	실제치	예측치	예측오차	MAD	MSE	MAPE
4	1	17					
5	2	21	17	4	4	16	19.05
6	3	19	21	-2	2	4	10.53
7	4	23	19	4	4	16	17.39
8	5	18	23	-5	5	25	27.78
9	6	16	18	-2	2	4	12.50
10	7	20	16	4	4	16	20.00
11	8	18	20	-2	2	4	11.11
12	9	22	18	4	4	16	18.18
13	10	20	22	-2	2	4	10.00
14	11	15	20	-5	5	25	33.33
15	12	22	15	7	7	49	31.82
16			합계	5	41	179	211.69
17			평균	0.45	3.73	16.27	19.24

10.4 시계열 분석방법

전기 수요법

전기 수요법(last period method)은 시계열 분석기법 중에서 가장 단순한 기법이다. 시계열 중 가장 최근의 실제치를 바로 다음 기의 예측치로 사용하는 기법이다.

만일 5월의 제품수요가 515라면 6월의 수요는 515라고 예측한다. 이러한 기법을 사용하는 사람은 가까운 미래는 바로 과거와 같이 진행될 것이라고 믿는 것이다.

이러한 방법은 기간에 따라 수요변화가 크지 않을 때는 비교적 정확하게 예측할 수 있는 장점이 있는 반면, 불규칙변동에 과민반응하여 상당한 예측오차를 유발할 결점이 있다.

이 기법을 수학적으로 표현하면 다음과 같다.

$$F_{t+1} = A_t$$

F_{t+1} = 다음 기간 $(t+1)$의 수요 예측치
A_t = 현 기간 t의 실제치

단순 이동평균법

과거의 데이터 속에는 체계적인 움직임을 모호하게 하는 불규칙변동이 포함된다. 이 불규칙성은 여러 가지 요인에 의하여 발생하는데, 정확하게 예측할 수도 없고 또한 규칙적인 진정한 변동(real variation)과 구분하기도 쉽지 않다. 이러한 불규칙변동을 고르게 하려는 방법이 이동평균법(moving average method)이다. 특히 제품의 수요가 기간에 따라 심하게 증감하지 않아 추세도 없고 그 데이터 속에 계절적 성격이 없는 경우에 이 방법이 사용된다.

단순 이동평균법(simple moving average method)은 가장 가까운 과거의 일정 기간에 해당하는 시계열의 평균값을 바로 다음 기간의 예측치로 사용하는 방법

이다.

예컨대 10월의 수요를 예측하기 위하여 4개월 이동평균법을 사용하려면 가장 가까운 과거 4개월분(9월, 8월, 7월, 6월)의 실제 수요량을 평균하여 얻은 값을 10월의 예측치로 사용하는 방법이다.

단순 이동평균법을 수학적으로 표현하면 다음과 같다.

$$F_{t+1} = \frac{\sum A_t}{n} = \frac{A_t + A_{t-1} + \cdots + A_{t-n}}{n}$$

예 10-6

종로제조(주)의 지난 12개월 동안 판매량 데이터가 다음과 같다.

월	1	2	3	4	5	6	7	8	9	10	11	12
판매량	18	20	19	24	17	16	21	20	22	21	23	26

❶ 3개월 이동평균에 의한 예측치를 구하라.
❷ 예측오차, *MAD*, *MSE*, *MAPE*를 구하라.
❸ 실제치와 예측치를 그래프로 표현하라.

풀이

❶ 다음과 같이 데이터를 입력하고 수식을 입력한다.

셀 주소	수식	비고
D7	=B7−C7	D15까지 복사
D16	=SUM(D7:D15)	G16까지 복사
D17	=D16/COUNT(D7:D15)	G17까지 복사
E7	=ABS(D7)	E15까지 복사
F7	=D7^2	F15까지 복사
G7	=100*ABS(D7/B7)	G15까지 복사

❷ 3개월 이동평균 예측치를 구하기 위해서는 수식을 이용할 수도 있지만 데이터 분석을 이용

하기로 한다.

[데이터]–[데이터 분석]–[이동평균법]을 선택한다.

❸ [확인]을 클릭한 후 다음과 같이 입력한다.

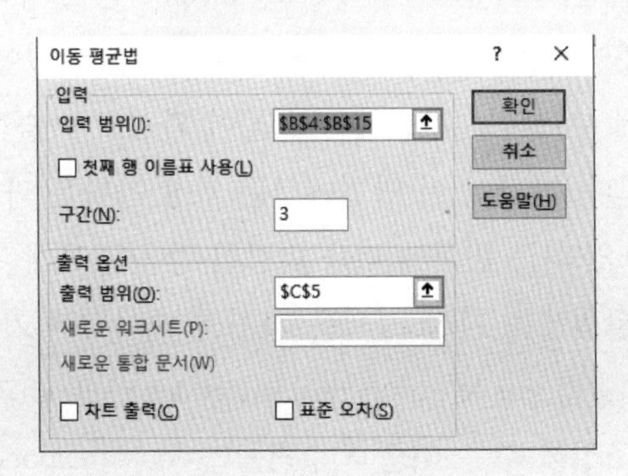

❹ [확인]을 클릭한 후 임시로 셀 C4에 '18', 셀 C5에 '20', 셀 C6에 '19'를 입력한다.

❺ B4:B15를 선택한 후 〈Ctrl〉 키를 누른 채 C4:C15를 선택한다.

❻ [삽입]을 선택한 후 [차트 그룹]에서 ⫼ 옆에 있는 내림단추(▾)를 누르고 [세로 막대형 차트 더 보기]를 클릭한다.

❼ [꺾은선형]을 선택한 후 [확인]을 클릭한다.

❽ C4:C6의 수치들을 지운다.

❾ [차트 요소]에서 [축 제목]을 선택한다.

❿ [차트 제목]과 [축 제목]을 고치면 다음과 같은 결과를 얻는다.

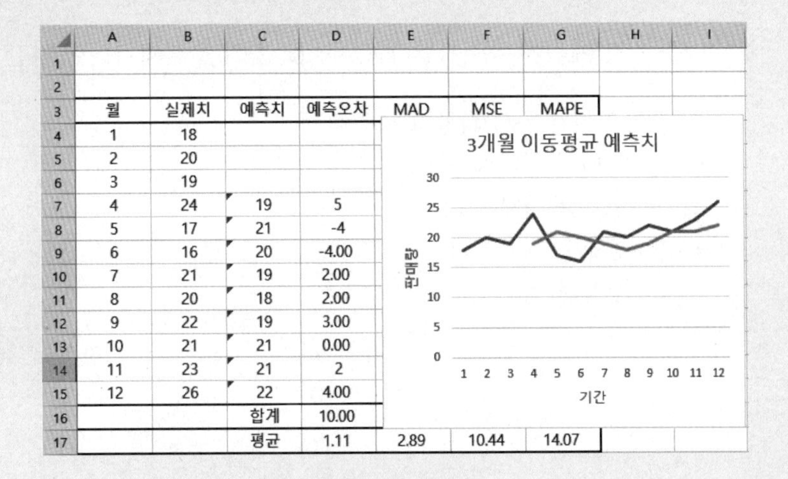

	A	B	C	D	E	F	G	H	I
1									
2									
3	월	실제치	예측치	예측오차	MAD	MSE	MAPE		
4	1	18							
5	2	20							
6	3	19							
7	4	24	19	5					
8	5	17	21	-4					
9	6	16	20	-4.00					
10	7	21	19	2.00					
11	8	20	18	2.00					
12	9	22	19	3.00					
13	10	21	21	0.00					
14	11	23	21	2					
15	12	26	22	4.00					
16			합계	10.00					
17			평균	1.11	2.89	10.44	14.07		

지수평활법

단순 지수평활법

지수평활법(exponential smoothing method)은 일종의 가중 이동평균법이지만 가중치를 부여하는 방법이 다르다. 지수평활법에 있어서 예측치를 계산하기 위하여 기간에 부여하는 가중치는 그들이 과거로 거슬러 올라갈수록 지수함수적으로 감소한다. 따라서 이 방법에서는 가장 가까운 과거에 가장 큰 가중치를 부여하여 수요의 최근 변화에 더욱 민감한 반응을 하게 된다.

지수평활법에는 가장 가까운 과거의 데이터에 가장 큰 가중치를 부여하는 단순 지수평활법(simple exponential smoothing method)과 추세나 계절변동이 있는 경우 이를 조정해 주는 이중 지수평활법(double exponential smoothing method)이 있다.

단순 지수평활법을 사용하기 위해서는 세 개의 데이터가 필요하다. 즉 다음 기간의 수요를 예측한다면 현 기간의 예측치와 실제치, 그리고 지수평활계수(smoothing coefficient)이다.

단순 지수평활법의 수식은 다음과 같다.

$$F_{t+1} = F_t + \alpha(A_t - F_t)$$

다음 기간 예측치 = 현 기간 예측치 + α(현 기간 실제치 − 현 기간 예측치)

F_{t+1} = 다음 기간 $(t+1)$의 수요 예측치
F_t = 현 기간 t의 수요 예측치
A_t = 현 기간 t의 실제치
α = 지수평활계수$(0 < \alpha < 1)$

예 10-7

다음은 19인치 칼라 TV를 판매하는 진달래 상점에서 지난 일 년 동안 판매한 실제치 데이터이다.

연	1	2	3	4	5	6	7	8	9	10	11	12
판매량	267	275	291	281	278	285	270	295	265	280	275	283

❶ α=0.2일 때의 예측치를 구하라.

❷ 예측오차, *MAD*, *MSE*, *MAPE*를 구하라.

풀이

❶ 데이터를 입력한다.

❷ [데이터]–[데이터 분석]–[지수평활법]을 선택한다.

❸ [확인]을 클릭한 후 다음과 같이 입력한다.

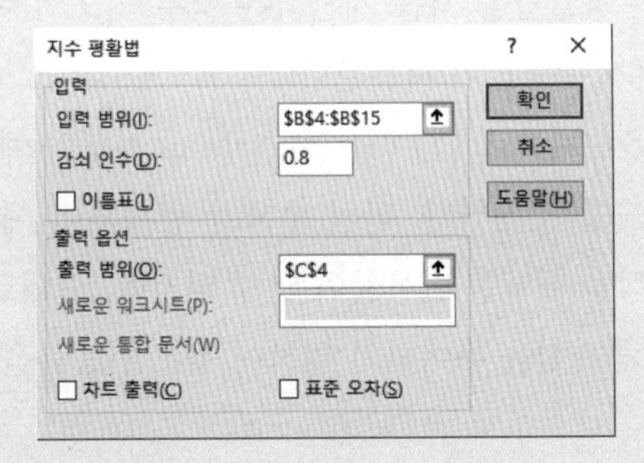

❹ [확인]을 클릭한 후 수식을 입력한다.

셀 주소	수식	비고
D5	=B5−C5	D15까지 복사
D16	=SUM(D5:D15)	G16까지 복사
D17	=D16/COUNT(D5:D15)	G17까지 복사
E5	=ABS(D5)	
F5	=D5^2	
G5	=100*ABS(D5/B5)	

❺ 다음과 같은 결과를 얻는다.

	A	B	C	D	E	F	G
1	예 10-7						
2							
3	월	판매량	ALPHA=0.2	예측오차	MAD	MSE	MAPE
4	1	267	#N/A				
5	2	275	267.00	8.00	8.00	64.00	2.91
6	3	291	268.60	22.40	22.40	501.76	7.70
7	4	281	273.08	7.92	7.92	62.73	2.82
8	5	278	274.66	3.34	3.34	11.13	1.20
9	6	285	275.33	9.67	9.67	93.49	3.39
10	7	270	277.26	-7.26	7.26	52.78	2.69
11	8	295	275.81	19.19	19.19	368.18	6.50
12	9	265	279.65	-14.65	14.65	214.61	5.53
13	10	280	276.72	3.28	3.28	10.76	1.17
14	11	275	277.38	-2.38	2.38	5.64	0.86
15	12	283	276.90	6.10	6.10	37.20	2.16
16			합계	55.60	104.18	1422.28	36.93
17			평균	5.05	9.47	129.30	3.36

단순 지수평활법을 처음 계산하는 경우 최초의 예측치 F_1을 결정하는 방법으로 보통 전기 수요법이 사용된다.

지수평활계수는 고르게 하는(smoothing) 정도와 예측치와 실제치와의 차이에 반응하는 속도를 결정한다. 만일 수요가 안정되어 예측치와 실제치의 차이, 즉 예측오차가 작을 때에는 반응률이 낮게 되지만, 반대로 수요가 증가하게 되면 최근의 증가에 중요성을 부여하기 위하여 높은 반응률을 나타내도록 해야 한다.

추세조정 지수평활법

단순 지수평활법은 불규칙변동만이 존재할 경우에는 적절한 예측치를 제공해 준다. 그러나 시계열 데이터가 상승 또는 하강하는 추세를 보일 때는 단순 지수평활법에 의한 예측치는 항상 실제치와 시차를 보이게 된다.

이럴 경우에는 추세변동을 포함하는 추세조정 지수평활법(forecast including trend : FIT)이 사용된다. 이는 지수평활법을 두 번 적용하므로 이중 지수평활법이라고도 한다. 추세를 조정하기 위해서는 세 단계를 거친다.

- 데이터의 평균 F_t를 지수평활하기 위하여 다음의 공식을 사용한다.

$$S_t = \alpha A_t + (1-\alpha)(S_{t-1} + T_{t-1})$$

여기서, S_t = 기간 t에 데이터들의 지수평활된 평균 예측치
T_t = 기간 t에 지수평활된 추세
A_t = 기간 t의 실제치
α = 평균을 위한 평활계수 $(0 \le \alpha \le 1)$
β = 추세를 위한 평활계수 $(0 \le \beta \le 1)$

- 기대 추세치 T_t를 구하기 위하여 다음의 공식을 사용한다.

$$T_t = \beta(S_t - S_{t-1}) + (1-\beta)T_{t-1}$$

- 추세 포함 예측치를 구하기 위하여 다음의 공식을 사용한다.

$$FIT_{t+1} = S_t + T_t$$

여기서, FIT_{t+1} = 다음 기간 $(t+1)$의 추세 포함 예측치

예 10-8

다음 데이터는 강남에 있는 푸른전자의 지난 4년간 제품 판매 실적이다. 첫 분기의 평균은 첫 분기의 실제 판매액과 같고 추세는 0이라고 가정한다. 한편 α=0.5, β=0.5라고 가정할 때

❶ 기간별 추세조정 판매 예측치를 구하라.

❷ 실제 판매액과 판매액 예측치를 그래프로 나타내라.

❶ 다음과 같이 자료와 수식을 입력한다.

셀 주소	수식	비고
E4	=D4	
E5	=$J$4*D5+(1−$J$4)*(E4+F4)	E23까지 복사
F4	=0	
F5	=$J$5*(E5−E4)+(1−$J$5)*F4	F23까지 복사
G5	=SUM(E4:F4)	G23까지 복사
J7	=SUMXMY2(D5:D23, G5:G23)/COUNT(G5:G23)	

❷ 다음과 같은 결과를 얻는다.

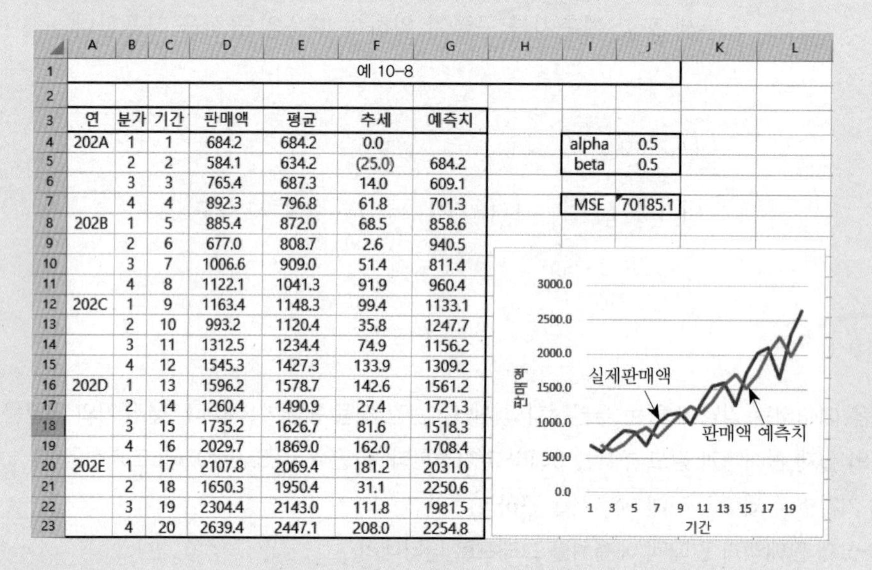

	A	B	C	D	E	F	G	H	I	J
1	예 10-8									
2										
3	연	분기	기간	판매액	평균	추세	예측치			
4	202A	1	1	684.2	684.2	0.0			alpha	0.5
5		2	2	584.1	634.2	(25.0)	684.2		beta	0.5
6		3	3	765.4	687.3	14.0	609.1			
7		4	4	892.3	796.8	61.8	701.3		MSE	70185.1
8	202B	1	5	885.4	872.0	68.5	858.6			
9		2	6	677.0	808.7	2.6	940.5			
10		3	7	1006.6	909.0	51.4	811.4			
11		4	8	1122.1	1041.3	91.9	960.4			
12	202C	1	9	1163.4	1148.3	99.4	1133.1			
13		2	10	993.2	1120.4	35.8	1247.7			
14		3	11	1312.5	1234.4	74.9	1156.2			
15		4	12	1545.3	1427.3	133.9	1309.2			
16	202D	1	13	1596.2	1578.7	142.6	1561.2			
17		2	14	1260.4	1490.9	27.4	1721.3			
18		3	15	1735.2	1626.7	81.6	1518.3			
19		4	16	2029.7	1869.0	162.0	1708.4			
20	202E	1	17	2107.8	2069.4	181.2	2031.0			
21		2	18	1650.3	1950.4	31.1	2250.6			
22		3	19	2304.4	2143.0	111.8	1981.5			
23		4	20	2639.4	2447.1	208.0	2254.8			

❸ MSE를 최소로 하는 α와 β의 값을 구하기 위해서는 [데이터]–[해 찾기]를 선택한다.

❹ 다음과 같이 입력한다.

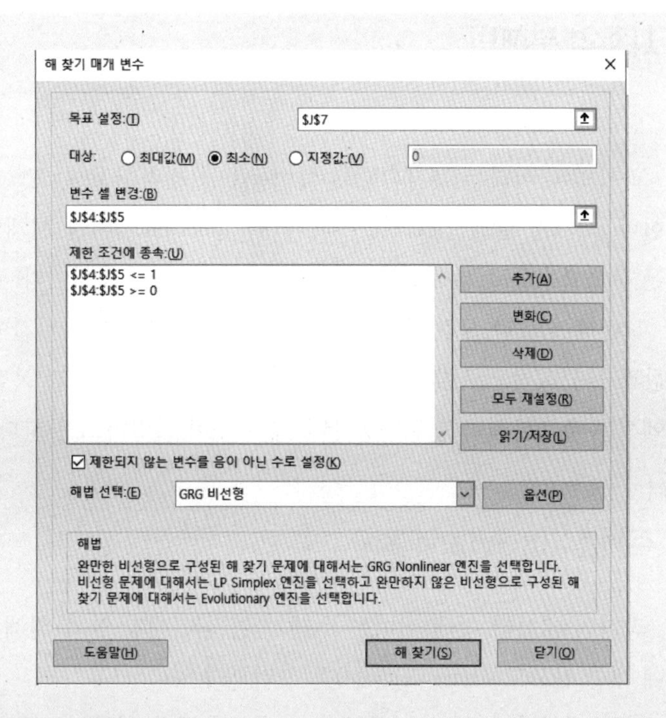

⑤ [확인]을 클릭하고 실제 판매액과 판매액 예측치를 그래프로 나타내면 다음과 같다.

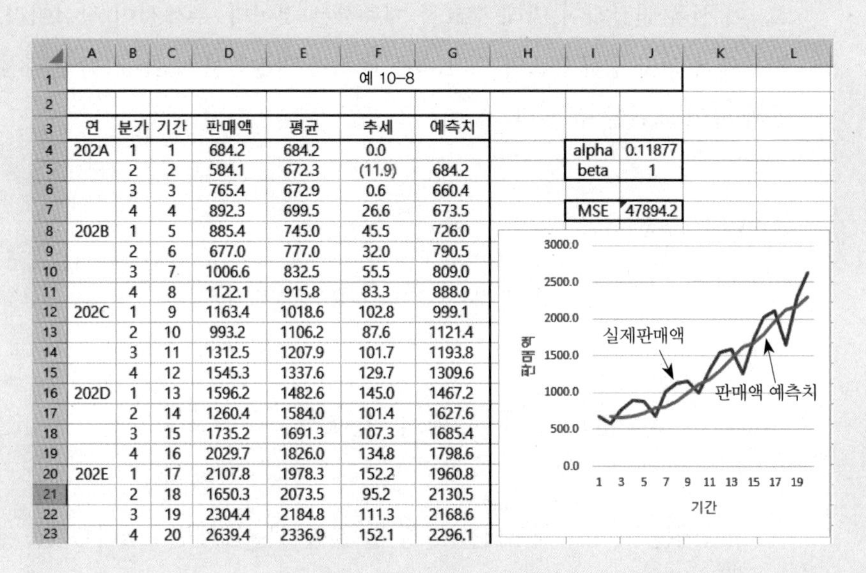

예 10-8

연	분가	기간	판매액	평균	추세	예측치
202A	1	1	684.2	684.2	0.0	
	2	2	584.1	672.3	(11.9)	684.2
	3	3	765.4	672.9	0.6	660.4
	4	4	892.3	699.5	26.6	673.5
202B	1	5	885.4	745.0	45.5	726.0
	2	6	677.0	777.0	32.0	790.5
	3	7	1006.6	832.5	55.5	809.0
	4	8	1122.1	915.8	83.3	888.0
202C	1	9	1163.4	1018.6	102.8	999.1
	2	10	993.2	1106.2	87.6	1121.4
	3	11	1312.5	1207.9	101.7	1193.8
	4	12	1545.3	1337.6	129.7	1309.6
202D	1	13	1596.2	1482.6	145.0	1467.2
	2	14	1260.4	1584.0	101.4	1627.6
	3	15	1735.2	1691.3	107.3	1685.4
	4	16	2029.7	1826.0	134.8	1798.6
202E	1	17	2107.8	1978.3	152.2	1960.8
	2	18	1650.3	2073.5	95.2	2130.5
	3	19	2304.4	2184.8	111.3	2168.6
	4	20	2639.4	2336.9	152.1	2296.1

alpha	0.11877
beta	1
MSE	47894.2

10.5 시계열 분해법

과거의 데이터는 추세(T), 순환변동(C), 계절변동(S) 및 우연변동(R)을 포함한다. 시계열 분해법(decomposition of a time series)이란 시계열 데이터를 이와 같은 구성요소들로 분해하여 미래 수요를 예측하는 방법이다.

그런데 T값과 S값은 쉽게 분해할 수 있지만 오랜 기간에 걸쳐 발생하는 C값과 불규칙적으로 발생하는 R값은 파악하기가 어렵고 복잡하다. 따라서 본 서에서는 추세분석과 계절변동 분석에 한하여 설명하고자 한다.

추세분석(trend analysis)

과거의 데이터 속에 어떠한 추세가 있는지 대강 알기 위해서는 과거의 데이터에 대한 산포도(scatter diagram)를 그려본다.

만일 데이터의 추세가 직선이면 시계열을 잘 관통하는 직선 추세선을 구하고, 이 선을 연장하여 미래 수요를 예측하는 것이다. 추세선이 직선이라 함은 각 기간에 있어서 평균수요의 증가(혹은 감소)가 일정함을 뜻한다. 직선 추세선은 다음과 같이 표현할 수 있다.

$$Y=a+bX$$

여기서, Y=특정 기간(예: 분기 X)의 수요 예측치

a=X가 0일 때의 Y축 절편

b=직선의 기울기

X=기간 1, 2, 3, … (예: 분기번호)

다음에는 과거의 데이터를 가장 잘 관통하는 매개변수 a와 b값을 결정해야 하는데, 이를 위해서는 최소자승법(least-squares method)이 가장 널리 이용된다. 최소자승법은 각 실제치와 직선 추세선상의 추세치(예측치)와의 오차자승의 총합계가 최소가 되도록 a와 b의 값을 결정하는 기법이다. 이 직선 추세선을 회귀

선(regression line)이라고도 부른다.

$$b = \frac{n\sum XY - \sum X \sum Y}{n\sum X^2 - (\sum X)^2}$$

$$a = \frac{\sum Y - b\sum X}{n}$$

예 10-9

어느 회사의 지난 5년간 각 분기별 판매액 데이터가 다음과 같다.

연 \ 분기	1	2	3	4
202A	684.2	584.1	765.4	892.3
202B	885.4	677.0	1,006.6	1,122.1
202C	1,163.4	993.2	1,312.5	1,545.3
202D	1,596.2	1,260.4	1,735.2	2,029.7
202E	2,107.8	1,650.3	2,304.4	2,639.4

❶ 추정 회귀선을 구하라.

❷ 각 분기별 예측치를 구하라.

❸ 202F년 각 분기별 예측치를 구하라.

풀이

❶ 다음과 같이 데이터와 수식을 입력한다.

셀 주소	수식	비고
E4	=TREND($D$4:$D$23, $C$4:$C$23, C4)	E27까지 복사

❷ 다음과 같은 결과를 얻는다.

	A	B	C	D	E
1	예 10-9				
2					
3	연	분기	기간	판매량	추세치
4	202A	1	1	684.2	467.8014
5		2	2	584.1	560.4271
6		3	3	765.4	653.0527
7		4	4	892.3	745.6783
8	202B	1	5	885.4	838.304
9		2	6	677	930.9296
10		3	7	1006.6	1023.555
11		4	8	1122.1	1116.181
12	202C	1	9	1163.4	1208.807
13		2	10	993.2	1301.432
14		3	11	1312.5	1394.058
15		4	12	1545.3	1486.683
16	202D	1	13	1596.2	1579.309
17		2	14	1260.4	1671.935
18		3	15	1735.2	1764.56
19		4	16	2029.7	1857.186
20	202E	1	17	2107.8	1949.812
21		2	18	1650.3	2042.437
22		3	19	2304.4	2135.063
23		4	20	2639.4	2227.689
24	202F	1	21		2320.314
25		2	22		2412.94
26		3	23		2505.565
27		4	24		2598.191

❸ 판매량과 추세치를 그림으로 나타내기 위해서는 셀 영역 D4:E23을 블록으로 지정한 후 [삽입]−[차트 그룹]을 선택한다. 옆에 있는 내림단추를 클릭하고 [세로 막대형 차트 더 보기]를 클릭한다.

❹ [꺾은선형]을 선택하고 [확인]을 클릭한다.

❺ [차트 요소]를 클릭하여 [축 제목]을 선택하고 [차트 제목]은 지운다.

❻ [축 제목]을 기간과 판매량으로 고치면 다음과 같은 결과를 얻는다.

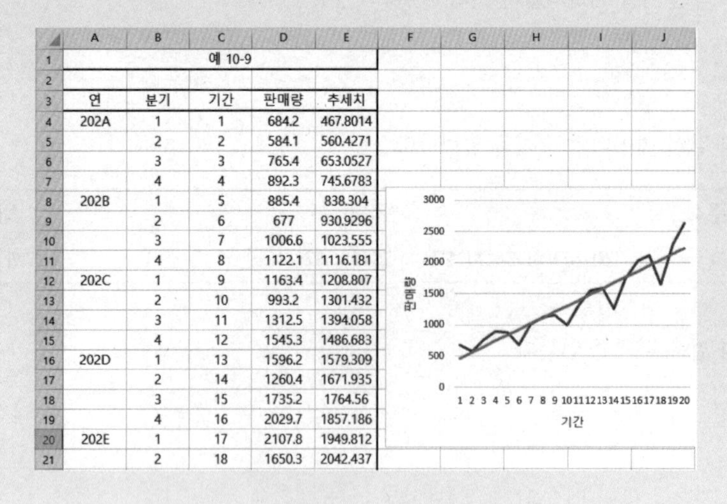

	A	B	C	D	E
1	예 10-9				
2					
3	연	분기	기간	판매량	추세치
4	202A	1	1	684.2	467.8014
5		2	2	584.1	560.4271
6		3	3	765.4	653.0527
7		4	4	892.3	745.6783
8	202B	1	5	885.4	838.304
9		2	6	677	930.9296
10		3	7	1006.6	1023.555
11		4	8	1122.1	1116.181
12	202C	1	9	1163.4	1208.807
13		2	10	993.2	1301.432
14		3	11	1312.5	1394.058
15		4	12	1545.3	1486.683
16	202D	1	13	1596.2	1579.309
17		2	14	1260.4	1671.935
18		3	15	1735.2	1764.56
19		4	16	2029.7	1857.186
20	202E	1	17	2107.8	1949.812
21		2	18	1650.3	2042.437

❼ 선형 추세선을 구하기 위해서는 [데이터]-[데이터 분석]-[회귀분석]을 선택한다.

❽ [확인]을 클릭한 후 다음과 같이 입력한다.

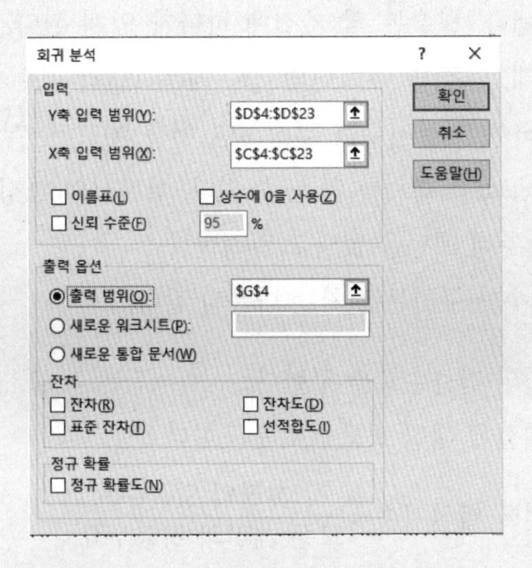

❾ [확인]을 클릭하면 다음과 같은 결과를 얻는다.

요약 출력								
회귀분석 통계량								
다중 상관	0.934139							
결정계수	0.872616							
조정된 결	0.865539							
표준 오차	215.1057							
관측수	20							
분산 분석								
	자유도	제곱합	제곱 평균	F 비	유의한 F			
회귀	1	5705373	5705373	123.3049	1.74E-09			
잔차	18	832868.4	46270.46					
계	19	6538242						
	계수	표준 오차	t 통계량	P-값	하위 95%	상위 95%	하위 95.0%	상
Y 절편	375.1758	99.92337	3.754635	0.001451	165.2446	585.107	165.2446	
X 1	92.62564	8.341441	11.10427	1.74E-09	75.10092	110.1504	75.10092	1

계절요소 분석

추세 없는 경우

시계열에 있어서 계절변동은 기후나 명절같은 반복적인 사상과 관련 있는 기업의 경우에는 흔히 있는 현상이다. 계절성(seasonality)은 시간, 일, 주일, 월, 분기 등에 적용할 수 있다.

계절지수(seasonal index)는 시계열의 값이 계절적 요인에 의해 변동하는 정도를 나타낸다. 지수는 각 계절에 하나가 있게 된다. 따라서 월별 데이터의 경우에는 12개, 계절별 데이터의 경우에는 4개의 지수가 있게 된다. 과거의 데이터를 이용하여 계절지수를 결정하면 이를 예측된 추세치에 적용하여 계절조정(deseasonaliged) 예측치를 얻을 수 있다. 여기서의 가정은 데이터 속에 계절 패턴만 있을 뿐 추세 패턴은 없다고 가정한다.

계절지수를 구하는 절차는 다음과 같다.

❶ 각 계절의 평균수요를 구한다.

❷ 모든 계절에 대한 평균수요를 구한다.

❸ 각 계절별 계절지수 $= \dfrac{\text{각 계절의 평균수요}}{\text{모든 계절의 평균수요}}$

❹ 다음 해의 총 연간수요를 예측한다.

❺ 총 연간수요의 예측치를 계절의 수로 나눈다.

❻ 여기에 계절지수를 곱하면 계절조정 예측치를 얻는다.

예 10-10

앞절에서 계절 패턴만을 보인 데이터는 다음과 같다.

연 \ 분기	202A	202B	202C	202D	202E
1	126	118	138	109	132
2	152	161	144	137	167
3	107	133	113	125	128
4	89	102	80	109	98

❶ 분기별 계절지수를 구하라.

❷ 각 분기별 예측치를 구하라.

❸ 202F년의 예측치가 700이라고 할 때 각 분기별 계절조정 예측치를 구하라.

풀이

❶ 다음과 같이 데이터를 입력하고 수식을 입력한다.

셀 주소	수식	비고
G4	=SUM(B4:F4)	G7까지 복사
H4	=G4/4	H7까지 복사
H8	=SUM(H4:H7)	J8까지 복사
I4	=H4($H$8/4)	I7까지 복사
J4	=(700/4)*I4	

❷ 다음과 같은 결과를 얻는다.

	A	B	C	D	E	F	G	H	I	J
1	예 10-10									
2										
3		202A	202B	202C	202D	202E	합계	평균	계절지수	예측치
4	1	126	118	138	109	132	623	155.75	1.01	176.70
5	2	152	161	144	137	167	761	190.25	1.23	215.84
6	3	107	133	113	125	128	606	151.5	0.98	171.88
7	4	89	102	80	109	98	478	119.5	0.77	135.58
8							합계	617	4	700

추세 있는 경우

시계열에는 추세요소뿐만 아니라 계절요소도 포함되는 경우가 많다. 이러한 경우 예측을 위한 여러 기법이 사용된다. 여기서는 추세를 예측하기 위한 선형 회귀방법과 계절성을 예측하기 위하여 사용되는 계절지수를 결합시키는 승법모델을 사용하고자 한다.

그의 절차는 다음과 같다.

- 각 기간에 대한 계절지수를 구한다.
- 시계열로부터 계절요소를 제거한다(계절조정 예측치를 구한다).
- 계절조정 데이터에 회귀분석을 적용하여 추정 예측선을 구한다.
- 추세선과 계절지수를 사용하여 예측치를 구한다.

예 10-11

앞절에서 추세패턴과 계절패턴을 동시에 보인 데이터는 다음과 같다.

분기 / 연	202A	202B	202C	202D
1	5	5.8	6	6.3
2	4.2	5.2	5.8	5.9
3	6.1	6.8	7.5	8.2
4	6.6	7.5	7.8	8.5

❶ 분기별 계절지수를 구하라.

❷ 계절조정 연별 분기별 예측치를 구하라.

❸ 계절조정 예측치에 Excel 함수를 적용하여 예측 추세선을 구하라.

❹ 202E년 1분기의 수요를 예측하라.

❶ 다음과 같이 데이터를 입력하고 수식을 입력하라.

셀 주소	수식	비고
C11	=INTERCEPT(M4:M19, J4:J19)	
C12	=SLOPE(M4:M19, J4:J19)	
C13	=C11+C12*17	
F4	=SUM(B4:E4)	F7까지 복사
G4	=F4/4	G7까지 복사
G8	=SUM(G4:G7)	H8까지 복사
H4	=G4/($G$8/4)	H7까지 복사
M4	=K4/L4	M19까지 복사

❷ 다음과 같은 결과를 얻는다.

	A	B	C	D	E	F	G	H	I	J	K	L	M
1	예 10-11												
2													
3		202A	202B	202C	202D	합계	평균	계절지수		기간	실제치	계절지수	계절조정 예측치
4	1	5	5.8	6	6.3	23.1	5.775	0.90		1	5	0.9	5.5556
5	2	4.2	5.2	5.8	5.9	21.1	5.275	0.82		2	5.8	0.82	7.0732
6	3	6.1	6.8	7.5	8.2	28.6	7.15	1.11		3	6	1.11	5.4054
7	4	6.6	7.5	7.8	8.5	30.4	7.6	1.18		4	6.3	1.18	5.3390
8						합계	25.8	4		5	4.2	0.9	4.6667
9										6	5.2	0.82	6.3415
10										7	5.8	1.11	5.2252
11		절편	5.10							8	5.9	1.18	5.0000
12		기울기	0.17							9	6.1	0.9	6.7778
13		202E/1분기	7.91							10	6.8	0.82	8.2927
14										11	7.5	1.11	6.7568
15										12	8.2	1.18	6.9492
16										13	6.6	0.9	7.3333
17										14	7.5	0.82	9.1463
18										15	7.8	1.11	7.0270
19										16	8.5	1.18	7.2034

10.6 인과형 예측기법

앞절에서 제품에 대한 수요는 시간과 관계가 있었다. 즉 수요는 시간에 따라 변동하였다. 수요와 시간 사이에는 관계가 있었지만, 시간이 수요변화의 원인이라고 생각하지는 않았다. 그러나 여러 요인들, 예컨대 기업 내부 혹은 환경요인들이 그 기업의 제품에 대한 수요에 영향을 미친다. 예측하려는 수요와 이에 영향을 미치는 요인들과의 관계를 분석하는 것은 유용하다. 어느 제품의 판매량(종속변수)은 그 제품의 가격, 광고비, 품질관리비, 경쟁자의 반응, 가처분 소득, 인구, 기타 독립변수의 함수라고 할 수 있다. 독립변수와 종속변수의 관계를 수학적으로 규명하면 종속변수를 비교적 정확하게 예측할 수 있다.

인과형 예측모델(causal forecasting model, associative model)을 작성하는 절차는 다음과 같다.

- 예측하고자 하는 제품의 수요에 영향을 미치는 독립변수(들)를 규명한다.
- 수요와 이에 영향을 미치는 변수와의 관계가 선형인지, 아니면 어떠한 관

계인지 밝혀 관계식을 작성한다.
- 통계적 검증을 통하여 예측모델의 타당성을 검토한다.

본절에서는 변수들의 관계를 나타내는 기법으로서 회귀분석과 상관분석을 설명하고자 한다.

회귀분석

회귀분석(regression analysis)이란 독립변수와 종속변수 사이에 존재하는 함수관계를 나타내는 회귀방정식(regression equation)을 설정하고, 독립변수의 특정한 값에 대한 종속변수의 값을 추정하는 기법이다. 종속변수와 이에 가장 큰 영향을 미치는 하나의 독립변수와의 관계를 규명하는 경우를 단순 회귀분석(simple regression analysis)이라 하고 둘 이상의 독립변수와의 관계를 규명하는 경우를 중회귀분석(multiple regression analysis)이라 한다.

한편 단순 회귀방정식은 선형으로($Y=a+bX$), 지수함수적으로($Y=ab^X$) 또는 포물선으로($Y=a+bX+cX^2$) 표현할 수 있으나, 본서에서는 단순 선형회귀방정식에 국한하여 설명하고자 한다.

시계열 분석에서처럼 회귀분석에서도 두 변수에 관한 데이터가 수집되면 그래프상에 두 변수의 관계를 나타내는 산포도를 작성한다. 만일 두 변수 사이의 관계를 대강 직선으로 표시할 수 있다면, 회귀선(regression line)과 이의 방정식인 회귀방정식을 도출해야 한다. 회귀방정식은 다음과 같이 표현할 수 있다.

$$Y=a+bX$$

여기서, Y=종속변수의 추정치
a=Y축의 절편, 즉 X=0일 때 Y의 값
b=회귀선의 기울기
X=독립변수의 주어진 값

회귀방정식의 회귀계수(regression coefficient) a와 b값은 시계열 분석에서 설명한 최소자승법을 사용하여 구하는데, 그들을 계산하는 공식은 다음과 같다.

$$b = \frac{n\sum XY - \sum X \sum Y}{n\sum X^2 - (\sum X)^2}$$

$$a = \frac{\sum Y - b\sum X}{n}$$

상관분석

상관분석(correlation analysis)의 목적은 두 변수 X와 Y 사이에 존재하는 상호 의존관계의 정도를 측정하기 위함이다. 회귀분석에서는 독립변수를 고정시키고 종속변수는 확률변수로 취급하여 이들 두 변수 간의 인과관계를 분석하였으나, 상관분석에서는 두 변수를 확률변수로 취급한 후 두 변수 X와 Y 사이에 직선관계가 존재한다는 가정하에 두 변수간 상호 의존관계의 정도를 측정한다.

상관계수(correlation coefficient: r)는 두 변수간 상호 의존관계의 강도와 방향을 측정한다. 상관계수는 -1.0부터 $+1.0$까지의 값을 가질 수 있는데, $r=0$이면 무상관이고, $r=\pm 1.0$이면 완전상관(perfect correlation)관계에 있다고 한다. 상관계수의 부호가 +이면 정의 상관계수로서 두 변수 X와 Y가 같은 방향으로 변화하고, −이면 부의 상관계수로서 반대방향으로 변화함을 의미한다. 상관계수의 부호는 회귀선의 기울기 b의 부호와 언제나 같다.

상관계수를 계산하는 공식은 다음과 같다.

$$r = \frac{n(\sum XY) - (\sum X)(\sum Y)}{\sqrt{n(\sum X^2) - (\sum X)^2} \cdot \sqrt{n(\sum Y^2) - (\sum Y)^2}}$$

예 10-12

다음은 어느 회사의 지난 6개월간 광고비와 판매액과의 관계를 나타내는 데이터이다.

광고비	1	3	4	2	1	7
판매액	2	3	2.5	2	2	3.5

❶ 회귀식을 구하라.

❷ 7월의 광고비가 6으로 예측할 때 판매액은 얼마로 예측할 수 있는가?

❸ 두 변수 사이의 상관계수를 구하라.

❶ 다음과 같이 데이터와 수식을 입력한다.

셀 주소	수식	비고
E4	=INTERCEPT(A4:A9, B4:B9)	
F4	=SLOPE(A4:A9, B4:B9)	
G4	=E4+E5*D6	

❷ 다음과 같은 결과를 얻는다.

	A	B	C	D	E
1	예 10-12				
2					
3	판매액	광고비			
4	2	1		절편	1.75
5	3	3		기울기	0.25
6	2.5	4		6	3.25
7	2	2			
8	2	1			
9	3.5	7			

1. 예측 기법의 종류를 설명하라.

2. 시계열 패턴을 설명하라.

3. 예측의 정확성을 측정하는 도구에는 무엇이 있는가?

4. 시계열 분해법을 설명하라.

5. 인과형 예측방법을 설명하라.

6. 다음과 같이 6개월의 실제치가 주어졌다고 가정하자.

월	실제치	월	실제치
1	735	4	810
2	720	5	765
3	785	6	750

다음의 방법을 사용하여 7월의 예측치를 계산하라.

① 전기 수요법

② 3개월 이동평균법

③ 전기 수요법과 $\alpha=0.3$을 이용하는 단순 지수평활법

④ 선형 회귀분석

⑤ *MAD*를 기준으로 할 때 위 다섯 가지 기법 가운데 어느 기법이 가장 좋은가?

7. 테니스화(260mm)를 제조 판매하고 있는 동대문 물산(주)는 지난 4년 간의 데이터를 이용하여 수요를 예측하고자 한다.

연	분기	판매량	연	분기	판매량
1	1	9.5	3	1	13
	2	20		2	25
	3	18.5		3	22
	4	15		4	18
2	1	11	4	1	15

2	22	2	26
3	20	3	23
4	16	4	19

① 각 분기별 계절지수를 구하라.

② 최소자승법을 이용하여 추세선을 구하라.

③ 연 5의 판매 예상량을 구하라.

④ 연 5의 계절조정 판매량을 구하라.

8. 다음 데이터는 지난 3년간 서산농장에서 오리를 판매한 실적(단위: 1,000마리)이다. 202D년 각 계절에 얼마의 오리가 판매될 것인지 예측하라.

연도	봄	여름	가을	겨울	합계
202A	12.8	8.6	6.3	17.5	45.2
202B	14.1	10.3	7.5	18.2	50.1
202C	15.3	10.6	8.1	19.6	53.6
합계	42.2	29.5	21.9	55.3	148.9

9. Excel 대학교 미식 축구팀은 전국적으로 성적이 아주 우수하다. 대학교 예산당국은 내년도 예산편성을 위하여 관중 수를 예측하려고 한다. 당국은 승리 횟수와 관중 수는 아주 밀접하게 관련되어 있다는 사실을 알고 지난 8년 간의 데이터를 수집하였다. 당국은 내년도에 8번 승리할 것으로 예측한다. 관중 수는 몇 명일까?

승리 횟수	관중 수
4	36,300
6	40,100
6	41,200
8	53,000
6	44,000
7	45,600
5	39,000
7	47,500

10. 강남 전자(주)의 냉장고 매출액은 국가 가처분 소득과 밀접한 관계가 있다고 한다. 지난 10년간의 데이터가 수집되었을 때 다음 물음에 답을 구하라. (단위: 천 달러)

가처분소득(X)	16.8	18.4	20.4	22.9	25.7	27.3	32.1	35.2	36.3	38.2
매출액(Y)	29.8	35.9	38.8	43.6	46.8	49.5	52.3	55.2	57.2	58.6

① 선형 회귀선을 구하라.

② 가처분 소득이 38,700달러로 예상할 때 매출액은 얼마로 예측할 수 있는가?

③ 상관계수를 구하고 그 의미를 말하라.

11. 어느 가게의 CD 플레이어에 대한 월별 수요량이 다음과 같았다. 단순 지수평활계수 $\alpha=0.3$을 이용하여 7월의 수요를 예측하라. 단, 1월의 예측치는 90이었다고 전제한다.

월	1	2	3	4	5	6
수요량	100	110	115	104	112	117

12. 어느 가게의 컴퓨터에 대한 지난 10주 간의 수요량이 다음과 같았다. $\alpha=0.2$, $\beta=0.9$, 시초의 $T_1=3$, 시초의 $FIT=25$라고 전제할 때 추세조정 지수평활법을 적용하여 주 11의 수요 예측치를 구하라.

주	1	2	3	4	5	6	7	8	9	10
수요량	25	29	30	34	39	38	41	42	46	48

13. 지난 4년간 분기별 수요량이 다음 표와 같았다.

연 \ 분기	202A	202B	202C	202D
1	482	499	503	518
2	213	225	237	244
3	116	122	127	133
4	335	344	349	353

(1) 계절지수를 구하라.

(2) 분기별 계절조정 예측치를 구하라.

(3) 분기별 계절조정 예측치(Y)와 기간(X)에 대해 Excel의 회귀도구를 사용하여 Y의 절편과 예측선의 기울기를 구하라.

(4) 기간 17의 계절조정, 추세조정 수요 예측치를 구하라.

14. 다음과 같이 수요와 그의 예측치가 주어졌다.

수요량	120	134	138	125	143	126	136	140
예측치	125	131	133	134	138	129	132	132

예측오차, MAD, MSE, $MAPE$를 구하라.

제 11 장 예측적 데이터 마이닝

11.1 예측분석의 개념

데이터 마이닝은 크게 기술적(서술적) 데이터 마이닝과 예측적 데이터 마이닝으로 구분할 수 있다. 우리는 제5장에서 기술적 데이터 마이닝을 공부하였다. 기술적 데이터 마이닝의 주요 기법은 군집분석과 연관분석이다. 데이터 마이닝은 예측적 분석론(predictive analytics)에서도 사용되는 중요한 도구이다. 예를 들면 대형마트에서 감자칩에 할인 쿠폰을 발행하고자 하는 타깃 마케팅 전략을 전개하고자 할 때 과거 판매시점 거래 내역을 분석하여 어떤 고객들이 감자칩 외에 맥주나 음료수를 함께 구입할 지 예측하는 데 데이터 마이닝을 이용하여 수입을 올리는 전략을 수립할 수 있는 것이다.

본장에서는 예측적 데이터 마이닝 기법으로서 예측분석과 분류분석을 공부할 것이다. 예측 또는 예측 분석론은 미래에 어떤 일이 발생할 것인가를 예상하기 위하여 사용된다. 문제해결을 위한 미래 상황의 추정을 위해서는 과거에 발생한 거래와 사건들에 관한 데이터가 존재함을 가정한다.

우리가 예측하려는 미래 값의 형태와 변수의 성격에 따라 예측은 분류, 시계열 예측, 회귀분석으로 구분할 수 있다. 분류(classification)는 수치값을 예측하는 것으로 예를 들면 오늘 판매량이 어제보다 증가할 것인지 또는 감소할 것인지를 예측하는 것은 분류라고 할 수 있다. 오늘 판매량이 어제보다 20개가 증가할 것이라는 차이값을 예측하는 것은 회귀분석(regression analysis)이다. 한편 지난 며칠 동안의 판매량을 근거로 내일 판매량이 얼마일 것이라고 예측하는 것은 시계열(time series) 예측이다.

우리는 이미 제9장에서 회귀분석을 그리고 제10장에서 시계열 예측기법을 공부하였다.

11.2 분류분석

개념

분류분석(classifiaction analysis)은 다수의 속성 또는 변수를 갖는 개체를 이미 정해진 그룹 또는 범주(class, category) 중의 하나에 분류규칙에 따라 분류하는 것을 말한다. 분류 문제는 현실세계에서 가장 많이 사용되는 데이터 마이닝 기법이라고 할 수 있다.

예를 들면 대학교 신입생들은 자신의 성적 등을 기초로 합격 또는 불합격 판정을 받는다. 운동경기의 결과는 승리 아니면 패배이다. 분류를 사용하여 내일의 날씨가 맑음, 흐림, 비일지를 예측할 수 있다. e-mail 중 스팸메일을 분류하는 경우도 여기에 해당된다.

우리가 제5장에서 공부한 군집화(clustering)도 사물의 집단을 결정하는 데 사용할 수 있으나 군집화와 분류 사이에는 큰 차이가 있다. 군집분석은 모집단 또는 범주에 대한 사전 정보가 없는 경우에 사용되는 자율학습법이다. 반면에 분류분석은 범주에 대한 사전 정보가 있는 경우에 분류를 잘 할 수 있는 분류규칙을 개발하고자 하는 지도학습법이다.

소속 집단을 모르는 데이터를 이용하여 유사한 데이터들의 집단을 결정하는 기법이 군집분석이지만 분류분석은 소속 집단을 이미 알고 있는 데이터를 이용하여 분류 모델을 만든 후 이 모델에 따라 소속 집단을 모르는 데이터들에 대해 소속해야 할 집단을 결정해 준다.

군집분석에서는 결과변수(종속변수) 없이 모든 변수가 설명변수(독립변수)뿐이다. 이와 같이 군집분석에서는 사전 정보가 없는 데이터에 대한 탐색적 방법이므로 분석자의 주관에 따라 해석이 달라질 수 있다. 그러나 분류분석에 있어서는 반응변수를 가지고 있으며 이들 결과변수의 속성이 수치가 아닌 범주인 것이다.

분류분석을 위해 사용되는 모델로서는 의사결정 나무, 로지스틱 회귀, 베이즈 분류모델, 신경망, 인접이웃, 규칙기반 분류, 지지벡터 기계모델, 앙상블 모델 등을 들 수 있다.

분류분석의 절차

오늘날 변수도, 관측치도 셀 수 없이 많은 빅 데이터의 시대에는 이러한 데이터 모두를 사용할 수 없기 때문에 분석을 위해서는 데이터의 모집단(population)을 대표할(representation) 수 있는 표본(sample)을 추출하게 된다.

표본크기를 결정할 룰은 없다. 가급적 충분한 표본을 추출하되 표본 속에 많은 변수를 포함하도록 해야 한다. 데이터 준비 단계에서 분석자는 기술통계학과 데이터 시각화(data visualization)를 통해서 관련 없는 데이터는 제거하고 결측치와 잘못된 데이터를 처리할 수 있다. 우리는 데이터 시각화에 관해서는 제3장에서, 그리고 기술통계학에 관해서는 제4장에서 공부하였다. 데이터 준비 단계에서 군집화가 유사한 관측치들이 모인 군집에 근거하여 새로운 변수를 정의하는 데 유용하게 사용될 수 있다.

일단 대표적인 표본이 준비되면 예측적 데이터 마이닝 모델의 성과를 평가할 수 있도록 표본들을 2~3개의 데이터 집합으로 분리(partition)해야 한다.

전통적인 통계학에서는 모집단에 대한 추리를 하기 위해서는 최소의 표본크기면 충분하였다. 비록 결정계수(coefficient of determination)와 추정의 표준오차(standard error of the estimate)가 결과하는 선형회귀모델이 사용한 데이터에는 적합(fit)하다고 제안할지라도 사용하지 않은 관찰되지 않은 데이터에도 적합한지는 모른다.

오늘날에는 데이터 마이닝 응용의 경우 풍부한 데이터를 사용함으로써 변수의 예측치의 성능에 대한 평가과정을 단순화시키고 있다. 이러한 넘치는 데이터의 사용으로 모델을 지나치게 적합시킬 수도 있다. 모델 과적합(model overfitting)은 모델이 그가 근거로 작성된 표본 데이터는 잘 설명하지만 표본 데이터 밖의 것은 정확하게 예측할 수 없는 경우에 발생한다.

이러한 과적합의 가능성을 방지하기 위하여 데이터들을 훈련용 데이터, 검증(평가)용 데이터, 시험용 데이터로 분리한다. 특히 검증용 데이터는 모델을 만들 때 과적합을 방지하기 위하여 사용된다.

예측적 데이터 마이닝 과정의 절차는 다음과 같다.

- **데이터 샘플링** : 고려하고 있는 비즈니스 문제와 관련된 표본 데이터를 추출한다.
- **데이터 준비** : 모델화에 알맞도록 데이터를 정제하고 선처리한다. 결측치와 이상치를 찾아내고 잘못된 데이터는 제거한다. 변수의 수를 줄이고 새로운 변수를 정의한다. 이 단계에서는 데이터 탐색이 중요한 부분이다. 기술통계학과 데이터 시각화의 사용이 요구되고 군집화를 통해 데이터 속의 관계를 이해할 수 있다.
- **데이터 분할** : 데이터 마이닝 알고리즘의 성능을 평가하기 위하여 훈련용, 검증용, 시험용으로 데이터 집합을 분할한다.
- **모델 개발** : 훈련용 데이터 집합에 적절한 데이터 마이닝 기법(예: k-인접이웃, 회귀 나무)을 적용하여 분류 또는 예측 등 데이터 마이닝 과업을 수행한다.
- **모델 평가** : 훈련용 데이터와 검증용 데이터의 성능을 비교하기 위하여 모델을 평가한다. 선정된 모델을 시험용 데이터에 적용함으로써 마지막으로 모델의 성능을 평가한다.

훈련용, 검증용, 시험용 데이터의 분할

훈련용 데이터(training data)는 후보 모델(들)을 설정하는 데 이용된다. 예를 들면 훈련용 데이터는 회귀모델에서 기울기를 예측하는 데 사용될 수 있다. 훈련용 데이터는 모델 설정에만 이용될 뿐 훈련용 이 외의 새로운 데이터에 응용할 때 예측을 위한 가장 좋은 모델을 규명하는 데는 이용할 수 없다. 그러므로 아주 우수한 모델들을 검증용 데이터에 적용해서 어떤 모델이 모델 설정에 사용되지 않았던 새로운 데이터들을 예측하는 데 가장 높은 정확도를 나타내는지 규명해야 한다.

검증용 데이터(validation data)가 다른 모델과 비교를 하든 또는 모델 파라미터를 조율해서든 가장 좋은 모델을 규명하고자 사용된다면 모델 성능의 예측치들은 지나치게 예측할 편의를 갖게 된다. 따라서 최종 모델은 모델 설정에 사용되지 않은 새로운 데이터에 적용할 때 모델의 효과성을 보수적으로 예측할 수 있도록 시험용 데이터(test data)에 적용해야 한다.

예를 들면 훈련용 데이터에 아주 잘 적합하는 다섯 개의 모델을 규명하였다고 가정하자. 그러면 이들 모델이 새로운 데이터에 적용했을 때 예측을 제대로 하는지 타당성 검토를 위하여 이들 모델을 검증용 데이터에 적용해 본다. 다섯 모델 가운데 가장 좋은 모델을 규명하면 마지막으로 미래 응용할 때 이 모델 성능의 치우침 없는 예측치를 얻기 위하여 시험용 데이터에 적용하게 된다.

세 분할시 데이터의 크기에 대한 엄밀한 규칙은 없다. 그러나 분명한 것은 훈련용 데이터의 크기가 가장 커야 한다는 것이다. 예측의 경우라면 보통 변수의 수보다 10배 이상의 데이터가 필요하다. 그러나 분류의 경우에는 적어도 $6 \cdot m \cdot q$의 데이터가 필요하다. 여기서 m은 결과 카테고리의 수이고 q는 변수의 수를 의미한다. 웹 사이트에 올라온 광고물에 클릭한다든지 신용카드의 가짜 거래와 같은 사건을 예측하는 경우라면 훈련용 데이터는 데이터 마이닝 알고리즘으로 하여금 이러한 사건을 학습할 수 있도록 충분한 데이터를 제공하도록 추출해야 한다. 그러나 검증용 데이터나 시험용 데이터에 대해서는 지나치게 추출할 필요는 없다. 왜냐하면 이들 표본들은 전체 모집단을 대표할 수 있으면 되고 이러한 데이터에 대한 검증된 성능 측정치는 데이터 마이닝 모델의 미래 성능을 적절히 반영할 것이기 때문이다.

성능 예측치

연속적인 결과를 예측하는 방법보다 범주형 결과를 예측하는 방법의 경우 더 많은 성능 예측치가 있다.

수만 명의 고객들에게 대출을 해준 어느 금융회사의 경우 지도학습 방법을 통해 체무 불이행할 것 같은 고객을 분류하는 방법과 고객의 은행 평균 잔고를 예측하는 방법을 공부하도록 하자.[1]

1 Camm & Cochran 외 6인, Business Analytics, 3rd ed.(Cengage, U.S.A, 2019), p.426.

표 11-1　분류행렬

		예측 범주	
		0	1
실제 범주	0	$n_{00}=7,479$	$n_{01}=5,244$
	1	$n_{10}=89$	$n_{11}=146$

범주형 결과의 분류 평가

대출문제이기 때문에 고객을 채무 불이행자와 이행자의 두 범주 중 하나로 분류하기로 한다. 분류기(classifier)라고도 불리는 지도학습 알고리즘에 의해 얻어진 분류모델의 성능을 평가하기 위해서는 잘못된 범주로 예측한 고객의 수를 세는 것이다. 모집단을 대표하는 충분히 큰 검증용 집합이나 또 시험용 집합에 대해 분류 오류를 셈으로써 사용하는 모델의 성능을 정확하게 예측할 수 있다.

모델의 정확과 부정확 분류를 나타내는 분류행렬(confusion matrix), 즉 분할표(contigency table)에는 분류 오류가 나타난다. 〈표 11-1〉은 고객들을 채무 이행(범주 0)과 불이행(범주 1)으로 분류한 분류행렬이다. 두 개의 집단(범주) 0과 1이 있고 n개의 소속 집단을 아는 고객 데이터가 있을 때 각 고객 데이터를 실제 범주와 모델에 의해 예측된 범주로 분류한다.

표의 왼쪽 위에서 오른쪽 아래로 대각선을 따라 기록된 수치는 옳게 예측한 고객의 수를 나타내고 대각선 이 외의 수치는 잘못 예측한 고객의 수를 나타낸다. 표를 보면 7,479명은 실제로도 채무 이행으로 분류되었고 채무 이행으로 예측됨으로써 옳게 분류가 되었지만 5,244명은 실제로는 채무 이행이었지만 채무 불이행으로 잘못 분류된 것이다. 한편 89명은 잘못 분류되었지만 146명은 옳게 분류된 것이다.

모델의 분류성능을 평가하기 위해서는 분류행렬에서 전체 오류율(overall error rate)을 계산해야 한다.

$$\text{전체 오류율}=\frac{\text{잘못 분류된 데이터의 수}}{\text{전체 데이터의 수}}=\frac{n_{01}+n_{10}}{n_{00}+n_{01}+n_{10}+n_{11}}$$

$$=\frac{5,244+89}{7,479+5,244+89+146}=0.412$$

정확도(accuracy) = 1 − 전체 오류율 = 1 − 41.2% = 58.8%

분류모델의 정확도(accuracy)를 추정하는 이유는 첫째, 정확도는 실제 예측 시스템에서 분류기의 결과에 대한 신뢰수준을 의미하기 때문에 정확도 추정 결과는 미래의 예측 정확도를 평가하는 데 사용할 수 있으며 둘째, 추정 결과는 주어진 집합으로부터 훈련된 여러 개의 분류기 중 가장 좋은 것을 선택하는 데 사용할 수 있다.

정확도와 오류율은 범주 0과 1의 오분류(n_{01}, n_{10})에 대한 위험성이 동일하다는 가정이지만 현실적으로는 오분류에 대한 범주별 위험성이 다르다. 실제 채무 불이행을 이행으로 오분류하는(통계학에서는 제1종 오류라 함) 것이 실제 채무 이행을 불이행으로 오분류하는(제2종 오류) 것보다 더욱 위험하다. 예를 들면 한 의사가 암환자를 건강인으로 오진하는 것이 건강인을 암환자로 오진하는 경우보다 훨씬 위험한 것이다.

오분류의 비대칭적 비용을 설명하기 위하여 각 범주별 오류율을 정의한다.

$$\text{범주 1 오류율} = \frac{n_{10}}{n_{10}+n_{11}} = \frac{89}{89+146} = 37.9\%$$

$$\text{범주 0 오류율} = \frac{n_{01}}{n_{00}+n_{01}} = \frac{5,244}{7,479+5,244} = 41.2\%$$

오분류의 비용이 서로 다른 경우에는 다음과 같은 측도가 사용된다.

$$\text{민감도(sensitivity)} = 1 - \text{범주 1 오류율}$$
$$= 1 - \frac{n_{10}}{n_{10}+n_{11}} = \frac{n_{11}}{n_{10}+n_{11}} = \frac{146}{89+146} = 62.1\%$$

$$\text{특이도(specifity)} = 1 - \text{범주 0 오류율}$$
$$= \frac{n_{00}}{n_{00}+n_{01}} = \frac{7,479}{7,479+5,244} = 58.8\%$$

$$\text{정밀도(precision)} = \frac{n_{11}}{n_{01}+n_{11}} = \frac{146}{5,244+146} = 2.7\%$$

연속적 결과의 예측 평가

연속적 결과변수를 예측할 때 모델의 성능을 평가하는 방법은 몇 가지 있지만 측정치는 예측오류

$$e_i = A_i - F_t$$

여기서, A_i = 개체 i의 실제 결과
F_t = 개체 i의 예측 결과

의 함수이다.

일반적으로 자주 사용되는 측도는 다음과 같다.

$$\text{평균오차} = \frac{\sum_{i=1}^{n} e_i}{n}$$

$$\text{루트평균제곱오차} = \sqrt{\frac{\sum_{i=1}^{m} e_i^{2}}{n}}$$

평균오차(average error)는 모델의 예측치에 있는 편의(bias)를 예측한다. 평균오차가 양수이면 모델이 결과변수의 값을 너무 낮게 예측한 것이고 음수이면 너무 높게 예측한 결과이다. 한편 루트평균제곱오차(root mean squared error: RMSE)는 회귀모델에서의 추정의 표준오차(standard error of the estimate)와 유사한 개념인데 예측된 결과변수와 동일한 단위를 가지며 예측치가 실제치로부터 얼마나 떨어져 있는가를 측정한다.

훈련용 데이터 집합에 모델의 예측을 수행할 때 위의 측정치들을 적용하게 되면 모델의 예측적 성능을 평가하는 것이 아니고 모델의 적합성(goodness-of-fit)을 검정하는 것이 된다. 미래의 성능을 예측하려면 검증용 데이터와 시험용 데이터에 모델의 예측을 수행할 때 위의 측정치들을 적용해야 한다.

평균오류와 RMSE의 계산과 해석을 위해서 앞절에서 인용하였던 금융회사

표 11-2 평균잔고의 오차

실제 평균잔고	예측 평균잔고	오차(e_i)	제곱오차(e_i^2)
3,793	3,784	9	81
1,800	1,460	340	115,600
900	1,381	−481	231,361
1,460	566	894	799,236
6,288	5,487	801	641,601
341	605	−264	69,696
506	760	−254	54,516
621	1,593	−972	944,784
1,442	3,050	−1,608	2,585,664
944	210	734	538,756
합계 18,095		−801	5,991,295

10명 고객의 평균잔고를 예측한 결과가 [표 11−2]에 나타나 있다.

표에서 평균오차와 RMSE를 계산하면 다음과 같다.

$$\text{평균오차} = -\frac{801}{10} = -80.1$$

$$RMSE = \sqrt{\frac{5,991,295}{10}} = 774$$

평균오차가 음수이므로 10명 고객의 실제 잔고가 과대 예측이 되었다. 고객 10명에 대한 모델의 성능이 빅 데이터에 대한 성능을 가리킨다고 하면 774의 RMSE는 평균잔고의 43%(=774÷1,809.5)나 되기 때문에 예측모델의 향상을 위한 노력이 있어야 할 것이다. 왜냐하면 일반적으로 좋은 예측모델이 되려면 RMSE가 예측변수의 평균오차의 10% 미만이어야 하기 때문이다.

11.3 로지스틱 회귀분석

선형 회귀모델과의 관계

우리가 제9장에서 공부한 회귀모델에 있어서는 결과변수(종속변수)가 수치를 갖는 경우였다. 그러나 많은 실제문제에 있어서는 합격 또는 불합격, 구매 또는 비구매, 신청 또는 비신청 등과 같이 두 범주 중에 하나를 취하는 결과변수가 이분형이거나 범주형인 경우가 많다.

이러한 경우에는 결과변수 Y의 관측치는 이항형이지만 예측치는 이항형이 아닐뿐만 아니라 결과변수 Y에 대한 확률분포가 선형 회귀모델에서 가정하는 확률분포와 같지 않게 된다. 이러한 경우에는 최소자승법의 정규성을 위반하기 때문에 Y값을 예측할 수가 없다. 따라서 결과변수를 예측하기 위하여 선형 회귀모델을 사용할 수 없다. 이러한 경우에 사용할 수 있도록 개발된 모델이 로지스틱 회귀모델이다.

로지스틱 회귀모델(logistic regression model)은 결과변수가 이항형일 때 선형 회귀모델의 대안으로 사용된다. 로지스틱 회귀모델은 지도학습에 기반한 확률적 분류 알고리즘으로 사용되는 통계적 기법이다. 로지스틱 회귀모델은 관측치들을 훈련 데이터로 이용하여 설명변수와 결과변수 간의 관계를 수학적 함수로 표현한다는 점에서는 선형 회귀분석과 유사하다. 그러나 로지스틱 회귀분석의 결과로 얻어지는 결과변수의 결과가 수치가 아니라 어떤 범주에 속할 것인가라는 분류라는 점에서 큰 차이가 있다. 이와 같이 로지스틱 회귀모델의 목적은 여러 개 설명변수와 값들이 주어졌을 때, 예컨대 결과변수가 구매여부라면 구매확률(조건확률)을 예측하는 모델을 생성해서 범주변수에 대한 구매 또는 비구매의 분류를 행하는 것이다.

로지스틱 회귀모델

로지스틱 회귀는 회귀모델을 사용해서 설명변수들이 주어졌을 때 특정 범주변수의 확률을 예측할 수 있도록 한다. 설명변수 X가 하나이고 결과변수 Y가

그림 11-1 로지스틱 함수의 곡선

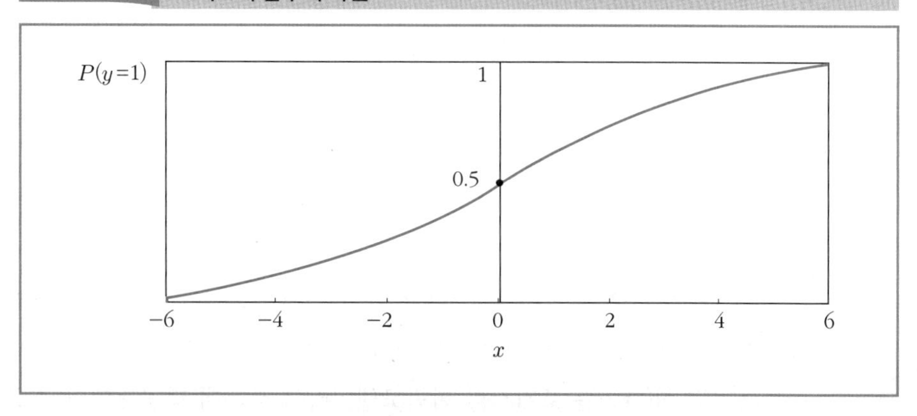

1(보통 구매, 합격처럼 긍정적 결과를 나타냄) 또는 0(비구매, 불합격처럼 부정적 결과를 나타냄)을 가진다고 할 때 로지스틱 회귀모델은 다음과 같다.

$$P(y=1)=\frac{e^{\alpha+\beta x}}{1+e^{\alpha+\beta x}}=\frac{\exp(\alpha+\beta x)}{1+\exp(\alpha+\beta x)} \tag{11.1}$$

위 식(11.1)의 오른편 식은 로지스틱 함수이다.

로지스틱 함수(logistic function)는 확률변수의 분포함수 형태와 같이 S곡선(그림 11−1 참조)을 그리며 x값의 변화에 상관 없이 언제나 P가 0과 1 사이의 값을 갖게 된다. 따라서 이는 변수 변환에 의해 선형으로 바꾸기가 쉽기 때문에 자주 사용된다.

로짓 변환

식(11.1)은 설명변수 x 및 계수들에 대하여 선형이 아니므로 추정이 어렵다. 그래서 P를 다음과 같이 변환하면 선형 회귀식으로 바꿀 수 있다.

$$\text{logit}(P)=\ln\left(\frac{P}{1-P}\right)=\ln(\text{승산비})=\ln\left(\frac{P(y=1\,|\,x)}{1-P(y=1\,|\,x)}\right)=\alpha+\beta x \tag{11.2}$$

이러한 변환을 로짓 변환(logit transformation)이라 한다. 여기서 $\frac{P}{1-P}$는 승산비(odds ratio)라고 하는데 이는 관심 있는 사상이 발생하지 않을 확률 대비 발생할 확률의 비율을 말한다. 다시 말하면 승산비는 y=0이 될 확률에 대한 y=1이 될 확률의 비율을 말한다. 이를 다시 표현하면 다음과 같다.

$$\text{승산비} = \frac{P}{1-P} = \frac{P(y=1|x)}{1-P(y=1|x)} = \frac{P(y=1|x)}{P(y=0|x)}$$

예를 들면 승산비가 2.5라고 하면 주어진 x값에 대하여 결과변수의 값이 1이 될 확률이 0이 될 확률에 비해서 2.5배가 된다는 것을 의미한다.

위 식(11.2)는 로지스틱 회귀모델이라고 하는데 회귀계수의 추정을 위해서는 최소자승법이 아니라 최대가능추정법(maximum likelihood estimation)을 사용한다. 승산비의 자연로그를 예측하기 위하여 로지스틱 회귀방정식을 다음과 같이 얻는다.

$$\ln(\text{승산비 예측치}) = a + bx$$

일단 로지스틱 회귀방정식을 얻으면 승산비 예측치는 다음과 같이 계산한다.

$$\text{승산비 예측치} = e^{\ln(\text{승산비 예측치})}$$

일단 승산비 예측치를 구하면 결과변수의 확률 예측치 $\hat{P}$을 계산할 수 있다.

$$\hat{P} = \frac{\text{승산비 예측치}}{1+\text{승산비 예측치}} = \frac{e^{(a+bx)}}{1+e^{(a+bx)}} = \frac{\exp(a+bx)}{1+\exp(a+bx)}$$

이렇게 얻어진 각 개체에 대한 사후확률(posterior probability)은 그 개체를 분류하는 데 사용된다.

다변수 로지스틱 회귀모델

설명변수가 한 개인 식(11.2)의 단순 로지스틱 회귀모델은 변수가 p개 있을 경우 다음과 같이 확장할 수 있다.

$$\ln\left(\frac{P(y=1|x_1,\ x_2,\ \cdots,\ x_p)}{1-P(y=|x_1,\ x_2,\ \cdots x_p)}\right)=\alpha+\beta_1x_1+\ \cdots\ +\beta_px_p$$

이 식을 $P(y=1|x_1,\ x_2,\ \cdots,\ x_p)$에 대하여 정리하면 다음과 같다.

$$P(y=1|x_1,\ x_2,\ \cdots,\ x_p)=\frac{\exp(\alpha+\beta_1x_1+\cdots+\beta_px_p)}{1+\exp(\alpha+\beta_1x_1+\cdots+\beta_px_p)}$$

한편 사후확률에 대한 추정식은 다음과 같다.

$$\hat{P}(y=1|x_1,\ x_2,\ \cdots,\ x_p)=\frac{\exp(\alpha+b_1x_1+\cdots+b_px_p)}{1+\exp(\alpha+b_1x_1+\cdots+b_px_p)}$$

승산비 증가 비율

로지스틱 회귀모델에서 설명변수 X_i가 결과변수의 분류에 미치는 영향을 검토하기 위해서는 승산비 증가 비율을 계산해야 한다. 만일 p개의 설명변수 중에서 다른 모든 변수가 일정하고 변수값 X_i만 한 단위 증가하여 (X_i+1)이 될 때 승산비 증가 비율(incremental odds ratio)은 다음과 같다.

$$\text{승산비 증가비율}=\frac{\exp(\alpha+\beta_1x_1+\cdots+\beta_i(x_i+1)+\cdots\beta_px_p)}{\exp(\alpha+\beta_1x_1+\cdots+\beta_i(x_i)+\cdots\beta_px_p)}=\exp(\beta_i)$$

여기서 변수 X_i가 한 단위 증가할 때 β_i가 양수이면 승산비 증가 비율이 1보

다 크게 되어 $P(y=1|x_1, x_2, \cdots, x_p)$도 증가하게 된다. 이와 반대로 β_i가 음수이면 $P(y=1|x_1, x_2, \cdots, x_p)$는 감소하게 된다. 그러나 $\beta_i=0$이면 승산비 증가 비율은 exp(0)이 된다. 이때는 X값의 증감에 따라 $P(y=1)$은 영향을 받지 않게 된다.

예를 들어 연봉 x(단위: 천만 원)를 설명변수로 하고 은행 대출의 여부(1=대출함, 0=거부함)를 검토하는 경우 회귀계수의 추정치 b가 2라고 한다면 연봉이 한 단위(천만 원) 증가할 때 승산비 증가 비율은 exp(2)=7.39가 된다. 이는 연봉이 한 단위 증가할 때 대출 거부될 확률에 대한 승인 확률의 비율이 7.39배 증가한다는 의미이다.

분류규칙

각 개체에 대한 사후확률이 구해지면 각 개체에 대한 분류가 이루어진다. 이분 로지스틱 회귀모델에서 기본적인 분류규칙은 $P(y=1)>P(y=0)$이면 1로 분류하고 $P(y=1)<P(y=0)$이면 0으로 분류한다. 즉

> $P_i>0.5$이면 i번째 개체를 1로 분류
> $P_i\leq 0.5$이면 i번째 개체를 0으로 분류

한편 로짓에 대한 규칙은 다음과 같다.

> $\text{logit}(P_i)>0$이면 i번째 개체를 1로 분류
> $\text{logit}(P_i)\leq$이면 i번째 개체를 0으로 분류

11.4 의사결정 나무

나무의 의미와 종류

의사결정 나무(decision tree)는 의사결정 과정을 나무와 비슷한 그래프로 표

현하는 것으로써 몇 개의 연속된 과정을 요하는 다단계 결정문제 해결에 이용할 수 있다. 원래 의사결정 나무는 여러 대안이 있을 때 기대가치(expected value)를 계산하는 데 이용함으로써 최적 대안을 찾는 데 도움을 줄 수 있는 기법이다.

본절에서 설명하려는 의사결정 나무는 설명변수들의 값이 주어질 때 결과변수의 값을 예측하기 위하여 사용하는 예측적 분석론의 중요한 기법이다. 의사결정 나무는 고객 분류, 주가 예측, 환율 예측, 기업의 부도 예측, 경제 전망 등 다양한 분야에 활용되고 있다. 나무를 이용한 의사결정의 내용을 당사자에게 설명하기가 쉬운 장점을 갖는다. 예를 들면 왜 대출 신청을 거부하게 되었는지, 왜 불합격시켰는지, 왜 신용도가 낮은지 등 이유를 납득시키는 데 유용하다.

나무는 마디와 가지로 구성된다. [그림 11-2]는 의사결정 나무의 한 예이다.

의사결정 나무는 마디(node)들로 나무의 뿌리 모양을 이루는데 마디는 그의 기능에 따라 다음과 같이 분류할 수 있다.

- **뿌리마디(root node)**: 나무 구조가 시작되는 맨 위의 마디로 전체 데이터를 포함한다. 이 가지로부터 하부의 가지가 갈라진다. [그림 11-2]에서 A가 뿌리마디이다.
- **자식마디(child node)**: 하나의 마디로부터 갈라져 나간 마디들을 의미한

그림 11-2 의사결정 나무의 예

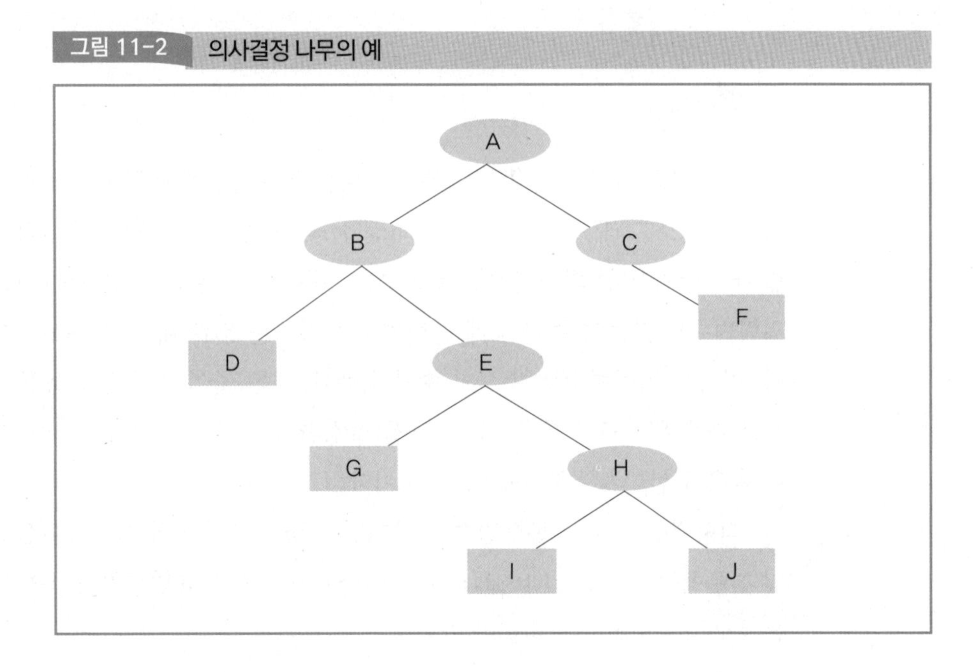

다. 그림에서 B와 C는 A의 자식마디이다.

- 부모마디(parent node): 자식마디의 바로 상위 마디이다. 그림에서 B와 C의 부모마디는 A이다.
- 최종마디(terminal node): 더 이상 자식마디로 분리(splitting)할 수 없는 나무 뿌리의 맨 아래에 위치하는 마디로서 잎(leaf)이라고도 한다, 그림에서 D, F, G, I, J이다. 의사결정 나무에서는 최종마디의 수만큼 분류규칙이 생성된다.
- 중간마디(internal node): 뿌리마디와 최종마디 사이에 있는 모든 마디를 의미한다. 그림에서 B, C, E, H이다.
- 가지(branch): 뿌리마디로부터 최종마디에 이르는 일련의 마디들을 의미한다. 그림에서는 A–B–D, A–C–F, A–B–E–G, A–B–E–H–I, A–B–E–H–J 등 모두 다섯 개다.
- 길이(depth): 각 가지에서 뿌리마디로부터 최종마디까지의 분지된 횟수를 말한다. 그림에서 가지 A–B–E–H–I의 길이는 4이다.

그런데 나무는 크게 보면 두 가지 형태의 마디로 구성된다. 즉 결정마디(decision tree)와 최종마디이다. 결정마디는 자식마디(successor)를 갖는 마디이기 때문에 뿌리마디와 부모마디는 결정마디에 속한다고 할 수 있다.

개념

의사결정 나무는 나무 구조를 나타내는 목표변수에 대한 의사결정 규칙들을 나무 구조로 그래프화해 분류(classification)와 예측(prediction)을 수행하는 지도학습 분석방법이다. 의사결정 나무는 여러 패턴들의 분류에 영향을 미칠 수 있는 입력변수의 값들이 주어질 때 출력변수의 결과를 분류 내지 예측하는 데 사용된다. 여기서 입력변수는 속성일 수가 있는데 예를 들어 소득과 신용등급을 기반으로 대출 위험도를 분류하는 모델을 설정한다면 이들은 속성이 되며 분류 결과는 높은 위험, 낮은 위험 등이 될 것이다.

의사결정 나무는 목표변수가 구매집단 또는 비구매집단처럼 이산형(범주형)인 경우에는 분류나무(classification tree)라고 하지만 목표변수가 연속형인 경우에는 회귀나무(regression tree)라고 한다.

의사결정 나무는 완전한 데이터로 구성된 뿌리마디로부터 시작해서 부모마디를 분지(splitting)하여 자식마디를 만듦으로서 최종마디에 이를 때까지 가지를 계속 성장해 간다. 이와 같이 원 데이터는 부분집합(subset)으로 분리된다. 이렇게 하는 것은 자식마디에서 더욱 동질적인 그룹을 형성하기 위함이다. 나무의 마지막에 있는 최종마디는 패턴에 의한 최후의 범주 선택을 나타낸다.

의사결정 나무의 아이디어는 전부 또는 대부분의 데이터 집합이 한 가지의 범주로 구성되도록 훈련용 데이터 집합을 반복적으로 나누어 내려간다는 것이다. 의사결정 나무는 원 데이터를 많은 그룹 또는 부분집합으로 분리하는데 이러한 전략은 그룹 내에서 데이터가 동질적이 되도록 그룹을 형성하려는 것이다. 이는 그룹 내에 있는 데이터는 하나의 범주에 의해서 지배된다는 것을 의미한다.

의사결정 나무는 나무를 형성해 가면서 다음과 같은 기준(criteria)을 사용한다.

- **분지기준(splitting criteria)**: 데이터 집합으로 구성된 마디를 부분집합으로 분지하는 기준이다. 즉 분지기준이란 해당 변수 및 그 변수의 경계치를 정하는 것이다.
- **합병기준(merging criteria)**: 설명변수가 n개의 범주로 구성된다면 모든 n개의 범주가 통계적으로 유의한 것이 아니므로 일부의 범주는 합병하여 통합 범주를 형성할 수 있다.
- **가지치기(pruning)**: 나무가 너무 복잡하면 분류규칙이 복잡해지기 때문에 형성된 가지의 일부를 절단한다.
- **정지기준(stopping criteria)**: 더 이상 분지가 진행되는 것을 중지시키고 현재의 마디가 최종마디가 되도록 하는 기준이다.

현재 사용되는 의사결정 나무 기법은 많은데 그들은 마디를 분지하기 위하여 사용하는 전략이 서로 다르다. CART(classification and regression tree), CHAID, C4.5 등이 사용되지만 1984년 Breiman 등이 정립한 CART 알고리즘이 많이 사용된다. CHAID는 마디로부터 세 개 이상의 분지가 가능하지만 CART는 모든 마디에서 두 개의 가지만 분지할 수 있는 경우에 사용된다.

연령, 소득, 교육수준을 가지고 개인의 구매행태(Y=1 혹은 Y=0)를 예측하는 예를 들기로 하자. [그림 11-3]은 분류나무를 예시한 것이다.

이 나무에서 원 마디는 레코드들을 부분집합으로의 분할을 의미하고 사각형

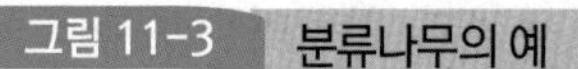
그림 11-3 분류나무의 예

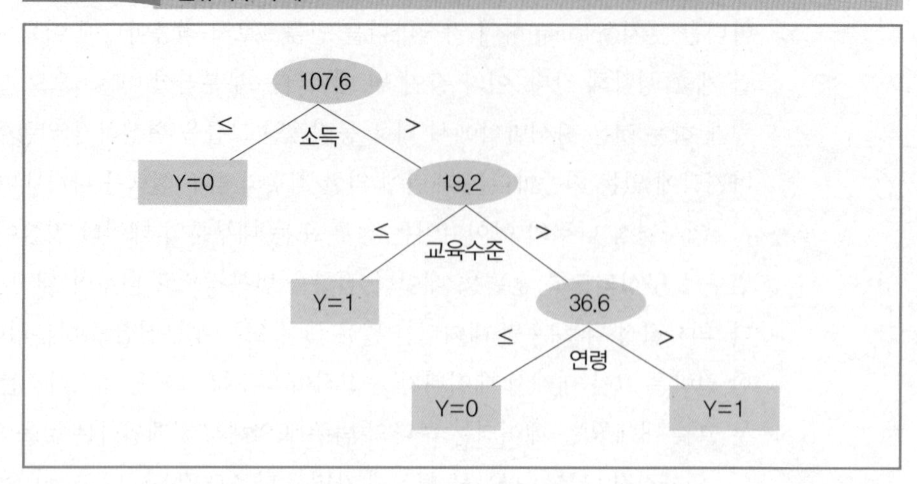

마디는 결과변수의 유사한 값들을 갖는 레코드들의 집합으로서 최종마디이다. 뿌리마디에서 출발할 때 분지기준은 소득이다. 소득이 107.6 이하인 레코드들은 $Y=0$으로 분류되고 소득이 107.6 초과인 레코드들은 교육수준에 따라 다시 분지된다. 교육수준이 19.2 이하인 그룹은 $Y=1$로 분류되고 19.2 초과인 그룹은 연령에 따라 다시 분지된다. 여기서 두 그룹은 $Y=0$ 또는 $Y=1$로 분류된다.

이 나무를 사용해서 새로운 레코드가 들어오면 그의 소득, 교육수준, 연령에 따라 최종마디에 이를 때까지 분류를 진행한다. 이 예는 분류나무 알고리즘이 어떻게 작동하는지를 말해주고 있다.

의사결정 나무의 알고리즘

1) 뿌리마디를 만들고 모든 훈련용 데이터 집합을 여기에 할당한다. 이는 나무를 형성하는 과정으로 변수의 선정, 분지기준, 정지규칙 등을 결정한다. 의사결정 나무의 목표는 여러 입력변수에 근거하여 새로운 개체(관측치, 레코드)를 특정한 범주로 분류토록 나무 구조를 형성하는 것이다.

2) 분지를 위한 입력변수 가운데 최적의 입력변수를 선택한다. 부모마디가 자식마디로 분지될 때 불순도(impurity)를 최소화할 수 있는 입력변수를 선정한다. 이는 원 데이터를 두 부분집합으로 분지할 때 이산형 목표변수의 경우에는 불순도를 최대한 감소시키고 연속형 목표변수인 경우에는 자승오차의 합(sum of

squared error)을 최대한 감소시키는 입력변수를 사용하면 가능하다. 각 마디에서 분지할 때 동질화가 되도록 훈련 데이터를 가장 잘 나누게 하는 속성과 입력변수와 그의 분지값을 결정하는 것이 중요하다. 최초의 분지로 두 부분집합(레코드들이)이 생성되는데 이들은 즉시 분류가 끝나거나 또 다른 분지를 하게 된다.

3) 설명변수를 사용해서 데이터의 각 부분집합(각 중간마디)에 대해 모든 목표변수가 바닥이 나거나, 정지기준에 도달할 때까지 위 단계 2)를 반복한다. 여기서 정지기준으로서는 뿌리마디로부터 깊이(level)의 수, 부모/자식마디의 최소 관측치 수(예컨대 훈련용 데이터의 10%), 불순도 지수의 최소 감축 등이 될 수 있다.

4) 나무의 최종마디에서 분류규칙을 얻는다. 예를 들면 은행에 대출을 신청한 사람을 분류할 때 If(소득>110.5) and (교육수준≤1.5) and (가족≤2.5) Then class=0(거부자)이다.

각 마디에서 두 개의 가지로 분지하려면 설명변수(속성)와 분지값을 이용해서 질문하게 된다. 만일 "연령이 80대 이하입니까"이면 연령≤80으로 표현한다. 이 질문에 대한 답이 '예'이면 왼편으로 분지하고 '아니오'이면 오른쪽으로 분지한다. 데이터는 가지들의 분지에 맞게 상호 배타적인 부분집합으로 나누게 된다. 각 마디에서 분지하려면 설명변수와 그의 분지값(경계치)을 정해야 하는데 이를 분지기준이라고 한다.

분지기준의 아이디어는 부모마디보다 자식마디의 순도가 높도록 분지해야 한다는 것이다. 분지기준을 설정하기 위해서는 순도(purity) 또는 불순도의 측도가 필요하다. 순도는 마디 속에 동질적인 개체가 모이면 모일수록 높아진다.

의사결정 나무의 성장단계에서 최적 분지기준을 정하는 데 사용되는 척도는 지니지수와 엔트로피 계수와 같은 불순도를 측정하는 것이다.

사각형 A의 지니지수(Gini index)는 다음과 같이 정의한다.

$$G(A)=1-\sum_{i=1}^{m} P_k^{\ 2}$$

여기서, P_k=사각형 A에서 범주 k에 속하는 레코드의 비율

이 측정치는 모든 레코드가 동일한 범주에 속할 때의 0과 모든 m개의 범주

그림 11-4 지니지수

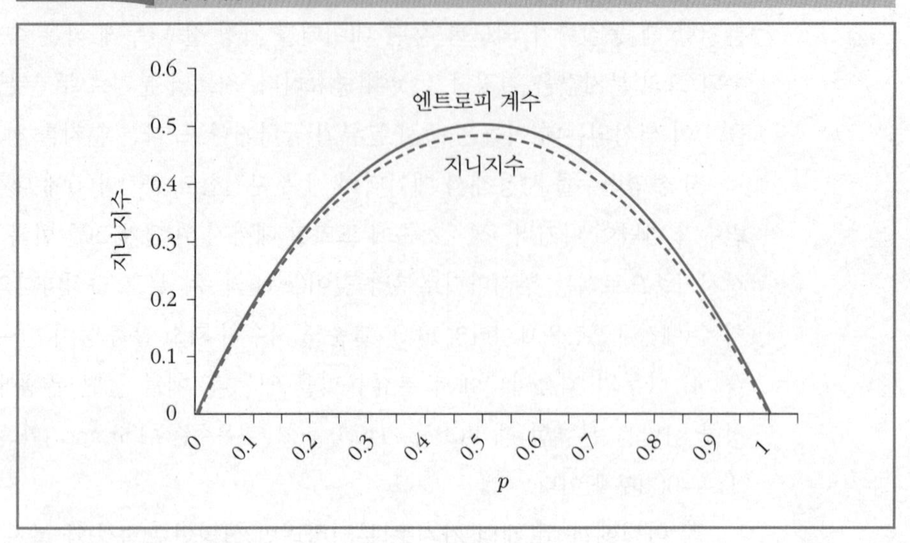

가 동일하게 표현될 때의 $(m-1)/m$ 사이의 값을 갖는다. [그림 11-4]는 지니지수의 값들이 P_k의 함수로의 움직임을 보여주고 있다. 그림에서 $P_k=0.5$일 때 불순도 측정치는 피크에 이른다.

사각형 A의 엔트로피 계수(entropy coefficient)는 다음과 같이 정의한다.

$$E(A) = -\sum_{k=1}^{m} P_k \log_2(P_k)$$

범주가 두 개인 경우 엔트로피 계수는 지니지수처럼 $P_k=0.5$일 때 피크가 된다. 그런데 지니지수는 엔트로피 계수보다 항상 아래쪽에 있으므로 동일한 P_1에서 지니지수가 불순도를 낮게 평가한다고 할 수 있다.

예 11-1

다음과 같이 나무가 주어진 경우 지니지수를 사용할 때 부모마디보다 자식마디의 순도가 좋아졌는가? 여기서 각 마디 안의 숫자를 (x, y)의 형태로 표시하였는데 x는 범주 1의 객체 수, y는 범주 2의 객체 수를 나타낸다.

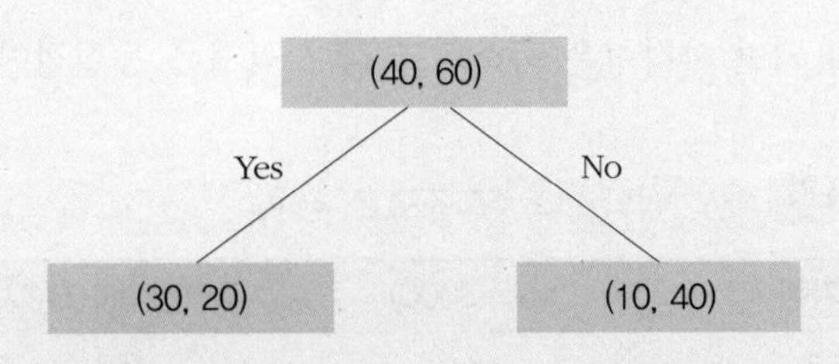

풀이

$$\text{지니지수(뿌리마디)} = 1 - \left(\frac{40}{100}\right)^2 - \left(\frac{60}{100}\right)^2 = 0.48$$

$$\text{지니지수(자식마디)} = \frac{50}{100}\left[1 - \left(\frac{30}{50}\right)^2 - \left(\frac{20}{50}\right)^2\right] + \frac{50}{100}\left[1 - \left(\frac{10}{50}\right)^2 - \left(\frac{40}{50}\right)^2\right]$$

$$= \frac{50}{100}(0.48) + \frac{50}{100}(0.32) = 0.40$$

자식마디의 불순도가 0.40으로서 뿌리마디의 불순도 0.48보다 작으므로 순도는 좋아졌다.

분류나무

나무 생성의 기본적인 아이디어는 설명변수의 공간에서 반복적 구획선(recursive partitioning)을 그어 원래의 사각형에서 작은 사각형으로 계속 축소해 나간다. 그러면서 과적합은 피하고 나무를 평가해야 한다. 본절에서는 구획선 긋는 방법만 설명할 것이다.

결과변수를 Y, 설명변수를 X_1, X_2, $\cdots$, X_P 등 p개의 X라고 하자. 분류나무에서 결과변수는 범주변수이고 설명변수는 연속형, 2진수형, 서열형일 수 있다. 설명변수가 범주변수일 때는 범주들을 두 부분집합으로 분리한다. 예컨대 범주변수가 a, b, c라는 세 개의 범주로 구성된다면 {a}와 {b, c}, {b}와 {a, c}, {c}와 {a, b}, {a, b}와 {c}, {a, c}와 {b}, {b, c}와 {a} 등으로 분지하면 된다.

X 설명변수의 p−차원 공간을 중복되지 않는 다차원의 사각형으로 반복해

서 구획해 나간다. 우선 설명변수 하나를 선정하는데 이를 X_i라고 하자. 그의 값 s_i가 선정되어 p-차원의 공간을 두 부분으로 분지한다. 한 부분은 $x_i < s_i$인 모든 점들을 포함하고 다른 부분은 $x_i > s_i$인 모든 점들을 포함한다.

똑같은 방식으로 한 설명변수(X_i가 가능함)와 그의 분지값을 선택하여 두 부분 중 한 부분이 분류된다. 이제 사각형 지역이 세 군데가 된다. 이러한 과정을 반복하게 되면 사각형은 축소되고 각 사각형은 동질적이 된다. 즉 각 사각형에

표 11-3 24가정의 소득, 주택규모, 소유여부

가정	소득($000)	주택면적(000f^2)	소유여부
1	43.0	20.8	비소유
2	53.2	22.4	비소유
3	57.4	18.4	비소유
4	59.2	19.6	비소유
5	61.0	24.0	소유
6	61.0	16.0	비소유
7	62.8	22.8	비소유
8	69.4	18.0	비소유
9	70.1	20.4	소유
10	71.6	22.8	소유
11	73.0	16.8	비소유
12	74.8	19.2	비소유
13	74.8	23.6	소유
14	76.0	20.4	비소유
15	79.0	22.0	소유
16	85.0	21.6	비소유
17	91.0	22.0	소유
18	92.8	24.4	소유
19	94.0	19.6	비소유
20	95.5	18.8	소유
21	97.0	25.6	소유
22	103.0	22.8	소유
23	118.0	19.6	소유
24	120.1	21.2	소유

그림 11-5 산포도

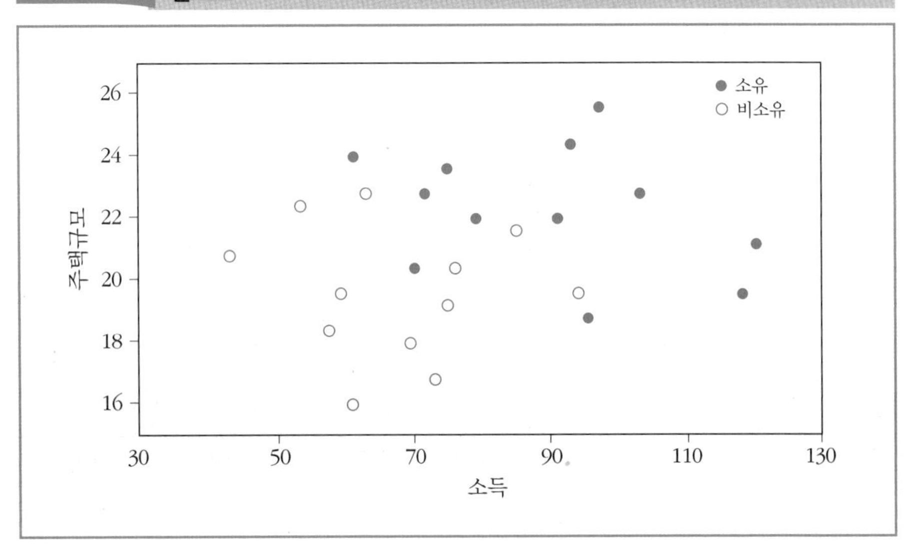

는 오직 하나의 범주에 속하는 데이터가 포함된다.

예를 들어 설명하기로 하자. 어느 도시에서 공기 청정기를 생산하는 회사가 시내 가정 중 살 것 같은 가정과 살 것 같지 않은 가정을 분류하는 방법을 찾으려고 한다. 랜덤 표본으로 소유하는 12가정과 소유하지 않는 12가정을 추출하여 [표 11-4]와 같은 데이터를 얻었다.

이 데이터의 산점도를 그리면 [그림 11-5]와 같다.

분류나무 절차에 따라 첫째 분지를 위해 소득을 선정하고 분지값을 70으로 정하자. 그러면 (X_1, X_2) 공간은 두 사각형으로 분리되는데 하나는 소득≤69.7인 것이고 다른 것은 소득>69.7인 것이다. 이를 그림으로 나타내면 [그림 11-6]과 같다.

[그림 11-6]을 보면 각 사각형이 분지가 이루어지기 전 사각형보다 더욱 동질적이 되었다. 왼쪽 사각형은 7 비소유자와 1소유자를 포함하였고 오른쪽 사각형은 11소유자와 5비소유자를 포함하고 있다. 첫째 분지의 결과 얻는 나무는 [그림 11-7]과 같다.

알고리즘은 가장 좋은 분지를 찾기 위하여 설명변수인 소득과 주택규모를, 그리고 각 변수에 대한 가능한 모든 분지값을 검토하였다. 가능한 분지값은 설명변수의 경우 두 연속적인 값들 사이의 중간값(midpoint)들이었다. 소득의 경우

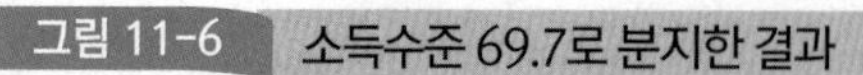

그림 11-6 소득수준 69.7로 분지한 결과

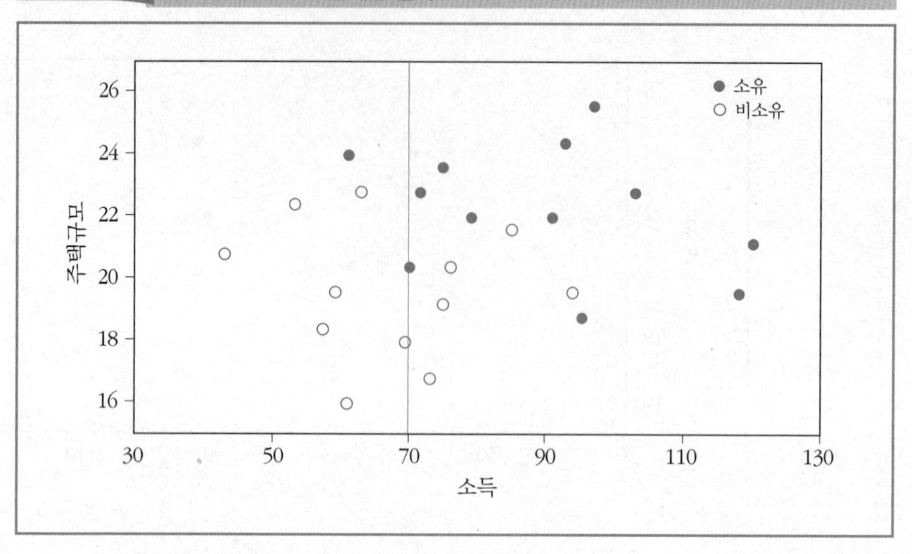

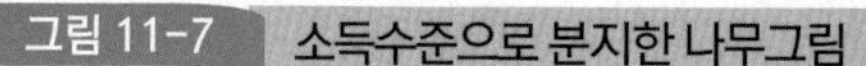

그림 11-7 소득수준으로 분지한 나무그림

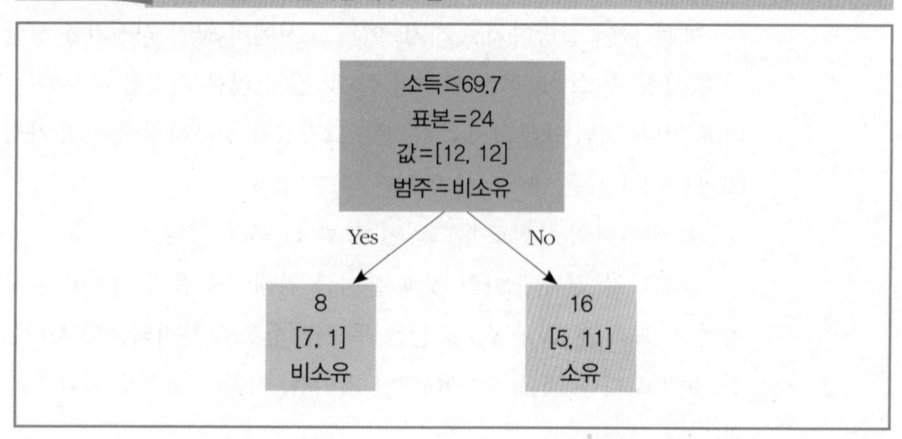

[(43.0+53.2)/2=48.1, 55.3, 58.3, …, 69.7, …, 119.05]에서 분지값을 정하고 주택규모의 경우 [(16.0+16.8)/2=16.4, 18.2, …, 23.2, …, 25)에서 정하였다. 이러한 분지값들은 결과하는 사각형에서 어느정도 불순도(impurity: 이질성)를 감소시키느냐에 따라 정렬되어 있다. 순도 높은 사각형이란 소유자 같은 하나의 범주로 구성된 사각형을 말한다. 불순도의 감소란 분지 전 전체 불순도에서 분지 후 두 사각형의 불순도의 합을 뺀 결과를 말한다.

69.7의 값을 갖는 소득을 사용해서 첫 분지를 실시한 전과 후의 불순도를 계

산해 보자. 분지 전 데이터 집합은 12소유자와 12비소유자로서 각 범주에 속한 레코드의 수는 같다. 따라서 첫 분지 전 불순도는 지니지수=0.5이고 엔트로피 계수는 $\log_2(2)=1$일 때 피크가 된다.

첫 분지 후 왼편 사각형은 7비소유자와 1소유자를 포함하기 때문에

$$\text{지니지수}_{\text{왼쪽}}=1-\left(\frac{7}{8}\right)^2-\left(\frac{1}{8}\right)^2=0.219$$

$$\text{엔트로피}_{\text{왼쪽}}=1-\left(\frac{7}{8}\right)\log_2\left(\frac{7}{8}\right)-\left(\frac{1}{8}\right)\log_2\left(\frac{1}{8}\right)=0.544\text{이고}$$

오른편 사각형은 11소유자와 5비소유자를 포함하기 때문에

$$\text{지니지수}_{\text{오른쪽}}=1-\left(\frac{11}{16}\right)^2-\left(\frac{5}{16}\right)^2=0.430$$

$$\text{엔트로피}_{\text{오른쪽}}=1-\left(\frac{11}{16}\right)\log_2\left(\frac{11}{16}\right)-\left(\frac{5}{16}\right)\log_2\left(\frac{5}{16}\right)=0.896\text{이다.}$$

분지로 설정된 두 마디의 결합 불순도는 각 마디에 있는 레코드의 수를 가중치로 하는 두 불순도 측정치의 가중평균으로 구한다.

$$\text{지니지수}=\left(\frac{8}{24}\right)(0.219)+\left(\frac{16}{24}\right)(0.430)=0.359$$

$$\text{엔트로피}=\left(\frac{8}{24}\right)(0.544)+\left(\frac{16}{24}\right)(0.896)=0.779$$

이와 같이 지니지수는 분지 전 0.5로부터 분지 후 0.359로 감소하였고 엔트로피 계수는 1로부터 0.779로 감소하였다.

모든 가능한 설명변수에 대해 가능한 분지를 하였을 경우 불순도 감소가 가장 높은 값으로 다음 분지를 결정한다. 문제에서 다음 분지는 변수는 주택규모이고 그의 값은 23.2에서 이루어진다. [그림 11-8]과 [그림 11-9]는 소득 값 69.7로 처음에 분지하고 다음에 주택규모 값 23.2로 분지한 두 번째 결과를 나타낸다.

그림에서 왼편 밑 사각형은 소득≤69.7과 주택규모≤23.2에 해당하는 레코드를 포함하고 왼편 위 사각형은 소득≤69.7과 주택규모>23.2에 해당하는 레코드를 포함한다.

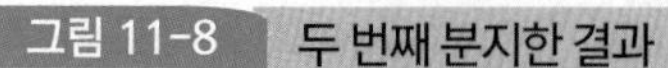
그림 11-8 두 번째 분지한 결과

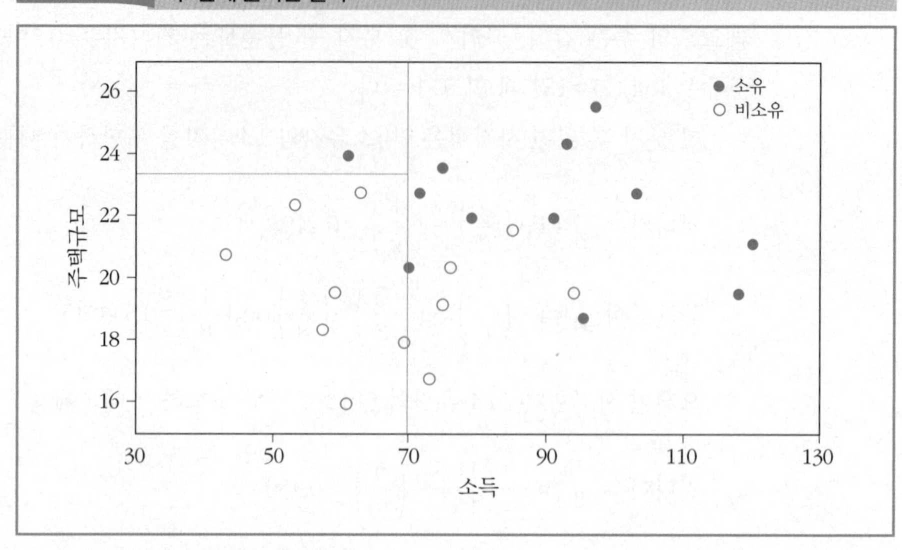

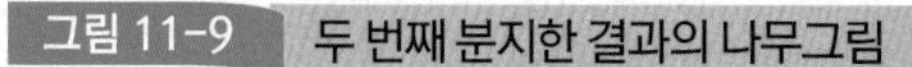
그림 11-9 두 번째 분지한 결과의 나무그림

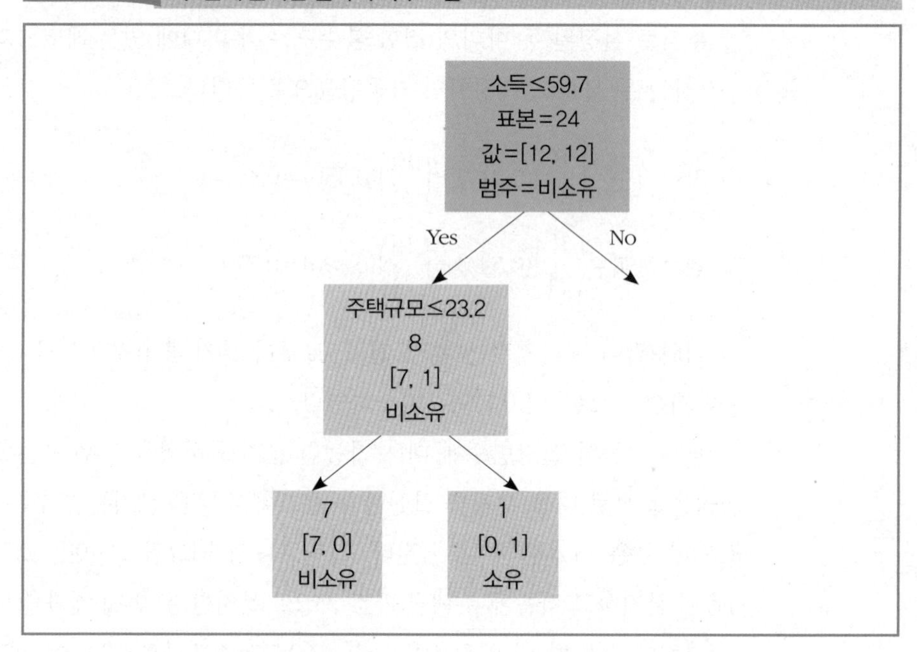

알고리즘이 진행할 때마다 사각형은 더욱 순도가 높아진다. 반복적 구획의 세 번째 단계는 [그림 11-10]과 [그림 11-11]이 보여주고 있다.

[그림 11-11]에 알고리즘을 계속하면 다섯 번째 마지막 단계에서 최종마디

그림 11-10 세 번째 분지의 결과

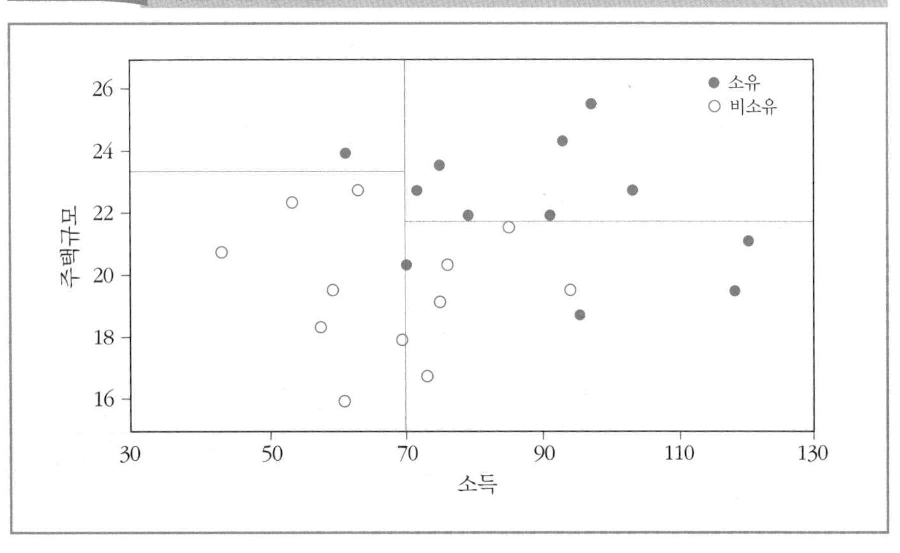

그림 11-11 세 번째 분지의 나무그림

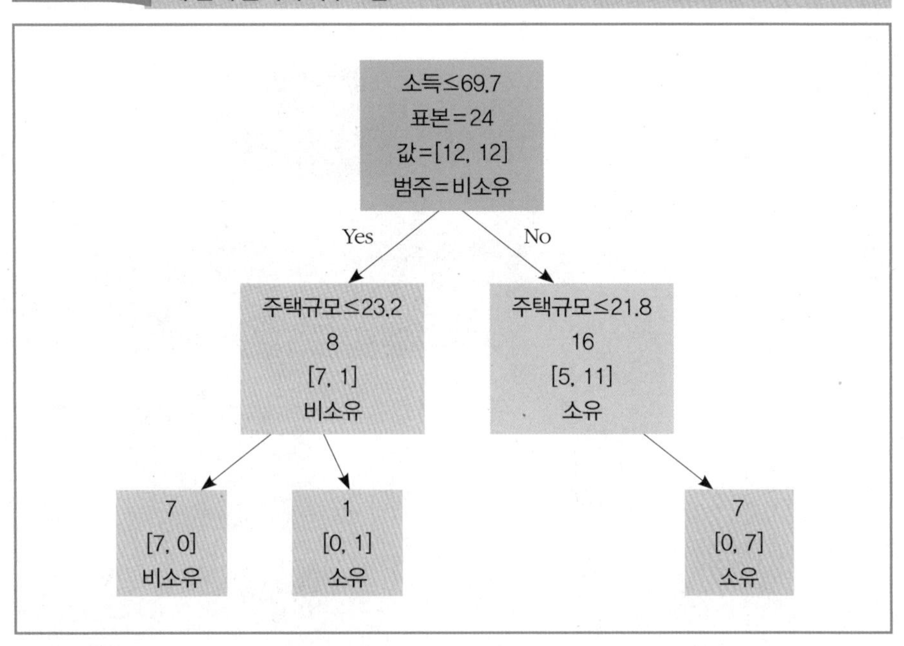

에 도달한다. [그림 11-12]와 [그림 11-13]은 완전히 성장한 마지막 나무를 보여 주고 있다.

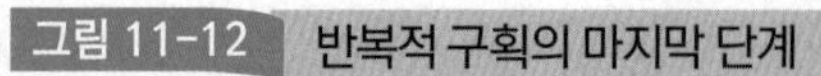

그림 11-12 반복적 구획의 마지막 단계

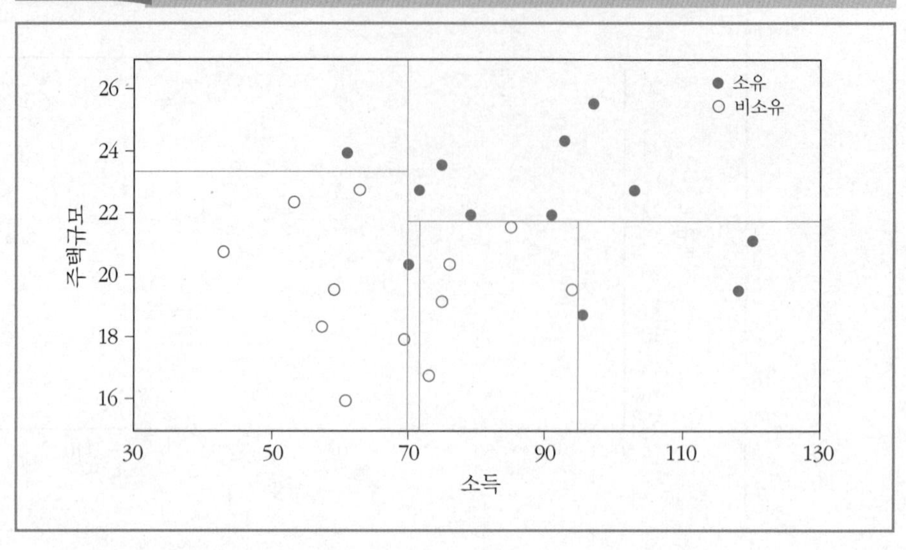

그림 11-13 마지막 단계의 나무그림

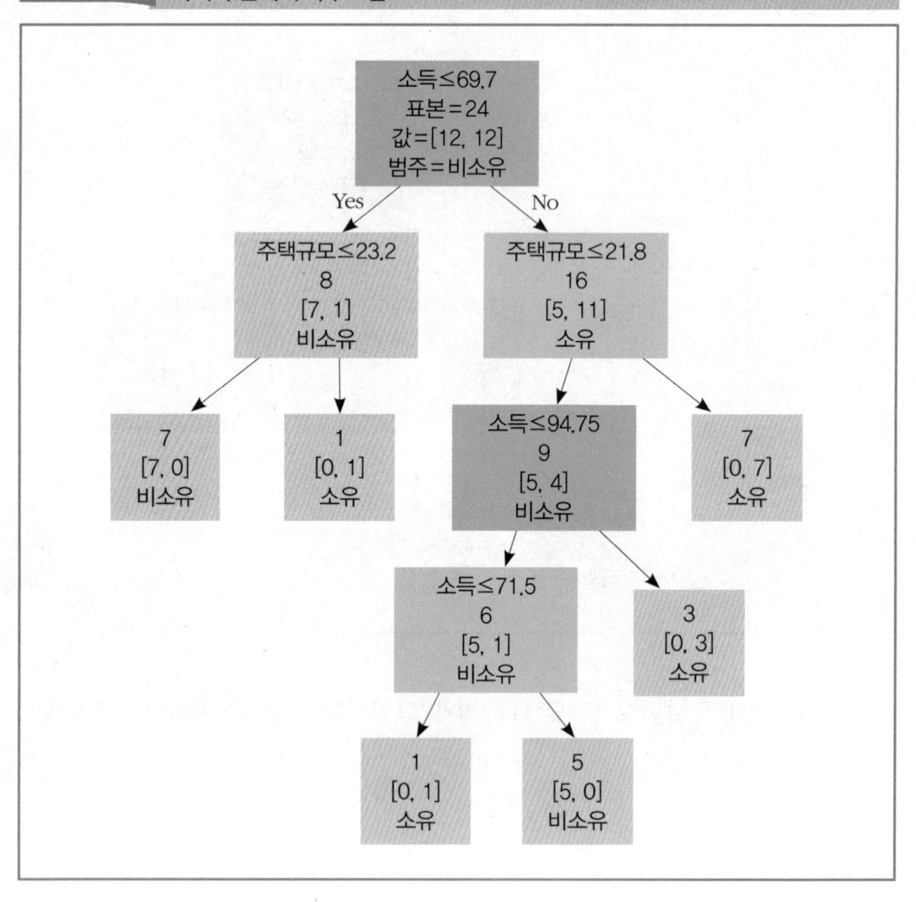

11.5 K-근접이웃법

개념

K-근접이웃법(K-nearest neighbor method), 약해서 $K-NN$ 방법은 범주형 결과변수를 분류하거나 연속형 결과변수를 예측하는 데 사용된다. 의사결정 나무 모델은 먼저 수집된 데이터로부터 적절한 모델을 수립한 후 이를 분류하고자 하는 새로운 데이터에 적용하므로 부지런한 학습법(eager learner)이라고 하지만 $K-NN$ 방법은 분류하고자 하는 새로운 데이터가 있을 때 모델을 설정하기 때문에 게으른 학습법(lazy learner)이라고 한다. 이와 같이 $K-NN$ 방법은 데이터 기반 학습법이지만 어떤 규칙을 찾아내려는 것은 아니다.

$K-NN$ 방법은 먼저 모든 훈련용 데이터를 컴퓨터에 저장한 후 만일 분류하고자 하는 새로운 데이터(개체)가 나타나면 이 데이터의 변수 값과 가장 유사한 k개의 데이터를 훈련용 데이터 집합에서 찾은 후 이를 인접 데이터에 속하는 다수 범주로 분류한다. 만약 $k=1$이라면 분류하고자 하는 데이터와 가장 근거리에 있는 한 개 데이터의 범주로 분류하게 된다. 이러한 개념을 다음 그림과 같은 2차원 공간에서의 예를 가지고 설명하도록 하자.

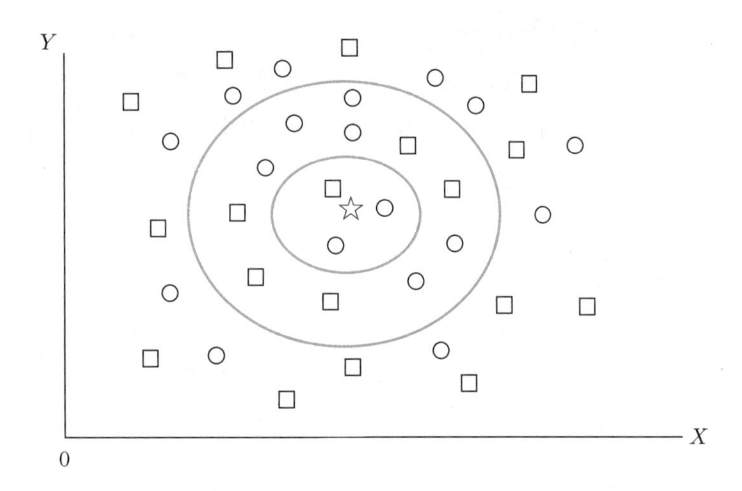

그림에서 별 모양의 데이터는 분류하고자 하는 새로운 데이터이고 사각형과 원의 모양의 데이터는 이미 존재하는 데이터이다. 만일 $k=1$이라면 별과 가장

가까운 모양은 사각형이므로 새로운 데이터는 사각형 모양의 범주로 분류하게 된다. 만약 $k=3$이라면 새로운 데이터와 가장 가까운 세 개의 데이터는 하나의 사각형과 두 개의 원이다. 따라서 새로운 데이터는 다수인 원 모양의 범주에 분류된다. 이와 같이 k의 값에 따라서 새로운 데이터의 분류가 영향을 받는다. 즉 $K-NN$ 알고리즘의 정확도는 k값을 얼마로 정하느냐에 따라 달라진다.

$K-NN$ 방법을 사용하기 위해서는 두 데이터 간의 유사성 측정방법과 k값의 크기를 결정하는 방법을 고려해야 한다. 새로운 데이터와 기존 데이터 간의 거리 척도로서는 유클리드 방법이 사용된다. 유클리드 거리는 다음 공식을 이용하여 구한다.

$$d(i, j)=\sqrt{(X_{i1}-X_{j1})^2+(X_{i2}-X_{j2})^2+\cdots+(X_{ip}-X_{jp})^2}$$

여기서, $i(X_{i1}, X_{i2}, \cdots, X_{ip})$와 $j(X_{j1}, X_{j2}, \cdots, X_{jp})$는 p차원의 데이터

$K-NN$ 방법의 알고리즘은 다음과 같다.

- k값을 정한다.
- 분류하고자 하는 새로운 개체와 훈련용 데이터 집합 속의 개체들과의 거리를 계산한다.
- 거리가 짧은 순서로 k개의 개체를 결정한다.
- k개의 개체가 취하는 범주 중 다수를 차지하는 범주를 새로운 개체의 범주로 정한다.

예 11-2

다음과 같은 일곱 개의 훈련용 표본이 주어졌을 때 물음에 답하라.

개체	X_1	X_2	X_3
1	10	5	0
2	8	13	0
3	7	10	0
4	6	11	1
5	9	8	1
6	5	10	1
7	4	12	1

❶ 2차원의 평면에 산포도를 그려라.

❷ 거리 척도로 유클리드 거리를 사용하여 개체 간의 거리를 계산하라.

❸ $k=3$으로 분류하고 실제 범주와 비교하라.

❹ 새로운 개체 $(X_1, X_2)=(6, 9)$의 범주를 $k=3$으로 분류하라.

❺ 새로운 개체 $(X_1, X_2)=(3, 11)$의 범주를 $k=3$으로 분류하라. 이의 결과를 산포도에 나타내라.

풀이

❶

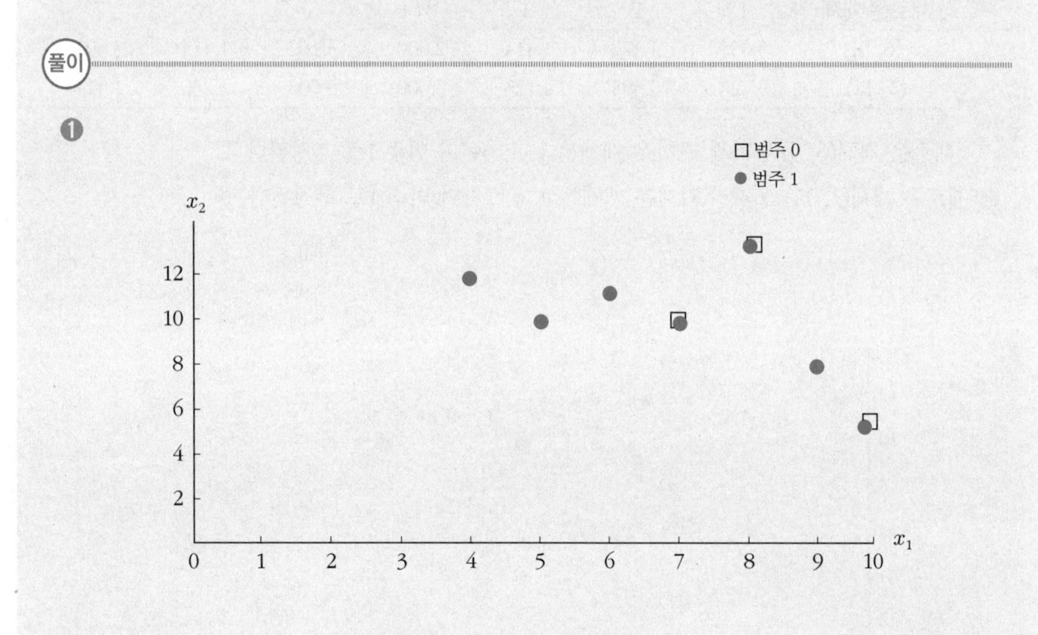

❷

개체	1	2	3	4	5	6	7
1	0	0.246	5.831	7.211	3.162	7.071	9.220
2	0.246	0	3.162	2.828	5.099	4.243	4.123
3	5.831	3.162	0	1.414	2.828	2.000	3.601
4	7.211	2.828	1.414	0	4.243	1.414	2.326
5	3.162	5.099	2.828	4.243	0	4.472	6.403
6	7.071	4.243	2.000	1.444	4.472	0	2.236
7	9.220	4.123	3.601	2.236	6.403	2.236	0

❸

개체	인근 개체	측정 범주	실제 범주
1	2, 3, 5	0	0
2	1, 3, 4	0	0
3	4, 5, 6	1	0
4	3, 6, 7	1	1
5	1, 3, 4	0	1
6	3, 4, 7	1	1
7	3, 4, 6	1	1

❹

새로운 개체	1	2	3	4	5	6	7
(6, 9)	5.657	4.472	1.414	2.000	3.162	1.414	3.601
(3, 11)	9.220	5.385	4.123	3.000	6.708	2.236	1.414

새로운 개체(6, 9)와 가장 가까운 개체는 3, 4, 6이며 범주 1로 추정된다.

❺ 새로운 개체(3, 11)과 가장 가까운 개체는 4, 6, 7이며 범주 1로 추정된다.

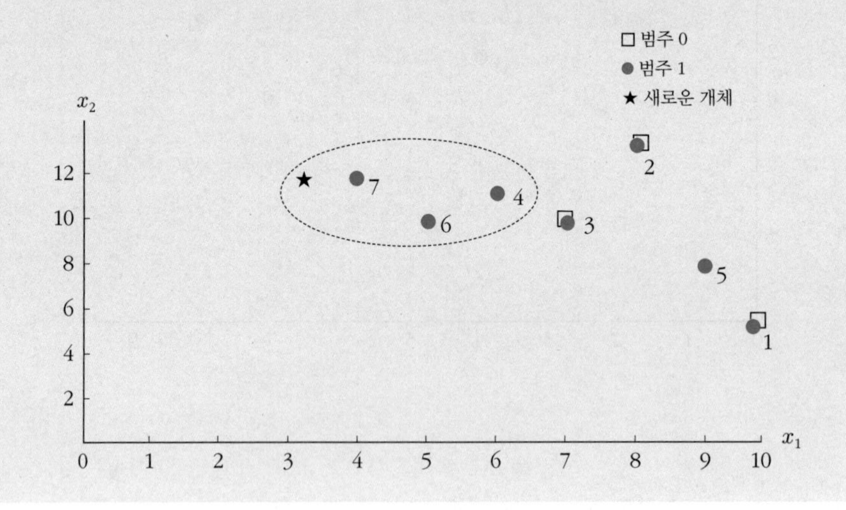

임계치 결정

$K-NN$ 방법에서 분류하고자 하는 개체의 분류규칙은 다수결의 원칙에 따라 k개의 개체 중에서 다수의 범주로 분류하는 것이었다. 여기서 대다수(majority)라는 개념은 범주를 결정하는 확률에 적용할 수 있는 임계치(cutoff value)와 직접적으로 연결되어 있다. 위의 예에서 $k=3$일 때 새로운 개체 $(x_1, x_2)=(6, 9)$와 가장 가까운 개체는 3, 4, 6이었다. 그런데 개체 3의 범주는 0이고 개체 3과 4의 범주는 1이었다. 따라서 새로운 개체가 범주 0으로 분류될 확률은 1/3이고 범주 1로 분류될 확률은 2/3이므로 다수결 원칙에 따라 범주 1로 분류한 것이다. 여기서 단순히 다수라는 것은 임계치가 0.5라는 것과 같은 의미이다.

그런데 임계치를 변경하면 분할표에 영향을 미치고 오류율에 영향을 미친다. 따라서 정확성을 최대화하거나 오분류 비용을 고려하기 위해서는 임계치를 0.5가 아닌 다른 값으로 변경할 수 있다.

k값 선택

$k>1$을 선택하는 이점은 k의 값이 높으면 훈련용 데이터 속에 있는 잡음(noise) 때문에 과적합(overfitting)하는 위험을 감소할 원활함을 제공한다는 것이다. 일반적으로는 k의 값이 낮으면 데이터 속의 잡음에 적합하게 되고 k의 값이 너무 높으면 주요한 혜택의 하나인 데이터 속의 지역적 구조를 획득할 능력을 상실하게 된다. 극단적으로 $k=n$이 되면 새로운 개체는 훈련용 데이터 속의 다수인 범주로 분류하게 된다. 따라서 설명변수의 정보에 과적합하는 것과 이러한 정보를 완전히 무시하는 것 사이에서 균형을 잡아야 한다. 이렇게 균형된 k값의 선택은 데이터의 성격에 달려있다. 데이터의 구조가 더욱 복잡하고 불규칙적일수록 k의 최적 값은 낮아진다. 일반적으로 k의 값은 1~20까지의 범위에 속한다. 무승부를 피하기 위하여 홀수 개를 선택한다(짝수 개를 선택하여 무승부가 나타나면 랜덤하게 하나를 선택하면 된다).

그러면 k의 값은 어떻게 결정하는 것인가? 분류 성과가 가장 좋은 때의 값으로 정하게 된다.

k의 값이 낮아도 문제가 있고 k의 값이 높아도 문제가 있으므로 균형 있는 k

의 값을 선택하기 위해서는 k의 값을 1과 20 사이에서 번갈아 가면서 검증용 데이터 집합에 예측의 정확성을 검토하여야 한다. 즉 검증용 데이터 집합에서 정확성을 최대화하는 k의 값을 결정하면 된다.

일단 k값이 선택되면 훈련용 데이터 집합과 시험용 데이터 집합을 합쳐서 여기에 알고리즘을 다시 돌려 새로운 개체를 분류하도록 한다.

K-NN 방법의 장점과 단점

$K-NN$ 방법의 가장 큰 장점은 단순하다는 것과 설명변수와 결과변수 간에 어떤 관계를 전제하지 않는다는 것이다. 훈련용 데이터 집합이 큰 경우 이 방법은 놀랄 만큼 우수한 성능을 발휘하는데 특히 각 범주가 많은 설명변수의 값들로 특징지어 진다면 더욱 그렇다. 예를 들면 부동산 데이터베이스에는 빨리 팔릴 수 있는 집을 특징지우는 집 형태, 룸의 수, 이웃, 가격 등의 많은 결합을 볼 수 있다.

그러함에도 $K-NN$ 알고리즘은 접근법의 파워를 이용하는 데 따른 어려움이 있다.

첫째 회귀모델처럼 훈련용 데이터로부터 파라미터를 예측하는 데 큰 시간이 소요되는 것은 아니지만 다량의 훈련용 데이터 집합으로부터 근접이웃을 발견하는 데는 시간이 좀 소요된다는 결점을 갖는다. 이러한 어려움을 극복하기 위하여 주성분 분석(principal components analysis)과 같은 차원감소 기법을 사용하여 거리를 계산하는 데 소요되는 시간을 단축시킬 수 있다.

둘째 훈련용 데이터 집합에서 요구되는 개체의 수는 설명변수 수 p에 따라 지수함수적으로 증가한다는 것이다. 이는 훈련용 데이터 집합의 크기가 p에 따라 지수함수적으로 증가하지 않는 한 근접이웃에의 기대거리가 p에 따라 급격히 증가하기 때문이다.

셋째 $K-NN$ 방법은 게으른 학습법이다. 따라서 계산에 시간이 소요되어 예측 시간에 전가한다. 모든 개체가 예측이 되려면 모든 훈련용 데이터 집합으로부터의 거리를 예측할 당시 계산해야 한다. 따라서 수많은 개체들을 동시에 실시간 예측하는 데는 어려움이 따른다.

1. 예측분석은 어느 때 사용되는가를 설명하라.

2. 분류분석의 개념을 설명하라.

3. 분류분석의 알고리즘을 간단히 설명하라.

4. 훈련용, 검증용, 시험용 데이터 집합의 차이점을 설명하라.

5. 분류모델의 정확도에 관해서 설명하라.

6. 로지스틱 회귀모델과 선형 회귀모델과의 관계를 설명하라.

7. 의사결정 나무는 어느 때 사용하는가?

8. 의사결정 나무의 알고리즘을 설명하라.

9. K–근접이웃법의 개념과 함께 장·단점을 설명하라.

10. 다음과 같이 10개의 표본이 주어졌을 때 분류나무를 만들어 가면서 나무는 그리고 반복적 구획선은 2차원 평면에 나타내라.

개체	X_1	X_2	범주
1	1	3	1
2	2	4	0
3	1	4	1
4	3	2	1
5	3	3	0
6	3	5	0
7	4	4	0
8	4	6	1
9	5	4	0
10	5	6	1

11. 다음과 같이 두 변수를 갖는 일곱 개의 개체에 관한 표본이 주어졌을 때

개체	X_1	X_2	범주
1	8	10	A
2	5	4	B
3	8	7	A
4	7	8	B
5	5	7	B
6	3	6	B
7	6	7	A

(1) $k=3$으로 분류하고 실제 범주와 비교하라.

(2) $k=3$을 이용하여 새로운 개체 $(X_1, X_2)=(6, 9)$를 분류하라.

12. 다음은 어떤 목표변수의 분류에 관한 분할표이다. 이는 전체 데이터의 수 500개 중 구매가 400개, 비구매가 100개인 부모마디가 자식마디로 분지한 결과를 보여주고 있다. 부모마디보다 자식마디의 순도가 향상되었는가?

	구매	비구매	합계
부모마디	400	100	500
왼쪽 자식마디	300	40	340
오른쪽 자식마디	100	60	160

13. 두 입력변수는 X_1과 X_2이고 결과는 Y(1)과 N(0)이라고 하자. 다음 위 그림을 레코드 19개를 타점한 결과이다. X_1에 대한 분지점으로 A, B 또는 C를 고려 중이다. 분지할 때마다 왼쪽 그룹(레코드들의 부분집합)과 오른쪽 그룹이 형성되는 데 아래 표는 분지점별 각 그룹에 속하는 Y와 N의 수치를 나타낸다.

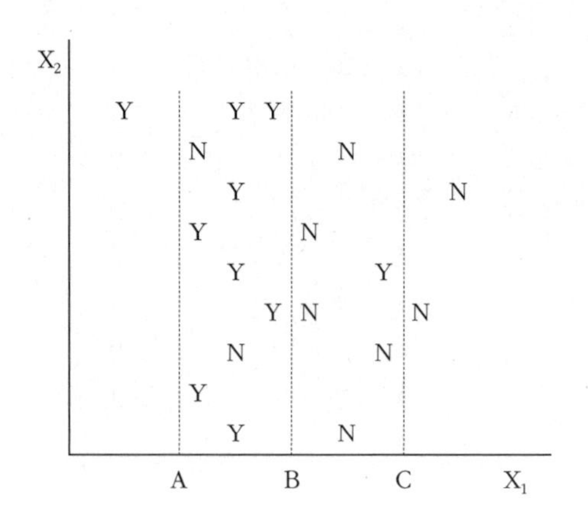

분지점	왼쪽 그룹		오른쪽 그룹	
	Ys	Ns	Ys	Ns
A	1	0	9	9
B	9	2	1	7
C	10	7	0	2

(1) 각 분지점별로 왼쪽 그룹과 오른쪽 그룹의지니지수 및 가중 평균 지수를 구하라.

(2) 세 분지점에서 하나를 선택한다면 가장 동질적인 부분집합을 생성하는 분지점은 어느 것인가?

14. 다음은 어느 도시의 24가정에 대해 소득수준, 주택규모, 잔디 깎는 기계의 소유여부를 조사한 데이터이다.

가정	소득수준($000s)	주택규모(000s ft^2)	소유여부
1	60.0	18.4	소유
2	85.5	16.8	소유
3	64.8	21.6	소유
4	61.5	20.8	소유
5	87.0	23.6	소유
6	110.1	19.2	소유
7	108.0	17.6	소유
8	82.8	22.4	소유
9	69.0	20.0	소유
10	93.0	20.8	소유
11	51.0	22.0	소유
12	81.0	20.0	소유
13	75.0	19.6	비소유
14	52.8	20.8	비소유
15	64.8	17.2	비소유
16	43.2	20.4	비소유
17	84.0	17.6	비소유
18	49.2	17.6	비소유
19	59.4	16.0	비소유
20	66.0	18.4	비소유
21	47.4	16.4	비소유
22	33.0	18.8	비소유
23	51.0	14.0	비소유
24	63.0	14.8	비소유
25	60.0	20.0	?

(1) 이 데이터에 대해 산포도를 그려라.

(2) k=1일 때 새로운 가정 25는 소유 또는 비소유 중 어느 범주에 분류해야 하는가? 왜?

(3) k=3일 대 새로운 가정 25는 소유 또는 비소유 중 어느 범주에 분류해야 하는가? 왜?

(4) k=3일 때 소득수준 60,000달러와 주택규모 15,000ft^2을 갖는 가정은 어느 범주에 분류해야 하는지 설명하라.

제 12 장 시뮬레이션 모델

12.1 시뮬레이션 모델의 사용

수학적 모델은 분석적 모델(analytical model)과 시뮬레이션 모델(simulation model)로 구분할 수 있다. 분석적 모델은 반복적 절차에 의하여 최적해를 구하지만 시뮬레이션 모델은 서술적 모델로서 만족해를 추구한다. 많은 현실적인 문제는 특정 기법을 통한 계산에 의한 해를 추구할 수 없다. 이러한 문제들은 너무 복잡하여 우리가 지금까지 공부한 수학적 기법을 적용할 수 없기 때문이다.

분석적 모델에 필요한 전제가 이루어지지 않는 경우에는 시뮬레이션 모델을 사용할 수 있다. 예를 들면 단일창구·단일단계 모델에서 서비스시간이 지수분포를 따르지 않는다든가, 고객의 도착률이 포아송분포를 따르지 않는다면 시뮬레이션 모델을 사용할 수 있다. 또한 수요량이 시간에 따라 심하게 변동하면 EOQ 공식을 이용할 수 없어 시뮬레이션 모델을 사용해야 한다.

우리의 생활주변에서도 시뮬레이션이 실시된다. 예를 들면 새로운 형태의 비행기를 도입할 때는 완전한 크기의 비행기를 제작하기 전에 모델 비행기를 만들어 성능을 테스트하는 것이 일반적이다. 자동차 사고를 모의실험하기 위하여 충돌실험을 실시한다. 신제품 개발을 위한 위험분석과 교통량 흐름분석 등을 할 때 예상되는 실제 경영과정이 컴퓨터를 사용하여 모의실험되고 있다. 매월 전쟁상태를 예상하고 실시하는 민방위 훈련도 시뮬레이션의 예이다. 의료연구가들은 인체에 미치는 어떤 약물의 효능을 테스트하기 위하여 동물실험을 실시한다. 이러한 예에서 볼 수 있듯이 시뮬레이션의 중요한 혜택은 통제된 여러 조건하에서 실제 시스템의 중요한 행태적 특성을 나타내는 모델을 설정한 후 시스템에 대해 더 좋은 결정을 내리기 위하여 시스템을 실험하는 것이다. 이와 같이 시뮬레이션은 "만일 …하면 어떤 결과가 나타나는가?"라는 가정 · 결과의 질문에 답을 하려고 할 때 사용된다. 예를 들면 약 복용으로 혈압이 조금 오르게 된다면 무슨 일이 발생할 것인가?이다. 이와 같이 시뮬레이션 모델은 경영과학 기법으로서 선형계획 모델과 함께 경영문제 해결에 널리 사용되는 기법이다.

그러나 본장의 초점은 컴퓨터화된 수리적 시뮬레이션에 맞춘다. 현실 시스템의 특성을 가장 잘 표현하는 수리적 모델을 작성하고 샘플링 실험을 수없이 실시하여 복잡한 그 시스템의 특성치를 도출하여 시스템 운영에 관한 중요한 정보를 얻는 수단으로 시뮬레이션을 이용하려는 것이다.

12.2 시뮬레이션의 정의

우리가 직면하는 실제 상황은 너무 복잡하거나 불확실성을 내포하여 수학적 모델의 작성이 어렵고 또는 실제 상황에 대한 실험이 비실용적이거나 불가능한 경우가 일반적인데 시뮬레이션은 최후에 사용되는 기법이다.

시뮬레이트한다는 것은 실제 시스템의 외관이나 특성을 모방하는 모델을 설정하고 이를 실험하여 그 실제 시스템의 행태를 이해하려는 것을 말한다. 시뮬레이션의 아이디어는 실제 시스템의 중요한 행태적 특성을 반영하는 수학적 모델의 작성을 통해 실험을 한 후 그의 특성을 연구하고 시뮬레이션 결과에 입각하여 그 시스템에 관해 어떤 결론을 도출하려는 것이다.

예를 들면 수퍼마켓의 계산대와 은행의 텔러의 증감이 고객이 도착하는 어떤 조건에서 고객이 오래 기다리는 데에 따른 대기비용과 종업원의 서비스비용의 합계인 총비용에 비치는 영향을 동태적으로 실험할 수 있다.

시뮬레이션 모델은 투입물의 값이 주어지면 산출물의 값을 계산하기 위한 수리적 표현과 논리적 관계로 표현된다. 어떤 시뮬레이션 모델도 두 개의 투입물로서 통제가능변수(결정변수)와 확률변수를 갖는다. 이때 통제가능변수의 값을 선정하고 확률변수의 값은 랜덤하게 생성되도록 하면 기준변수의 값을 계산할 수 있는데 이를 시뮬레이션 실험, 또는 동태적 실험이라고 부른다.

12.3 몬테 칼로 시뮬레이션

개념

몬테 칼로 시뮬레이션(Monte Carlo simulation)은 여러 가지 상이한 정책에 따른 시스템의 반응을 평가하기 위하여 확률분포(probability distribution)와 난수(random numbers)의 개념을 사용하는 확률적 시뮬레이션이다.

대기행렬 문제에서의 도착률, 재고관리 문제에서의 수요율과 같이 독립변수가 확률적 변동을 하여 특정 확률분포를 따르는 경우에 몬테 칼로 시뮬레이션 모델이 사용된다.

몬테 칼로 시뮬레이션의 핵심은 모델의 확률변수(random variable)들에 대한 실험인데 이는 확률적 또는 우연결과(chance outcome)를 발생시켜 주는 도구를 이용하여 수행된다.

이 도구는 모델에서 가정한 확률분포에 따라 랜덤 샘플링(random sampling)에 의해서 우연 결과를 발생시켜 주는 데 이용된다. 이와 같이 몬테 칼로 과정의 목적은 확률변수(예컨대 수요량)의 확률분포로부터 샘플링을 통해 그 확률변수의 값을 생성시켜 주는 것이다. 예컨대 매주의 수요량은 그의 확률분포에 따라 도구를 사용하여 랜덤하게 생성된다.

우연결과 또는 확률적 결과를 발생시켜 주는 데 이용되는 도구로는 주사위나 룰렛바퀴(roulette wheel), 복권추첨에 사용되는 숫자공 등이 있으며, 가장 일반적으로 쓰이는 것은 난수나 컴퓨터에 의해 발생되는 의사난수(pseudo-random number) 등이 있다.

절차

시스템이 그들의 행태에 있어서 확률변동을 하는 요소들을 포함하면 몬테 칼로 시뮬레이션 기법이 적용된다. 이와 같이 어떤 시스템이건 분석적 방법으로 문제를 해결할 수 없도록 만드는 것은 확률분포를 따르는 확률변수의 존재 때문이다.

모델 내 확률요소의 랜덤 샘플링을 통한 실험을 위해 몬테 칼로 시뮬레이션의 시행이 거치는 단계적 절차는 다음과 같다.

단계 1: 확률변수의 확률분포를 얻는다.

몬테 칼로 시뮬레이션의 기본적 아이디어는 모델을 구성하는 변수들의 값을 생성시키는 것이다. 실제 시스템에서 고려되는 확률변수의 예를 들면 다음과 같다.

- 매일 수요량
- 재고주문이 도착하는 조달기간(lead time)
- 서비스시설에서 발생하는 고객의 도착 사이의 시간
- 기계고장 사이의 시간
- 서비스시간

확률변수의 확률분포를 얻는 보편적인 방법은 역사적 데이터를 검토하여 상대도수 분포(relative frequency distribution)를 구하는 것이다. 이 외에도 변수의 행태를 잘 나타내는 분포로서 포아송분포, 지수분포, 이항분포, 균등분포, 또는 정규분포 등을 사용할 수 있다.

단계2: 각 변수에 대해 누적확률분포(cumulative probability distribution)를 설정한다.

누적확률분포는 내림차순으로 더해 나가는 "이하"형이거나, 올림차순으로 더해 가는 "이상"형일 수가 있다. 일반적으로 얼마 이하일 확률을 나타내는 "이하"형 누적확률을 사용한다.

단계 3: 확률변수의 값이나 값의 범위를 나타내기 위해서 적절한 난수의 집합인 난수구간(random number interval)을 할당한다.

이 단계에서는 먼저 전체적인 난수의 범위를 결정하고 이 범위를 적절한 구간으로 나누어야 한다. 각 구간은 하나의 특정한 결과와 대응되어야 하며 이 구간의 길이는 대응되는 특정 결과의 발생비율과 같아야 한다.

단계 4: 난수의 랜덤 샘플링(random sampling)을 반복 이용하여 시뮬레이션 실험을 실시한다. 구체적으로 난수표를 이용하건 컴퓨터 프로그램을 이용하건 난수를 생성하여 이를 확률변수의 특정한 값에 할당한다. 이는 생성된 난수가 어느 난수구간에 해당하는가를 봄으로써 관련 변수 값이 얼마인지 추정하려는 것이다.

단계 5: 행동방안을 설계 · 실행하고 통제한다.

이 단계에서는 시뮬레이션된 확률분포를 검토하고 이들을 이용하여 파라미터들을 추정하며 관리적 조치를 취한다. 예를 들면 시뮬레이션된 이익 분포를 이용하여 이익의 양상을 검토하고 이익의 평균 및 표준편차를 얻게 된다.

12.4 시뮬레이션 모델: 적정 생산량 결정

제품에 대한 매일의 수요량(판매량)이 불확실한 경우 생산량(결정변수)의 몇 가지 가능한 양에 대해 시뮬레이션 모델을 사용한 후 최대 이익을 가져오는 적정 생산량을 결정하는 예를 들어보기로 하자. 이 문제를 풀기 위하여 본절에서는 Excel을 사용하고 다음 절에서는 Crystal Ball을 사용하기로 한다.

서울에 있는 파리 제과점에서는 매일 아침 일찍 회사가 자랑하는 빵을 30 배취(한 번 굽는 양)씩 생산하여 왔다. 각 배취의 생산비는 50천 원이고 판매가는 100천 원이다. 만일 당일 팔지 못한 잔량은 다음 날 배취당 25천 원에 판매한다.

회사가 하려고 하는 일은 다음과 같다.

(1) 난수로서 0.71, 0.86, 0.44, 0.02, 0.41, 0.14, 0.83, 0.08, 0.54, 0.45를 사용하여 10일 동안 매일 30배취씩 생산하는 경우 하루 평균 수요량을 구한 후 분석적 방법에 의해 구한 결과와 비교한다.
(2) Rand 함수를 사용하여 한 달 25일 영업을 시뮬레이션한 후 하루 평균이익을 구한다. 다음에는 이 계산을 Excel의 Data Table 기능에 의해 200번 반복 실행하여 월 평균이익을 구한다.
(3) 하루에 30, 35 혹은 40배취씩을 생산하는 경우에 이익을 비교하여 최대

표 12-1 수요량 실적

수요량	일수
15	8
20	12
25	25
30	20
35	20
40	15
합계	100

이익을 발생하는 빵의 하루 적정 생산량을 결정하고자 한다.

이 문제를 해결하기 위하여 시뮬레이션 절차를 따르기로 하자.

단계 1: 확률변수의 확률분포

현실문제에서는 확률변수가 여러 개 있을 수 있지만 이 문제에서의 확률변수는 매일의 수요량 하나뿐이다. 시뮬레이션 모델이 실제 상황을 아주 잘 나타내 주는 것이어야 하므로 과거의 역사적 자료가 필요하다. 이를 위해 지난 100일 동안에 있었던 실제 수요량 실적을 조사한 결과 [표 12-1]과 같은 데이터를 얻었다.

이러한 과거 수요 행태가 미래에도 계속된다는 전제하에서 다음에는 매일 수요량의 상대도수분포를 작성해야 한다. 상대도수는 다음 공식을 이용하여 계산한다.

$$상대도수 = \frac{어떤\ 특정치의\ 도수}{총도수}$$

이 공식을 이용하여 계산한 상대도수분포표는 [표 12-2]와 같다.

이러한 확률분포는 다만 장기적인 행태를 반영하게 된다. 따라서 장기간 동안 매일 수요량을 실험하게 되면 수요량은 이 확률분포를 따르게 된다.

이 확률분포를 이용하여 분석적 방법(analytical method)에 따라 하루 평균 수

표 12-2 수요량의 상대도수분포표

수요량	도수(일)	상대도수(확률)
15	8	0.080(=8/100)
20	12	0.120(=12/100)
25	25	0.250(=25/100)
30	20	0.200(=20/100)
35	20	0.200(=20/100)
40	15	0.150(=15/100)
합계	100	1.000

요량을 계산하면 다음과 같다.

$$\text{하루 평균 수요량 } E(x) = \sum_i (i\text{번째 수요량 } x) \times (i\text{번째 수요량의 확률})$$
$$= 15(0.080) + 20(0.120) + \cdots + 40(0.150)$$
$$= 28.85\text{배취}$$

단기적으로 며칠간 실험하게 되면 수요량은 28.85배취와 차이가 있게 된다. 그러나 가상 수요량을 발생시키는 난수를 사용하여 장기간 실험하게 되면 하루 평균 수요량은 28.85배취에 근접하게 된다. 따라서 이때 분석적 방법에 의해 구한 28.85배취를 안정상태하의 수요량이라고 한다.

단계2: 누적확률분포표의 작성

내림차순으로 더해 나가는 수요량이 얼마 이하일 확률을 나타내는 '이하'형 누적확률분포표를 작성하면 [표 12-3]의 셋째 열과 같다.

단계3: 난수구간의 설정

난수(random number)란 0부터 9까지의 10개의 숫자가 동일한 선택기회를 갖도록 하여 랜덤으로 선택하는 것으로 이를 표로 만들어 놓은 것이 난수표인데, 보통 난수표에서 숫자를 다섯 개씩 묶어 놓은 것은 단순히 표를 읽기에 편리하도록 한 것이다. 여기서 수요량의 확률이 소수점 이하 세 자리이므로 세 자리의 난수를 취했다고 하면 세 자리의 난수는 000부터 999까지 1,000개이므로 어떤 특정한 세 자리 난수가 선택될 확률은 1/1000, 즉 0.001이다.

표 12-3 수요량의 누적확률과 난수구간

수요량	상대도수(확률)	누적확률	난수구간
15	0.080	0.080	0.000~0.079
20	0.120	0.200	0.080~0.199
25	0.250	0.450	0.200~0.449
30	0.200	0.650	0.450~0.649
35	0.200	0.850	0.650~0.849
40	0.150	1.000	0.850~0.999
합계	1.000		

이제 난수와 수요량을 어떻게 대응시킬 것인가를 알아보자. [표 12-3]에서 수요량이 15배취일 경우의 발생확률은 8%이었다. 따라서 편의상 15배취의 수요량에 대응되는 80개의 세 자리 난수를 000, 001, 002, …, 079로 정하자. 그러면 어느 때든 이 80개의 난수 가운데 하나가 관찰되면 이는 모의 실험된 매일 수요량이 15배취임을 나타내 주게 될 것이다.

수요량의 상대도수에 따라 일련의 세 자리 난수를 계속 할당한 결과가 [표 12-3]의 네 번째 열인 난수구간(random number interval)에 나타나 있다. 여기서 누적확률을 구하지 않고 바로 난수구간을 설정해도 된다.

단계 4: 시뮬레이션 실험의 실시

랜덤 샘플링(random sampling)이라 함은 일정한 영업기간 동안 매일의 수요량을 랜덤으로 발생시키는 것을 말하는데 랜덤으로 발생된 수요량의 분포는 실제 수요량의 상대도수와 근사한 것이어야 할 것이다. 이와 같은 요건을 만족시켜 주는 도구가 바로 난수표이다.

난수구간을 사용하여 수요량을 실험하기 위해서는 000부터 999까지 1,000개의 수치 가운데서 어떤 난수를 생성해야 한다.

생성된 난수가 만일 0.234라고 하면 [표 12-3]에서 이는 난수구간 0.200~0.449 사이에 속하므로 이때 실험되는 수요량은 25배취라고 추정할 수 있다. 이와 같이 생성되는 난수에 해당하는 예상 수요량을 결정한다.

이와 같은 요령으로 주어진 10개의 난수를 사용하여 하루에 30배취를 생산하는 경우 10일간 영업을 시뮬레이트한 결과가 [표 12-4]이다. 난수가 주어지면

표 12-4 10일간 시뮬레이션한 결과

일	주어진 난수	예상 수요량	생산량	판매량	잔량	판매수입	잔량수입	총수입	생산비	순이익
1	0.71	35	30	30	0	3,000	0	3,000	1,500	1,500
2	0.86	40	30	30	0	3,000	0	3,000	1,500	1,500
3	0.44	25	30	25	5	2,500	125	2,625	1,500	1,125
4	0.02	15	30	15	15	1,500	375	1,875	1,500	375
5	0.41	25	30	25	5	2,500	125	2,625	1,500	1,125
6	0.14	20	30	20	10	2,000	250	2,250	1,500	750
7	0.83	35	30	30	0	3,000	0	3,000	1,500	1,500
8	0.08	20	30	20	10	2,000	250	2,250	1,500	750
9	0.54	30	30	30	0	3,000	0	3,000	1,500	1,500
10	0.45	30	30	30	0	3,000	0	3,000	1,500	1,500
합계		275	300	255	45	25,500	1,125	26,625	15,000	11,625

이에 해당하는 예상 수요량이 결정되고 생산량과 비교하여 판매량과 잔량을 결정한다. 이에 따라 판매수입과 잔량수입이 결정되면 생산비를 차감하여 매일의 순이익을 계산할 수 있다.

하루 평균 예상 수요량은 275/10=27.5배취이다. 이는 분석적 방법에 의해 구한 28.85배취와 상당한 차이를 보이고 있다. 이러한 차이는 시뮬레이트한 기간의 수가 짧기 때문이다. 원래 몬테 칼로 방법은 확률적 랜덤 샘플링에 의존하는 방법이기 때문에 결과는 추출되는 표본크기(반복시행)에 달려있다. 즉 시뮬레이트하는 기간의 수가 길면 길수록(반복횟수가 클수록) 시뮬레이션 결과는 안정상태(steady state)하의 결과에 근접하게 된다. 한편 10일 동안의 순이익이 11,625천 원이므로 하루 평균 순이익은 1,162.5천 원이다.

다음에 제과점이 원하는 것은 25일 영업한 시뮬레이션 결과를 이용하여 200회의 반복실험 하여 평균이익을 구하고자 하는 것이다. 이를 위해서는 Excel의 내장함수인 Rand함수를 이용해서 난수를 생성시켜야 한다. 한편 200회의 반복실행을 위해서는 복사기능을 사용할 수 있지만 Excel의 Data Table 기능을 활용하면 훨씬 편리하여 이 기능을 사용하려 한다.

❶ 다음과 같이 데이터를 시트에 입력한다.

	A	B	C	D	E	F	G	H	I	J	K	L	M	N
1							적정 생산량 결정							
2														
3	배취당 생산비		50		생산량	30								
4	배취당 판매가		100											
5	잔량 판매가		25											
6														
7	수요량	도수	확률	난수구간 (하한)	난수구간 (상한)	난수	수요량	판매량	잔량	판매수입	잔량수입	총수입	생산비	순이익
8	15	8		0										
9	20	12												
10	25	25												
11	30	20												
12	35	20												
13	40	15												
14	합계	100												
15														
16	1 반복의 결과													
17	하루 평균이익													
18														

❷ 필요한 수식을 입력한다.

셀주소	수식	비고
B14	=SUM(B8:B13)	C14까지 복사
C8	=B8/$B$14	C13까지 복사
C17	=N33/25	
D9	=E8+1/1,000	D13까지 복사
E8	=C8−1/1,000+D8	E13까지 복사
F8	=RAND()	F32까지 복사

이 난수들을 동결하여 사용하기를 원한다면 다음과 같이 한다.
−F8:F32를 블록으로 지정한다.
−마우스의 오른쪽 버튼을 클릭한 후 [복사]를 클릭한다.
−마우스의 오른쪽 버튼을 클릭한 후 [선택하여 붙여넣기]−붙여넣기의 '값'을 선택한다.

셀주소	수식	비고
G8	=LOOKUP (F8, $D$8:$D$13, $A$8:$A$13)	G32까지 복사
G33	=SUM(G8:G32)	N33까지 복사
H8	=IF(G8<$F$3, G8, $F$3)	H32까지 복사
I8	=IF($F$3<=H8,0, $F$3−H8)	I32까지 복사
J8	=H8*$C$4	J32까지 복사
K8	=I8*$C$5	K32까지 복사
L8	=J8+K8	L32까지 복사
M8	=$F$3*$C$3	M32까지 복사
N8	=L8−M8	N32까지 복사

❸ 다음과 같은 결과를 얻는다.

	A	B	C	D	E	F	G	H	I	J	K	L	M	N
1	적정 생산량 결정													
2														
3	배취당 생산비		50		생산량	30								
4	배취당 판매가		100											
5	잔량 판매가		25											
6														
7	수요량	도수	확률	난수구간 (하한)	난수구간 (상한)	난수	수요량	판매량	잔량	판매수입	잔량수입	총수입	생산비	순이익
8	15	8	0.08	0	0.079	0.460	30	30	0	3000	0	3000	1500	1500
9	20	12	0.12	0.08	0.199	0.696	35	30	0	3000	0	3000	1500	1500
10	25	25	0.25	0.2	0.449	0.045	15	15	15	1500	375	1875	1500	375
11	30	20	0.2	0.45	0.649	0.772	35	30	0	3000	0	3000	1500	1500
12	35	20	0.2	0.65	0.849	0.015	15	15	15	1500	375	1875	1500	375
13	40	15	0.15	0.85	0.999	0.253	25	25	5	2500	125	2625	1500	1125
14	합계	100	1			0.008	15	15	15	1500	375	1875	1500	375
15						0.373	25	25	5	2500	125	2625	1500	1125
16	1 반복의 결과					0.438	25	25	5	2500	125	2625	1500	1125
17	하루 평균이익		1185			0.773	35	30	0	3000	0	3000	1500	1500
18						0.102	20	20	10	2000	250	2250	1500	750
19						0.944	40	30	0	3000	0	3000	1500	1500
20						0.747	35	30	0	3000	0	3000	1500	1500
32						0.590	30	30	0	3000	0	3000	1500	1500
33						합계	710	645	105	64500	2625	67125	37500	29625

25일 동안 시뮬레이트한 결과 하루 평균이익은 1,185천 원이고, 하루 평균 수요량은 710/25=28.4배취이다(위 표에서 행 22부터 행 31은 숨기기 하였음).

이 결과를 가지고 200개월(25×200=5,000일)의 시뮬레이션을 반복하기로 하자.

❶ 위의 표에서 셀 *P*8에 '1'을, 그리고 셀 *P*9에 '2'를 입력하고 셀 영역 *P*8 : *P*9를 블록으로 지정한다.

❷ 복사기능을 사용하여 셀 *P*207까지 이들을 끌기한다.

❸ 셀 *C*20에 =*S*208/200, 셀 *Q*8에 =*L*33, 셀 *R*8에 =*M*33, 셀 *S*8에 =*N*33, 셀 *S*208에 =SUM(S8:S207)을 각각 입력한다.

❹ 셀 영역 *P*8 : *S*207을 블록으로 지정한다.

❺ [데이터]–[가상분석(what–if analysis)]을 선택한 후 [Data Table(데이터 표)]을 선택한다.

❻ [Data Table]의 대화상자가 나타나면 '열 입력 셀'에 가상 셀인 '*AA*1'을 입력하고 [확인]을 클릭한다.

❼ 다음과 같은 결과를 얻는다.

	A	B	C	D	E	F	G	H	I	J	K	L	M	N	O	P	Q	R	S
1	적정 생산량 결정																		
2																			
3	배취당 생산비		50		생산량	30													
4	배취당 판매가		100																
5	잔량 판매가		25																
6																Data Table			
7	수요량	도수	확률	난수구간(하한)	난수구간(상한)	난수	수요량	판매량	잔량	판매수입	잔량수입	총수입	생산비	순이익		런	총수입	생산비	순이익
8	15	8	0.08	0	0.079	0.460	30	30	0	3000	0	3000	1500	1500		1	67125	37500	29625
9	20	12	0.12	0.08	0.199	0.696	35	30	0	3000	0	3000	1500	1500		2	67125	37500	29625
10	25	25	0.25	0.2	0.449	0.045	15	15	15	1500	375	1875	1500	375		3	67125	37500	29625
11	30	20	0.2	0.45	0.649	0.772	35	30	0	3000	0	3000	1500	1500		4	67125	37500	29625
12	35	20	0.2	0.65	0.849	0.015	15	15	15	1500	375	1875	1500	375		5	67125	37500	29625
13	40	15	0.15	0.85	0.999	0.253	25	25	5	2500	125	2625	1500	1125		6	67125	37500	29625
14	합계	100	1			0.008	15	15	15	1500	375	1875	1500	375		7	67125	37500	29625
15						0.373	25	25	5	2500	125	2625	1500	1125		8	67125	37500	29625
16	1 반복의 결과					0.438	25	25	5	2500	125	2625	1500	1125		9	67125	37500	29625
17	하루 평균이익		1185			0.773	35	30	0	3000	0	3000	1500	1500		10	67125	37500	29625
18						0.102	20	20	10	2000	250	2250	1500	750		11	67125	37500	29625
19	200 반복의 결과					0.944	40	30	0	3000	0	3000	1500	1500		12	67125	37500	29625
20	월 평균이익		29625			0.747	35	30	0	3000	0	3000	1500	1500		13	67125	37500	29625
32						0.590	30	30	0	3000	0	3000	1500	1500		25	67125	37500	29625
33						합계	710	645	105	64500	2625	67125	37500	29625		26	67125	37500	29625
207																200	67125	37500	29625
208																합계			5925000

생산량이 30배취일 때 200회 반복 시뮬레이션의 결과 월 평균이익은 29,625천 원이고 하루 평균이익은 1,185천 원이다.

이제 마지막으로 회사가 고려하는 30, 35 또는 40배취를 매일 생산하는 경우 매일의 적정 생산량을 결정하기 위해서는 이들 생산량 세 가지에 대해서 각각 200회의 시뮬레이션을 반복해서 평균이익들을 구해야 한다. 이를 위해서는 다음의 절차를 거친다.

❶ 셀 B207에 =C20을 입력한다.

❷ 셀 C33에 '30', 셀 D33에 '35', 셀 E33에 '40'을 입력한다.

❸ 셀 영역 B33 : E207을 블록으로 지정한다.

❹ 「데이터」-「가상분석」-「Data Table」을 선택한다.

❺ 「Data Table」의 대화상자에서 '행 입력 셀'에 셀 F3을 입력하고 「확인」을 클릭한다.

❻ 그러면 셀 영역 C33 : E33에 있는 각 생산량이 차례로 셀 F3에 입력되어 시뮬레이션이 실행된다. 즉 각 생산량에 대해 수식이 입력된 셀 B207의 평균이익을 계산하고 각 생산량 밑에 이들을 출력하게 된다.

❼ 다음과 같은 결과를 얻는다.

	A	B	C	D	E	F	G	H	I	J	K	L	M	N	O	P	Q	R	S
1										적정 생산량 결정									
2																			
3	배취당 생산비		50		생산량	30													
4	배취당 판매가		100																
5	잔량 판매가		25																
6																Data Table			
7	수요량	도수	확률	난수구간 (하한)	난수구간 (상한)	난수	수요량	판매량	잔량	판매수입	잔량수입	총수입	생산비	순이익		런	총수입	생산비	순이익
8	15	8	0.08	0	0.079	0.460	30	30	0	3000	0	3000	1500	1500		1	67125	37500	29625
9	20	12	0.12	0.08	0.199	0.696	35	30	0	3000	0	3000	1500	1500		2	67125	37500	29625
10	25	25	0.25	0.2	0.449	0.045	15	15	15	1500	375	1875	1500	375		3	67125	37500	29625
11	30	20	0.2	0.45	0.649	0.772	35	30	0	3000	0	3000	1500	1500		4	67125	37500	29625
12	35	20	0.2	0.65	0.849	0.015	15	15	15	1500	375	1875	1500	375		5	67125	37500	29625
13	40	15	0.15	0.85	0.999	0.253	25	25	5	2500	125	2625	1500	1125		6	67125	37500	29625
14	합계	100	1			0.008	15	15	15	1500	375	1875	1500	375		7	67125	37500	29625
15						0.373	25	25	5	2500	125	2625	1500	1125		8	67125	37500	29625
16	1 반복의 결과					0.438	25	25	5	2500	125	2625	1500	1125		9	67125	37500	29625
17	하루 평균이익		1185			0.773	35	30	0	3000	0	3000	1500	1500		10	67125	37500	29625
18						0.102	20	20	10	2000	250	2250	1500	750		11	67125	37500	29625
19	200 반복의 결과					0.944	40	30	0	3000	0	3000	1500	1500		12	67125	37500	29625
20	월 평균이익		29625			0.747	35	30	0	3000	0	3000	1500	1500		13	67125	37500	29625
32						0.590	30	30	0	3000	0	3000	1500	1500		25	67125	37500	29625
33			30	35	40	합계	710	645	105	64500	2625	67125	37500	29625		26	67125	37500	29625
207	평균이익	29625	29625	29630	29618											200	67125	37500	29625
208																합계			5925000

제과점에서 하루에 35배취씩 생산할 때 월 평균이익이 29,630천 원으로서 최대이기 때문에 이 문제에서는 35배취가 적정 생산량이라고 할 수 있다.

12.5 Crystal Ball[1]

우리는 앞절에서 스프레드시트 시뮬레이션을 실행할 때 Excel의 내장함수(built-in functions)와 절차를 이용하였다. 이러한 스프레드시트의 사용은 시뮬레이션 과정을 좀더 쉽게 하여준다. 사실 Excel을 사용한 시뮬레이션 모델의 실행에 어려움이 있는 것은 아니지만 상당히 복잡한 컴퓨터 시뮬레이션 과정을 더욱 단순화하도록 설계된 Excel의 추가기능이 Crystal Ball 소프트웨어 패키지다. Crystal Ball은 주어진 상황에서 많은 확률분포로부터 시뮬레이트하기 위하여 강력한 내장함수들을 이용함으로써 가능한 통계적 결과를 예측하기 위하여 몬테칼로 시뮬레이션 절차를 사용한다.

1 Crystal Ball을 사용하기 위해서는 www.oracle.com/middleware/technologies/crystalball/downloads.html 에 접속한 후 개인 계정을 만들고 15일간 무료 사용권을 획득해야 함.

외관상으로는 순수한 Excel만으로 구성한 시뮬레이션 모델과 Crystal Ball을 사용하여 만든 시뮬레이션 모델은 거의 동일하지만 Crystal Ball을 사용할 때 화면에는 몇 개의 메뉴가 추가된다. Crystal Ball을 Excel에 추가하여 시뮬레이션을 실행할 때 순수한 Excel의 내장함수와 절차에 비하여 갖는 특성은 다음과 같다.[2]

- 시뮬레이션에 필요한 난수를 생성시키는 여러 가지 내장함수를 제공한다. Crystal Ball에서는 난수생성 함수(random number generator function)들을 바로 사용함으로써 특정 확률분포를 따르는 난수들을 쉽게 생성시킬 수 있다.
- 시뮬레이션 모델을 수없이 반복 실행할 때 사용되는 내장 절차를 제공한다. 즉 Excel에서 사용한 Data Table을 사용할 필요가 없다.
- 예측 셀(forecast cell)에 대한 시뮬레이션 실행정보를 쉽게 수집하고 표현할 내장 절차를 제공한다. 다양한 결과 측정치(output measures)에 대한 통계량, 그래프, 예측차트, 누적차트, 백분율 등을 다양하게 정리해 준다.
- 결정변수의 여러 값들에 대해 시스템 성과 측정치인 기대이익이나 비용을 쉽게 최적화할 수 있다.
- Decision Table(의사결정 표)이라는 도구를 사용하여 한 개 또는 두 개의 결정변수들이 취할 수 있는 여러 값들의 조합(combination)에 대해 다중 시뮬레이션(multiple simulation)의 반복실행(replication)을 쉽게 할 수 있다. 이때 정확한 비교가 가능토록 난수를 동결시켜 동일한 난수를 사용토록 하는 옵션을 제공한다. 결정변수의 수가 세 개 이상인 경우에는 Crystal Ball에서 제공하는 OptQuest 기능을 사용하여 시뮬레이션 모델을 최적화할 수 있다.

Excel에 Crystal Ball이 실행되면 메뉴 바에 정의, 실행, 분석, 도구 부문으로 나뉘어 나타난다. 정의 부문에는 가정 정의(define), 결정 정의(decide), 예측 정의(forecast) 등이 나타나고 실행 부문에는 시작, 단계, 실행 환경설정 등이 나타난다.

Crystal Ball의 메뉴는 [그림 12-1]에서 보는 바와 같다.

---

2 N. Balakrishnan 등이 저술한 Managerial Decision Modeling with Spreadsheets, 3rd. ed.(Pearson, 2013)을 참조하였음.

그림 12-1 Crystal Ball의 메뉴

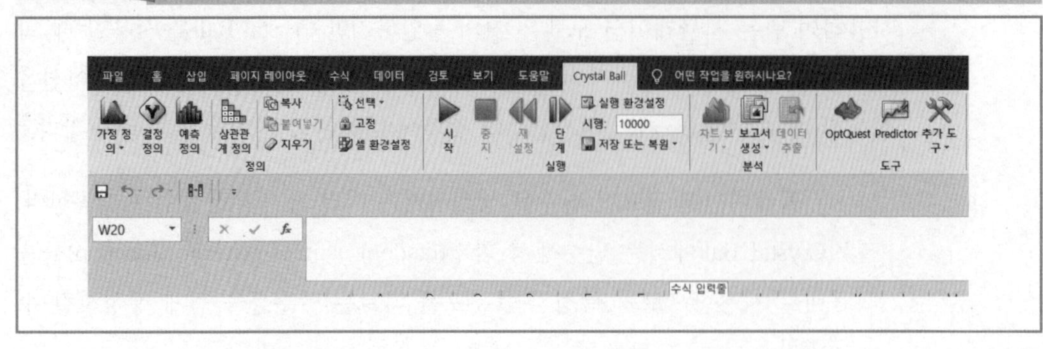

Crystal Ball을 사용해서 스프레드시트상에서 시뮬레이션을 실행하기 위해서는 다음 네 단계를 거친다.

- 가정 셀 정의
- 예측 셀 정의
- 실행 환경설정
- 시뮬레이션 실행

앞절에서 공부한 적정 생산량 결정문제에 Crystal Ball을 적용하기로 하자.

❶ [그림 12-2]와 같이 데이터를 시트에 입력한다.

❷ 필요한 수식을 입력한다.

셀 주소	수식	비고
B14	=SUM(B8 : B13)	C14까지 복사
C8	=B8/$B$14	C13까지 복사
F8	=IF(E8〈=F3, E8, F3)	
G8	=IF(F3〈=F8, 0, F3−F8)	
H8	=F8 * C4	
I8	=G8 * C5	
J8	=H8+I8	
K8	=F3 * C3	
L8	=J8−K8	

❸ 다음과 같은 결과를 얻는다.

그림 12-2 자료 입력 결과

	A	B	C	D	E	F	G	H	I	J	K	L
1	적정생산량 결정: Crystal Ball 사용											
2												
3	배취당 생산비		50		생산량	30						
4	배취당 판매가		100									
5	잔량 판매가		25									
6												
7	수요량	도수	확률		수요량	판매량	잔량	판매수입	잔량수입	총수입	생산비	순이익
8	15	8										
9	20	12										
10	25	25										
11	30	20										
12	35	20										
13	40	15										
14	합계											

가정 셀을 정의한다.

가정 셀(assumption cell)이란 난수를 갖는 수요량과 같은 투입 셀을 말한다. 따라서 이 셀에는 하나의 수치를 입력하는 것이 아니고 적절한 확률분포를 입력해야 한다.

가정 셀을 정의하는 절차는 다음과 같다.

❶ 가정 셀을 클릭한다. 이 스프레드시트 배열에서는 셀 E8이다.

❷ 메뉴 바에 있는「가정 정의」를 클릭한다. [그림 12-4]와 같은 분포 갤러리가 나타나면 그림의 서북쪽에 있는「모두」를 클릭한 후「사용자 정의 분포(custom distribution)」를 선택하고「확인」을 클릭한다.

❸ [그림 12-5]와 같이「가정 정의」 대화상자가 나타나면 이름에 '수요량'을 입력한 후 분포의 파라미터를 입력하기 위해 대화상자의 중간에 있는「데이터 로드(data load)」를 클릭한다.

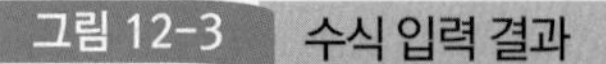

그림 12-3 수식 입력 결과

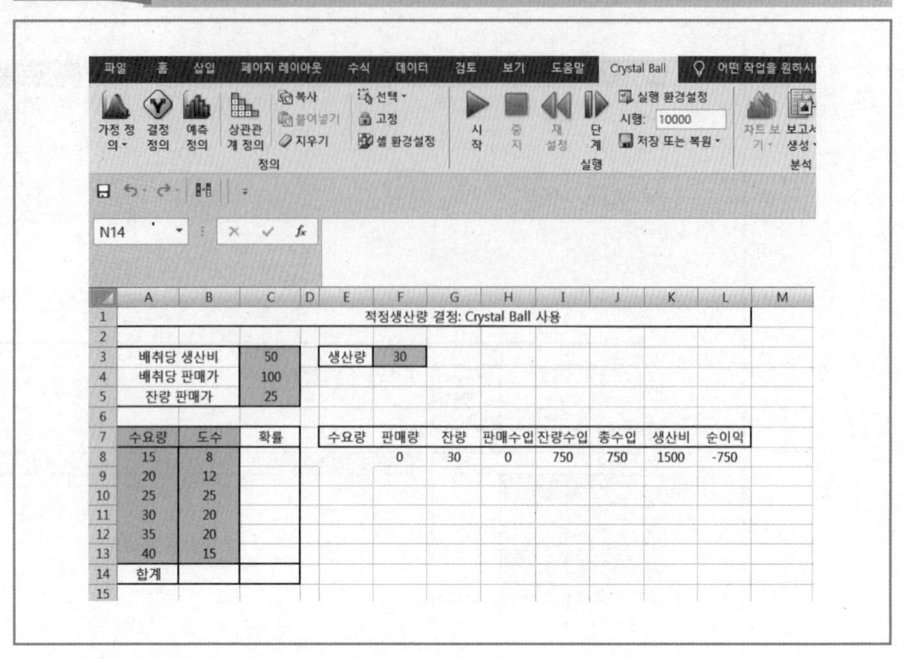

그림 12-4 분포 갤러리

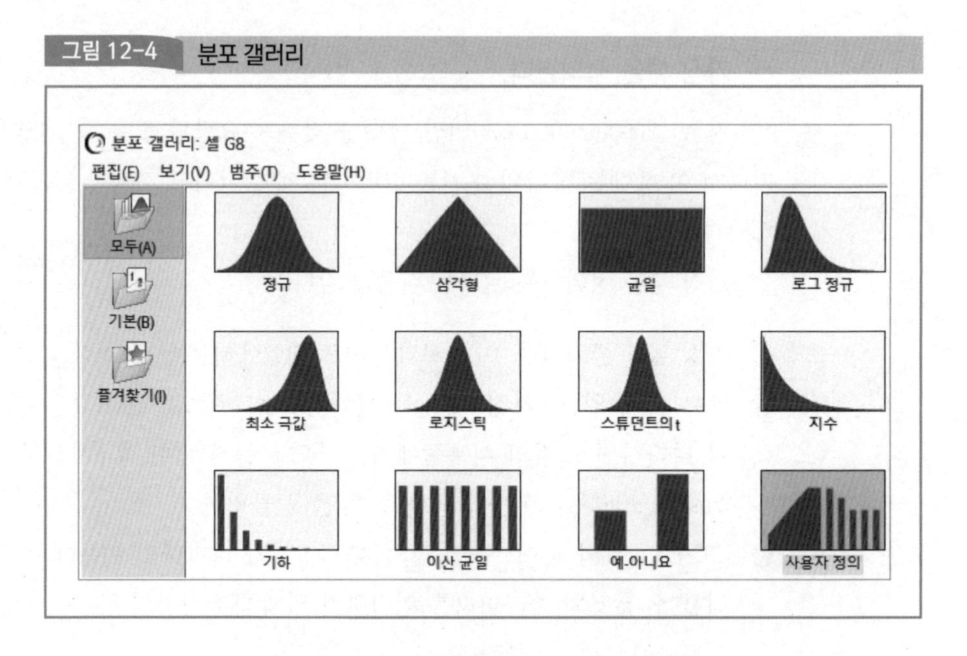

❹ [그림 12-6]과 같이 「데이터 로드」 대화상자가 나타나면 「데이터 위치」의 오른 편에 있는 화살표 ⤡를 클릭한다.

그림 12-5 가정정의 대화상자

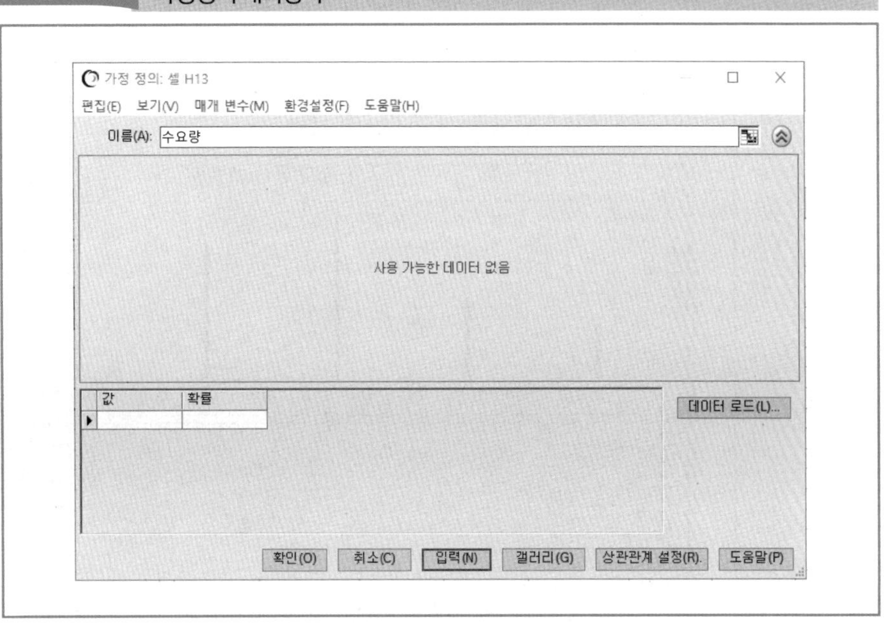

그림 12-6 데이터 로드

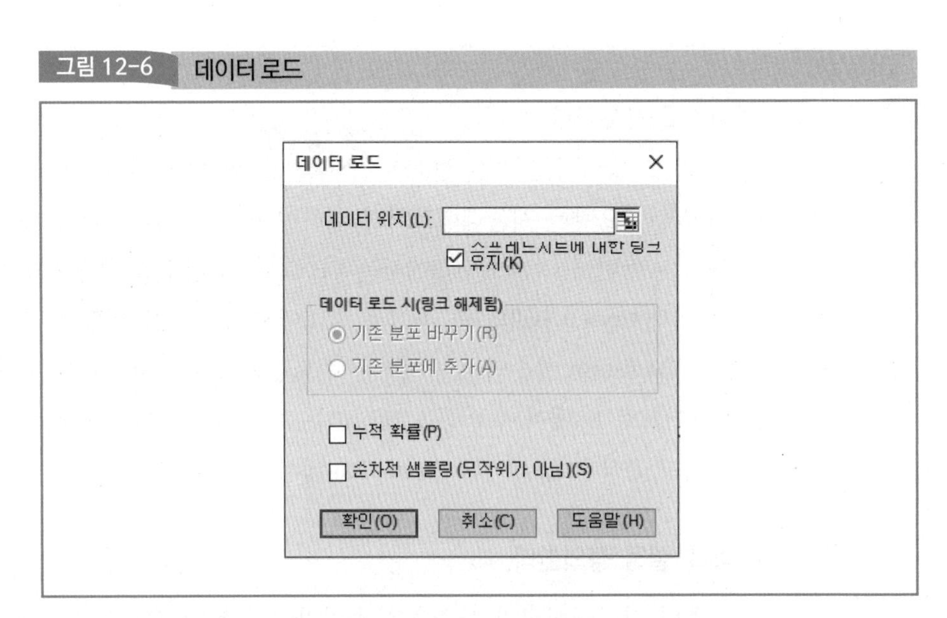

❺ 「셀 참조」 대화상자가 나타나면 「데이터 위치」를 입력한다. 여기서는 셀 영역 A8 : B13을 마우스로 입력한다.

❻ 「확인」을 차례로 두 번 클릭하면 [그림 12-7]과 같은 사용자 정의(C) 분포가 나타난다. Crystal Ball에서는 난수를 생성할 때 분포 갤러리를 사용하거나

그림 12-7 사용자 정의 분포

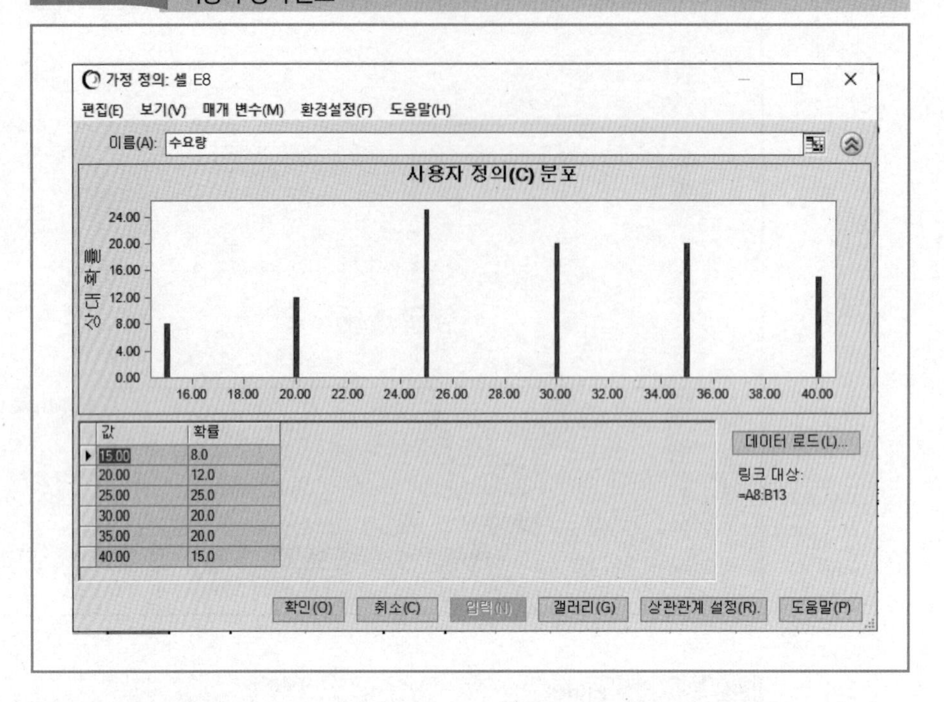

함수를 사용한다.

❼ 「확인」을 클릭하면 가정 셀(E8)은 녹색으로 바뀐다. 이산일반분포를 따르는 매일의 수요량을 시뮬레이트하기 위하여 Excel에서는 LOOKUP 함수를 사용하는 반면에 Crystal Ball에서는 CB.Custom 함수를 사용한다. 이와 같이 Excel과 Crystal Ball의 큰 차이는 열 E에서 수요량을 어떻게 생성하느냐이다. CB.Custom 함수의 파라미터는 수요량과 도수(확률분포)의 셀 영역 A8 : B13이므로 E8에서 수요량을 생성하는 수식은 =CB.Custom(A8 : B13)이다. 나머지 수식은 Excel이나 Crystal Ball에서 동일하다.

예측 셀을 정의한다.

컴퓨터 시뮬레이션의 산출을 예측이라고 하는데 시스템 성과의 측정치를 예측하기 위하여 컴퓨터 시뮬레이션이 사용하는 각 산출 셀을 예측 셀(forecast cell)이라고 한다. 이 스프레드시트 배열에서 예측 셀은 순이익을 나타내는 셀 L8이다.

예측 셀을 정의하는 절차는 다음과 같다.

❶ 예측 셀을 클릭한다. 여기서는 셀 L8을 클릭한다.

❷ 메뉴 바에 있는 「예측 정의」를 클릭한다.

❸ 「예측 정의」 대화상자가 나타나면 예측 이름에 '순이익'을 그리고 단위에 '원'을 입력하고 「확인」을 클릭한다. 예측 셀로 정의가 되면 셀 L8은 파란 색으로 바뀐다.

실행 환경설정을 선택한다.

실행 환경설정(run preferences)이란 실행할 시행 수와 컴퓨터 시뮬레이션 실행에 관한 다른 옵션들을 결정함을 말한다. [그림 12-8]과 같은 「실행 환경설정」 대화상자가 나타나면 시행 수를 큰 수치, 예컨대 '10,000'으로 고친다.

실행을 시작한다.

Crystal Ball의 실행을 위해 메뉴 바에 있는 「시작」을 클릭한다. 10,000회의 시뮬레이션이 완료되면서 [그림 12-9]와 같은 예측 순이익이 나타난다. 이 제어판은 시뮬레이션을 관리하고 결과를 분석하는 데 유용하다.

그림 12-8 실행 환경설정

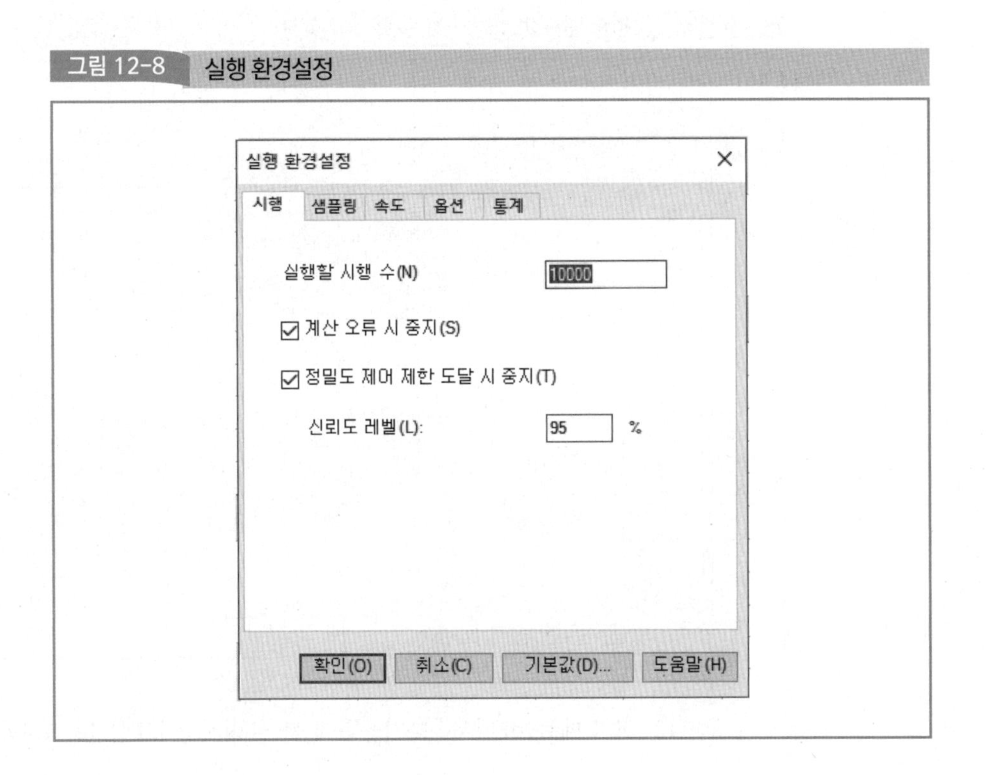

그림 12-9 제어판

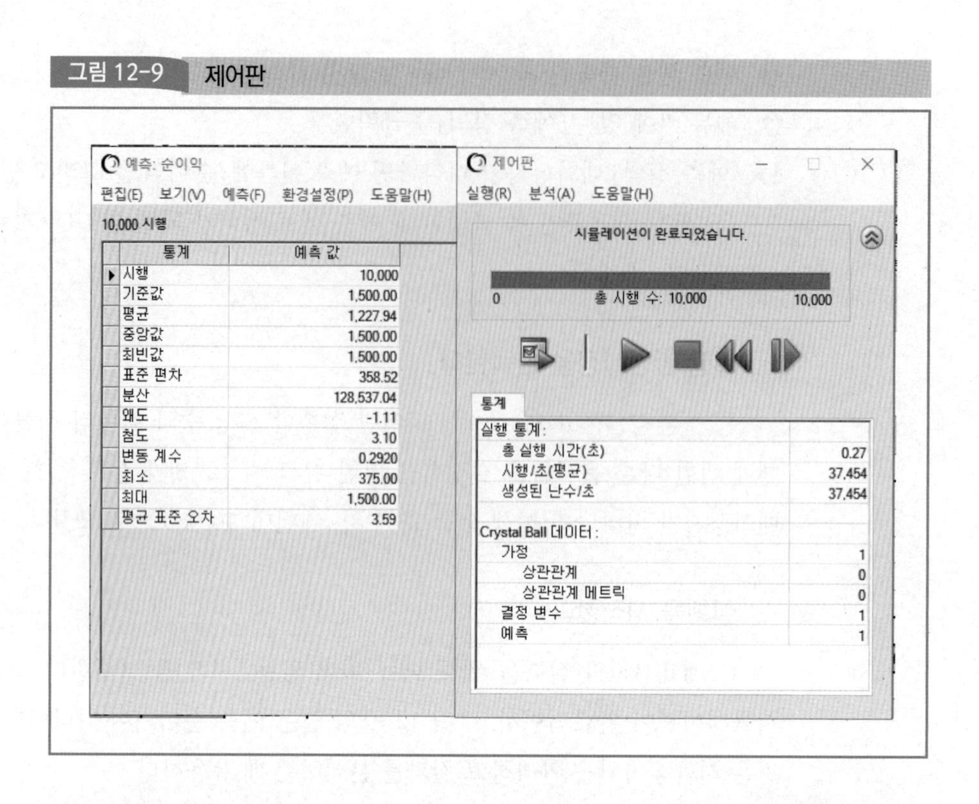

그림 12-10 각종 예측값

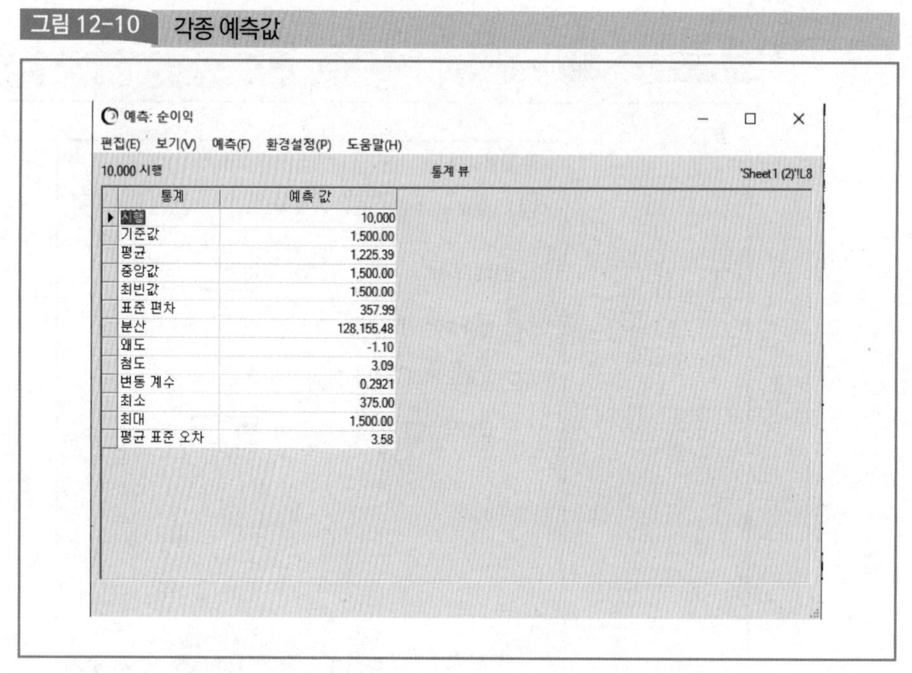

[그림 12-9]의 메뉴 바에서 「보기-통계」를 클릭하면 [그림 12-10]과 같은 각

종 통계에 관한 예측 값이 나열된다. 하루 평균 순이익은 1,225.39천 원으로서 12.5절에서 구한 1,185천 원과 큰 차이를 보여주고 있다.

우리는 지금까지 파리 제과점에서 하루에 빵 30배취를 생산할 때 기대되는 하루의 평균이익을 구하기 위하여 Crystal Ball을 사용하여 10,000회의 시행을 반복하였다.

이제 Crystal Ball을 적용하여 순이익이 최대가 되는 적정 생산량을 구하도록 하자. 앞에서 작성했던 시뮬레이션 모델에 Decision Table(의사결정 표)을 적용하여 여러 생산가능 양에 대해 평균이익을 구하는 다중 시뮬레이션을 시행하도록 하자. 파리 제과점에서 고려하고 있는 생산가능한 양은 30배취, 35배취, 40배취이다. 이들이 결정변수의 값들이다. 이들 각각에 대해 다중 시뮬레이션을 10,000회씩 반복하여 실행한 결과 얻어지는 셋 이익 중에서 최대의 이익을 초래하는 적정 생산량을 결정하도록 한다. 12.5절에서는 Excel의 Data Table 기능을 사용하여 최대 이익의 생산량을 구했지만 Crystal Ball에서는 대신 Decision Table 기능을 사용한다. 이를 위해서는

- 가정 셀 정의
- 예측 셀 정의
- 결정변수 셀 정의
- 실행 환경설정
- Decision Table 기능 사용

의 순서를 거쳐야 한다.

가정 셀과 예측 셀을 정의하고 결정변수 셀(decision cell)을 정의해야 한다.

[그림 12-3]에서 가정 셀(E8)과 예측 셀(L8)을 정의한다. 우리는 앞에서 가정 셀과 예측 셀을 정의하는 방법을 공부하였다. 다음에는 결정변수 셀(F3)을 아래와 같이 정의한다.

❶ 결정변수인 생산량에 해당하는 셀 F3을 클릭한다.

❷ 메뉴 바에서 「결정 정의」를 클릭하여 [그림 12-11]을 얻는다.

❸ 「결정변수 정의」 대화상자에서 하한은 '30', 상한은 '40', 유형은 「이산」, 단계는 '5'로 입력한다.

그림 12-11 결정변수 정의 대화상자

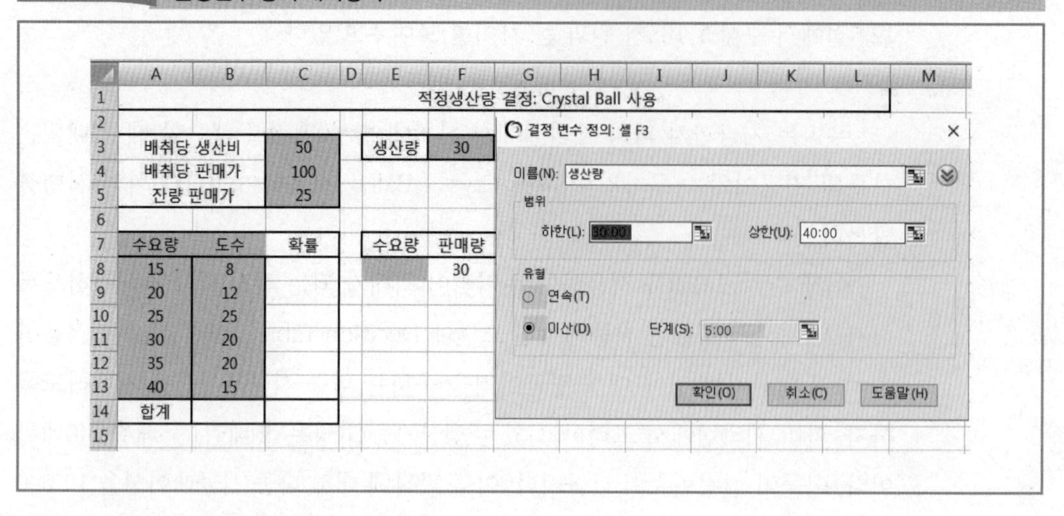

그림 12-12 실행 환경설정

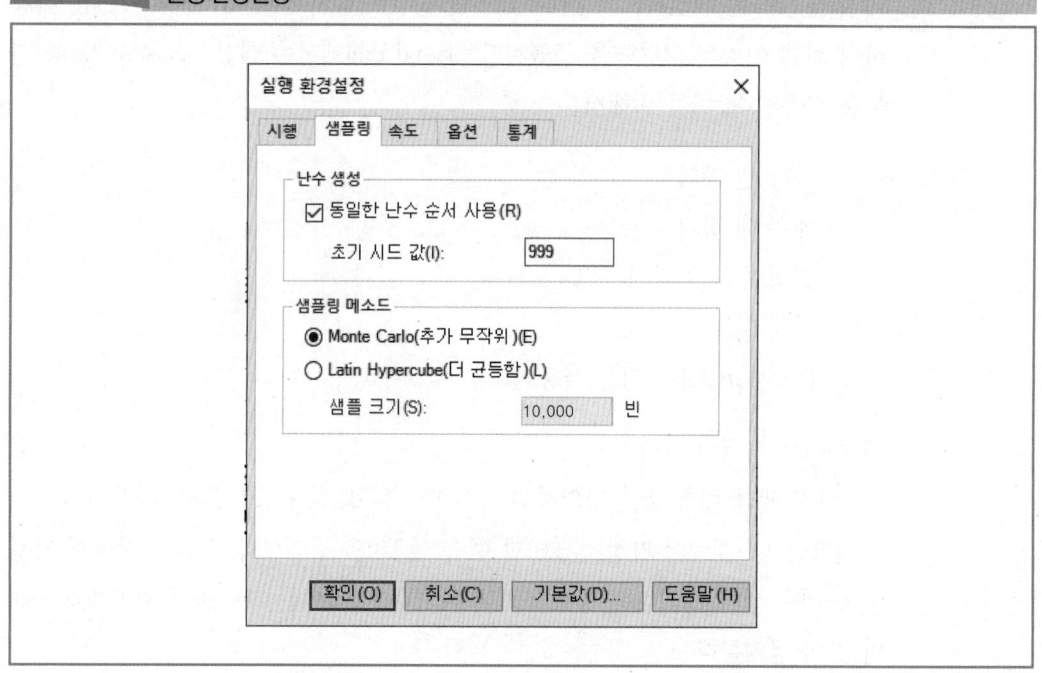

❹ 「확인」을 클릭한다.

다중 시뮬레이션을 실행할 때는 결정변수의 여러 조합에 대한 이익의 크기를 비교하기 위하여 동일한 난수를 사용하여야 한다. 이를 위해서는 「실행 환경

그림 12-13 Decision Table 대화상자

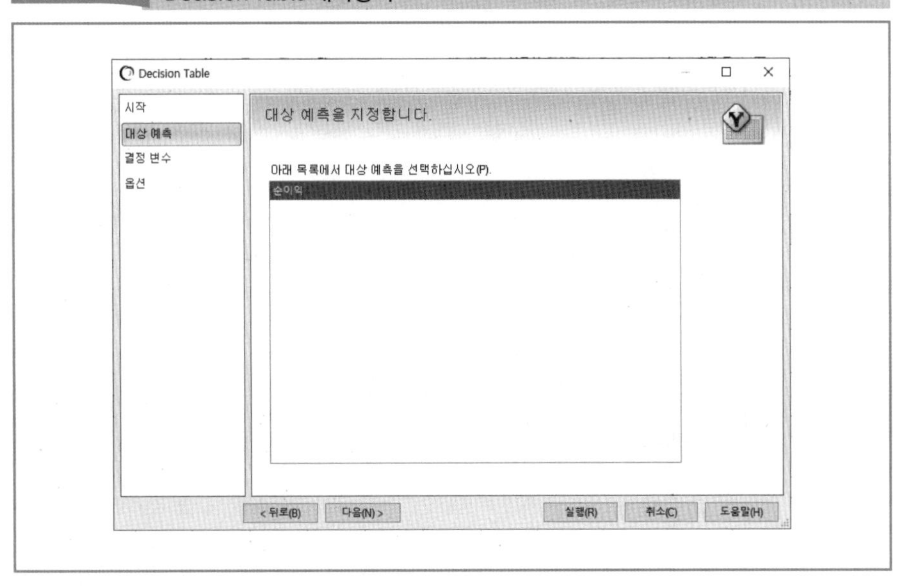

설정」을 클릭한 후 「시행」을 선택하여 시행 수를 '10,000'으로 고치고 [그림 12-12]와 같이 「샘플링」을 선택하여 「동일한 난수 순서 사용」에 체크를 하고 「확인」을 클릭한다.

다음에는 Decision Table 기능을 사용하여 결정변수의 여러 조합들에 대한 예측 셀 값을 비교하는 다중 시뮬레이션을 실행한다. 이를 위해서는

❶ 메뉴 바에서 「추가도구」-「Decision Table」을 선택한다.
❷ [그림 12-13]과 같은 「Decision Table」 대화상자에서 「대상 예측」으로 「순이익」을 선택한다.
❸ 「다음」을 클릭하면 결정변수 선택을 위한 대화상자가 나타나는데 사용가능한 결정변수인 「생산량」을 우측으로의 이동 버튼인 ≫를 클릭하여 이동시키면 [그림 12-14]와 같은 결과를 얻는다.
❹ 「다음」을 클릭하면 「옵션」 대화상자가 나타나는데 [그림 12-15]와 같이 입력한다.
❺ 「실행」을 클릭하면 [그림 12-16]과 같은 결과를 얻는다.

Decision Table은 30배취, 35배취, 40배취의 생산량에 대해 각각 10,000회

그림 12-14 선택한 결정변수

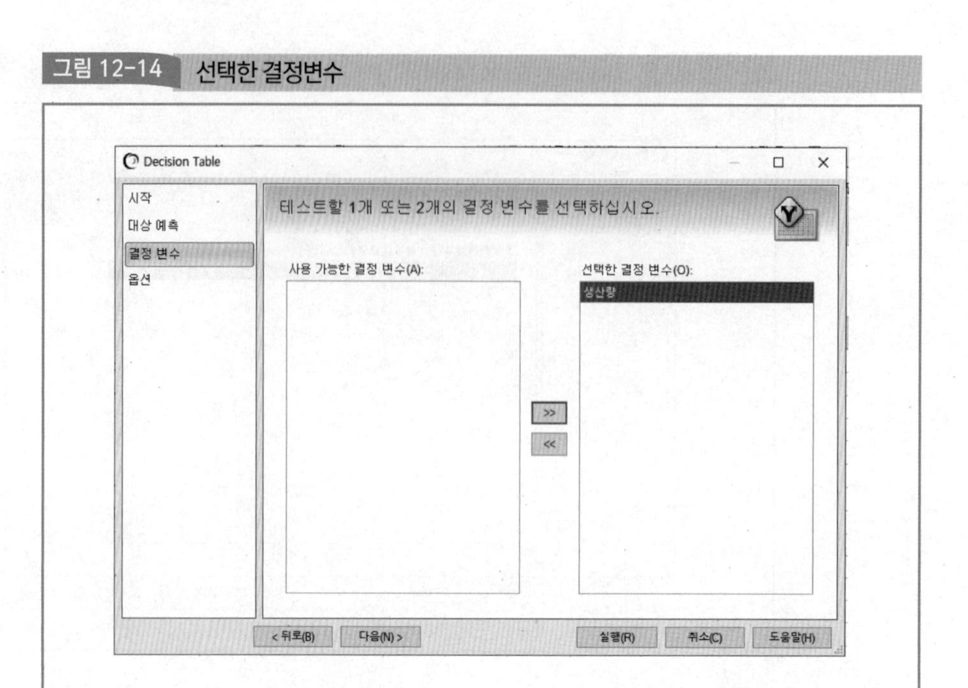

그림 12-15 옵션의 대화상자

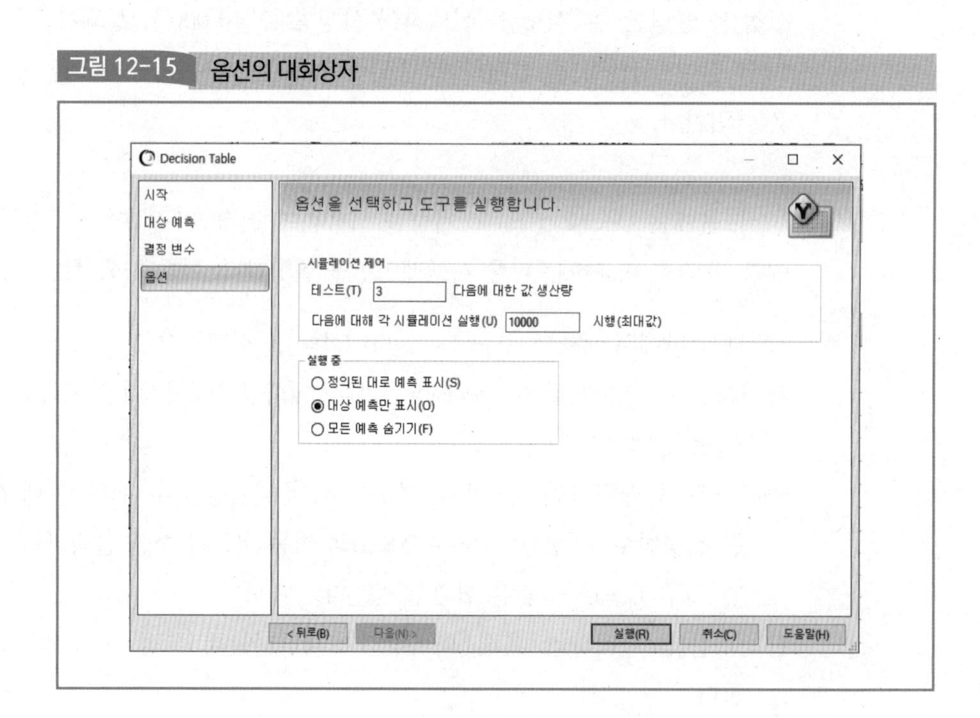

의 시뮬레이션 실행 결과 생산량이 35배취일 때 하루 평균이익이 1,235.58천 원으로서 최고임을 보여주고 있다. 이는 Excel을 사용하여 구한 결과와 동일하다.

그림 12-16 적정 생산량 결정

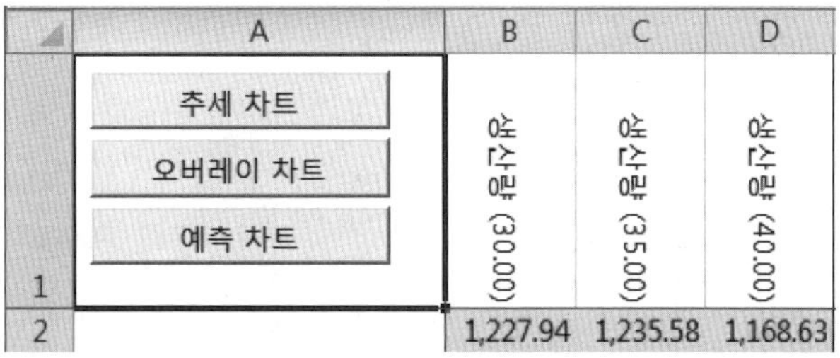

	A	B	C	D
1	추세 차트 오버레이 차트 예측 차트	생산량 (30.00)	생산량 (35.00)	생산량 (40.00)
2		1,227.94	1,235.58	1,168.63

12.6 시뮬레이션 모델: 재고관리

재고관리 문제에서 풀어야 할 결정변수는

- 주문량
- 재주문점(주문시기)

이다.

재고품목에 대한 수요량과 그 품목의 조달기간(lead time: LT)이 확률변수이기 때문에 고객이 그 품목을 주문할 때 바로 만족시키지 못하는 재고부족(stockout)현상이 발생할 수 있다.

용산 전자상가에서 희망전자(주)에서 생산하는 냉장고를 전문적으로 판매하는 희망점의 경우 매일의 수요량과 조달기간은 일정하지 않다고 한다.

표 12-5 수요량의 도수분포 및 난수구간

수요량	도 수	상대도수	난수구간
0	150	0.50	0–0.49
1	75	0.25	0.50–0.74
2	45	0.15	0.75–0.89
3	15	0.05	0.90–0.94
4	15	0.05	0.95–0.99
합계	300	1.00	

표 12-6 조달기간의 도수분포 및 난수구간

조달기간	도 수	상대도수	난수구간
1	6	0.10	0-0.09
2	3	0.20	0.10-0.29
3	12	0.40	0.30-0.69
4	6	0.20	0.70-0.89
5	3	0.10	0.90-0.99
합계	30	1.00	

지난 300일 동안 냉장고에 대한 수요를 조사한 결과 [표 12-5]와 같으며 조달기간은 [표 12-6]과 같다고 한다.

희망점에서 구하려고 하는 것은 총비용(주문비, 재고유지비, 재고부족비)을 최소로 하는 주문량(Q)과 재주문점(R)의 결정이다.

희망점은 고정된 주문비용이 2,000원, 개당 하루의 재고유지비용이 100원, 개당 재고부족비용이 1,000원이라고 추산하였다.

희망점이 총비용을 최소로 하는 주문량과 재주문점을 결정하기 위해서는 장기간 주문량과 재주문점의 여러 가지 조합에 대해서도 실험을 실시해야 한다. 이를 위해서는 Excel의 시나리오 관리자(scenario manager) 기능을 사용할 수도 있고 Crystal Ball의 Decision Table 기능을 사용할 수도 있다.

Data Table의 활용

희망점의 25일(1개월)의 영업을 시뮬레이션하고 이를 이용하여 200개월(25×200=5,000일)의 시뮬레이션을 반복하기 위하여 Data Table 기능을 이용하자. 다음에는 이 데이터를 이용하여 희망점의 총비용을 최소로 하는 (주문량, 재주문점)=(Q, R)의 조합을 구하기 위하여 scenario manager 기능을 이용하도록 하자.

❶ 다음과 같이 데이터를 시트에 입력한다.

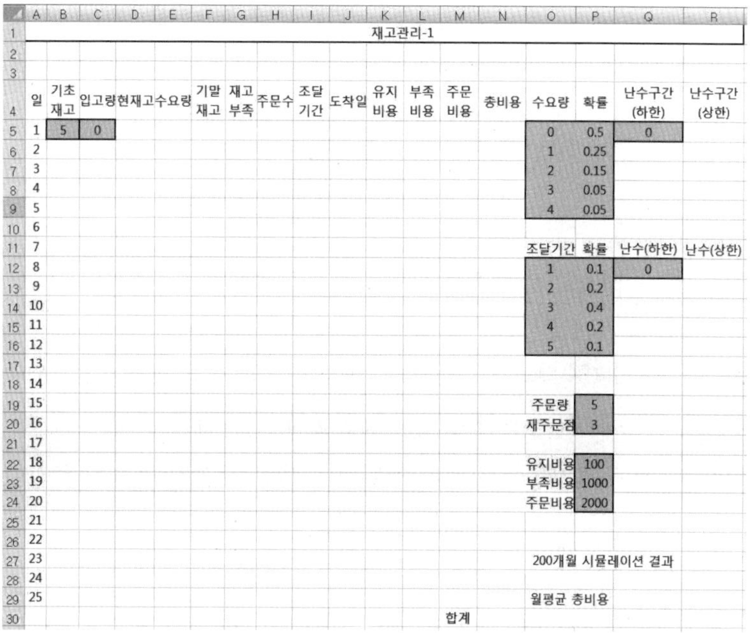

	A	B	C	D	E	F	G	H	I	J	K	L	M	N	O	P	Q	R
1	재고관리-1																	
2																		
3																		
4	일	기초재고	입고량	현재고	수요량	기말재고	재고부족	주문수	조달기간	도착일	유지비용	부족비용	주문비용	총비용	수요량	확률	난수구간(하한)	난수구간(상한)
5	1	5	0												0	0.5	0	
6	2														1	0.25		
7	3														2	0.15		
8	4														3	0.05		
9	5														4	0.05		
10	6																	
11	7														조달기간	확률	난수(하한)	난수(상한)
12	8														1	0.1	0	
13	9														2	0.2		
14	10														3	0.4		
15	11														4	0.2		
16	12														5	0.1		
17	13																	
18	14																	
19	15														주문량	5		
20	16														재주문점	3		
21	17																	
22	18														유지비용	100		
23	19														부족비용	1000		
24	20														주문비용	2000		
25	21																	
26	22																	
27	23														200개월 시뮬레이션 결과			
28	24																	
29	25														월평균 총비용			
30													합계					

❷ 필요한 수식을 입력한다.

셀 주소	수식	비고
A5	1	
A6	2를 입력한 후	A5:A6를 A29까지 복사
B6	=F5	B29까지 복사
C6	=COUNTIF($J$5 * J5, A6) * $Q$19	C29까지 복사
D5	=B5+C5	D29까지 복사
E5	= LOOKUP(RAND( ), $S$5 : $S$9, $Q$5 : $Q$9)	E29까지 복사
F5	=MAX(D5−E5, 0)	F29까지 복사
G5	=MAX(E5−D5, 0)	G29까지 복사
H5	=IF(F5<=$Q$20, 1, 0)	H29까지 복사
I5	=IF(H5=1, LOOKUP(RAND( ), $R$12 : $R$16, $P$12 : $P$16), 0)	I29까지 복사
J5	=IF(H5=1, A5+I5, 0)	J29까지 복사
K5	=F5 * $Q$22	K29까지 복사
L5	=G5 * $Q$23	L29까지 복사
M5	=IF(H5=1, $Q$24, 0) * H5	M29까지 복사

N5	=SUM(K5 : M5)	N29까지 복사
N30	=SUM(N5 : N29)	
Q6	=R5+0.01	Q9까지 복사
Q13	=R12+0.01	Q16까지 복사
Q29	=AVERAGE(T5 : T204)	Q9까지 복사
R5	=P5−0.01+Q5	Q16까지 복사
R12	=P12−0.01+Q12	

❸ 200개월의 시뮬레이션 런을 실시하기 위해서는 셀 S5에 '1'을, 그리고 셀 S6에 '2'를 입력하고 셀 S5와 셀 S6을 클릭한다.

❹ 복사기능을 사용하기 위하여 셀 S204까지 이들을 끌기한다.

❺ 셀 T5에 =N30을 입력한다.

❻ 셀 영역 S5 : T204를 블록으로 지정한다.

❼ 「데이터」–「가상분석」을 선택한 후 「Data Table」을 선택한다.

❽ 「Data Table」 대화상자가 나타나면 '열 입력 셀'에 가상 셀인 'AC1'을 입력하고 「확인」을 클릭한다.

❾ 다음과 같은 결과를 얻는다. [표 A라고 함]

	A	B	C	D	E	F	G	H	I	J	K	L	M	N	O	P	Q	R	S	T
1	재고관리-2																			
2																				
3																				
4	일	기초 재고	입고량	현재고	수요량	기말 재고	재고 부족	주문수	조달 기간	도착일	유지 비용	부족 비용	주문 비용	총비용	수요량	확률	난수구간 (하한)	난수구간 (상한)	런	총비용
5	1	5	0	5	0	5	0	0	0	0	500	0	0	500	0	0.5	0	0.49	1	24400
6	2	5	0	5	3	2	0	1	1	3	200	0	2000	2200	1	0.25	0.5	0.74	2	32100
7	3	2	5	7	1	6	0	0	0	0	600	0	0	600	2	0.15	0.75	0.89	3	23600
8	4	6	0	6	0	6	0	0	0	0	600	0	0	600	3	0.05	0.9	0.94	4	36600
9	5	6	0	6	4	2	0	1	4	9	200	0	2000	2200	4	0.05	0.95	0.99	5	28500
10	6	2	0	2	0	2	0	1	2	8	200	0	2000	2200					6	40500
11	7	2	0	2	1	1	0	1	3	10	100	0	2000	2100	조달기간	확률	난수(하한)	난수(상한)	7	34000
12	8	1	5	6	0	6	0	0	0	0	600	0	0	600	1	0.1	0	0.09	8	39200
13	9	6	5	11	2	9	0	0	0	0	900	0	0	900	2	0.2	0.1	0.29	9	31800
14	10	9	5	14	3	11	0	0	0	0	1100	0	0	1100	3	0.4	0.3	0.69	10	27100
15	11	11	0	11	1	10	0	0	0	0	1000	0	0	1000	4	0.2	0.7	0.89	11	25000
16	12	10	0	10	0	10	0	0	0	0	1000	0	0	1000	5	0.1	0.9	0.99	12	24200
17	13	10	0	10	1	9	0	0	0	0	900	0	0	900					13	31800
18	14	9	0	9	0	9	0	0	0	0	900	0	0	900					14	27500
19	15	9	0	9	0	9	0	0	0	0	900	0	0	900	주문량	5			15	38400
20	16	9	0	9	1	8	0	0	0	0	800	0	0	800	재주문점	3			16	29500
21	17	8	0	8	0	8	0	0	0	0	800	0	0	800					17	29700
22	18	8	0	8	1	7	0	0	0	0	700	0	0	700	유지비용	100			18	32300
23	19	7	0	7	0	7	0	0	0	0	700	0	0	700	부족비용	1000			19	35700
24	20	7	0	7	0	7	0	0	0	0	700	0	0	700	주문비용	2000			20	31500
25	21	7	0	7	0	7	0	0	0	0	700	0	0	700					21	32700
26	22	7	0	7	1	6	0	0	0	0	600	0	0	600					22	23900
27	23	6	0	6	0	6	0	0	0	0	600	0	0	600	200개월 시뮬레이션 결과				23	36500
28	24	6	0	6	0	6	0	0	0	0	600	0	0	600					24	28400
29	25	6	0	6	1	5	0	0	0	0	500	0	0	500	월평균 총비용		31020		25	28600
30													합계	24400					26	54500
31																			27	33100
203																			199	26900
204																			200	27200

$Q=5$, $R=3$일 때 Data Table 기능을 이용하여 200개월의 시뮬레이션 결과 월평균 총비용은 31,020원이다.

scenario manager 활용

⑩ 다음에는 총비용을 최소로 하는 (Q, R)의 조합을 구하도록 한다. $Q=(3, 4)$, $R=(1, 2)$의 네 가지 각 조합에 대한 총비용을 구하기 위해서 scenario manager를 이용하도록 하자.

「데이터」–「가상분석」–「시나리오 관리자」–「추가」를 선택한다.

⑪ 「시나리오 추가」 대화상자가 나타나면 「추가」를 클릭한 후 「시나리오 이름」과 「변경 셀」을 다음과 같이 입력한다.

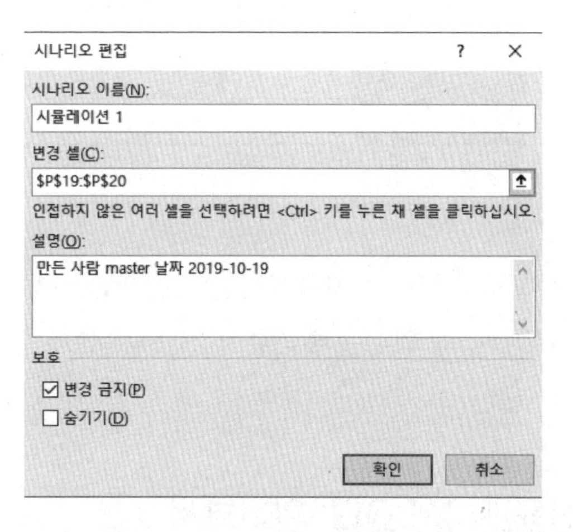

⑫ 「확인」을 클릭하면 「시나리오 값」 대화상자가 나타나는데 다음과 같이 입력한다. 이는 $(Q, R)=(3, 1)$이다.

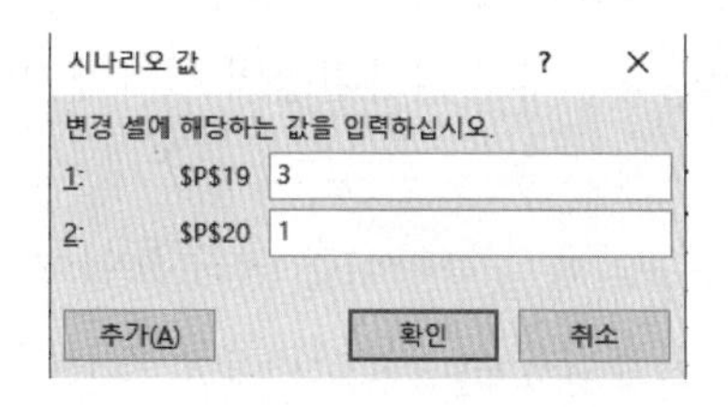

⑬ 「추가」를 클릭하고 나머지 세 개의 조합 (3, 2), (4, 1), (4, 2)를 차례로 반복하여 입력한 후 「확인」을 클릭한다.

⑭ 「요약」을 클릭한다.

⑮ 「시나리오 요약」 대화상자가 나타나면 다음과 같이 입력하고 「확인」을 클릭한다.

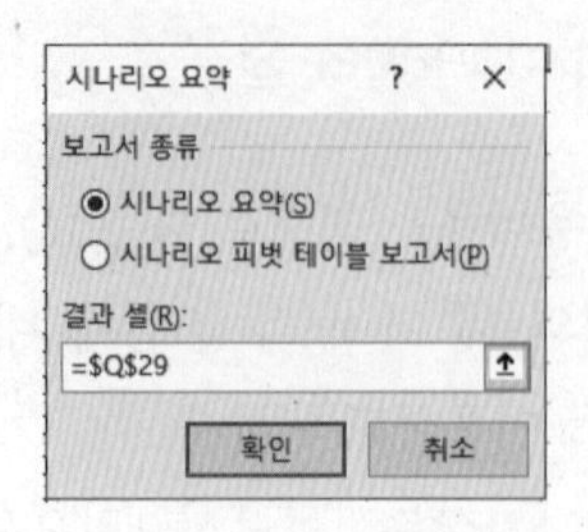

⑯ 다음과 같이 (Q, R)의 네 개의 조합에 대한 비용계산의 결과가 나타난다.

시나리오 요약	현재 값:	시뮬레이션 1	시뮬레이션 2	시뮬레이션 3	시뮬레이션 4
변경 셀:					
$P$19	5	3	3	4	4
$P$20	3	1	2	1	2
결과 셀:					
$Q$29	30959.5	25393.5	27216.5	25192	27174.5

참고: 현재 값 열은 시나리오 요약 보고서가 작성될 때의
변경 셀 값을 나타냅니다. 각 시나리오의 변경 셀들은
회색으로 표시됩니다.

희망점의 영업을 시뮬레이션한 결과 $Q=(3, 4)$, $R=(1, 2)$의 각 조합 중 $(Q, R)=(4, 1)$일 때 월평균 총비용이 25,192원으로서 최소이다.

12.7 시뮬레이션 모델: 위험분석

위험분석(risk analysis)은 새로운 제품을 도입하는 것과 같은 중요한 자본투자의 불확실한 상황에서 의사결정의 결과에 미치는 위험의 영향을 평가하는 데 사용된다.

투자의 수익성은 불확실한 여러 요인에 의존한다. 예를 들면 그 제품에 대한 수요예측, 시장점유율, 시장의 성장 가능성, 제품의 생산비용, 판매가격, 제품의 수명 등이다.

시뮬레이션은 가능한 결과의 범위뿐만 아니라 여러 가지 결과에 관한 확률

그림 12-17 위험분석 과정

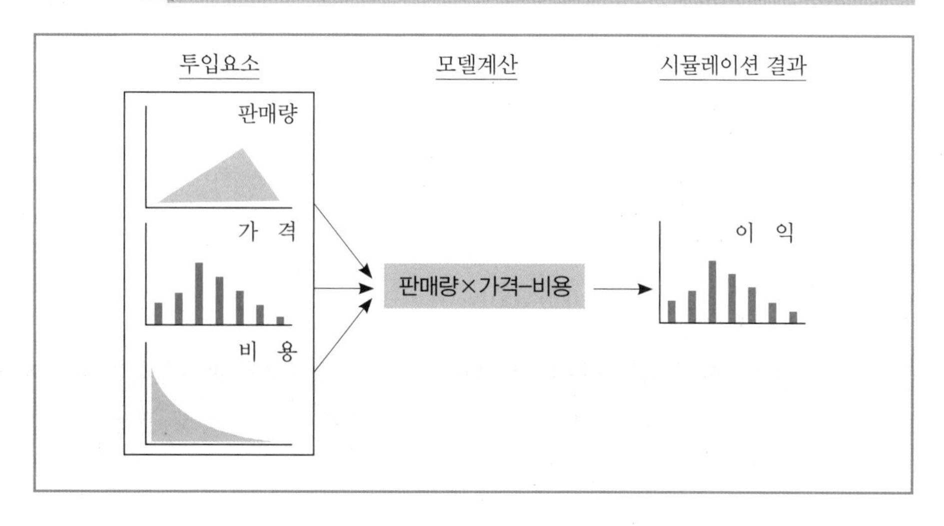

을 측정할 수 있기 때문에 위험이 따르는 의사결정 문제에 이용된다. 새로운 제품을 개발하려는 문제에 대한 시뮬레이션 모델은 이익과 여러 확률변수(예컨대 수요량, 부품비, 노무비)들을 연관시킨 후 확률변수들에 다양한 값들을 생성하여 결과하는 이익들을 계산함으로써 신제품 개발의 여부를 결정하게 된다(이때 통제가능변수는 개발의 여부이다).

위험분석을 위해 시뮬레이션을 사용할 때는 다음의 절차를 거친다.

❶ 시뮬레이션 언어로 문제를 정의하는 모델을 설정한다.
❷ 모델에 포함한 불확실한 변수들을 명시하고 가능한 값에 대한 확률분포를 작성한다.
❸ 이익과 같은 중요 변수의 가능한 값에 대한 확률분포를 발생시키기 위하여 몬테 칼로 시뮬레이션 모델을 시행한다.

[그림 12-17]은 위험분석의 과정을 나타낸다.
위험분석에서 이익은 일반적으로 다음과 같은 공식을 이용하여 구한다.

이익=[(판매가격-단위당 비용)×수요량]-(광고비+관리비)

여기서 단위당 비용에는 단위당 노무비와 단위당 부품비 등이 포함될 수 있다. 위험분석의 예를 들어 이익을 예측하는 문제를 공부하자.

강남제조(주)는 최근에 개발된 첨단재료를 사용하여 테니스 라켓을 생산하려고 한다. 회사에서 조사한 바에 의하면 판매가격, 첫 해의 관리비 및 광고비는 다음과 같다.

판매가격 = 300,000원/단위
관리비 = 400,000,000원
광고비 = 800,000,000원

한편 직접노무비, 부품비, 첫 해의 수요량은 불확실하기 때문에 확률변수로 취급해야 한다. 그러나 회사는 이들 변수에 대해 가장 근접한 추정치를 얻는 노력을 한 결과 다음과 같은 데이터를 얻었다.

노무비 = 43,000∼47,000 (평균 = 45,000/개)
부품비 = 60,000∼120,000 (평균 = 90,000/개)
첫 해 수요량 = 7,000∼13,000 (평균 = 10,000/개)

가정-결과 분석

가정-결과 분석(what-if analysis)에 있어서는 확률변수에 대해 추정치를 구함으로써 이익을 계산하게 된다. 강남제조(주)의 이익 모델은 다음과 같다.

이익 = $(300,000 - c_1 - c_2)x - 1,200,000,000$

여기서, c_1 = 노무비/단위
c_2 = 부품비/단위
x = 첫 해 수요량

강남제조(주)의 이익은 기초 시나리오(base-case scenario), 최악(worst-case) 시나리오, 최선(best-case) 시나리오에 따라 다음과 같이 계산할 수 있다.

기초:

이익 = (300,000−45,000−90,000)(10,000)−1,200,000,000
= 450,000,000원

최악:

이익 = (300,000−47,000−120,000)(7,000)−1,200,000,000
= −269,000,000원

최선:

이익 = (300,000−43,000−60,000)(13,000)−1,200,000,000
= 1,361,000,000원

이와 같은 가정−결과 분석에 의하면 상당한 이익을 초래함과 동시에 상당한 손실을 초래할 수도 있음을 알 수 있다. 그런데 이러한 분석법의 결점은 손실의 확률을 계산할 수 없다는 점이다.

시뮬레이션

위험분석을 위해 가정−결과 분석법을 사용하기 위해서는 확률변수에 대해 추정치를 부여하고 이익을 계산하지만 시뮬레이션 방법은 확률변수의 값을 실제 상황에 맞게 생성시켜 이익을 계산하게 된다. 이러한 값을 생성하기 위하여 각 확률변수에 대한 확률분포를 알아야 한다.

강남제조(주)는 이들 확률변수들에 대해 다음과 같이 추산하였다.

- 직접노무비는 개당 43,000원에서 47,000원 사이에서 [표 12−7]과 같은 이산확률분포를 따른다.
- 부품비는 경제상황, 부품의 수요량, 부품 공급자의 가격정책에 따라 다른데 개당 60,000원에서 120,000원 사이에서 [그림 12−18]과 같은 균등분포를 따른다.
- 첫 해의 수요량은 [그림 12−17]과 같이 평균 10,000개, 표준편차 1,000개인 정규분포를 따른다.

강남제조(주) 문제를 시뮬레이트하기 위해서는 위의 세 개의 확률변수에 대

표 12-7 노무비의 확률분포

노무비/개	확률	난수구간
43,000	0.05	0.00~0.04
44,000	0.25	0.05~0.29
45,000	0.40	0.30~0.69
46,000	0.20	0.70~0.89
47,000	0.10	0.90~0.99

그림 12-18 부품비의 균등분포

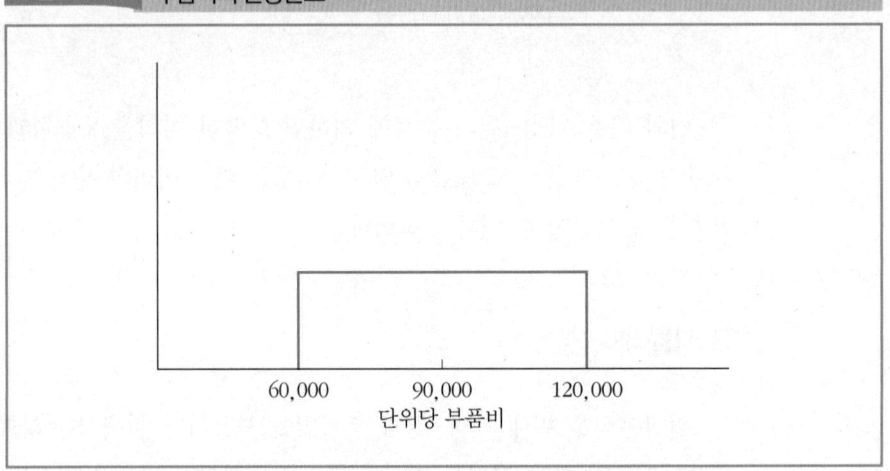

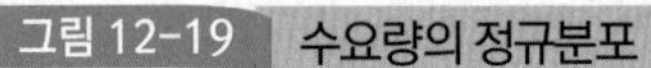

그림 12-19 수요량의 정규분포

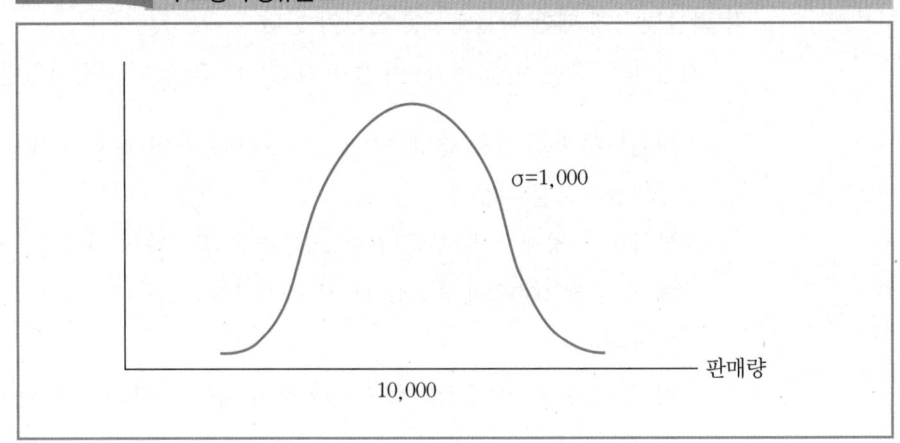

한 값(난수)들을 수천 개 생성해서 이익을 계산해야 한다. 위험분석에 시뮬레이션을 시행하는 것은 평균이익을 계산하는 것이 주목적이지만 이익의 확률은 물론 손실의 확률도 얻을 수 있다.

Excel 활용

❶ 다음과 같이 필요한 데이터를 시트에 입력한다.

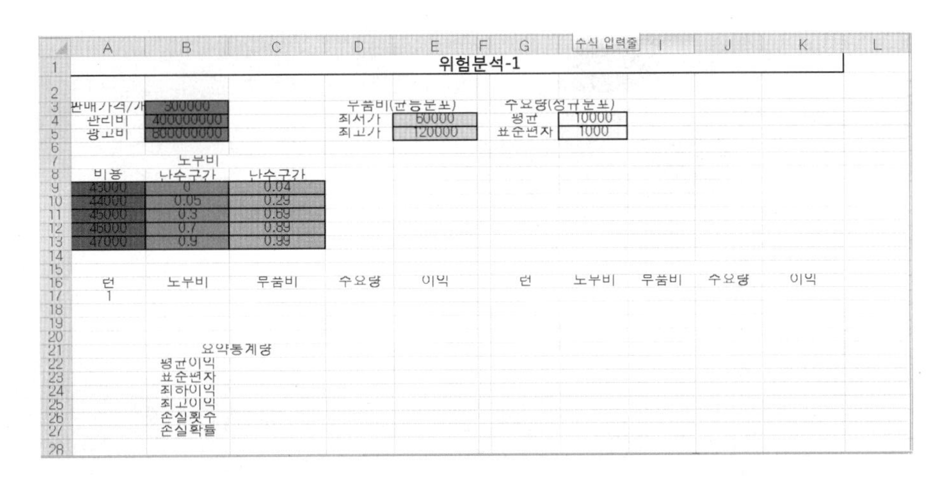

❷ 필요한 수식을 입력한다.

셀 주소	수 식	비 고
B17	= LOOKUP(RAND( ), \$B\$9 : \$B\$13, \$A\$9 : \$A\$13)	
C17	=RANDBETWEEN(\$E\$4, \$E\$5)	
D17	=NORM.INV(RAND( ), H4, H5)	
E17	=(B3−B17−C17)*D17−(B4+B5)	
H17	=B17	
I17	=C17	
J17	=D17	
K17	=E17	
C22	=AVERAGE(K17 : K316)	
C23	=STDEV.S(K17 : K316)	
C24	=MIN(K17 : K316)	

C25	=MAX(K17 : K316)
C26	=COUNTIF(K17 : K316, "<=0")
C27	=C26/300

❸ 시뮬레이션 300런을 실시하기 위해서는 앞에서 취한 절차를 따른다.

❹ 다음과 같은 결과를 얻는다.

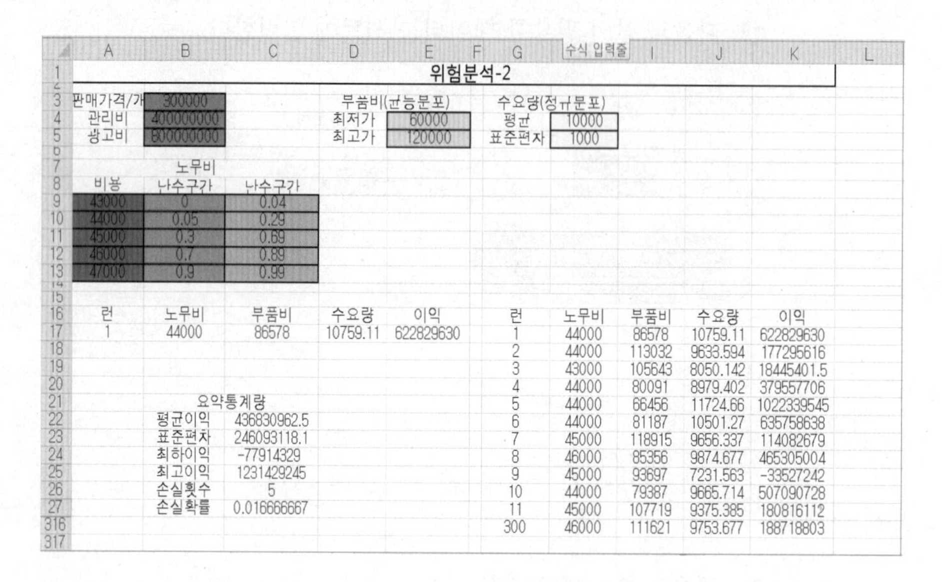

	A	B	C	D	E	F	G	수식 입력줄	I	J	K	L
1					위험분석-2							
2												
3	판매가격/개	300000		부품비(균등분포)			수요량(정규분포)					
4	관리비	400000000		최저가	60000		평균	10000				
5	광고비	800000000		최고가	120000		표준편자	1000				
6												
7		노무비										
8	비용	난수구간	난수구간									
9	43000	0	0.04									
10	44000	0.05	0.29									
11	45000	0.3	0.69									
12	46000	0.7	0.89									
13	47000	0.9	0.99									
14												
15												
16	런	노무비	부품비	수요량	이익		런	노무비	부품비	수요량	이익	
17	1	44000	86578	10759.11	622829630		1	44000	86578	10759.11	622829630	
18							2	44000	113032	9633.594	177295616	
19							3	43000	105643	8050.142	18445401.5	
20							4	44000	80091	8979.402	379557706	
21		요약통계량					5	44000	66456	11724.66	1022339545	
22		평균이익	436830962.5				6	44000	81187	10501.27	635758638	
23		표준편차	246093118.1				7	45000	118915	9656.337	114082679	
24		최하이익	-77914329				8	46000	85356	9874.677	465305004	
25		최고이익	1231429245				9	45000	93697	7231.563	-33527242	
26		손실횟수	5				10	44000	79387	9665.714	507090728	
27		손실확률	0.016666667				11	45000	107719	9375.385	180816112	
316							300	46000	111621	9753.677	188718803	
317												

결과분석

300회의 시뮬레이션을 실시한 결과 강남제조(주)는 테니스 라켓을 시판하게 되면 평균이익으로 43.7천만 원을 기대할 수 있지만 손실도 5회로써 그의 확률은 비록 매우 낮지만 1.7%나 되는 것이다.

12.8 Excel 함수

난수 생성(random number generator)

Excel을 사용하여 난수를 생성하기 위해서는

=RAND( )

라는 내장함수를 사용한다.

연속등균분포(continuous uniform distribution)

하한 a와 상한 b 사이의 모든 값이 똑같은 발생확률을 갖고 또한 소수점 이하의 값을 가질 수 있을 때 확률변수는 연속균등분포를 따른다고 한다.

연속균등분포로부터 난수를 생성하기 위해서는

=a+(b−a) * RAND( )

=CB.Uniform(a, b)

라는 함수를 사용한다. 박스 속의 함수는 Crystal Ball에서 사용하는 함수이다.

이산균등분포(discrete uniform distribution)

하한 a와 상한 b 사이의 모든 값이 똑같은 발생확률을 갖고 또한 정수값을 가질 수 있을 때 그 확률변수는 이산균등분포를 따른다고 한다.

이산균등분포로부터 난수를 생성하기 위해서는

=INT(a+(b−a+1) * RAND( ) 또는

=RANDBETWEEN(a, b)

=CB.Discrete Uniform(a, b)

라는 함수를 사용한다.

정규분포(normal distribution)

평균 μ, 표준편차 r을 갖는 정규분포로부터 난수를 생성하기 위해서는

=NORM.INV(RAND( ), μ, r)

=CB.Normal(a, b)

라는 함수를 사용한다.

이항분포

성공과 실패라는 두 결과를 갖는 사상이 n번 반복 시행될 때 매 시행마다 성공확률 p를 갖는 이항분포(binomial distribution)의 난수를 생성시키는 함수는

=CRITBINOM(n, p, RAND( ))

=CB.Binomial(p, n)

이다.

이산일반분포(세 결과 이상)

예컨대 판매량이 여러 개의 값(결과)을 갖고 각 값에 따른 판매량의 확률들은 서로 같지 않을 때 이러한 분포로부터 수요량(난수)을 생성하기 위해서는

=LOOKUP(RAND( ), 범위 1, 범위 2)

=CB.Custom(range 1, 2) range는 확률분포를 의미함

라는 함수를 사용한다. 여기서 범위(range) 1은 난수구간의 하한들을 의미하고 범위 2는 두 번째 열의 값들을 의미한다.

1. 시뮬레이션 모델은 어느 상황에서 사용할 수 있는가?

2. 시뮬레이션을 정의하라.

3. 몬테 칼로 시뮬레이션의 절차를 설명하라.

4. 보일러 전문점의 박 사장은 어떤 주에도 한 가지 모델의 보일러 여덟 대의 공급량을 유지하는 정책을 고수한다. 이러한 정책은 비용을 많이 수반하지만 고객의 수요를 우선해서 만족시키기 위함이다. 그는 지난 50주 동안 보일러 판매량을 조사한 결과 다음과 같은 데이터를 정리하였다.

주 판매량	판매한 주의 수
4	6
5	5
6	9
7	12
8	8
9	7
10	3

(1) 판매량의 확률분포를 이용하여 판매량의 기대값을 구하라.
(2) 앞으로 2년간(104주) 영업할 주 판매량의 시뮬레이션 모델을 Excel의 내장함수를 사용하여 작성한 후 이 한 번의 시행에 따른 다음의 예측치를 구하라.
- 주 평균 판매량
- 2년간 재고부족이 발생한 주의 수

(3) Excel의 Data Table 기능을 사용하여 위 모델을 200번 반복 시행하여 다음의 질문에 답하라.
- 주 평균 판매량
- 2년간 20주 이상 재고부족이 발생한 확률
- 분석적 방법에 의한 주 평균 판매량과 Data Table에 의한 주 평균 판매량 사이에 차이가 발생한 이유를 설명하라.

5. 종로제조(주)는 새로운 제품을 개발하려고 한다. 제품의 판매가격, 비용, 광고비 등에 관한 확률분포가 다음과 같다. 이익은 다음과 같은 공식을 사용하여 구한다.

이익=[(판매가격−단위당 비용)×판매량]−광고비

한편 네 확률변수에 대한 난수가 다음과 같이 주어질 때 10회 시뮬레이션을 실시한 결과 얻는 총이익을 구하라.

판매가격	확률	단위당 비용	확률	판매량	확률	광고비	확률
5.0	0.20	2.5	0.35	15,000	0.30	20,000	0.50
5.5	0.50	3.0	0.50	18,000	0.45	25,000	0.30
6.0	0.30	3.5	0.15	20,000	0.25	30,000	0.20

판매 가격	17	5	21	66	43	54	11	61	35	39
단위당 비용	91	89	17	94	85	44	62	9	66	37
판매량	42	31	60	71	76	55	52	38	59	97
광고비	82	17	51	44	75	58	41	38	29	61

6. 대성자전거에서는 자전거 재고에 따른 총비용을 최소로 하는 주문량 및 재주문점 방안을 결정하고자 한다. 이 자전거의 주간 수요량의 상대도수 분포는 다음과 같다.

수요(주간)	0	1	2	3	4	5
상대도수	0.20	0.50	0.10	0.10	0.05	0.05

한편 조달기간에 대한 상대도수 분포는 다음과 같다.

조달기간(주)	1	2	3	4
상대도수	0.10	0.25	0.60	0.05

재고유지비는 주당 단위당 1,000원, 주문비는 주문당 20,000원, 재고부족비는 단위당 25,000원이며, 기초재고는 한 개이다. 주문량 12개와 재주문점 5개일 경우 이 재고시스템의 10주간 영업을 시뮬레이션하라.
수요량을 위한 난수는 77, 92, 10, 69, 07, 11, 99, 84, 27, 51이고 조달기간을 위한 난수는 51, 08, 92, 75이다.

7. 김 사장은 새로운 제품을 생산하려고 한다. 제품생산에 필요한 고정비는 30,000원이다. 변동비는 단위당 20원을 중심으로 16원에서 24원 사이에서 변동하고 제품 수요량은 1,200개를

중심으로 300개에서 2,100개까지 변동하는 것으로 예상된다. 단위당 판매가격은 50원이다.

(1) 이익 모델을 구하라.

(2) 기초, 최악, 최선의 이익을 구하라.

8. 강남종합건설(주)는 새로운 빌딩건설은 물론 기존 빌딩에도 개스관 설비를 설치한다. 설비에 대한 매일의 수요량 분포는 다음과 같다.

수요량	확률
0	0.05
1	0.125
3	0.20
5	0.25
7	0.15
9	0.15
11	0.075

한편 조달기간(LT)은 최소 1일, 최대 3일의 균등분포를 따르는 것으로 조사되었다.
비용 자료는 다음과 같다.

재고유지비용=0.50/단위/일
재고 부족비용=15/단위
주문비용=25/주문

회사는 총비용을 최소로 하는 (Q, R)의 조합을 구하려고 한다. 현재 회사는 기초재고로 여섯 단위를 보유하고 있으며 (Q, R)=(12, 5)의 정책을 사용하고 있다. Excel과 Crystal Ball을 사용하여라.

9. 컴퓨터 모니터를 전문적으로 취급하는 김 사장의 모니터에 대한 매일의 수요량은 변동하는데 그의 확률분포는 다음과 같다.

수요량	확률
0	0.05
1	0.10
2	0.20
3	0.40
4	0.15
5	0.10

모니터에 대한 조달기간은 과거 자료에 의하면 1일부터 3일 사이에 이산균등분포를 따르는 것으로 알고 있다. 현재고는 일곱 개이며 도착할 주문량은 없는 상황이다. 한편 주문비는 20천 원, 개당 하루 유지비용은 0.02천 원, 재고부족비용은 개당 8천 원이며 매달 평균 25일 영업한다. 이 문제에서 결정변수는 주문량 Q와 재주문점 R이며 투입 파라미터는 수요량과 조달기간이다.

(Q, R)=(10,5)라고 할 때 최소 비용을 가져오는 (Q, R)의 조합은 무엇인가? Excel과 Crystal Ball을 사용하라.

제 4 편 규범적 분석론

제 13 장

선형 최적화 모델

13.1 규범적 분석론의 사용

규범적 분석론은 문제의 최적해(가장 좋은 활동)를 규명하기 위해 사용되는 비즈니스 분석론의 새 영역이다. 경영과학 기법이 문제의 최적해를 찾는 데 이용된다.

기술적 분석론은 '과거에 무엇이 발생하였는가'라는 질문에 답하기 위하여 과거의 데이터 속에 숨은 추세를 발견하기 위하여 과거의 데이터를 분석하고, 예측적 분석론은 미래에 핵심성과지표(key performance indicators)에 무엇이 발생할 것인가를 미리 예측하기 위하여 여러 기법을 사용한다. 규범적 분석론은 의사결정자로 하여금 문제의 내용이 알려져 있을 때 그 문제의 최적해를 추구하도록 돕는다. 이와 같이 규범적 분석론은 문제에 대해 가장 좋은 해결책을 규정해 준다. 특히 규범적 분석론의 알고리즘(algorithm)은 일련의 제약조건(constraints)하에서 목적함수(objective function)를 최적화하려고 한다.

규범적 분석론에서 사용되는 경영과학 기법으로서는 선형계획법, 정수계획법, 목적계획법, 비선형계획법 등을 들 수 있다.

규범적 분석론에서는 모델을 사용하여 복잡한 최적화 문제를 해결하려고 한다. 온라인 소매점은 고객으로부터 하루에도 수십만 건의 주문을 받고 고객에 배달 일자를 알려주고 있다. 이들은 일주일에도 수천 건의 외판원 문제(travelling salesman problem)를 기계학습(machine learning) 알고리즘을 통해 해결하고 있다. 최적화 문제는 거의 이러한 알고리즘을 통해 해결하기 때문에 규범적 분석론은 문제해결 분석론의 중요한 요소가 되었다.

13.2 최적화 모델

최적화 모델에는 기본적으로 세 가지 종류가 있다.

- 선형계획법
- 정수계획법
- 비선형계획법

선형계획법(linear programming : LP)은 제2차 세계대전 중 군사문제를 해결하는 데 공헌을 하였고 대전 후에 산업계에서 경영문제를 해결하는 데 응용되었다. 선형계획법은 시뮬레이션 모델과 함께 경영과학 기법으로서 널리 응용되고 있다.

특히 선형계획법은 기업이 사용할 수 있는 제한된 자원, 예컨대 자금, 노동력, 기계, 공장부지, 원자재, 시간 등의 합리적인 배분문제를 해결하는 데 이용된다. 부족한 자원을 기업의 이익을 최대화한다든지 또는 비용을 최소화한다든지 하도록 합리적으로 배분하는 문제는 경영자가 직면한 최대의 의사결정 문제이다.

선형계획법은 기업, 정부, 병원, 군사, 교육기관, 도서관, 농업기관 등에서 사료배합 문제, 제품배합 문제, 수송문제, 할당문제, 인력배치 문제, 혼합문제, 금융문제 등에 널리 이용되고 있다. 기업에서는 생산, 마케팅, 재무, 엔지니어링 분야 등에서 폭넓게 응용되고 있다.

정수계획법(integer programming : IP)에 있어서는 결정변수의 일부 또는 전부가 정수를 갖도록 제한되어 있다. 선형계획법에서는 최적해에서 결정변수가 소숫점 이하의 값을 취할 수 있다. 그러나 문제에 따라서는 소숫점 이하의 값은 무의미한 경우가 있다. 예를 들면 비행기 2.5대, 선박 3.25대라는 결과는 반올림할 수도 없기 때문에 결정변수의 값이 정수를 취할 수 있도록 정수계획법을 사용해야 한다.

또한 정수계획법은 논리적으로 예, 아니오 결정문제에 응용할 수 있는데 이때 결정변수는 0 또는 1을 취할 수 있다. 정수계획법은 스케줄링과 공급사슬(supply chain) 문제에 응용된다.

선형계획 모델이나 정수계획 모델에서는 변수들의 관계는 선형이다. 그러나 실제적으로는 비선형인 경우도 많다. 즉 목적함수 또는 제약조건 함수가 결정변수의 비선형인 경우에는 비선형계획법(nonlinear programming : NLP)이 사용된다. 비선형 항목의 예를 들면 $3x^2$, $7xy$ 등이다. 비선형 최적화 모델을 설정하기 위해서는 보다 많은 창의력과 분석적 능력이 요구된다.

13.3 선형계획 모델의 구조

선형계획 모델의 일반적인 구조는 다음과 같다.

최대화(또는 최소화) $Z = c_1x_1 + c_2x_2 + \cdots + c_nx_n$ (13-1)

제약조건 :

$$a_{11}x_1 + a_{12}x_2 + \cdots + a_{1n}x_n \le b_1 \quad (13\text{-}2)$$

$$\vdots$$

$$a_{k1}x_1 + a_{k2}x_2 + \cdots + a_{kn}x_n \ge b_k$$

$$\vdots$$

$$a_{m1}x_1 + a_{m2}x_2 + \cdots + a_{mn}x_n = b_m$$

$$x_1 \ge 0,\ x_2 \ge 0,\ \cdots,\ x_n \ge 0 \quad (13\text{-}3)$$

모든 LP 문제는 다음과 같이 세 개의 요소로 구성되어 있다.

- 결정변수
- 목적함수
- 제약조건

위 모델에서 x_1, x_2, ⋯ , x_n은 결정변수이고, 식[13-1]은 목적함수, 식[13-2]와 식[13-3]은 제약조건이다. 식 [13-3]은 모든 결정변수는 0보다 큰 어떤 실수 값도 취할 수 있음을 의미한다.

결정변수(decision variable)란 기업이 수행하는 활동의 수준을 나타내는 수학적인 심벌이다. 예를 들면 어떤 회사가 두 제품 A와 B를 생산하는 문제에서 x_1=제품 A의 생산량, x_2=제품 B의 생산량이라고 정할 수 있다. 여기서 수학적 기법을 적용하여 x_1, x_2, ⋯ , x_n의 최종 값을 얻으면 이는 기업에서 생산하기로 결정하는 것이 된다.

선형계획 모델의 해란 정해진 수학적 절차에 따라 풀어낸 결정변수들의 값을 말한다.

목적함수(objective function)란 의사결정자가 달성하고자 하는 하나의 목적을 최대화 또는 최소화하려는 선형함수식을 말한다. 이는 LP 문제의 특정 해의 성과(목표달성의 정도)를 측정하는데 하나의 목적과 결정변수들의 일차적, 수학적 관계를 나타내는 수학적 표현이다.

LP 문제는 달성하려는 목적이 예를 들어 이익, 수입, 시장점유율, 투자수익 등이면 최대화 문제이고 비용, 시간, 거리 등이면 최소화 문제이다. LP 문제의 목적함수에는 오직 하나의 목적만이 포함된다.

모델에서 x_j(j=1, 2, ⋯ , n)는 결정변수, c_j는 목적함수 계수(objective function coefficient), a_{ij}(i=1, 2, ⋯ , m)는 제약조건식들의 기술계수(technology coefficient)를 나타낸다.

결정변수의 값을 구하기 위해서는 데이터가 필요한데 c_j, a_{ij}, b_i는 상수, 즉 파라미터(parameter)로서 사전에 그의 값을 확실히 알 수 있다고 전제한다.

위 모델에서 식 [13-2]와 식 [13-3]은 제약조건(constraints)이다. 특히 식 [13-2]는 구조적 제약조건이고 식 [13-3]은 결정변수의 비음조건(nonnegative condition)이라고 한다.

선형제약조건식은 최대화 문제이건 최소화 문제이건 문제의 내용에 따라 다음과 같이 선형부등식 또는 선형등식의 세 가지 형태로 표시된다.

부호	의미
≤	작거나 같은(less than or equal to)
≥	크거나 같은(greater than or equal to)
=	같은(equal to)

일반적으로 선형계획 모델은 하나의 목적함수와 다수의 제약조건식으로 구성되는데 목적함수식과 제약조건식들은 모두 일차함수이다. 선형계획법은 주어진 의사결정 문제를 선형계획 모델로 정식화하고 모든 제약조건들을 만족시킴과 동시에 목적함수를 최적화(최대화 또는 최소화)하는 결정변수들의 값, 즉 최적해를 결정하는 수학적 방법이다.

13.4 선형계획 모델화

선형계획 최대화 문제

기업은 제한된 자원을 사용하여 이익을 최대로 하기 위한 각 제품의 생산량을 결정하고자 한다.

평화전자(주)는 두 가지 형태의 웹 서버 모델을 생산하여 시중에 모두 판매하는 회사이다. 두 모델이 거치는 생산공정은 같다. 즉 두 모델은 조립 공정을 마치고 검사 공정을 거친다. 한편 두 제품은 생산 후 일정한 저장공간을 요한다.

모델 1은 열 시간의 조립, 한 시간의 검사를 필요로 하며 모델 2는 네 시간의

표 13-1 제품별 공정별 생산시간 및 단위당 이익

공정	단위당 생산시간 및 공간		하루 가능한 시간 및 공간
	모델 1	모델 2	
조립	10	4	80
검사	1	2	22
저장공간(피트^3)	3	3	39
단위당 이익	6만 원	7만 원	

조립, 두 시간의 검사를 필요로 한다. 조립하는 데는 하루 총 80시간, 검사 일을 하는 데는 22시간의 사용이 가능하다고 한다. 한편 각 서버 모델의 저장공간은 3피트^{3}인데 회사가 사용가능한 전체 저장공간은 39피트^{3}이다.

모델 1 한 개를 팔면 6만 원의 이익이 남고 모델 2 한 개를 팔면 7만 원의 이익이 남는다고 한다.

평화전자(주)는 선형계획법을 이용하여 이익을 최대로 하기 위해서는 하루에 모델 1은 얼마를, 모델 2는 얼마를 생산해야 할 것인가를 결정하고자 한다.

이상에서 설명한 문제의 내용을 표로 나타내면 [표 13-1]과 같다.

평화전자(주)의 제품배합 문제를 선형계획법으로 풀기 위해서는 문제를 완전히 이해한 후 모델화를 위해서 다음 세 가지를 결정해야 한다.

- 결정변수
- 목적함수
- 제약조건 { 구조적 제약조건 / 비음조건 }

결정변수

평화전자(주)가 통제할 수는 있지만 아직 모르는 것이기 때문에 문제를 풀어 결정하고자 하는 것은 모델 1과 모델 2의 하루 생산량이므로 결정변수는 다음과 같이 정의할 수 있다.

x_1 = 하루 모델 1 생산량
x_2 = 하루 모델 2 생산량

목적함수 : 총이익의 최대화

평화전자(주)가 추구하는 하나의 목적은 모델 1과 모델 2를 생산하고 판매하여 얻는 총이익(Z)을 최대로 하고자 하는 것이다. 이때 총이익은 모델 1의 판매에서 얻는 이익과 모델 2의 판매에서 얻는 이익을 합친 것이다.

모델 1의 한 단위당 이익은 6만 원이므로 하루에 x_1을 생산하여 이를 판매함으로써 얻는 이익은 $6x_1$이다. 이와 마찬가지로 모델 2의 한 단위당 이익은 7만 원이므로 하루에 x_2를 생산하여 판매함으로써 얻는 이익은 $7x_2$이다.

평화전자(주)가 하루에 얻을 수 있는 총이익(Z)은 $6x_1$과 $7x_2$를 합친 것이 되기 때문에 모델의 목적함수는 다음과 같이 표현할 수 있다.

최대화 Z=총이익

$$=\begin{pmatrix}\text{모델 1의 판매로부터} \\ \text{얻는 이익}\end{pmatrix}+\begin{pmatrix}\text{모델 2의 판매로부터} \\ \text{얻는 이익}\end{pmatrix}$$

최대화 $Z=6x_1+7x_2$

제약조건

제약조건식은 각 공정별로 한 개씩 작성한다. 조립 공정에서는 모델 1 한 개를 생산하는데 열 시간이 소요되므로 하루에 x_1을 생산하기 위해서는 $10x_1$시간이 필요하다. 또한 모델 2 한 개를 생산하는 데 네 시간이 소요되므로 하루에 x_2를 생산하기 위해서는 $4x_2$시간이 필요하다.

따라서 조립 공정에서 모델 1과 모델 2를 생산하는 데 필요한 총시간은 하루에 $10x_1+4x_2$이다. 이는 하루에 사용가능한 시간인 80시간을 절대로 초과할 수 없으므로(80시간 이하는 가능하지만) 조립 공정에서의 제약조건식은 다음과 같이 표현할 수 있다.

$$\begin{pmatrix}\text{모델 1의 조립에} \\ \text{필요한 시간}\end{pmatrix}+\begin{pmatrix}\text{모델 2의 조립에} \\ \text{필요한 시간}\end{pmatrix}\leq \text{사용 가능한 시간}$$

$10x_1+4x_2\leq 80$

검사 공정의 제약조건식은 다음과 같이 표현할 수 있다.

$1x_1+2x_2\leq 22$

저장공간에 대해서도 제약조건식을 다음과 같이 표현할 수 있다.

$3x_1+3x_2\leq 39$

비음조건

모델의 해인 x_1과 x_2의 값이 음수일 수는 없다. 따라서 결정변수의 비음조건은 다음과 같이 표현할 수 있다.

$x_1 \geq 0,\ x_2 \geq 0$

완전한 모델

평화전자(주)의 선형계획 모델은 다음과 같이 종합할 수 있다.

최대화 $Z = 6x_1 + 7x_2$

제약조건 :

$$10x_1 + 4x_2 \leq 80$$

$$1x_1 + 2x_2 \leq 22$$

$$3x_1 + 3x_2 \leq 39$$

$$x_1 \geq 0,\ x_2 \geq 0$$

선형계획 최소화 문제

풍년사료(주)는 두 가지 재료를 섞어 고양이 사료를 백에 생산한다. 두 가지 재료란 생선과 귀리인데 이들은 단백질, 비타민 D, 철분을 함유한다. 생선 1kg은 단백질 세 단위, 비타민 D 한 단위, 철분 두 단위를 함유하는데 kg당 6만 원의 구매비용이 소요된다. 귀리 1kg은 단백질 한 단위, 비타민 D 한 단위, 철분 여섯 단위를 포함하는데 kg당 5만 원의 구매비용이 소요된다. 사료를 담는 각 백은 최소한 단백질 18단위, 비타민 D 12단위, 철분 30단위를 함유해야 한다. 이러한 정보를 표로 나타내면 다음과 같다.

	재료		최소 함유량
	생선(kg)	귀리(kg)	
단백질	3 단위	1 단위	18 단위
비타민 D	1	1	12
철분	2	6	30
비용/kg	6만 원	5만 원	

회사는 비용을 최소로 하면서 각 백 속에 담을 생선과 귀리의 함유량(kg)을 구하고자 한다.

결정변수

회사가 결정하고자 하는 것은 한 백 속에 담을 두 재료의 함유량이므로 결정변수는 다음과 같이 정의할 수 있다.

x_1=생선의 함유량(kg)

x_2=귀리의 함유량(kg)

목적함수 : 총비용의 최소화

회사는 생선과 귀리를 섞는 데 드는 총비용을 최소로 하고자 한다. 이때 총비용은 생선을 함유하는 데 드는 비용과 귀리를 함유하는 데 드는 비용을 합친 것이다.

생선은 1kg당 비용이 6만 원이므로 x_1 kg을 함유한다면 비용은 $6x_1$이다. 이와 같은 방식으로 귀리의 비용을 계산하면 kg당 비용이 5만 원이기 때문에 $x_2$kg을 함유한다면 비용은 $5x_2$가 된다.

따라서 모델의 목적함수는 다음과 같이 표현할 수 있다.

최소화 $Z=6x_1+5x_2$

제약조건

제약조건식은 단백질, 비타민 D, 철분에 대해서 한 개씩 작성해야 한다. 생선과 귀리는 모두 단백질, 비타민 D, 철분을 제공하는 데 제공하는 양은 다르다. 생선 1kg 속에는 단백질 세 단위가 함유되므로 생선을 함유하면 단백질 $3x_1$단위가 제공된다. 한편 귀리 1kg 속에는 단백질 한 단위가 함유되므로 귀리를 함유하면 단백질 $1x_1$단위가 제공된다.

따라서 두 재료를 함유하면 제공하는 단백질의 단위 수는 $3x_1+1x_2$이다. 회사는 두 재료를 함유하기 위해서는 단백질은 최소한 18단위를 사용해야 하므로 단백질에 대한 제약조건식은 다음과 같이 표현할 수 있다.

$3x_1+1x_1 \geq 18$

이와 같은 요령으로 비타민 D와 철분에 대한 제약조건식을 각각 다음과 같이 표현할 수 있다.

$1x_1 + 1x_2 \geq 12$

$2x_1 + 6x_2 \geq 30$

비음조건

최대화 문제에서처럼 최소화 문제에서도 결정변수 x_1과 x_1의 비음조건은 지켜져야 한다.

$x_1 \geq 0$

$x_2 \geq 0$

완전한 모델

풍년사료(주) 회사의 선형계획 모델은 다음과 같이 종합할 수 있다.

최소화 $Z = 6x_1 + 5x_2$

제약조건 :

$3x_1 + 1x_2 \geq 18$

$1x_1 + 1x_2 \geq 12$

$2x_1 + 6x_2 \geq 30$

$x_1 \geq 0,\ x_2 \geq 0$

13.5 선형계획 모델의 가정

모든 선형계획 모델은 일반적인 수리계획 모델과 다른 다음과 같은 중요한 가정을 전제로 한다.

- 비례성
- 가법성
- 분할성

• 확실성

따라서 이러한 가정 중에서 어느 하나라도 충족되지 않으면 완전한 모델이라고 할 수 없으며 그의 해를 구할 수가 없게 된다. 이 점이 바로 선형계획 모델의 한계이기도 하다.

비례성

선형 또는 1차식(linearity)이란 비례성과 가법성을 의미한다. 비례성(proportionality)이란 각 결정변수가 목적함수와 각 제약조건식에 선형의 영향을 미치는 것을 뜻한다. 즉 결정변수의 값이 한 단위 증가할 때마다 목적함수의 값이 그 목적함수 계수만큼, 그리고 제약조건식의 좌변 값이 그 기술계수만큼 비례하여 변동한다는 것을 말한다.

가법성

가법성(additivity)이란 목적함수와 각 제약조건식이 각 항의 합으로 이루어진다는 것을 뜻한다. 즉 모든 제품을 판매하여 얻는 총이익은 각 제품을 판매하여 얻는 이익의 합계와 같음을 의미한다.

한편 모든 제품을 생산하기 위해 요구되는 총자원은 각 제품을 생산하기 위해 요구되는 자원의 합계와 같음을 의미한다.

분할성

분할성(divisibility)이란 선형계획 모델을 풀었을 때 결정변수의 값이 정수(integer)가 아닌 소수(분수)일 수도 있음을 뜻한다. 즉 결정변수는 연속변수(continuous variable)이다. 따라서 총이익이나 총비용 등이 소수로 표시될 수 있다.

확실성

확실성(certainty)이란 모든 선형계획 모델에는 목적함수 계수 c_j, 기술계수 a_{ij}, RHS(우변) 상수 b_i 등 세 가지의 파라미터가 사전에 확실히 주어진다고 가정한다.

13.6 최적해: 그래프 방법

우리는 지금까지 선형계획법에 관한 일반적인 이론과 모델화 방법을 공부하였다. 선형계획 모델을 풀어 최적해를 구하는 방법으로서는

- 그래프 방법
- 심플렉스법
- 컴퓨터를 이용하는 방법

등 세 가지가 널리 이용된다.

그래프 방법(graphical method)은 결정변수의 수가 두 개인 경우에 사용된다.

심플렉스법(simplex method)과 컴퓨터를 이용하는 방법은 결정변수의 수가 두 개 이상인 경우에 이용할 수 있다. 그러나 결정변수의 수가 증가할수록 계산과정이 복잡하기 때문에 심플렉스법보다 컴퓨터를 이용하게 된다.

최대화 문제

평화전자(주)의 최대화 문제는 다음과 같다.

최대화 $Z=6x_1+7x_2$

제약조건 :

$$10x_1+4x_2\leq 80$$

$$1x_1+2x_2\leq 22$$

$$3x_1+3x_2\leq 39$$

$$x_1\geq 0,\ x_2\geq 0$$

선형계획 모델을 그래프 방법으로 풀기 위해서는 다음과 같은 세 단계를 거친다.

- 한 그래프에 모든 제약조건식의 도해
- 가해영역의 결정
- 최적해의 탐색

가해영역은 모델의 모든 제약조건식을 동시에 만족시키는 가능해 영역을 말한다. 최적해는 가해영역의 한 꼭지점에 존재하기 때문에 일단 가해영역이 구해지면 이를 찾기 위한 탐색이 이루어져야 한다.

제약조건식의 도해

그래프 방법을 사용하기 위해서는 결정변수의 값이 양수이어야 한다는 비음조건 $x_1 \geq 0$과 $x_2 \geq 0$을 만족시키는 사분면(quadrant)은 제1사분면이기 때문에 제1사분면에 제약조건식을 하나씩 그려 넣어야 한다. 편의상 횡축을 x_1이라 하고 종축을 x_2라 한다.

다음에는 모델의 첫째 제약조건식(조립) $10x_1+4x_2 \leq 80$을 제1사분면에 그려 넣는다. 이 식은 다음과 같이 분류할 수 있다.

$10x_1+4x_2=80$

$10x_1+4x_2<80$

우선 등식($10x_1+4x_2=80$)을 그래프에 그려 넣는다. 등식의 그래프는 직선이기 때문에 직선을 그리기 위해서는 두 점의 좌표를 찾아 이들을 연결한다. $x_1=0$일 때 $4x_2=80$이므로 $x_2=20$이다. 이는 [그림 13-1]에서 점 A에 해당한다. $x_2=0$일 때 $10x_1=80$이므로 $x_1=8$이다. 이는 [그림 13-1]에서 점 B에 해당한다. 점 A와 B를 연결하면 이는 등식 $10x_1+4x_2=80$의 그래프가 된다. 점 A와 B는 물론 직선 위에 있는 x_1과 x_2의 어떤 좌표도 등식에 대입하면 등호를 만족시킨다.

다음에는 부등식 $10x_1+4x_2<80$을 만족시키는 모든 해점(solution point)을 찾는다.

제약조건식 $10x_1+4x_2 \leq 80$을 만족시키는 모든 해점이 존재하는 영역인 가해영역 (feasible region)은 [그림 13-1]에서 $0AB$선상 그리고 그 안의 부분이다.

똑같은 요령으로 모델의 둘째 제약조건식(검사) $1x_1+2x_2 \leq 22$과 모델의 셋째 제약조건식 (저장공간) $3x_1+3x_2 \leq 39$를 만족시키는 가해영역을 [그림 13-1]에 표시한다.

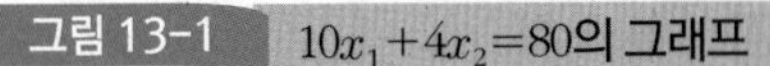

그림 13-1 $10x_1+4x_2=80$의 그래프

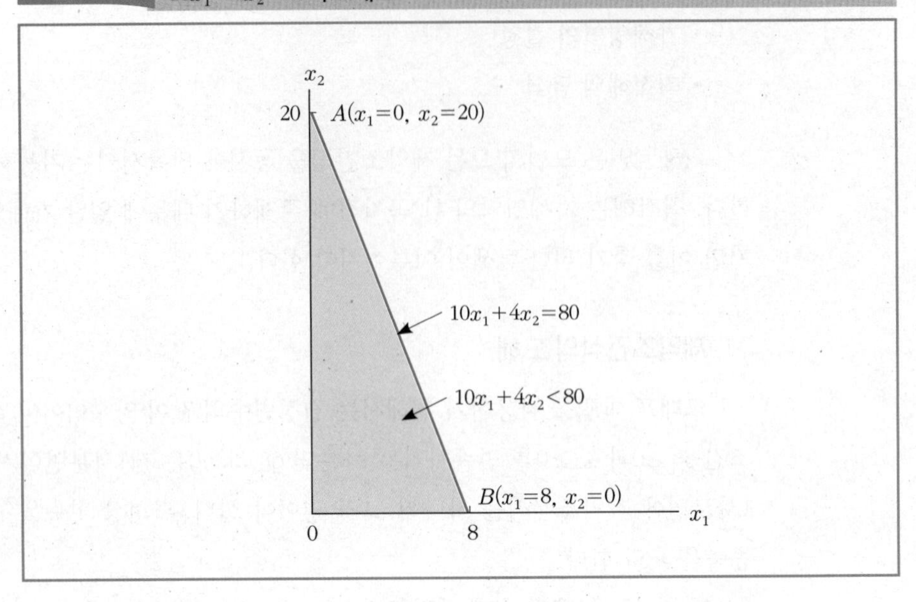

이제 세 개의 제약조건식을 같은 그래프에 그려 세 제약조건식을 동시에 만족시키는 공통영역인 가해영역을 찾도록 하자. [그림 13-2]에서 이 모델의 가해영역은 색칠한 부분이다.

일반적으로 선형계획 모델의 가해영역은 볼록집합(convex set)을 이룬다. 즉 그림에서 $0CGHB$선상에, 그리고 그 안에 있는 색칠한 영역에 속한 $(x_1,\ x_2)$의 해점은 평화전자(주)의 선형계획 모델에서 비음조건 및 세 개의 제약조건식을 모두 동시에 만족시킨다.

모든 제약조건식을 동시에 만족시키는 x_1과 x_2의 값을 실행가능해(feasible solution)라고 하는데 이는 가해영역 안에 또는 그의 둘레에 무수히 존재한다. 최적해는 목적함수 값(Z)을 최적화하는 실행가능해이다. 우리가 구하려고 하는 해는 무수한 실행가능해 중에서 목적함수 값을 최적화하는 최적해이다.

최적해의 결정

모든 제약조건식을 만족시키는 가해영역이 결정되면 최적해를 찾도록 한다. 선형계획 모델의 최적해(optimal solution)는 가해영역 속에 있는 수많은 실행가능해 중에서 목적함수 값 Z를 최적화(최대화 또는 최소화)하는 실행가능해를 말한다. 따라서 최적해는 가해영역을 절대로 벗어나서는 존재하지 않는다.

그림 13-2 모델의 가해영역

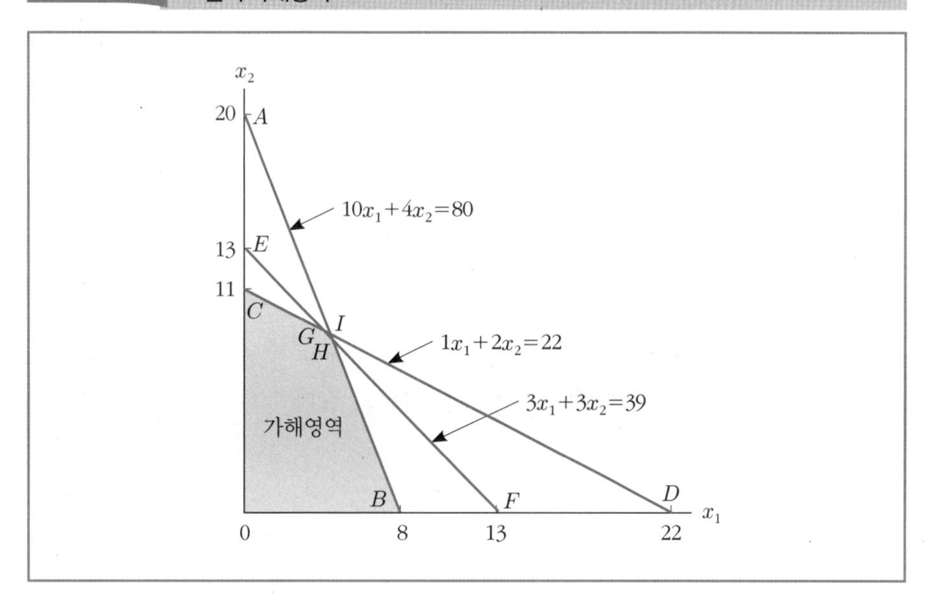

최적해를 찾는 방법에는 두 가지 방법이 있다.

- 목적함수선
- 꼭지점 탐색

본서에서는 꼭지점 탐색으로 최적해를 구하는 방법을 설명하고자 한다.

선형계획 모델의 최적해는 가해영역의 한 꼭지점에서 결정되기 때문에 모든 꼭지점의 좌표를 찾아 각각 목적함수에 대입하여 목적함수의 값 Z를 최적화하는 꼭지점의 좌표가 최적해가 된다.

[그림 13-2]에서 보는 바와 같이 평화전자(주) 모델의 가해영역은 $0CGHB$이고 그의 꼭 지점은 0, C, G, H, B의 다섯 개이다. 각 꼭지점의 좌표는 이 꼭지점을 통과하는 두 제약조건등식을 연립하여 풀면 얻는다. 예컨대 꼭지점 H의 좌표를 구하기 위해서는 이 점을 통과하는 두 직선 $10x_1+4x_2=80$과 $3x_1+3x_2=39$를 연립하여 풀면 된다. 이때 $x_1=\frac{14}{3}$, $x_2=\frac{25}{3}$이다.

이들 꼭지점의 좌표들을 목적함수 $Z=6x_1+7x_2$에 대입하면 그들의 Z값은 다음과 같다.

꼭지점	좌표	Z값
0	(0, 0)	$6(0)+7(0)=0$
C	(0, 11)	$6(0)+7(11)=77$
G	(4, 9)	$6(4)+7(9)=87$
H	$(\frac{14}{3}, \frac{25}{3})$	$6\left(\frac{14}{3}\right)+7\left(\frac{25}{3}\right)=86\frac{1}{3}$
B	(8, 0)	$6(8)+7(0)=48$

꼭지점 다섯 개 중에서 목적함수 값 Z를 최대화하는 최적해는 꼭지점 G에서 달성된다. 이때의 최적해는 다음과 같다.

$x_1=4$

$x_1=9$

$Z=87$

풍년사료(주)의 최소화 문제는 다음과 같다.

최소화 $Z=6x_1+5x_2$

제약조건 :

$3x_1+1x_2\geq 18$

$1x_1+1x_2\geq 12$

$2x_1+6x_2\geq 30$

$x_1\geq 0,\ x_2\geq 0$

최소화 문제에서도 최대화 문제에서처럼 결정변수의 비음조건을 만족시켜야 하기 때문에 한 그래프의 제1사분면에 제약조건식 세 개를 하나씩 그려 넣는다. 그러면 모델의 가해영역은 [그림 13-3]에서 색칠한 부분이다.

최적해를 찾는 방법으로는 최대화 문제에서와 같이 두 가지 방법이 있다.

- 목적함수선
- 꼭지점 탐색

그림 13-3 모델의 가해영역

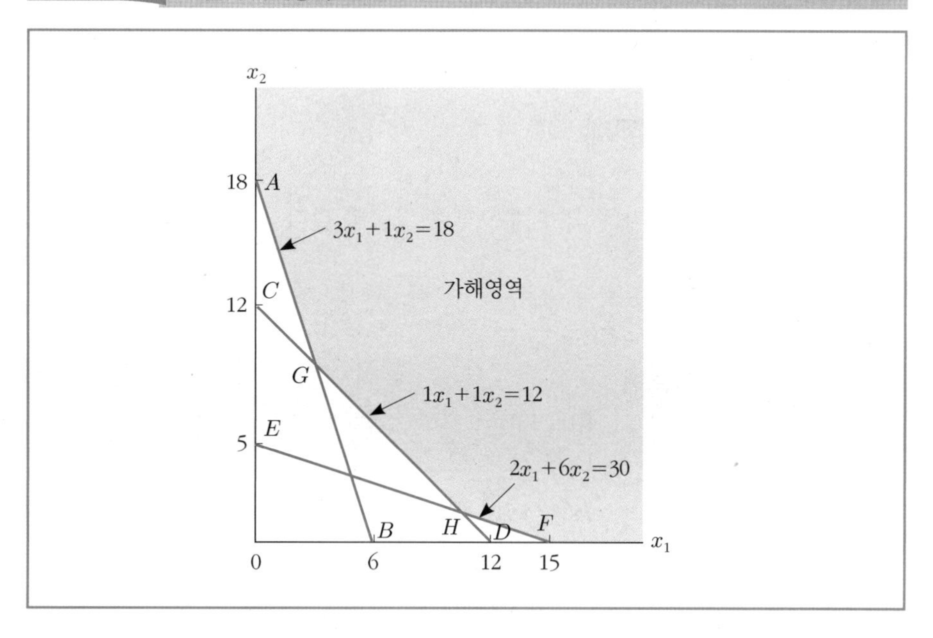

[그림 13-3]에서 가해영역의 꼭지점은 A, G, H, F이다. 각 꼭지점의 좌표는 꼭지점을 통과하는 두 제약조건등식을 연립하여 풀면 얻는다.

이제 각 꼭지점의 좌표를 목적함수에 대입하면 다음과 같은 결과를 얻는다.

꼭지점	좌표	Z값
A	(0, 18)	90
G	(3, 9)	63
H	(10.5, 1.5)	70.5
F	(0, 15)	75

꼭지점 네 개 중에서 목적함수 값 Z를 최소화하는 최적해는 꼭지점 G에서 달성된다. 이때의 최적해는 다음과 같다.

$x_1=3$

$x_1=9$

$Z=63$

13.7 최적해: Excel 해법

최대화 문제

평화전자(주)의 대수모델은 다음과 같다.

최소화 $Z=6x_1+7x_2$

제약조건 :

$$10x_1+4x_2 \le 80$$
$$1x_1+2x_2 \le 22$$
$$3x_1+3x_2 \le 39$$
$$x_1 \ge 0,\ x_2 \ge 0$$

❶ 필요한 자료를 시트에 입력한다.

	A	B	C	D	E	F
1	평화전자㈜ 문제					
2						
3	목적함수:					
4		모델 1	모델 2			
5	단위당 이익	6	7			
6						
7	제약조건:					
8		모델 1	모델 2	LHS		RHS
9	조립	10	4		<=	80
10	검사	1	2		<=	22
11	저장공간	3	3		<=	39
12						
13	최적해:					
14		모델 1	모델 2			총이익(Z)
15	생산량					

❷ 필요한 수식을 입력한다.

셀 주소	수식	비고
D9	=SUMPRODUCT(B9:C9, $B$15:$C$15)	D11까지 복사
F15	=SUMPRODUCT(B5:C5, B15:C15)	

❸ 다음과 같은 결과를 얻는다.

	A	B	C	D	E	F	G
1				평화전자㈜ 문제			
2							
3	목적함수:						
4		모델 1	모델 2				
5	단위당 이익	6	7				
6							
7	제약조건:						
8		모델 1	모델 2	LHS		RHS	
9	조립	10	4	0	<=	80	
10	검사	1	2	0	<=	22	
11	저장공간	3	3	0	<=	39	
12							
13	최적해:						
14		모델 1	모델 2			총이익(Z)	
15	생산량					0	

❹ [데이터]–[해 찾기]를 선택한다.

❺ [해 찾기 매개변수] 대화상자가 나타나면 다음과 같이 입력한다.

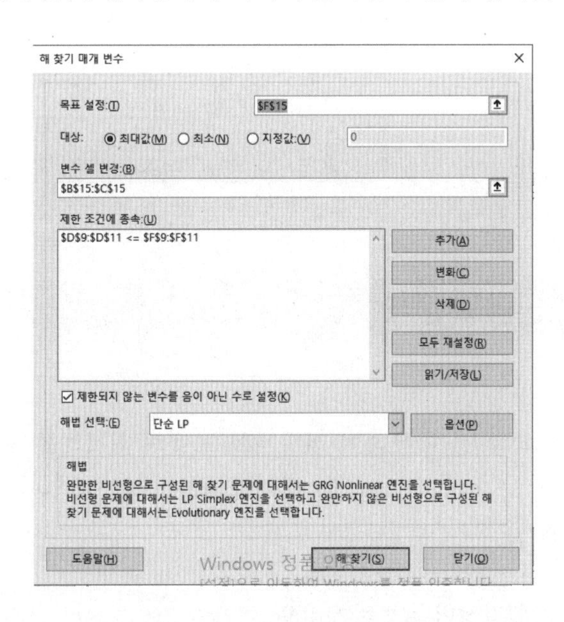

❻ [해 찾기]를 클릭하면 [해 찾기 결과]가 나타난다.

❼ [해답 보고서], [우편물 종류 보고서], [한계값 보고서]를 얻을 수 있다.

❽ [해답 보고서]는 다음과 같다.

목표 셀 (최대값)

셀	이름	계산 전의 값	계산 값
$F$15	생산량 총이익(Z)	0	87

변수 셀

셀	이름	계산 전의 값	계산 값	정수
$B$15	생산량 모델 1	0	4	Contin
$C$15	생산량 모델 2	0	9	Contin

제한 조건

셀	이름	셀의 값	수식	상태	조건과의 차
$D$9	조립 LHS	76	$D$9<=$F$9	부분적 만족	4
$D$10	검사 LHS	22	$D$10<=$F$10	만족	0
$D$11	저장공간 LHS	39	$D$11<=$F$11	만족	0

❾ [민감도 보고서]는 다음과 같다.

변수 셀

셀	이름	계산 값	한계 비용	목표 셀 계수	허용 가능 증가치	허용 가능 감소치
$B$15	생산량 모델 1	4	0	6	1	2.5
$C$15	생산량 모델 2	9	0	7	5	1

제한 조건

셀	이름	계산 값	잠재 가격	제한 조건 우변	허용 가능 증가치	허용 가능 감소치
$D$9	조립 LHS	76	0	80	1E+30	4
$D$10	검사 LHS	22	1	22	4	0.666666667
$D$11	저장공간 LHS	39	1.666666667	39	0.75	6

13.8 민감도 분석

Excel을 활용하여 선형계획 모델의 최적해를 구하게 되면 민감도 보고서를 얻을 수 있다. 민감도 분석은 목적함수 계수와 제약조건식의 RHS값에 대해 행하는데

- 결정변수의 한계비용
- 자원의 잠재가격
- 결정변수의 목적함수 계수의 최적범위
- RHS값의 실행가능범위

등을 구할 수 있다.

한계비용

[그림 13-4]의 민감도 보고서에서 결정변수의 최적값(계산값) 우변에는 한계비용이 나타난다.

한계비용(reduced cost)이란 현재의 최적해에서 각 결정변수의 값을 한 단위 강제로 증가할 때 결과하는 목적함수 값의 변동을 나타낸다.

최적해에서 결정변수가 0보다 큰 값을 갖게 되면 그의 한계비용은 0이다.

한계비용이란 현재 0의 값을 갖는 결정변수가 최적해에서 0보다 큰 값을 갖기 위해서 그 변수의 목적함수 계수가 현재보다 얼마나 향상(최대화 문제에서는 증가하고 최소화 문제에서는 감소)해야 하는가를 나타낸다.

잠재가격

잠재가격(shadow price)은 제약조건식의 RHS값 한 단위 증가에 따른(다른 모든 계수가 일정하다고 가정할 때) 목적함수 값의 변화를 말한다. 만일 잠재가격이 양수이면 제약조건식의 RHS값이 한 단위 증가할 때 목적함수 값이 그만큼 증가하고 잠재가격이 음수이면 제약조건식의 RHS값이 한 단위 증가할 때 목적함수 값은 그만큼 감소하게 된다.

조립 공정에서는 미사용 자원이 네 시간이나 되기 때문에 한 시간의 추가 구입은 미사용 자원의 증가를 의미할 뿐 모델 1과 모델 2의 생산에 영향을 미치지 않기 때문에 총이익(목적함수 값)에도 아무런 영향을 미치지 않으므로 그의 잠재가격은 0이라고 할 수 있다.

최적해에서 조립 제약조건식처럼 사용가능한 자원을 모두 사용하지 않고 부분적 만족을 통해 미사용 자원이 존재하는 경우(비속박제약조건식) 그 자원의 잠재가격은 0이고 검사 제약조건식과 저장공간 제약조건식처럼 잔여(slack)는 없기 때문에 그들 자원의 잠재가격은 0보다 큰 값, 즉 1과 $1\frac{2}{3}$를 각각 갖는다.

최적범위

민감도 보고서를 보면 변수 셀 부문에 있는 목표 셀 계수의 우변에 '허용 가능 증가치'와 '허용 가능 감소치'가 있다.

허용 가능 증가치는 현재의 최적해가 변하기 전에 목적함수 계수가 변동할 수 있는 최적범위, 즉 상한을 나타내고 허용 가능 감소치는 하한을 나타낸다.

[그림 13-4]에서 평화전자(주) 모델의 c_1과 c_2의 최적범위(optimal range)는 다음과 같다.

$$6-2.5=3.5\le c_1\le 6+1=7$$

$$7-1=6\le c_2\le 7+5=12$$

다시 말하면 c_1이 이러한 하한과 상한, 즉 최적범위를 벗어나면 최적조건이 깨지므로 새로운 최적해를 구해야 한다.

실행가능범위

민감도 보고서를 보면 제한조건 부분에 '허용 가능 증가치'와 '허용 가능 감소치'가 있다. 허용 가능 증가치는 현재의 최적해가 실행가능성을 유지하고 또한 현재의 잠재가격이 타당한(유효한) 한도 내에서 제약조건 RHS값 b_1의 변동범위의 상한을 나타내고 허용 가능 감소치는 하한을 나타낸다.

[그림 13-4]에서 평화전자(주) 모델의 b_1, b_2, b_3의 실행가능범위는 다음과 같다.

$$80-4=76\le b_1\le 80+(1E+30)=\infty$$

$$22-\frac{1}{3}=21\frac{2}{3}\le b_2\le 22+4=26$$

$$39-6=33\le b_3\le 39+0.75=39.75$$

13.9 선형계획법의 응용

포트폴리오 문제

김 군은 500,000달러를 가지고 강남투자(주)에 가서 펀드에 투자하려고 한다. 고려하는 펀드, 연 기대수익률, 리스크 측정치는 다음 표와 같다.

펀드	기대수익률	리스크 측정치
저가 주식펀드	8.33%	11.57
다국적 펀드	9.02%	13.22
고가 주식펀드	7.86%	14.02
저당 펀드	3.62%	5.39
소득 에퀴티 펀드	7.79%	9.30
균형 펀드	4.40%	4.61

1) 500,000달러를 펀드에 모두 투자한다.

2) 가중평균 수익률은 최소한 6%이어야 한다.

3) 소득 에퀴티 펀드와 균형 펀드에 투자액의 40% 이상을 투자한다.

4) 다국적 펀드와 균형 펀드에 각각 50,000달러 이상을 투자한다.

5) 어떤 펀드에도 200,000달러 이상을 투자하지 않는다.

김 군은 포트폴리오의 가중평균 리스크를 최소로 하면서 각 펀드에 얼마씩 투자해야 하는가?

풀이

X_1=저가 주식펀드에의 투자액

X_2=다국적 펀드에의 투자액

X_3=고가 주식펀드에의 투자액

X_4=저당 펀드에의 투자액

X_5=소득 에퀴티 펀드에의 투자액

X_6=균형 펀드에의 투자액

최소화 $Z=\dfrac{11.57X_1+13.22X_2+14.02X_3+5.39X_4+9.3X_5+4.61X_6}{500,000}$

제약조건 :

$$X_1+X_2+X_3+X_4+X_5+X_6=500,000$$

$$\frac{9.2X_1+9.02X_2+7.86X_3+3.62X_4+7.79X_5+4.40X_6}{500,000}\geq 6$$

$X_5+X_6 \geq 0.4(500,000)$

$X_2 \geq 50,000$ $\qquad$ $X_6 \geq 50,000$

$X_1 \leq 200,000$ $\qquad$ $X_2 \leq 200,000$

$X_3 \leq 200,000$ $\qquad$ $X_4 \leq 200,000$

$X_5 \leq 200,000$ $\qquad$ $X_6 \leq 200,000$

모든변수 ≥ 0

	A	B	C	D	E	F	G	H	I	J
1	포트폴리오 문제									
2										
3		X1	X2	X3	X4	X5	X6			
4	리스크	11.57	13.22	14.02	5.39	9.3	4.61			
5										
6	제약조건:									
7		X1	X2	X3	X4	X5	X6	LHS		RHS
8		1	1	1	1	1	1	500000	=	500000
9		9.2	9.02	7.86	3.62	7.79	4.4	3000000	>=	3000000
10						1	1	200000	>=	200000
11			1					50000	>=	50000
12							1	200000	>=	50000
13		1						136917.6	<=	200000
14			1					50000	<=	200000
15				1				0	<=	200000
16					1			113082.4	<=	200000
17						1		0	<=	200000
18							1	200000	<=	200000
19										
20	최적해:									
21	투자액	136917.5627	50000	0	113082.4373	0	200000		Z	7.5533

혼합물 문제

Excel정유(주)는 동남아, 중동, 남미로부터 원유(crude oil)를 수입하여 이들을 혼합하고 정제하여 보통(regular) 개솔린과 프리미엄(premium) 개솔린을 생산한다.

각 지역으로부터 수입하는 원유의 갤런당 비용, 각 개솔린의 판매가격, 이번 주일에 필요한 각 개솔린의 생산 소요량은 다음 표에서 보는 바와 같다.

근래 원유가격이 계속해서 상승하는 까닭에 회사에서 각 지역으로부터 수입할 수 있는 최대량은 표에서처럼 극히 제한되어 있다.

각 개솔린에 포함되어야 하는 원유의 비율은 표에서 보는 바와 같도록 지켜져야 한다. 예를 들면 보통 개솔린은 동남아 원유 30% 이하, 중동 원유 40% 이상, 남미 원유 20% 이하를 포함해야 한다.

원유	보통	프리미엄	최대 수입량	비용(만 원)/갤런
동남아	30% 이하	25% 이상	5,000	1
중동	40% 이하	40% 이상	10,000	1.2
남미	20% 이하	30% 이상	10,000	1.5
생산 소요량(갤런)	10,000			
판매가격(갤런)	2	2.3		

회사는 선형계획 모델을 사용하여 이익을 최대로 하면서 보통 개솔린을 생산하기 위해서는 각 원유를 얼마씩, 프리미엄 개솔린을 생산하기 위해서는 각 원유를 얼마씩 구입하여야 할 것인가를 결정하고자 한다.

풀이

x_1=보통 개솔린에 혼합할 동남아 원유의 갤런 수
x_2=보통 개솔린에 혼합할 중동 원유의 갤런 수
x_3=보통 개솔린에 혼합할 남미 원유의 갤런 수
x_4=프리미엄 개솔린에 혼합할 동남아 원유의 갤런 수
x_5=프리미엄 개솔린에 혼합할 중동 원유의 갤런 수
x_6=프리미엄 개솔린에 혼합할 남미 원유의 갤런 수

목적함수: 총이익의 최대화

최대화

$Z=2(x_1+x_2+x_3)+2.3(x_4+x_5+x_6)-1(x_1+x_4)-1.2(x_2+x_5)-1.5(x_3+x_6)$

$=x_1+0.8x_2+0.5x_3+1.3x_4+1.1x_5+0.3x_6$

제약조건 :

$x_1+x_4 \leq 5{,}000$ (동남아 원유 수입량)

$x_2+x_5 \leq 10{,}000$ (중동 원유 수입량)

$x_3+x_6 \leq 10{,}000$ (남미 원유 수입량)

$x_1 \leq 0.3(x_1+x_2+x_3)$ (보통 개솔린에서 차지하는 동남아 원유의 비율)

$\Rightarrow 0.7x_1-0.3x_2-0.3x_3 \leq 0$

$x_2 \geq 0.4(x_1+x_2+x_3)$ (보통 개솔린에서 차지하는 중동 원유의 비율)

$\Rightarrow -0.4x_1+0.6x_2-0.4x_3 \geq 0$

$x_3 \leq 0.2(x_1+x_2+x_3)$ (보통 개솔린에서 차지하는 남미 원유의 비율)

$\Rightarrow -0.2x_1-0.2x_2+0.8x_3 \leq 0$

$x_4 \geq 0.25(x_4+x_5+x_6)$ (프리미엄 개솔린에서 차지하는 동남아 원유의 비율)

$\Rightarrow 0.75x_4-0.25x_5-0.25x_6 \geq 0$

$x_5 \leq 0.4(x_4+x_5+x_6)$ (프리미엄 개솔린에서 차지하는 중동 원유의 비율)

$\Rightarrow -0.4x_4+0.6x_5-0.4x_6 \leq 0$

$x_6 \geq 0.3(x_4+x_5+x_6)$ (프리미엄 개솔린에서 차지하는 남미 원유의 비율)

$\Rightarrow -0.3x_5-0.3x_5+0.7x_6 \geq 0$

$x_1+x_2+x_4 \geq 10,000$ (보통 개솔린 생산 소요량)

모든 변수≥ 0

	A	B	C	D	E	F	G	H	I	J
1	혼합물 문제									
2										
3	목적함수:									
4		X1	X2	X3	X4	X5	X6			
5	목적함수 계수	1	0.8	0.5	1.3	1.1	0.3			
6										
7	제약조건:									
8		X1	X2	X3	X4	X5	X6	LHS		RHS
9	조건식	1	0	0	1	0	0	5000	<=	5000
10	조건식	0	1	0	0	1	0	10000	<=	10000
11	조건식	0	0	1	0	0	1	10000	<=	10000
12	조건식	0.7	-0.3	-0.3	0	0	0	-3000	<=	0
13	조건식	-0.4	0.6	-0.4	0	0	0	4000	>=	0
14	조건식	-0.2	-0.2	0.8	0	0	0	2E-07	<=	0
15	조건식	0	0	0	0.75	-0.25	-0.25	1250	>=	0
16	조건식	0	0	0	-0.4	0.6	-0.4	-4000	<=	0
17	조건식	0	0	0	-0.3	-0.3	0.7	3500	>=	0
18	조건식	1	1	1	0	0	0	10000	>=	10000
19										
20	최적해:									
21		X1	X2	X3	X4	X5	X6			Z
22	값	0	8000	2000	5000	2000	8000			18500

다기간 생산계획 문제

다기간 생산계획을 수립할 때 생산비가 낮고 초과 생산량을 다음 기간에 사용토록 재고로 유지할 수 있으면 미리 필요 이상으로 생산하는 편이 유리할 경우가 있다.

옥수동에 있는 조그만 장난감 제조 공장에서는 제품 한 개를 생산하는 데 2시간이 소요된다. 회사는 아르바이트 학생을 고용하는데 가을에는 시간당 5.75달러, 겨울에는 7.00달러, 봄에는 6.25달러를 지불한다. 재고유지비용은 철에 1.5달러이다.

이 제품에 대한 수요는 철에 따라 변동이 심한데 가을에는 150개, 겨울에는 500개, 봄에는 100개로 예측된다.

이 내용을 그림으로 나타내면 다음과 같다.

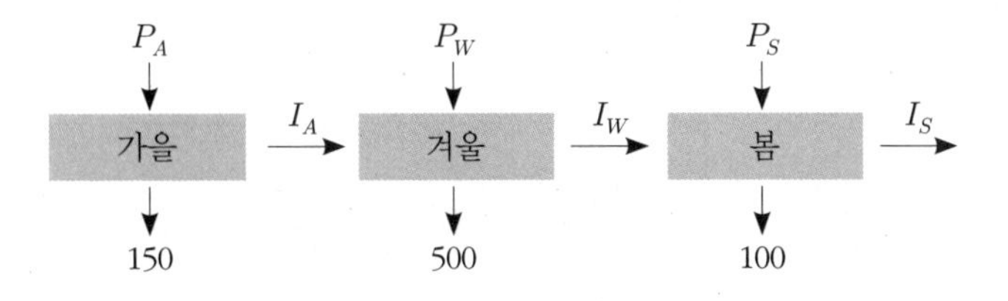

이 그림을 볼 때 겨울의 경우

$P_w + I_A = 500 + I_W$

가 성립한다.

회사는 각 철에 얼마씩 생산할 때 생산비와 재고유지비가 최소가 될 것인가?

P_A=가을 생산량
P_W=겨울 생산량
P_S=봄 생산량
I_A=가을 끝의 재고량
I_W=겨울 끝의 재고량
I_S=봄 끝의 재고량

최소화 $Z = 5.75(2)P_A + 7.00(2)P_W + 6.25(2)P_S + 1.5I_A + 1.5I_W + 1.5I_S$

제약조건 :

$P_A + 0 = 150 + I_A$
$P_W + I_A = 500 + I_W$
$P_S + I_W = 100 + I_S$
모든 변수≥ 0

	A	B	C	D	E	F	G	H	I	J
1		다기간 생산계획 문제								
2										
3	목적함수:									
4		Pa	Pw	Ps	Ia	Iw	IS			
5		11.5	14	12.5	1.5	1.5	1.5			
6										
7	제약조건:									
8		Pa	Pw	Ps	Ia	Iw	Is	LHS		RHS
9		1			-1			150	=	150
10			1		1	-1		500	=	500
11				1		1	-1	100	=	100
12										
13	최적해:									
14		Pa	Pw	Ps	Ia	Iw	Is			Z
15	생산량	650	0	100	500	0	0			9475

▦ 제품 수송문제

보통 수송문제란 공장같은 공급처로부터 도매점같은 수요처로 직접 수송하는 경우이지만 수송비를 절감할 수 있는 경우에는 중간에 창고 또는 유통센터와 같은 경유지를 둘 수 있다.

다음 그림은 경유 수송문제를 나타내는 네트워크의 예이다.

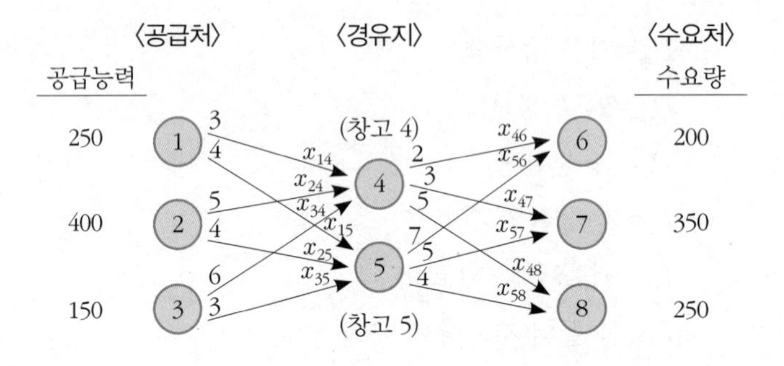

공급처와 수요처는 각각 세 곳이고 경유지는 중간에 두 곳이 있으며 각 수송경로에 따른 단위당 비용과 각 공급처의 공급능력 및 각 수요처의 수요량이 그림에서 보는 바와 같다.

각 공급마디에서의 공급량은 그의 공급능력 이하이어야 하지만 수요마디에서의 수요량은 모두 만족되어야 한다. 한편 창고들은 공급처로부터 제품을 공급받아 수요처에 모두 수송하기 때문에 각 창고에서 보면 유입량과 유출량은 똑같아야 한다.

총수송비용을 최소로 하면서 각 공급처에서 각 창고로, 각 창고에서 각 수요처로 얼마를 수송해야 하는가?

x_{ij}=마디 i에서 마디 j에의 수송량

최소화 $Z=3x_{14}+4x_{15}+5x_{24}+4x_{25}+6x_{34}+3x_{35}$
$+2x_{46}+3x_{47}+5x_{48}+7x_{56}+5x_{57}+4x_{58}$

제약조건 :

$x_{14}+x_{15} \leq 250$ (공급처 1의 공급능력)

$x_{24}+x_{25} \leq 400$ (공급처 2의 공급능력)

$x_{34}+x_{35} \leq 150$ (공급처 3의 공급능력)

$x_{14}+x_{24}+x_{34}=x_{46}+x_{47}+x_{48}$ (창고 4의 유입량과 유출량)

$x_{15}+x_{25}+x_{35}=x_{56}+x_{57}+x_{58}$ (창고 5의 유입량과 유출량)

$x_{46}+x_{56}=200$ (수요처 6의 수요량)

$x_{47}+x_{57}=350$ (수요처 7의 수요량)

$x_{48}+x_{58}=250$ (수요처 8의 수요량)

$x_{ij} \geq 0$

	A	B	C	D	E	F	G	H	I
1					제품 수송문제				
2									
3				단위당 수송비용					
4		창고 4	창고 5	수요처 6	수요처 7	수요처 8			
5	공급처 1	3	4	100	100	100			
6	공급처 2	5	4	100	100	100			
7	공급처 3	6	3	100	100	100			
8	창고 4	100	100	2	3	5			
9	창고 5	100	100	7	5	4			
10									
11				수송량					
12		창고 4	창고 5	수요지 6	수요지 7	수요지 8	실제 공급량		공급능력
13	공급처 1	250	0	0	0	0	250	<=	250
14	공급처 2	300	100	0	0	0	400	<=	400
15	공급처 3	0	150	0	0	0	150	<=	150
16	창고4	0	0	200	350	0	550		
17	창고5	0	0	0	0	250	250		
18	유입량	550	250	200	350	250			
19	유출량	550	250						
20	잔량	0	0						
21		=	=	=	=	=			총수송비용
22	수요량	0	0	200	350	250			5550

1. 규범적 분석론이 경영자들의 의사결정에 왜 필요한가?

2. 최적화 모델에 속하는 모델을 간단히 설명하라.

3. 선형계획법이 경영 의사결정 문제의 해결에 널리 사용되는 이유를 설명하라.

4. 선형계획 모델의 구조를 간단히 설명하라.

5. 선형계획 모델의 전제조건은 무엇인가?

6. 정기노선 시내버스를 운영하는 (주)수유여객에서는 교통량에 부응하는 적절한 배차계획을 세우려 한다. 몇 달 동안 교통량을 조사해 다음과 같은 결과를 얻었다.

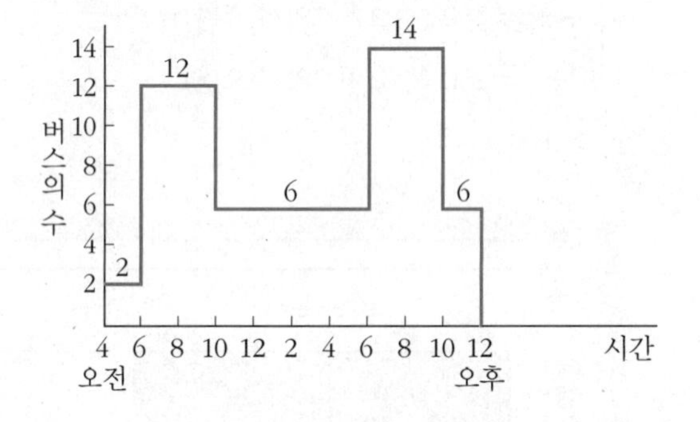

버스는 일단 배차되면 8시간 운행한다. 교통량을 감안하여 배차시간은 오전 4시~오전 12시, 오전 6시~오후 2시, 오후 2시~오후 10시, 오후 4시~오후 12시의 네 교대로 하기로 하였다. 교통량에 부응하면서 배차되는 총 버스 수를 최소화하는 선형계획 모델을 작성하자.

7. K-마트에 있는 식료품 주인은 마요네즈 150파운드 가운데 70파운드가 곧 유통기간이 닥쳐 이를 처분하려고 한다. 마요네즈를 다 처분하기 위하여 햄 바르기와 델리 바르기의 두 제품을 만들어 팔기로 하였다.
햄 바르기의 한 접시를 만들기 위해서는 1.2파운드의 마요네즈가 필요하고 델리 바르기 한 접시는 1파운드의 마요네즈가 필요하다. 주인은 햄 바르기 15접시와 델리 바르기 8접시의 주문을 받은 상태다.

한편 주인은 판매용으로 적어도 10접시씩을 만들려고 한다. 두 가지 접시를 만드는 데 드는 비용은 1,000원씩이지만 햄 바르기 한 접시는 1,300원에 팔고 델리는 1,500원에 팔려고 한다.

(1) 비용을 최소로 하는 두 제품의 생산량을 결정할 선형계획 모델을 작성하라.

(2) 이익을 최대로 하는 두 제품의 생산량을 결정할 선형계획 모델을 작성하라.

8. 24시간 영업을 하는 강남의 한 설렁탕 집에 다음과 같이 시간대에 따라 다른 수의 웨이트레스가 필요하다고 한다. 각 웨이트레스는 하루 8시간 계속 일을 하면서 교대한다고 할 때 각 시간대의 초에 근무를 시작하는 웨이트레스의 수를 최소로 하는 선형계획 모델을 작성하자.

시간대	최소의 수
6~10	5
10~14	9
14~18	6
18~22	10
22~2	5
2~6	2

9. 농촌사료(주)는 농민들의 요구에 맞도록 네 가지의 사료를 배합하여 공급해 주는 회사이다. 각 사료는 다음 표에서 보는 바와 같이 옥수수, 곡초, 미네랄을 일정한 비율로 포함하고 있다. 표는 또한 1,000파운드당 사료 가격을 보여주고 있다.

포함하는 영양물의 비율(%)				
영양물	사료 1	사료 2	사료 3	사료 4
옥수수	30	5	20	10
곡초	10	30	15	10
미네랄	20	20	20	30
구매가격(만 원)	25	30	32	15

회사는 한 농민으로부터 옥수수 20% 이상, 곡초 15% 이상, 미네랄 15% 이상으로 배합된 사료 8,000파운드를 주문받았다. 회사는 비용을 최소로 하면서 농민의 요구를 만족시키기 위해서는 각 사료를 얼마씩 혼합해야 하는가?

10. 미국에서 사업하는 아리랑 직물회사는 금년 수퍼볼이 끝난 직후 72시간 내에 승리한 팀을 위해 표준셔츠를 생산·판매하기로 계약을 맺었다. 생산할 셔츠는 스웨터와 T셔츠인데 이들에 앞 또는 앞과 뒤에 약품을 사용하여 원하는 글자를 프린트해야 한다. 생산된 제품은 한 트럭에 모두 실어야 하는데 표준크기의 상자 1,200개를 실을 수 있다. 표준크기 한 상자에는 12개의 T셔츠를 담는데 12개의 스웨터를 담은 한 상자는 표준크기 T셔츠 상자의 3배 크기이다. 회사는 이 계약 수행을 위하여 25,000달러의 예산을 책정하였다. 한편 회사는 프린트해야 할 스웨터와 T셔츠를 각각 12개씩 600뭉치를 재고로 보유하고 있다. 기타 정보는 다음과 같을 때 회사는 이익을 최대로 하기 위해서는 각 셔츠별 12개들이 상자는 얼마씩 생산해야 할 것인가?

	가공시간(시간)/상자	비용/상자	이익/상자
스웨터-앞	0.10	38달러	92달러
스웨터-앞과 뒤	0.25	48	125
T셔츠-앞	0.08	27	47
T셔츠-앞과 뒤	0.21	35	65

11. 신촌투자회사는 70,000달러를 몇 가지 투자기회에 모두 배분하려고 한다. 연 수익률은 지방채 8.5%, 예금증서 5%, 국채 6.5%, 성장주 펀드 13%라고 한다. 모든 투자는 1년 후에 평가한다. 각 투자기회는 다른 위험부담을 주기 때문에 분산 투자함이 요망된다. 따라서 다음과 같은 분산을 위한 지침이 설정되었다.

- 지방채 구매에 총투자액의 20% 이상을 투자해야 한다.
- 예금증서 투자액이 나머지 투자기회에 대한 투자액보다 초과해서는 안 된다.
- 적어도 투자액의 30%는 국채와 예금증서에 투자해야 한다.
- 지방채와 성장주 펀드보다 예금증서와 국채에 적어도 1.2 : 1의 비율 이상으로 투자해서는 안 된다.

회사는 수익을 최대로 하기 위하여 각 투자기회에 얼마씩 투자를 해야 할지 선형계획 모델을 작성하라.

12. Word 자동차㈜는 세 공장에서 승용차를 생산하여 국내의 네 지역으로 수송한다. 각 공장의 공급능력, 각 지역의 수요량, 각 공장에서 각 지역으로 수송할 때의 단위당 비용이 다음 표와 같다. 회사는 총비용을 최소로 하는 수송계획을 구하고자 한다.

공장	지역				공급능력
	1	2	3	4	
A	141	218	266	122	455
B	250	116	263	278	600
C	178	132	122	180	500
수요량	455	200	300	300	

13. 다음과 같은 선형계획 모델이 주어졌을 때 물음에 답하라.

최대화 $Z=7x_3+3x_3+9x_3$ (이익)

제약조건:

$$4x_1+5x_2+6x_3 \leq 360 \text{ (노동)}$$

$$2x_1+4x_2+6x_3 \leq 300 \text{ (기계)}$$

$$9x_1+5x_2+6x_3 \leq 600 \text{ (자재)}$$

$$x_1+x_2+x_3 \geq 0$$

(1) Excel을 이용하여 최적해와 민감도 보고서를 구하라.

(2) 결정변수 x_2의 목적함수 계수의한계비용은 −4.5이다. 이의 의미는 무엇인가?

(3) c_1, c_2, c_3의 최적범위를 구하라.

(4) 현재의 $c_1=7$에서 3만큼 증가하면 목적함수 값은 얼마가 되는가?

(5) 현재의 $c_2=3$에서 $c_2=7$로 변화하면 어떤 일이 발생하는가?

(6) 각 자원의 잠재가격을 구하라.

(7) 잠재가격이 0이란 무엇을 의미하는가?

(8) 노동의 잠재가격이 타당하기 위해서는 어떤 조건이 만족되어야 하는가?

(9) 어떤 자원이 가장 값진 자원인가?

(10) b_1, b_2, b_3의 실행가능범위를 구하라.

(11) 현재의 $b_1=360$에서 $b_1=350$으로 변화하면 어떤 일이 발생하는가?

(12) 만일 b_2가 310으로 증가하게 되면 그의 잠재가격은 어떻게 되는가?

(13) 추가로 자원 1단위를 취득할 수 있을 때 어떤 자원을 취득해야 하는가?

14. 남해정유(주)는 세 곳으로부터 원유를 수입하여 고급, 프리미엄, 보통의 세 가지 모터오일을 생산한다. 수입하는 원유의 하루 가용량(배럴)과 배럴당 수입 가격(만 원)은 아래 표와 같다.

원유	최대 가용량/일	가격
원유 1	5,000	20
원유 2	3,000	18
원유 3	4,000	25

적절한 혼합을 분명히 하기 위하여 모터오일의 각 등급은 각 원유를 다음과 같은 규격으로 만족시켜야 한다.

등급	원유 규격	판매가격/배럴
고급	원유1 45%이상 원유2 30%이하	32
프리미엄	원유1 40%이상 원유3 25%이하	28
보통	원유1 60%이상 원유2 10%이하	34

한편 회사는 모터오일의 각 등급에 대해 3,000배럴 이상을 생산하고자 한다. 이익을 최대로 하는 모터오일의 각 등급에 혼합해야 할 각 원유의 최적 배합을 결정하라.

정수계획 및 비선형 최적화 모델

14.1 정수계획의 필요성

우리는 지금까지 선형계획법을 공부하면서 결정변수가 소수점 이하의 값을 갖는 문제를 취급하였다. 이는 선형계획법의 분할성(divisibility)이라는 전제를 인정하는 것이다. 부피, 시간, 길이, 무게와 같이 측정할 수 있는 변수와 관련된 문제에서는 아무런 어려움이 없었다.

그러나 현실적으로 결정변수가 정수(integer)값을 가져야만 의미가 있는 문제가 많이 존재한다. 예를 들면 선박, 비행기, 대형컴퓨터, 자동차 등을 구입하는 경우에 이들을 분수로 나타낼 수는 없는 것이다. 또한 구한 분수를 정수로 반올림하는 경우에는 최적 정수해가 될 수 없는 것이 일반적이다.

한편 결정변수가 0 또는 1의 값으로 표현되는 문제는 일반 선형계획법으로 풀 수가 없다. 예를 들면 어떤 프로젝트가 선택되면 결정변수가 1의 값을 갖고 선택되지 않으면 0의 값을 갖는 경우이다.

14.2 정수계획 모델의 형태

정수계획 모델을 작성하는 기본적인 절차는 선형계획 모델을 작성하는 경우와 차이는 없다. 다만 추가적인 요구조건은 결정변수의 하나 이상이 최적해에서 정수값을 취해야 한다는 것이다.

정수계획 모델에는 세 가지 형태의 모델이 있다.

- 순수 정수계획 모델
- 혼합 정수계획 모델
- 0−1 정수계획 모델

모든 정수계획 모델은 결정변수의 일부 또는 전부가 정수일 것을 요구한다.

모든 결정변수의 값이 정수일 것을 요구하는 모델은 순수 정수계획 모델(pure−integer or all−integer model)이라 하고 일부의 변수만 정수일 것을 요구하는 모델을 혼합 정수계획 모델(mixed integer model)이라고 한다.

그리고 모든 결정변수의 값이 0 또는 1을 취하도록 요구하는 모델을 0−1 정수계획 모델(zero−one integer model)이라고 한다.

이러한 세 가지 형태의 정수계획 모델의 예를 들면 다음과 같다.

순수 정수계획 모델

최대화 $Z=5x_1+3x_2$

제약조건 :

$$4x_1+3x_2\leq 20$$
$$3x_1+1x_2\leq 12$$
$$x_1,\ x_2 : \text{정수}$$

혼합 정수계획 모델

최대화 $Z=2x_1+3x_2$

제약조건 :

$$130x_1+182x_2\leq 910$$
$$4x_1+40x_2\leq 140$$
$$1x_1\leq 4$$
$$x_1\geq 0,\ x_2 : \text{정수}$$

0–1 정수계획 모델

최대화 $Z=3x_1+2x_2$

제약조건 :

$$5x_1+6x_2\leq 30$$

$$4x_1+3x_2\leq 24$$

$$x_1,\ x_2=0 \text{ 또는 } 1$$

14.3 그래프 방법과 Excel 해법

그래프 방법

그래프 방법은 순수 및 혼합 정수계획 문제에 적용할 수 있다.

그래프 방법에 따라 정수해를 구하기 위하여 앞절에서 보여준 순수 정수계획 모델을 예로 들자.

모델의 마지막 조건에서 "$x_1,\ x_2$: 정수" 대신에 "$x_1,\ x_2\geq 0$"이라고 가정하는 일반 선형계획 모델의 최적해는 [그림 14–1]에서 보는 바와 같이 $x_1=3.2$, $x_2=2.4$, $Z=23.2$이다.

그러나 "$x_1,\ x_2$: 정수"라는 조건이 추가되는 순수 정수계획 문제의 최적해는 그림에서 보는 바와 같이 $x_1=2$, $x_2=4$, $Z=22$이다. 이와 같이 정수계획 문제의 목적함수 값 Z는 $23.2-22=1.2$만큼 감소하였다. 최적 정수해의 Z값은 일반 최적해의 Z값보다 언제나 작거나 같은데 이는 정수계획 문제의 중요한 특성이다.

정수계획 문제의 그래프 방법과 일반적인 선형계획 문제의 그래프 방법의 차이는 가해영역(feasible region)의 성격에 있다. 일반 선형계획 문제에서 가해영역은 $0ABC$이지만 정수계획에 있어서 가해영역은 $0ABC$ 내에 있는 모든 정수점(integer)들이다. 이는 [그림 14–1]에서 굵은 점으로 표시되어 있다.

이와 같이 가해영역의 꼭지점에서 최적해가 결정되는 선형계획 문제와 달리 정수계획 문제에서의 최적해는 꼭지점에서 결정되지 않는 특성을 갖는다.

그림 14-1 최적 정수해

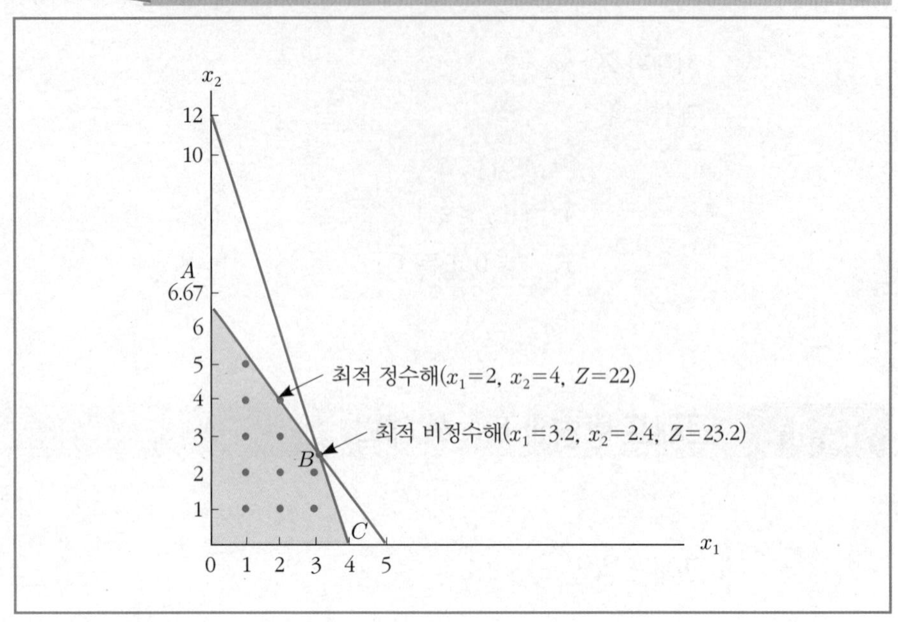

Excel 활용

[1] 순수 정수계획 모델

❶ 필요한 데이터를 시트에 입력한다.

	A	B	C	D	E	F	G
1	순수 정수계획 모델						
2							
3		X1	X2				
4	목적함수계수	5	3				
5							
6							
7		X1	X2	LHS		RHS	
8	기술계수	4	3		<=	20	
9	기술계수	3	1		<=	12	
10							
11							
12		X1	X2			Z	
13	값						
14							

❷ 필요한 수식을 입력한다.

셀 주소	수식	비고
D8	=SUMPRODUCT(B8:C8, $B$13:$C13)	D9까지 복사
F13	=SUMPRODUCT(B4:C4, B13:C13)	

❸ 「데이터」 메뉴와 「해 찾기」를 클릭하면 「해 찾기 매개변수」 스크린이 나타난다. 다음과 같이 입력한다.

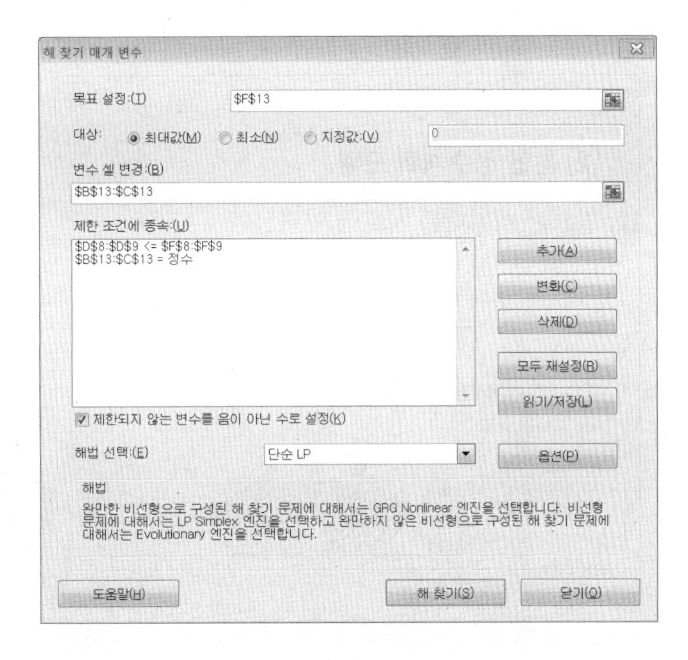

제한 조건에서 정수조건을 입력하기 위해서는 「추가」를 클릭한 후 셀 영역 B13:C13을 끌기한다. 그리고 가운데 부등호에서 'int'를 선택한 후 「확인」을 클릭한다.

❹ '옵션'을 클릭하고 '정수 제한조건 무시'에 체크를 지우고 「확인」을 클릭한다.

❺ 「해 찾기 매개변수」 스크린이 나타나면 「해 찾기」를 클릭한다.

❻ 「해 찾기 결과」가 나타나면 「확인」을 클릭한다.

❼ 다음과 같은 최적 정수해를 얻는다.

	A	B	C	D	E	F	G
1	순수 정수계획 모델						
2							
3		X1	X2				
4	목적함수계수	5	3				
5							
6							
7		X1	X2	LHS		RHS	
8	기술계수	4	3	20	<=	20	
9	기술계수	3	1	10	<=	12	
10							
11							
12		X1	X2			Z	
13	값	2	4			22	
14							

[2] 혼합 정수계획 모델

❶ 필요한 데이터를 시트에 입력한다.

	A	B	C	D	E	F	G
1	혼합 정수계획 모델						
2							
3		X1	X2				
4	목적함수계수	2	3				
5							
6							
7		X1	X2	LHS		RHS	
8	기술계수	130	182		<=	910	
9	기술계수	4	40		<=	140	
10	기술계수	1			<=	4	
11							
12							
13		X1	X2			Z	
14	값						
15							

❷ 필요한 수식을 입력한다.

셀 주소	수식	비고
D8	=SUMPRODUCT(B8:C8, $B$14:$C$14)	D10까지 복사
F14	=SUMPRODUCT(B4:C4, B14:C14)	

❸ 「데이터」 메뉴와 「해 찾기」를 클릭하면 「해 찾기 매개변수」 스크린이 나타난다.

❹ 다음과 같이 입력한다.

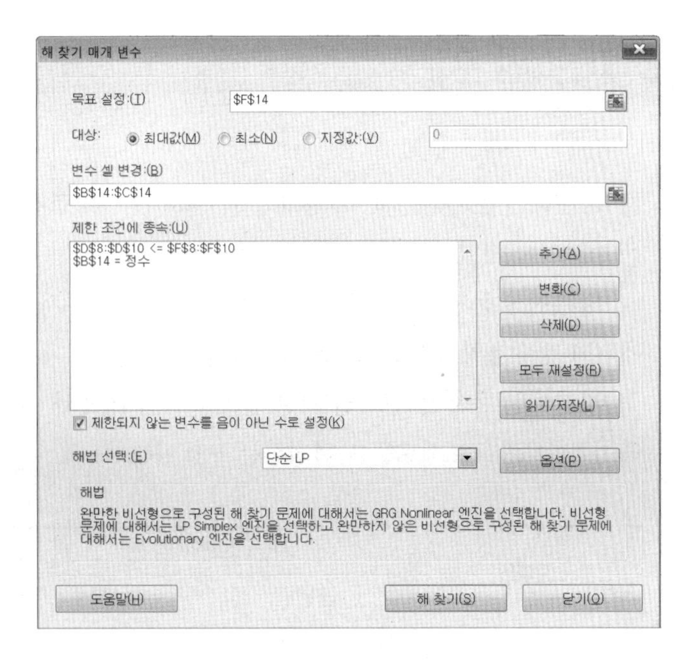

❺ '옵션'을 클릭하고 '정수 제한조건 무시'에 체크를 지우고 「확인」을 클릭한다.

❻ 「해 찾기 매개변수」 스크린이 나타나면 「해 찾기」를 클릭한다.

❼ 「해 찾기 결과」가 나타나면 「확인」을 클릭한다.

❽ 다음과 같은 최적 정수해를 얻는다.

	A	B	C	D	E	F	G
1	혼합 정수계획 모델						
2							
3		X1	X2				
4	목적함수계수	2	3				
5							
6							
7		X1	X2	LHS		RHS	
8	기술계수	130	182	910	<=	910	
9	기술계수	4	40	126.28571	<=	140	
10	기술계수	1		3	<=	4	
11							
12							
13		X1	X2			Z	
14	값	3	2.8571429			14.571429	
15							

14.4 자본예산 문제

자본예산 문제(capital-budgeting problem)는 제약조건식이 몇 개가 되고 목적은 자본이나 개발자금을 몇 개의 프로젝트에 배분하는 것이다.

자본예산 문제에서 선정된 프로젝트는 필요한 투자액을 전액 지원하기 때문에 0–1 정수계획 모델로 취급할 수 있다.

자본예산 문제는 연도별 자본예산의 범위 내에서 여러 프로젝트 중에서 이익(가치)이 큰 프로젝트들을 선정하는 모델이다.

프로젝트	자금 소요액(억 원)		이익
	금년	내년	
A	4	3	9
B	5	5	13
C	2	4	8
D	4	2	9

영동중공업(주)는 금년에 10억 원, 내년에 11억 원을 투자하여 프로젝트를 건설하려고 한다. 고려대상 프로젝트, 자금 소요액, 수익 등에 관한 데이터가 위의 표와 같다고 하자.

이 자본예산 문제를 선형계획 모델로 표현하면 다음과 같다.

x_j = 프로젝트 j $(j=1,\ 2,\ \cdots,\ 4)$

최대화 $Z=9x_1+13x_2+8x_3+9x_4$

제약조건:

$$4x_1+5x_2+2x_3+4x_4 \leq 10$$

$$3x_1+5x_2+4x_3+2x_4 \leq 11$$

$x_j=0$ 또는 1

Excel 활용

❶ 필요한 데이터를 시트에 입력한다.

	A	B	C	D	E	F	G	H	I
1				자본예산 문제					
2									
3			프로젝트						
4		X1	X2	X3	X4	LHS		자본예산	
5	수익	9	13	8	9				
6	소요액(금년)	4	5	2	4		<=	10	
7	소요액(내년)	3	5	4	2		<=	11	
8									
9									
10			프로젝트						
11		X1	X2	X3	X4			총가치	
12	값								
13									

❷ 필요한 수식을 입력한다.

셀 주소	수식	비고
F6	=SUMPRODUCT(B6:E6, $B$12:$E$12)	F7까지 복사
H12	=SUMPRODUCT(B5:E5, B12:E12)	

❸ 「데이터」 메뉴와 「해 찾기」를 클릭하고 「해 찾기 매개변수」 스크린이 나타나면 다음과 같이 입력한다.

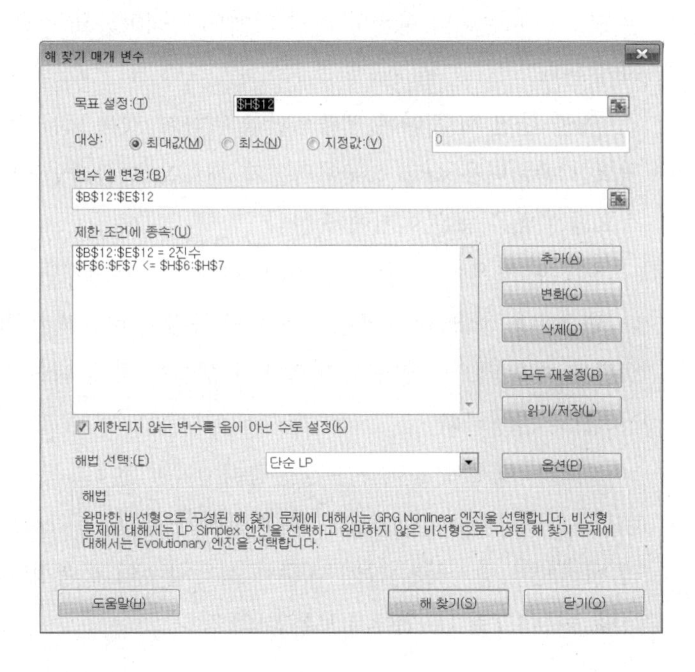

❹ '옵션'을 클릭하고 '정수 제한조건 무시'에 체크를 지운 후 「확인」을 누른다.

❺ 「해 찾기 매개변수」 스크린이 나타나면 「해 찾기」를 클릭한다.

❻ 「해 찾기 결과」가 나타나면 「확인」을 누른다.

❼ 다음과 같은 최적 정수해를 얻는다.

	A	B	C	D	E	F	G	H	I
1				자본예산 문제					
2									
3			프로젝트						
4		X1	X2	X3	X4	LHS		자본예산	
5	수익	9	13	8	9				
6	소요액(금년)	4	5	2	4	10	<=	10	
7	소요액(내년)	3	5	4	2	9	<=	11	
8									
9									
10			프로젝트						
11		X1	X2	X3	X4			총가치	
12	값	1	0	1	1			26	
13									

14.5 고정비용 문제

대부분의 선형계획 모델은 각 결정변수와 단위당 비용 또는 단위당 이익을 연관시켜 목적함수를 만든다. 그러나 경우에 따라서는 제품을 생산하려는 결정은 단위당 비용이나 단위당 이익 외에도 고정비용(fixed charge, fixed cost)을 수반하게 된다.

예를 들면 서로 다른 제품생산을 위하여 기계 또는 생산라인을 변경하는 데 필요한 준비비용(setup cost)이라든가 새로운 생산라인이나 시설을 건설하는 데 소요되는 비용 등은 여기에 속한다.

이러한 경우에 고정비용은 어떤 결정이 이루어지면 발생하는 새로운 비용이다. 변동비용 (variable cost)은 생산량의 증감에 비례해서 발생하지만 고정비용은 생산을 하지 않으면 발생하지 않으나 생산을 하게 되면 생산량에 관계 없이 고정적으로 발생한다.

이러한 경우에 총비용은 생산량이 0이면 0이고 생산량이 0보다 크면 (고정비용+단위당비용×생산량)으로 계산하게 된다. 따라서 총비용은 생산량에 따라 비례해서 증가하지 않기 때문에 목적함수의 선형성(linearity)이 적용되지 않는다. 이는 [그림 14-2]에서 보는 바와 같다.

그림 14-2 고정비용에 따른 비용함수

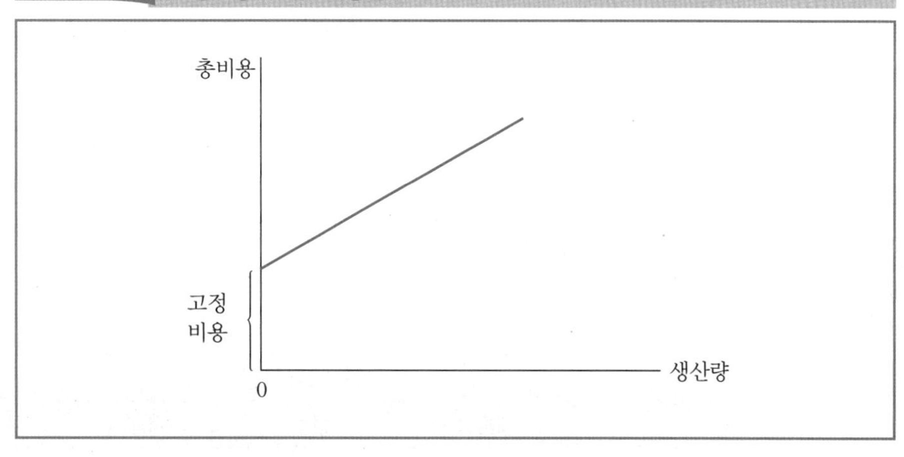

고정비용 문제는

- 생산량에 따라 고정비용의 발생여부를 결정해 주는 0-1 변수의 도입
- 총비용은(단위당 비용×생산량)과 0-1변수를 사용하여 결정되는 고정비용의 합으로 구성
- 생산량 변수와 도입한 0-1변수를 관련시키는 연결제약조건식(link constraint)의 도입

등을 통하여 고정비용 모델로 모델화할 수 있다.

모델화를 위하여 다음과 같이 정의하자.

x_j=제품 j의 생산량($j=1, 2, \cdots, n$)
c_j=변동비용
f_j=고정비용

$$y_j=\begin{cases} 1 & x_j>0\text{일 경우} \\ 0 & x_j=0\text{일 경우} \end{cases}$$

그러면

총비용$=c_jx_j+f_jy_j$
연결제약조건식:

$$x_j \le My_j \ (\text{또는 } x_j-My_j \le 0)$$

으로 표현할 수 있다.

간단한 예를 들어 보기로 하자. 청양제조(주)는 새로운 생산주기로 세 가지 제품을 생산하려고 하는데 모두 공정 A, B, C를 거치며 생산준비가 꼭 필요하다고 한다.

다음 표는 공정별 제품별 필요생산시간, 공정별 총가능시간, 제품별 단위당 이익, 제품별 생산준비비용 등을 나타내고 있다. 회사는 이익을 최대로 하기 위해 각 제품을 얼마씩 생산해야 할 것인가를 결정하고자 한다.

공정	단위당 생산시간			총가능시간
	제품 1	제품 2	제품 3	
A	2	3	6	700
B	6	3	4	600
C	5	6	2	600
단위당 이익	58	65	60	
준비비용	1,100	800	1,000	

여섯 개의 변수를 다음과 같이 정의한다.

x_j = 제품 j의 생산량 $(j=1, 2, 3)$

$$y_j = \begin{cases} 1 & x_j > 0\text{일 경우} \\ 0 & x_j = 0\text{일 경우} \end{cases} \quad (j=1, 2, 3)$$

최대화 $Z = 58x_1 + 65x_2 + 60x_3 - 1,100y_1 - 800y_2 - 1,000y_3$

제약조건:

$$2x_1 + 3x_2 + 6x_3 \leq 700 \text{ (공정 } A)$$

$$6x_1 + 3x_2 + 4x_3 \leq 600 \text{ (공정 } B)$$

$$5x_1 + 6x_2 + 2x_3 \leq 600 \text{ (공정 } C)$$

$$\left.\begin{array}{l} x_1 \leq My_1 \\ x_2 \leq My_2 \\ x_3 \leq My_3 \end{array}\right\} \text{(연결제약조건식)}$$

$y_j = 0$ 또는 1

$x_j \geq 0$ 그리고 정수

y_j변수의 값은 x_j변수로부터 결정되기 때문에 이들을 연결시켜 주는 제약조건식이 필요하다.

여기서 M은 결정변수 x_j의 최적값의 상한이다. 그런데 M에 임의로 큰 수치를 부여할 수 있기 때문에 'Big M' 값이라고도 한다.

Excel 활용

❶ 필요한 데이터를 시트에 입력한다.

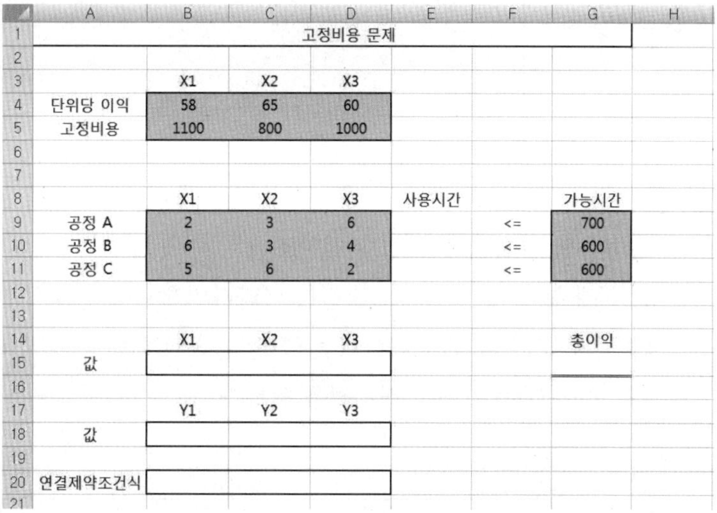

	A	B	C	D	E	F	G	H
1				고정비용 문제				
2								
3		X1	X2	X3				
4	단위당 이익	58	65	60				
5	고정비용	1100	800	1000				
6								
7								
8		X1	X2	X3	사용시간		가능시간	
9	공정 A	2	3	6		<=	700	
10	공정 B	6	3	4		<=	600	
11	공정 C	5	6	2		<=	600	
12								
13								
14		X1	X2	X3			총이익	
15	값							
16								
17		Y1	Y2	Y3				
18	값							
19								
20	연결제약조건식							
21								

❷ 필요한 수식을 입력한다.

셀 주소	수식	비고
E9	=SUMPRODUCT(B9:D9, $B$15:$D$15)	E11까지 복사
G15	=SUMPRODUCT(B4:D4, B15:D15)-SUMPRODUCT(B5:D5, B18:D18)	
B20	=B15-MIN($G$9/B9, $G$10/B10, $G$11/B11)*B18	D20까지 복사

❸ 「데이터」 메뉴와 「해 찾기」를 클릭하고 「해 찾기 매개변수」 스크린이 나타나면 다음과 같이 입력한다.

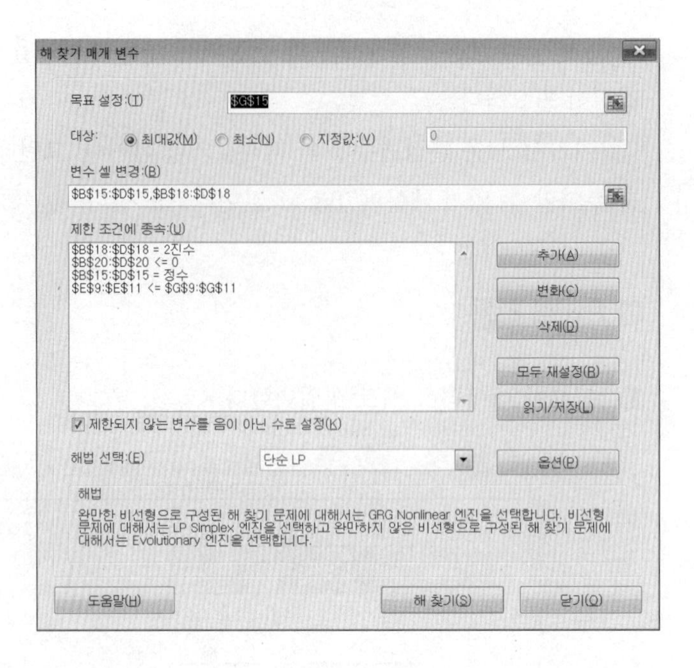

❹ '옵션'을 클릭하고 '정수 제한조건 무시'에 체크를 지운 후 「확인」을 클릭한다.

❺ 「해 찾기 매개변수」 스크린이 나타나면 「해 찾기」를 클릭한다.

❻ 「해 찾기 결과」가 나타나면 「확인」을 클릭한다.

❼ 다음과 같은 최적 정수해를 얻는다.

	A	B	C	D	E	F	G	H
1				고정비용 문제				
2								
3		X1	X2	X3				
4	단위당 이익	58	65	60				
5	고정비용	1100	800	1000				
6								
7								
8		X1	X2	X3	사용시간		가능시간	
9	공정 A	2	3	6	699	<=	700	
10	공정 B	6	3	4	539	<=	600	
11	공정 C	5	6	2	598	<=	600	
12								
13								
14		X1	X2	X3			총이익	
15	값	0	73	80			7745	
16								
17		Y1	Y2	Y3				
18	값	0	1	1				
19								
20	연결제약조건식	0	-27	-36.66667				
21								

14.6 위치선정 문제

우리가 공부한 수송문제는 공장이나 창고 같은 공급처로부터 소매점이나 고객 같은 수요처로 완제품을 수송하는 문제였다.

그러나 경우에 따라서는 물류비용을 감축하기 위하여 공장이나 창고를 확대하고자 하는 노력이 필요할 때가 있다. 물론 공급처의 확대는 상당한 자본투자와 고정비용을 수반할 것이다. 이때 공장이 몇 군데 필요하며 어디에 입지해야 할 것인가를 결정하기 위하여 정수계획법이 사용될 수 있다.

희망전자(주)는 새로운 마이크로 컴퓨터를 생산할 공장을 신축하기 위한 계획을 수립하고 있다. 지금까지는 전국에 네 곳의 유통센터에 공급하여 왔으나 최근 수요가 급증하여 새로운 조립공장을 신축하려고 한다. 공장의 후보지는 네 곳이다.

네 곳 후보지의 공급능력과 고정비용, 각 유통센터의 수요량 그리고 각 후보지와 유통센터 사이의 대당 수송비용은 다음 표와 같다.

후보지 \ 유통센터	1	2	3	4	공급능력(월)	고정비용(월)
A	4	5	2	6	3,500	800
B	6	7	8	9	4,000	900
C	9	5	4	8	3,200	700
D	10	8	7	5	3,900	780
수요량	1,000	3,000	2,500	3,200		

한편 이 문제를 네트워크로 표현하면 다음과 같다.

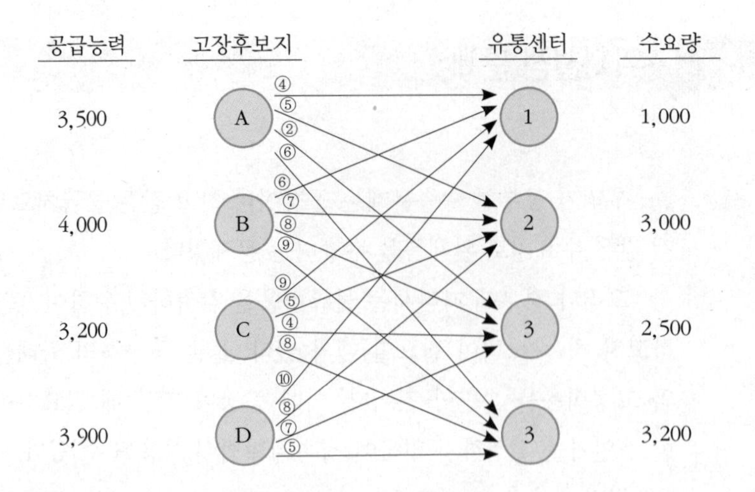

이 문제는 수송비용과 고정비용 등 총비용을 최소로 하면서 어느 후보지에 공장을 신축할 것이며 신축한 후 각 공장으로부터 각 유통센터에의 수송량은 얼마인가를 결정하려는 것이다.

다음과 같이 결정변수를 정의하고 선형계획을 모델화하기로 하자.

x_{ij}=공장 i에서 유통센터 j에의 수송량

$$y_j=\begin{cases} 1 & x_j>0\text{일 경우} \\ 0 & x_j=0\text{일 경우} \end{cases}$$

최소화 $Z=4x_{11}+5x_{12}+2x_{13}+6x_{14}+$

$6x_{21}+7x_{22}+8x_{23}+9x_{24}+$

$9x_{31}+5x_{32}+4x_{33}+8x_{34}+$

$10x_{41}+8x_{42}+7x_{43}+5x_{44}+$

$800y_1+900y_2+700y_3+780y_4$

제약조건:

$$\left.\begin{aligned} x_{11}+x_{12}+x_{13}+x_{14} &\le 3{,}500y_1 \\ x_{21}+x_{22}+x_{23}+x_{24} &\le 4{,}000y_2 \\ x_{31}+x_{32}+x_{33}+x_{34} &\le 3{,}200y_3 \\ x_{41}+x_{42}+x_{43}+x_{44} &\le 3{,}900y_4 \end{aligned}\right\}\text{(공급능력)}$$

$$\left.\begin{aligned} x_{11}+x_{21}+x_{31}+x_{41}&=1,000 \\ x_{12}+x_{22}+x_{32}+x_{42}&=3,000 \\ x_{13}+x_{23}+x_{33}+x_{43}&=2,500 \\ x_{14}+x_{24}+x_{34}+x_{44}&=3,200 \end{aligned}\right\} \text{(수요량)}$$

$y_j=0$ 또는 1

$x_{ij}\geq 0$ 그리고 정수

Excel 활용

❶ 필요한 데이터를 시트에 입력한다.

	A	B	C	D	E	F	G	H
1				위치선정 문제				
2								
3		유통센터 1	유통센터 2	유통센터 3	유통센터 4	고정비용		y
4	공장후보지 A	4	5	2	6	800		
5	공장후보지 B	6	7	8	9	900		
6	공장후보지 C	9	5	4	8	700		
7	공장후보지 D	10	8	7	5	780		
8								
9								
10		유통센터 1	유통센터 2	유통센터 3	유통센터 4	실제공급량		공급능력
11	공장후보지 A						<=	3500
12	공장후보지 B						<=	4000
13	공장후보지 C						<=	3200
14	공장후보지 D						<=	3900
15	실제수요량							
16		=	=	=	=			총비용
17	수요량	1000	3000	2500	3200			
18								
19								
20	연결제약조건식							

❷ 필요한 수식을 입력한다.

셀 주소	수식	비고
F11	=SUM(B11:E11)	F14까지 복사
B15	=SUM(B11:B14)	E15까지 복사
H17	=SUMPRODUCT(B4:E7, B11:E14)+ SUMPRODUCT(F4:F7, H4:H7)	
B20	=F11−H11*H4	
C20	=F12−H12*H5	
D20	=F13−H13*H6	
E20	=F14−H14*H7	

❸ 「데이터」 메뉴와 「해 찾기」를 클릭하고 「해 찾기 매개변수」 스크린이 나타나면 다음과 같이 입력한다.

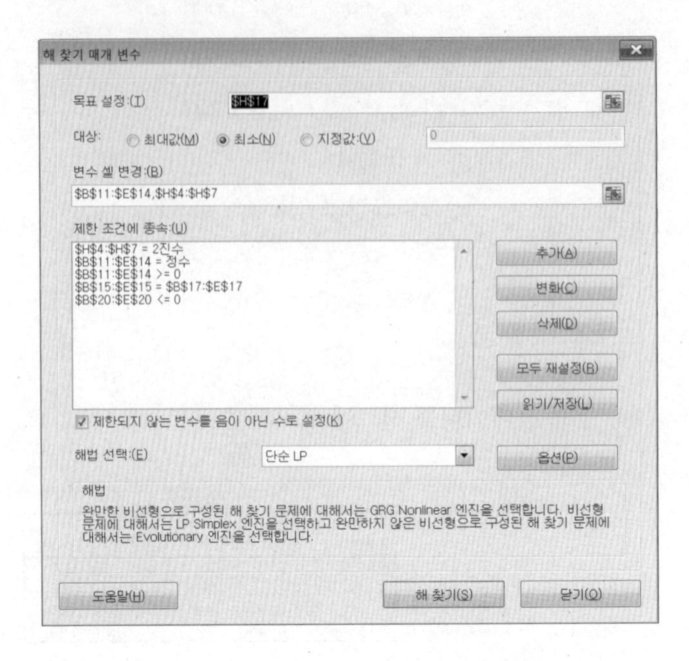

❹ '옵션'을 클릭하고 '정수 제한조건 무시'에 체크를 지운 후 「확인」을 클릭한다.

❺ 「해 찾기 매개변수」 스크린이 나타나면 「해 찾기」를 클릭한다.

❻ 「해 찾기 결과」가 나타나면 「확인」을 클릭한다.

❼ 다음과 같은 최적 정수해를 얻는다.

	A	B	C	D	E	F	G	H
1				위치선정 문제				
2								
3		유통센터 1	유통센터 2	유통센터 3	유통센터 4	고정비용		y
4	공장후보지 A	4	5	2	6	800		1
5	공장후보지 B	6	7	8	9	900		0
6	공장후보지 C	9	5	4	8	700		1
7	공장후보지 D	10	8	7	5	780		1
8								
9								
10		유통센터 1	유통센터 2	유통센터 3	유통센터 4	실제공급량		공급능력
11	공장후보지 A	1000	0	2500	0	3500	<=	3500
12	공장후보지 B	0	0	0	0	0	<=	4000
13	공장후보지 C	0	3000	0	0	3000	<=	3200
14	공장후보지 D	0	0	0	3200	3200	<=	3900
15	실제수요량	1000	3000	2500	3200			
16		=	=	=	=			총비용
17	수요량	1000	3000	2500	3200			42280
18								
19								
20	연결제약조건식	0	0	-200	-700			

14.7 집단커버 문제

소방서, 경찰 관할구역, 진료소 등을 설치할 때 특정 지역의 일련의 고객들을 서브하도록 몇몇의 최적 위치를 결정하는 문제에 직면하게 된다. 이때 이러한 시설은 비용이나 시간 요구를 최소로 하면서 커버(서브)하고자 하는 지역의 고객들을 모두 포함하도록 분산하여 설치해야 한다.

본장에서는 집단커버 문제로서 일곱 면(행정구역: A부터 G까지)으로 구성된 조그만 군에서 진료소를 설치하는 예를 공부하고자 한다. 각 진료소는 반경 운전시간 30분 내에 사는 면민들을 서브하며 한 면민은 두 진료소에서 서비스를 받을 수 있다.

[표 14-1]은 일곱 면 사이에서 운전하는 데 소요되는 시간을 나타낸다.

설치해야 할 진료소의 수는 얼마이며 어느 면에 설치해야 할까? 각 면에 관한 결정은 진료소를 그 면에 설치하느냐 또는 설치하지 않느냐이다. 따라서 예컨대 면 A에 대한 결정변수는 다음과 같이 정의한다.

$A=1$ (진료소를 면 A에 설치하는 경우)
$=0$ (진료소를 면 A에 설치하지 않는 경우)

표 14-1 각 면 사이의 운전시간(분)

에서 \ 으로	A	B	C	D	E	F	G
A	0	15	20	35	35	45	40
B	15	0	35	20	35	40	40
C	20	35	0	15	50	45	30
D	35	20	15	0	35	20	20
E	35	35	50	35	0	15	40
F	45	40	45	20	15	0	35
G	40	40	30	20	40	35	0

표 14-2 커버되는 면

면	30분 내의 면
A	A, B, C
B	A, B, D
C	A, C, D, G
D	B, C, D, F, G
E	E, F
F	D, E, F
G	C, D, G

다른 면에 대해서도 결정변수를 똑같이 정의하면 진료소의 수를 최소화하는 목적함수는 다음과 같다.

최소화 $Z=A+B+C+D+E+F+G$

다음에는 특정 진료소에서 서비스를 받을 수 있는 면은 어느 것인지 규명해야 한다.

예를 들면 면 A에 설치되는 진료소는 운전시간 30분 내에 거주하기 때문에 A, B, C 면 주민들을 서브할 수 있다. [표 14-2]는 모든 일곱 면에 설치되는 진료소에 의해 커버(서브)되는 면들을 보여주고 있다.

각 면은 적어도 하나 이상의 진료소로부터 서비스를 받기 때문에 제약조건은 다음과 같다.

$A+B+C \geq 1$ (면 A)
$A+B+D \geq 1$ (면 B)
$A+C+D+G \geq 1$ (면 C)
$B+C+D+F+G \geq 1$ (면 D)
$E+F \geq 1$ (면 E)
$D+E+F \geq 1$ (면 F)
$C+D+G \geq 1$ (면 G)
모든 변수 = 0 또는 1

Excel 활용

❶ 필요한 데이터를 시트에 입력한다.

	A	B	C	D	E	F	G	H	I	J	K
1	집단커버 문제										
2											
3		A	B	C	D	E	F	G			
4	목적함수 계수	1	1	1	1	1	1	1			
5											
6											
7		A	B	C	D	E	F	G	LHS		RHS
8	A	1	1	1						>=	1
9	B	1	1		1					>=	1
10	C	1		1	1			1		>=	1
11	D		1	1	1		1	1		>=	1
12	E					1	1			>=	1
13	F				1	1	1			>=	1
14	G			1	1			1		>=	1
15											
16											
17		A	B	C	D	E	F	G			목적함수 값
18	최적해										

❷ 필요한 수식을 입력한다.

셀 주소	수식	비고
I8	=SUMPRODUCT(B8:H8, $B$18:$H$18)	I14까지 복사
K18	=SUMPRODUCT(B4:H4, B18:H18)	

❸ 「데이터」 메뉴와 「해 찾기」를 클릭하고 「해 찾기 매개변수」 스크린이 나타나면 다음과 같이 입력한다.

❹ '옵션'을 클릭하고 '정수 제한조건 무시'에 체크를 지운 후 「확인」을 클릭한다.

❺ 「해 찾기 매개변수」 스크린이 나타나면 「해 찾기」를 클릭한다.

❻ 「해 찾기 결과」가 나타나면 「확인」을 클릭한다.

❼ 다음과 같은 최적 정수해를 얻는다.

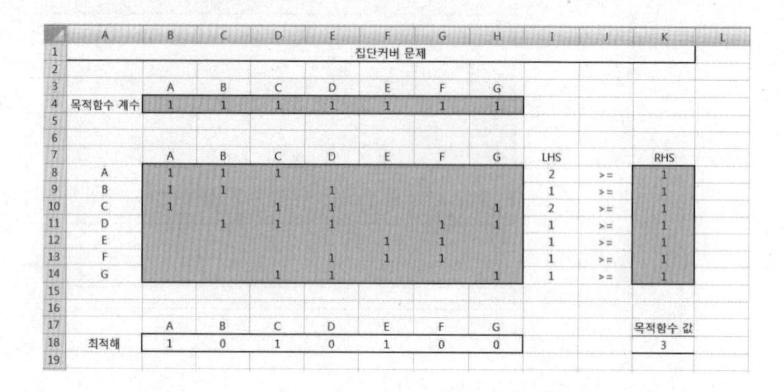

	A	B	C	D	E	F	G	H	I	J	K	L
1	집단커버 문제											
2												
3		A	B	C	D	E	F	G				
4	목적함수 계수	1	1	1	1	1	1	1				
5												
6												
7		A	B	C	D	E	F	G	LHS		RHS	
8	A	1	1	1					2	>=	1	
9	B	1	1		1				1	>=	1	
10	C	1		1	1			1	2	>=	1	
11	D		1	1	1		1	1	1	>=	1	
12	E					1	1		1	>=	1	
13	F				1	1	1		1	>=	1	
14	G			1	1			1	1	>=	1	
15												
16												
17		A	B	C	D	E	F	G			목적함수 값	
18	최적해	1	0	1	0	1	0	0			3	
19												

14.8 작업자 일정계획

많은 작업자가 근무하는 직장에서 작업자들이 조를 이루어 주 5일 근무하는 경우 작업자들의 일정계획을 수립하는 일은 쉽지 않은 일이다.

*XYZ*택배(주)는 미국 같이 넓은 지역에서 짐을 밤새 배송하는 큰 기업으로서, 일주일 7일 작업을 한다. 회사는 작업자들의 일정계획을 효과적으로 수립하여 인건비를 줄이고자 한다. 회사가 취급하는 짐의 수는 매일 다른데 과거의 데이터를 분석한 결과 짐을 취급하는 데 필요한 작업자의 수는 다음과 같다.

일	작업자 수
일	18
월	27
화	22
수	26
목	25
금	21
토	19

회사에는 노조가 있어서 작업자들은 주 5일 작업하고 연속 2일은 휴무한다. 주의 기본급은 655달러인데 토요일이나 일요일에 근무하는 작업자에게는 25달러를 보너스로 지급한다. 각 조별 임금은 다음과 같다.

조	휴무	임금
1	일, 월	680
2	월, 화	705
3	화, 수	705
4	수, 목	705
5	목, 금	705
6	금, 토	680
7	토, 일	655

회사는 매일 충분한 수의 작업자를 확보하고자 한다고 할 때 각 조에 할당할 작업자의 수는 얼마인지 알고자 한다.

결정변수는 다음과 같이 정의할 수 있다.

x_1=1조의 작업자 수
x_2=2조의 작업자 수
x_3=3조의 작업자 수
x_4=4조의 작업자 수
x_5=5조의 작업자 수
x_6=6조의 작업자 수
x_7=7조의 작업자 수

이 문제의 목적은 지불되는 총임금을 최소화하는 것이므로 목적함수는 다음과 같다.

최소화 $Z=680x_1+705x_2+705x_3+705x_4+705x_5+680x_6+655x_7$

다음에 제약조건식은 각 요일별로 작성한다. 예를 들면 일요일에 일하는 조는 2~6조이고 1조와 7조는 휴무이다. 따라서 요일별 제약조건식은 다음과 같다.

$$0x_1+1x_2+1x_3+1x_4+1x_5+1x_6+0x_7 \geq 18 \text{ (일요일 필요 작업자 수)}$$
$$0x_1+0x_2+1x_3+1x_4+1x_5+1x_6+1x_7 \geq 27 \text{ (월요일 필요 작업자 수)}$$
$$1x_1+0x_2+0x_3+1x_4+1x_5+1x_6+1x_7 \geq 22 \text{ (화요일 필요 작업자 수)}$$
$$1x_1+1x_2+0x_3+0x_4+1x_5+1x_6+1x_7 \geq 26 \text{ (수요일 필요 작업자 수)}$$
$$1x_1+1x_2+1x_3+0x_4+0x_5+1x_6+1x_7 \geq 25 \text{ (목요일 필요 작업자 수)}$$
$$1x_1+1x_2+1x_3+1x_4+0x_5+0x_6+1x_7 \geq 21 \text{ (금요일 필요 작업자 수)}$$
$$1x_1+1x_2+1x_3+1x_4+1x_5+0x_6+0x_7 \geq 19 \text{ (토요일 필요 작업자 수)}$$
$$x_1,\ x_2,\ x_3,\ x_4,\ x_5,\ x_6,\ x_7 \geq 0 \text{ 또는 정수}$$

Excel 활용

❶ 필요한 데이터를 시트에 입력한다.

	A	B	C	D	E	F	G	H	I	J	K	L
1	작업자 일정계획											
2												
3		A	B	C	D	E	F	G				
4	목적함수 계수	680	705	705	705	705	680	655				
5												
6												
7		A	B	C	D	E	F	G	LHS		RHS	
8	A	0	1	1	1	1	1	0		>=	18	
9	B	0	0	1	1	1	1	1		>=	27	
10	C	1	0	0	1	1	1	1		>=	22	
11	D	1	1	0	0	1	1	1		>=	26	
12	E	1	1	1	0	0	1	1		>=	25	
13	F	1	1	1	1	0	0	1		>=	21	
14	G	1	1	1	1	1	0	0		>=	19	
15												
16												
17		1	2	3	4	5	6	7			목적함수 값	
18	최적해											
19												

❷ 필요한 수식을 입력한다.

셀 주소	수식	비고
I8	=SUMPRODUCT(B8:H8, $B$18:$H$18)	I14까지 복사
K18	=SUMPRODUCT(B4:H4, B18:H18)	

❸ 「데이터」 메뉴와 「해 찾기」를 클릭하고 「해 찾기 매개변수」 스크린이 나타나면 다음과 같이 입력한다.

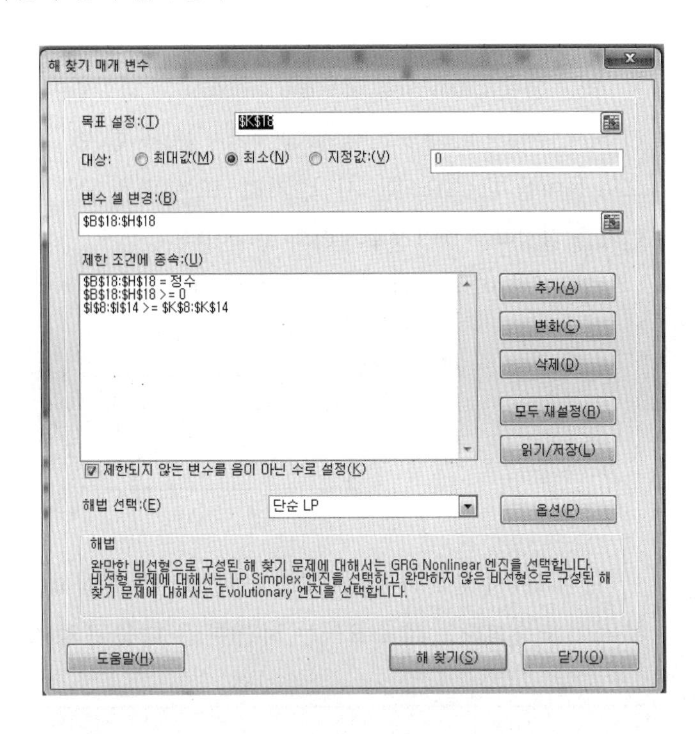

❹ '옵션'을 클릭하고 '정수 제한조건 무시'에 체크를 지운 후 「확인」을 클릭한다.

❺ 「해 찾기 매개변수」 스크린이 나타나면 「해 찾기」를 클릭한다.

❻ 「해 찾기 결과」가 나타나면 「확인」을 클릭한다.

❼ 다음과 같은 최적 정수해를 얻는다.

	A	B	C	D	E	F	G	H	I	J	K	L
1	작업자 일정계획											
2												
3		A	B	C	D	E	F	G				
4	목적함수 계수	680	705	705	705	705	680	655				
5												
6												
7		A	B	C	D	E	F	G	LHS		RHS	
8	A	0	1	1	1	1	1	0	18	>=	18	
9	B	0	0	1	1	1	1	1	27	>=	27	
10	C	1	0	0	1	1	1	1	24	>=	22	
11	D	1	1	0	0	1	1	1	27	>=	26	
12	E	1	1	1	0	0	1	1	26	>=	25	
13	F	1	1	1	1	0	0	1	24	>=	21	
14	G	1	1	1	1	1	0	0	19	>=	19	
15												
16												
17		1	2	3	4	5	6	7			목적함수 값	
18	최적해	3	3	6	0	7	2	12			22540	
19												

14.9 외판원 문제

외판원 문제(traveling salesman problem)는 외판원이 출발점에서 출발하여 각 지역(시, 판매지역, 캠퍼스, 공장, 군사기지 등)을 한 번 순회하였다가 다시 출발점으로 돌아올 때 소요되는 시간, 거리, 또는 비용 등을 최소로 하는 루트는 어디인가를 결정하는 0–1정수계획의 문제이다.

다음과 같이 위치와 루트를 보이는 간단한 문제를 예로 들기로 하자.

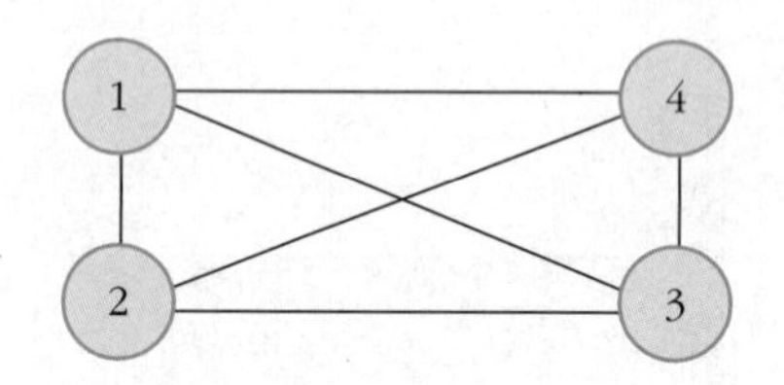

마디 1에서 출발하여 마디 2, 3, 4를 한 번 순회하는 루트는 6개이다. 각 위치 사이를 순회하는 데 소요되는 시간(분)은 다음 표와 같다.

에서 \ 으로	1	2	3	4
1	0	8	6	5
2	8	0	3	7
3	6	3	0	9
4	5	7	9	0

이 문제의 결정변수는 다음과 같이 정의한다.

$$x_{ijk}=\begin{cases}1 & \text{leg가 } k\text{이고 위치 } i\text{에서 위치} j\text{로 순회가 이루어질 때}\\ 0 & \text{그렇지 않을 때}\end{cases}$$

이 문제는 네 가지 종류의 제약조건을 갖는다.

첫째 제약조건은 각 마디를 한 번만 순회하고 시작마디와 완료마디는 1이다라는 것이다.

$$\sum_{j=2}^{n} x_{1j1}=1 \qquad i \neq j$$ (순회는 마디1에서 시작한다.)

1) $x_{121}+x_{131}+x_{141}=1$ (출발마디는 마디1이다.)

$$\sum_{i=2}^{n} x_{i1n}=1 \qquad i \neq j$$ (순회는 마디1에서 끝난다.)

2) $x_{214}+x_{314}+x_{414}=1$ (완료마디는 마디1이다.)

$$\sum_{i=2}^{n}\sum_{j=2}^{n} x_{ijk}=1 \qquad k=2, \cdots (n-1) \quad i \neq j$$

(첫 *leg* 이후 순회시 각 마디를 한 번만 방문한다.)

3) $x_{232}+x_{242}+x_{342}+x_{422}+x_{322}+x_{432}=1$ (*leg* 2 방문은 1에 한정된다.)

4) $x_{233}+x_{243}+x_{343}+x_{423}+x_{323}+x_{433}=1$ (*leg* 3 방문은 1에 한정된다.)

둘째 제약조건은 n개의 위치의 각각에서 출발은 한 번만 있다는 것이다.

$$\sum_{j=1}^{n}\sum_{k=2}^{n} x_{ijk}=1 \qquad i=2, \cdots (n-1) \quad i \neq j$$ (각 마디로부터 출발은 한 번만 있다.)

만일 $j=1$이면 $k=n$이거나 만일 $k=n$이면 $j=1$임

5) $x_{214}+x_{232}+x_{242}+x_{233}+x_{243}=1$

6) $x_{314}+x_{322}+x_{323}+x_{342}+x_{343}=1$

7) $x_{414}+x_{422}+x_{432}+x_{423}+x_{433}=1$

(마디 2, 3, 4로부터의 방문은 1에 한정된다.)

셋째 제약조건은 n개의 위치의 각각에서 하나의 *leg*가 끝난다는 것이다.

$$\sum_{i=1}^{n}\sum_{k=2}^{n} x_{ijk}=1 \qquad j=2, \cdots n \quad i \neq j$$ (각 마디에 한 번의 도착이 있다.)

만일 $i=1$이면 $k=1$이거나 만일 $k=1$이면 $i=1$임

8) $x_{121}+x_{322}+x_{422}+x_{323}+x_{423}=1$

9) $x_{131}+x_{232}+x_{233}+x_{432}+x_{433}=1$

10) $x_{141}+x_{242}+x_{243}+x_{342}+x_{343}=1$

(마디 2, 3, 4에의 방문은 1에 한정된다.)

넷째 제약조건은 만일 *leg* k가 위치j에서 끝나면 *leg*$(k+1)$은 같은 위치 j에서 출발해야 한다는 것이다.

$$x_{1j1} = \sum_{k=2}^{n} \qquad j=2, \cdots n \quad i \neq k$$

(순회의 leg 1이 위치j에서 끝나면 leg 2가 위치 1에서 출발한다.)

11) $x_{121} = x_{232} + x_{242}$
12) $x_{131} = x_{322} + x_{342}$
13) $x_{141} = x_{422} + x_{432}$

(순회의 leg 1이 끝나고 leg 2가 leg 1이 끝난 위치에서 출발한다.)

$$\sum_{i=2}^{n} x_{ijk} = \sum_{i=2}^{n} x_{jm(k+1)} \qquad j=2, \cdots n \quad k=2 \quad i \neq j \quad j \neq m$$

(순회 leg k가 위치j에서 끝나면 $leg(k+1)$이 위치j에서 출발한다.)

14) $x_{322} + x_{422} = x_{233} + x_{243}$
15) $x_{232} + x_{432} = x_{323} + x_{343}$
16) $x_{242} + x_{342} = x_{423} + x_{433}$

(만일 순회의 leg 2가 위치 2, 3 또는 4에서 끝나면 leg 3은 각각 마디 2, 3 또는 4에서 출발한다.)

$$\sum_{k=2}^{n} x_{kj(n-1)} = x_{j1n} \qquad j=2, \cdots n \quad j \neq k$$

(순회의 $leg(n-1)$이 위치j에서 끝나면 마지막 leg가 위치j에서 출발한 후 위치1에서 끝난다.)

17) $x_{323} + x_{423} = x_{214}$
18) $x_{233} + x_{433} = x_{314}$
19) $x_{243} + x_{343} = x_{414}$

(순회의 마지막 leg는 위치1에서 끝난다.)

20) 모든 $x_{ijk} = 0$ 또는 1

Excel활용

❶ 데이터와 수식을 시트에 입력한다.

셀 주소	수식	비고
B32	=B5*B31	S32까지 복사
T9	=SUMPRODUCT($B$31:$S$31, B9:S9)	T27까지 복사
U32	=SUM(B32:S32)	

❷ 다음과 같은 결과를 얻는다.

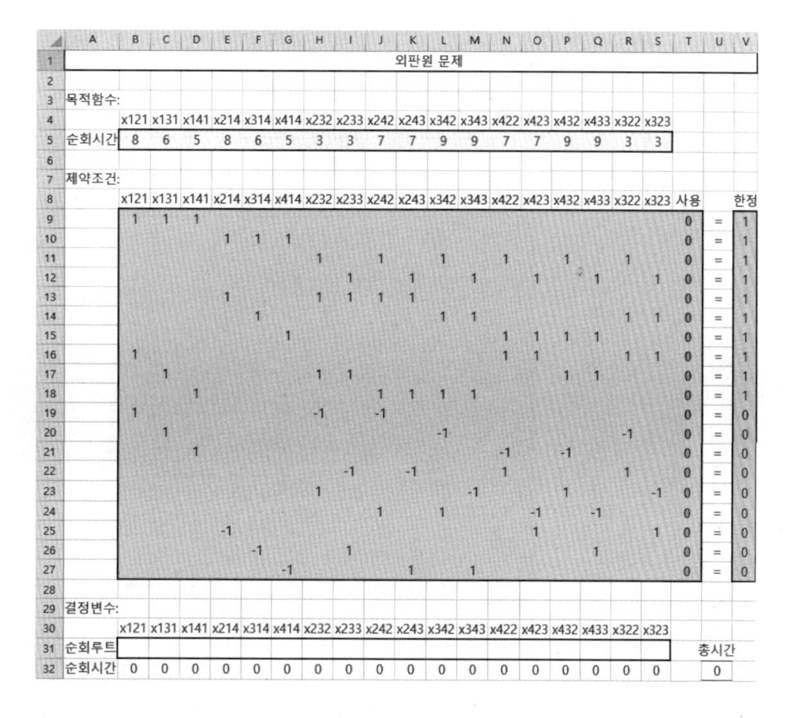

	A	B	C	D	E	F	G	H	I	J	K	L	M	N	O	P	Q	R	S	T	U	V
1	외판원 문제																					
2																						
3	목적함수:																					
4		x121	x131	x141	x214	x314	x414	x232	x233	x242	x243	x342	x343	x422	x423	x432	x433	x322	x323			
5	순회시간	8	6	5	8	6	5	3	3	7	7	9	9	7	7	9	9	3	3			
6																						
7	제약조건:																					
8		x121	x131	x141	x214	x314	x414	x232	x233	x242	x243	x342	x343	x422	x423	x432	x433	x322	x323	사용		한정
9		1	1	1																0	=	1
10					1	1	1													0	=	1
11								1		1		1		1		1		1		0	=	1
12									1		1		1		1		1		1	0	=	1
13					1			1	1	1	1									0	=	1
14						1						1	1					1	1	0	=	1
15							1							1	1	1	1			0	=	1
16		1												1	1			1	1	0	=	1
17			1					1	1							1	1			0	=	1
18				1						1	1	1	1							0	=	1
19		1						-1		-1										0	=	0
20			1									-1						-1		0	=	0
21				1										-1		-1				0	=	0
22									-1		-1			1				1		0	=	0
23								1					-1			1			-1	0	=	0
24										1		1			-1		-1			0	=	0
25					-1										1				1	0	=	0
26						-1			1								1			0	=	0
27							-1				1		1							0	=	0
28																						
29	결정변수:																					
30		x121	x131	x141	x214	x314	x414	x232	x233	x242	x243	x342	x343	x422	x423	x432	x433	x322	x323			
31	순회루트																				총시간	
32	순회시간	0	0	0	0	0	0	0	0	0	0	0	0	0	0	0	0	0	0		0	

❸ 「데이터」–「해 찾기」를 선택한다.

❹ 「해 찾기 매개변수」 대화상자가 나타나면 다음과 같이 입력한다.

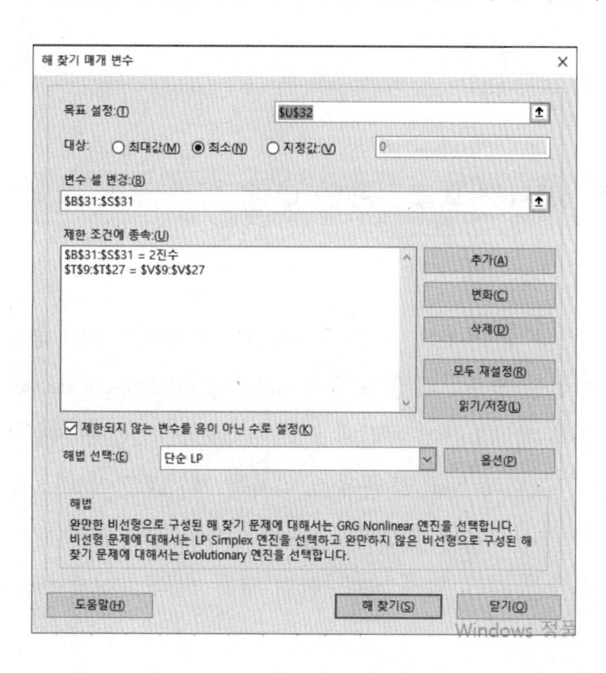

❺ 「해 찾기」를 클릭하면 다음과 같은 최적해를 얻는다.

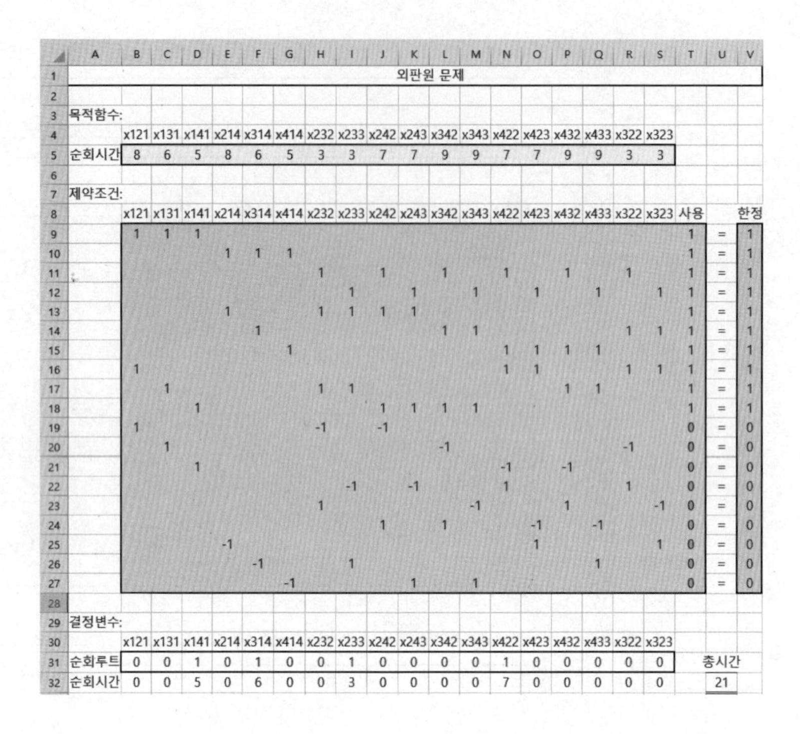

	A	B	C	D	E	F	G	H	I	J	K	L	M	N	O	P	Q	R	S	T	U	V
1	외판원 문제																					
2																						
3	목적함수:																					
4		x121	x131	x141	x214	x314	x414	x232	x233	x242	x243	x342	x343	x422	x423	x432	x433	x322	x323			
5	순회시간	8	6	5	8	6	5	3	3	7	7	9	9	7	7	9	9	3	3			
6																						
7	제약조건:																					
8		x121	x131	x141	x214	x314	x414	x232	x233	x242	x243	x342	x343	x422	x423	x432	x433	x322	x323	사용		한정
9		1	1	1																1	=	1
10					1	1	1													1	=	1
11								1		1		1		1		1		1		1	=	1
12									1		1		1		1		1		1	1	=	1
13					1			1	1	1	1									1	=	1
14						1						1	1					1	1	1	=	1
15							1							1	1	1	1			1	=	1
16		1												1	1			1	1	1	=	1
17			1					1	1							1	1			1	=	1
18				1						1	1	1	1							1	=	1
19		1						-1		-1										0	=	0
20			1									-1						-1		0	=	0
21				1										-1		-1				0	=	0
22									-1		-1			1				1		0	=	0
23								1					-1			1			-1	0	=	0
24										1		1			-1		-1			0	=	0
25					-1										1				1	0	=	0
26						-1			1								1			0	=	0
27							-1				1		1							0	=	0
28																						
29	결정변수:																					
30		x121	x131	x141	x214	x314	x414	x232	x233	x242	x243	x342	x343	x422	x423	x432	x433	x322	x323			
31	순회루트	0	0	1	0	1	0	0	1	0	0	0	0	1	0	0	0	0	0		총시간	
32	순회시간	0	0	5	0	6	0	0	3	0	0	0	0	7	0	0	0	0	0		21	

❻ 최적해: $x_{141}=1,\ x_{422}=1,\ x_{233}=1,\ x_{314}=1$

$1 \rightarrow 4 \rightarrow 2 \rightarrow 3 \rightarrow 1$

$Z=21$분

14.10 비선형 프로그래밍 모델

LP 모델과 IP 모델은 목적함수와 제약조건이 선형임을 전제로 한다. 그러나 비선형 프로그래밍 모델(nonlinear programming model: NLP)에 있어서는 목적함수와 제약조건이 예컨대 x^2, $\frac{1}{x}$, $\log x$, $3xy$ 등 처럼 비선형임을 전제로 한다.

그런데 NLP 모델에 있어서는 제약조건이 비선형일 때 최적해가 가해영역의 꼭지점에서 결정되지 않는다. 나아가 목적함수가 비선형인 경우에는 최적해점을 찾기란 쉽지 않다. 한편 부문 최적해(local optimal solution)와 전체 최적해

(global optimal solution)를 구별하기가 쉽지 않기 때문에 최적해를 찾기 위한 탐색과정을 계속 바꾸어야 한다.

비선형 가격결정 모델

어느 회사의 가격변동에 따른 연평균 판매액의 예측치는 다음과 같다.

판매액 = −2.5 × 가격 + 3,500

총수입 = 가격 × 판매액

　　　= −2.5 × 가격^2 + 3,500 × 가격

이 문제는 총수입을 최대로 하는 가격은 얼마인가를 결정하는 것으로서 제약조건은 없다.

Excel 활용

❶ 데이터와 수식을 시트에 입력한다.

셀 주소	수식	비고
D9	=C5*B9^2+C4*B9	

❷ 다음과 같은 결과를 얻는다.

	A	B	C	D
1		비선형 가격결정 모델		
2				
3	모델:			
4		판매액 함수 절편	3500	
5		판매액 함수 기울기	-2.5	
6				
7	최적해:			
8		가격		총수입
9		0		0

❸ 「데이터」–「해 찾기」를 선택한다.

❹ 「해 찾기 매개변수」 대화상자가 나타나면 다음과 같이 입력한다.

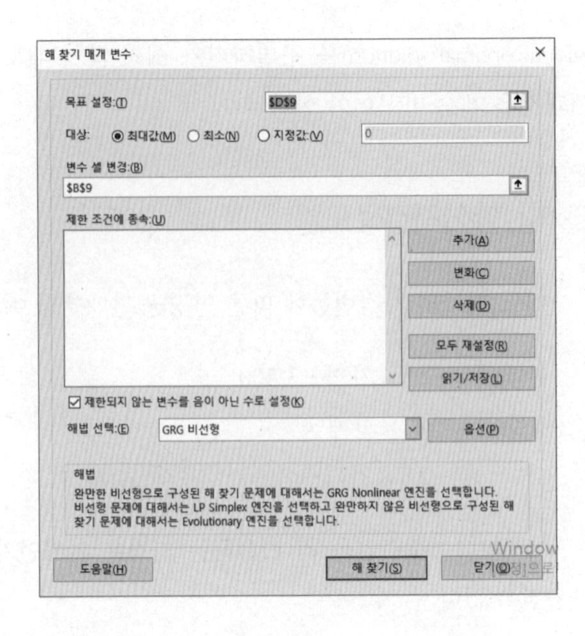

❺ 「해 찾기」를 클릭하면 다음과 같은 최적해를 얻는다.

	A	B	C	D
1		비선형 가격결정 모델		
2				
3	모델:			
4		판매액 함수 절편	3500	
5		판매액 함수 기울기	-2.5	
6				
7	최적해:			
8		가격		총수입
9		700		1225000

호텔 가격결정 문제

Excel 호텔은 리모델링을 해서 수입을 최대로 하는 룸 형태별 적정가격을 결정하고자 한다. 현재 450룸인 호텔의 데이터는 다음과 같다.

룸 형태	현 가격	매일 평균 손님 수	수입	수요의 가격 탄력성
표준	90달러	250	22,500	−1.8
골드	100	100	10,000	−2.62
플래티넘	140	50	6,950	−1.2
합계			39,450	

표준 룸의 경우 수요의 가격 탄력성이란 요금이 1% 증가하면 손님 수는 1.8% 감소한다는 것을 의미한다.

결정변수를 다음과 같이 정의한다.

S = 표준 룸의 신 가격(요금)
G = 골드 룸의 신 가격(요금)
P = 플래티넘 룸의 신 가격(요금)

룸 형태별 예상 손님 수는 다음 공식을 이용하여 구한다.

$$\text{과거 매일 평균 손님 수} + \frac{[(\text{탄력성}) \times (\text{신 가격} - \text{현 가격}) \times (\text{과거 매일 평균 손님 수})]}{\text{현 가격}}$$

표준 룸의 경우 예상 손님 수는 다음과 같다.

$$\text{예상 손님 수} = 250 - [1.8(S-90)(250)]/90 = 700 - 5S$$

총수입은 룸 형태별로 신 가격×예상 손님 수를 구한 후 합치면 된다.

$$\begin{aligned}\text{총수입} &= S(700-5S) + G(362-2.62G) + P(110-0.43P) \\ &= 700S + 362G + 110P - 5S^2 - 2.62G^2 - 0.43P^2\end{aligned}$$

호텔은 신 가격의 범위를 다음과 같이 정하였다.

$$70 \le S \le 90$$
$$90 \le G \le 110$$
$$120 \le P \le 149$$

한편 호텔은 현재의 450룸을 확대할 계획은 없다.

$$\begin{aligned}\text{예상 총 룸의 수} &= (700-5S) + (362-2.62G) + (110-0.43P) \le 450 \\ &= 1,172 - 5S - 2.62G - 0.43P \le 450\end{aligned}$$

완전한 모델

최대화 $Z = 700S + 362G + 110P - 5S^2 - 2.62G^2 - 0.43P^2$

제약조건 :

$70 \le S \le 90$

$90 \le G \le 110$

$120 \le P \le 149$

$1,172 - 5S - 2.62G - 0.43P \le 450$

모든 변수≥ 0

Excel 활용

❶ 데이터와 수식을 시트에 입력한다.

셀 주소	수식	비고
E5	=C5*D5	E7까지 복사
F11	=D5+F5*(C11−C5)*(D5/C5)	F13까지 복사
F14	=SUM(F11:F13)	G14까지 복사
G11	=C11*F11	G13까지 복사

❷ 다음과 같은 결과를 얻는다.

	A	B	C	D	E	F	G
1	호텔 가격결정 문제						
2							
3	데이터:						
4		룸 형태	현 가격	매일 평균 손님 수	수입	수요의 가격 탄력성	
5		표준	90	250	22500	-1.8	
6		골드	100	100	10000	-2.62	
7		플러티넘	140	50	7000	-1.2	
8							
9	모델:						
10		룸 형태	신 가격	가격 범위		예상 손님 수	예상 수입
11		표준		70	90	700	0
12		골드		90	110	362	0
13		플러티넘		120	149	110.0	0
14					합계	1172	0

❸ [데이터]−[해 찾기]를 선택한다.

❹ [해 찾기 매개변수]가 나타나면 다음과 같이 입력한다.

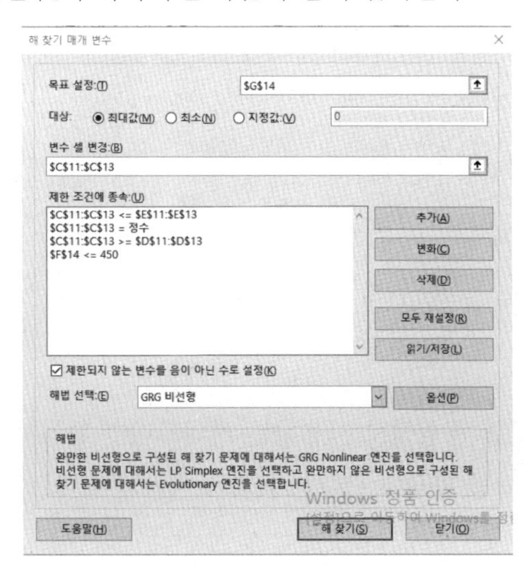

❺ [해 찾기]를 클릭하면 다음과 같은 최적해를 얻는다.

	A	B	C	D	E	F	G
1	호텔 가격결정 문제						
2							
3	데이터:						
4		룸 형태	현 가격	매일 평균 손님 수	수입	수요의 가격 탄력성	
5		표준	90	250	22500	-1.8	
6		골드	100	100	10000	-2.62	
7		플러티넘	140	50	7000	-1.2	
8							
9	모델:						
10		룸 형태	신 가격	가격 범위		예상 손님 수	예상 수입
11		표준	85	70	90	275	23375
12		골드	90	90	110	126.2	11358
13		플러티넘	143	120	149	48.7	6966.143
14					합계	450	41699.14

Excel 병원 문제

병원의 주중 이익은 200명으로 제한되어 있는 입원 환자의 수에 달려있다. 입원환자는 의료환자, 수술환자, 소아환자로 구분한다.

고정비 때문에 각 카테고리별 입원환자당 이익은 환자의 수가 증가할 때 증가한다. 그런데 의료환자로 입원하였지만 도중에 수술환자로 재분류되는 경우가 있기 때문에 수술환자당 이익은 의료환자의 수에도 영향을 받는다.

각 입원환자별 이익 기여도는 다음과 같다.

의료환자당 이익 $=45+2M$

수술환자당 이익 $=70+3S+2M$

소아환자당 이익 $=60+3P$

결정변수는 다음과 같다.

$M=$ 의료환자의 수

$S=$ 수술환자의 수

$P=$ 소아환자의 수

한편 병원에서 사용하는 카테고리별 환자당 X-레이, 마케팅 예산, 실험실 테스트 등 자원에 관한 데이터가 다음과 같다.

	의료	수술	소아	사용가능량
환자당 X-레이의 수	1	3	1	560 X-레이
환자당 마케팅 예산	3	5	3.5	1,000달러
환자당 실험실 테스트의 수	3	3	3	140시간

그런데 실험실 테스트당 소요시간은 의료환자의 수가 증가함에 따라 다음과 같은 관계로 증가한다.

실험실 테스트당 소요시간 $=0.2+0.001M$

목적함수는 다음과 같다.

최대화(이익) $Z=(45+2M)\times M+(70+3S+2M)\times S+(60+3P)\times P$

$$=45M+2M^2+70S+3S^2+2MS+60P+3P^2$$

제약조건:

$M+S+P \leq 200$ (총환자 수 능력)

$\mathrm{M}+3S+P \leq 560$ (X-레이 능력)

$3M+5S+3.5P \leq 1,000$ (마케팅 예산, 달러)

$(0.2+0.01M)\times(3M+3S+3P) \leq 140$ (실험실 능력, 시간)

$=0.6M+0.6S+0.6P+0.003M^2+0.003MS+0.003MP \leq 140$

Excel 활용

❶ 데이터와 수식을 시트에 입력한다.

셀 주소	수식	비고
B5	=B17	I5까지 복사
J10	=SUMPRODUCT(B10:I10, $B$5:$I$5)	J13까지 복사
K17	=SUMPRODUCT(B6:I6, B5:I5)	

❷ 다음과 같은 결과를 얻는다.

	A	B	C	D	E	F	G	H	I	J	K	L
1		EXCEL 병원 문제										
2												
3	목적함수:											
4		M	S	p	M^2	S^2	P^2	MS	MP			
5	변수항	0	0	0	0	0	0	0	0			
6	이익	45	70	60	2	3	3	2				
7												
8	제약조건:											
9		M	S	P	M^2	S^2	P^2	MS	MP	LHS		RHS
10		1	1	1						0	<=	200
11		1	3	1						0	<=	560
12		3	5	3.5						0	<=	1000
13		0.6	0.6	0.6	0.003			0.003	0.003	0	<=	140
14												
15	최적해:											
16		M	S	P							Z	
17											0	

❸ 「데이터」-「해 찾기」를 선택한다.

❹ 「해 찾기 매개변수」 대화상자가 나타나면 다음과 같이 입력한다.

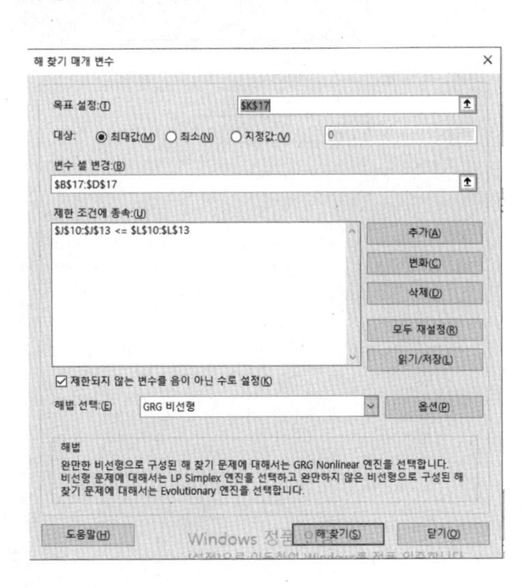

❺ 「해 찾기」를 클릭하면 다음과 같은 최적해를 얻는다.

	A	B	C	D	E	F	G	H	I	J	K	L
1							EXCEL 병원 문제					
2												
3	목적함수:											
4		M	S	p	M^2	S^2	P^2	MS	MP			
5	변수항	20	180	0	400	32400	0	3600	0			
6	이익	45	70	60	2	3	3	2				
7												
8	제약조건:											
9		M	S	P	M^2	S^2	P^2	MS	MP	LHS		RHS
10		1	1	1						200	<=	200
11		1	3	1						560	<=	560
12		3	5	3.5						960	<=	1000
13		0.6	0.6	0.6	0.003			0.003	0.003	132	<=	140
14												
15	최적해:											
16		M	S	P							Z	
17		20	180	0							118700	

❻ 이는 $M=0$, $S=0$, $P=0$일 때의 부문 최적해이다. 만일 $M=100$, $S=0$, $P=100$일 때의 해는 다음과 같다.

	A	B	C	D	E	F	G	H	I	J	K	L
1							EXCEL 병원 문제					
2												
3	목적함수:											
4		M	S	p	M^2	S^2	P^2	MS	MP			
5	변수항	0	0	200	0	0	40000	0	0			
6	이익	45	70	60	2	3	3	2				
7												
8	제약조건:											
9		M	S	P	M^2	S^2	P^2	MS	MP	LHS		RHS
10		1	1	1						200	<=	200
11		1	3	1						200	<=	560
12		3	5	3.5						700	<=	1000
13		0.6	0.6	0.6	0.003			0.003	0.003	120	<=	140
14												
15	최적해:											
16		M	S	P							Z	
17		0	0	200							132000	

1. 정수계획 모델에는 어떤 형태가 있는가?

2. 비선형 계획의 경우 해를 구함에 있어 선형계획보다 훨씬 어려운데 그 이유는 무엇인가?

3. 성동구 의회는 관내에 사는 주민들이 사용할 수 있도록 수영장, 테니스 센터, 운동장, 체육관 등 네 가지 오락시설의 신축을 고려하고 있다. 이러한 시설의 신축은 예산(비용)과 토지의 확보에 따라 결정된다. 각 시설의 예상 사용인원, 신축비용, 필요한 면적 등에 관한 데이터는 다음과 같다.

시설	예상 사용인원(일)	비용(억 원)	면적(m^2)
수영장	500	3	1,000
테니스 센터	300	2	1,500
운동장	600	1	3,000
체육관	200	3.5	2,000

구 의회는 예산으로 7.5억 원을 책정하였으며, 6,000m^2의 토지를 매입하였다. 그런데 수영장과 테니스 센터는 한 구획의 땅에 같이 신축해야 한다. 그러나 두 시설 가운데 하나만 신축할 수 있다(두 시설을 신축하지 않을 수도 있다).

(1) 사용 인원을 최대로 하기 위해서는 어떤 시설을 신축해야 할지 0-1 정수계획 모델을 작성하라.

(2) 네 시설 가운데서 세 시설을 반드시 신축해야 한다면 이 제약조건식은 어떻게 작성되는가?

(3) 네 시설 가운데서 두 시설을 초과할 수 없다면 이 제약조건식은 어떻게 작성되는가?

(4) 테니스 센터는 수영장 신축이 전제될 때에만 신축 가능하다면 제약조건식은 어떻게 작성되는가?

(5) 수영장과 테니스 센터는 어느 하나가 신축되면 나머지 하나도 반드시 신축해야 한다면 이 제약조건식은 어떻게 작성되는가?

4. 청호텔레콤(주)은 새로운 지역에 케이블과 Internet 서비스 운영을 확장하려고 한다. 그 지역은 열 개의 동으로 구성되는데 일곱 개의 지점을 설치하여 이들 동의 고객들을 서브하려고 한다. 지점을 설치하는 데는 동의 특성상 비용에 있어 차이가 있는데 다음과 같다.

1	2	3	4	5	6	7
95	80	70	75	90	100	105

각 지점이 커버하는 동은 다음과 같다.

지점 \ 동	동
1	1, 3, 4, 6, 9, 10
2	2, 4, 6, 8
3	1, 2, 5
4	3, 6, 7, 10
5	2, 3, 7, 9
6	4, 5, 8, 10
7	1, 5, 7, 8, 9

최소의 비용으로 10개 동의 고객들을 커버한 지점은 어느 것인가? 정수계획 모델을 작성하라.

5. 최 사장은 기계 두 대를 사용하여 동일한 제품을 생산한다. 기계에 대한 정보는 다음 표와 같다.

기계	단위당 이익	준비 비용(천 원)	원자재 1 사용량/단위	원자재 2 사용량/단위
1	300	60	2파운드	4쿼트
2	400	50	5	2
		사용가능량	36	42

이익을 최대로 하기 위해서는 어떤 기계를 사용하여 얼마씩 생산하여야 하는가?

6. 민주은행 옥수지점에서는 9 : 30부터 17 : 30까지 근무하는 풀타임 텔러와 파트타임 텔러를 고용하고 있다. 고용인원은 시간대에 따라 다음 표에서 보는 바와 같이 다르다. 풀타임 텔러는 오전 9 : 30부터 8시간 계속해서 시간당 2만 원씩 받고 근무하며 파트타임 텔러는 9 : 30, 11 : 30, 13 : 30에 시작하여 시간당 1만 원씩 받고 4시간 계속해서 근무한다. 그런데 노조와의 계약에 의하여 텔러의 60%는 항상 풀타임 텔러여야 한다. 하루의 총임금을 최소로 하면서 근무해야 하는 풀타임 텔러와 파트타임 텔러의 수를 결정하는 정수계획 모델을 작성하라.

시간	최소인원
09:30~11:30	10
11:30~13:30	15
13:30~15:30	13
15:30~17:30	10

7. 세종전자(주)는 전자부품 도매상이다. 네 개 지역에 부품을 판매하기 위하여 세 개의 창고 후보 중에서 임대하려고 한다. 창고와 지역을 왕래하는 수송단위는 한 트럭분이다. 각 창고와 각 지역 사이의 단위당 수송비용, 각 창고의 보관능력(월), 임대료(월), 각 지역의 수요량에 관한 데이터는 다음과 같다.

창고	판매지역				보관능력	임대료
	가	나	다	라		
1	70	40	70	60	300	975
2	50	95	100	150	350	500
3	40	60	40	60	320	650
수요량	150	130	160	180		

(1) 총비용을 최소로 하면서 임대해야 할 창고는 어느 것이며 각 창고에서 각 지역으로 수송할 양은 얼마인지를 결정하기 위한 정수계획 모델을 작성하라.

(2) Excel을 사용하여 최적 정수해를 구하라.

8. 강남유통(주)는 다음 열 개 후보도시에 유통센터를 건립하여 30km 안에 있는 도시의 식료품상에 납품하려고 한다. 각 지역에 유통센터를 건립하면 연간 고정비가 필요한데 회사가 사용할 수 있는 연간 비용은 900이다. 다음 데이터를 사용하여 물음에 답하라.

후보도시	고정비	30km 안의 도시
1	276	1, 2, 7
2	253	1, 2, 9
3	394	3, 4, 5, 6, 7, 8
4	408	3, 4, 5, 8
5	282	3, 4, 5, 6, 7, 10
6	365	3, 5, 6, 7, 10
7	268	1, 3, 5, 6, 7, 10
8	323	3, 4, 8, 9
9	385	2, 8, 9
10	298	5, 6, 7, 10

(1) 연간 비용을 최소로 하는 정수계획 모델의 해를 구하라.

(2) 고정비를 고려하지 않는 정수계획 모델의 해를 구하라.

(3) 두 모델에 있어 총비용의 차이는 얼마인가?

9. Excel 전자㈜는 연산 30,000개의 자전거를 생산할 수 있는 공장 E를 운영하고 있다. 제품은 생산되는 대로 지역 유통센터인 ㉮, ㉯, ㉰에 수송한다. 그런데 최근 제품에 대한 수요가 급증하여 A, B, C, D 중의 새로운 공장(들)을 신축할 계획을 수립하고 있다. 새로운 공장 후보지에 대한 연간 고정비(단위: 백만 원)와 연간 공급능력(단위: 천 개)은 다음 표와 같다.

공장 후보지	고정비	공급능력
A	275	20
B	300	20
C	375	30
D	500	40

각 유통센터의 연간 수요량은 다음 표와 같이 추산하였다.

유통센터	수요량
㉮	30
㉯	20
㉰	25

한편 각 공장에서 각 유통센터에 한 단위 수송하는 데 따르는 비용은 다음 표와 같다.

	유통센터		
공장후보지	㉮	㉯	㉰
A	6	2	3
B	4	3	4
C	9	7	5
D	10	4	3
E	8	4	3

Excel 전자의 유통시스템을 네트워크로 표현하면 다음과 같다.

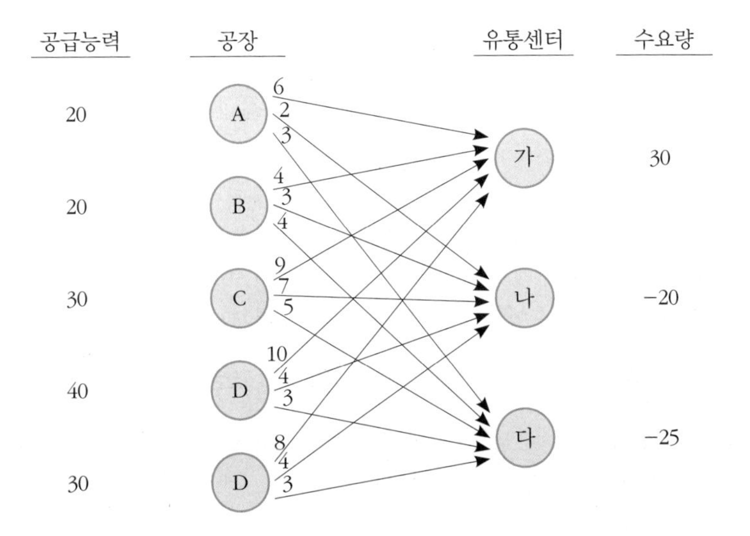

Excel 전자는 최선의 공장 신축 총비용을 최소로 하는 각 공장에서 각 유통센터로의 수송량을 결정하고자 한다.

10. 강북 제조(주)에서는 두 가지 부품 A와 B를 사용해서 제품을 생산하는데 A의 kg당 비용은 5만 원, B의 kg당 비용은 7만 원이다. 회사의 목적함수와 제약조건은 다음과 같다.

최소화 $Z=5A+7B$

제약조건 :

$$3A+0.25A^2+4B+0.3B^2\geq 125$$
$$13A+A^3\geq 80$$
$$0.7A+B\geq 17$$
$$A,\ B\geq 0$$

이 비선형계획 모델을 Solver를 사용하여 풀어라.

11. 다음과 같은 NLP 모델이 주어졌을 때

최소화 $Z=10x^1+15x^2+25x^3$

제약조건 :

$$x^1+15x^2+25x^3\leq 12$$
$$x_1^2+x_3^2\leq 32$$
$$2x_1^2+x_2^2\leq 44$$
$$\text{모든 변수}\geq 0$$

12. 청계천 공구점에서는 특수 볼트를 한 개 생산하는데 2달러가 소요된다. 회사는 볼트 한 개에 6달러씩 판매하는데 상자로 판매할 때는 20달러의 고정비가 발생한다. 판매량은 주로 볼트의 가격에 의존한다. 회사는 판매량과 가격의 관계식을 다음과 같이 제시하였다.

판매량=500−25(가격)

(1) 판매량과 가격의 관계를 그림으로 나타내라

(2) 가격과 관련지어 이익함수를 그림으로 나타내라.

(3) Excel의 solver를 사용해서 이익을 최대로 하는 최적 가격과 최적 판매량을 구하라.

그런데 회사는 경쟁관계를 고려해서 볼트의 가격을 8달러로 제한하려고 한다.

(4) NLP 모델로 표현하라.

(5) 이익함수와 가해영역을 그림으로 표현하라.

(6) 이익을 최대로 하는 가격과 판매량을 구하라.

(7) 볼트의 가격을 14달러로 제한한다고 하면 위 (4), (5), (6)의 문제는 어떻게 되는가?

제 15 장 의사결정 분석

15.1 의사결정의 어려움

기업의 의사결정자는 하루에도 수없이 많은 대안(alternatives)으로부터 하나를 선택해야 하는 상황에 직면하게 된다. 그런데 각 대안을 선택하였을 때 어떤 결과가 발생할 것인지 전혀 불확실하기 때문에 의사결정에 어려움이 따르게 된다.

이러한 결과는 의사결정자가 통제할 수 없는 상황의 전개에 의존하기 때문이다. 이러한 상황이 실제로 발생하기 전에는 각 대안의 결과는 미리 알 수 없다는 특성을 갖는다.

따라서 의사결정자는 상황과 결정의 결과가 불확실한 문제를 분석하는 논리적 틀(framework)을 배울 필요가 있다. 이러한 논리적 틀을 의사결정 분석(decision analysis) 또는 의사결정 이론(decision theory)이라고 한다. 의사결정 이론은 고려하는 대안 중에서 어떤 대안이 알맞은지 합리적 결정을 내리는 데 도움이 되지만 최적 결정(optimal decision)을 보장하는 것은 아니다.

이는 선형계획법에서처럼 완전한 확실성을 전제하는 것은 아니기 때문이다. 즉 상황전개에 따라서는 좋은 결정이라고 여겨졌던 것도 좋지 않은 결과를 초래할 수 있는 것이다.

의사결정 이론은 투자 포트폴리오 선정, 석유시추의 여부, 농작물 경작, 기술투자, 생산능력, 신제품 개발의 투자 여부, 주택구입, 소매전략 결정문제 등 여러 가지 경영문제 해결에 폭넓게 이용되고 있다.

15.2 의사결정의 구성요소

의사결정 상황은 다음과 같은 몇 개의 구성요소를 포함한다.

- 몇 가지 대안
- 몇 가지 가능한 미래 상황
- 각 대안–상황의 결합에 따른 성과
- 가능한 미래 상황의 확실성 정도 평가
- 결정기준

대안의 리스트

대안의 리스트(list)란 의사결정자가 고려하고 있는 상호 배타적 결정의 나열을 말한다.

거의 모든 의사결정 문제는 몇 개의 행동대안을 포함한다. 문제에 따라서는 '아무것도 하지 않음'도 하나의 대안이 될 수 있다.

미래의 상황

미래의 상황 또는 상태(state of the future)란 의사결정자가 통제할 수 없는 미래에 발생 가능한 조건(condition) 또는 사건(event)을 말하는데 자연의 상태라고도 한다.

미래의 상태는 대안의 리스트처럼 상호 배타적이어야 한다. 경제의 경우 미래 상황이 호경기라든가 불경기라든가와 같다.

성과

의사결정자가 문제에 합리적으로 접근하기 위해서는 각 대안과 여러 가지 미래 상황이 발생하였을 때 결과할 성과(payoffs)를 알아야 한다. 여기서 성과란 이익, 수입, 비용 등 가치의 측정을 말한다.

성과는 예측치이기 때문에 더욱 정확하게 예측하면 의사결정자는 더욱 알맞은 대안을 선정하게 된다.

확실성 정도

의사결정자가 사용할 수 있는 접근법은 확실성의 정도에 의존한다. 확실성 정도의 한쪽 끝은 완전한 확실성(complete certainty)이고 다른 끝은 완전한 불확실성(complete uncertainty)이다. 후자는 미래에 발생할 상황전개에 대해서 전혀 아는 바가 없을 경우에 적용한다.

완전한 확실성과 완전한 불확실성 사이에 위험(risk)이라는 용어가 존재하는데 각 대안에 대하여 미래에 각 상황이 발생할 확률(probability)을 예측할 수 있는 경우이다.

이와 같이 의사결정자는 미래에 발생할 실제상황에 대한 정보의 양에 따라 다음과 같이 의사결정을 분류할 수 있다.

- 확실성하의 의사결정
- 위험하의 의사결정
- 불확실성하의 의사결정

의사결정 기준

대안의 리스트로부터 하나의 대안을 선정하는 과정은 결정기준(decision criterion)에 따라 영향을 받는데 결정기준은 의사결정자의 결정에 대한 태도와 결정을 둘러싸고 있는 확실성의 정도를 구체화해 준다.

결정기준의 예를 들면 예상성과를 최대화한다든지 기회비용을 최소화하는 것이다.

15.3 성과표 작성

의사결정자가 어떤 문제를 해결하고자 할 때 고려하는 대안과 대안이 발생할 미래상황에 대한 분석이 끝나면 특정한 대안을 선택하였을 때 미래의 상황에 따라 얻어지는 결과(성과)를 테이블 형태로 작성해야 하는데 이를 성과표(payoff table)라고 한다.

성과표의 일반적 형태는 [표 15-1]과 같다.

성과표에서 각 행은 대안을, 그리고 각 열은 상황을 나타낸다. [표 15-1]의 성과표에서 대안 1과 상황 2의 성과는 $v_{12}(d_1,\ s_2)$로 표현한다.

하나의 예를 들어 설명하기로 하자. 남산투자(주)는 일정한 금액을 투자하여 수익을 높이기 위하여 오피스빌딩, 토지, 창고 매입 등의 대안을 고려 중이다. 따라서 이 회사의 대안은 다음과 같다.

a_i = i번째 대안

s_j = j번째 상황

v_{ij} = i번째 대안이 선정되고 j번째 상황이 발생할 때 실현될 성과

표 15-1 성과표의 일반적 형태

대안 \ 상황	s_1	s_2	…	s_j
a_1	v_{11}	v_{12}		v_{1j}
a_2	v_{21}	v_{22}		v_{2j}
⋮				
a_i	v_{i1}	v_{i2}		v_{ij}

15.4 확실성하의 의사결정

가장 단순한 문제는 의사결정이 완전한 확실성의 환경에서 이루어지는 경우이다. 확실한 환경에서는 미래에 발생할 상황이 하나뿐이기 때문에 성과표에는

오직 하나의 상황만이 나타나게 된다.

따라서 가장 높은 이익을 나타내는 대안을 선정하면 된다. 남산투자(주)의 문제에서 앞으로의 경제 상황이 호경기라고 확실히 예측이 되면 [표 15-2]에서 이익이 100억 원으로 가장 많은 대안 d_2를 선택해야 한다.

표 15-2 남산투자(주)의 성과표

대안 \ 상황	s_1(호경기)	s_2(불경기)
d_1(오피스빌딩)	60	30
d_2(토지)	100	−40
d_3(창고)	40	12

15.5 불확실성하의 의사결정

의사결정에 있어서 불확실성이란 미래에 발생할 상황에는 어떤 것이 있으며 각 상황이 발생할 때 실현될 이익이나 손실이 얼마인지는 알고 있지만 어떤 상황이 발생할 것인지 또는 그 상황의 발생확률은 얼마인지 등에 관해서는 전혀 아는 바가 없는 경우를 말한다.

불확실한 환경에서는 완전한 의사결정 기준은 없고 다만 의사결정자의 취향이나 위험에 대한 태도 등 주관적 태도가 중요시된다.

불확실한 상황에서 선택 가능한 의사결정 기준으로는 다음과 같이 다섯 가지를 들 수 있다.

- 최대 최대값
- 최대 최소값
- 최소 최대 후회
- 라플라스
- 후르비쯔

▦ 최대 최대값 기준

미래의 상황이 자신에게 유리하게 전개될 것이라고 믿고 의사결정하므로 낙관적 기준(optimistic criterion) 또는 공격적 전략(aggressive strategy)이라고도 한다.

먼저 각 대안별로 최대의 성과를 구한 다음 이들 중에서 최대의 성과를 실현하는 대안을 선정하면 된다. [표 15-3]에서 남산투자(주)는 d_2를 선정해야 한다.

최소화 문제인 경우에는 최소 최소값 전략(minimin strategy)이 사용된다.

표 15-3 최대 최대값 기준

대안 \ 상황	s_1	s_2	최대	최대 최대
d_1	60	30	60	
d_2	100	−40	100	100
d_3	40	12	40	

▦ 최대 최소값 기준

미래 상황이 불리하게 전개될 것이라고 믿고 의사결정하므로 비관적 기준(pessimistic criterion) 또는 보수적 전략(conservative strategy)이라고도 한다.

우선 먼저 각 대안별 최소의 성과를 구한 다음 이들 중에서 최대의 성과를 실현하는 대안을 찾으면 된다. [표 15-4]에서 남산투자(주)는 d_1을 선정해야 한다.

최소화 문제인 경우에는 최소 최대값 전략(minimax strategy)이 사용된다.

표 15-4 최대 최소값 기준

대안 \ 상황	s_1	s_2	최소	최대 최소
d_1	60	30	30	
d_2	100	−40	−40	100
d_3	40	12	12	

최소 최대 후회 기준

후회(regret) 또는 기회손실(opportunity loss)이란 각 상황에서 최대 성과를 가져오는 대안을 선정하지 못하고 다른 대안을 선정함으로써 발생하는 차이(손실)를 말한다. 이는 기회비용(opportunity cost)이라고도 한다. 따라서 각 상황에서 가장 좋은 대안을 선정하게 되면 기회비용은 발생하지 않는다.

각 상황별로 최대의 성과를 구하고 이와 다른 성과와의 차이, 즉 기회손실을 구한다.

다음에는 각 대안별로 하나의 최대 후회를 구한 다음 이들 중에서 가장 작은 최대 후회를 실현하는 대안을 선정하면 된다. 이는 기회손실 전략(opportunity loss strategy) 또는 최소 최대 후회 전략(minimax regret strategy)이라고도 한다.

[표 15-5]에서 남산투자(주)는 d_1을 선정해야 한다.

표 15-5 최소 최대 후회 기준

대안 \ 상황	s_1	s_2	최대 후회	최소 최대 후회
d_1	100−60=40	30−30=0	40	
d_2	100−100=0	30−(−40)=70	70	40
d_3	100−40=60	30−12=18	60	

지금까지 설명한 목표를 최대화하는 전략은 목표를 최소화하는 전략과 정반대이다.

이들을 정리하면 [표 15-6]과 같다.

표 15-6 불확실성하의 결정전략

목표	전략	공격적 전략	보수적 전략	기회손실 전략
최대화	최대성과의 결정 선택	최대최대 (maximax)	최대최소 (maximin)	최대최소 후회 (maximin regret)
최소화	최소성과의 결정 선택	최소최소 (minimin)	최소최대 (minimax)	최소최대 후회 (minimax regret)

Excel 활용

❶ 필요한 데이터를 시트에 입력한다.

	A	B	C	D	E	F	G
1	남산투자㈜ 문제						
2							
3	성과표						
4							
5	대안	s1	s2	maximax	maximin	라플라스	후루비쯔
6	d1	60	30				
7	d2	100	-40				
8	d3	40	12				
9			max				
10			선정				
11							
12							
13	기회비용표						
14		s1	s2	최대후회			
15	d1						
16	d2						
17	d3						
18			min				
19			선정				

❷ 필요한 수식을 입력한다.

셀 주소	수식	비고
D6	=MAX(B6:C6)	D8까지 복사
E6	=MIN(B6:C6)	E8까지 복사
D9	=MAX(D6:D8)	G9까지 복사
B15	=B$7−B6	B17까지 복사
C15	=C$6−C6	C17까지 복사
D15	=MAX(B15:C15)	D17까지 복사
D18	=MIN(D15:D17)	

❸ 다음과 같은 결과를 얻는다.

	A	B	C	D	E	F	G	H
1	남산투자㈜ 문제							
2								
3	성과표							
4								
5	대안	s1	s2	maximax	maximin	라플라스	후루비쯔	
6	d1	60	30	60	30	45	48	
7	d2	100	-40	100	-40	30	44	
8	d3	40	12	40	12	26	28.8	
9			max	100	30	45	48	
10			선정	d2	d1	d1	d1	
11								
12								
13	기회비용표							
14		s1	s2	최대후회				
15	d1	40	0	40				
16	d2	0	70	70				
17	d3	60	18	60				
18			min	40				
19			선정	d1				

15.6 위험하의 의사결정

앞에서 공부한 공격적, 보수적, 기회손실 전략 등은 미래 결과에 대한 확률(probability)을 모르는 경우에 적용되었다. 그러나 의사결정에 필요한 완전한 정보는 아니더라도 어떠한 상황이 발생할 것인지의 확률분포는 예측할 수 있는 경우에 의사결정자를 돕는 기준이 있는데 이것이 바로 기대가치 기준과 기대기회손실 기준이다. 그러나 이들 두 기준은 똑같은 결과를 초래한다.

기대가치 기준

각 미래 상황이 발생할 확률이 예측가능하면 각 대안에 대하여 기대가치(expected value: EV)를 계산하여 가장 큰 값을 갖는 대안을 선정하면 된다.

각 대안에 대한 기대가치는 다음과 같은 공식을 사용하여 구한다.

$$EV(d_i) = \sum_{j=1}^{n} P(s_j) \cdot V(d_i,\ s_j)$$

여기서,

대안의 수 : $i=1,\ 2,\ \cdots,\ m$
상황의 수 : $j=1,\ 2,\ \cdots,\ n$
$P(s_j)$: 상황 j가 발생할 확률
$V(d_i,\ s_j)$: 대안 i와 상황 j에서의 성과

남산투자(주)의 문제에서 $P(s_1)=0.6$, $P(s_2)=0.4$라고 예측한다면 각 대안의 기대가치는 다음과 같이 구한다.

$$EV(d_1)=60(0.6)+30(0.4)=48$$
$$EV(d_2)=100(0.6)+(-40)(0.4)=44$$
$$EV(d_3)=40(0.6)+12(0.4)=28.8$$

기대가치 48이 가장 크므로 남산투자(주)는 대안1을 선정해야 한다.

기대기회손실 기준

기대가치 기준에서는 성과표와 확률을 사용하지만 기대기회손실(expected opportunity loss: EOL) 기준에서는 기회손실표와 확률을 사용한다. 기회손실표는 성과표에 있는 각 상황별로 특정 대안을 선택함으로써 다른 대안을 선택하지 못하는 데서 발생하는 기대후회(expected regret)를 계산하여 만든다.

[표 15-7]은 남산투자(주)의 기회손실표이다.

기회손실표가 만들어지면 기대가치 기준에서처럼 확률을 적용하여 이의 값이 가장 작은 대안을 선정하면 된다.

각 대안에 대해 기대기회손실은 다음과 같은 공식을 사용하여 구한다.

$$EOL(d_i) = \sum_{j=1}^{n} P(s_j) \cdot R(d_i,\ s_j)$$

$R(d_i,\ s_j)$ = 대안 i와 상황 j에서의 기회손실

남산투자(주)의 문제에서 $P(s_1)=0.6$, $P(s_2)=0.4$라고 할 때 각 대안별 기대기회손실은 다음과 같이 구한다.

$$EOL(d_1) = 40(0.6) + 0(0.4) = 24$$
$$EOL(d_2) = 0(0.6) + 70(0.4) = 28$$
$$EOL(d_3) = 60(0.6) + 18(0.4) = 43.2$$

기대기회손실은 작을수록 좋기 때문에 남산투자(주)는 대안 d_1을 선정해야 한다.

기대가치 기준에 의한 결과와 기대기회손실 기준에 의한 결과는 언제나 동

표 15-7 기회손실표

상황 / 대안	s_1	s_2
d_1	100−60=40	30−30=0
d_2	100−100=0	30−(−40)=70
d_3	100−40=60	30−12=18

일한데 이것은 성과를 최대화하는 것과 기회손실을 최소화하는 것은 동일하기 때문이다.

Excel 활용

❶ 필요한 데이터를 시트에 입력한다.

	A	B	C	D	E	F	G	H	I
1	기대가치 기준과 기대기회손실 기준								
2									
3	성과표				기회비용표				
4		s1	s2			s1	s2		
5	발생확률	0.6	0.4		발생확률	0.6	0.4		
6									
7	대안			EV	대안			EOL	
8	d1	60	30		d1				
9	d2	100	-40		d2				
10	d3	40	12		d3				
11			max				min		
12			선정				선정		

❷ 필요한 수식을 입력한다.

셀 주소	수식	비고
D8	=SUMPRODUCT($B$5:$C$5, B8:C8)	D10까지 복사
D11	=MAX(D8:D10)	
F8	=B$9−B8	F10까지 복사
G8	=C$8−C8	G10까지 복사
H8	=SUMPRODUCT($F$5:$G$5, F8:G8)	H10까지 복사
H11	=MIN(H8:H10)	

❸ 다음과 같은 결과를 얻는다.

	A	B	C	D	E	F	G	H	I
1	기대가치 기준과 기대기회손실 기준								
2									
3	성과표				기회비용표				
4		s1	s2			s1	s2		
5	발생확률	0.6	0.4		발생확률	0.6	0.4		
6									
7	대안			EV	대안			EOL	
8	d1	60	30	48	d1	40	0	24	
9	d2	100	-40	44	d2	0	70	28	
10	d3	40	12	28.8	d3	60	18	43.2	
11			max	48			min	24	
12			선정	d1			선정	d1	
13									

15.7 완전정보의 기대가치

위험하의 의사결정에서 미래에 발생할 상황의 확률분포가 각 대안의 기대가치 및 최적대안의 결정에 큰 영향을 미친다고 할 수 있다. 우리는 남산투자(주)의 문제에서 상황 s_1(호경기)이 발생할 확률이 0.6, 상황 s_2(불경기)가 발생할 확률이 0.4라고 가정하였다.

이와 같이 표본정보가 고려되지 않은 단순확률을 사전확률(prior probability)이라고 한다.

우리는 이미 사전확률에 의한 결정은 대안 1의 기대가치가 48로서 가장 크므로 남산투자(주)는 대안 1을 선정해야 함을 공부하였다.

그런데 의사결정자는 더 좋은 결정을 하기 위하여 비용을 투입해서라도 상황에 대한 추가정보를 얻기 원할 수 있다. 그 추가정보에 의하여 사전확률을 사후확률(posterior probability)로 수정하여 더 좋은 의사결정을 할 수 있다면 더욱 그렇다고 하겠다.

다만 추가정보를 얻기 위해 지불하는 비용이 추가정보에 의한 완전정보를 얻음으로써 결과하는 기대가치를 초과해서는 안 된다.

그러면 완전정보의 기대가치는 어떻게 구하는가? [표 15-8]은 남산투자(주)의 성과표이다.

[표 15-8]에서 상황 s_1이 발생한다는 완전한 정보를 갖는다면 대안 d_2를 선정하고 이때의 성과는 100이다. 만일 상황 s_2가 발생한다면 대안 d_1을 선정해야 하는데 이때의 성과는 30이다.

이 경우는 어떤 상황이 발생할 것인지를 사전에 완전히 아는 경우이지만 여

표 15-8 남산투자(주)의 성과표

대안 \ 상황	s_1	s_2
d_1	60	30
d_2	100	−40
d_3	40	12

전히 상황 s_1이 발생할 확률은 0.6이고 상황 s_2가 발생할 확률은 0.4이므로 완전 정보를 아는 경우의 기대가치는 다음과 같이 구한다.

$$100(0.6)+30(0.4)=72$$

완전정보의 기대가치(expected value of perfect information: EVPI)란 완전한 정보를 아는 경우의 기대가치와 정보를 모르는 경우의 기대가치의 차이라고 할 수 있다. 즉 완전정보의 기대가치는 다음과 같다.

$$EVPI=\begin{pmatrix}\text{완전정보에 의해 선정}\\ \text{되는 의사결정 대안의 }EV\end{pmatrix}-\begin{pmatrix}\text{사전확률에 의해 선정}\\ \text{되는 의사결정 대안의 }EV\end{pmatrix}$$

$$=72-48$$

$$=24$$

실제상황의 발생에 관한 완전한 정보를 입수한다면 증가할 추가적인 기대가치는 24이므로 이는 남산투자(주)가 표본조사를 얻기 위하여 지불할 수 있는 한계 금액이기도 하다.

Excel 활용

❶ 필요한 데이터를 시트에 입력한다.

	A	B	C	D	E
1		완전정보의 기대가치			
2					
3	성과표				
4		상황			
5		s1	s2		
6	발생확률	0.6	0.4		
7					
8	대안			EV	
9	d1	60	30		
10	d2	100	-40		
11	d3	40	12		
12					
13	최대성과				
14	최대기대가치				
15	EVPI				
16					

❷ 필요한 수식을 입력한다.

셀 주소	수식	비고
D91	=SUMPRODUCT(B$6:C$6, B9:C9)	D11까지 복사
B13	=MAX(B9:B11)	D13까지 복사
D14	=MAX(D9:D11)	
D15	=SUMPRODUCT(B5:C6, B13:C13)−D14	

❸ 다음과 같은 결과를 얻는다.

	A	B	C	D	E
1	완전정보의 기대가치				
2					
3	성과표				
4		상황			
5		s1	s2		
6	발생확률	0.6	0.4		
7					
8	대안			EV	
9	d1	60	30	48	
10	d2	100	-40	44	
11	d3	40	12	28.8	
12					
13	최대성과	100	30		
14	최대기대가치			48	
15	EVPI			24	
16					

15.8 표본정보에 의한 의사결정

일반적으로 완전한 정보를 얻기란 쉬운 일이 아니므로 기업은 표본정보(sample information)를 입수하기 위하여 원재료에 대한 표본조사, 제품실험, 예비 시장조사 등을 실시한다.

남산투자(주)는 미래의 상황 전개에 관한 표본정보를 얻기 위하여 남산경제연구소에 용역을 주었다고 가정하자. 연구조사에서 새로운 정보를 얻는다면 그것을 사전확률과 결합함으로써 베이지안 정리(Bayesian theorem)를 적용하여 상황에 대한 갱신된 사후확률을 얻을 수 있다. 이 사후확률에 의해 남산투자(주)는 사전확률을 가질 때보다 더 좋은 대안 결정을 할 수 있는 것이다.

남산경제연구소는 미래의 경제 상황에 대한 보고서를 제출해야 할 것이다.

표 15-9 조건확률

경제보고 \ 상황	s_1(호경기)	s_2(불경기)
P(낙관적)	$P(P \mid s_1)=0.8$	$P(P \mid s_2)=0.1$
N(비관적)	$P(N \mid s_1)=0.2$	$P(N \mid s_2)=0.9$

그 보고서는 미래의 경제 상황을 좋게 보는 긍정적 보고서일 수도 있고 좋지 않게 보는 부정적 보고서일 수도 있다.

다음과 같이 정의하자.

P=긍정적 경제보고서
N=부정적 경제보고서

이 두 가지 보고서 가운데 하나가 주어졌을 때 우리의 목표는 이 정보에 의거하여 발생할 상황에 대한 개선된 확률을 추정하려는 것이다.

베이지안 절차의 결과는 $P(s_j \mid P)$와 $P(s_j \mid N)$의 형태로 표현되며 이는 경제보고서의 결과에 따라 상황 s_j가 발생할 조건확률(conditional probability)이다.

베이지안 절차를 시행하기 위해서는 각 상황에 대한 표본정보의 조건확률, 즉 $P(P \mid s_1)$, $P(P \mid s_2)$, $P(N \mid s_1)$, $P(N \mid s_2)$를 알아야 한다.

대부분의 경우 이러한 조건확률을 알아내기 위하여 과거의 상대빈도 데이터나 주관적인 확률 추정을 이용한다.

남산경제연구소가 [표 15-9]와 같은 조건확률의 추정치를 제시하였다고 가정하자.

이제 조건확률이 주어졌기 때문에 사전확률과 함께 베이지안 절차를 통하여 사후확률로 수정될 수 있다.

만일 경제보고서가 긍정적이라면 호경기일 확률은

$$P(s_1 \mid P) = \frac{P(P \mid s_1)P(s_1)}{P(P \mid s_1)P(s_1) + P(P \mid s_2)P(s_2)}$$

$$= \frac{0.8(0.6)}{0.8(0.6) + 0.1(0.4)} = 0.9231$$

이고 불경기일 확률은

$$P(s_2 | P) = \frac{P(P | s_2)P(s_2)}{P(P | s_2)P(s_2) + P(P | s_1)P(s_1)}$$

$$= \frac{0.1(0.4)}{0.1(0.4) + 0.8(0.6)} = 0.0769$$

이다.

만일 경제보고서가 부정적이라면 호경기일 확률은

$$P(s_1 | N) = \frac{P(N | s_1)P(s_1)}{P(N | s_1)P(s_1) + P(N | s_2)P(s_2)}$$

$$= \frac{0.2(0.6)}{0.2(0.6) + 0.9(0.4)} = 0.25$$

이고 불경기일 확률은

$$P(s_2 | N) = \frac{P(N | s_2)P(s_2)}{P(N | s_2)P(s_2) + P(N | s_1)P(s_1)}$$

$$= \frac{0.9(0.4)}{0.9(0.4) + 0.2(0.6)} = 0.75$$

이다. 그리고

$$P(P) = P(P | s_1)P(s_1) + P(P | s_2)P(s_2)$$
$$= 0.8(0.6) + 0.1(0.4) = 0.52$$
$$P(N) = P(N | s_1)P(s_1) + P(N | s_2)P(s_2)$$
$$= 0.2(0.6) + 0.9(0.4) = 0.48$$

이다.

이들을 의사결정 나무에 표시하면 [그림 15-1]과 같다.

마디 ④에서 ⑨까지의 기대가치를 계산하면 다음과 같다.

$EV(④) = 60(0.9231) + 30(0.0769) = 57.693$

$EV(⑤) = 100(0.9231) - 40(0.0769) = 89.234$

$EV(⑥) = 40(0.9231) + 12(0.0769) = 37.846$

$EV(⑦) = 60(0.25) + 30(0.75) = 37.5$

$EV(⑧) = 100(0.25) - 40(0.75) = -5$

그림 15-1 사후확률과 의사결정 나무

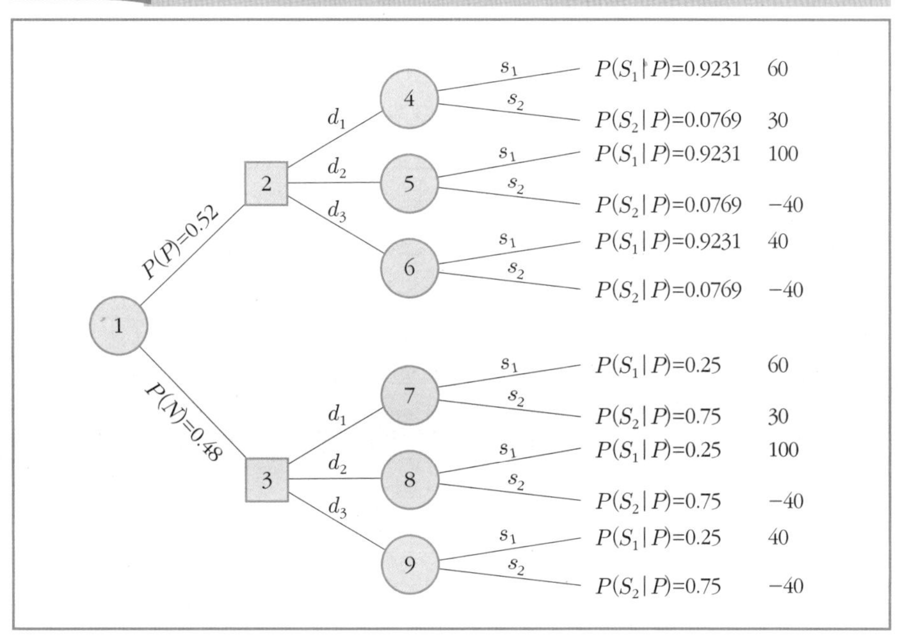

$$EV(⑨)=40(0.25)+12(0.75)=19$$

이제 기대가치 기준에 따라 마디 ②에서는 대안 d_2를 선택하고 마디 ③에서는 대안 d_1을 선택한다.

그러면 마디 ①에서의 기대가치는

$$EV(①)=89.234(0.52)+37.5(0.48)=64.402$$

이다.

남산투자(주)는 경제보고서, 즉 표본정보와 관련하여 하나의 의사결정 전략을 [표 15-10]과 같이 가지게 되었다.

표 15-10 의사결정 전략

- 보고서가 긍정적이면 대안 d_2(토지)를 선택
- 보고서가 부정적이면 대안 d_1(오피스 빌딩)을 선택

Excel 활용

❶ 필요한 데이터를 시트에 입력한다.

	A	B	C	D	E	F
1	표본정보에 의한 의사결정					
2						
3	상황	사전확률				
4	s1	0.6				
5	s2	0.4				
6						
7	조건확률					
8		경제보고서				
9	상황	긍정적	부정적			
10	s1	0.8	0.2			
11	s2	0.1	0.9			
12						
13	경제보고서: 긍정적					
14		사전확률	조건확률	결합확률	사후확률	
15	s1					
16	s2					
17	확률(P)					
18						
19	경제보고서: 부정적					
20		사전확률	조건확률	결합확률	사후확률	
21	s1					
22	s2					
23	확률(N)					

❷ 필요한 수식을 입력한다.

셀 주소	수식	비고
B15	=B4	B16까지 복사
C15	=B10	C16까지 복사
D15	=B15*C15	D16까지 복사
D17	=SUM(D15:D16)	
E15	=D15/$D$17	E16까지 복사
B21	=B4	B22까지 복사
C21	=C10	C22까지 복사
D21	=B21CC21	D22까지 복사
D23	=SUM(D21:D22)	
E21	=D21/$D$23	E22까지 복사

❸ 다음과 같은 결과를 얻는다.

	A	B	C	D	E	F
1	표본정보에 의한 의사결정					
2						
3	상황	사전확률				
4	s1	0.6				
5	s2	0.4				
6						
7	조건확률					
8		경제보고서				
9	상황	긍정적	부정적			
10	s1	0.8	0.2			
11	s2	0.1	0.9			
12						
13	경제보고서: 긍정적					
14		사전확률	조건확률	결합확률	사후확률	
15	s1	0.6	0.8	0.48	0.9230769	
16	s2	0.4	0.1	0.04	0.0769231	
17	확률(P)			0.52		
18						
19	경제보고서: 부정적					
20		사전확률	조건확률	결합확률	사후확률	
21	s1	0.6	0.2	0.12	0.25	
22	s2	0.4	0.9	0.36	0.75	
23	확률(N)			0.48		
24						

15.9 표본정보의 기대가치와 효율

남산투자(주)가 남산경제연구소에 의뢰하여 얻은 표본정보의 기대가치(expected value of sample information: EVSI)는

$$EVPI = \begin{pmatrix} \text{표본정보에 의한} \\ \text{최적결정의 } EV \end{pmatrix} - \begin{pmatrix} \text{표본정보 없이 행한} \\ \text{최적결정의 } EV \end{pmatrix}$$

$$= 64.402 - 48$$

$$= 16.402$$

이다.

남산투자(주)가 남산경제연구소에 지불할 수 있는 용역비용은 16.402를 초과할 수 없다.

남산투자(주)는 남산경제연구소의 정보만으로 충분한지 아니면 또 다른 정보가 필요한지를 알기 위하여 경제연구소의 정보가 완전정보에 비해 어느 정도의 충분성을 가지는지 알고 싶으면 표본정보의 효율(efficiency: E)을 계산해 보아야 한다.

표본정보의 효율은 다음과 같이 정의한다.

$$E=\frac{EVSI}{EVPI}$$

남산투자(주)의 문제에서 표본정보의 효율은 다음과 같다.

$$E=\frac{16.402}{24}=0.6834$$

만일 남산투자(주)가 효율이 너무 낮다고 판단하면 또 다른 정보를 구할 것이며 높다고 판단하면 이 표본정보로 만족할 것이다.

Excel 활용

❶ 필요한 데이터를 사후확률을 구한 시트에 입력한다.

	A	B	C	D	E	F	G
1	표본정보의 기대가치						
2							
3	상황	사전확률					
4	s1	0.6					
5	s2	0.4					
6							
7	조건확률						
8		경제보고서					
9	상황	긍정적	부정적				
10	s1	0.8	0.2				
11	s2	0.1	0.9				
12							
13	경제보고서: 긍정적						
14		사전확률	조건확률	결합확률	사후확률		
15	s1	0.6	0.8	0.48	0.9230769		
16	s2	0.4	0.1	0.04	0.0769231		
17	확률(P)			0.52			
18							
19	경제보고서: 부정적						
20		사전확률	조건확률	결합확률	사후확률		
21	s1	0.6	0.2	0.12	0.25		
22	s2	0.4	0.9	0.36	0.75		
23	확률(N)			0.48			
24							
25	경제보고서: 긍정적						
26		사후확률		성과		EV	
27		s1	s2	s1	s2		
28	d1	0.9230769	0.0769231	60	30	57.692308	
29	d2	0.9230769	0.0769231	100	-40	89.230769	
30	d3	0.9230769	0.0769231	40	12	37.846154	
31	최대기대가치					89.230769	
32							
33	경제보고서: 부정적						
34		사후확률		성과		EV	
35		s1	s2	s1	s2		
36	d1	0.25	0.75	60	30	37.5	
37	d2	0.25	0.75	100	-40	-5	
38	d3	0.25	0.75	40	12	19	
39	최대기대가치					37.5	
40							
41		표본정보에 의한 최적결정의 기대가치				64.4	
42		표본정보가 없는 최적결정의 기대가치				48	
43	EVSI					16.4	
44							

❷ 필요한 수식을 입력한다.

셀 주소	수식	비고
B28	=$E$15	B30까지 복사
C23	=$E$16	C30까지 복사
F28	=SUMPRODUCT(B28:C28, D28:E28)	F30까지 복사
F31	=MAX(F28:F30)	
B36	=$E$21	B38까지 복사
C36	=$E$22	C38까지 복사
F36	=SUMPRODUCT(B36:C36, D36:E36)	F38까지 복사
F39	=MAX(F36:F38)	
F41	=D17*F31+D23*F39	
F43	=F41−F42	

❸ 다음과 같은 결과를 얻는다.

	A	B	C	D	E	F	G
1	표본정보의 기대가치						
2							
3	상황	사전확률					
4	s1	0.6					
5	s2	0.4					
6							
7	조건확률						
8		경제보고서					
9	상황	긍정적	부정적				
10	s1	0.8	0.2				
11	s2	0.1	0.9				
12							
13	경제보고서: 긍정적						
14		사전확률	조건확률	결합확률	사후확률		
15	s1	0.6	0.8	0.48	0.923077		
16	s2	0.4	0.1	0.04	0.076923		
17	확률(P)			0.52			
18							
19	경제보고서: 부정적						
20		사전확률	조건확률	결합확률	사후확률		
21	s1	0.6	0.2	0.12	0.25		
22	s2	0.4	0.9	0.36	0.75		
23	확률(N)			0.48			
24							
25	경제보고서: 긍정적						
26		사후확률		성과		EV	
27		s1	s2	s1	s2		
28	d1	0.923077	0.076923	60	30	57.69231	
29	d2	0.923077	0.076923	100	-40	89.23077	
30	d3	0.923077	0.076923	40	12	37.84615	
31	최대기대가치					89.23077	
32							
33	경제보고서: 부정적						
34		사후확률		성과		EV	
35		s1	s2	s1	s2		
36	d1	0.25	0.75	60	30	37.5	
37	d2	0.25	0.75	100	-40	-5	
38	d3	0.25	0.75	40	12	19	
39	최대기대가치					37.5	
40							
41		표본정보에 의한 최적결정의 기대가치				64.4	
42		표본정보가 없는 최적결정의 기대가치				48	
43	EVSI					16.4	
44							

15.10 게임이론

기본 개념과 전제조건

지금까지 우리는 선형계획법과 의사결정론에서 의사결정자가 한 명인 경우를 공부하였다. 그러나 현실적으로 개인과 개인, 집단과 집단, 국가와 국가의 대립에서처럼 두 명 이상이 좋은 결과를 획득하기 위하여 서로 경쟁하거나 갈등을 피할 수 없는 상황이 일반적이다.

이와 같이 이기려는 목적을 가진 두 명 이상의 의사결정자(경기자)가 관여하는 경쟁을 게임(game)이라 하고 경쟁 또는 충돌하는 상황에서 최적전략을 어떻게 수립하고 그의 결과는 무엇인가를 연구하는 분야를 게임이론(game theory)이라고 한다.

게임이론은 경쟁에서 이기기 위한 최적전략을 결정함에 있어서 수리적 기법이나 논리적 사고과정을 이용하는 경쟁상황을 분석하는 틀을 제공해 준다. 여기서 전략(strategy)이란 경기자가 추구하는 행동의 계획을 말한다. 경기자는 게임을 할 때마다 하나의 전략을 선택하게 된다.

게임은 경기자(player)가 특정 전략을 선택할 때 성과, 즉 결과를 얻기 때문에 진행된다. 각 경기자는 경쟁상대자의 희생하에서 자기의 복지 또는 성과를 최대화하려고 한다.

그런데 이러한 성과는 경기자가 선택하는 전략에 따라 달라지는데 이를 표로 나타낸 것을 성과표(payoff table) 또는 성과행렬(payoff matrix)이라고 한다.

게임이 성립하기 위해서는 몇 가지 전제조건이 필요하다.

- 각 경기자는 상대방이 선택 가능한 전략에 대한 대안을 알고 있다.
- 각 경기자는 자기들이 선택 가능한 전략의 대안들로부터 결과하는 성과를 정확하게 알고 있다.
- 게임의 참가자는 두 명 이상의 개인 또는 집단이다.
- 각 경기자는 자기의 이익을 최대로 하기 위하여 합리적인 행동을 취한다.
- 각 경기자는 상대방의 행동에 대한 정보 없이 동시에 결정을 해야 한다.
- 각 경기자의 목표는 서로 경쟁과 갈등관계이다.

• 한 번의 시합(play)이 아니라 반복적인 시합이 이루어진다.

게임은 경기자의 수에 따라 2인 게임, 3인 게임, N인 게임 등으로 분류하기도 하지만 영화게임(zero-sum game)과 비영화게임(non-zero-sum game)으로 분류하기도 한다.

• **영화게임:** 게임에서 승리자(winner)는 패배자(loser)가 잃은 만큼의 성과를 전부 차지한다. 만일 승리자가 20을 이겼다면 패배자는 20을 잃은 것이다. 두 경기자의 이득과 손실을 합하면 꼭 0이 된다. 이 게임은 완전히 경쟁적이다. 즉 경기자들은 가능한 한 최대로 상대방을 희생시켜 승리하려고 한다. 경기자가 2인일 때를 2인 영화게임(2 person zero-sum game)이라 한다.
• **비영화게임:** 게임에서 승리자의 이득(gain)은 패배자의 손실(loss)과 일치하지 않는다. 그 이유는 어떤 제삼자가 이득의 일부를 가져가거나 손실의 일부를 부담하기 때문이다. 비영화게임은 완전하게 경쟁적은 아니며 타협의 여지가 있다.

게임문제를 푼다는 것은 다음 두 가지의 질문에 대한 답을 얻는 것을 의미한다.

• 경기자는 그의 복지(welfare)를 최대화하기 위하여 어떤 전략(strategy)을 따라야 하는가?
• 이 전략대로 행동했을 때 각자는 어떠한 성과를 얻게 되는가?

이때 경기자의 효용함수(utility function)는 동일하다고 가정한다. 즉 어떤 성과는 각 경기자에게 동일한 효용가치를 가지고 있다.

2인 영화게임은 다음 두 가지 가운데 하나의 해를 가진다. 하나는 순수전략이요, 또 하나는 혼합전략이다.

성과표

게임에 참여하는 각 경기자가 가능한 전략의 대안을 선택하였을 때 결과하는 성과표를 우선 작성해야 한다. [표 15-11]은 한국제철(주)의 성과표이다.

한국제철(주)에서는 근로자들의 임금 및 복지수당 인상을 위한 노사분규가

표 15-11 노사분규의 성과표

노조 \ 사용자	거부	협상
파업	60	65
협상	90	70

한창 진행 중이다. 사용자측에서는 노조측의 제의를 거부하든지 협상할 수 있다. 한편 노조측에서는 파업에 돌입하든지 협상할 수 있다. 두 집단이 취할 수 있는 전략 대안은 각각 두 가지이며 이러한 대안의 각 조합이 발생할 때 예상되는 금액(억 원)은 [표 15-11]에 표시되어 있다.

성과표는 보통 왼쪽 경기자를 기준으로 그의 성과를 나타낸다. 따라서 이는 오른쪽 경기자에게는 손실을 의미한다. 만일 성과가 음수일 경우에는 왼쪽 경기자의 손실이므로 오른쪽 경기자에게는 이득을 의미한다.

예를 들면 [표 15-11]에서 노조측이 협상을 택하고 사용자측이 협상을 택하면 노조측의 이득은 70억 원이고 사용자측의 손실은 70억 원이 됨을 의미한다. 따라서 왼쪽 경기자인 노조측은 성과를 최대로 하고자 하고 반대로 오른쪽 경기자는 손실을 최소로 하고자 한다.

[표 15-11]에서 게임은 확실히 사용자측에게 불리하다. 일단 노사분규가 발생하면 손실은 피할 수 없기 때문에 손실을 최소로 하려고 하는 것이다.

15.11 2인 영화게임: 순수전략

의사결정론에서 공부한 바와 같이 이득에는 최대 최소(maximin) 기준을 적용하고 손실에는 최소 최대(minimax) 기준을 적용하는 것은 기본적으로 동일한 결과를 초래한다.

왼쪽 경기자인 노조측은 가능한 한 최대의 금액을 올리려고 하지만 사용자측은 노조의 금액을 최소로 줄이려고 한다. 노조측의 성과는 자신의 전략에 의해서만 결정되는 것이 아니고 사용자측의 대응전략에 의해서도 영향을 받는다

표 15-12 노조측의 최적전략

노조 \ 사용자	거부	협상	최소 이득	최대 최소 이득
파업	60	65	60	
협상	90	70	70	70

는 사실을 알고 있기 때문에 노조측은 전략을 선택함에 있어서 각 전략의 최소 금액만을 고려하게 된다.

이와 같이 노조측은 보수적 내지 비관적이기 때문에 가능한 한 최소의 결과로부터 이득을 최대화하는 전략을 선택하게 된다. 즉 maximin 기준을 따르게 된다. 반면 오른쪽 경기자인 사용자측은 낙관적이기 때문에 가능한 한 최대의 결과로부터 손실을 최소화하는 전략을 선택하게 된다. 즉 minimax 기준을 따르게 된다.

[표 15-12]에서 보는 바와 같이 노조측은 maximin 기준을 적용하여

- 각 행에 있는 전략에 대하여 가장 작은 성과를 찾는다.
- 이들 중에서 가장 큰 성과를 나타내는 행을 최적전략으로 선택한다.

노조측은 이 기준을 따를 때 전략 '협상'을 선택한다. 이때의 maximin 값은 70억 원이다. 그러나 오른쪽 경기자인 사용자측은 분규를 꼭 해결해야 하고 손실을 최소로 하는 전략을 선택해야 하므로 minimax 기준을 적용하여

- 각 열에 있는 전략에 대하여 가장 큰 성과를 찾는다.
- 이들 중에서 가장 작은 성과를 나타내는 열을 최적전략으로 선택한다.

사용자측은 이 기준을 따를 때 [표 15-12]에서 보는 바와 같이 전략 '협상'을 선택한다. 이때의 minimax 값은 70억 원이다.

이상을 정리하면

- 노조측의 maximin 값과 사용자측의 minimax 값이 70억 원으로 같으므로 안점(saddle point)이 존재한다.
- 노조측은 게임을 반복한다면 항상 전략 '협상'을 선택해야 한다.
- 사용자측은 게임을 반복한다면 항상 전략 '협상'을 선택해야 한다.

표 15-13 사용자측의 최적전략

노조 \ 사용자	거부	협상
파업	60	65
협상	90	70
최대 손실	90	70
최소 최대 손실		70

• 게임 값은 70억 원이다.

이 예에서와 같이 양측의 전략이 동일하게 하나의 성과에서 만나게 되면 이 성과를 안점이라 하고 이때의 전략을 순수전략(pure strategy)이라 한다. 이는 각 경기자가 따르는 전략이 상대방 전략에 상관 없이 게임이 반복될 때 경기자가 유리하다면 전략을 언제라도 바꿀 수 있는 혼합전략과는 대조적이다.

게임 값(value of the game)이란 게임이 수없이 반복될 때 얻는 기대성과(expected outcome)이다. 위 예의 게임 값은 70억 원이다. 이는 안점이기도 하다. 즉 안점이란 각 경기자가 순수전략을 선택할 때의 게임 값이다.

15.12 2인 영화게임: 혼합전략

두 경기자의 최적전략의 성과가 안점에서 만나면 두 경기자는 게임을 반복하더라도 항상 똑같은 이 최적전략을 고수하는 순수전략을 사용하게 된다. 그러나 안점이 존재하지 않을 경우에는 상대방의 전략을 고려하지 않고 자기의 전략을 언제든지 변경함으로써 성과를 최대로 하려는 혼합전략( )을 사용하게 된다.

따라서 혼합전략을 사용해야 하는 문제에서는

• 각 전략 사용의 비율

• 게임 값

을 계산해야 한다.

하나의 예를 통해 혼합전략에 접근해 보자. 경쟁관계에 있는 A회사와 B회사

표 15-14 두 회사의 성과표

A회사 \ B회사	b_1	b_2
a_1	4	1
a_2	−3	2

가 새해를 앞두고 각각 새로운 판촉활동을 준비하고 있다.

A회사가 고려하는 두 가지 대안의 요점은 다음과 같다.

a_1 : 모든 광고매체를 통해 대대적인 광고를 벌인다.
a_2 : 전파 매체만을 주로 이용하여 집중적으로 광고한다.

B회사가 고려하는 두 가지 대안의 요점은 다음과 같다.

b_1 : 경품부 판매를 실시한다.
b_2 : 대규모 할인판매를 실시한다.

이 게임에서 왼쪽 경기자인 A회사의 시장점유율(%) 증가를 성과라고 하면 오른쪽 경기자인 B회사로 보면 시장점유율 감소가 된다. [표 15-13]은 두 회사 사이의 성과표이다.

이 문제를 A회사에 대해 maximin 기준을 적용하고 B회사에 대해서는 minimax 기준을 적용하면 [표 15-14]에서 보는 바와 같이 A회사는 a_1을 선택하고 B회사는 b_2를 선택함으로써 일치되는 성과, 즉 안점이 존재하지 않는다.

이럴 경우 시합이 반복된다고 가정하면 두 회사는 시장점유율 증가를 위해 꾀를 내어 전략을 계속해서 변경하게 된다. 그리하여 결국 어떤 대안을 선택해야 되는지 두 회사 모두 어리둥절하게 된다.

결국 두 회사는 다음의 사실을 깨닫게 된다.

- 대안을 변경하는 혼합전략이 유리하다.
- 자신의 전략이 유출되지 않도록 보안조치가 필요하다.
- 최선의 이익을 가져다 줄 전략사용 비율이 존재할 것이다.
- 평균성과는 전략사용 비율에 의존한다.

표 15-15	두 회사의 전략

B회사 / A회사	b_1	b_2	최소 이득	최대 최소 이득
a_1	4	1	1	1
a_2	−3	2	−3	
최대 손실	4	2		
최소 최대 손실		2		

안점이 존재하지 않는 게임의 경우 A회사는 a_1, a_2 전략을 적절한 비율로 혼합하여 사용함으로써 기대이익을 최대화하고 B회사는 b_1, b_2 전략을 적절히 혼합하여 기대손실을 최소화시킴으로써 두 회사에 보다 나은 게임 값이 결정된다.

A회사의 혼합전략 비율

A회사는 [표 15-15]에서 보는 바와 같이 전체 시합횟수 가운데 p의 비율로 전략 a_1을, $(1-p)$의 비율로 전략 a_2를 선택한다고 하자.

그러면 B회사가 전략 b_1을 선택할 때 A회사의 기대성과 U_1은 다음과 같다.

$$U_1=4p-3(1-p)=7p-3$$

한편 B회사가 전략 a_2를 선택할 때 A회사의 기대성과 U_2는 다음과 같다.

$$U_2=1p+2(1-p)=-p+2$$

A회사의 기대성과 U_1과 U_2는 서로 같기 때문에 이들을 연립하여 p값과 $(1-p)$값을 구한다.

$$7p-3=-p+2$$

$$8p=5$$

$$p=\frac{5}{8}$$

$$1-p=\frac{3}{8}$$

표 15-16 두 회사 전략의 혼합비율

A회사 \ B회사		b_1 q	b_2 $1-q$
a_1	p	4	1
a_2	$1-p$	−3	2

이와 같이 A회사는 전체 게임횟수 가운데 5/8는 전략 a_1을 선택하고 3/8은 전략 a_2를 선택해야 한다. 이때 예상되는 게임 값(시장점유율 증가)은 다음과 같다.

$$7p-3=7\left(\frac{5}{8}\right)-3=1\frac{3}{8}$$

B회사의 혼합전략 비율

B회사는 [표 15-15]에서 보는 바와 같이 전체 시합횟수 가운데 q의 비율로 전략 b_1을, $(1-p)$의 비율로 전략 b_2를 선택한다고 하자.

그러면 A회사가 전략 a_1을 선택할 때 B회사의 기대손실 V_1은 다음과 같다.

$$V_1=4q+1(1-q)=3q+1$$

한편 A회사가 전략 a_2를 선택할 때 B회사의 기대손실 V_2는 다음과 같다.

$$V_2=-3q+2(1-q)=-5q+2$$

B회사의 기대손실 V_1과 V_2는 서로 같기 때문에 이들을 연립하여 q값과 $(1-p)$값을 구한다.

$$3q+1=-5q+2$$

$$8q=1$$

$$q=\frac{1}{8}$$

$$1-q=\frac{3}{8}$$

이와 같이 B회사는 전체 게임횟수 가운데 $\frac{1}{8}$은 전략 b_1을 선택하고 $\frac{7}{8}$은 전략 b_2를 선택해야 한다. 이때 예상되는 게임 값(시장점유율 감소)은 다음과 같다.

$$3q+1=3\left(\frac{1}{8}\right)+1=1\frac{3}{8}$$

이 게임에서 A회사는 전체 게임횟수 가운데 $\frac{5}{8}$는 전략 a_1, $\frac{3}{8}$은 전략 a_2를 선택하고 B회사는 $\frac{1}{8}$은 전략 b_1, $\frac{7}{8}$은 전략 b_2를 선택하는 혼합전략을 사용한다면 A회사는 게임당 평균 $1\frac{3}{8}$%의 시장점유율 증가를 기대할 수 있고 B회사는 $1\frac{3}{8}$% 감소를 기대할 수 있다. 이는 두 회사에 최선의 결과이다.

1. 의사결정 기준으로서 공격적 기준, 보수적 기준, 기회손실 기준의 차이점을 설명하라.

2. 의사결정 기준으로서 기대가치 기준과 기대기회손실 기준을 설명하라.

3. 완전정보의 기대가치를 설명하라.

4. 표본정보의 기대가치와 효율을 설명하라.

5. 영화게임과 비영화게임을 비교하라.

6. 게임에서 순수전략과 혼합전략을 비교 · 설명하라.

7. 강 사장은 세 개의 투자안 중에서 하나를 골라 투자하려고 한다. 각 경제 상황에 따른 투자안의 이익은 다음과 같다. 아래의 기준을 사용할 때 최적투자 계획을 결정하라.

대안	경제상황		
	1	2	3
A	6,000	8,000	4,000
B	−1,000	11,000	7,000
C	5,000	5,000	5,000

(1) 최대 최대
(2) 최대 최소
(3) 최소최대 후회
(4) 기대가치($P(1)=30\%$, $P(2)=50\%$, $P(3)=20\%$)
(5) 기대기회손실($P(1)=30\%$, $P(2)=50\%$, $P(3)=20\%$)

8. 7.의 문제에서 어느 경제연구소에 의뢰하여 미래의 경제 상황에 대한 표본정보를 얻었다. 이는 P=긍정적 보고서, N=부정적 보고서 가운데 하나이다. 연구소가 제시한 조건확률은 다음과 같다.

경제보고서 \ 상황	s_1	s_2	s_3
P	$P(P\|s_1)=0.8$	$P(P\|s_2)=0.6$	$P(P\|s_3)=0.1$
N	$P(N\|s_1)=0.2$	$P(N\|s_2)=0.4$	$P(N\|s_3)=0.9$

(1) 사후확률을 구하고 이에 의한 최적전략을 말하라.

(2) 표본정보의 기대가치를 구하라.

(3) 표본정보의 효율을 구하라.

9. 다음과 같은 2인 영화게임을 고려하자.

A \ B	b_1	b_2
a_1	60	50
a_2	40	55

(1) 순수전략이 존재하는지 결정하라.

(2) 경기자 A와 B의 전략사용 비율을 결정하라.

(3) 경기자들의 기대이득과 기대손실을 구하라.

10. 다음 표에 세 개의 대안과 두 개의 상황이 나타나 있다.

대안 \ 상황	s_1	s_2
d_1	15	10
d_2	10	12
d_3	8	20

단 $P(S_1)=0.8$, $P(S_2)=0.2$이다.

(1) 이 사전확률과 EV기준에 의한 최적전략을 구하라.

(2) $EVPI$를 구하라.

(3) 시장조사의 결과 긍정적 상황이 나타날 확률이 $P(I|s_1)=0.2$, $P(I|s_2)=0.75$로 알려져 있다. 이때 사후확률 $P(s_1|I)$와 $P(s_2|I)$를 구하라. 또 이 사후확률에 의해서 최적전략을 구하라.

11. 대한화학(주)은 어떤 고객과 항공기 엔진에 사용되는 윤활유의 원료가 되는 어떤 화학제품을 공급하기로 계약을 맺었다. 이 제품은 제조상의 이유로 1,000kg 단위로 생산된다. 그 고객은 1,000kg 단위로 구매하기로 동의하였으며, 6개월마다 하나, 둘 혹은 세 단위를 구입하기로 하였다. 이 제품은 2개월의 숙성과정(aging process)이 있기 때문에 대한화학은 미리 생산량

에 대한 결정을 해야만 한다.

원가는 kg당 15,000원이며 계약에 의하여 20,000원에 팔기로 되어 있다. 만일 이 고객의 주문보다 적게 생산하였을 경우에는 다른 회사에서 구입해서 공급해야만 하는데 이 경우 원가에는 수송비까지 포함하여 kg당 24,000원이 소요된다. 이 제품은 4개월 이상 보관하지 못하기 때문에 만일 이 고객이 생산량보다 적게 주문한다면 그 초과 생산분은 kg당 5,000원에 처분한다.

과거의 데이터에 기초하여 그 고객의 예상 주문량을 추정한 결과 다음의 확률분포를 얻었다.

예상 주문량	확률
1,000(kg)	0.3
2,000(kg)	0.5
3,000(kg)	0.2

(1) 성과표를 작성하라.

(2) 대한화학은 매 6개월마다 얼마를 생산해야 하는가?

(3) 이 고객이 2개월 이전에 주문량을 미리 알려준다는 조건으로 가격을 할인하자고 제안한다면 얼마까지 할인 가능한가?

12. 김 군은 지폐 25원짜리와 100원짜리 한 장씩을 갖고 있고 이 군은 지폐 5원짜리와 10원짜리 한 장씩을 갖고 있다. 각자는 자기의 지폐 가운데 한 장을 뽑는데 상대방이 무엇을 뽑았는지 전혀 모르는 상태에서 뽑게 된다. 만일 뽑은 두 지폐의 합한 금액이 홀수이면 이 군이 김 군의 돈을 취하고, 짝수이면 김 군이 이 군의 돈을 취한다.

(1) 이 게임을 위한 성과표를 만들어라.

(2) 각자의 최적전략은 무엇인가?

(3) 게임 값은 얼마인가?

13. 안성에 있는 한 그린하우스는 화원에 판매할 카네이션 재배에 전문적이다. 카네이션은 재배하는 데 1타에 2달러가 소요되지만 3달러씩 받고 화원에 판매한다. 팔고 남은 카네이션은 호텔이나 음식점에 타당 0.75달러씩 팔아넘긴다. 만일 카네이션이 부족하여 팔지 못하는 경우에는 타당 1달러의 신용상실 비용이 발생한다. 카네이션에 대한 매일의 수요량 분포가 다음과 같다.

수요량	확률(%)
20	5
22	10
24	25
26	30
28	20
30	10

(1) 성과표를 작성하라.

(2) 보관할 카네이션의 각 대안에 대한 기대가치를 계산하고 최적 대안을 결정하라.

(3) 기회비용표를 작성하라.

(4) *EVPI*를 계산하라.

14. K-마트는 매주 고객의 수요를 만족시키기 위하여 우유 몇 상자를 보유해야 할지를 결정하고자 한다. 수요량의 확률분포는 다음과 같다.

수요량	확률(%)
15	0.20
16	0.25
17	0.40
18	0.15

회사는 우유 한 상자에 10원을 주고 구매하여 12원에 판매한다. 당일 팔지 못한 우유는 가까운 농가에 사료용으로 상자당 2원을 받고 처분한다. 만일 재고부족이 발생하면 상자당 4원의 비용이 발생하는 것으로 간주한다.

(1) 이 문제의 성과표를 작성하라.

(2) 각 대안(보유 상자 수)에 대한 기대가치를 계산하고 최적 대안을 선정하라.

(3) 기회손실표를 작성하고 최적 대안을 결정하라.

부 록

A. 이항분포표

B. $e^{-\mu}$의 값

C. 포아송분포표

D. 표준정규분포표

E. 난수표

F. t분포표

G. χ^2분포표

H. F분포표

A. 이항분포표

$$P(X=x)=\binom{n}{x}p^{x}(1-p)^{n-x}$$

n	x	.05	.10	.15	.20	.25	.30	.35	.40	.45	.50
1	0	.9500	.9000	.8500	.8000	7500	.7000	.6500	.6000	.5500	.5000
	1	.0500	.1000	.1500	.2000	.2500	.3000	.3500	.4000	.4500	.5000
2	0	.9025	.8100	.7225	.6400	.5625	.4900	.4225	.3600	.3025	.2500
	1	.0950	.1800	.2550	.3200	.3750	.4200	.4550	.4800	.4950	.5000
	2	.0025	.0100	.0225	.0400	.0625	.0900	.1225	.1600	.2025	.2500
3	0	.8574	.7290	.6141	.5120	.4219	.3430	.2746	.2160	.1664	.1250
	1	.1354	.2430	.3251	.3840	.4219	.4410	.4436	.4320	.4084	.3750
	2	.0071	.0270	.0574	.0960	.1406	.1890	.2389	.2880	.3341	.3750
	3	.0001	.0010	.0034	.0080	.0156	.0270	.0429	.0640	.0911	.1250
4	0	.8145	.6561	.5220	.4096	.3164	.2401	.1785	.1296	.0915	.0625
	1	.1715	.2916	.3685	.4096	.4219	.4116	.3845	.3456	.2995	.2500
	2	.0135	.0486	.0975	.1536	.2109	.2646	.3105	.3456	.3675	.3750
	3	.0005	.0036	.0115	.0256	.0469	.0756	.1115	.1536	.2005	.2500
	4	.0000	.0001	.0005	.0016	.0039	.0081	.0150	.0256	.0410	.0625
5	0	.7738	.5905	.4437	.3277	.2373	.1681	.1160	.0778	.0503	.0312
	1	.2036	.3280	.3915	.4096	.3955	.3602	.3124	.2592	.2059	.1562
	2	.0214	.0729	.1382	.2048	.2637	.3087	.3364	.3456	.3369	.3125
	3	.0011	.0081	.0244	.0512	.0879	.1323	.1811	.2304	.2757	.3125
	4	.0000	.0004	.0022	.0064	.0146	.0284	.0488	.0768	.1128	.1562
	5	.0000	.0000	.0001	.0003	.0010	.0024	.0053	.0102	.0185	.0312
6	0	.7351	.5314	.3771	.2621	.1780	.1176	.0754	.0467	.0277	.0156
	1	.2321	.3543	.3993	.3932	.3560	.3025	.2437	.1866	.1359	.0938
	2	.0305	.0984	.1762	.2458	.2966	.3241	.3280	.3110	.2780	.2344
	3	.0021	.0146	.0415	.0819	.1318	.1852	.2355	.2765	.3032	.3125
	4	.0001	.0012	.0055	.0154	.0330	.0595	.0951	.1382	.1861	.2344
	5	.0000	.0001	.0004	.0015	.0044	.0102	.0205	.0369	.0609	.0938
	6	.0000	.0000	.0000	.0001	.0002	.0007	.0018	.0041	.0083	.0156
7	0	.6983	.4783	.3206	.2097	.1335	.0824	.0490	.0280	.0152	.0078
	1	.2573	.3720	.3960	.3670	.3115	.2471	.1848	.1306	.0872	.0547
	2	.0406	.1240	.2097	.2753	.3115	.3177	.2985	.2613	.2140	.1641
	3	.0036	.0230	.0617	.1147	.1730	.2269	.2679	.2903	.2918	.2734
	4	.0002	.0026	.0109	.0287	.0577	.0972	.1442	.1935	.2388	.2734
	5	.0000	.0002	.0012	.0043	.0115	.0250	.0466	.0774	.1172	.1641
	6	.0000	.0000	.0001	.0004	.0013	.0036	.0084	.0172	.0320	.0547
	7	.0000	.0000	.0000	.0000	.0001	.0002	.0006	.0016	.0037	.0078

A 계속

		p									
n	x	.05	.10	.15	.20	.25	.30	.35	.40	.45	.50
8	0	.6634	.4305	.2725	.1678	.1001	.0576	.0319	.0168	.0084	.0039
	1	.2793	.3826	.3847	.3355	.2670	.1977	.1373	.0896	.0548	.0312
	2	.0515	.1488	.2376	.2936	.3115	.2965	.2587	.2090	.1569	.1094
	3	.0054	.0331	.0839	.1468	.2076	.2541	.2786	.2787	.2568	.2188
	4	.0004	.0046	.0185	.0459	.0865	.1361	.1875	.2322	.2627	.2734
	5	.0000	.0004	.0026	.0092	.0231	.0467	.0808	.1239	.1719	.2188
	6	.0000	.0000	.0002	.0011	.0038	.0100	.0217	.0413	.0703	.1094
	7	.0000	.0000	.0000	.0001	.0004	.0012	.0033	.0079	.0164	.0312
	8	.0000	.0000	.0000	.0000	.0000	.0001	.0002	.0007	.0017	.0039
9	0	.6302	.3874	.2316	.1342	.0751	.0404	.0207	.0101	.0046	.0020
	1	.2985	.3874	.3679	.3020	.2253	.1556	.1004	.0605	.0339	.0176
	2	.0629	.1722	.2597	.3020	.3003	.2668	.2162	.1612	.1110	.0703
	3	.0077	.0446	.1069	.1762	.2336	.2668	.2716	.2508	.2119	.1641
	4	.0006	.0074	.0283	.0661	.1168	.1715	.2194	.2508	.2600	.2461
	5	.0000	.0008	.0050	.0165	.0389	.0735	.1181	.1672	.2128	.2461
	6	.0000	.0001	.0006	.0028	.0087	.0210	.0424	.0743	.1160	.1641
	7	.0000	.0000	.0000	.0003	.0012	.0039	.0098	.0212	.0407	.0703
	8	.0000	.0000	.0000	.0000	.0001	.0004	.0013	.0035	.0083	.0176
	9	.0000	.0000	.0000	.0000	.0000	.0000	.0001	.0003	.0008	.0020
10	0	.5987	.3487	.1969	.1074	.0563	.0282	.0135	.0060	.0025	.0010
	1	.3151	.3874	.3474	.2684	.1877	.1211	.0725	.0403	.0207	.0098
	2	.0746	.1937	.2759	.3020	.2816	.2335	.1757	.1209	.0763	.0439
	3	.0105	.0574	.1298	.2013	.2503	.2668	.2522	.2150	.1665	.1172
	4	.0010	.0112	.0401	.0881	.1460	.2001	.2377	.2508	.2384	.2051
	5	.0001	.0015	.0085	.0264	.0584	.1029	.1536	.2007	.2340	.2461
	6	.0000	.0001	.0012	.0055	.0162	.0368	.0689	.1115	.1596	.2051
	7	.0000	.0000	.0001	.0008	.0031	.0090	.0212	.0425	.0746	.1172
	8	.0000	.0000	.0000	.0001	.0004	.0014	.0043	.0106	.0229	.0439
	9	.0000	.0000	.0000	.0000	.0000	.0001	.0005	.0016	.0042	.0098
	10	.0000	.0000	.0000	.0000	.0000	.0000	.0000	.0001	.0003	.0010
11	0	.5688	.3138	.1673	.0859	.0422	.0198	.0088	.0036	.0014	.0005
	1	.3293	.3835	.3248	.2362	.1549	.0932	.0518	.0266	.0125	.0054
	2	.0867	.2131	.2866	.2953	.2581	.1998	.1395	.0887	.0513	.0269
	3	.0137	.0710	.1517	.2215	.2581	.2568	.2254	.1774	.1259	.0806
	4	.0014	.0158	.0536	.1107	.1721	.2201	.2428	.2365	.2060	.1611
	5	.0001	.0025	.0132	.0388	.0803	.1321	.1830	.2207	.2360	.2256
	6	.0000	.0003	.0023	.0097	.0268	.0566	.0985	.1471	.1931	.2256
	7	.0000	.0000	.0003	.0017	.0064	.0173	.0379	.0701	.1128	.1611
	8	.0000	.0000	.0000	.0002	.0011	.0037	.0102	.0234	.0462	.0806
	9	.0000	.0000	.0000	.0000	.0001	.0005	.0018	.0052	.0126	.0269
	10	.0000	.0000	.0000	.0000	.0000	.0000	.0002	.0007	.0021	.0054
	11	.0000	.0000	.0000	.0000	.0000	.0000	.0000	.0000	.0002	.0005

A 계속

		p									
n	*x*	.05	.10	.15	.20	.25	.30	.35	.40	.45	.50
12	0	.5404	.2824	.1422	.0687	.0317	.0138	.0057	.0022	.0008	.0002
	1	.3413	.3766	.3012	.2062	.1267	.0712	.0368	.0174	.0075	.0029
	2	.0988	.2301	.2924	.2835	.2323	.1678	.1088	.0639	.0339	.0161
	3	.0173	.0853	.1720	.2362	.2581	.2397	.1954	.1419	.0923	.0537
	4	.0021	.0213	.0683	.1329	.1936	.2311	.2367	.2128	.1700	.1208
	5	.0002	.0038	.0193	.0532	.1032	.1585	.2039	.2270	.2225	.1934
	6	.0000	.0005	.0040	.0155	.0401	.0792	.1281	.1766	.2124	.2256
	7	.0000	.0000	.0006	.0033	.0115	.0291	.0591	.1009	.1489	.1934
	8	.0000	.0000	.0001	.0005	.0024	.0078	.0199	.0420	.0762	.1208
	9	.0000	.0000	.0000	.0001	.0004	.0015	.0048	.0125	.0277	.0537
	10	.0000	.0000	.0000	.0000	.0000	.0002	.0008	.0025	.0068	.0161
	11	.0000	.0000	.0000	.0000	.0000	.0000	.0001	.0003	.0010	.0029
	12	.0000	.0000	.0000	.0000	.0000	.0000	.0000	.0000	.0001	.0002
13	0	.5133	.2542	.1209	.0550	.0238	.0097	.0037	.0013	.0004	.0001
	1	.3512	.3672	.2774	.1787	.1029	.0540	.0259	.0113	.0045	.0016
	2	.1109	.2448	.2937	.2680	.2059	.1388	.0836	.0453	.0220	.0095
	3	.0214	.0997	.1900	.2457	.2517	.2181	.1651	.1107	.0660	.0349
	4	.0028	.0277	.0838	.1535	.2097	.2337	.2222	.1845	.1350	.0873
	5	.0003	.0055	.0266	.0691	.1258	.1803	.2154	.2214	.1989	.1571
	6	.0000	.0008	.0063	.0230	.0559	.1030	.1546	.1968	.2169	.2095
	7	.0000	.0001	.0011	.0058	.0186	.0442	.0833	.1312	.1775	.2095
	8	.0000	.0000	.0001	.0011	.0047	.0142	.0336	.0656	.1089	.1571
	9	.0000	.0000	.0000	.0001	.0009	.0034	.0101	.0243	.0495	.0873
	10	.0000	.0000	.0000	.0000	.0001	.0006	.0022	.0065	.0162	.0349
	11	.0000	.0000	.0000	.0000	.0000	.0001	.0003	.0012	.0036	.0095
	12	.0000	.0000	.0000	.0000	.0000	.0000	.0000	.0001	.0005	.0016
	13	.0000	.0000	.0000	.0000	.0000	.0000	.0000	.0000	.0000	.0001
14	0	.4877	.2288	.1028	.0440	.0178	.0068	.0024	.0008	.0002	.0001
	1	.3593	.3559	.2539	.1539	.0832	.0407	.0181	.0073	.0027	.0009
	2	.1229	.2570	.2912	.2501	.1802	.1134	.0634	.0317	.0141	.0056
	3	.0259	.1142	.2056	.2501	.2402	.1943	.1366	.0845	.0462	.0222
	4	.0037	.0349	.0998	.1720	.2202	.2290	.2022	.1549	.1040	.0611
	5	.0004	.0078	.0352	.0860	.1468	.1963	.2178	.2066	.1701	.1222
	6	.0000	.0013	.0093	.0322	.0734	.1262	.1759	.2066	.2088	.1833
	7	.0000	.0002	.0019	.0092	.0280	.0618	.1082	.1574	.1952	.2095
	8	.0000	.0000	.0003	.0020	.0082	.0232	.0510	.0918	.1398	.1833
	9	.0000	.0000	.0000	.0003	.0018	.0066	.0183	.0408	.0762	.1222
	10	.0000	.0000	.0000	.0000	.0003	.0014	.0049	.0136	.0312	.0611
	11	.0000	.0000	.0000	.0000	.0000	.0002	.0010	.0033	.0093	.0222
	12	.0000	.0000	.0000	.0000	.0000	.0000	.0001	.0005	.0019	.0056
	13	.0000	.0000	.0000	.0000	.0000	.0000	.0000	.0001	.0002	.0009
	14	.0000	.0000	.0000	.0000	.0000	.0000	.0000	.0000	.0000	.0001

n	x	.05	.10	.15	.20	.25	p .30	.35	.40	.45	.50
15	0	.4633	.2059	.0874	.0352	.0134	.0047	.0016	.0005	.0001	.0000
	1	.3658	.3432	.2312	.1319	.0668	.0305	.0126	.0047	.0016	.0005
	2	.1348	.2669	.2856	.2309	.1559	.0916	.0476	.0219	.0090	.0032
	3	.0307	.1285	.2184	.2501	.2252	.1700	.1110	.0634	.0318	.0139
	4	.0049	.0428	.1156	.1876	.2252	.2186	.1792	.1268	.0780	.0417
	5	.0006	.0105	.0449	.1032	.1651	.2061	.2123	.1859	.1404	.0916
	6	.0000	.0019	.0132	.0430	.0917	.1472	.1906	.2066	.1914	.1527
	7	.0000	.0003	.0030	.0138	.0393	.0811	.1319	.1771	.2013	.1964
	8	.0000	.0000	.0005	.0035	.0131	.0348	.0710	.1181	.1647	.1964
	9	.0000	.0000	.0001	.0007	.0034	.0116	.0298	.0612	.1048	.1527
	10	.0000	.0000	.0000	.0001	.0007	.0030	.0096	.0245	.0515	.0916
	11	.0000	.0000	.0000	.0000	.0001	.0006	.0024	.0074	.0191	.0417
	12	.0000	.0000	.0000	.0000	.0000	.0001	.0004	.0016	.0052	.0139
	13	.0000	.0000	.0000	.0000	.0000	.0000	.0001	.0003	.0010	.0032
	14	.0000	.0000	.0000	.0000	.0000	.0000	.0000	.0000	.0001	.0005
	15	.0000	.0000	.0000	.0000	.0000	.0000	.0000	.0000	.0000	.0000
16	0	.4401	.1853	.0743	.0281	.0100	.0033	.0010	.0003	.0001	.0000
	1	.3706	.3294	.2097	.1126	.0535	.0228	.0087	.0030	.0009	.0002
	2	.1463	.2745	.2775	.2111	.1336	.0732	.0353	.0150	.0056	.0018
	3	.0359	.1423	.2285	.2463	.2079	.1465	.0888	.0468	.0215	.0085
	4	.0061	.0514	.1311	.2001	.2252	.2040	.1553	.1014	.0572	.0278
	5	.0008	.0137	.0555	.1201	.1802	.2099	.2008	.1623	.1123	.0667
	6	.0001	.0028	.0180	.0550	.1101	.1649	.1982	.1983	.1684	.1222
	7	.0000	.0004	.0045	.0197	.0524	.1010	.1524	.1889	.1969	.1746
	8	.0000	.0001	.0009	.0055	.0197	.0487	.0923	.1417	.1812	.1964
	9	.0000	.0000	.0001	.0012	.0058	.0185	.0442	.0840	.1318	.1746
	10	.0000	.0000	.0000	.0002	.0014	.0056	.0167	.0392	.0755	.1222
	11	.0000	.0000	.0000	.0000	.0002	.0013	.0049	.0142	.0337	.0667
	12	.0000	.0000	.0000	.0000	.0000	.0002	.0011	.0040	.0115	.0278
	13	.0000	.0000	.0000	.0000	.0000	.0000	.0002	.0008	.0029	.0085
	14	.0000	.0000	.0000	.0000	.0000	.0000	.0000	.0001	.0005	.0018
	15	.0000	.0000	.0000	.0000	.0000	.0000	.0000	.0000	.0001	.0002
	16	.0000	.0000	.0000	.0000	.0000	.0000	.0000	.0000	.0000	.0000
17	0	.4181	.1668	.0631	.0225	.0075	.0023	.0007	.0002	.0000	.0000
	1	.3741	.3150	.1893	.0957	.0426	.0169	.0060	.0019	.0005	.0001
	2	.1575	.2800	.2673	.1914	.1136	.0581	.0260	.0102	.0035	.0010
	3	.0415	.1556	.2359	.2393	.1893	.1245	.0701	.0341	.0144	.0052
	4	.0076	.0605	.1457	.2093	.2209	.1868	.1320	.0796	.0411	.0182
	5	.0010	.0175	.0668	.1361	.1914	.2081	.1849	.1379	.0875	.0472
	6	.0001	.0039	.0236	.0680	.1276	.1784	.1991	.1839	.1432	.0944
	7	.0000	.0007	.0065	.0267	.0668	.1201	.1685	.1927	.1841	.1484

A 계속

n	x	.05	.10	.15	.20	.25	.30	.35	.40	.45	.50
17	8	.0000	.0001	.0014	.0084	.0279	.0644	.1134	.1606	.1883	.1855
	9	.0000	.0000	.0003	.0021	.0093	.0276	.0611	.1070	.1540	.1855
	10	.0000	.0000	.0000	.0004	.0025	.0095	.0263	.0571	.1008	.1484
	11	.0000	.0000	.0000	.0001	.0005	.0026	.0090	.0242	.0525	.0944
	12	.0000	.0000	.0000	.0000	.0001	.0006	.0024	.0081	.0215	.0472
	13	.0000	.0000	.0000	.0000	.0000	.0001	.0005	.0021	.0068	.0182
	14	.0000	.0000	.0000	.0000	.0000	.0000	.0001	.0004	.0016	.0052
	15	.0000	.0000	.0000	.0000	.0000	.0000	.0000	.0001	.0003	.0010
	16	.0000	.0000	.0000	.0000	.0000	.0000	.0000	.0000	.0000	.0001
	17	.0000	.0000	.0000	.0000	.0000	.0000	.0000	.0000	.0000	.0000
18	0	.3972	.1501	.0536	.0180	.0056	.0016	.0004	.0001	.0000	.0000
	1	.3763	.3002	.1704	.0811	.0338	.0126	.0042	.0012	.0003	.0001
	2	.1683	.2835	.2556	.1723	.0958	.0458	.0190	.0069	.0022	.0006
	3	.0473	.1680	.2406	.2297	.1704	.1046	.0547	.0246	.0095	.0031
	4	.0093	.0700	.1592	.2153	.2130	.1681	.1104	.0614	.0291	.0117
	5	.0014	.0218	.0787	.1507	.1988	.2017	.1664	.1146	.0666	.0327
	6	.0002	.0052	.0301	.0816	.1436	.1873	.1941	.1655	.1181	.0708
	7	.0000	.0010	.0091	.0350	.0820	.1376	.1792	.1892	.1657	.1214
	8	.0000	.0002	.0022	.0120	.0376	.0811	.1327	.1734	.1864	.1669
	9	.0000	.0000	.0004	.0033	.0139	.0386	.0794	.1284	.1694	.1855
	10	.0000	.0000	.0001	.0008	.0042	.0149	.0385	.0771	.1248	.1669
	11	.0000	.0000	.0000	.0001	.0010	.0046	.0151	.0374	.0742	.1214
	12	.0000	.0000	.0000	.0000	.0002	.0012	.0047	.0145	.0354	.0708
	13	.0000	.0000	.0000	.0000	.0000	.0002	.0012	.0045	.0134	.0327
	14	.0000	.0000	.0000	.0000	.0000	.0000	.0002	.0011	.0039	.0117
	15	.0000	.0000	.0000	.0000	.0000	.0000	.0000	.0002	.0009	.0031
	16	.0000	.0000	.0000	.0000	.0000	.0000	.0000	.0000	.0001	.0006
	17	.0000	.0000	.0000	.0000	.0000	.0000	.0000	.0000	.0000	.0001
	18	.0000	.0000	.0000	.0000	.0000	.0000	.0000	.0000	.0000	.0000
19	0	.3774	.1351	.0456	.0144	.0042	.0011	.0003	.0001	.0000	.0000
	1	.3774	.2852	.1529	.0685	.0268	.0093	.0029	.0008	.0002	.0000
	2	.1787	.2852	.2428	.1540	.0803	.0358	.0138	.0046	.0013	.0003
	3	.0533	.1796	.2428	.2182	.1517	.0869	.0422	.0175	.0062	.0018
	4	.0112	.0798	.1714	.2182	.2023	.1491	.0909	.0467	.0203	.0074
	5	.0018	.0266	.0907	.1636	.2023	.1916	.1468	.0933	.0497	.0222
	6	.0002	.0069	.0374	.0955	.1574	.1916	.1844	.1451	.0949	.0518
	7	.0000	.0014	.0122	.0443	.0974	.1525	.1844	.1797	.1443	.0961
	8	.0000	.0002	.0032	.0166	.0487	.0981	.1489	.1797	.1771	.1442
	9	.0000	.0000	.0007	.0051	.0198	.0514	.0980	.1464	.1771	.1762
	10	.0000	.0000	.0001	.0013	.0066	.0220	.0528	.0976	.1449	.1762

		p									
n	*x*	.05	.10	.15	.20	.25	.30	.35	.40	.45	.50
19	11	.0000	.0000	.0000	.0003	.0018	.0077	.0233	.0532	.0970	.1442
	12	.0000	.0000	.0000	.0000	.0004	.0022	.0083	.0237	.0529	.0961
	13	.0000	.0000	.0000	.0000	.0001	.0005	.0024	.0085	.0233	.0518
	14	.0000	.0000	.0000	.0000	.0000	.0001	.0006	.0024	.0082	.0222
	15	.0000	.0000	.0000	.0000	.0000	.0000	.0001	.0005	.0022	.0074
	16	.0000	.0000	.0000	.0000	.0000	.0000	.0000	.0001	.0005	.0018
	17	.0000	.0000	.0000	.0000	.0000	.0000	.0000	.0000	.0001	.0003
	18	.0000	.0000	.0000	.0000	.0000	.0000	.0000	.0000	.0000	.0000
	19	.0000	.0000	.0000	.0000	.0000	.0000	.0000	.0000	.0000	.0000
20	0	.3585	.1216	.0388	.0115	.0032	.0008	.0002	.0000	.0000	.0000
	1	.3774	.2702	.1368	.0576	.0211	.0068	.0020	.0005	.0001	.0000
	2	.1887	.2852	.2293	.1369	.0669	.0278	.0100	.0031	.0008	.0002
	3	.0596	.1901	.2428	.2054	.1339	.0716	.0323	.0123	.0040	.0011
	4	.0133	.0898	.1821	.2182	.1897	.1304	.0738	.0350	.0139	.0046
	5	.0022	.0319	.1028	.1746	.2023	.1789	.1272	.0746	.0365	.0148
	6	.0003	.0089	.0454	.1091	.1686	.1916	.1712	.1244	.0746	.0370
	7	.0000	.0020	.0160	.0545	.1124	.1643	.1844	.1659	.1221	.0739
	8	.0000	.0004	.0046	.0222	.0609	.1144	.1614	.1797	.1623	.1201
	9	.0000	.0001	.0011	.0074	.0271	.0654	.1158	.1597	.1771	.1602
	10	.0000	.0000	.0002	.0020	.0099	.0308	.0686	.1171	.1593	.1762
	11	.0000	.0000	.0000	.0005	.0030	.0120	.0336	.0710	.1185	.1602
	12	.0000	.0000	.0000	.0001	.0008	.0039	.0136	.0355	.0727	.1201
	13	.0000	.0000	.0000	.0000	.0002	.0010	.0045	.0146	.0366	.0739
	14	.0000	.0000	.0000	.0000	.0000	.0002	.0012	.0049	.0150	.0370
	15	.0000	.0000	.0000	.0000	.0000	.0000	.0003	.0013	.0049	.0148
	16	.0000	.0000	.0000	.0000	.0000	.0000	.0000	.0003	.0013	.0046
	17	.0000	.0000	.0000	.0000	.0000	.0000	.0000	.0000	.0002	.0011
	18	.0000	.0000	.0000	.0000	.0000	.0000	.0000	.0000	.0000	.0002
	19	.0000	.0000	.0000	.0000	.0000	.0000	.0000	.0000	.0000	.0000
	20	.0000	.0000	.0000	.0000	.0000	.0000	.0000	.0000	.0000	.0000

B. $e^{-\mu}$의 값

μ	$\varepsilon^{-\mu}$	μ	$\varepsilon^{-\mu}$	μ	$\varepsilon^{-\mu}$
1.0	1.0000	3.1	.0450	8.0	.000335
1.1	.9048	3.2	.0408	9.0	.000123
1.2	.8187	3.3	.0369	10.0	.000045
1.3	.7408	3.4	.0334		
1.4	.6703	3.5	.0302		
1.5	.6065	3.6	.0273		
1.6	.5488	3.7	.0247		
1.7	.4966	3.8	.0224		
1.8	.4493	3.9	.0202		
1.9	.4066	4.0	.0183		
1.0	.3679	4.1	.0166		
1.1	.3329	4.2	.0150		
1.2	.3012	4.3	.0136		
1.3	.2725	4.4	.0123		
1.4	.2466	4.5	.0111		
1.5	.2231	4.6	.0101		
1.6	.2019	4.7	.0091		
1.7	.1827	4.8	.0082		
1.8	.1653	4.9	.0074		
1.9	.1496	5.0	.0067		
2.0	.1353	5.1	.0061		
2.1	.1225	5.2	.0055		
2.2	.1108	5.3	.0050		
2.3	.1003	5.4	.0045		
2.4	.0907	5.5	.0041		
2.5	.0821	5.6	.0037		
2.6	.0743	5.7	.0033		
2.7	.0672	5.8	.0030		
2.8	.0608	5.9	.0027		
2.9	.0550	6.0	.0025		
3.0	.0498	7.0	.0009		

C. 포아송분포표

$$P(X=x) = \frac{e^{-\mu}\mu^{x}}{x}$$

	μ									
x	0.005	0.01	0.02	0.03	0.04	0.05	0.06	0.07	0.08	0.09
0	0.9950	0.9900	0.9802	0.9704	0.9608	0.9512	0.9418	0.9324	0.9231	0.9139
1	0.0050	0.0099	0.0192	0.0291	0.0384	0.0476	0.0565	0.0653	0.0738	0.0823
2	0.0000	0.0000	0.0002	0.0004	0.0008	0.0012	0.0017	0.0023	0.0030	0.0037
3	0.0000	0.0000	0.0000	0.0000	0.0000	0.0000	0.0000	0.0001	0.0001	0.0001
x	0.1	0.2	0.3	0.4	0.5	0.6	0.7	0.8	0.9	1.0
0	0.9048	0.8187	0.7408	0.6703	0.6065	0.5488	0.4966	0.4493	0.4066	0.3679
1	0.0905	0.1637	0.2222	0.2681	0.3033	0.3293	0.3476	0.3595	0.3659	0.3679
2	0.0045	0.0164	0.0333	0.0536	0.0758	0.0988	0.1217	0.1438	0.1647	0.1839
3	0.0002	0.0011	0.0033	0.0072	0.0126	0.0198	0.0284	0.0383	0.0494	0.0613
4	0.0000	0.0001	0.0002	0.0007	0.0016	0.0030	0.0050	0.0077	0.0111	0.0153
5	0.0000	0.0000	0.0000	0.0001	0.0002	0.0004	0.0007	0.0012	0.0020	0.0031
6	0.0000	0.0000	0.0000	0.0000	0.0000	0.0000	0.0001	0.0002	0.0003	0.0005
7	0.0000	0.0000	0.0000	0.0000	0.0000	0.0000	0.0000	0.0000	0.0000	0.0001
x	1.1	1.2	1.3	1.4	1.5	1.6	1.7	1.8	1.9	2.0
0	0.3329	0.3012	0.2725	0.2466	0.2231	0.2019	0.1827	0.1653	0.1496	0.1353
1	0.3662	0.3614	0.3543	0.3452	0.3347	0.3230	0.3106	0.2975	0.2842	0.2707
2	0.2014	0.2169	0.2303	0.2417	0.2510	0.2584	0.2640	0.2678	0.2700	0.2707
3	0.0738	0.0867	0.0998	0.1128	0.1255	0.1378	0.1496	0.1607	0.1710	0.1804
4	0.0203	0.0260	0.0324	0.0395	0.0471	0.0551	0.0636	0.0723	0.0812	0.0902
5	0.0045	0.0062	0.0084	0.0111	0.0141	0.0176	0.0216	0.0260	0.0309	0.0361
6	0.0008	0.0012	0.0018	0.0026	0.0035	0.0047	0.0061	0.0078	0.0098	0.0120
7	0.0001	0.0002	0.0003	0.0005	0.0008	0.0011	0.0015	0.0020	0.0027	0.0034
8	0.0000	0.0000	0.0001	0.0001	0.0001	0.0002	0.0003	0.0005	0.0006	0.0009
9	0.0000	0.0000	0.0000	0.0000	0.0000	0.0000	0.0001	0.0001	0.0001	0.0002
x	2.1	2.2	2.3	2.4	2.5	2.6	2.7	2.8	2.9	3.0
0	0.1225	0.1108	0.1003	0.0907	0.0821	0.0743	0.0672	0.0608	0.0050	0.0498
1	0.2572	0.2438	0.2306	0.2177	0.2052	0.1931	0.1815	0.1703	0.1596	0.1494
2	0.2700	0.2681	0.2652	0.2613	0.2565	0.2510	0.2450	0.2384	0.2314	0.2240
3	0.1890	0.1966	0.2033	0.2090	0.2138	0.2176	0.2205	0.2225	0.2237	0.2240
4	0.0992	0.1082	0.1169	0.1254	0.1336	0.1414	0.1488	0.1557	0.1622	0.1680
5	0.0417	0.0476	0.0538	0.0602	0.0668	0.0735	0.0804	0.0872	0.0940	0.1008
6	0.0146	0.0174	0.0206	0.0241	0.0278	0.0319	0.0362	0.0407	0.0455	0.0504
7	0.0044	0.0055	0.0068	0.0083	0.0099	0.0118	0.0139	0.0163	0.0188	0.0216
8	0.0011	0.0015	0.0019	0.0025	0.0031	0.0038	0.0047	0.0057	0.0068	0.0081
9	0.0003	0.0004	0.0005	0.0007	0.0009	0.0011	0.0014	0.0018	0.0022	0.0027
10	0.0001	0.0001	0.0001	0.0002	0.0002	0.0003	0.0004	0.0005	0.0006	0.0008
11	0.0000	0.0000	0.0000	0.0000	0.0000	0.0001	0.0001	0.0001	0.0002	0.0002
12	0.0000	0.0000	0.0000	0.0000	0.0000	0.0000	0.0000	0.0000	0.0000	0.0001
x	3.1	3.2	3.3	3.4	3.5	3.6	3.7	3.8	3.9	4.0
0	0.0450	0.0408	0.0369	0.0334	0.0302	0.0273	0.0247	0.0224	0.0202	0.0183
1	0.1397	0.1304	0.1217	0.1135	0.1057	0.0984	0.0915	0.0850	0.0789	0.0733
2	0.2165	0.2087	0.2008	0.1929	0.1850	0.1771	0.1692	0.1615	0.1539	0.1465
3	0.2237	0.2226	0.2209	0.2186	0.2158	0.2125	0.2087	0.2046	0.2001	0.1954
4	0.1734	0.1781	0.1823	0.1858	0.1888	0.1912	0.1931	0.1944	0.1951	0.1954
5	0.1075	0.1140	0.1203	0.1264	0.1322	0.1377	0.1429	0.1477	0.1522	0.1563
6	0.0555	0.0608	0.0662	0.0716	0.0771	0.0826	0.0881	0.0936	0.0989	0.1042
7	0.0246	0.0278	0.0312	0.0348	0.0385	0.0425	0.0466	0.0508	0.0551	0.0595
8	0.0095	0.0111	0.0129	0.0148	0.0169	0.0191	0.0215	0.0241	0.0269	0.0298
9	0.0033	0.0040	0.0047	0.0056	0.0066	0.0076	0.0089	0.0102	0.0116	0.0132
10	0.0010	0.0013	0.0016	0.0019	0.0023	0.0028	0.0033	0.0039	0.0045	0.0053
11	0.0003	0.0004	0.0005	0.0006	0.0007	0.0009	0.0011	0.0013	0.0016	0.0019
12	0.0001	0.0001	0.0001	0.0002	0.0002	0.0003	0.0003	0.0004	0.0005	0.0006
13	0.0000	0.0000	0.0000	0.0000	0.0001	0.0001	0.0001	0.0001	0.0002	0.0002
14	0.0000	0.0000	0.0000	0.0000	0.0000	0.0000	0.0000	0.0000	0.0000	0.0001
x	4.1	4.2	4.3	4.4	4.5	4.6	4.7	4.8	4.9	5.0
0	0.0166	0.0150	0.0136	0.0123	0.0111	0.0101	0.0091	0.0082	0.0074	0.0067
1	0.0679	0.0630	0.0583	0.0540	0.0500	0.0462	0.0427	0.0395	0.0365	0.0337
2	0.1393	0.1323	0.1254	0.1188	0.1125	0.1063	0.1005	0.0948	0.0894	0.0842
3	0.1904	0.1852	0.1798	0.1743	0.1687	0.1631	0.1574	0.1517	0.1460	0.1404
4	0.1951	0.1944	0.1933	0.1917	0.1898	0.1875	0.1849	0.1820	0.1789	0.1755

C 계속

	μ									
x	4.1	4.2	4.3	4.4	4.5	4.6	4.7	4.8	4.9	5.0
5	0.1600	0.1633	0.1662	0.1687	0.1708	0.1725	0.1738	0.1747	0.1753	0.1755
6	0.1093	0.1143	0.1191	0.1237	0.1281	0.1323	0.1362	0.1398	0.1432	0.1462
7	0.0640	0.0686	0.0732	0.0778	0.0824	0.0869	0.0914	0.0959	0.1002	0.1044
8	0.0328	0.0360	0.0393	0.0428	0.0463	0.0500	0.0537	0.0575	0.0614	0.0653
9	0.0150	0.0168	0.0188	0.0209	0.0232	0.0255	0.0280	0.0307	0.0334	0.0363
10	0.0061	0.0071	0.0081	0.0092	0.0104	0.0118	0.0132	0.0147	0.0164	0.0181
11	0.0023	0.0027	0.0032	0.0037	0.0043	0.0049	0.0056	0.0064	0.0073	0.0082
12	0.0008	0.0009	0.0011	0.0014	0.0016	0.0019	0.0022	0.0026	0.0030	0.0034
13	0.0002	0.0003	0.0004	0.0005	0.0006	0.0007	0.0008	0.0009	0.0011	0.0013
14	0.0001	0.0001	0.0001	0.0001	0.0002	0.0002	0.0003	0.0003	0.0004	0.0005
15	0.0000	0.0000	0.0000	0.0000	0.0001	0.0001	0.0001	0.0001	0.0001	0.0002
x	5.1	5.2	5.3	5.4	5.5	5.6	5.7	5.8	5.9	6.0
0	0.0061	0.0055	0.0050	0.0045	0.0041	0.0037	0.0033	0.0030	0.0027	0.0025
1	0.0311	0.0287	0.0265	0.0244	0.0225	0.0207	0.0191	0.0176	0.0162	0.0149
2	0.0793	0.0746	0.0701	0.0659	0.0618	0.0580	0.0544	0.0509	0.0477	0.0446
3	0.1348	0.1293	0.1239	0.1185	0.1133	0.1082	0.1033	0.0985	0.0938	0.0892
4	0.1719	0.1681	0.1641	0.1600	0.1558	0.1515	0.1472	0.1428	0.1383	0.1339
5	0.1753	0.1748	0.1740	0.1728	0.1714	0.1697	0.1678	0.1656	0.1632	0.1606
6	0.1490	0.1515	0.1537	0.1555	0.1571	0.1584	0.1594	0.1601	0.1605	0.1606
7	0.1086	0.1125	0.1163	0.1200	0.1234	0.1267	0.1298	0.1326	0.1353	0.1377
8	0.0692	0.0731	0.0771	0.0810	0.0849	0.0887	0.0925	0.0962	0.0998	0.1033
9	0.0392	0.0423	0.0454	0.0486	0.0519	0.0552	0.0586	0.0620	0.0654	0.0688
10	0.0200	0.0220	0.0241	0.0262	0.0285	0.0309	0.0334	0.0359	0.0386	0.0413
11	0.0093	0.0104	0.0116	0.0129	0.0143	0.0157	0.0173	0.0190	0.0207	0.0225
12	0.0039	0.0045	0.0051	0.0058	0.0065	0.0073	0.0082	0.0092	0.0102	0.0113
13	0.0015	0.0018	0.0021	0.0024	0.0028	0.0032	0.0036	0.0041	0.0046	0.0052
14	0.0006	0.0007	0.0008	0.0009	0.0011	0.0013	0.0015	0.0017	0.0019	0.0022
15	0.0002	0.0002	0.0003	0.0003	0.0004	0.0005	0.0006	0.0007	0.0008	0.0009
16	0.0001	0.0001	0.0001	0.0001	0.0001	0.0002	0.0002	0.0002	0.0003	0.0003
17	0.0000	0.0000	0.0000	0.0000	0.0000	0.0001	0.0001	0.0001	0.0001	0.0001
x	6.1	6.2	6.3	6.4	6.5	6.6	6.7	6.8	6.9	7.0
0	0.0022	0.0020	0.0018	0.0017	0.0015	0.0014	0.0012	0.0011	0.0010	0.0009
1	0.0137	0.0126	0.0116	0.0106	0.0098	0.0090	0.0082	0.0076	0.0070	0.0064
2	0.0417	0.0390	0.0364	0.0340	0.0318	0.0296	0.0276	0.0258	0.0240	0.0223
3	0.0848	0.0806	0.0765	0.0726	0.0688	0.0652	0.0617	0.0584	0.0552	0.0521
4	0.1294	0.1269	0.1205	0.1162	0.1118	0.1076	0.1034	0.0992	0.0952	0.0912
5	0.1579	0.1549	0.1519	0.1487	0.1454	0.1420	0.1385	0.1349	0.1314	0.1277
6	0.1605	0.1601	0.1595	0.1586	0.1575	0.1562	0.1546	0.1529	0.1511	0.1490
7	0.1399	0.1418	0.1435	0.1450	0.1462	0.1472	0.1480	0.1486	0.1489	0.1490
8	0.1066	0.1099	0.1130	0.1160	0.1188	0.1215	0.1240	0.1263	0.1284	0.1304
9	0.0723	0.0757	0.0791	0.0825	0.0858	0.0891	0.0923	0.0954	0.0985	0.1014
10	0.0441	0.0469	0.0498	0.0528	0.0558	0.0588	0.0618	0.0649	0.0679	0.0710
11	0.0245	0.0265	0.0285	0.0307	0.0330	0.0353	0.0377	0.0401	0.0426	0.0452
12	0.0124	0.0137	0.0150	0.0164	0.0179	0.0194	0.0210	0.0227	0.0245	0.0264
13	0.0058	0.0065	0.0073	0.0081	0.0089	0.0098	0.0108	0.0119	0.0130	0.0142
14	0.0025	0.0029	0.0033	0.0037	0.0041	0.0046	0.0052	0.0058	0.0064	0.0071
15	0.0010	0.0012	0.0014	0.0016	0.0018	0.0020	0.0023	0.0026	0.0029	0.0033
16	0.0004	0.0005	0.0005	0.0006	0.0007	0.0008	0.0010	0.0011	0.0013	0.0014
17	0.0001	0.0002	0.0002	0.0002	0.0003	0.0003	0.0004	0.0004	0.0005	0.0006
18	0.0000	0.0001	0.0001	0.0001	0.0001	0.0001	0.0001	0.0002	0.0002	0.0002
19	0.0000	0.0000	0.0000	0.0000	0.0000	0.0000	0.0000	0.0001	0.0001	0.0001
x	7.1	7.2	7.3	7.4	7.5	7.6	7.7	7.8	7.9	8.0
0	0.0008	0.0007	0.0007	0.0006	0.0006	0.0005	0.0005	0.0004	0.0004	0.0003
1	0.0059	0.0054	0.0049	0.0045	0.0041	0.0038	0.0035	0.0032	0.0029	0.0027
2	0.0208	0.0194	0.0180	0.0167	0.0156	0.0145	0.0134	0.0125	0.0116	0.0107
3	0.0492	0.0464	0.0438	0.0413	0.0389	0.0366	0.0345	0.0324	0.0305	0.0286
4	0.0874	0.0836	0.0799	0.0764	0.0729	0.0696	0.0663	0.0632	0.0602	0.0573
5	0.1241	0.1204	0.1167	0.1130	0.1094	0.1057	0.1021	0.0986	0.0951	0.0916
6	0.1468	0.1445	0.1420	0.1394	0.1367	0.1339	0.1311	0.1282	0.1252	0.1221
7	0.1489	0.1486	0.1481	0.1474	0.1465	0.1454	0.1442	0.1428	0.1413	0.1396
8	0.1321	0.1337	0.1351	0.1363	0.1373	0.1382	0.1388	0.1392	0.1395	0.1396
9	0.1042	0.1070	0.1096	0.1121	0.1144	0.1167	0.1187	0.1207	0.1224	0.1241
10	0.0740	0.0770	0.0800	0.0829	0.0858	0.0887	0.0914	0.0941	0.0967	0.0993
11	0.0478	0.0504	0.0531	0.0558	0.0585	0.0613	0.0640	0.0667	0.0695	0.0722

	μ									
x	7.1	7.2	7.3	7.4	7.5	7.6	7.7	7.8	7.9	8.0
12	0.0283	0.0303	0.0323	0.0344	0.0366	0.0388	0.0411	0.0434	0.0457	0.0481
13	0.0154	0.0168	0.0181	0.0196	0.0211	0.0227	0.0243	0.0260	0.0278	0.0296
14	0.0078	0.0086	0.0095	0.0104	0.0113	0.0123	0.0134	0.0145	0.0157	0.0169
15	0.0037	0.0041	0.0046	0.0051	0.0057	0.0062	0.0069	0.0075	0.0083	0.0090
16	0.0016	0.0019	0.0021	0.0024	0.0026	0.0030	0.0033	0.0037	0.0041	0.0045
17	0.0007	0.0008	0.0009	0.0010	0.0012	0.0013	0.0015	0.0017	0.0019	0.0021
18	0.0003	0.0003	0.0004	0.0004	0.0005	0.0006	0.0006	0.0007	0.0008	0.0009
19	0.0001	0.0001	0.0001	0.0002	0.0002	0.0002	0.0003	0.0003	0.0003	0.0004
20	0.0000	0.0000	0.0001	0.0001	0.0001	0.0001	0.0001	0.0001	0.0001	0.0002
21	0.0000	0.0000	0.0000	0.0000	0.0000	0.0000	0.0000	0.0000	0.0001	0.0001
x	8.1	8.2	8.3	8.4	8.5	8.6	8.7	8.8	8.9	9.0
0	0.0003	0.0003	0.0002	0.0002	0.0002	0.0002	0.0002	0.0002	0.0001	0.0001
1	0.0025	0.0023	0.0021	0.0019	0.0017	0.0016	0.0014	0.0013	0.0012	0.0011
2	0.0100	0.0092	0.0086	0.0079	0.0074	0.0068	0.0063	0.0058	0.0054	0.0050
3	0.0269	0.0252	0.0237	0.0222	0.0208	0.0195	0.0183	0.0171	0.0160	0.0150
4	0.0544	0.0517	0.0491	0.0466	0.0443	0.0420	0.0398	0.0377	0.0357	0.0337
5	0.0882	0.0849	0.0816	0.0784	0.0752	0.0722	0.0692	0.0663	0.0635	0.0607
6	0.1191	0.1160	0.1128	0.1097	0.1066	0.1034	0.1003	0.0972	0.0941	0.0911
7	0.1378	0.1358	0.1338	0.1317	0.1294	0.1271	0.1247	0.1222	0.1197	0.1171
8	0.1395	0.1392	0.1388	0.1382	0.1375	0.1366	0.1356	0.1344	0.1332	0.1318
9	0.1256	0.1269	0.1280	0.1290	0.1299	0.1306	0.1311	0.1315	0.1317	0.1318
10	0.1017	0.1040	0.1063	0.1084	0.1104	0.1123	0.1140	0.1157	0.1172	0.1186
11	0.0749	0.0776	0.0802	0.0828	0.0853	0.0878	0.0902	0.0925	0.0948	0.0970
12	0.0505	0.0530	0.0555	0.0579	0.0604	0.0629	0.0654	0.0679	0.0703	0.0728
13	0.0315	0.0334	0.0354	0.0374	0.0395	0.0416	0.0438	0.0459	0.0481	0.0504
14	0.0182	0.0196	0.0210	0.0225	0.0240	0.0256	0.0272	0.0289	0.0306	0.0324
15	0.0098	0.0107	0.0116	0.0126	0.0136	0.0147	0.0158	0.0169	0.0182	0.0194
16	0.0050	0.0055	0.0060	0.0066	0.0072	0.0079	0.0086	0.0093	0.0101	0.0109
17	0.0024	0.0026	0.0029	0.0033	0.0036	0.0040	0.0044	0.0048	0.0053	0.0058
18	0.0011	0.0012	0.0014	0.0015	0.0017	0.0019	0.0021	0.0024	0.0026	0.0029
19	0.0005	0.0005	0.0006	0.0007	0.0008	0.0009	0.0010	0.0011	0.0012	0.0014
20	0.0002	0.0002	0.0002	0.0003	0.0003	0.0004	0.0004	0.0005	0.0005	0.0006
21	0.0001	0.0001	0.0001	0.0001	0.0001	0.0002	0.0002	0.0002	0.0002	0.0003
22	0.0000	0.0000	0.0000	0.0000	0.0001	0.0001	0.0001	0.0001	0.0001	0.0001
x	9.1	9.2	9.3	9.4	9.5	9.6	9.7	9.8	9.9	10.0
0	0.0001	0.0001	0.0001	0.0001	0.0001	0.0001	0.0001	0.0001	0.0001	0.0000
1	0.0010	0.0009	0.0009	0.0008	0.0007	0.0007	0.0006	0.0005	0.0005	0.0005
2	0.0046	0.0043	0.0040	0.0037	0.0034	0.0031	0.0029	0.0027	0.0025	0.0023
3	0.0140	0.0131	0.0123	0.0115	0.0107	0.0100	0.0093	0.0087	0.0081	0.0076
4	0.0319	0.0302	0.0285	0.0269	0.0254	0.0240	0.0226	0.0213	0.0201	0.0189
5	0.0581	0.0555	0.0530	0.0506	0.0483	0.0460	0.0439	0.0418	0.0398	0.0378
6	0.0881	0.0851	0.0822	0.0793	0.0764	0.0736	0.0709	0.0682	0.0656	0.0631
7	0.1145	0.1118	0.1091	0.1064	0.1037	0.1010	0.0982	0.0955	0.0928	0.0901
8	0.1302	0.1286	0.1269	0.1251	0.1232	0.1212	0.1191	0.1170	0.1148	0.1126
9	0.1317	0.1315	0.1311	0.1306	0.1300	0.1293	0.1284	0.1274	0.1263	0.1251
10	0.1198	0.1210	0.1219	0.1228	0.1235	0.1241	0.1245	0.1249	0.1250	0.1251
11	0.0991	0.1012	0.1031	0.1049	0.1067	0.1083	0.1098	0.1112	0.1125	0.1137
12	0.0752	0.0776	0.0799	0.0822	0.0844	0.0866	0.0888	0.0908	0.0928	0.0948
13	0.0526	0.0549	0.0572	0.0594	0.0617	0.0640	0.0662	0.0685	0.0707	0.0729
14	0.0342	0.0361	0.0380	0.0399	0.0419	0.0439	0.0459	0.0479	0.0500	0.0521
15	0.0208	0.0221	0.0235	0.0250	0.0265	0.0281	0.0297	0.0313	0.0330	0.0347
16	0.0118	0.0127	0.0137	0.0147	0.0157	0.0168	0.0180	0.0192	0.0204	0.0217
17	0.0063	0.0069	0.0075	0.0081	0.0088	0.0095	0.0103	0.0111	0.0119	0.0128
18	0.0032	0.0035	0.0039	0.0042	0.0046	0.0051	0.0055	0.0060	0.0065	0.0071
19	0.0015	0.0017	0.0019	0.0021	0.0023	0.0026	0.0028	0.0031	0.0034	0.0037
20	0.0007	0.0008	0.0009	0.0010	0.0011	0.0012	0.0014	0.0015	0.0017	0.0019
21	0.0003	0.0003	0.0004	0.0004	0.0005	0.0006	0.0006	0.0007	0.0008	0.0009
22	0.0001	0.0001	0.0002	0.0002	0.0002	0.0002	0.0003	0.0003	0.0004	0.0004
23	0.0000	0.0001	0.0001	0.0001	0.0001	0.0001	0.0001	0.0001	0.0002	0.0002
24	0.0000	0.0000	0.0000	0.0000	0.0000	0.0000	0.0000	0.0001	0.0001	0.0001

D. 표준정규분포표

Z	0.00	0.01	0.02	0.03	0.04	0.05	0.06	0.07	0.08	0.09
0.0	0.0000	0.0040	0.0080	0.0120	0.0160	0.0199	0.0239	0.0279	0.0319	0.0359
0.1	0.0398	0.0438	0.0478	0.0517	0.0557	0.0596	0.0636	0.0675	0.0714	0.0753
0.2	0.0793	0.0832	0.0871	0.0910	0.0948	0.0987	0.1026	0.1064	0.1103	0.1141
0.3	0.1179	0.1217	0.1255	0.1293	0.1331	0.1368	0.1406	0.1443	0.1480	0.1517
0.4	0.1554	0.1591	0.1628	0.1664	0.1700	0.1736	0.1772	0.1808	0.1844	0.1879
0.5	0.1915	0.1950	0.1985	0.2019	0.2054	0.2088	0.2123	0.2157	0.2190	0.2224
0.6	0.2257	0.2291	0.2324	0.2357	0.2389	0.2422	0.2454	0.2486	0.2517	0.2549
0.7	0.2580	0.2611	0.2642	0.2673	0.2704	0.2734	0.2764	0.2794	0.2823	0.2852
0.8	0.2881	0.2910	0.2939	0.2967	0.2995	0.3023	0.3051	0.3078	0.3106	0.3133
0.9	0.3159	0.3186	0.3212	0.3238	0.3264	0.3289	0.3315	0.3340	0.3365	0.3389
1.0	0.3413	0.3438	0.3461	0.3485	0.3508	0.3531	0.3554	0.3577	0.3599	0.3621
1.1	0.3643	0.3665	0.3686	0.3708	0.3729	0.3749	0.3770	0.3790	0.3810	0.3830
1.2	0.3849	0.3869	0.3888	0.3907	0.3925	0.3944	0.3962	0.3980	0.3997	0.4015
1.3	0.4032	0.4049	0.4066	0.4082	0.4099	0.4115	0.4131	0.4147	0.4162	0.4177
1.4	0.4192	0.4207	0.4222	0.4236	0.4251	0.4265	0.4279	0.4292	0.4306	0.4319
1.5	0.4332	0.4345	0.4357	0.4370	0.4382	0.4394	0.4406	0.4418	0.4429	0.4441
1.6	0.4452	0.4463	0.4474	0.4484	0.4495	0.4505	0.4515	0.4525	0.4535	0.4545
1.7	0.4554	0.4564	0.4573	0.4582	0.4591	0.4599	0.4608	0.4616	0.4625	0.4633
1.8	0.4641	0.4649	0.4656	0.4664	0.4671	0.4678	0.4686	0.4693	0.4699	0.4706
1.9	0.4713	0.4719	0.4726	0.4732	0.4738	0.4744	0.4750	0.4756	0.4761	0.4767
2.0	0.4772	0.4778	0.4783	0.4788	0.4793	0.4798	0.4803	0.4808	0.4812	0.4817
2.1	0.4821	0.4826	0.4830	0.4834	0.4838	0.4842	0.4846	0.4850	0.4854	0.4857
2.2	0.4861	0.4864	0.4868	0.4871	0.4875	0.4878	0.4881	0.4884	0.4887	0.4890
2.3	0.4893	0.4896	0.4898	0.4901	0.4904	0.4906	0.4909	0.4911	0.4913	0.4916
2.4	0.4918	0.4920	0.4922	0.4925	0.4927	0.4929	0.4931	0.4932	0.4934	0.4936
2.5	0.4938	0.4940	0.4941	0.4943	0.4945	0.4946	0.4948	0.4949	0.4951	0.4952
2.6	0.4953	0.4955	0.4956	0.4957	0.4959	0.4960	0.4961	0.4962	0.4963	0.4974
2.7	0.4965	0.4966	0.4967	0.4968	0.4969	0.4970	0.4971	0.4972	0.4973	0.4974
2.8	0.4974	0.4975	0.4976	0.4977	0.4977	0.4978	0.4979	0.4979	0.4980	0.4981
2.9	0.4981	0.4982	0.4982	0.4983	0.4984	0.4984	0.4985	0.4985	0.4986	0.4986
3.0	0.4987	0.4987	0.4987	0.4988	0.4988	0.4989	0.4989	0.4989	0.4990	0.4990
3.1	0.4990	0.4991	0.4991	0.4991	0.4992	0.4992	0.4992	0.4992	0.4993	0.4993
3.2	0.4993	0.4993	0.4994	0.4994	0.4994	0.4994	0.4994	0.4995	0.4995	0.4995
3.3	0.4995	0.4995	0.4995	0.4996	0.4996	0.4996	0.4996	0.4996	0.4996	0.4997
3.4	0.4997	0.4997	0.4997	0.4997	0.4997	0.4997	0.4997	0.4997	0.4997	0.4998
3.5	0.4998									
4.0	0.49997									
4.5	0.499997									
5.0	0.4999997									

E. 난수표

63271	59986	71744	51102	15141	80714	58683	93108	13554	79945
88547	09896	95436	79115	08303	01041	20030	63754	08459	28364
55957	57243	83865	09911	19761	66535	40102	26646	60147	15702
46276	87453	44790	67122	45573	84358	21625	16999	13385	22782
55363	07449	34835	15290	76616	67191	12777	21861	68689	03263
69393	92785	49902	58447	42048	30378	87618	26933	40640	16281
13186	29431	88190	04588	38733	81290	89541	70290	40113	08243
17726	28652	56836	78351	47327	18518	92222	55201	27340	10493
36520	64465	05550	30157	82242	29520	69753	72602	23756	54935
81628	36100	39254	56835	37636	02421	98063	89641	64953	99337
84649	48968	75215	75498	49539	74240	03466	49292	36401	45525
63291	11618	12613	75055	43915	26488	41116	64531	56827	30825
70502	53225	03655	05915	37140	57051	48393	91322	25653	06543
06426	24771	59935	49801	11082	66762	94477	02494	88215	27191
20711	55609	29430	70165	45406	78484	31639	52009	18873	96927
41990	70538	77191	25860	55204	73417	83920	69468	74972	38712
72452	36618	76298	26678	89334	33938	95567	29380	75906	91807
37042	40318	57099	10528	09925	89773	41335	96244	29002	46453
53766	52875	15987	46962	67342	77592	57651	95508	80033	69828
90585	58955	53122	16025	84299	53310	67380	84249	25348	04332
32001	96293	37203	64516	51530	37069	40261	61374	05815	06714
62606	64324	46354	72157	67248	20135	49804	09226	64419	29457
10078	28073	85389	50324	14500	15562	64165	06125	71353	77669
91561	46145	24177	15294	10061	98124	75732	00815	83452	97355
13091	98112	53959	79607	52244	63303	10413	63839	74762	50289
73864	83014	72457	22682	03033	61714	88173	90835	00634	85169
66668	25467	48894	51043	02365	91726	09365	63167	95264	45643
84745	41042	29493	01836	09044	51926	43630	63470	76508	14194
48068	26805	94595	47907	13357	38412	33318	26098	82782	42851
54310	96175	97594	88616	42035	38093	36745	56702	40644	83514
14877	33095	10924	58013	61439	21882	42059	24177	58739	60170
78295	23179	02771	43464	59061	71411	05697	67194	30495	21157
67524	02865	39593	54278	04237	92441	26602	63835	38032	94770
58268	57219	68124	73455	83236	08710	04284	55005	84171	42596
97158	28672	50685	01181	24262	19427	52106	34308	73685	74246
04230	16831	69085	30802	65559	09205	71829	06489	85650	38707
94879	56606	30401	02602	57658	70091	54986	41394	60437	03195
71446	15232	66715	26385	91518	70566	02888	79941	39684	54315
32886	05644	79316	09819	00813	88407	17461	73925	53037	91904
62048	33711	25290	21526	02223	75947	66466	06232	10913	75336

F. t 분포표

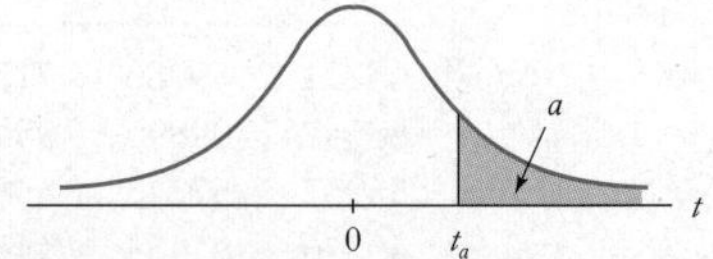

자유도	오른쪽 꼬리면적 α							
	.100	.050	.025	.010	.005	.0025	.001	.0005
1	3.078	6.314	12.706	31.821	63.657	127.32	318.31	636.62
2	1.886	2.920	4.303	6.965	9.925	14.089	22.327	31.598
3	1.638	2.353	3.182	4.541	5.841	7.453	10.214	12.924
4	1.533	2.132	2.776	3.747	4.604	5.598	7.173	8.610
5	1.476	2.015	2.571	3.365	4.032	4.773	5.893	6.869
6	1.440	1.943	2.447	3.143	3.707	4.317	5.208	5.959
7	1.415	1.895	2.365	2.998	3.499	4.029	4.785	5.408
8	1.397	1.860	2.306	2.896	3.355	3.833	4.501	5.041
9	1.383	1.833	2.262	2.821	3.250	3.690	4.297	4.781
10	1.372	1.812	2.228	2.764	3.169	3.581	4.144	4.587
11	1.363	1.796	2.201	2.718	3.106	3.497	4.025	4.437
12	1.356	1.782	2.179	2.681	3.055	3.428	3.930	4.318
13	1.350	1.771	2.160	2.650	3.012	3.372	3.852	4.221
14	1.345	1.761	2.145	2.624	2.977	3.326	3.787	4.140
15	1.341	1.753	2.131	2.602	2.947	3.286	3.733	4.073
16	1.337	1.746	2.120	2.583	2.921	3.252	3.686	4.015
17	1.333	1.740	2.110	2.567	2.898	3.222	3.646	3.965
18	1.330	1.734	2.101	2.552	2.878	3.197	3.610	3.922
19	1.328	1.729	2.093	2.539	2.861	3.174	3.579	3.883
20	1.325	1.725	2.086	2.528	2.845	3.153	3.552	3.850
21	1.323	1.721	2.080	2.518	2.831	3.135	3.527	3.819
22	1.321	1.717	2.074	2.508	2.819	3.119	3.505	3.792
23	1.319	1.714	2.069	2.500	2.807	3.104	3.485	3.767
24	1.318	1.711	2.064	2.492	2.797	3.091	3.467	3.745
25	1.316	1.708	2.060	2.485	2.787	3.078	3.450	3.725
26	1.315	1.706	2.056	2.479	2.779	3.067	3.435	3.707
27	1.314	1.703	2.052	2.473	2.771	3.057	3.421	3.690
28	1.313	1.701	2.048	2.467	2.763	3.047	3.408	3.674
29	1.311	1.699	2.045	2.462	2.756	3.038	3.396	3.659
30	1.310	1.697	2.042	2.457	2.750	3.030	3.385	3.646
40	1.303	1.684	2.021	2.423	2.704	2.971	3.307	3.551
60	1.296	1.671	2.000	2.390	2.660	2.915	3.232	3.460
120	1.289	1.658	1.980	2.358	2.617	2.860	3.160	3.373
∞	1.282	1.645	1.960	2.326	2.576	2.807	3.090	3.291

G. χ^2 분포표

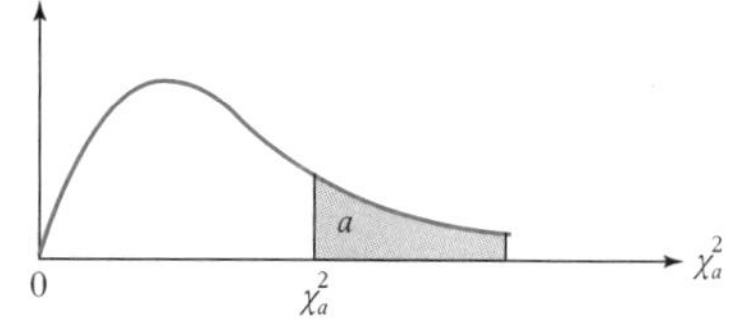

자유도	$\chi^2_{.995}$	$\chi^2_{.990}$	$\chi^2_{.975}$	$\chi^2_{.950}$	$\chi^2_{.900}$
1	0.0000393	0.0001571	0.0009821	0.0039321	0.0157908
2	0.0100251	0.0201007	0.0506356	0.102587	0.210720
3	0.0717212	0.114832	0.215795	0.351846	0.584375
4	0.206990	0.297110	0.484419	0.710721	1.063623
5	0.411740	0.554300	0.831211	1.145476	1.61031
6	0.675727	0.872085	1.237347	1.63539	2.20413
7	0.989265	1.239043	1.68987	2.16735	2.83311
8	1.344419	1.646482	2.17973	2.73264	3.48954
9	1.734926	2.087912	2.70039	3.32511	4.16816
10	2.15585	2.55821	3.24697	3.94030	4.86518
11	2.60321	3.05347	3.81575	4.57481	5.57779
12	3.07382	3.57056	4.40379	5.22603	6.30380
13	3.56503	4.10691	5.00874	5.89186	7.04150
14	4.07468	4.66043	5.62872	6.57063	7.78953
15	4.60094	5.22935	6.26214	7.26094	8.54675
16	5.14224	5.81221	6.90766	7.96164	9.31223
17	5.69724	6.40776	7.56418	8.67176	10.0852
18	6.26481	7.01491	8.23075	9.39046	10.8649
19	6.84398	7.63273	8.90655	10.1170	11.6509
20	7.43386	8.26040	9.59083	10.8508	12.4426
21	8.03366	8.89720	10.28293	11.5913	13.2396
22	8.64272	9.54249	10.9823	12.3380	14.0415
23	9.26042	10.19567	11.6885	13.0905	14.8479
24	9.88623	10.8564	12.4011	13.8484	15.6587
25	10.5197	11.5240	13.1197	14.6114	16.4734
26	11.1603	12.1981	13.8439	15.3791	17.2919
27	11.8076	12.8786	14.5733	16.1513	18.1138
28	12.4613	13.5648	15.3079	16.9279	18.9392
29	13.1211	14.2565	16.0471	17.7083	19.7677
30	13.7867	14.9535	16.7908	18.4926	20.5992
40	20.7065	22.1643	24.4331	26.5093	29.0505
50	27.9907	29.7067	32.3574	34.7642	37.6886
60	35.5346	37.4848	40.4817	43.1879	46.4589
70	43.2752	45.4418	48.7576	51.7393	55.3290
80	51.1720	53.5400	57.1532	60.3915	64.2778
90	59.1963	61.7541	65.6466	69.1260	73.2912
100	67.3276	70.0648	74.2219	77.9295	82.3581

G 계속

자유도	$\chi^2_{.100}$	$\chi^2_{.050}$	$\chi^2_{.025}$	$\chi^2_{.010}$	Q
1	2.70554	3.84146	5.02389	6.63490	7.87944
2	4.60517	5.99147	7.37776	9.21034	10.5966
3	6.25139	7.81473	9.34840	11.3449	12.8381
4	7.77944	9.48773	11.1433	13.2767	14.8602
5	9.23635	11.0705	12.8325	15.0863	16.7496
6	10.6446	12.5916	14.4494	16.8119	18.5476
7	12.0170	14.0671	16.0128	18.4753	20.2777
8	13.3616	15.5073	17.5346	20.0902	21.9550
9	14.6837	16.9190	19.0228	21.6660	23.5893
10	15.9871	18.3070	20.4831	23.2093	25.1882
11	17.2750	19.6751	21.9200	24.7250	26.7569
12	18.5494	21.0261	23.3367	26.2170	28.2995
13	19.8119	22.3621	24.7356	27.6883	29.8194
14	21.0642	23.6848	26.1190	29.1413	31.3193
15	22.3072	24.9958	27.4884	30.5779	32.8013
16	23.5418	26.2962	28.8454	31.9999	34.2672
17	24.7690	27.5871	30.1910	33.4087	35.7185
18	25.9894	28.8693	31.5264	34.8053	37.1564
19	27.2036	30.1435	32.8523	36.1908	38.5822
20	28.4120	31.4104	34.1696	37.5662	39.9968
21	29.6151	32.6705	35.4789	38.9321	41.4010
22	30.8133	33.9244	36.7807	40.2894	42.7956
23	32.0069	35.1725	38.0757	41.6384	44.1813
24	33.1963	36.4151	39.3641	42.9798	45.5585
25	34.3816	37.6525	40.6465	44.3141	46.9278
26	35.5631	38.8852	41.9232	45.6417	48.2899
27	36.7412	40.1133	43.1944	46.9630	49.6449
28	37.9159	41.3372	44.4607	48.2782	50.9933
29	39.0875	42.5569	45.7222	49.5879	52.3356
30	40.2560	43.7729	46.9792	50.8922	53.6720
40	51.8050	55.7585	59.3417	63.6907	66.7659
50	63.1671	67.5048	71.4202	76.1539	79.4900
60	74.3970	79.0819	83.2976	88.3794	91.9517
70	85.5271	90.5312	95.0231	100.425	104.215
80	96.5782	101.879	106.629	112.329	116.321
90	107.565	113.145	118.136	124.116	128.229
100	118.498	124.342	129.561	135.807	140.169

H. F 분포표

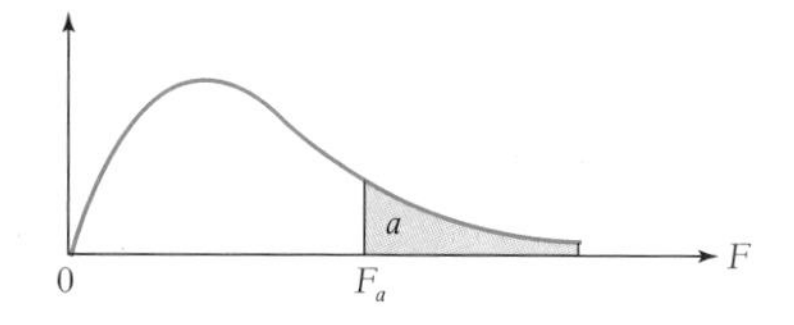

(a) α=.10

V_2 \ V_1 분모의 자유도	분자의 자유도 1	2	3	4	5	6	7	8	9
1	39.86	49.50	53.59	55.83	57.24	58.20	58.91	59.44	59.86
2	8.53	9.00	9.16	9.24	9.29	9.33	9.35	9.37	9.38
3	5.54	5.46	5.39	5.34	5.31	5.28	5.27	5.25	5.24
4	4.54	4.32	4.19	4.11	4.05	4.01	3.98	3.95	3.94
5	4.06	3.78	3.62	3.52	3.45	3.40	3.37	3.34	3.32
6	3.78	3.46	3.29	3.18	3.11	3.05	3.01	2.98	2.96
7	3.59	3.26	3.07	2.96	2.88	2.83	2.78	2.75	2.72
8	3.46	3.11	2.92	2.81	2.73	2.67	2.62	2.59	2.56
9	3.36	3.01	2.81	2.69	2.61	2.55	2.51	2.47	2.44
10	3.29	2.92	2.73	2.61	2.52	2.46	2.41	2.38	2.35
11	3.23	2.86	2.66	2.54	2.45	2.39	2.34	2.30	2.27
12	3.18	2.81	2.61	2.48	2.39	2.33	2.28	2.24	2.21
13	3.14	2.76	2.56	2.43	2.35	2.28	2.23	2.20	2.16
14	3.10	2.73	2.52	2.39	2.31	2.24	2.19	2.15	2.12
15	3.07	2.70	2.49	2.36	2.27	2.21	2.16	2.12	2.09
16	3.05	2.67	2.46	2.33	2.24	2.18	2.13	2.09	2.06
17	3.03	2.64	2.44	2.31	2.22	2.15	2.10	2.06	2.03
18	3.01	2.62	2.42	2.29	2.20	2.13	2.08	2.04	2.00
19	2.99	2.61	2.40	2.27	2.18	2.11	2.06	2.02	1.98
20	2.97	2.59	2.38	2.25	2.16	2.09	2.04	2.00	1.96
21	2.96	2.57	2.36	2.23	2.14	2.08	2.02	1.98	1.95
22	2.95	2.56	2.35	2.22	2.13	2.06	2.01	1.97	1.93
23	2.94	2.55	2.34	2.21	2.11	2.05	1.99	1.95	1.92
24	2.93	2.54	2.33	2.19	2.10	2.04	1.98	1.94	1.91
25	2.92	2.53	2.32	2.18	2.09	2.02	1.97	1.93	1.89
26	2.91	2.52	2.31	2.17	2.08	2.01	1.96	1.92	1.88
27	2.90	2.51	2.30	2.17	2.07	2.00	1.95	1.91	1.87
28	2.89	2.50	2.29	2.16	2.06	2.00	1.94	1.90	1.87
29	2.89	2.50	2.28	2.15	2.06	1.99	1.93	1.89	1.86
30	2.88	2.49	2.28	2.14	2.05	1.98	1.93	1.88	1.85
40	2.84	2.44	2.23	2.09	2.00	1.93	1.87	1.83	1.79
60	2.79	2.39	2.18	2.04	1.95	1.87	1.82	1.77	1.74
120	2.75	2.35	2.13	1.99	1.90	1.82	1.77	1.72	1.68
∞	2.71	2.30	2.08	1.94	1.85	1.77	1.72	1.67	1.63

H (a) 계속

V_2 \ V_1	분자의 자유도									
	10	12	15	20	24	30	40	60	120	∞
1	60.19	60.71	61.22	61.74	62.00	62.26	62.53	62.79	63.06	63.33
2	9.39	9.41	9.42	9.44	9.45	9.46	9.47	9.47	9.48	9.49
3	5.23	5.22	5.20	5.18	5.18	5.17	5.16	5.15	5.14	5.13
4	3.92	3.90	3.87	3.84	3.83	3.82	3.80	3.79	3.78	3.76
5	3.30	3.27	3.24	3.21	3.19	3.17	3.16	3.14	3.12	3.10
6	2.94	2.90	2.87	2.84	2.82	2.80	2.78	2.76	2.74	2.72
7	2.70	2.67	2.63	2.59	2.58	2.56	2.54	2.51	2.49	2.47
8	2.54	2.50	2.46	2.42	2.40	2.38	2.36	2.34	2.32	2.29
9	2.42	2.38	2.34	2.30	2.28	2.25	2.23	2.21	2.18	2.16
10	2.32	2.28	2.24	2.20	2.18	2.16	2.13	2.11	2.08	2.06
11	2.25	2.21	2.17	2.12	2.10	2.08	2.05	2.03	2.00	1.97
12	2.19	2.15	2.10	2.06	2.04	2.01	1.99	1.96	1.93	1.90
13	2.14	2.10	2.05	2.01	1.98	1.96	1.93	1.90	1.88	1.85
14	2.10	2.05	2.01	1.96	1.94	1.91	1.89	1.86	1.83	1.80
15	2.06	2.02	1.97	1.92	1.90	1.87	1.85	1.82	1.79	1.76
분모의 자유도 16	2.03	1.99	1.94	1.89	1.87	1.84	1.81	1.78	1.75	1.72
17	2.00	1.96	1.91	1.86	1.84	1.81	1.78	1.75	1.72	1.69
18	1.98	1.93	1.89	1.84	1.81	1.78	1.75	1.72	1.69	1.66
19	1.96	1.91	1.86	1.81	1.79	1.76	1.73	1.70	1.67	1.63
20	1.94	1.89	1.84	1.79	1.77	1.74	1.71	1.68	1.64	1.61
21	1.92	1.87	1.83	1.78	1.75	1.72	1.69	1.66	1.62	1.59
22	1.90	1.86	1.81	1.76	1.73	1.70	1.67	1.64	1.60	1.57
23	1.89	1.84	1.80	1.74	1.72	1.69	1.66	1.62	1.59	1.55
24	1.88	1.83	1.78	1.73	1.70	1.67	1.64	1.61	1.57	1.53
25	1.87	1.82	1.77	1.72	1.69	1.66	1.63	1.59	1.56	1.52
26	1.86	1.81	1.76	1.71	1.68	1.65	1.61	1.58	1.54	1.50
27	1.85	1.80	1.75	1.70	1.67	1.64	1.60	1.57	1.53	1.49
28	1.84	1.79	1.74	1.69	1.66	1.63	1.59	1.56	1.52	1.48
29	1.83	1.78	1.73	1.68	1.65	1.62	1.58	1.55	1.51	1.47
30	1.82	1.77	1.72	1.67	1.64	1.61	1.57	1.54	1.50	1.46
40	1.76	1.71	1.66	1.61	1.57	1.54	1.51	1.47	1.42	1.38
60	1.71	1.66	1.60	1.54	1.51	1.48	1.44	1.40	1.35	1.29
120	1.65	1.60	1.55	1.48	1.45	1.41	1.37	1.32	1.26	1.19
∞	1.60	1.55	1.49	1.42	1.38	1.34	1.30	1.24	1.17	1.00

(b) α=.05

V_1	분자의 자유도								
V_2 (분모의 자유도)	1	2	3	4	5	6	7	8	9
1	161.4	199.5	215.7	224.6	230.2	234.0	236.8	238.9	240.5
2	18.51	19.00	19.16	19.25	19.30	19.33	19.35	19.37	19.38
3	10.13	9.55	9.28	9.12	9.01	8.94	8.89	8.85	8.81
4	7.71	6.94	6.59	6.39	6.26	6.16	6.09	6.04	6.00
5	6.61	5.79	5.41	5.19	5.05	4.95	4.88	4.82	4.77
6	5.99	5.14	4.76	4.53	4.39	4.28	4.21	4.15	4.10
7	5.59	4.74	4.35	4.12	3.97	3.87	3.79	3.73	3.68
8	5.32	4.46	4.07	3.84	3.69	3.58	3.50	3.44	3.39
9	5.12	4.26	3.86	3.63	3.48	3.37	3.29	3.23	3.18
10	4.96	4.10	3.71	3.48	3.33	3.22	3.14	3.07	3.02
11	4.84	3.98	3.59	3.36	3.20	3.09	3.01	2.95	2.90
12	4.75	3.89	3.49	3.26	3.11	3.00	2.91	2.85	2.80
13	4.67	3.81	3.41	3.18	3.03	2.92	2.83	2.77	2.71
14	4.60	3.74	3.34	3.11	2.96	2.85	2.76	2.70	2.65
15	4.54	3.68	3.29	3.06	2.90	2.79	2.71	2.64	2.59
16	4.49	3.63	3.24	3.01	2.85	2.74	2.66	2.59	2.54
17	4.45	3.59	3.20	2.96	2.81	2.70	2.61	2.55	2.49
18	4.41	3.55	3.16	2.93	2.77	2.66	2.56	2.51	2.46
19	4.38	3.52	3.13	2.90	2.74	2.63	2.54	2.48	2.42
20	4.35	3.49	3.10	2.87	2.71	2.60	2.51	2.45	2.39
21	4.32	3.47	3.07	2.84	2.68	2.57	2.49	2.42	2.37
22	4.30	3.44	3.05	2.82	2.66	2.55	2.46	2.40	2.34
23	4.28	3.42	3.03	2.80	2.64	2.53	2.44	2.37	2.32
24	4.26	3.40	3.01	2.78	2.62	2.51	2.42	2.36	2.30
25	4.24	3.39	2.99	2.76	2.60	2.49	2.40	2.34	2.28
26	4.23	3.37	2.98	2.74	2.59	2.47	2.39	2.32	2.27
27	4.21	3.35	2.96	2.73	2.57	2.46	2.37	2.31	2.25
28	4.20	3.34	2.95	2.71	2.56	2.45	2.36	2.29	2.24
29	4.18	3.33	2.93	2.70	2.55	2.43	2.35	2.28	2.22
30	4.17	3.32	2.92	2.69	2.53	2.42	2.33	2.27	2.21
40	4.08	3.23	2.84	2.61	2.45	2.34	2.25	2.18	2.12
60	4.00	3.15	2.76	2.53	2.37	2.25	2.17	2.10	2.04
120	3.92	3.07	2.68	2.45	2.29	2.17	2.09	2.02	1.96
∞	3.84	3.00	2.60	2.37	2.21	2.10	2.01	1.94	1.88

H (b) 계속

V_2 \ V_1 분모의 자유도	분자의 자유도 10	12	15	20	24	30	40	60	120	∞
1	241.9	243.9	245.9	248.0	249.1	250.1	251.1	252.2	253.3	254.3
2	19.40	19.41	19.43	19.45	19.45	19.46	19.47	19.48	19.49	19.50
3	8.79	8.74	8.70	8.66	8.64	8.62	8.59	8.57	8.55	8.53
4	5.96	5.91	5.86	5.80	5.77	5.75	5.72	5.69	5.66	5.63
5	4.74	4.68	4.62	4.56	4.53	4.50	4.46	4.43	4.40	4.36
6	4.06	4.00	3.94	3.87	3.84	3.81	3.77	3.74	3.70	3.67
7	3.64	3.57	3.51	3.44	3.41	3.38	3.34	3.30	3.27	3.23
8	3.35	3.28	3.22	3.15	3.12	3.08	3.04	3.01	2.97	2.93
9	3.14	3.07	3.01	2.94	2.90	2.86	2.83	2.79	2.75	2.71
10	2.98	2.91	2.85	2.77	2.74	2.70	2.66	2.62	2.58	2.54
11	2.85	2.79	2.72	2.65	2.61	2.57	2.53	2.49	2.45	2.40
12	2.75	2.69	2.62	2.54	2.51	2.47	2.43	2.38	2.34	2.30
13	2.67	2.60	2.53	2.46	2.42	2.38	2.34	2.30	2.25	2.21
14	2.60	2.53	2.46	2.39	2.35	2.31	2.27	2.22	2.18	2.13
15	2.54	2.48	2.40	2.33	2.29	2.25	2.20	2.16	2.11	2.07
16	2.49	2.42	2.35	2.28	2.24	2.19	2.15	2.11	2.06	2.01
17	2.45	2.38	2.31	2.23	2.19	2.15	2.10	2.06	2.01	1.96
18	2.41	2.34	2.27	2.19	2.15	2.11	2.06	2.02	1.97	1.92
19	2.38	2.31	2.23	2.16	2.11	2.07	2.03	1.98	1.93	1.88
20	2.35	2.28	2.20	2.12	2.08	2.04	1.99	1.95	1.90	1.84
21	2.32	2.25	2.18	2.10	2.05	2.01	1.96	1.92	1.87	1.81
22	2.30	2.23	2.15	2.07	2.03	1.98	1.94	1.89	1.84	1.78
23	2.27	2.20	2.13	2.05	2.01	1.96	1.91	1.86	1.81	1.76
24	2.25	2.18	2.11	2.03	1.98	1.94	1.89	1.84	1.79	1.73
25	2.24	2.16	2.09	2.01	1.96	1.92	1.87	1.82	1.77	1.71
26	2.22	2.15	2.07	1.99	1.95	1.90	1.85	1.80	1.75	1.69
27	2.20	2.13	2.06	1.97	1.93	1.88	1.84	1.79	1.73	1.67
28	2.19	2.12	2.04	1.96	1.91	1.87	1.82	1.77	1.71	1.65
29	2.18	2.10	2.03	1.94	1.90	1.85	1.81	1.75	1.70	1.64
30	2.16	2.09	2.01	1.93	1.89	1.84	1.79	1.74	1.68	1.62
40	2.08	2.00	1.92	1.84	1.79	1.74	1.69	1.64	1.58	1.51
60	1.99	1.92	1.84	1.75	1.70	1.65	1.59	1.53	1.47	1.39
120	1.91	1.83	1.75	1.66	1.61	1.55	1.50	1.43	1.35	1.25
∞	1.83	1.75	1.67	1.57	1.52	1.46	1.39	1.32	1.22	1.00

(c) α=.025

V_2 \ V_1 (분자의 자유도)	1	2	3	4	5	6	7	8	9
1	647.8	799.5	864.2	899.6	921.8	937.1	948.2	956.7	963.3
2	38.51	39.00	39.17	39.25	39.30	39.33	39.36	39.37	39.39
3	17.44	16.04	15.44	15.10	14.88	14.73	14.62	14.54	14.47
4	12.22	10.65	9.98	9.60	9.36	9.20	9.07	8.98	8.90
5	10.01	8.43	7.76	7.39	7.15	6.98	6.85	6.76	6.68
6	8.81	7.26	6.60	6.23	5.99	5.82	5.70	5.60	5.52
7	8.07	6.54	5.89	5.52	5.29	5.12	4.99	4.90	4.82
8	7.57	6.06	5.42	5.05	4.82	4.65	4.53	4.43	4.36
9	7.21	5.71	5.08	4.72	4.48	4.32	4.20	4.10	4.03
10	6.94	5.46	4.83	4.47	4.24	4.07	3.95	3.85	3.78
11	6.72	5.26	4.63	4.28	4.04	3.88	3.76	3.66	3.59
12	6.55	5.10	4.47	4.12	3.89	3.73	3.61	3.51	3.44
13	6.41	4.97	4.35	4.00	3.77	3.60	3.48	3.39	3.31
14	6.30	4.86	4.24	3.89	3.66	3.50	3.38	3.29	3.21
15	6.20	4.77	4.15	3.80	3.58	3.41	3.29	3.20	3.12
16	6.12	4.69	4.08	3.73	3.50	3.34	3.22	3.12	3.05
17	6.04	4.62	4.01	3.66	3.44	3.28	3.16	3.06	2.98
18	5.98	4.56	3.95	3.61	3.38	3.22	3.10	3.01	2.93
19	5.92	4.51	3.90	3.56	3.33	3.17	3.05	2.96	2.88
20	5.87	4.46	3.86	3.51	3.29	3.13	3.01	2.91	2.84
21	5.83	4.42	3.82	3.48	3.25	3.09	2.97	2.87	2.80
22	5.79	4.38	3.78	3.44	3.22	3.05	2.93	2.84	2.76
23	5.75	4.35	3.75	3.41	3.18	3.02	2.90	2.81	2.73
24	5.72	4.32	3.72	3.38	3.15	2.99	2.87	2.78	2.70
25	5.69	4.29	3.69	3.35	3.13	2.97	2.85	2.75	2.68
26	5.66	4.27	3.67	3.33	3.10	2.94	2.82	2.73	2.65
27	5.63	4.24	3.65	3.31	3.08	2.92	2.80	2.71	2.63
28	5.61	4.22	3.63	3.29	3.06	2.90	2.78	2.69	2.61
29	5.59	4.20	3.61	3.27	3.04	2.88	2.76	2.67	2.59
30	5.57	4.18	3.59	3.25	3.03	2.87	2.75	2.65	2.57
40	5.42	4.05	3.46	3.13	2.90	2.74	2.62	2.53	2.45
60	5.29	3.93	3.34	3.01	2.79	2.63	2.51	2.41	2.33
120	5.15	3.80	3.23	2.89	2.67	2.52	2.39	2.30	2.22
∞	5.02	3.69	3.12	2.79	2.57	2.41	2.29	2.19	2.11

(세로축: 분모의 자유도)

H (c) 계속

V_2 \ V_1	분자의 자유도									
	10	12	15	20	24	30	40	60	120	∞
1	968.6	976.7	984.9	993.1	997.2	1001	1006	1010	1014	1018
2	39.40	39.41	39.43	39.45	39.46	39.46	39.47	39.48	39.49	39.50
3	14.42	14.34	14.25	14.17	14.12	14.08	14.04	13.99	13.95	13.90
4	8.84	8.75	8.66	8.56	8.51	8.46	8.41	8.36	8.31	8.26
5	6.62	6.52	6.43	6.33	6.28	6.23	6.18	6.12	6.07	6.02
6	5.46	5.37	5.27	5.17	5.12	5.07	5.01	4.96	4.90	4.85
7	4.76	4.67	4.57	4.47	4.42	4.36	4.31	4.25	4.20	4.14
8	4.30	4.20	4.10	4.00	3.95	3.89	3.84	3.78	3.73	3.67
9	3.96	3.87	3.77	3.67	3.61	3.56	3.51	3.45	3.39	3.33
10	3.72	3.62	3.52	3.42	3.37	3.31	3.26	3.20	3.14	3.08
11	3.53	3.43	3.33	3.23	3.17	3.12	3.06	3.00	2.94	2.88
12	3.37	3.28	3.18	3.07	3.02	2.96	2.91	2.85	2.79	2.72
13	3.25	3.15	3.05	2.95	2.89	2.84	2.78	2.72	2.66	2.60
14	3.15	3.05	2.95	2.84	2.79	2.73	2.67	2.61	2.55	2.49
15	3.06	2.96	2.86	2.76	2.70	2.64	2.59	2.52	2.46	2.40
분모의 자유도 16	2.99	2.89	2.79	2.68	2.63	2.57	2.51	2.45	2.38	2.32
17	2.92	2.82	2.72	2.62	2.56	2.50	2.44	2.38	2.32	2.25
18	2.87	2.77	2.67	2.56	2.50	2.44	2.38	2.32	2.26	2.19
19	2.82	2.72	2.62	2.51	2.45	2.39	2.33	2.27	2.20	2.13
20	2.77	2.68	2.57	2.46	2.41	2.35	2.29	2.22	2.16	2.09
21	2.73	2.64	2.53	2.42	2.37	2.31	2.25	2.18	2.11	2.04
22	2.70	2.60	2.50	2.39	2.33	2.27	2.21	2.14	2.08	2.00
23	2.67	2.57	2.47	2.36	2.30	2.24	2.18	2.11	2.04	1.97
24	2.64	2.54	2.44	2.33	2.27	2.21	2.15	2.08	2.01	1.94
25	2.61	2.51	2.41	2.30	2.24	2.18	2.12	2.05	1.98	1.91
26	2.59	2.49	2.39	2.28	2.22	2.16	2.09	2.03	1.95	1.88
27	2.57	2.47	2.36	2.25	2.19	2.13	2.07	2.00	1.93	1.85
28	2.55	2.45	2.34	2.23	2.17	2.11	2.05	1.98	1.91	1.83
29	2.53	2.43	2.32	2.21	2.15	2.09	2.03	1.96	1.89	1.81
30	2.51	2.41	2.31	2.20	2.14	2.07	2.01	1.94	1.87	1.79
40	2.39	2.29	2.18	2.07	2.01	1.94	1.88	1.80	1.72	1.64
60	2.27	2.17	2.06	1.94	1.88	1.82	1.74	1.67	1.58	1.48
120	2.16	2.05	1.94	1.82	1.76	1.69	1.61	1.53	1.43	1.31
∞	2.05	1.94	1.83	1.71	1.64	1.57	1.48	1.39	1.27	1.00

(d) α=.01

V_2 \ V_1	분자의 자유도 1	2	3	4	5	6	7	8	9
1	4,052	4,999.5	5,403	5,625	5,764	5,859	5,928	5,982	6,022
2	98.50	99.00	99.17	99.25	99.30	99.33	99.36	99.37	99.39
3	34.12	30.82	29.46	28.71	28.24	27.91	27.67	27.49	27.35
4	21.20	18.00	16.69	15.98	15.52	15.21	14.98	14.80	14.66
5	16.26	13.27	12.06	11.39	10.97	10.67	10.46	10.29	10.16
6	13.75	10.92	9.78	9.15	8.75	8.47	8.26	8.10	7.98
7	12.25	9.55	8.45	7.85	7.46	7.19	6.99	6.84	6.72
8	11.26	8.65	7.59	7.01	6.63	6.37	6.18	6.03	5.91
9	10.56	8.02	6.99	6.42	6.06	5.80	5.61	5.47	5.35
10	10.04	7.56	6.55	5.99	5.64	5.39	5.20	5.06	4.94
11	9.65	7.21	6.22	5.67	5.32	5.07	4.89	4.74	4.63
12	9.33	6.93	5.95	5.41	5.06	4.82	4.64	4.50	4.39
13	9.07	6.70	5.74	5.21	4.86	4.62	4.44	4.30	4.19
14	8.86	6.51	5.56	5.04	4.69	4.46	4.28	4.14	4.03
15	8.68	6.36	5.42	4.89	4.56	4.32	4.14	4.00	3.89
분모의 자유도 16	8.53	6.23	5.29	4.77	4.44	4.20	4.03	3.89	3.78
17	8.40	6.11	5.18	4.67	4.34	4.10	3.93	3.79	3.68
18	8.29	6.01	5.09	4.58	4.25	4.01	3.84	3.71	3.60
19	8.18	5.93	5.01	4.50	4.17	3.94	3.77	3.63	3.52
20	8.10	5.85	4.94	4.43	4.10	3.87	3.70	3.56	3.46
21	8.02	5.78	4.87	4.37	4.04	3.81	3.64	3.51	3.40
22	7.95	5.72	4.82	4.31	3.99	3.76	3.59	3.45	3.35
23	7.88	5.66	4.76	4.26	3.94	3.71	3.54	3.41	3.30
24	7.82	5.61	4.72	4.22	3.90	3.67	3.50	3.36	3.26
25	7.77	5.57	4.68	4.18	3.85	3.63	3.46	3.32	3.22
26	7.72	5.53	4.64	4.14	3.82	3.59	3.42	3.29	3.18
27	7.68	5.49	4.60	4.11	3.78	3.56	3.39	3.26	3.15
28	7.64	5.45	4.57	4.07	3.75	3.53	3.36	3.23	3.12
29	7.60	5.42	4.54	4.04	3.73	3.50	3.33	3.20	3.09
30	7.56	5.39	4.51	4.02	3.70	3.47	3.30	3.17	3.07
40	7.31	5.18	4.31	3.83	3.51	3.29	3.12	2.99	2.89
60	7.08	4.98	4.13	3.65	3.34	3.12	2.95	2.82	2.72
120	6.85	4.79	3.95	3.48	3.17	2.96	2.79	2.66	2.56
∞	6.63	4.61	3.78	3.32	3.02	2.80	2.64	2.51	2.41

H (d) 계속

V_2 \ V_1 (분자의 자유도)	10	12	15	20	24	30	40	60	120	∞
1	6,056	6,106	6,157	6,209	6,235	6,261	6,287	6,313	6,339	6,366
2	99.40	99.42	99.43	99.45	99.46	99.47	99.47	99.48	99.49	99.50
3	27.23	27.05	26.87	26.69	26.60	26.50	26.41	26.32	26.22	26.13
4	14.55	14.37	14.20	14.02	13.93	13.84	13.75	13.65	13.56	13.46
5	10.05	9.89	9.72	9.55	9.47	9.38	9.29	9.20	9.11	9.02
6	7.87	7.72	7.56	7.40	7.31	7.23	7.14	7.06	6.97	6.88
7	6.62	6.47	6.31	6.16	6.07	5.99	5.91	5.82	5.74	5.65
8	5.81	5.67	5.52	5.36	5.28	5.20	5.12	5.03	4.95	4.86
9	5.26	5.11	4.96	4.81	4.73	4.65	4.57	4.48	4.40	4.31
10	4.85	4.71	4.56	4.41	4.33	4.25	4.17	4.08	4.00	3.91
11	4.54	4.40	4.25	4.10	4.02	3.94	3.86	3.78	3.69	3.60
12	4.30	4.16	4.01	3.86	3.78	3.70	3.62	3.54	3.45	3.36
13	4.10	3.96	3.82	3.66	3.59	3.51	3.43	3.34	3.25	3.17
14	3.94	3.80	3.66	3.51	3.43	3.35	3.27	3.18	3.09	3.00
15	3.80	3.67	3.52	3.37	3.29	3.21	3.13	3.05	2.96	2.87
분모의 자유도 16	3.69	3.55	3.41	3.26	3.18	3.10	3.02	2.93	2.84	2.75
17	3.59	3.46	3.31	3.16	3.08	3.00	2.92	2.83	2.75	2.65
18	3.51	3.37	3.23	3.08	3.00	2.92	2.84	2.75	2.66	2.57
19	3.43	3.30	3.15	3.00	2.92	2.84	2.76	2.67	2.58	2.49
20	3.37	3.23	3.09	2.94	2.86	2.78	2.69	2.61	2.52	2.42
21	3.31	3.17	3.03	2.88	2.80	2.72	2.64	2.55	2.46	2.36
22	3.26	3.12	2.98	2.83	2.75	2.67	2.58	2.50	2.40	2.31
23	3.21	3.07	2.93	2.78	2.70	2.62	2.54	2.45	2.35	2.26
24	3.17	3.03	2.89	2.74	2.66	2.58	2.49	2.40	2.31	2.21
25	3.13	2.99	2.85	2.70	2.62	2.54	2.45	2.36	2.27	2.17
26	3.09	2.96	2.81	2.66	2.58	2.50	2.42	2.33	2.23	2.13
27	3.06	2.93	2.78	2.63	2.55	2.47	2.38	2.29	2.20	2.10
28	3.03	2.90	2.75	2.60	2.52	2.44	2.35	2.26	2.17	2.06
29	3.00	2.87	2.73	2.57	2.49	2.41	2.33	2.23	2.14	2.03
30	2.98	2.84	2.70	2.55	2.47	2.39	2.30	2.21	2.11	2.01
40	2.80	2.66	2.52	2.37	2.29	2.20	2.11	2.02	1.92	1.80
60	2.63	2.50	2.35	2.20	2.12	2.03	1.94	1.84	1.73	1.60
120	2.47	2.34	2.19	2.03	1.95	1.86	1.76	1.66	1.53	1.38
∞	2.32	2.18	2.04	1.88	1.79	1.70	1.59	1.47	1.32	1.00

참고문헌

강금식, 경영과학, 박영사(2020)

강금식, Excel활용 통계학, 박영사(2019)

강금식, 생산운영관리, 박영사(2019)

강현철 · 한상태 외 4인, 데이터 마이닝 방법론, 자유아카데미(2014)

고석주 · 류춘하 외 3인, 빅데이터–기초 실습, 홍릉과학출판사(2019)

김병수 · 배화수 외 3인, 데이터마이닝–기초와 활용, 교우(2018)

김승민 · 김인현 외 7인, 비즈니스 분석, 한경사(2018)

김종우 · 김선태 역, G.S. Linoff & M.J. Berry 지음, 데이터마이닝, 한경사(2018)

김창수 · 송민정, 빅데이터 경영론, 학현사(2014)

김화종, 데이터 사이언스 개론, 홍릉과학출판사(2014)

박효균 · 이미정 역, 쥬어 레스코벡 외 2인, 빅데이터 마이닝, 에이콘출판주식회사(2017)

박창이 · 김용대 외 3인, 데이터마이닝, 교우(2018)

이정진, 데이터마이닝, 자유아카데미(2011)

허선 · 신동민 역, Dursun Delen 지음, 데이터 마이닝, 시그마프레스(2016)

전치혁, 데이터 마이닝–기법과 응용, 한나래(2012)

(사)한국소프트웨어기술인협회 · 빅데이터전략연구소, 빅데이터 개론, 광문각(2019)

Adams, Riley, Data Analytics for Business 2019.

Albright, S. Christian & Wayne L. Winston, Business Analytics, (Cengage, U.S.A., 2020)

Bentley, Drew, Business Analytics, (Larsen & Keller, 2019)

Camm & Cochran 외 5인, Business Analytics, (Cengage, U.S.A., 2019)

Evans, James R., Business Analytics, (Pearson, U.S.A., 2020)

Fox, William P. Mathematical Modeling for Business Analytics, (CRC Press, U.S.A., 2018)

Koole, Ger, An Introduction to Business Analytics, (MG Book, Amsterdam, 2019)

Kumar, U Dinesh, Business Analytics, (Wiley, U.S.A.,2017)

Laursen, Gert H.N., Business Analytics, for Managers (Wiley, U.S.A.,2017)

Powell, Stephen G. Business Analytics, (Wiley, U.S.A.,2017)

Ragsdale, Cliff, T. Spreadsheet Modeling and Decision Analysis, (Cengage, U.S.A., 2018)

Shmueli Galit 외 3인, Data Mining for Business Analytics, (Wiley, U.S.A., 2020)

국문색인

영문색인

[D]

[E]

[Q]

[R]

[S]

저자약력

강금식

서울대학교 상과대학 경제학과 졸업
한국산업은행 조사부 근무
University of Nebraska 대학원 졸업(경제학석사)
University of Nebraska 대학원 졸업(경영학박사, Ph.D.)
아주대학교 경영대학 부교수
한국경영학회 이사
한국경영과학회 이사
성균관대학교 경영학부 교수 역임

저 서

EXCEL 경영학연습(형설출판사, 1999)
알기쉬운 생산 · 운영관리(도서출판 오래, 2011, 공저)
품질경영(박영사, 제4판, 2011)
알기쉬운 통계학(도서출판 오래, 제2개정판 2012, 공저)
고객만족을 위한 의료서비스의 실천(도서출판 오래, 2014, 공저)
글로벌시대의 경영학(도서출판 오래, 2014, 공저)
EXCEL활용 생산운영관리(박영사, 제4개정판, 2019)
EXCEL활용 통계학(박영사, 제4판, 2019)
EXCEL경영과학(박영사, 제5판, 2020)

비즈니스 분석론

발행일 2020년 6월 25일

지은이 강금식
펴낸이 안종만 · 안상준

편 집 전채린
기획/마케팅 조성호
표지디자인 박현정
제 작 우인도 · 고철민

펴낸곳 (주) 박영사
서울특별시 종로구 새문안로3길 36, 1601
등록 1959. 3. 11. 제300-1959-1호(倫)
전 화 02)733-6771
f a x 02)736-4818
e-mail pys@pybook.co.kr
homepage www.pybook.co.kr
ISBN 979-11-303-0973-6 93320

정 가 39,000 원